Langeweile

*Gedruckt mit Hilfe der Geschwister Boehringer Ingelheim Stiftung
für Geisteswissenschaften in Ingelheim am Rhein*

Martina Kessel

Langeweile

Zum Umgang mit Zeit und Gefühlen in Deutschland
vom späten 18. bis zum frühen 20. Jahrhundert

WALLSTEIN VERLAG

INHALT

Einleitung 7

I. Schuldhafte Trauer 19
   1. Begriffsgeschichte und semantisches Umfeld 19
      a. Acedia 20
      b. Ennui 21
      c. Melancholie 23
      d. Arbeit, Muße, Müßiggang 26
   2. Langeweile im Lexikon 30

II. Aufklärung über Langeweile: »Virtù senza noia« 37
   1. »Der Überstudierte machet Sprünge und wird possirlich«:
      Kunst und Lebenskunst gegen die Langeweile der Vernunft 40
   2. Die Sprengkraft der Langeweile: Ehrgeiz, Bedürfnisse,
      Erwartungen 55
   3. Der temporale neue Mensch: Das Begehren des Augenblicks
      zwischen Erinnerung und Erwartung 70
   4. Virtù con noia: Die Antinomie der Ordnung 82

III. Der Zwang zur Gegenwart: Langeweile und Weiblichkeit 91
   1. »Tod im Leben«: Nicht-Identität als Norm 91
      a. Langeweile der Abhängigkeit: Weiblichkeit und Bedürfnisse . . 93
      b. Langeweile der Zeit: Geschichte und Glauben 97
      c. Langeweile als Schuld: Pflicht, Begehren, Gewissen 103
   2. Erwartungshorizonte und Erfahrungswelten 113
      a. Verstrickte Zeit 113
      b. Verwartete Zeit 118
      c. Häusliche Gefühle: Krise und Kritik 122
      d. Ehrgeiz als Schuld, Spott als Waffe 137
      e. Politik und Bildung, Augenblick und Zukunft 145

IV. Der Zwang zur Zukunft: Langeweile und Männlichkeit 159
   1. Persönlichkeit als Pflicht 159
      a. Normen und Väter 161
      b. Der gewonnene Augenblick 173
      c. Der verlorene Augenblick 181
   2. Der Schrecken des Stillstands 193
      a. Einstieg als Problem: Langeweile auf dem Weg zur Zukunft . . 194
      b. Vorwärts leben? Langeweile in der Zukunft 198

  c. Herren der Arbeit 211
  d. Ausstieg als Problem: Zukunftsmensch ohne Ewigkeit,
    Berufsmensch ohne Arbeit 221
  e. Verregelte Welt, Routine ohne Tat: Hof und Militär 239

V. Ein Code wandert 257
 1. Langeweile und Politik 257
  a. Vom Konflikt zur Kontrolle:
   Demokratisches Engagement als Verlust 257
  b. Massengesellschaft und Distinktion 271
 2. Langeweile und Individuum 279
  a. Gymnastik des Willens: Pessimismus und Sexualität 279
  b. Literarische Spitzen: Der Zwang der Konvention 283
  c. Virtù con noia: Selbstkontrolle versus Authentizität 288
 3. Langeweile und Geschlechterverhältnis 298
  a. Bildung 299
  b. Kunst 300
  c. Zeit 303
  d. Der halbe Mann, oder: Der Bürger als Bohnenhülse 308
 4. Identitätsvorstellungen 318
  a. Pluralismus statt Dichotomie: Rosa Mayreder 318
  b. Langweilige Geschlechterdemokratie: Friedrich Nietzsche . . . 321
  c. Plädoyer gegen Gewalt: Heinrich Mann 324
  d. Der Lebenskünstler als pazifistischer Krieger: Kurt Hiller . . . 326

Zusammenfassung 331

Quellenverzeichnis 341

Literaturverzeichnis 361

Danksagung 399

Register 401

Bildnachweise 411

Einleitung

»Die größte Rolle spielt die Langeweile aber vor allem in den Jahrhunderten, in denen die großen Leidenschaften entweder durch die Sitten oder durch die Regierungsform an die Kette gelegt sind: dann wird sie zum universellen Antrieb.«[1] So schrieb der französische Aufklärer und Sensualist Claude Adrien Helvétius 1758. In seinen *Rêveries sur la nature primitive de l'homme* von 1799 erläuterte der französische Frühromantiker Etienne Pivert de Sénancour, daß der Ennui weder der Einförmigkeit noch einem Mangel an Vergnügen oder großem Unglück entspringe, sondern aus dem Gegensatz zwischen dem, was man sich erhoffe, und dem, was man wirklich durchlebe.[2] Diese Aspekte prägten auch das Langeweileverständnis der deutschen Aufklärer. Sie wollten die zum Handeln antreibenden Leidenschaften durch eine tugendhafte Lebensführung kontrollieren und übten die Zukunftsorientierung ein, um gegenwärtige Mühe durch zukünftige Entlohnung zu überwinden. Aber Leidenschaften zu stark zu unterdrücken und Erwartungen enttäuscht zu finden, konnte ebenfalls die Unlust der Langeweile hervorrufen.

Die diskursiven Bedeutungen von Langeweile von der Aufklärung bis zum Ersten Weltkrieg sind Gegenstand dieses Buches. Es versucht außerdem aufzuspüren, wie bürgerliche und adlige Männer und Frauen mit Langeweile umgingen, in einer Kultur, die Zukunftsorientierung, Selbstkontrolle und Arbeitsethos zu zentralen, aber geschlechterspezifisch unterschiedlich gefaßten Leitwerten machte. Das ursprüngliche Interesse am Thema entstand aus der Frage, welche Rolle das Phänomen Langeweile, das in der Literatur des 19. Jahrhunderts als *mal du siècle* vielfach inszeniert wurde,[3] in der Alltagskultur gespielt habe. Klassischerweise wird Langeweile in der Moderne erstens Künstlern und anderen außergewöhnlichen Figuren zugewiesen, als Indiz einer das Individuum auf sich selbst zurückwerfenden Selbstreflexion und als individuelle Erfahrung der Sinnlosigkeit des Daseins, während der normale Bürger durch die Ordnung eines durch Arbeit und Zeitökonomie strukturierten Lebens die

---

1 Helvétius, Vom Geist, S. 283.
2 Sénancour, Rêveries, S. 110f.; deutsche Übersetzung bei Sydow, Kultur der Dekadenz, S. 31f.
3 Vgl. z. B. Spacks, Boredom; Schwarz, Langeweile und Identität; Rehm, Gontscharow und Jacobsen; Hofstaetter, Langeweile bei Heinrich Heine; Pikulik, Langeweile oder die Krankheit zum Krieg; Planz, Langeweile; Sagnes, L'ennui dans la littérature française; Said, Zum Thema der Langeweile; Kuhn, Demon of Noontide. Ein klassisches Beispiel bei Charles Baudelaire, Die Blumen des Bösen. Vollständige zweisprachige Ausgabe, München 1986, S. 11.

Abgründe der modernen Welt verdeckt habe.[4] Zweitens gilt Langeweile als Problem von Frauen der Oberschicht, festgeschrieben in Romanen wie *Effie Briest* und *Madame Bovary*. Diese Deutung verortet Langeweile ebenfalls in einem Leben ohne Beruf und zielgerichtete Tätigkeit, allerdings nicht als nobilitierendes Kennzeichen eines überlegenen Geistes, sondern als Leere in einem unausgefüllten Leben, der mit letztlich zerstörerisch wirkenden Affären abgeholfen werden sollte. Für das 17. und 18. Jahrhundert werden Ennui oder Langeweile vor allem für England und Frankreich den Oberschichten zugeordnet, als Ergebnis überschüssiger Zeit oder als Ausdruck eines z. B. durch die Entwicklung des französischen Absolutismus bedingten Machtverlustes des Adels.[5] Welche Rolle aber spielte dieses Phänomen für Männer der Oberschichten im 19. Jahrhundert, das eher durch Beschleunigungsprozesse und die Metapher der Dampfmaschine gekennzeichnet wird?[6]

In dem seit der Aufklärung gehäuft auftretenden Vokabular der Reflexion spielte Langeweile eine Schlüsselrolle. Als »kulturelles Konstrukt und als psychosoziales Phänomen« (Michèle Huguet) begleitete sie die Entwürfe von Identität und Gesellschaft seit der Aufklärung. Das Reden über Langeweile, so die Leithypothese, vermittelt Einsichten über den Entwurf moderner Identität in seiner geschlechterspezifischen Brechung. Außerdem werden diametral unterschiedliche Sichtweisen des Zusammenhangs zwischen Individuum, Gesellschaft und Politik sichtbar. Sie kreisten vordergründig um die Frage, ob das Individuum oder die Gesellschaft an der Langeweile schuld seien, stritten und urteilten jedoch im Grunde darüber, wie verhandelbar Entwürfe von individueller und kollektiver Identität und sozialer Ordnung waren.

Als eigenständiger Begriff im 18. Jahrhundert etabliert,[7] erweiterte sich die bis dahin primär temporale Bedeutung von Langeweile als schlicht lang

---

4 Vgl. Bürger, Das Verschwinden des Subjekts, S. 139; Doehlemann, Langeweile, S. 121ff.
5 Lepenies, Melancholie und Gesellschaft, S. 49ff., S. 102; Blaicher, Freie Zeit, Langeweile, Literatur, S. 28ff., der den Zuwachs an freier, auch nicht mehr religiös normierter Zeit im 18. Jahrhundert für Oberschichtangehörige als Nährboden für seelische Krankheiten sieht; Völker, Langeweile, S. 140ff. Die vom Erwerb entbundene Oberschicht hieß »leisure class«, nicht »wealthy class«: ihre Verfügungsgewalt über Zeit war wichtiger für ihre sprachliche Erfassung als ihr tatsächlicher Reichtum, Enninger, Bedeutungsgeschichte von licere, S. 135. Doch empfanden französische Adlige wie Madame du Deffand und Germaine de Staël Ennui auch als existentielles Problem, vgl. Hirschman, Shifting Involvements, S. 52; s. a. Amendt, Zwischen »Implosion« und »Explosion«.
6 Den Anstoß für diese Überlegungen gab Steiner, The Great Ennui. Auch Norbert Elias hat Langeweile als Zeichen zu scharf verinnerlichter Fremdzwänge definiert, Elias, Über den Prozeß der Zivilisation, S. 323. Nahoum-Grappe, L'Ennui Ordinaire, S. 31, fragt in ihrer Analyse von Langeweile in der Gegenwart ebenfalls nach denen, »die weder Poeten noch Wüstlinge« seien, statt sie von vornherein bestimmten Gruppen oder Situationen zuzuordnen.
7 S. a. Spacks für den englischen Terminus, Spacks, Boredom, S. 7ff. Vgl. Kap. I.

werdender Zeit zur bis heute gültigen, doppelten Bedeutung einerseits als leere Zeit, andererseits als existentielles Unbehagen. Im dominant werdenden kulturellen Wertesystem stellte beides ein Tabu dar, sofern man davon ausgeht, daß die sogenannte bürgerliche Kultur sich ungebrochen über die kulturellen Werte von Fleiß, Zeitökonomie und Affektkontrolle definierte. Aber diese Kultur mit ihren Geschlechteridentitäten war als Referenzmuster und Bezugspunkt der Gebildeten im 18. Jahrhundert noch kein bereits gegebenes Phänomen, sondern mußte in einem kollektiven Bewußtseins- und Lernprozeß erst noch etabliert werden.[8] Die Aufklärer forderten den Mut, sich des eigenen Verstandes zu bedienen, um eine neue Gesellschaft zu denken, aber Langeweile verriet eine leere Seele, die gegen ihren eigenen Willen kein Interesse an und keinen Bezug zur Welt mehr erkennen ließ und deshalb handlungsunfähig zu werden drohte. Auch die Langeweilediskussion bestätigt die schon öfter in der Forschung thematisierte ambivalente Einstellung der Aufklärer zu ihrem eigenen Tugendkanon.[9] Sie berührte die verschiedenen Elemente, die Männlichkeit und Weiblichkeit aus der Perspektive der gebildeten Elite ausmachen sollten. Die Frage nach Langeweile schließt daher auch den Umgang mit Zeit, Arbeit und Gefühlen im Kontext der Individualisierungs-, Disziplinierungs- und Temporalisierungsprozesse ein, die die Zeit seit dem 18. Jahrhundert prägen.

Helvétius schrieb, daß der Mensch zur Trägheit neige. Nur die starken Leidenschaften oder aber die Angst vor Langeweile, also vor einem Mangel an Eindrücken in der Seele, würden zum Handeln antreiben.[10] Die Spannung zwischen handlungsgenerierenden Leidenschaften, dem Leitwert Selbstkontrolle und einem Mangel an Empfindungen bildete eine Grundachse der Langeweilediskurse auch im späten 18. und 19. Jahrhundert. Es wird im einzelnen gefragt, inwieweit das Reden über Langeweile erstens die Ambivalenz und Gebrochenheit der dominanten kulturellen Normen wie Fleiß, Zeitökonomie, Zukunftsorientierung und Affektkontrolle verriet und inwieweit es zweitens zeigte, wie mühsam die Verinnerlichung dieser Normen sein konnte und wie bewußt deren Gefahren angesprochen wurden. Gleichzeitig allerdings beleuchtet diese Diskussion, wie nachhaltig sich der seit dem 18. Jahrhundert entworfene Kanon der Lebensführung sukzessive durchsetzte. Drittens rücken die empfohlenen und eingesetzten Abwehrstrategien und Kompensationsmechanismen gegenüber einem Phänomen in den Blick, das als Krisenindikator zumindest in bestimmten Situationen ausgegrenzt werden sollte und in dieser

---

8 Kaufmann, Aufklärung, S. 13.
9 Kaufmann, Wahnsinn, und Hull, Sexuality, zeigen beide, daß eine übermäßige Konzentration auf nur kognitive oder sinnliche Aspekte als gefährlich galt. Auch Gay, Sexualität im bürgerlichen Zeitalter, S. 41, betont, daß die bürgerliche Kultur nicht nur nach außen durch die Opposition gegen Adel und Arbeiterschaft geprägt war, sondern auch nach innen durch die Unsicherheit über die eigene Position.
10 Helvétius, Vom Geist, S. 282f.

Funktion dazu diente, sogenannte Normalität zu konturieren. Denn wer Langeweile als Zeichen einer Sinnleere verstand, sprach auch über Sinnangebote, um ihr abzuhelfen.

Die Konstruktion von Identität wirft die Frage der Geschlechterdifferenz auf. Die Arbeit knüpft an die mittlerweile dichte Forschung über die normative und wissenschaftliche Konstruktion der Geschlechterordnung seit der Aufklärung an, die Männlichkeit und Weiblichkeit als naturhaft und prinzipiell unterschiedlich definierte.[11] Die Zuschreibungssysteme waren allerdings paradox. Einerseits kontrastierte das Geschlechterdenken zweckrationale, aktive Männer mit emotionalen, passiven Frauen.[12] Andererseits erklärten die Aufklärer die Balance zwischen Reflexivität und Emotionalität zum Angelpunkt männlich-autonomer Subjektivität.[13] Daher wird zum einen gefragt, inwieweit das Reden über die harmonische Balance zwischen Leidenschaft und Selbstkontrolle den Zivilisationsprozeß insofern aufspaltete, als die definitionsmächtigen Eliten geschlechterspezifisch unterschiedliche Vorstellungen von Affektkontrolle und Zeitgewissen entwarfen. Zum anderen wird analysiert, wie Männer und Frauen diese Muster vermittelten. Langeweile war nicht in sich bereits geschlechterspezifisch geprägt. Vielmehr kann man, wenn man ihr nachgeht, den Prozeß der geschlechterspezifischen Prägung von Temporalität, Trauer und Tugend nachzeichnen. Dabei soll kein Opfermythos konstruiert werden. Es geht vielmehr darum, daß mit der Geschlechterdifferenz als Kategorie[14] soziale Ordnung auch dergestalt hergestellt wurde, daß sie in so schwer feststellbare oder historisierbare Muster wie die temporale Konstruktion von Identität eingeschrieben wurde. Außerdem galt Langeweile als Sinnproblem und als ungenutzte Zeit. Insofern stellt sich auch die Frage, ob und wann mit dem Verweis auf Zeitökonomie die Äußerung des seelischen Unbehagens als nicht-diskutabel ausgegrenzt wurde.[15]

Es interessieren weniger die universalisierenden Deutungen dieses inneren »Territoriums der Leere«,[16] das für jede Anspielung verfügbar war, als die Strategien des Aushandelns und die dahinterstehenden Persönlichkeitsmuster, die Fragmentierung der Diskurse und der Streit um Bedeutungen. In der Bedeutungsdynamik muß daher zwischen Eigen- und Fremdbenennung unter-

11 Vgl. z. B. Schiebinger, The Mind has No Sex?; Laqueur, Auf den Leib geschrieben; Honegger, Ordnung.
12 Hausen, Polarisierung der »Geschlechtscharaktere«; Duden, Das schöne Eigentum.
13 Hull, Sexuality, S. 200; s. a. Trepp, Sanfte Männlichkeit, die allerdings die Spannung oder Vermittlung zwischen diesen beiden Mustern in Konfliktfällen nicht behandelt. S. a. Epple, Empfindsame Geschichtsschreibung, zum empfindsamen und klassischpolaren Männlichkeitsmodell.
14 Scott, Gender.
15 Stefan Breuer hat im Anschluß an Paul Virilio etwas anders gefragt, ob nicht die Zeitökonomie mit der Muße auch die Zivilisiertheit beschädigen oder gar vernichten könne, Die Gesellschaft des Verschwindens, S. 55.
16 So Corbins Metapher für das Meer, Meereslust, S. 296; der französische Titel lautet *Le territoire du vide*.

schieden werden. Wer beschrieb Langeweile wann und warum, wer durfte über sie klagen und wer nicht, wer schrieb sie wem in welcher Interpretation zu?[17] Langeweile konnte zudem Erfahrung, Praktik oder Zuschreibung sein. Sie konnte unterschiedliche Gefühlszustände andeuten, die sich dahinter verbargen,[18] oder, als Pose, andere beleidigen oder distanzieren.[19] Langeweile verwies auf anderes, und dieser Zeichencharakter konnte wandern. Zuschreibungen konnten von der individuellen auf die gesellschaftliche oder politische Ebene, von Individuen auf Gruppen, kollektive Einstellungen oder Verhaltensweisen verschoben werden. Mit einer solchen Zuschreibung wurden auch Machtpositionen reklamiert, im alltäglichen Diskutieren über Lebensführung wie in politischen Kommentaren. Zwar wirft das Thema ein schwieriges methodisches Problem insofern auf, als Langeweile sich in Schweigen hüllen und der historischen Analyse entgleiten kann. Aber Schweigen lenkt nicht nur Erinnerungen und Narrativen,[20] sondern eine schweigende Gleichgültigkeit war ebenfalls eine Praktik der Langeweile, im Kaiserreich auch noch literarisch inszeniert, und bezeichnete somit eine Position in Konfliktsituationen.

Es gibt zahlreiche Studien zu Langeweile in der Psychologie, Literaturwissenschaft, Philosophie, Theologie und Soziologie,[21] nicht aber in der Geschichtswissenschaft. Literatur unterschiedlicher Provenienz hat jedoch Teilaspekte in den Blick genommen, die auch hier interessieren. In der Sprache der Psychologie gilt Langeweile als unlustvoll erlebte Triebspannung ohne Triebziel, als unbefriedigter Erlebnishunger.[22] Existentielle Gleichgültigkeit und totales Desinteresse am Dasein verbinden sich mit einem »unstillbaren – aber in der Zeit befangenen – Sehnen über die Zeit hinaus«, das die Gegenwart als schal und nichtig erscheinen läßt[23] und zugleich, so kann man hinzufügen, auf die mentale Selbstverständlichkeit der linearen Zeitwahrnehmung verweist. Die »psychische Anorexie«,[24] in der das Leben wie eine Kette von »near-experiences« wirkt,[25] kann durchaus produktiv gewendet werden. Jedoch wird eher betont,

17 Änliche Fragen formuliert Porter bezüglich Foucaults These der Diskursivierung der Sexualität, Porter, Is Foucault Useful, S. 67.
18 Phillips, On Kissing, S. 78.
19 Sich mit sich selber zu langweilen, kann, in der Sprache der Psychoanalyse, ein Zurückweisen seiner selbst sein, Nahoum-Grappe, L'Ennui Ordinaire, S. 34.
20 Vgl. Cohen, The Combing of History.
21 Im Vergleich mit der Melancholieforschung, deren Diskussion der Formen, Wirkungsweisen und Funktionen von Melancholie auch für dieses Thema wichtig sind, ist die Forschung allerdings immer noch bescheiden. Grundlegend: Klibansky, Panofsky, Saxl, Saturn und Melancholie; Schings, Melancholie; Weber, Im Kampf mit Saturn; Lepenies, Melancholie, v. a. für die Interpretation als Reaktion auf Ordnungsüberschuß oder Mangel an Ordnung.
22 Revers, Die Psychologie der Langeweile; Fenichel, Zur Psychologie der Langeweile.
23 Revers, Psyche und Zeit, S. 56.
24 Healy, Boredom, Self and Culture, S. 60; Spacks, Boredom, S. 14.
25 Miller, The Bored and the Violent.

daß sie zu Handlungshemmung oder zu einem Ausbruch von (ungerichteter) Aggression und Gewalt führt.[26] Als mögliche Symptome gelten Unzufriedenheit und Abneigung gegen Tätigkeit; Sehnsucht, ohne das Ziel der Sehnsucht benennen zu können; ein Gefühl der Leere; eine passive Erwartungshaltung mit der Hoffnung, daß die Außenwelt die erhoffte Befriedigung verschaffen wird.[27]

Interessant ist zum einen, daß diese Beschreibungen in keinem Punkt über die Interpretation der aufklärerischen Diätetiklehrer hinausgehen. Zum anderen ist aufschlußreich, daß jede Facette dieses synthetischen, zusammengesetzten Phänomens auf einen der kulturellen Leitwerte des 18. und 19. Jahrhunderts reagierte: die Arbeitsunlust auf den Fleiß, das gestörte Zeitverhältnis auf die Zukunftsorientierung und die Zeitökonomie, die Abwesenheit der Gefühle auf die Anforderung der harmonischen Verbindung von Geist und Gefühl bei Männern und die Pflicht zur Emotionsarbeit bei Frauen. Diese Ähnlichkeit verweist auf die Kontinuität von Identitäts-, Gefühls- und Zeitmustern, die im 18. Jahrhundert formuliert wurden, ihrer Ausprägung jedoch zunächst vorausliefen. Einig sind sich Psychologen des 20. und Seelenlehrer des 18. Jahrhunderts außerdem darin, daß Langeweile nicht theorie- oder modellfähig ist. Ihr unverbesserlich subjektiver Charakter entzieht sich jeder Theorie, die sie auf ein spezifisches Raster von Faktoren zurückführen will.[28] Langeweile läßt sich so wenig theoretisch festlegen wie ihr Gegenstück, der glückliche, zeit- und selbstverlorene Augenblick, und kann nur hermeneutisch entschlüsselt werden.

Neben der Frage, was sie ist, interessierte ihr Zeichencharakter. Sie gilt entweder als universales (Sinn)Problem oder als Zeichen von Gottesverlust, das sich zu verschiedenen Zeiten in andere Gewänder gehüllt habe.[29] Oder sie wird, wie erwähnt, als zeit- oder gruppenspezifisches Phänomen gedeutet, ent-

26 Klinkmann, Langeweile und Gewalt; Mattenklott, Tödliche Langeweile, S. 98; Goetzl (Hg.), Boredom.
27 Greenson, On Boredom, S. 7; De Chenne, Boredom as a Clinical Issue, S. 71.
28 Perkins, The Nature and Origin of Boredom; Hill, Perkins, Toward a Model of Boredom, S. 235-240. Die theoretischen Aufsätze kommen eher aus psychoanalytischer Richtung, während empirische Studien meist aus der Industriepsychologie stammen, De Chenne, Boredom, S. 71.
29 Kuhn, Demon of Noontide; Huguet, L'ennui et ses discours, die Ennui vorwiegend in den historischen Epochen auftauchen sieht, in denen die Prozesse der Subjektbildung von einem Verinnerlichungsschub gekennzeichnet waren, und konkret u. a. die Stoa, den mittelalterlichen Mystizismus und die Neurastheniedebatte des 19. Jahrhunderts diskutiert; die Deutung als Gottesverlust auch bei Lorenz, Zwischen Angst und Langeweile; Endres, Angst und Langeweile, S. 43ff.; Bleistein, Therapie der Langeweile; Jacobi, Langeweile, Muße und Humor; Heinen, Das Problem der Langeweile im Dorf (verknüpft mit der Klage über den Verlust der »ansprechenden Unmittelbarkeit« in einer »echten Dorfgemeinschaft«); Ders., Liebe als sittliche Grundkraft. S. a. Überwindung (Therapie) der Langeweile. Materialheft für den Lebenskundlichen Unterricht, Juni 1975. Das Thema im Unterricht, Walburga Teves, hg. v. Katholischen Militärbischofsamt Bonn, S. 26f.

weder bei Künstlern, die sich von der bürgerlichen Erwerbswelt distanzieren wollten, oder als Signal des Funktionsverlustes eines im repräsentativen Nichtstun erstarrten Adels.[30] Andere verstehen Langeweile primär als ein Problem der Moderne, das die Prozesse der Verzeitlichung und Individualisierung reflektierte und Entwürfe von Identität und Gesellschaft seit der Aufklärung begleitete.[31] Aus kulturkritischer Perspektive gerät sie zu einer catch-all-Ursache eines pauschal konstatierten und verurteilten Wertewandels. Die sogenannte Massenkultur, Fernsehen, Musik- und Reizüberflutung gelten als Auslöser eines Orientierungs- und Motivationsverlustes für eigenständige aktive Tätigkeiten.[32] Das geläufige Alltagsverständnis von Langeweile als bloßem Gegensatz zu Arbeit oder als Indiz von zu viel freier Zeit ist ein klassisches Mißverständnis der modernen Arbeitsgesellschaft.[33] Im Schnittpunkt von Wertewandel und Krise der Arbeitsgesellschaft denkt die Freizeitpädagogik aber intensiv darüber nach, wie sie die Langeweile der freien Zeit in die verlorengegangene Muße zurückverwandeln kann.[34] Ebenso gilt ein zunehmend rationalisierter Alltag, die abstrakte moderne Gesellschaft, mit deren Institutionen sich die Menschen nicht mehr identifizieren könnten, als Ursache, eine Überlagerung des Sinns durch die Funktion, die der einzelne innehat,[35] eine Interpretation, die weder fragt, ob die vielbeschworene Entzauberung für alle gleichermaßen eintrat, noch, wie eine Distanz zwischen Individuum und Welt im Einzelfall entstand, bewältigt oder mit neuem Sinn versehen wurde.

Die Suche nach Langeweile läßt jedoch genau die Suche nach Sinngebung immer wieder aufscheinen. So konnte der Langeweilevorwurf als politische Praktik sichtbar gemacht werden, als Deckmantel für politische Kritik bei Heine.[36] Ähnlich erläutert Patricia Meyer Spacks in ihrer kulturgeschichtlich ausgeweiteten Literaturgeschichte von »boredom« vom 18. bis zum 20. Jahr-

30 Mosler, Georg Büchners *Leonce und Lena*.
31 Goodstein, Experience without Qualities, bes. Kap. 1 und 2, zur soziologischen und universalisierenden Sichtweise bei Simmel bzw. Heidegger; Spacks, Boredom, S. 6ff.; s. a. Healy, Boredom, Self and Culture; Schwarz, Langeweile und Identität, für den Langeweiletopos in der romantischen Literatur.
32 Piel, Im Geflecht; Bellebaum, Langeweile; Doehlemann, Langeweile; als Gegenthese Engell, Vom Widerspruch zur Langeweile: man sehe nicht fern, weil man sich langweile, sondern sich zu langweilen und so dem auch für die Freizeit geltenden Sinndiktat zu entgehen.
33 Mattenklott, Tödliche Langeweile, S. 92, 97. Anleitungen zu einem sinnvollen Umgang mit Freizeit in Gronemeyer, Das Leben als letzte Gelegenheit, S. 127.
34 Nahrstedt, Leben in freier Zeit; Ders., Die Entdeckung der Muße; s. a. Wiezorek (Hg.), Freizeit – Langeweile und Streß; Piel, Langeweile. Ein Schicksal?; s. a. Jackstel, Ferien ohne Langeweile.
35 Zijderveld, Modernität und Langeweile; Zijderveld, Cliché and Boredom; den Zusammenhang von Zukunftsvorstellungen und Langeweile betonen Brissett, Snow, Boredom: Where the Future Isn't.
36 Hofstaetter, Langeweile bei Heinrich Heine.

hundert,[37] mit welchen literarischen Praktiken Frauen ihrer erlebten oder der ihnen zugeschriebenen Langeweile begegneten, wobei der Zugriff auf Literatur aufgrund der religiösen Überhöhung von Kunst und Literatur in Deutschland noch entscheidender war. Die moralisierende Deutung Spacks', daß die individualistisch-moralisierende Deutung in der Aufklärung zunächst soziologisierenden Interpretationen im 19. Jahrhundert und dann der heutigen Erklärung gewichen sei, Langeweile sei immer durch die Umwelt verschuldet, läßt sich dagegen nicht übertragen, sobald man den Blick darauf lenkt, wie ambivalent und umstritten diese Definitionsprozesse und ihre Aneignung waren.

Das Quellenmaterial für einen solchen Rekonstruktionsversuch ist zwangsläufig heterogen. Man muß unbedeutende Traktatschreiber ebenso wie kulturell kanonisierte Texte heranziehen,[38] um das Konnotationsspektrum dieses nur auf den ersten Blick marginal wirkenden Begriffs ausloten und dann nach einem Raster von Aspekten suchen zu können, das Leidenschaften und Begehren, Hoffnung und Ehrgeiz, Trauer und Gewissen umfaßte. Es wurden Aufsätze, Monographien und Zeitschriften über Langeweile ermittelt und ausgewertet. Die Quellenlage spiegelt die zunehmende gesellschaftliche Verankerung der angestrebten Lebensführung. Zeitschriften und größere eigenständige Schriften zu Langeweile, die sich um die Konstruktion von Identität drehten, erschienen vornehmlich im späten 18. und frühen 19. Jahrhundert, während wichtige Lexika die Erklärungen einiger Schlüsseltexte übernahmen. Daneben mußte das Nachdenken über Langeweile aber auch aus Schriften zu Populärphilosophie, Anthropologie und Erfahrungsseelenkunde, Seelendiätetik und psychischen Krankheiten, Zeit und Gefühlen herausgefiltert werden, Schriften, in denen Langeweile weder im Titel noch im Inhaltsverzeichnis auftauchte. Etliche Zeitschriften wurden ausgewertet, z. B. das *Magazin für Erfahrungsseelenkunde* im späten 18. Jahrhundert, Familienzeitschriften wie die *Gartenlaube* oder *Daheim* oder einzelne publizistische Quellen des sich ausweitenden Medienmarktes des Kaiserreichs wie *Die Gesellschaft* oder *Die Gegenwart*. Weitere wichtige Quellen bildeten einerseits Verhaltensratgeber und Anstandsschriften, die im Versuch, ideale Formen von Männlichkeit und Weiblichkeit zu skizzieren, Gefühle und Verhalten gleichermaßen ansprachen. Andererseits dienten Briefe, Autobiographien, Memoiren und Tagebücher (vorwiegend protestantischer, aber auch jüdischer und einiger katholischer VerfasserInnen) dazu, den Umgang mit Langeweile auszuloten, wobei hier das Augenmerk darauf lag, unterschiedliche lebensweltliche Situationen zu erfassen, von Verheirateten und Ledigen oder von Männern und Frauen mit verschiedenen Tätigkeiten. Nur vereinzelt wurde die Höhenkammliteratur und -philosophie herangezogen.

---

37 Spacks, Boredom.
38 Vgl. Kittsteiner, Die Entstehung des modernen Gewissens, S. 25f.

Statt eine idealtypische Definition von Langeweile anzunehmen und auf die Vergangenheit zurückzublenden,[39] versucht die Analyse, vom 18. Jahrhundert her zu verstehen, in welche Bedeutungsfelder die semantischen und inhaltlichen Trabanten von Langeweile hineinführten. Für eine Bedeutungsgeschichte ist nicht jedes Auftreten des Begriffs relevant. Worte allein erschliessen noch keine Bedeutung; diese wird erst sichtbar durch den Funktionszusammenhang, d. h. im Kontext der jeweiligen Diskurse und deren gesellschaftlicher Indienstnahme.[40] Mir geht es zum einen um die Diskurse über Langeweile, womit hier das Reden über die Werte und Verhaltensweisen gemeint ist, mit dem definitionsmächtige Gruppen die Kultur ihrer Gesellschaft zu steuern versuchten. Zum anderen geht es um die vielschichtige Aneignung[41] dieses Redens und um die Praktiken, mit denen Männer und Frauen Deutungsmuster und Symbolwelten ebenso veränderten, wie sie sie bewahrten und reproduzierten. Daß Arbeiter und Bauern nicht thematisiert werden, soll ausdrücklich nicht die bildungselitäre Deutung untermauern, daß diese sich nicht gelangweilt hätten, sondern resultiert (ebenso wie der Endpunkt der Arbeit) aus arbeitspraktischen Erwägungen.

Die Arbeit ist in fünf Kapitel gegliedert. Das erste Kapitel behandelt die Begriffsgeschichte und semantischen Kontexte von Langeweile bis zum 18. Jahrhundert sowie ihre lexikalische Verortung im 19. Jahrhundert. Die übrigen vier Kapitel bilden die eigentliche Grundstruktur der Arbeit, man kann das erste also getrost überspringen. Das zweite Kapitel umfaßt die »Sattelzeit« (Reinhart Koselleck) und analysiert das Reden über Langeweile im späten 18. und frühen 19. Jahrhundert mit Blick auf Definitionen, Ursachenanalyse und die darin aufscheinenden Persönlichkeitsmuster. Diese Verortung von Langeweile liefert nicht nur die chronologische, sondern auch die argumentative Folie für die folgende Analyse weiblicher und männlicher Lebenswelten sowie der Umdeutungen von Langeweile. Das dritte Kapitel analysiert ihre Bedeutungen in der normativen Konstruktion von Weiblichkeit im Vergleich mit dem Langeweilediskurs der Aufklärung und untersucht das Phänomen dann in den Lebenswelten von bürgerlichen und adligen Frauen. Das vierte Kapitel widmet sich denselben Fragen mit Blick auf die Repräsentationen von Männlichkeit und die Erfahrungen von Männern der Oberschicht. Beide Abschnitte sind systematisch gegliedert, schlagen aber jeweils auch einen diachronen Bogen vom späten 18. bis zum frühen 20. Jahrhundert. Das Reden über Langeweile und Weiblichkeit gewinnt durch den Vergleich mit der Aufklärungsdebatte seine Schärfe, während das folgende Kapitel über Männlichkeit wiederum hilft, den Weiblichkeitsdiskurs und die Erfahrungen von Frauen zu kontextualisieren.

---

39 Kritisch dagegen auch Peters, Notes Toward an Archaelogy of Boredom, S. 493-511.
40 Stierle, Historische Semantik, S. 154-189; Stanitzek, Blödigkeit, S. 4f.
41 Zur Heterogenität von Aneignungsprozessen vgl. Chartier, Kulturgeschichte, S. 7-19.

Das fünfte und letzte Kapitel schließlich betrifft überwiegend die Zeit nach 1848. Es widmet sich den sich ausdifferenzierenden Langeweilediskursen, die in widersprüchlicher Weise um das Verhältnis von Individuum und Gesellschaft oder Politik kreisten. Zunächst geht es um eine Umdeutung der politischen Bedeutung von Langeweile nach 1850, die darauf zielte, Politik im Sinne von Demokratisierung aus dem Alltag herauszuschreiben und gesellschaftliche Pluralisierungs- und Internationalisierungsprozesse zu kritisieren. Dieser Deutungsprozeß trug auch dazu bei, das polare Geschlechtermodell zu verschärfen. Im Kaiserreich markierte der Langeweilebegriff dann zum einen eine Kritik an langeweileproduzierenden Konventionen, ohne daß die Produktion dieser sozialen Regeln noch problematisiert worden wäre. Zum anderen aber entfaltete sich eine literarisch, publizistisch und privat ausgetragene Auseinandersetzung um den Langeweilebegriff im Geschlechterverhältnis, die die Paradoxien der Geschlechteridentitäten aufgriff und ihre Nichtverhandelbarkeit hinterfragte.

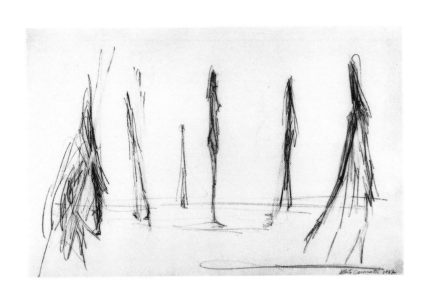

I. Schuldhafte Trauer

1. Begriffsgeschichte und semantisches Umfeld

Der moderne Begriff der Langeweile begann seinen Siegeszug im 18. Jahrhundert.[1] Als Ausdruck metaphysischer Verzweiflung oder politisch-gesellschaftlicher Ohnmacht bildete Langeweile seitdem einen Topos der modernen Weltliteratur und Philosophie. In den semantischen Kontexten und den Symptomfeldern von Acedia und Melancholie tauchte sie jedoch bereits seit dem Mittelalter im abendländischen Schrifttum im Zusammenhang mit Trauer und Schwermut auf.[2] Als selbständiges Wort zum erstenmal 1537 in einem deutschlateinischen Wörterbuch nachgewiesen,[3] avancierte sie in der Aufklärung vom Wort, das im Mittelalter als Trabant um Acedia, im 17. und 18. Jahrhundert um Melancholie kreiste, zum eigenständigen Begriff, mit dem subjekttheoretische Positionen bezogen wurden.

Bis ins 18. Jahrhundert hatte Langeweile primär temporale Bedeutung, im Sinne von schlicht lang werdender Zeit, mit Kurzweil als dem wichtigsten Gegenbegriff vom 14. bis zum 18. Jahrhundert. Als ihre Bedeutung sich um die subjektive Komponente erweiterte, wurden Reiz und Interesse zu den wichtigsten Gegenbegriffen.[4] Zwar war auch der mystische Langeweile-Begriff mit Sehnsucht, Ekel oder Widerwillen konnotiert,[5] und im Kontext der Melancholie im 17. und 18. Jahrhundert verwies er auf Unlust, Schwermut und Verdruß. In den Mittelpunkt rückte die Bedeutung als subjektive Empfindung jedoch erst mit der Aufklärung. Der Philosoph und Pädagoge Johann Georg Sulzer definierte sie in seiner *Theorie der angenehmen und unangenehmen Empfindungen* in der Mitte des Jahrhunderts als Verdruß über die Untätigkeit der Seele. Die Blockade des seelischen Tätigkeitsdrangs galt nun als eigentliche Quelle, wobei der Aufklärungspsychologie zufolge die Seele Ideen und Gefühle zugleich produzierte. Die Lexika übernahmen diese Definition seit den 1790er Jahren,[6] nachdem der Begriff lebhaft diskutiert worden war. Von nun an äußer-

---

1   Lessin, Langeweile, S. 28; das einschlägige Werk zur Begriffsgeschichte ist Völker, Langeweile; s. a. Spacks, Boredom; Healy, Boredom, self and culture.
2   Kuhn, Demon of Noontide; Jehl, Melancholie und Acedia, S. 2f.; Bouchez, L'ennui de Sénèque à Moravia.
3   Völker, Langeweile, S. 28.
4   Ebd., S. 38ff., 54f.
5   Ebd., S. 86.
6   Sulzer, Untersuchung über den Ursprung, S. 21f. (1753-54 in den Jahrbüchern der Berliner Akademie auf Französisch, ab 1762 auch auf Deutsch veröffentlicht); Völker, Langeweile, S. 88.

te sich ein existentielles Unbehagen und Mangelgefühl in einem negativen Zeitempfinden, im Kontext einer umfassenden Temporalisierung, die die Unwiederbringlichkeit der Zeit und somit auch des Erlebens postulierte. Im Subjektivierungs- und Individualisierungsschub der Aufklärung wurden auch die Ursachen der Langeweile lexikalisch in die individuelle Reaktion auf Situationen verlagert.[7]

a. Acedia

In der Antike gibt es nur wenige Verweise im Sinne von Sorge oder Erschöpfung, obwohl ähnliche Zustände im taedium vitae, in nausea und fastidium verborgen sein können.[8] Das erste begriffsgeschichtlich relevante Vorkommen wird in das Umfeld der mittelalterlichen Acedia datiert.[9] Die spirituelle und seelische Problematik der Acedia[10] gewann mit der Ausweitung des Christentums im 4. und 5. Jahrhundert in der patristischen Literatur an Bedeutung, so in den Schriften Cassians über das Zusammenleben in religiösen Gemeinschaften.[11] Sie gehörte in den Kontext der bis in die Antike zurückreichenden philosophischen Suprematie von Geist über Körper und Materie (und in einen Kontext von Pflicht und Schuld), die im Christentum theologisch untermauert und im post-Cartesianischen Dualismus noch einmal verstärkt wurde.[12] Langeweile war eine mögliche Ursache für die Trägheit beim Gebet, die zu den

---

7 Lessin, Langeweile, S. 28; Völker, Langeweile, S. 54, 89. Auch das englische »boredom« bedeutete »the disruption of desire« (oder »interest«), die Unfähigkeit zu begehren oder die Unfähigkeit, Begehren oder Wünsche erfüllt zu haben. Völker, Langeweile, S. 88; Spacks, Boredom, S. X.

8 Huguet, L'ennui et ses discours, S. 46f., für die stoische Vorstellung des Glücks als der perfekten Realisierung des Augenblicks. Die Bewegungs-, Zeit- und Zukunftskonzepte der Moderne, die Glück ähnlich fassen, gaben der Langeweile m.E. aber erst ihre subjektive Schärfe.

9 Ebd., S. 9; Revers, Psychologie der Langeweile, S. 13ff.

10 Jehl, Melancholie und Acedia, S. 7f.; Bouchez, L'ennui, S. 24ff.; Healy, Boredom, S. 16f.; Kuhn, Demon, S. 376; Revers, Psychologie der Langeweile, S. 13ff.; Huguet, L'ennui et ses discours, S. 57. Im taedium vitae, so Huguet, erfuhr der Mensch die Zeit als genau so lastend wie in der Acedia, aber nicht als Sünde. Dies geschah erst mit den Verinnerlichungsschüben des Christentums, die Gott als das Andere zum konstituierenden Prinzip menschlicher Identität und den Gottesverlust zum Selbstverlust werden ließen, ebd. S. 65.

11 Jehl, Melancholie und Acedia, S. 7f.

12 Zum frühen Christentum vgl. Brown, The Body and Society; ein Überblick mit Literatur bei Rousseau, Porter, Introduction: Toward a Natural History of Mind and Body, S. 3-44; zu den philosophischen Debatten um das Verhältnis von Geist, Körper und Seele vgl. Fink-Eitel, Lohmann (Hg.), Zur Philosophie der Gefühle; für eine Lesart moderner Philosophie, die menschliche Praktiken als subjektivitätskonstituierend ansieht, statt den Körper in den Schatten des Verstandes zu drängen, vgl. Hardt, Gilles Deleuze, S. 107.

Kardinalsünden gehörte, wenn der Betroffene sich nicht willentlich dagegen wehrte.[13] Im Verinnerlichungsschub des Hochmittelalters verlagerte sich der Schwerpunkt vom Verhalten auf einen Bewußtseinszustand. Anstelle physischer Faulheit betonten Predigten und Beichtgespräche eher die spirituelle Faulheit, die Vernachlässigung der geistlichen Pflichten, Müdigkeit und Langeweile. Auch die protestantische Theologie verstand unter Acedia das Nachlassen des Einzelnen im Bemühen, den Gnadenstand aufrechtzuerhalten.[14] Eine Definition von 1724 zeigte die Nähe zu Sulzers Definition der Langeweile als Verdruß über die Untätigkeit der Seele: »Der Zustand einer Seele, die nachdem sie schon einmahl vom Stande der Gnaden in der Ordnung wahrer Wiedergebuhrt Possession genommen, und also wahrhafftig ein Kind Gottes wurde, ob es gleich noch sehr schwach wäre, und des Wachsens in die Grösse und Festigkeit nöthig hat, nun wieder träge wird, wieder nachläßt, gleich einem Bogen, der erst feste gespannet war, aber unversehens schlaff wird, und keinen Bogen mehr zum Ziel treibt.«[15] In ihrer Wendung von der Religion zur Moral, von der Dogmatik zur praxis pietatis bauten die deutschen Aufklärer diese Definition in säkularisierter Form in die aufklärerische Alltagsmoral ein.

b. Ennui

Es ist eine gängige Annahme, daß Ennui ein tieferer und existentiellerer Zustand sei als Langeweile. Auch Langeweile selbst wird traditionell in zwei Kategorien unterteilt, eine harmlose Form des sogenannten gegenständlichen, durch die unmittelbare Situation ausgelösten Gelangweiltseins und eine bedrohliche Form der sogenannten zuständlichen Langeweile.[16] Diese Unterscheidung läßt sich in der historischen Analyse selten aufrechterhalten. Außerdem birgt sie häufig eine werthafte Zuschreibung. Denn gerne wird zwischen dem bedeutsameren Ennui der unbefriedigten Seele einerseits und einer oberflächlicheren Langeweile andererseits unterschieden, der »banale(n) Langeweile in Schulen, bei Hausfrauen in Suburbia und an Arbeitsplätzen mit monotonen Arbeitsvollzügen,«[17] der der existentielle Krisencharakter abgesprochen wird. In der begriffsgeschichtlichen Entwicklung verwischten sich jedoch in den Bedeutungen von Leere, Verdruß und Sinnlosigkeit die semantischen

---

13 Völker, Langeweile, S. 28ff., 118; Bellebaum, Langeweile, S. 15-38; s. a. Altschule, Acedia, S. 117-119.
14 Kittsteiner, Die geschichtsphilosophische Allegorie, S. 169.
15 Johann Daniel Herrnschmid, Unterricht Von Der Geistlichen Trägheit, hg. v. Johann August Majer, Halle 1724, zit. nach Kittsteiner, Die geschichtsphilosophische Allegorie, S. 169.
16 Am wirkungsmächtigsten: Revers, Psychologie der Langeweile, S. 54ff.
17 Kuhn, Demon, S. 13.

Unterschiede.[18] Seit dem 16. Jahrhundert erweiterte sich die Affekt-Bedeutung des Ennui um die Zeitkomponente, während umgekehrt das Zeiterleben der Langeweile affektiv aufgeladen wurde.[19] Es mochte ein semantisches Indiz für die Vorreiterrolle des Französischen sein, daß Langeweile die existentielle Bedeutung später als der Ennui erhielt. Es war sicher ein Zeichen für die Vernetztheit der nationalen Prozesse der Aufklärung, daß die deutsche Debatte durch die Übersetzung des Ennui als Langeweile seit der zweiten Hälfte des späten 18. Jahrhunderts beflügelt wurde.[20]

Der eigentliche Aufstieg des Ennui als Teil der *condition humaine* begann in der Renaissance und in der Bewußtseinsphilosophie des 17. Jahrhunderts. Dürers *Melencolia I* verriet die Topographie eines Denkens, dem die Welt fragwürdig und problematisch geworden war.[21] Der Ennui implizierte ein gestörtes Lebensbewußtsein, einen objektlosen Weltschmerz, die Blockade der rastlosen reflexiven wie emotionalen Bedürfnisse des Menschen. Pascal, der wichtigste Philosoph der Langeweile des 17. Jahrhunderts, blieb einerseits in der Tradition der Acedia, als er den Ennui als Abwesenheit des Gnadenstandes, als Gottesverlust, definierte. Andererseits formulierte er ein Basisaxiom der neuzeitlichen Anthropologie der Rastlosigkeit, als er den Zustand des Menschen mit »Unbeständigkeit, Langeweile, Unruhe« umschrieb:[22]

> Nichts ist dem Menschen so unerträglich, wie in einer völligen Ruhe zu sein, ohne Leidenschaft, ohne Tätigkeit, ohne Zerstreuung, ohne die Möglichkeit, sich einzusetzen. Dann wird er sein Nichts fühlen, seine Verlassenheit, seine Unzulänglichkeit, seine Ohnmacht, seine Leere. Unablässig wird aus der Tiefe seiner Seele die Langeweile aufsteigen, die Niedergeschlagenheit, die Trauer, der Kummer, der Verdruß, die Verzweiflung.[23]

18 Bellebaum, Langeweile, S. 55.
19 Völker, Langeweile, S. 139; zur Ähnlichkeit der Definitionen im 18. und 19. Jahrhundert vgl. die Definitionen des Ennui in Diderots Encyclopédie, Bd. 5, Paris 1751-1765, S. 693-695 und in Pierre Larousse, Grand Dictionnaire Universel du XIXè Siècle, Paris 1870, S. 598; s. a. Weber, Ennui, S. 9, 21ff. Weber nennt ihn den schwierigsten Gefühlsbegriff und einen der ungenauesten Begriffe der französischen Sprache überhaupt, ebd., S. 4.
20 Lexikalische Belege bei Völker, Langeweile, S. 145. Die deutsche Übersetzung der Maximen La Rochefoucaulds von 1699 gab ennui noch als »Verdruß« bzw. ennuyieren als »verdrießlich machen« wieder; im späten 18. Jahrhundert wechselte man zu Langeweile, ebd. S. 143.
21 Böhme, Albrecht Dürer. Melencolia I, S. 42, 71; vgl. Böhme, Anthropologie in pragmatischer Hinsicht, S. 29-44, für die Verabsolutierung des Bewußtseins; Whyte, The Unconscious before Freud, u. Lüdtkehaus (Hg.), »Dies wahre innere Afrika«, für die seit dem 17. Jahrhundert geführte Debatte über das Unbewußte.
22 Pascal, Gedanken, Nr. 194, S. 85.
23 Ebd., Nr. 192, S. 84; vgl. Zelle, Angenehmes Grauen, S. 124; Völker, Langeweile, S. 137, 139; Bellebaum, Langeweile, S. 53.

Helvétius erklärte den horror vacui in *De l'homme* 1773 ebenfalls als »l'absence des sensations assez vives pour nous occuper«,[24] ordnete sie aber auch den Disziplinierungsprozessen der Neuzeit zu. Ohne Leidenschaft, ohne Tätigkeit, ohne Zerstreuung, ohne Engagement, das bedeutete für die Prozesse der Subjektivierung, um die die Langeweiledebatte kreiste, ohne Antrieb, Ziel und Rahmen, ohne Entlastung und ohne soziale Einbindung zu sein, ein leerer Mensch im leeren Raum.

c. Melancholie

Die Leere, die der vieldeutige Zustand der Langeweile repräsentierte, war zwar je nach sozialem Kontext in Ausdruck und psychologischem Gehalt variabel.[25] Die Wertung als schuldhafte Trauer allerdings traf sie unterschwellig oder explizit meistens, aus moraltheologischer Perspektive wie im Kontext einer säkularisierten Lebensdeutung und Moral, auch wenn z. B. Künstler eine positive Bedeutung reklamierten. Diese eher negative Beurteilung unterschied Langeweile von der Melancholie, mit der sie die Handlungslähmung als mögliche Folge gemein hatte.[26]

Melancholie erhielt von der Antike bis in das frühe 19. Jahrhundert zwei Interpretationen: die Deutung als somatische Unordnung oder als Stimmungsbild, wobei moralische und körperliche Ursachen, ähnlich wie bei der Hypochondrie, parallelisiert wurden.[27] Im Spätmittelalter flossen Acedia, Traurigkeit und Melancholie häufig ineinander.[28] Die traurig-schwermütige Grundstimmung des Weltbildes und des Lebensvollzuges, die auch aus der leeren Zeit entstehen konnte,[29] wurde dann pathologisch, wenn sie die Vitalität einschränkte und die Handlungsbereitschaft lähmte, denn sowohl die Pflicht zum Gebet als auch die Situation der Bürger in der Welt erforderten menschliches Handeln.[30] Zur Krankheit wurde sie im 19. Jahrhundert, als ihre Erklärung durch die schwarze Galle im Kontext der Säfte- und Temperamentenlehre nicht mehr

---

24 Helvétius, De l'homme, S. 673.
25 Huguet, L'ennui et ses discours, S. 7, 35; Bouchez, L'ennui, S. 6.
26 Zur Handlungslähmung Lepenies, Melancholie, S. 187; Engell, Widerspruch, S. 276; Schwarz, Langeweile, S. 58f.
27 Klibansky, Panofsky, Saxl, Saturn und Melancholie; Starobinski, Geschichte der Melancholiebehandlung, hier S. 14ff.; Jackson, Melancholia; die Literatur zur Melancholie ist sehr umfangreich und kann hier wie die übrigen Aspekte nur knapp angesprochen werden. Für diese Studie besonders anregend Schings, Melancholie, und Weber, Im Kampf mit Saturn.
28 Klibansky, Panofsky, Saxl, Saturn und Melancholie, S. 325, Anm. 21.
29 Völker, Langeweile, S. 45ff.
30 Weber, Im Kampf mit Saturn, bes. S. 157f.; Jackson, Melancholia, S. 396; Starobinski, Geschichte der Melancholiebehandlung, S. 14f.

haltbar war.[31] Seit dem späten 18. Jahrhundert waren Mediziner eher denn Theologen für sie zuständig.[32]

Ebenfalls aus der Antike datierte die Zuschreibung der Melancholie zu tiefsinnigen und außergewöhnlichen Charakteren. Diese Kopplung erneuerte sich wirkungsgeschichtlich in der Renaissance, dem goldenen Zeitalter der Melancholie. Der Florentiner Marsilio Ficino entwarf seine diätetischen Lebensregeln, um vor der Gefährdung durch intellektuelle Arbeit zu schützen. Robert Burton zeichnete den zünftischen Gelehrten in seiner *Anatomie der Melancholie* von 1621 als komischen und weltfremden Alltags-Trottel.[33] Der möglicherweise nobilitierende Zeichencharakter des Weltschmerzes blieb jedoch in jedem Fall Männern vorbehalten; bei Frauen interpretierten die Zeitgenossen dieselben Symptome als grundlose Traurigkeit und Unbeherrschtheit.[34]

Im 16. und 17. Jahrhundert spielte Melancholie eine wichtige Rolle im anthropologischen Modernisierungsprozeß, da ihre Definition, Diagnose und Therapie Aussagen über die ›Normalität‹ des Menschen erforderten.[35] Das reformatorische Menschenbild setzte den Glauben und die richtige Lebensführung dagegen, in der sich Lebenslust und die Heiligung von Arbeit über die Bedarfsbefriedigung hinaus nicht ausschlossen, sondern gegenseitig verstärkten.[36] Die gefährliche Aktivitäts- und Entschlußhemmung einer nicht-produktiven Melancholie führte dazu, die Produktion positiver Affekte zum Ausgleich oder die stärkere Kontrolle der Affekte überhaupt zu betonen. Deren Regulierung speiste sich im Zeitalter der Konfessionskriege in eine Sozialdisziplinierung ein, die ein übermäßiges Ausleben von Affekten durch körperliche und psychische Diätetik einhegen wollte und so zur Weiterdefinition der ›normalen‹ modernen Anthropologie beitrug.[37]

Auch im 18. Jahrhundert war Melancholie nicht nur in Kunst und Literatur präsent, sondern in Medizin, Religion, Recht und gesellschaftspolitischen Diskursen. Der berühmte *Encyclopédie*-Aufsatz über Melancholie bündelte humoralmedizinische, moralistische, religiöse und medizinisch-pathologische Ansätze, mit Diderots Definition der Melancholie als »le sentiment de notre

---

31 Starobinski, Geschichte der Melancholiebehandlung, S. 14; am Fallbeispiel: Roudinesco, Théroigne de Méricourt; für das 19. Jahrhundert vgl. Schmidt-Degenhard, Melancholie und Depression.
32 Zu diesem Wandel Kaufmann, Aufklärung.
33 Starobinski, Geschichte der Melancholiebehandlung, S. 42; Böhme, Melencolia I, S. 60-68; Burton, Anatomie der Melancholie, S. 248ff.; dort auch die Beschreibung des Akademikers, der auch nach 20 Jahren intensiver Forschung noch keine feste Stellung, geschweige denn ein Vermögen habe, sofern er nicht die Strahlen der Gunst und Huld eines Mächtigen bündeln und auf sich lenken konnte.
34 Schiesari, The Gendering of Melancholia; Sanchez, Melancholy and Illness, betont dagegen deren Charakter als Machtmittel von Frauen.
35 Weber, Im Kampf mit Saturn, S. 167, 173.
36 Art. Mensch, in: Theologische Realenzyklopädie, Bd. 22, 1912, S. 516.
37 Weber, Im Kampf mit Saturn, S. 181ff.

imperfection«.[38] Jetzt verschärfte sich ihre Handhabung als Kampfbegriff, als Mittel zur Ausgrenzung im Versuch, spezifische Formen von Rationalität als verbindlich durchzusetzen. Sie konnte abwehrend-polemisch, apologetisch oder deskriptiv verwandt werden, als Mittel des Selbstverständnisses oder als Ausdruck von Leiderfahrung.[39] Gleichzeitig verschob sich ihre Einordnung noch deutlicher in Richtung Kopfproblem. In dem Maße, in dem das aufklärerische Ideal des vernünftigen Mannes einen universalen Geltungsanspruch erhielt, mußten vieldiskutierte psychophysiologische Probleme wie Hypochondrie und Melancholie damit in Einklang gebracht werden. Bei Kant rückte Melancholie in die Nähe des Wahnsinns, dem mit den richtigen Vorstellungen abzuhelfen sei, um die Identität des Bürgers nicht zu gefährden.[40] Die ausschließliche Herrschaft einer Vorstellung über den Geist, die Fixierung auf eine Idee und ein resultierendes falsches Urteil galt jetzt nicht mehr als Sekundärphänomen, sondern als die eigentliche Krankheit.[41] Hypochondrie, zunächst ebenfalls mit der Säftetheorie, seit der Jahrhundertmitte dann als Nervenkrankheit erklärt, galt als archetypische Zivilisations- oder Aufklärungskrankheit, die die Ängste anstachelte und zugleich repräsentierte, daß der Mensch den gesellschaftlichen Zielen von Fortschritt, Erziehung, Organisation und Bewußtseinserweiterung eventuell nicht gewachsen sei.[42]

Langeweile unterschied sich in dieser Hinsicht nicht strukturell von Melancholie. Ärzte, Pädagogen und Philosophen erklärten auch Langeweile seit der Mitte des 18. Jahrhunderts durch die übermäßige Konzentration auf einen Gegenstand oder auf ein Interesse und als Versagen gegenüber dem Ideal der vielseitigen neuhumanistischen Persönlichkeit. Sie markierte höchstens noch entschiedener den negativen Außenrand des tolerierten Verhaltens, gerade weil sie den Ärzten entglitt.

Der Nobilitierungscharakter der Melancholie im Sinne von Geistesgröße ließ sich dagegen nur bedingt übertragen, auch wenn dies bildungselitär versucht wurde. In der Humoralpathologie galt die schwarze Galle, der Natur ihres Planeten Saturn entsprechend, als kalter und trockener Saft, der ein ebensolches Temperament hervorbringe.[43] Die ›Trockniß des Herzens‹ meinte seit dem 18. Jahrhundert Langeweile oder einen langweiligen Charakter, weit entfernt von der potentiellen Genialität des Melancholikers. Ein typisches Beispiel war der aus seiner Studierstube gerissene und in die Gesellschaft versetzte Gelehrte, der, außerstande, in die Unterhaltung einzusteigen, sich selbst und alle

38 Schings, Melancholie, S. 7.
39 Ebd., S. 6. Ähnliche Funktionen erhielt Langeweile.
40 Fischer-Homberger, Hypochondrie, S. 34, 39; Nassen, Trübsinn und Indigestion, S. 174, 182f.
41 Starobinski, Geschichte der Melancholiebehandlung, S. 35; Loquai, Künstler und Melancholie, S. 5f.
42 Rousseau, Porter, Introduction, in: Rousseau (Hg.), Languages, S. 40.
43 Klibansky, Panofsky, Saxl, Saturn und Melancholie, S. 204; Schings, Melancholie, S. 7.

anderen tödlich langweilte. Im 18. Jahrhundert wandelte sich der Gelehrtenstand von einer Zunft zu einer Gruppe, die die Gesamtgesellschaft zum Maß nahm und umgekehrt die Gesamtgesellschaft beeinflussen wollte. Als die rationale Herangehensweise an die Welt als Maßstab für Männlichkeit aufgewertet wurde, erforderte das Gebildetsein zugleich eine feine Lebensart, gemeinnützige und brauchbare Bildung statt verzopfter Gelehrsamkeit im Schlafrock.[44] Johann Christian Reil, ein um 1800 berühmter Arzt und Reformpsychiater, der über Geisteszerrüttungen arbeitete, schilderte Wissenschaftler noch freundlich-kritisch in der Tradition Burtons und zugleich aus der Perspektive des psychophysiologischen Nullsummendenkens seiner Zeit: »Das wirkliche Studium der Wissenschaften ist eine Arbeit, die im Brennpunkt des Nervensystems verrichtet wird, die die Temperatur des Gehirns verstimmt, dasselbe auf isolirte Gegenstände richtet, und der Vegetation aller übrigen Teile des Körpers ihre Kraft benimmt. Daher der Bücherwurm meistentheils an Seele und Körper verkrüppelt ist, und einer Meerkatze ähnlicher sieht als einem Menschen.«[45] Ein Jahrhundert später reagierte Nietzsche auf die Professionalisierung und Verwissenschaftlichung des 19. Jahrhunderts, in der der Gebildete dem Wissenschaftsbürokraten in der Großforschung gewichen war.[46] Reils eventuell noch liebenswerter Tolpatsch verwandelte sich in Nietzsches verknöcherten Menschen, der vor der Langeweile, die er in der Muße empfinde, fliehe und sich durch das Denken anderer unterhalten lasse. Die kalte und trockene (Schul- und Universitäts-)Wissenschaft sei »sich selber so nützlich, als sie ihren Dienern schädlich ist, insofern sie auf dieselben ihren eignen Charakter überträgt und damit ihre Menschlichkeit gleichsam verknöchert.«[47] Diese Skepsis gegenüber einer Form von Wissenschaftlichkeit, die die Persönlichkeit beeinträchtige, durchzog den Langeweilediskurs seit dem 18. Jahrhundert.

d. Arbeit, Muße, Müßiggang

Langeweile wird heute oft mit zu viel freier Zeit oder mit zu wenig Arbeit verknüpft. Langeweile meinte die mangelnde Beschäftigung der Seele im Sinne eines fehlenden Interesses, aber diese Bedeutung konnte sich leicht in eine Disziplinierung qua Arbeit einspeisen. Der Arbeitsbegriff durchlief seit der Antike mehrere grundlegende Verschiebungen.[48] Die Antike stufte manuelle Arbeit als Mühsal weit unter dem ethisch-politischen Handeln des Bürgers ein. Die jü-

---

44 Zur Kritik an den Universitäten und ihrer Form der Gelehrsamkeit Möller, Vernunft und Kritik, S. 232f.; Maurer, Die Biographie des Bürgers, S. 506.
45 Reil, Ueber die Erkenntnis, S. 111f.; s. a. Loquai, Künstler und Melancholie, S. 7.
46 Am Beispiel der Archäologie Marchand, Down from Olympus.
47 Friedrich Nietzsche, Unzeitgemäße Betrachtungen III: Schopenhauer als Erzieher, S. 389f.
48 Zum folgenden Conze, Arbeit; für das 19. Jahrhundert Campbell, Joy of Work. Beide differenzieren allerdings nicht geschlechtsspezifisch.

disch-christliche Tradition löste sich nicht von der Definition als Mühsal, ging jedoch einen wichtigen Schritt über die ständegebundene Arbeitswertung hinaus; Arbeit blieb Gottes Fluch, bedeutete aber auch den Dienst an Gottes Schöpfung. Standesgemäße Arbeit blieb der Maßstab im Hochmittelalter. Erst die Reformation setzte die vita activa der vita contemplativa gleich, ohne aber automatisch in den modern-kapitalistischen Arbeitsbegriff überzuleiten.[49] Dieser begann sich mit der Herausbildung der Fürstenstaaten, dem Merkantilismus und dem Aufschwung der Wissenschaften seit dem 17. Jahrhundert durchzusetzen. Bei allen fließenden Übergängen in der politisch-sozialen Praxis sieht Conze den entscheidenden Unterschied darin, daß der christlich-lutherische Arbeitsbegriff Zufriedenheit mit Blick auf den irdischen Besitz predigte, während der moderne Arbeitsbegriff keine reine Zufriedenheit toleriere, da sie prinzipiell Stillstand oder Rückschritt bedinge.[50] Voltaire popularisierte im *Candide* das Bild des per se unruhigen modernen Menschen, der die Stille und das Verharren in einem Zustand, und sei er paradiesisch, nicht aushalte.[51] Hier konnten Versuche ansetzen, Langeweile als Überfluß an Zeit oder als Mangel an Arbeit zu definieren.[52] Daß die Aufklärer überzeugt waren, daß der Mensch von sich aus lieber untätig sei[53] und diszipliniert werden müsse, zeigte aber auch, daß diese Beschreibung noch nicht selbstverständlich war.

Im 18. Jahrhundert erweiterte sich der männlich besetzte Tätigkeitsbegriff um die geistige Dimension.[54] Begriffsgeschichtlich ließ diese Erweiterung freie Zeit problematisch werden. Denn die vita contemplativa verlor ihre Bedeutung als wichtigster Weg zu Gott und als Ort der Erkenntnis, als das geistige Erkennen, welches traditionell der Muße zugeordnet war, als aktive geistige Tätigkeit zur vita activa wanderte. So blieb die Muße nur mehr als leere Zeit übrig[55] oder verschwand hinter dem negativ besetzten Müßiggang. In Abkehr von der klassischen Verbindung zwischen Muße und Bildung korrelierten die Aufklärer Bildung und Erziehung mit Arbeit,[56] und Langeweile wurde zur »Tochter der unbeschäftigten Muße«.[57] Im 19. Jahrhundert war Bildung mit Arbeit verflochten,[58] nicht mehr mit Muße. Hegel nannte die Arbeit explizit anstelle der Muße als den dialektischen Weg zu Gott, Marx den wahren Mensch das Resultat seiner eigenen, nicht-entfremdeten Arbeit.[59]

49 Conze, Arbeit, S. 163-166; s. a. Wiedemann, Arbeit und Bürgertum.
50 Conze, Arbeit, S. 166. Zur geschlechtsspezifischen Differenzierung vgl. Kapitel III und IV.
51 Kuhn, Demon, S. 148f.
52 Mattenklott, Tödliche Langeweile, S. 92, 97.
53 Böhme, Anthropologie, S. 277.
54 Martin, Muße, S. 258.
55 Hofstaetter, Heine, S. 249f.
56 Conze, Arbeit, S. 172; Hardtwig, Geschichtsreligion, meint, daß erst im späten 19. Jahrhundert Forschung als Arbeit und der Gelehrte als Arbeiter definiert wurde.
57 Anon., Über den Kuß und die Langeweile, S. 42.
58 Koselleck, Einleitung, S. 32f.
59 Martin, Muße, S. 258.

Bereits im *Zedler* changierte die Bedeutung der Muße. »Muße heißet die Freyheit von ordentlichen Verrichtungen. Daher kommen die müßigen Stunden ...«, hieß es dort 1739.[60] In den müßigen Stunden habe der Mensch keine konkrete Arbeit, sondern vertreibe mit Gedanken die Zeit, die unsystematisch »bald auf dieses, bald auf jenes« gerichtet seien.[61] Das war kein Plädoyer für freie Zeit als Raum geistiger Kreativität, zumal dahinter die Wollust drohte. Auch der *Zedler* betonte die Notwendigkeit der Disziplinierung der Leidenschaften, die ein Ziel bräuchten, um falsche Gedanken fernzuhalten: »Denn des Menschen Herz will immer etwas vorhaben; ist der Mensch müssig, so fället er leicht in Sünde. ... Wie ein Mühlstein, wenn er nichts zu mahlen hat, so zermalmet er sich selber; also wenn der Mensch nichts vor hat, so machet er ihm selber Verlust und bringet sich ins Unglück.«[62]

Für den Müßiggang hielt der *Zedler* 6 1/2 Spalten Höllenstrafen bereit, aber das Lexikon warnte gleichzeitig vor einer verkürzenden Gleichsetzung von Langeweile und Müßiggang.[63] Langeweile tauchte hier zwar noch nicht separat auf, sondern nur in der Definition des Müßiganges, eine Gleichsetzung wurde jedoch ausdrücklich zurückgewiesen: »Man kan auch das Wesen des Müßiggangs nicht in der langen Weile setzen, indem mancher Müßiggänger darüber klagt, daß ihm die Zeit allzu geschwinde weg gieng, und einem Arbeitsamen hingegen kan die Zeit lang werden.«[64] Arbeit wurde hier noch nicht automatisch mit Arbeitsfreude und Glücksempfinden identifiziert.

Die Lexika von Joachim Heinrich Campe und Johann Christoph Adelung, zwei Wegbereitern der hochdeutschen Sprache im 18. Jahrhundert,[65] belegten die Verschiebung des Mußebegriffs in der Aufklärung. Campe verstand darunter wohl noch »die von bestimmten, gewöhnlichen Geschäften, insbesondere von Amts- oder Berufsgeschäften übrige freie Zeit«, durchaus kompatibel mit dem klassischen Verständnis als Gegensatz zu zweckorientiertem Handeln.[66] Dennoch verschwand begriffsgeschichtlich der zweckfreie Raum für Kontemplation, für das Zeit-Haben und das Bei-sich-sein. Muße als freie Zeit mußte gut angewandt werden. Gelehrte Muße war nur eine Möglichkeit, sofort gefolgt von der Warnung vor dem »Zärtling des Glücks«, der faul und wollüstig sei statt tugendhaft und verdienstvoll[67] – die unstatthafte Zeitlücke auf dem Weg zum Symbol für Masturbation.[68] Wer müßig ging, tat nichts Nützliches und drohte auf böse Gedanken zu kommen.[69]

60 Zedler, Universal-Lexikon, Sp. 1537.
61 Ebd., Sp. 663.
62 Ebd., S. 668f.
63 Ebd., Bd. 22,»Müßiggang« Sp. 664-671, »müssige Stunden« Sp. 663.
64 Ebd., Sp. 664f.
65 Zur wegweisenden Rolle Adelungs vgl. Ruppert, Bürgerlicher Wandel, S. 46; Hardtwig, Politisierung der Aufklärung, S. 425.
66 Martin, Muße, S. 259.
67 Adelung, Grammatisch-Kritisches Wörterbuch, Sp. 328; Campe, Wörterbuch, Sp. 373.
68 Corbin, Die Zeit und ihre Berechnung, S. 15f.
69 Campe, Wörterbuch, Sp. 374.

Bei Adelung geriet die Muße noch deutlicher in den Sog der Wachstums- und Bewegungsmetaphorik des 18. Jahrhunderts. Zwar nannte auch dieses Lexikon noch das Versunkensein in tiefes Nachdenken, in der philologischen Herleitung stand jedoch der Mangel an Bewegung im Mittelpunkt.[70] In einer Trennung von Arbeits- und Nicht-Arbeitszeit galt Muße bereits als Restzeit, die »von ordentlichen Beschäftigungen, von Berufsgeschäften übrige, oder freye Zeit«, die ebenfalls dem Zwang zur guten Nutzung unterlag. Auch hier bildete das Wort ›müßig‹ die begriffliche Drehscheibe, über die Muße und Müßiggang verschmolzen. Müßig sein bedeutete einerseits, Muße zu haben, freie Zeit, allerdings »ohne auf die Sittlichkeit dieser Befreyung (von aller Arbeit) zu sehen«.[71] Andererseits konnte sie auch Müßiggang bedeuten, wenn man »auf eine unerlaubte Art der Geschäfte und pflichtmäßigen Beschäftigung beraubt« sei, sich in »unerlaubter Ruhe« finde. Auch der »geschäftige Müßiggang« tauchte auf, in dem der Mensch sich unnütz statt nützlich beschäftige.[72]

Verschiebungen auf begriffsgeschichtlicher Ebene sagen noch nichts über die soziale Reichweite all dieser Aspekte aus. Wichtig ist, daß die Wahrnehmung solcher psychosozialer Phänomene sich änderte und diese selbst mehreres zugleich sein konnten: sie waren ein affektiver oder geistiger Zustand, sie konnten als persönliches (religiöses oder lebensweltliches) Versagen oder als Distinktionsmerkmal eines gebildeten Geistes interpretiert und entsprechend benutzt werden, um erwünschtes Verhalten zu definieren. Zugleich verweist die Veränderung dieser Begriffe genau wie die Subjektivierung des Langeweilebegriffs auf die neue Anthropologie mit ihrem temporalisierten Geschichts-, Gesellschafts- und Identitätsverständnis und auf das Problem, die Denkfigur des autonomen Indviduums zu balancieren. Gerade das Zeitalter der Aufklärung war auch das Jahrhundert der Empfindsamkeit, der Melancholie, der Hypochondrie oder des Spleen, und die Auseinandersetzungen um seelische Mißstände beschränkten sich nie nur auf Mediziner oder Philosophen. Deren Medien kristallisierten höchstens eine breitere Diskussion, die in Briefen, periodischen Schriften und geselligen Zirkeln stattfand.[73] Langeweile, als Gegensatz zu Leidenschaften und Interessen im weitesten Sinne, signalisierte den Verlust einer Balance, und die Balance von Vernunft und Leidenschaften im dynamisierten Männlichkeitsbild des 18. Jahrhunderts bildete einen Kernpunkt der Langeweilediskussion. Um die innere Leere zu bannen, rückte für gebildete Männer die Kunst der Lebensführung in den Mittelpunkt.[74]

---

70 Adelung, Grammatisch-Kritisches Wörterbuch, Sp. 328.
71 Ebd., Sp. 329.
72 Ebd., Sp. 330.
73 Blaicher, Freie Zeit, Langeweile, Literatur, S. 31ff.; Doehlemann, Langeweile, S. 113ff.; für Frankreich Völker, Langeweile, S. 140f.; für England Spacks, Boredom, S. 31ff.
74 Blaicher, Freie Zeit, Langeweile, Literatur, S. 49ff.

2. Langeweile im Lexikon

Die These, daß Langeweile auf lexikalischer Ebene nur schwach vertreten sei,[75] trifft erst für die Zeit seit der Mitte des 19. Jahrhunderts zu. Lexikalisch wird der Begriff im späten 18. Jahrhundert verankert, und er findet sich in vielen wichtigen Nachschlagewerken bis in die Mitte des 19. Jahrhunderts. Etwa bis zur Jahrhundertwende übersetzten die Autoren Langeweile noch aus dem Ennui, dann hatte sich der deutsche Begriff etabliert.

Adelungs *Grammatisch-Kritisches Wörterbuch der Hochdeutschen Mundart* und Campes *Wörterbuch der deutschen Sprache* übernahmen die Definition der Aufklärungspädagogen Sulzer und Johann Bernhard Basedow. Adelung, der Langeweile 1796 noch in den Ausführungen zum Wort »lang« versteckte, griff Sulzers Definition vom Verdruß auf, der »aus der Unthätigkeit der Seele entspringt«; die leere, geschäftslose Zeitdauer werde mit Unlust empfunden.[76] Campes *Wörterbuch der deutschen Sprache* von 1809 übersetzte sie aus dem Ennui, ebenso wie sein *Wörterbuch zur Verdeutschung der unserer Sprache aufgedrungenen fremden Ausdrücke* von 1801 und sein *Ergänzungsband zu Adelungs und Campes Wörterbüchern* von 1813. Auch Campe wiederholte Sulzers Definition als seelischen Verdruß sowie die Deutung als unangenehmes und lästiges Gefühl des Unbeschäftigten, das die Zeit lang werden lasse. Zusätzlich bildeten sich zwischen 1790 und 1810 »langweilig« und das Verb »langweilen« mit vier Bedeutungsebenen heraus: 1. als Folge übermäßiger Länge; 2. im Sinne von lästig, ärgerlich, verdrießlich; 3. als uninteressant und reizlos; und 4. als Langeweile erregend.[77]

Der Untätigkeit der Seele konnte am besten durch Tätigkeit abgeholfen werden, aber kein Eintrag entwickelte eine simple Dichotomie von Arbeit und Langeweile. Der *Zedler* hatte vor einer Gleichsetzung von Langeweile und Müßiggang gewarnt und beschrieben, daß sich auch ein fleißiger Mensch während der Arbeit langweilen könne. Campe nannte ebenfalls als Ursache langweilige Arbeit[78] sowie Unterforderung und Überforderung durch einen Mangel oder eine nicht mehr kontrollierbare Häufung an Anregungen, Ideen und Beschäftigungen[79] – eine bereits gängige Interpretation. Kurzweil bezeichnete dementsprechend nicht einfach eine kurze Zeit, sondern das, was die Zeit auf lustige Weise verkürze.[80] Heinsius' *Volksthümliches Wörterbuch* von 1820 und Krugs

---

75 Pikulik, Langeweile, S. 593. Auch Ennui und Fortschritt verschwanden im Laufe des Jahrhunderts aus den Lexika, vgl. Huguet, L'ennui et ses discours, S. 8; Koselleck, Fortschritt, S. 407. Die Begriffe prägten jedoch verschiedene Diskurskontexte weiter.
76 Adelung, Grammatisch-Kritisches Wörterbuch, Sp. 1898-1905, hier Sp. 1899.
77 Völker, Langeweile, S. 93f., mit Belegen.
78 Campe, Wörterbuch, Bd. III, Sp. 31.
79 Campe, Wörterbuch zur Erklärung …. Ein Ergänzungsband, Sp. 288 (»ennuyiren«); Lepenies, Melancholie, für Ordnungsmangel oder Ordnungsüberschuß als Ursache; Klapp, Overload and Boredom.
80 Adelung, Grammatisch-Kritisches Wörterbuch, Sp. 1847f.; Campe, Wörterbuch, Sp. 1101.

Allgemeines Handwörterbuch der philosophischen Wissenschaften aus den dreißiger Jahren betonten ebenfalls das unangenehme Gefühl des Unbeschäftigtseins,[81] wobei Krug unter Tätigkeit explizit Arbeit oder Spiel verstand; letzteres sei weniger anstrengend und den Menschen deshalb oft angenehmer als Arbeit. Er ignorierte auch nicht den unbefriedigenden Charakter vieler Arbeiten. Beschäftigung, so hieß es, vermittle dem Menschen das Bewußtsein seiner Kraft, aber sie unterhalte »mehr oder weniger, je nachdem die Beschäftigung ist.«[82] Im Grimmschen *Deutschen Wörterbuch* von 1885 zeigte ein Lessing-Zitat, daß Langeweile nicht unbedingt freie Zeit meinte: »der himmel weisz es, ich habe recht wenig musze, aber viel langeweile.« Zwar ging es vornehmlich um die philologische Herleitung mit literarischen Belegen aus dem 18. Jahrhundert, aber der Goethe-Satz: »Wir wollen sehen, welcher theil den druck der langenweile und des unbefriedigten Gefühls am längsten aushält,« verwies auf die drängende Beklemmung.[83]

Einige Beispiele reflektierten die Auseinandersetzung um die neologische Theologie, d. h. den Versuch der deutschen protestantischen Aufklärung, Vernunft und Offenbarung miteinander zu vereinbaren, und den korrelierenden Vorwurf an eine rationalistische Religion, die Gefühle zu vernachlässigen.[84] Adelung zitierte Gellert, um diese Bedeutung von »langweilig« zu erläutern: »Wie oft erweckt man uns in den ersten Jahren durch trockne und langweilige Erklärungen der Glaubenslehre einen Ekel an der Religion!« Campe fügte Herders Kritik hinzu: »Langweilet und verekelt Gebet und Religion!«[85]

Etliche Autoren erklärten das Auftauchen von Langeweile bildungselitär oder schichtenspezifisch, in durchaus gegenläufigen Argumentationen. Rousseau zufolge verbrachten die Wilden ihr Leben mit Nichtstun und langweilten sich doch nie[86] – man könnte hinzufügen: weil ihnen die Vorstellung von Rastlosigkeit als anthropologischer Konstante fehlte, die Nichtstun zum Problem machen sollte. Die einheimischen Unterschichten langweilten sich Rousseau zufolge dagegen nicht, weil sie dauernd arbeiteten: »Das Volk langweilt sich nicht; es führt ein tätiges Leben.«[87] Ähnlich argumentierte auch ein Prototyp des *médecin-philosophe*, Adam Melchior Weikard (1742-1803), Leibarzt der Zarin Katharina und Professor in Würzburg. Er identifizierte Langeweile mit Müßiggang und nannte den Müßiggang der Oberschichten als Hauptquelle. Er fand, daß Langeweile deshalb bei Arbeitern seltener sei als bei höheren Schichten, weil erstere nützlich tätig seien,[88] womit er die ebenfalls geläufige These über die zu

---

81 Heinsius, Volksthümliches Wörterbuch, S. 40; Krug, Allgemeines Handwörterbuch, S. 678f.
82 Krug, Allgemeines Handwörterbuch, S. 679.
83 Grimm, Wörterbuch, Sp. 173.
84 So auch für ennui Kuhn, Demon, S. 377.
85 Adelung, Grammatisch-Kritisches Wörterbuch, Sp. 1905; Campe, Wörterbuch, Sp. 31.
86 Rousseau, Emile, S. 232.
87 Ebd., Emile, S. 379.
88 Weikard, Der philosophische Arzt, S. 224-226.

disziplinierende Faulheit der Unterschichten umdrehte, um Langeweile auszuschließen. Meyers *Konversationslexikon* von 1851 argumentierte entschieden bildungselitär; Langeweile sei primär ein Problem der Gebildeten, weil diese aufgrund eines besonderen Tätigkeitstriebs nach dem »lebhafteren Gefühl« des Daseins suchten.[89] Ein wenig gebildeter oder begabter Mensch würde einen Mangel an geistiger Anregung nicht als solchen wahrnehmen.

Der Langeweile-Eintrag in dem von Moritz Saphir 1852 herausgegebenen *Conversations-Lexicon für Geist, Witz und Humor* hob einen anderen Aspekt hervor. Hier ging es um die Langweiler, vor denen im 18. Jahrhundert mit der Metapher der Trockenheit gewarnt worden war, die bei Adelung als »langweiliger Mensch« auftauchten und die das *Etymologische Wörterbuch* von 1899 in den zwei Bedeutungen von Langeweile »haben« und »bereiten« wieder ansprach.[90] Saphir schilderte fünf Beispiele des »Unglücks der Glücklichen«, zum einen die Konfrontation mit langweiligen Erzählern, Dichtern und Stutzern in der adligen Gesellschaft, zum anderen die Langeweile in der Provinz. Die englische Gesellschaft wisse sich jedoch zu helfen. In London gäbe es ein Büro, in dem gegen Entgelt und gute Versorgung unterhaltsame Gäste gemietet und bei Bedarf wieder ausgetauscht werden könnten.[91] Ging es hier um Soziabilität und Gesellschaftsfähigkeit, so lieferte der *Larousse* von 1870 im Eintrag über Ennui etwas hintergründiger die »lassitude morale produite par le désoeuvrement«, die moralische Müdigkeit, hervorgerufen durch Untätigkeit.[92]

Seit dem späten 19. Jahrhundert verzeichneten so wirkungsmächtige Konversationslexika wie Meyers *Konversationslexikon* von 1908 und 1927 oder der *Brockhaus* von 1885 und 1932, die auf ein breites Publikum abzielten, Langeweile überhaupt nicht mehr.[93] Angesichts der Präsenz des Begriffs in Literatur und

---

89 Das große Conversations-Lexicon, S. 1001. Zu Bildung als bürgerlichem Kampfbegriff seit den dreißiger Jahren vgl. Wehler, Deutsches Bildungsbürgertum in vergleichender Perspektive, S. 221.
90 Adelung, Grammatisch-Kritisches Wörterbuch, Sp. 1904; Etymologisches Wörterbuch, S. 971. Ansonsten nannte letzteres Nichterfülltsein, Überdruss und Mangel an Abwechslung.
91 Conversations-Lexicon für Witz, Geist und Humor, S. 550-551.
92 Ennui, in: Larousse, S. 598.
93 Sie fehlte auch in Sanders, Handwörterbuch; Weigand, Deutsches Wörterbuch, nennt nur den Begriff mit Belegen von Herder und Goethe, ohne eigene Definition. Ebenfalls kein Eintrag in: Conversationslexikon oder encyclopädisches Handwörterbuch für die gebildeten Stände; Conversations-Lexikon der neuesten Zeit; Conversations-Lexikon für die Gegenwart; Allgemeines deutsches Conversations-Lexikon; Conversations-Lexikon für das katholische Deutschland; Illustriertes Deutsches Conversations-Lexikon für alle Stände; Reichensperger, Phrasen und Schlagwörter; Eisler, Wörterbuch der philosophischen Begriffe; Illustriertes Conversations-Lexikon der Frau; Meyer, 400 Schlagworte; Ladendorf, Historisches Schlagwörterbuch. 1933 definierte sie *Das deutsche Wort* als »Mißbehagen im Zustand ungewollter Untätigkeit«, Das deutsche Wort, S. 582. Diesen Hinweis verdanke ich Uschi Fuhrig-Grubert.

Publizistik und der Auseinandersetzung um seine Bedeutung kann das entweder bedeuten, daß er selbstverständlich und nicht mehr erklärungsbedürftig war, oder aber die Abneigung der Gebildeten symbolisieren, ein derartiges Krisenphänomen auch noch lexikalisch zu belegen. Auch Fritz Mauthner wies ihr in einer unergiebigen Deutung in seinen *Beiträgen zu einer Kritik der Sprache* von 1901 nur einen, wenn auch unangenehmen, temporalen Charakter zu und setzte sie vom Ennui als dem stärkeren Ausdruck ab.[94] In pädagogischen Ausführungen hatte Langeweile dagegen seit dem späten 18. Jahrhundert einen festen Platz, z. B. bei dem Erzieher Theodor von Schöns, Ernst Christian Trapp.[95] Auch im späten 19. Jahrhundert ging das *Encyclopädische Handbuch der Pädagogik* von 1897 und 1906 auf diesen Angstfaktor von Erziehern ein.[96] August Lomberg aus Elberfeld erklärte die Anomie im Alltag in mittlerweile geläufiger Form als kognitive Diskrepanz zwischen individuellen Vorstellungen und den von außen gebotenen Ideen, als unbefriedigende Differenz zwischen Erwartungen und einem Angebot, das den Geist zu wenig anrege, der wiederum durch das Nervensystem wie durch den Bildungsgrad bestimmt werde.[97] Er fürchtete, daß das Mangelgefühl der inneren Leere wie alle anderen starken Gefühle den Körper ebenfalls in Mitleidenschaft ziehe. Auch Lomberg nannte die Gefahr der Unterforderung und der Überforderung, der zu langsamen und monotonen, aber auch zu schnellen und bunten Umweltreize. Biete die Umwelt zu viel Neues oder rascher Wechsel, als der Geist verarbeiten könne, dann könnten die Gedanken nicht mehr anknüpfen, die Aufmerksamkeit lasse nach. In der Kurzweil dagegen würden alle Erwartungen glücklich gelöst. Entschiedener als die meisten anderen Autoren verlagerte der Pädagoge die Ursachen in das soziale Umfeld und suchte diese Einsichten für den im Kaiserreich massiv kritisierten Schulunterricht[98] zu nutzen, indem er Kinder mit ähnlichem Entwicklungsstand in Klassen zusammenfassen wollte, um ein gezieltes Eingehen auf sie zu ermöglichen, mit eigenen Curricula und abwechselnden Lehrformen.[99]

94 Mauthner, Beiträge, S. 125f.
95 Trapp, Versuch einer Pädagogik, S. 214-216, Paragraph 60.
96 Rein (Hg.), Encyclopädisches Handbuch der Pädagogik (1897) S. 295-298; (1906), S. 318-321.
97 Handbuch der Pädagogik, S. 295f.
98 Nipperdey, Arbeitswelt und Bürgergeist, S. 564; zum Gymnasium Kraul, Das deutsche Gymnasium, bes. S. 85ff.
99 Handbuch der Pädagogik, S. 297; sie blieb ein Thema pädagogischer Diskussionen, so auch in der Zeitschrift des nationalsozialistischen Lehrerbundes, s. a. Illge, Zur Psychologie der Langeweile, S. 981-988. Der Artikel kritisierte eine, wie es hieß, »traditionelle«, rein vorstellungsbezogene Definition von Langeweile und betonte die Erlebnissphäre bzw. die Notwendigkeit, Vorstellungs- und Erlebniswelt aufeinander zu beziehen, mit Blick darauf, daß Kinder keine kleinen Erwachsenen seien. Zur Langeweile von Kindern, die hier ausgeblendet wird, vgl. Müller, Erfüllte Gegenwart und Langeweile.

Eine Durchsicht einschlägiger Lexika und Handbücher bleibt quantitativ wie qualitativ relativ unergiebig. Dennoch werden einige Aspekte deutlich, um die Langeweile kreiste: das Bedürfnis, interessiert zu sein an Umwelt und Tätigkeit; ein möglicher Konflikt zwischen Arbeit und Interesse, so daß Arbeit Langeweile nicht immer verhinderte und manchmal sogar schuf; die negative Assoziation mit einer Theologie, die die Gefühlsebene des Glaubens zu wenig berücksichtige; die Prägung bestimmter Typen als Langweilern, und schließlich eine bildungselitäre Deutung, die den als nicht-gebildet Angesehenen die Fähigkeit zu Entfremdungserfahrungen absprach. Diese Popularisierungsmedien beschrieben nicht nur, sondern sie schrieben Langeweile auch zu, entlang der Parameter Bildung, Zeit oder Arbeit.

II. Aufklärung über Langeweile: »Virtù senza noia«

»Sie denken wenig und langweilen sich deshalb nie«, spottete Montesquieu über die rückständigen Deutschen.[1] Zumindest das erstere mochte im späten 18. Jahrhundert kein Aufklärer in Deutschland mehr auf sich sitzen lassen. Die neuen Funktionseliten[2] erkannten aber auch Langeweile als Gefahr. Sie strebten vernünftiges Verhalten und damit die Kontrolle der Gefühle an, aber wenn sie über Langeweile sprachen, redeten sie nicht nur von der Macht der Leidenschaften, sondern auch von deren Notwendigkeit. Langeweile gilt heute als alltäglicher, nicht besonders bedeutungsschwerer Begriff. Im 18. Jahrhundert wurde sie in der Obsession mit den »Nachtseiten des Selbst«[3] zu einem Kürzel des sozialen Wissens darüber, daß die Herrschaft der Vernunft weder die Ausprägung von Identität noch die alltägliche lebensweltliche Orientierung unbedingt erleichterte, sondern nur veränderte oder möglicherweise sogar erschwerte.[4] In einer Welt, in der Status und Karriere idealiter von ständischen Strukturen abgekoppelt werden und von individuellem Handeln abhängen sollten, gehörten Affektkontrolle und Zeitökonomie, Selbstreflexion und Bildung zu den kulturellen Leitwerten, die auch bürgerlichen Gebildeten den sozialen Aufstieg ermöglichen sollten. Das Nachdenken über Langeweile läßt sich als Diskurs der Unsicherheit lesen, ob diese neue Kultur mit ihren Identitätsvorstellungen zu verankern sein und welche Folgen sie haben würde, nicht nur, weil der Mensch, wie Campe bekümmert bemerkte, gerne faul war,[5] son-

1 Montesquieu, Oeuvres, Bd. 1, S. 806; vgl. Doehlemann, Langeweile, S. 119.
2 Dazu zählten u. a. adlige und bürgerliche Beamte, Geistliche und Kaufleute, Pädagogen und Schriftsteller; vgl. Möller, Vernunft und Kritik; Bödeker, Herrmann (Hg.), Aufklärung als Politisierung; zu Definitionen von Bürgertum vgl. Kocka, Bürgertum und Bürgerlichkeit, S. 21-63; Lepsius, Das Bildungsbürgertum als ständische Vergesellschaftung, S. 8-18; Begemann, Furcht und Angst, S. 29ff.; Kritik am Terminus der bürgerlichen Tugenden vgl. Hull, Sexuality, S. 199ff.; v. a. auch Sperber, Bürger.
3 Kaufmann, Aufklärung, S. 38; zur Verknüpfung von Aufklärung und Empfindsamkeit Sauder (Hg.), Empfindsamkeit, S. 203; s. a. Luyendijk-Elshout, Of Masks and Mills.
4 Pikulik, Leistungsethik, S. 197, dagegen meinte, daß Langeweile kein Thema für bürgerliche Autoren im 18. Jahrhundert gewesen sei; auch Zelle, Angenehmes Grauen, S. 138, zufolge habe den Deutschen die soziologische Basis zur Psychologie der Langeweile gefehlt; zur englischen Debatte um Lebenskunst Blaicher, Freie Zeit, Langeweile, Literatur, S. 49ff.; s. a. Schwarz, Langeweile.
5 Campe, Theophron, S. 171. Campe (1746-1818) legte seinen Adelstitel ab, studierte Theologie, war Hauslehrer von Alexander und Wilhelm von Humboldt, Feldprediger, Leiter eigener Erziehungsanstalten. 1776/77 arbeitete er am Philanthropinum in Dessau; vgl. Grenz, Mädchenliteratur, S. 224f. Auch Weishaupt, Leuchte des Diogenes, S. 131, betonte die menschliche Faulheit. Zu Weishaupt (1748-1830), dem Begründer des Illuminatenordens, vgl. van Dülmen, Der Geheimbund der Illuminaten.

dern weil die Träger des Projektes Aufklärung in Bezug auf die Subjektbildung seine Pathologien gleich mitdachten.[6]

Die Debatte um Langeweile fand in den zentralen Medien der Aufklärung statt, in den *Moralischen Wochenschriften* und anderen Zeitschriften, die in den Lesegesellschaften und anderen Räumen der Aufklärung zirkulierten und eine neue Form kommunikativer Öffentlichkeit herstellten,[7] ebenso wie in Briefen und Literatur. Ein Leitmotiv lieferte der französische Autor André-François Boureau-Deslandes in seiner Schrift *Über die Kunst, keine lange Weile zu haben* von 1715, die 1772 in deutscher Übersetzung erschien.[8] Er erinnerte die Gebildeten an den Riß mitten im Leben: »Es gibt eine Leere im Leben, die weder Geschäfte noch Vergnügungen ausfüllen können; und diese Augenblicke die einigermaßen dem guten Glücke anheimgestellt sind, sind am schwersten auszufüllen.«[9] Die neue Intelligenz wollte auch anderen Menschen Sinn vermitteln,[10] aber Boureau-Deslandes konnte nur eine den jeweiligen Fähigkeiten angemessene Lektüre empfehlen.

In ihrer Obsession mit dem Unheimlichen beschäftigten sich die Aufklärer intensiv mit dem Verhältnis zwischen Kopf und Körper, zwischen Rationalem und Unheimlichem, vor allem mit Sexualität und Wahnsinn als den Abgründen des Selbst, in der Sorge, das Gleichgewicht von Seele und Körper und damit die bewußte Herrschaft über den eigenen Willen zu verlieren.[11] Die Angst vor Langeweile, die wie Ennui als Blockade reflexiver oder emotionaler Bedürfnisse galt, setzte insofern grundsätzlich an, als sie beide Ebenen und damit den gesamten Kanon der vernünftigen Lebensführung betraf. Religiöse Melancholie oder Wahnsinn konnte den Experten, den Theologen oder Ärzten überantwortet werden. Langeweile dagegen war weder zu medikalisieren noch zu kriminalisieren, sie konnte höchstens ein Klima schaffen, in dem es zu Krankheit oder Mißbrauch kam; sie war »um so gefährlicher, je unkennt-

---

6 Zur mühsamen Durchsetzung Schindler, Freimaurerkultur im 18. Jahrhundert, bes. S. 239f.; Kaufmann, Aufklärung, S. 13; Honegger, Ordnung, S. 4; zur Vieldeutigkeit des Bildungsbegriffs und seiner Verknüpfung mit Kritik oder Anpassung vgl. Sheehan, German History, S. 204.
7 Im Hof, Das gesellige Jahrhundert; Dann (Hg.), Lesegesellschaften und bürgerliche Emanzipation; Weckel, Frauenzeitschriften.
8 Boureau-Deslandes, Über die Kunst. Boureau-Deslandes (1690-1757) war 1713-14 Mitglied der französischen Gesandtschaft in England, seit 1715 französischer Marinekommissar in Rochefort, Mitglied der Akademie zu Berlin und Autor marinetechnischer wie philosophischer Werke. S.a. Zelle, »Angenehmes Grauen«, S. 152, u. Völker, Langeweile, S. 155, die allerdings beide die deutsche Ausgabe nicht ermitteln konnten; s. a. Bouchez, L'ennui, S. 121.
9 Boureau-Deslandes, Über die Kunst, S. 88.
10 Engelhardt, Bildungsbürgertum, S. 85.
11 Kaufmann, Aufklärung, S. 42; Böhme, Anthropologie, S. 276; Hull, Sexuality; s. a. Rousseau, Porter, Introduction; und die Beiträge in Castle, The Female Thermometer.

licher«, wie Boureau-Deslandes warnte.[12] Das frühneuzeitliche Sprachideal der größtmöglichen Unzweideutigkeit[13] leitete über in den Anspruch der Aufklärer, gerade so unkontrollierbare Phänomene wie Gefühle benennen und durch Benennung kontrollieren zu können. Auch Langeweile mußte dem Begriff unterworfen werden. Zugleich aber betonten ihre Analytiker, daß die Philosophie alleine den »Seelenschnupfen« der Langeweile[14] nicht heilen könne. Im Versuch, vernünftiges, selbstbeherrschtes und berechenbares Verhalten zu etablieren, markierte Langeweile die grundsätzliche Instabilität und Gefährdung jeder Individualität.

12 Boureau-Deslandes, Über die Kunst, S. 3.
13 Dazu Klein, »Am Anfang war das Wort.«
14 Dissertation sur l'ennui, S. 7.

1. »Der Überstudierte machet Sprünge und wird possirlich«: Kunst und Lebenskunst gegen die Langeweile der Vernunft

»… die Menschen haben von einem Leben ohne Leidenschaften mehr auszustehen als alles Uebel ist, das die Leidenschaften ihnen verursachen.«[15] Und ein Leben ohne Leidenschaften bedeutete Langeweile. Mit diesem Satz popularisierte das *Hannoverische Magazin* von 1765 eine Leitidee des französischen Kunsttheoretikers Jean-Baptiste Dubos (1670-1742). Dubos war zunächst im diplomatischen Dienst beschäftigt und schrieb historisch-politische Bücher, wurde dann in die Académie Française gewählt und arbeitete als deren permanenter Sekretär. Mit seinen *Réflexions critiques sur la Poésie et sur la Peinture*, die 1719 auf Französisch, 1748 auf Englisch und 1760 auf Deutsch erschienen,[16] wurde er zu einem der bedeutendsten Theoretiker der Ästhetik des Gefühls im 18. Jahrhundert. Seine Thesen über die Relativität des Schönen und dessen Schaffung durch die kreative Persönlichkeit statt durch präzise Regeln beeinflußten entscheidend die Entwicklung der modernen Ästhetik. Außerdem beeinflußte der erste Abschnitt seines Buches die Langeweiledebatte nicht nur in Frankreich, sondern auch in Deutschland.

Die Ästhetik entstand im 18. Jahrhundert als Diskurs nicht nur über Kunst, sondern über Körper und sinnliche Erfahrbarkeit, betraf also alle menschlichen Wahrnehmungen und Empfindungen.[17] Dubos' Langeweilebegriff stammte aus diesem Kontext. Ihm zufolge waren Menschen eher durch die Kunst und die durch sie angeregten Gefühle zu bewegen als durch Vernunft und Wissenschaft. Seine Theorie der heftigen Gemütsbewegung band sich ein in die Debatte des 17. und 18. Jahrhunderts über das Bedürfnis der menschlichen Seele, bewegt zu werden, und wer nach den wichtigsten Antrieben menschlichen Handelns suchte, sann zugleich darüber nach, wie sie zu steuern sein würden. Dubos' erster Abschnitt trug den Titel: »Von der Notwendigkeit, beschäfftigt zu seyn, wenn man der verdrüßlichen langen Weile ausweichen will, und von dem Anzüglichen, welches die Erregung der Leidenschaften für die Menschen hat«. Es ging um Langeweile als dem zentralen Problem, nicht bewegt zu sein, sich nicht lebendig zu fühlen, und um die Attraktivität der Leidenschaften. In

---

15 Anon., Von der Nothwendigkeit, Sp. 1351.
16 Dubos, Kritische Betrachtungen über die Poesie und Mahlerey; zu Dubos vgl. Ferry, Der Mensch als Ästhet, S. 51ff.; Alt, Aufklärung, S. 92 und passim; Taylor, Sources of the Self, S. 373, für die Schwierigkeit in der Moderne, zwischen ästhetischen und ethischen Kategorien zu unterscheiden, wenn das Gefühl für beide eine entscheidende Rolle spielt; zur Rolle Dubos' in England, Frankreich und Deutschland vgl. Blaicher, Freie Zeit, Langeweile, Literatur, S. 29; Lange, Das klassische Zeitalter, S. 42; zur Ästhetisierung des Schreckens Zelle, »Angenehmes Grauen«, S. 141ff.; s. a. Nieraad, Spur der Gewalt, bes. S. 68ff.
17 Eagleton, Ästhetik, S. 13. Die Geschlechterdifferenz ist in dieser Form der Ästhetik in der Trennung zwischen dem Erhabenen und dem Schönen mitgedacht; so bestimmte Burke Männlichkeit und Ehrgeiz als erhaben, ebd. S. 59f.

Frankreich erhielt Dubos' Definition geradezu kanonischen Charakter, als sich die Erklärung des Ennui in Diderots *Encyclopédie* auf ihn bezog. Auf Deutsch erschien dieser erste Abschnitt vor und nach der Übersetzung des ganzen Buches mehrfach separat, so z. B. 1745 in den Bremer *Neuen Beyträgen zum Vergnügen des Verstandes und des Witzes* und 1765 sowie erneut 1783 im *Hannoverischen Magazin*, das 1764 noch einen weiteren Artikel über Langeweile veröffentlichte.[18]

Einen zweiten Scharniertext, der Langeweile im Kontext des (französischen) Rationalismus der Frühaufklärung diskutierte, lieferte Dubos' bereits erwähnter Landsmann Boureau-Deslandes. Auch er untermauerte die Bedeutung des Fühlens für das menschliche Wohlbefinden in seiner Schrift von 1715, die 1771 neuaufgelegt und ein Jahr später übersetzt wurde: »Das Herz will beschäftigt sein, und sollte es auch auf eine unangenehme Art geschehen.«[19] Ihre Texte spiegelten und beflügelten zugleich den Wandel vom Rationalismus der Frühaufklärung zu der Vorstellung des späteren 18. Jahrhunderts, daß der reine Intellekt nicht das Wesen des Geistes sei, geschweige denn des Menschen,[20] sondern daß Vernunft nur zusammen mit Gefühl vollständig sei und beglücke.[21]

Im 17. und 18. Jahrhundert drehten sich die Diskussionen um das anzustrebende Gemeinwesen nicht nur um dessen politische und wirtschaftliche Verfaßtheit, sondern auch um die Leidenschaften des Menschen, konkret um die zivilisierenden Wirkungen des staatlichen Gewaltmonopols und des ökonomischen Interessenegoismus. Die Leidenschaften galten als der entscheidende Antrieb zum Wollen und Handeln und der Ennui als ihre Blockade, nachdem bereits die Acedia eine Unordnung im emotionalen Leben bezeichnete – eine Form von Trauer auf dem Weg von einem theologisch-moralischen zu einem psychologisch-medizinischen Problem.[22] Descartes zufolge wurde die Seele von der bloßen Empfindung leidenschaftlicher Bewegung, unabhängig von deren ethischer Qualität, angenehm berührt.[23] Auch Hobbes identifizierte das Ver-

---

18 Ennui, in: Encyclopédie, S. 693-695; Dubos, Abhandlung von der Notwendigkeit, in: Dubos, Kritische Betrachtungen, S. 5-12; derselbe Text in: Neue Beyträge, S. 14-21; Anon., Von der Nothwendigkeit; Anon., Ueber Beschäftigung und Langeweile; s. a. Anon., Über Langeweile und Zeitvertreib, in: Hannoverisches Magazin u. in: Deutsches Magazin.
19 Boureau-Deslandes, Über die Kunst, S. 45.
20 Dazu Kondylis, Aufklärung, bes. S. 287ff., 309ff.; die psychologische und historische Betrachtung löste die logische ab, vgl. Schings (Hg.), Der ganze Mensch; Barker-Benfield, The Culture of Sensibility.
21 Begemann, Furcht und Angst, S. 297; Ricke, Die empfindsame Seele, S. 11; zur »Vernunft der Gefühle« Pikulik, Leistungsethik, S. 200; zu den widersprüchlichen Diskursen über Gefühle und ihrem ›gendering‹ in der englischen Literatur vgl. Göbel, Men of Feeling.
22 Jackson, Melancholia, S. 68-70.
23 Descartes, Die Leidenschaften der Seele [1649], Artikel 194, S. 144f.; vgl. Zelle, Angenehmes Grauen, S. 118ff., 141.

gnügen mit der Gemütsbewegung des müßigen Menschen und nahm an, daß das Vergnügen sich gerade aus der Betrachtung von Gefahr oder dem Leid anderer ergab. Ausgehend von der moralphilosophischen Prämisse der Selbsterhaltung und dem daraus folgenden Streben nach Wohlergehen erhob er das Empfinden zum höchsten Gut:»... nicht empfinden heißt, nicht leben.« Zugleich plädierte er für eine Dynamisierung und Öffnung der Perspektiven, denn das größte aller Güter bedeutete für ihn ein ungehindertes Fortschreiten zu immer weiteren Zielen.[24] Albert Hirschman hat in *Leidenschaften und Interessen* gezeigt, wie sich gegenüber den Modellen von Zwang und Repression einerseits, dem freien Lauf der Leidenschaften (im Sinne von Mandevilles Bienenfabel) andererseits ein drittes Modell durchsetzte, das die Leidenschaften in negative und positive aufgliederte und letztere als Interessen definierte, die die negativen Leidenschaften in Schach halten und so den Fortschritt der Zivilisation ermöglichen sollten. Dabei engte sich der Begriff des Interesses zusätzlich auf den ökonomischen Vorteil ein, auf den Trieb nach Geld und Reichtum als Angelpunkt der zivilisierten Persönlichkeit, der die mächtigen und potentiell destruktiven Triebe nach Macht und sexueller Lust unterdrücken helfe.[25] Hirschman zufolge schlugen diese Vorstellungen im 19. Jahrhundert dann in die moderne Kapitalismuskritik um, die statt der zivilisierenden die entfremdenden Wirkungen des Marktes hervorhob:

> Denn sobald der Kapitalismus gesiegt hatte und die ›Leidenschaften‹ in dem vergleichsweise friedlichen, ruhigen und vorwiegend mit Erwerbsarbeit beschäftigten Europa in der Zeit nach dem Wiener Kongreß unter Kontrolle gebracht, wenn nicht ausgelöscht waren, erschien die Welt auf einmal trist, leer und langweilig, und damit war die Zeit reif für die romantische Kritik an dieser bürgerlichen Ordnung, die im Vergleich zu früheren Epochen jetzt ungeheuer armselig wirkte: Denn dieser neuen Welt schien es an Adel, Größe, Mysterium, vor allem an Leidenschaft zu fehlen.[26]

Aber gerade die deutschen Aufklärungsautoren sorgten sich um die richtige Steuerung der Leidenschaften, weil ebenfalls annahmen, daß Leidenschaften den Menschen in fast allen Handlungen bewegten und lenkten, auch wenn man noch wenig wüßte, was Leidenschaften seien.[27] Sulzer hielt Vergnügen

---

24 Hobbes, Vom Menschen, S. 29; vgl. Zelle, Angenehmes Grauen, S. 124.
25 Hirschman, Leidenschaften und Interessen; eine Diskussion von Elias' und Hirschmans Thesen bei König, Zivilisation und Leidenschaft, S. 21ff.
26 Hirschman, Leidenschaften und Interessen, S. 141.
27 Etwas zur Beherzigung, S. 48; Snell, Über die Gleichmüthigkeit, S. 159. Friedrich Daniel Snell (1761-1827) war »Schulmann«, studierte Mathematik und unterrichtete als Professor in Gießen. Außerdem wirkte er in der Pädagogenkommission mit, die die Oberaufsicht über die hessischen Gymnasien führte, ADB, Bd. 34, Berlin 1971 (ND der Ausg. Berlin 1892), S. 506.

und Mißvergnügen für die Grundempfindungen der Seele. Deren Aktivitätsdrang zu befriedigen, war vergnüglich, ihre Blockade langweilig. Weil sich die Seele nicht nur in der Einsamkeit, sondern auch im Schlaf immer bewege,[28] sollten Moral und Vernunft ihre Leidenschaften immer steuern,[29] nur ohne sie auf ein Ziel zu fixieren oder sie zu sehr zu steuern: Johann Christian Reil warnte in dramatischen Worten vor einer völligen Unterdrückung der Leidenschaften, da unbefriedigte Rache, stumme Traurigkeit und innere Wut, die sich nicht äußern dürften, auf der Stelle töten könnten.[30]

»Virtù senza noia«, Tugend ohne Langeweile, dieses humorvolle Motto der Mailänder gemeinnützigen Gesellschaft »Akademie der Fäuste« aus den sechziger Jahren des 18. Jahrhunderts[31] umriß auch das männliche Persönlichkeitsideal der deutschen Aufklärer, quasi negativ konturiert durch Langeweile: weder Höfling noch Philister, weder Spieler noch trockener Rationalist. Dubos und Boureau-Deslandes redeten gleichzeitig über Leidenschaften und Vernunft, Wissenschaft, Gesellschaftsfähigkeit und Ästhetik. Ihre Texte helfen erklären, warum die aufklärerische Elite gerade in ihrem Streben nach einem selbstkontrollierten Verhältnis zu Arbeit, Sexualität oder Zeit davor warnte, Leidenschaften zu sehr zu unterdrücken.[32] Dubos' Antwort auf Langeweile als »Tod im Leben«[33] war die Kunst, Boureau-Deslandes' Antwort die Kunst des Lebens, im Kontext einer der vernünftigen Weltbemächtigung gegenüber skeptischen, aber nicht grundsätzlich antirationalistischen Einstellung. Nicht erst Nietzsche schwärmte von Kunst und Lebenskunst in seiner Kritik an der bürgerlichen Gesellschaft.[34]

Dubos lieferte die Langeweiledefinition, die auch die meisten deutschen Autoren benutzten. Jedes Vergnügen stamme von den Bedürfnissen her, konstatierte er. Der Begriff der Bedürfnisse psychologisierte sich im 18. Jahrhundert genauso wie der Terminus Langeweile, und auch hier fungierte Dubos als Katalysator. Bedürfnisse bedeuteten nun Begierden, im Sinne von Streben,

---

28 Anon., Von der Nothwendigkeit, Sp. 1350; Angenehmer und lehrreicher Zeitvertreib, 12. St., S. 178; Über die Langeweile, S. 9f.; Etwas zur Beherzigung, S. 49; zum Umgang mit Träumen Kaufmann, Aufklärung, S. 95ff.
29 Snell, Über die Gleichmüthigkeit, S. 190f., 159; Ricke, Die empfindsame Seele, S. 12ff.; Schwarz, Langeweile und Identität, S. 51; Pikulik, Leistungsethik, S. 147; Begemann, Furcht und Angst, S. 296f.
30 Genau deshalb müsse die Vernunft sie vorab leiten; Reil, Diätetischer Hausarzt, Bd. 2, S. 293f.
31 Zit. nach Im Hof, Gesellschaft und Gesellschaften, S. 159. Gleichweit von Phantasterei und Philistertum, so Schnabel, Deutsche Geschichte, Bd. 1, S. 221. Nipperdey, Verein als soziale Struktur, S. 191, zum Versuch, durch den neuhumanistischen Identitätsbegriff und die romantische Geselligkeitstheorie der gefürchteten Einseitigkeit zu entkommen. Zuletzt Linke, Sprachkultur; Trepp, Sanfte Männlichkeit.
32 Konkret auf Sexualität bezogen Hull, Sexuality, S. 243f.
33 Weber, Ueber und gegen die Langeweile, S. 91.
34 Vgl. Rath, Jenseits der ersten Natur, S. 14.

Verlangen und Triebkraft.[35] Die Leidenschaften der Seele waren ihre Bedürfnisse, Langeweile deren Blockade. Dubos betonte mit Nachdruck, daß die Seele sich wie der Körper beschäftigen wolle und sie unbedingt beschäftigt werden müsse, denn:»Die lange Weile, die der Unthätigkeit der Seele so gleich nachfolgt, ist für den Menschen ein so schmerzhaftes Uebel, daß derselbe öfter die mühsamsten und beschwerlichsten Arbeiten unternimmt, sich nur der Folter dieses Uebels zu überheben.«[36] Sie entstehe durch eine Überhäufung mit Eindrücken, denen der Geist nicht mehr folgen könne, oder durch einen Mangel an Anregung. Denken, Fühlen und körperliche Arbeit galten als beste Abhilfen, wobei Dubos Denken als die innere Beschäftigung mit Ideen definierte, Fühlen als die Beschäftigung mit von außen empfangenen Eindrücken.[37] Auch das Denken brauchte Anregungen von außen, war aber anstrengender. Der aufgeklärte Mensch sollte natürlich nachdenken, aber Dubos nahm an, daß es den meisten leichter falle, sich von außen unterhalten zu lassen – so erklärte er die Sucht nach Vergnügen und Zerstreuung.[38] In jedem Fall brauche die Seele Empfindungen, egal welcher Natur: »Ein Trieb, den die Vernunft nicht wol unterdrücken kann, macht, daß wir nach Gegenständen laufen, die unser Herz empfindlich verwunden müssen.«[39] So erklärte Dubos z. B. die Attraktivität von Hinrichtungen für Schaulustige, die durch diesen Anblick ihre eigene Sicherheit als angenehmer empfänden.

Sollte in Dubos' Kunsttheorie die Kunst den Menschen bewegen und rühren,[40] so suchte Boureau-Deslandes Kunst und Wissenschaft im Begriff der Lebenskunst und so in einem Wesen zu vereinbaren. Genau wie eine 1768 an der Berliner Akademie eingereichte *Dissertation sur l'ennui* forderte er, typisch für die zweite Hälfte des 18. Jahrhunderts, die Balance zwischen Vernunft und Gefühl. Buffon hatte geschrieben:»... l'ennui, ce triste tyran de toutes les ames qui pensent, contre lequel la sagesse peut moins que la folie«.[41] Boureau-Deslandes fragte entsprechend, ob denn die Melancholie unbedingt »der Antheil der Vernunft und Weisheit« sein müsse.[42] Gerade weil er auf Seiten der lesenden und schreibenden Zunft stand,[43] warnte er, daß die Natur nur gegen die-

---

35 Kim-Wawrzinek, Art. Bedürfnis, S. 445, 451, auch zur zentralen Rolle Dubos'.
36 Dubos, Abhandlung von der Nothwendigkeit, in: Neue Beyträge, S. 15.
37 Ebd., S. 16.
38 So auch Würtzer, Beherzigung verschiedener wichtiger Gegenstände, S. 12, 21; Wegener, Ein Blatt wider die Langeweile, S. 36; dieselben Argumente bei Helvétius, Vom Geist, S. 283.
39 Anon., Von der Nothwendigkeit, Sp. 1352.
40 Die Kunstreligion der Moderne konnte hier ebenso anknüpfen wie die Darstellung von Frauen, Kunst und Natur als ästhetischen Gegenwelten einer als entfremdend gezeichneten Arbeitswelt, vgl. Klinger, Flucht Trost Revolte.
41 Buffon, Oeuvres philosophiques, S. 340; Kuhn, Demon, S. 12.
42 Boureau-Deslandes, Über die Kunst, S. 29. Auch die *Dissertation sur l'ennui* von 1768 polemisierte gegen einen Intellektualismus, der die Kopplung von Vernunft und Gefühlen in der wahren Aufklärung übersehe.
43 Boureau-Deslandes, Über die Kunst, S. 64.

jenigen freigebig sei, die sie nicht zu tief ergründen wollten, und forderte die Vernunft auf, sich bisweilen in den Armen der Torheit zu vergessen, denn die Vernunft sei »an und vor [für, MK] sich von Natur aus sehr traurig«.[44] Er wünschte sich eine »scherzende Wissenschaft«, ohne aus seiner Rationalismusskepsis in einen rein emotionalistischen Impuls zu verfallen.

Boureau-Deslandes formulierte eine mit Blick auf die oft in absoluten Termini formulierte Wissenschaftseuphorie des 19. Jahrhunderts und deren Absturz in die ebenso absolut gefaßte Relativismusfurcht aufschlußreiche Rationalitätsskepsis. Er sah die Welt durch den Gebrauch der Vernunft nicht vertrauter, sondern fremder, entfremdeter und entfremdender werden. Ein zu intensiver Blick auf Ursprünge und Wirkungsweisen der Natur lasse den Menschen möglicherweise gerade nicht mehr als Herrscher erscheinen und führe zum Verlust der Selbstsicherheit: »Ein wenig Unbesonnenheit und Flüchtigkeit des Geistes macht ihn sorgloß, zerstreut ihn, und läßt ihn den Abgrund nicht sehen, woran er ist. Unser Nachdenken tödtet uns; je vernünftiger es ist, desto mehr entdeckt es uns die Niedrigkeit unseres Zustandes.«[45] Kurz: Das Gefühl mache glücklich, die Überlegung reiße nieder. Boureau-Deslandes warnte vor einer Vernunft, die sich alle Sinne unterwerfe und den Antrieb zum Handeln blockiere, weil permanenter Zweifel die Konzentration der Kräfte auf zielgerichtetes Handeln verhinderte. Der Geist

> kann nicht allzu vernünftige Schwierigkeiten vertragen, oder sich mit trokkenen Spekulationen beschäftigen, sie mögen so nützlich seyn als sie wollen. Er will in Bewegung seyn. Er verliert sich selbst, ... wenn er nicht eine angenehme Gemeinschaft mit den Gegenständen behält, die um ihn sind. Unruhiger, als ein Bootsmann auf der hohen See, hat er keinen Gesichtspunkt mehr, den er sich vestsetzen könnte. Daher entstehet eine leere und langweilige Trägheit,[46]

eine Trägheit, die den Riß zwischen Selbstwahrnehmung und Umgebung markierte, der auch durch eine permanente Reflexion auf das Verhältnis von Ich und Welt entstehen konnte.

Boureau-Deslandes plädierte ausdrücklich für internalisierte Disziplinierungsmechanismen, für die Kontrolle der Leidenschaften und für ein immer genaueres Denken, weil der Mensch nur dann gesellschaftsfähig sei.[47] Nur die wohltemperierte Klaviatur der Gefühle und die richtigen Begriffe[48] würden zu Selbsterkenntnis und sozialem Erfolg führen. Aber der Selbstzwang drohe den

44 Ebd., S. 50, Zitat S. 82.
45 Ebd., S. 105; s. a. S. 105-110.
46 Ebd., S. 107.
47 Die »nach der Natur« gebildeten Leidenschaften stimmten nicht nur mit den eigenen Interessen überein, sondern auch mit denen, deren Freundschaft der Mensch suche, ebd., S. 109f.
48 Ebd., S. 38, 47, 69f., 87.

Menschen auch sich selbst zu entziehen, wenn die Kontrolle der Leidenschaften umschlage in eine »ich weiß selbst nicht, was für eine gewisse Trägheit, die den Menschen in eine mürrische Traurigkeit versenkt. Dann sucht er sich auf, und kann sich weder finden noch kennen.«[49]

Mit Blick auf die Reflexionsfähigkeit, die die Aufklärer der Konstruktion von Männlichkeit einschrieben, bildete dieser Text insofern ein Scharnier zwischen der Melancholie- und der Langeweiledebatte, als Boureau-Deslandes vor der Gefährdung des Mannes durch einen übersteigerten Intellektualismus warnte. Die mit Kälte und Trockenheit assoziierte Melancholie galt traditionell als Problem der männlichen Geistesarbeiter. Helvétius hatte polemisch zwischen dem aufgeklärten Menschen, der die Bedeutung der Leidenschaften zu würdigen wisse und dementsprechend große Taten vollbringen könne, und dem Verstandesmenschen unterschieden, der dem leidenschaftlichen Menschen immer unterlegen sei.[50] In dem Moment, in dem Bildung und ein ebenso selbstreflexiver wie utilitaristischer Zugriff auf die Welt für die männliche aufklärerische Elite konstitutiv wurden, warnte auch Reil vor deren Übersteigerung: »Der Überstudierte machet Sprünge und wird possirlich, oder verfällt in gänzliche Stupidität, in Tiefsinn und Hypochondrie herein.«[51] Lächerlich oder gar langweilig zu sein, konnte ein tödliches Verdikt in einer Umbruchgesellschaft sein, in der Geselligkeit als Kern einer neuen Gesellschaft gesehen wurde und über das persönliche Fortkommen mitentschied.

Diese Sorge zielte nicht nur auf den Gelehrten als besonders gefährdeten Typus, wie ihn Carl Friedrich Pockels in seinen Ausführungen über »den Mann« beschrieb, mit misogynem und antisemitischem Impuls und dem Talmudschüler als Inbegriff eines effeminierten, schwächlichen Typus.[52] Es ging vielmehr um die generelle Gefahr einer zu rigiden Fixierung auf Ordnung. In diesem Zusammenhang stellte sich dann das Problem, wie ein an sich als notwendig verstandener Selbstzwang in einem vom Menschen selbstgeschaffenen Bedeutungszusammenhang begründet werden konnte, ohne Bezug auf Herrschaftsinstanzen oder religiöse Erklärungen. Boureau-Deslandes konstatierte lapidar, daß der Mensch sich ohne »einleuchtenden Nutzen« vor dem Zwang fürchte.[53] Er betonte den Ehrgeiz als entscheidenden Antrieb zum Handeln, die Eigenliebe als Motor, um nach Anerkennung und guter Plazierung in der Gesellschaft zu streben. Gerade weil der Ehrgeiz den Gesichtspunkt liefere, an dem alle Handlungen und Erfahrungen ausgerichtet und gemessen würden,[54] müsse das Lebensziel sorgfältig gewählt werden, da es für jeden Geist die richtige Lage gebe, um glücklich zu werden.[55] Nur dann werde der Zwang der

49 Ebd., S. 29.
50 Helvétius, Vom Geist, S. 294.
51 Reil, Diätetischer Hausarzt, Bd. 2, S. 263.
52 Pockels, Der Mann; vgl. Kassouf, The Sickly Male Body of Scholarship.
53 Boureau-Deslandes, Über die Kunst, S. 30.
54 Ebd., S. 85, 36f., 15.
55 Ebd., S. 37.

Selbstkontrolle und Selbstreflexion erträglich, denn so wie eine permanente Aufmerksamkeit auf den Körper krank mache, so auch die beständige Ordnung der Gedanken, die das Nachdenken erzwinge. Eine allzuängstliche Ordnung, warnte er, werde langweilig und ermüdend:»der Geist ist gebunden, wenn er sich zwingen will alle Pflichten des bürgerlichen Lebens zu erfüllen.«[56] Trotz dieser Anstrengung noch richtig zu empfinden, war die Kunst, keine Langeweile zu haben.[57] Bei Dubos sollte die Leidenschaft der Kunst die Vernunft der Wissenschaft ergänzen, um durch die richtige Balance das Lebensgefühl zu erhöhen. Boureau-Deslandes forderte von jedem Mann, die vernünftige Lebensführung zur Lebenskunst auszubilden und bei aller Zweckrationalität lebendig zu bleiben.

Keineswegs erst die Romantiker, sondern gerade die deutsche Aufklärungspsychologie und die diätetischen Schriften, die sich der Frage widmeten, wie ein Mensch seine psychische und physische Balance in einer sich dynamisierenden Gesellschaft halten könne, diskutierten die Antinomie der Ordnung. In Aufsätzen, Büchern oder Zeitschriften widmeten sie sich in einem dichten Diskurs zwischen der Mitte des 18. und dem ersten Drittel des 19. Jahrhunderts dem seelischen Nullpunkt, unter Überschriften wie *Über den Kuß und die Langeweile, Über Beschäftigung und Langeweile* oder einfach *Über die Langeweile*, wie eine 222 Seiten lange anonyme Schrift von 1798.[58] Kant berücksichtigte sie in seiner Anthropologie ebenso wie Fichte in seinen *Grundzügen des gegenwärtigen Zeitalters* oder wichtige Pädagogen der Zeit wie Sulzer, Basedow oder Trapp.

Diese Texte zielten alle auf die harmonische Verbindung von Herz und Kopf. Johann Elias Schlegel, der Onkel der Romantiker Friedrich und August Wilhelm Schlegel, dessen *Canut* die Entwicklung des deutschen Trauerspiels beeinflußte, schrieb zum (dänischen) Krönungsfest Friedrichs V. und der dabei stattfindenden Eröffnung eines Dänischen Theaters 1747 ein Vorspiel mit dem Titel *Die Langeweile*. Darin traten Verstand, Freude und Scherz gegen Unverstand, Menschenhaß und Langeweile an, und der Verstand faßte das Credo aufgeklärter Vernünftigkeit zusammen, daß ein tugendhafter Zeitvertreib zum richtigen Leben dazugehöre:»Ein Geist, der zu der Lust sich unempfindlich

---

56 Ebd., S. 76, Zitat S. 48.
57 Ebd., S. 110.
58 Nicht ermittelt werden konnten: Wider die Langeweile, hg. v. Christian Gottlob Klemm, Wien 1767; Johann Anton Trinius, Ein Buch für die Langeweile, oder Vermischtes Allerley, Bernburg 1771; Meine lange Weile, Hadersleben 1764-1765 [fortgesetzt i.J. 1765 u.d.T.: Nachrichten vom baltischen Meere aus dem Reiche der Gelehrsamkeit, der Sittenlehre, der Haushaltungskunde, hg. v. Johann Friedrich Camerer, O. H. Moller, T. 1-3, Hadersleben 1765-1767.] (vgl. Kirchner, Grundlagen, S. 108, 242, 91). Kirchner nennt außerdem 31 Zeitschriften zum Thema Zeit. Zur romantischen Literatur, die Langeweile als Metapher für die Einsamkeit des autonomen Individuums benutzte, Mattenklott, Tödliche Langeweile, S. 102.

weiss, ist auch zu seiner Pflicht gewiß ein träger Geist.«[59] Karl Friedrich Wegener gab 1785 wöchentlich *Ein Blatt wider die Langeweile* heraus, in dem er sein Persönlichkeitsideal umriß: ein heiterer Geist ohne Schwermut, der Witz und Laune vernünftig kontrollierte.[60] Den Abschluß des Diskurses der Sattelzeit markierte 1826 die knapp 250 Seiten lange Schrift *Ueber und gegen die Langeweile. Zur Kunst und Kenntnis des Lebens* des Juristen und Philosophen H. B. von Weber, einem Mitarbeiter Wielands am *Neuen Teutschen Merkur*, der dort bereits 1808 einen Auszug veröffentlichte.[61]

Alle Texte betrafen die neue Anthropologie des aufgeklärten Menschen, und manchmal führten sie Langeweile nur im Titel, wie die Moralische Wochenschrift *Etwas vor* [für, MK] *die Langeweile* von 1781, um dann extensiv die Vorzüge eines vernünftigen, tugendhaften und freudevollen Lebens auszumalen.[62] In dieser Zeitschrift tauchte Langeweile im Text gar nicht mehr auf, aber daß sie als Titel dienen konnte, verrät ihren Charakter als verbreiteten terminus technicus moralisch-psychischer Gefährdung. Auch Schlegel und Wegener beschrieben unter diesem Stichwort das ideale Männerbild der Spätaufklärung. Kant diente als Vorbild, wenn er andere zu guter Unterhaltung und zu gutem Essen einlud: »Angenehme Belehrungen, doch ohne daß er sich das Ansehen eines Lehrers gegeben hätte, würzten das Mahl und verkürzten die Zeit von 1 Uhr bis 4, 5, öfters auch später, sehr nützlich und ließen keine Langeweile zu«, berichtete der Diakon Wasianski, der Kant am Ende seines Lebens versorgte.[63]

Kant wußte, worum es ging, da er selber Langeweile knapp als »Leere an Empfindungen« und in diesem Sinne als Vorgefühl eines langen Todes definierte. Um ihr zu entgehen, werde der Mensch nicht nur Vergnügen suchen, sondern auch Schmerz und Trauer, und er werde vor allem »eher etwas zu seinem Schaden, als gar nichts zu thun sich angetrieben« fühlen.[64] Auch der Philosoph Johann Gebhardt Ehrenreich Maaß erklärte das Vergnügen am Tragischen 1807 so, daß der Mensch lieber traurig als empfindungsleer sei. Ähnlich wie bei Melancholie drohe die Abneigung gegen die innere Leere zum Suizid zu

---

59 Schlegel, Die Langeweile, S. 523-544.
60 Wegener, Ein Blatt wider die Langeweile, S. 4.
61 Laut DBA war Weber zunächst Oberjustizrat in Eschingen, dann Obertribunalrat; nach Georg Christoph Hamberger, Johann Georg Meusel, Das gelehrte Teutschland, oder Lexikon der jetzt lebenden teutschen Schriftsteller, Hildesheim 1966 (ND d. 5. Aufl. Lemgo 1827), S. 377f.
62 Eine Wochenschrift, Etwas vor die Langeweile.
63 Wasianski, Immanuel Kant, S. 21; vgl. Hinske, Kants »höchstes moralisch-physisches Gut«, S. 50.
64 Kant, Vom Gefühl der Lust und Unlust, in: Anthropologie, S. 233; s. a. Anon., Von der Nothwendigkeit, Sp. 1349. Auch Descartes und Hobbes hatten die ethische Neutralität des Empfindungsdranges diskutiert, vgl. Descartes, Leidenschaften der Seele, Artikel 194, S. 144f.; Hobbes, Vom Menschen, S. 29; vgl. Zelle, Angenehmes Grauen, S. 118f., 124, 141.

führen.⁶⁵ Sulzer nannte die Blockade des seelischen Tätigkeitsdrangs »eine der peinlichsten Gemüthsfassungen«, die einen »tödlichen Verdruß« wecke.⁶⁶ So hatten Montaigne und Hélvetius auch Ennui bestimmt. Christian Garve beschrieb in seiner Abhandlung über Geduld von 1785 den ebenso grundsätzlichen wie unbestimmten, ausfransenden Charakter von Langeweile, der alle möglichen psychischen Syndrome auslösen könnte:

> Die erste Art der Geduld, die, welche die lange Weile erträgt, ist auf gewisse Weise die Grundlage, wenigstens ein Bestandtheil aller übrigen Arten. Denn das Uebel, welches in der Empfindung einer zu langen Zeit liegt, – das Uebel eines leeren und unbeschäftigten Daseyns, – mischt sich in alle anderen Uebel, und giebt ihnen oft den Stachel, der uns am tieffsten verwundet.⁶⁷

Weikard widmete der Langeweile ein 36seitiges Kapitel in seiner Schrift *Der philosophische Arzt* von 1782. Auch er nannte als Ursache »öde oder gleichgültige Empfindungen«, die keine Bewegung mehr auslösten, während man sich heimlich nach besseren sehne. Langeweile mache Menschen zu »Maschinen ohne inneres Triebwerk«⁶⁸ und werde »vielmal die Quelle guter oder böser Handlungen.«⁶⁹ Walter Benjamins Formulierung ist berühmter geworden, fügte aber nichts hinzu: »Langeweile ist, wenn wir nicht wissen, worauf wir warten.«⁷⁰

Die Langeweile-Debatte war weder nur optimistisch-rationalistisch noch baute sie einfach auf Beschäftigungstherapie.⁷¹ Die meisten Autoren waren im Gegenteil beunruhigt, wie hilflos der Mensch gegenüber dem Drängen der brachliegenden Triebe sein könne. Die *Dissertation sur l'ennui* warnte vor der Ohnmacht der Vernunft. Langeweile sei »cet état de l'ame où *en dépit d'elle même*, elle ne sent & ne voit rien qui l'intéresse«⁷² – gegen den eigenen Willen ohne einen Anreiz, der Interesse wecke, eine Einsicht, die die Psychologie des 20. Jahrhunderts immer wieder neu entdeckt. Der Mensch klage, ohne zu wissen,

---

65 Maaß, Versuch über die Leidenschaften, S. 92f.; vgl. Zelle, Angenehmes Grauen, zur Attraktivität der Tragödie für das menschliche Empfinden.
66 Sulzer, Untersuchung über den Ursprung der angenehmen und unangenehmen Empfindungen, S. 21. Weber, Ueber und gegen die Langeweile, S. 5-7, definierte sie als »Hemmung der Kräfte« und des intensiven Lebensgefühls, das aus Tätigkeit resultiere.
67 Garve, Über die Geduld, S. 34.
68 Weikard, Von langer Weile (de l'ennui), in: Der philosophische Arzt, S. 192-228, Zitate S. 196f.; vgl. Schings, Melancholie, S. 21.
69 Weikart, Der philosophische Arzt, S. 199.
70 Benjamin, Das Passagen-Werk, Bd. 1, S. 161; Buck-Morss, The Dialectics of Seeing, S. 104f.
71 So die Kritik von Völker, Langeweile, S. 157, u. Zelle, Angenehmes Grauen, S. 8.
72 Dissertation sur l'ennui, S. 4 (kursiv im Original).

was ihm fehle, bestätigte der Anonymus von 1798,[73] wobei allerdings in diesen Texten der Hinweis, wie notwendig die Leidenschaften für die psychische Balance waren, deutlicher in den Hintergrund rückte als bei Dubos und Boureau-Deslandes.

Wer die Lebensführung der »practitioners of Enlightenment« (Isabel Hull) mit ihrem spezifischen Umgang mit Sexualität, Arbeit und Zeit als Haltungskorsett auf dem Weg in die unsichere Moderne anbot, wußte nicht nur, wie schwer sie zu internalisieren war, sondern auch, daß die Disziplinierungs- und Internalisierungsansprüche der eigenen kulturellen Werte das Gefühlsleben beeinträchtigen konnten. Diese Diätetiklehren, die Gefühle und Arbeit, Zeit und Hoffnung, soziale und psychische Faktoren noch in einem Zusammenhang diskutierten, bevor sie im Spezialisierungsprozeß der Wissenschaften getrennt wurden, reflektierten in einer im Vergleich zu späteren Zeiten faszinierenden Klarheit, wie die Sehnsucht nach Gefühlen auch Tragik oder Schmerz, den eigenen, vor allem aber den anderer, in Kauf nahm oder brauchte, nur um den eigenen Puls wieder zu spüren.

Christoph Wilhelm Hufeland (1762-1836), preußischer Staatsrat, Leibarzt des Königs, Medizin-Professor in Jena bzw. Berlin und Chefarzt an der Charité, warnte in seiner berühmten *Makrobiotik* von 1796, einem vielfach neu aufgelegten Ratgeber für die psychisch-physische Gesundheit, daß der Verinnerlichungsschub der aufklärerischen Kultur bis zum Selbstverlust führen könne. Er fürchtete, daß, wer dauernd die natürlichen Triebe unterdrücken und fremde Triebe heucheln müsse, psychische und körperliche Schäden davontragen könne, ständige innere Unruhe, Ängstlichkeit und physische Beschwerden bis zum Nervenfieber. Hufeland sah, daß der Zwang zur Unterdrückung sich zur zweiten Natur ausformen könne, aber mit der Folge, daß diese Menschen »sich endlich selbst (verlieren) und ... sich nicht wiederfinden« könnten.[74] Es ist geläufig, Langeweile dem Adel oder der Provinz zuzuordnen,[75] aber auch dieser Exponent bürgerlicher Lebensart plazierte sie im Kontext eines primär auf Gebildete zielenden, aber universal formulierten Disziplinierungsschubs.

Hufeland nannte Ordnungsliebe, frische Luft und Hoffnung als gleichgewichtige Bausteine einer gesunden Lebensweise und trug so dazu bei, physische und moralische Balance zu identifizieren.[76] Aber auch er warnte wie Boureau-Deslandes vor einer zu strikten Unterwerfung unter die Regeln des Alltags. Trotz kalter Abreibungen und täglicher Spaziergänge forderte er eine »gewisse Freiheit und Zwanglosigkeit in der Lebensart«:

---

73 Über die Langeweile, S. 4.
74 Hufeland's Makrobiotik (1871), S. 119f.; vgl. Kessel, Balance der Gefühle, S. 240.
75 Lepenies, Melancholie; Brednow, Goethe und die Langeweile; zur Provinz Hoock-Demarle, Die Frauen der Goethezeit, S. 48. Wilhelm von Humboldt nannte den Tegeler Familiensitz »Schloß der Langeweile«, ebd., S. 150.
76 Dazu Labisch, Hygiene ist Moral, S. 280.

das heißt, man binde sich nicht zu ängstlich an gewisse Gewohnheiten und Gesetze, sondern lasse einen mäßigen Spielraum. Wer sich zu ängstlich an eine gewisse Ordnung des Lebens bindet, sei sie auch noch so gut, der macht sich schon dadurch krankheitsempfänglich, denn er braucht nur einmal von dem abzuweichen, was seine andere Natur worden ist, so kann er krank werden.[77]

Das Bewußtsein für die Gefahr des Selbstverlustes reichte in das 19. Jahrhundert hinein. Der Wiener Arzt und Dozent für ärztliche Seelenkunde, Ernst Freiherr von Feuchtersleben (1806-1849), zielte mit seiner *Diätetik der Seele* von 1838 wie Hufeland auf ein größeres Publikum.[78] Er warnte ebenfalls nachdrücklich davor, Leidenschaften ganz zu unterdrücken: »Ohne Neigung kein Interesse, ohne Interesse kein Leben.«[79] Ohne Neigung herrschten Gleichgültigkeit und Langeweile, und Gleichgültigkeit war der eigentliche Tod.[80] Auch er wollte natürlich nicht hemmungslos sinnliche, sondern die vernünftig kontrollierte Balance der Gefühle. Nur hielt er Reflexion allein für nicht in der Lage, Affekte zu steuern: »aber wohl kann durch eine heftige Neigung eine andere balanciert, ein Affekt durch den anderen gedämpft werden.«[81]

Ein französischer Autor sei hier noch angeführt, der ebenfalls das hohe Lied der Ordnung mit der Warnung vor ihrem Umschlag im Innern des Menschen verband. Der Revolutionsgegner, selbsterklärte Eklektizist und theologisch ausgebildete Philosoph Joseph Marie De Gerando (1772-1842) veröffentlichte 1824 auf französisch, 1829 auf deutsch die Schrift *Über die sittliche Vervollkommnung oder Über die Selbsterziehung*. Ihm gelang, nachdem er 1793 zum Tode verurteilt wurde und fliehen mußte, unter Napoleon eine brillante politische und akademische Karriere. Er war verheiratet mit der Elsässerin Marie-Anne de Rathsamhausen, die die klassische deutsche Literatur kannte und die berühmtesten französischen Intellektuellen traf, Germaine de Staël, Benjamin Constant oder Maine de Biran.[82]

Auch De Gerando kontrastierte berechenbares Handeln mit einer angenommenen »Natürlichkeit«,[83] die im Zuge der Erziehung verloren gehe, im Um-

---

77 Hufeland's Makrobiotik (1932), S. 126. Diese Passage fehlt in der neuesten Ausgabe des Werkes 1995 beim Insel-Verlag (vgl. S. 213).
78 Auch seine Schrift wurde eine Hausbibel; sie erreichte 1874 die vierzigste Auflage, vgl. ADB, Berlin 1971 (ND der Ausgabe von 1896), S. 730f.
79 Feuchtersleben, Diätetik der Seele, S. 107.
80 Ebd., S. 108, 122f.
81 Ebd., S. 109.
82 De Gerando, Über die sittliche Vervollkommnung (Du perfectionnement moral, Paris 1824). Vgl. Dictionnaire de Biographie Française, Bd. 15, Paris 1982, Sp. 1197-1200. Der Übersetzer war Eugen Schelle, Ballenstedter Rektor. Das Buch erhielt 1825 einen Preis der französischen Akademie für das den Sitten nützlichste Buch, dt. Ausgabe, S. XVII. 1802 erhielt er den Preis der Berliner Akademie für sein dort veröffentlichtes Werk über *De la génération des connaissances humaines*.
83 De Gerando, Über die sittliche Vervollkommnung, Bd. 1, S. 346; ähnlich urteilte der Hegelianer J.E. Erdmann, vgl. Rath, Zweite Natur, Sp. 487.

gang mit anderen wie mit sich selbst. Selbstkontrolle war schwer: »Man muß sich fesseln, um sich selbst beobachten zu können,«[84] so resümierte er die Prämisse der Erziehung zur Soziabilität. Berechenbares Handeln schien ihm deshalb »peinlich« und ermüdend, weil es zwei einander fast widersprechende Kompetenzen erfordere: »sich zugleich aufrecht und im Zaum zu halten«. Sich zu scharf im Zaum zu halten, mache das Herz »trocken«; der Mensch werde gebieterischer und weniger mitleidsvoll gegenüber anderen, verliere jedoch selber auch die »Hingebung«, die das Leben reizvoll mache.[85] Die ständige Reflexion zerstöre die Leichtigkeit,[86] und die »blinde und zwecklose Strenge« gegen sich selbst bringe in den »inneren Umgang« des Menschen mit sich selbst »ich weiß nicht was Trauriges, Unruhiges und Düsteres«; der Mensch werde unruhig und sich selbst zur Last.[87] De Gerando warnte vielleicht am deutlichsten vor den Folgen eines fehllaufenden Disziplinierungsprozesses; wenn Tugend in Langeweile umschlage, dann könne sich das Verhalten von der Tugend entfernen,[88] um sich wieder zu spüren. Er forderte das Pflichtethos, warnte aber vor einer zu massiven Verankerung von Ordnung als Über-Ich und handlungsleitendem Regulativ, weil eine Zerrüttung dieser Ordnung dann auch die sittliche Orientierung stören könne.[89]

Der Jurist und Philosoph H.B. von Weber thematisierte in seiner umfangreichen Langeweileschrift von 1826 ebenfalls die Schwierigkeit der Selbstkontrolle. Er formulierte zwar zunächst den klassischen Vorwurf der bürgerlich-spießbürgerlichen Einseitigkeit. Langeweile drohte ihm zufolge vor allem dann, wenn die bürgerliche, »zur zweiten Natur gewordene Lebens- und Beschäftigungsweise« mit einem anderen Lebensstil konfrontiert und dadurch gehemmt werde. Denn das steife, ungelenke Verhalten des mittleren Standes, den er mit den »niedrigen Ständen« zusammen nannte, spiegele das »einförmige, eingeschränkte, sitzende und zurückgezogene Leben«, das sich bis auf die Gefühlsfasern auswirke.[90] Das Streben »nach einem einzigen bürgerlichen Zweck« produziere »Geschäfts- oder Fachmaschine(n)«.[91]

In einer aufschlußreichen Passage sprach er jedoch über den »Cultur-Menschen«, zu dem auch der »sonst freie« Mann zählte. In der auch bei Kant und Rousseau geläufigen Unterscheidung zwischen dem »Cultur-Menschen« und dem unkultivierten Wilden beschrieb Weber, wie sich eine zunehmende soziale Vernetzung und die kulturellen Anforderungen der arbeitsteiligen Welt auf die Persönlichkeitsstruktur auswirken könnten:

---

84 De Gerando, Über die sittliche Vervollkommnung, Bd. 1, S. 341.
85 Ebd., Bd. 1, S. 364.
86 Ebd., Bd. 2, S. 361.
87 Ebd., Bd. 1, S. 362.
88 Ebd., Bd. 1, S. 365.
89 Ebd., B. 2, S. 287f.
90 Weber, Ueber und gegen die Langeweile, S. 68f.
91 Ebd., S. 121f. Vgl. Stanitzek, Blödigkeit, für die Angst von Bürgerlichen vor linkischem Verhalten.

[Der Cultur-Mensch] kann und darf sich, viel weniger als der Naturmensch, ungestört selbst genießen; weniger von dem freien Laufe und Drange seiner Empfindungen und Gedanken nachgeben. Und eben diese häufige, stets neu wiederholte Hemmung seiner eigenen Weise stumpft das innere Leben am meisten ab, verrückt am meisten den Schwerpunct der selbstthätigen Kraft, die allein das Leben wahrhaft erfüllt, und überliefert solchergestalt den Menschen am häufigsten der Lebensmüdigkeit und Leerheit. Auch dem sonst freien Mann fällt dies Loos nicht selten [zu, MK].[92]

Gerade die zunehmend vernetzte bürgerliche Gesellschaft verursachte Weber zufolge Langeweile, weil nicht alle zu jedem Zeitpunkt ihren Wünschen und Trieben folgen könnten,[93] wozu dann noch die »Institute der Langeweile« wie das Visitenwesen und verschiedene Feierlichkeiten kämen.

Hier ging es weniger um den literarisch vielfach inszenierten Kontrast zwischen einer vom Arbeitszwang freien adligen Kultur und einer bürgerlichen Welt, in der die einseitige Fixierung auf Nützlichkeit als Entfremdungsursache galt.[94] Diese Autoren beschrieben vielmehr das Zusammenwirken sozio-kultureller Regeln und inividueller Entwicklung, wobei Hufeland, Feuchtersleben und de Gerando vor einer zu ausschließlichen Disziplinierung warnten, die den Menschen verkümmern lassen könne, während Weber implizierte, daß die Disziplinierung generell dazu zwinge, auf eine eigentliche Natur zu verzichten, wobei er eine angeblich weltläufige (implizit adlige) Natürlichkeit mit spießigem Verhalten kontrastierte. Er griff auf die bis in die Antike zurückreichende Vorstellung einer sogenannten zweiten Natur des Menschen zurück,[95] von der auch Hufeland gesprochen hatte. Wohl gebrauchte er sie im klassischen Sinne der Gewohnheit, aber auch in dem kritischen Sinne, daß in dem Moment, in dem der Prozeß der Zivilisation an Intentionalität gewann,[96] die dadurch hervorgebrachte Identität von einem ursprünglicheren, authentischeren Sein abzusetzen sei.[97]

Die Aufklärer diskutierten somit nicht nur Enthusiasmus und Schwärmerei als seelische Gefährdungen.[98] Wer die Vernunft verteidigte, wehrte sich gleichzeitig gegen den Vorwurf, gefühllose Vernunftmenschen zu bilden.[99] Immer stand im Mittelpunkt, wie schwer es war, vernünftig zu leben und doch »da-

---

92 Weber, Das Cultur-Leben, S. 306.
93 Ebd., S. 307.
94 Dazu Garber (Hg.), Kritik der Revolution, S. XIV; Linke, Sprachkultur, S. 73.
95 Vgl. Rath, Zweite Natur, bes. Sp. 490.
96 Krieken, Violence.
97 Elias wandte sich genau gegen diese Fiktion eines autarken *homo clausus* und verwies darauf, daß Individuelles und Soziales verschiedene, aber untrennbare Aspekte eines Menschen seien; Elias, Über den Prozeß, S. XVIII, XLVIIff.
98 Schwarz, Langeweile und Identität, S. 48; Kaufmann, Aufklärung, S. 55ff., 249ff.
99 Snell, Über die Gleichmüthigkeit, S. 190f.; Ricke, Empfindsame Seele, S. 12ff.; Schwarz, Langeweile, S. 51.

heim und mit dir zu seyn«,[100] ohne durch Reflexion einen »doppelten Menschen« aus sich zu machen, wie Humboldt formulierte.[101] Die Selbsthilfequalität des Nachdenkens sollte den Terror des Nichts bannen und die Kluft zwischen Welt und Selbst überwinden:

> Wie häufig sind die Augenblicke des Lebens, da man mitten im Schooße seiner Familie, von Freunden umringt, eine Leere der Seele fühlt, die durch nichts ausgefüllt werden kann; da man nur in sich selbst eine Quelle der benöthigten Hülfe findet; da wilde Verzweiflung sich allgewaltsam unserer bemächtigen würde, wenn Weisheit, die treue Begleiterin ihrer Verehrer, keine Unterstützung gewährte. In diesen qualvollen Augenblicken zeigt sie sich in ihrer ganzen Kraft ...[102]

In der Langeweile verlor die Selbstreflexion jedoch nicht nur diese beschworene Kraft, sondern die Lähmung konnte durch Reflexion gerade hervorgerufen werden. Wenn – im doppelten Wortsinn – grundlose Leere und Verzweiflung auch unter Freunden und bei richtigem Verhalten aufblitzte, dann ließ sie erkennen – gerade im Wissen, Subjektivität entwerfen zu können bzw. zu müssen – , daß Identität keinen immer schon vorausgehenden Ursprung hatte, sondern grundlos war. Das bedeutete auch, sie nicht grundlegend definieren zu können. Wer im Versuch, Identität zu formieren, Interessen und Leidenschaften zu stark lenkte, konnte die Basis zum Handeln zerstören, während ein zentrales Axiom für den Entwurf von Männlichkeit lautete, daß nur das intensive Leben Respekt verdiene, »nur insofern wir wirken und damit wir wirken«.[103] Nur Handeln sicherte das Erinnertwerden in einer Gesellschaft, die auf zukünftige Erfüllung entworfen wurde. Um ein Lebenskünstler zu sein, mußte ein Mann der Oberschichten sich bilden, gefühlvoll bleiben, ohne sentimental zu werden, und er mußte handeln. Um die Balance zu erhalten, empfahlen die Diätetiklehrer erstens den Erfolg; zweitens ein (unspezifiziertes) Ideal, wenn die eigenen Gefühle nicht ausreichten, um sich zu fühlen;[104] und drittens – in einem Kontext, in dem der Entwurf des aufgeklärten Individuums selten explizit geschlechterspezifisch codiert war[105] – die »Lebensordnung der häuslichen Zuneigung«, die die Harmonie von Kopf und Herz bei den Männern erhalten sollte, die zu wenig Gelegenheit »zu handeln und zu wollen« hätten.[106]

100 Conz, Ueber Zufriedenheit, S. 175f.
101 Koselleck, Einleitung, S. 26.
102 Etwas zur Beherzigung, S. 19f.
103 Weber, Ueber und gegen die Langeweile, S. 5.
104 »... dort, wo die eigene Phantasie zu lahm geboren ist, um in meine seelendiätetischen Pläne einzugehen, (mag) sie sich an eine mächtigere anschließen und aus ihr den Odem und die Milch geistiger Gesundheit schlürfen ...,« Feuchtersleben, Diätetik der Seele, S. 84f.
105 Davidoff, Adam Spoke First, S. 229-255.
106 De Gerando, Über die sittliche Vervollkommnung, Bd. 2, S. 393.

2. Die Sprengkraft der Langeweile: Ehrgeiz, Bedürfnisse, Erwartungen

Die im 18. Jahrhundert postulierte Suche nach Glück bedeutete ein verändertes Verhältnis von Sehnsucht und Leid,[107] beweglicher, abhängiger vom eigenen Standpunkt. Daß die unbestimmte Sehnsucht der Langeweile diese perspektivische Wahrnehmung berge, darin waren sich der Arzt Weikard und der Philosophieprofessor Johann Georg Heinrich Feder, der Jurist H. B. von Weber oder Samuel Johnsons aus dem Englischen übersetzte, berühmte Wochenschrift *Der Müßiggänger* einig. Jeder Mensch reagierte anders auf Situationen, so daß Langeweile weder vorhersagbar war[108] noch auf nur einen Auslöser oder ein immer gleiches Raster von Faktoren zurückgeführt werden konnte. Um so entschiedener versuchten Langeweileautoren zwischen legitimer und nichtlegitimer Langeweile zu unterscheiden.

Die säkularisierenden Implikationen der Aufklärung verstärkten die Angst vor einem radikalen Hedonismus angesichts einer zu asketisch formulierten Disziplinierung. Langeweile warf das Problem auf, wie Fremdzwänge ohne staatlichen Zwang oder transzendente Begründung in Selbstzwänge umzuwandeln waren, ohne dabei die Persönlichkeit zu stark zu beschädigen. Die meisten Texte beschworen die Religion am Ende als notwendige Zuflucht, und wenn sie Langeweile adligen oder bürgerlichen Müßiggängern als abschreckendem Beispiel zuordneten, dann mit dem Argument, daß diese sich angeblich deshalb langweilten, weil sie die Religion als Wegweiser zur Glückseligkeit mißachteten.[109] Versteckt in einem wütenden Angriff auf die müßigen Oberschichten forderte der Anonymus von 1777, der *Über den Kuß und die Langeweile* schrieb, allerdings auch eine radikal säkulare Selbstbegründung, um im Moment des Glaubenszweifels nicht der Verzweiflung oder der sexuellen Wollust anheimzufallen:

> Wenn auch Tugend und selige Unsterblichkeit nicht die Bestimmung des Menschen wäre, wenn sich mit dem Tode sein ganzes Daseyn endigte, wenn weder Recht noch Wahrheit, weder Billigkeit noch Pflicht, weder Furcht noch Hoffnung ihn zu einer regelmäßigen Anwendung seines Lebens, seiner Kräfte und seiner Besitzungen aufforderte, so würde es doch eine sinnlose Vernachläßigung seines eigenen ganzen Interesse seyn, das er als Mensch und als Erdbewohner haben kann und muß, wenn er so denkt und handelt, als ob er alle Merkwürdigkeiten, Schätzbarkeiten und Genießbarkeiten der Welt erschöpft, das große Magazin der Dinge ausgeleert, und alle Nahrungsmittel des Geistes bereits verzehrt hätte.[110]

---

107 Corbin, Kulissen, S. 579.
108 Perkins, Boredom, S. 145, 154; Weikard, Philosophischer Arzt, S. 199, 203, 217; Richard Langweilig schreibt an den Müßiggänger, in: Der Müssiggänger, 21. Stück, S. 90-94.
109 Anon., Über den Kuß und die Langeweile, S. 62.
110 Ebd., S. 79.

Es ist schwer, zwischen einem aufgeklärten und einem romantischen Langeweileverständnis zu unterscheiden, da gerade vernunftorientierten Autoren die Welt unheimlich und abgründig erschien. Ebenso schwierig ist es, eindeutig zwischen rationalistischen und christlich orientierten Langeweile-Autoren des 18. Jahrhunderts trennen zu wollen, da alle Texte den spezifischen Anspruch der deutschen Aufklärung reflektierten, Vernunft und Offenbarung zu vereinbaren.[111] In der Wendung vom Dogma zur Praxis pietatis trafen sich Vernunft und Religion im Begriff der sittlichen Lebensführung.[112] Der von Völker als christlich bezeichnete Text *Über den Kuß und die Langeweile z. B.* empfahl ebenfalls die Philosophie für die, die ohnehin »richtig« dächten, als Mittel, um Begriffe weiter zu korrigieren.[113] Der von ihm als rationalistisch-aufgeklärt eingeordnete Text »Über die Langeweile« dagegen sprach vom »deutschen Glauben« und einer Zeit, die an die Ewigkeit reiche.[114] Auch dieser Autor vertrat eine deistische Weltsicht, weil die Natur sonst eine Qualität haben müsse, für die es keinen Begriff gebe.[115] Ähnlich beschwor Wegener in seinem *Blatt wider die Langeweile*, daß nur die Existenz eines liebevollen Schöpfers hinter einer harmonischen Natur ihn glauben lasse, daß wirklich derjenige auf Erden glücklich würde, der die eigenen Fähigkeiten in der gegebenen Position nutze. Wegener erklärte die Unsterblichkeit nur deshalb zur menschlichen Bestimmung, weil das Gegenteil weder gütig noch weise oder gerecht wäre.[116] Gott könne weder so willkürlich sein, die Menschen sich nach Unsterblichkeit sehnen zu lassen und diese Hoffnung im Moment des Todes zu zerstören, noch so brutal, sie mit Sehnsucht und der Anlage zur Vernunft zu versehen, um sie dann der Verzweiflung und dem Unbehagen zu überlassen.[117] Säkularisierung bedeutete keinen Verzicht auf Tröstungserwartung, sondern im porös werdenden Begriff des Transzendenten das Bewußtsein, daß es diese Tröstung möglicherweise nicht mehr geben würde.

Um so mehr konzentrierte sich die Diskussion auf die innerweltliche Beziehung zwischen Individuum und Umwelt, wobei letztere nicht per se als über Leistung strukturierter Raum aufgefaßt wurde, sondern über Arbeit gemäß des jeweiligen sozialen Ortes. Die Liste der Faktoren, die als Ursache galten, war bunt und lang. Der Pädagoge und spätere Begründer des Philanthropinum, Johann Bernhard Basedow, katalogisierte in seiner *Practischen Philosophie* von 1758 ihre Formen und Ursachen. Langeweile entstehe erstens, wenn man »verdrüßlich« auf einen angenehmeren Zustand als die Gegenwart warte, oder

---

[111] Dazu Scholder, Grundzüge der theologischen Aufklärung, S. 294-318; Troeltsch, Aufklärung, S. 245-274; Kondylis, Aufklärung, S. 539.
[112] Bödeker, Die Religion der Gebildeten, bes. S. 175ff.; Sparn, Vernünftiges Christentum, S. 18-57.
[113] Völker, Langeweile, S. 159; Anon., Über den Kuß und die Langeweile, S. 55.
[114] Über die Langeweile, S. 73, 96.
[115] Ebd., S. 14.
[116] Wegener, Ein Blatt wider die Langeweile, S. 113ff.
[117] Ebd., S. 55-57.

zweitens, wenn man Zerstreuung von außen wolle; drittens durch unerfüllte Wünsche, für deren Erfüllung man nichts tun könne, und schließlich durch eine monotone Umgebung, vor allem, wenn man Abwechslung gewöhnt sei.[118] H. B. von Weber erwähnte in seiner Monographie von 1826 die unerfüllten Wünsche nicht mehr. Er nannte die zwei Formen der gewöhnlichen und der »verdrüßlichen« Langeweile, wenn ein Zwang der gegenwärtigen Stimmung zuwiderlaufe.[119] Drittens betonte der Kulturkritiker, der die Beschleunigung des Lebens um 1800 beklagte, Langeweile als Reaktion auf ein Übermaß. Auch er schloß niemanden aus, wobei er den höheren Ständen auf Grund ihrer freien Zeit vor allem die einfache Variante zurechnete und den »mittleren und niederen Ständen« mit deutlichem Standesdünkel die problematischere, die entstehe, wenn diese aus ihrer »Einförmigkeit« in andere Geleise gerieten – der typische Philistervorwurf eines Adligen an Bürgerliche. Neben körperlichen Ursachen und Temperamentsunterschieden betonte Weber auch die sympathetische, ansteckende Langeweile. Dann folgten die Steckenpferd-Reiter, die sich zu ausschließlich einem einzigen Gegenstand widmeten, und schließlich die »stolze und egoistische Langeweile«, wenn sich jemand willentlich von der Umgebung distanziere und damit auch von ihren Anregungen.[120]

Zwei Grundaspekte aber, die jeweils das Prinzip der Balance berührten, tauchten fast immer auf. Einerseits galten sowohl Unterforderung als auch Überforderung als Ursache, d. h. zu wenige oder aber zu viele Anregungen, so daß man die Kräfte zersplittern mußte, statt sie bündeln zu können.[121] Diese Klage läßt sich bis zur heutigen Sorge über die Reizüberflutung in der Informationsgesellschaft verfolgen.[122] Andererseits interpretierten einige Autoren Langeweile noch genereller als Resultat einer Kluft zwischen individuellen Wünschen und sozialen Normen und Anforderungen, wobei die Ursachen für das Unbehagen beim Menschen oder der Umwelt liegen konnten. In Deutschland war die bürgerliche Gesellschaft ein Projekt der Zukunft,[123] und Langeweile konnte auch in diesem Kontext gelesen werden. Der Popularphilosoph Heinrich Würtzer, Verfasser der moralischen Wochenschrift *Beherzigung verschiedener wichtiger Gegenstände, oder Etwas gegen die Langeweile an Feiertagen*, führte Langeweile am deutlichsten auf eine Spannung zwischen individuellen Anlagen und sozialem Ort zurück:

118 Basedow, Practische Philosophie, S. 125; vgl. Völker, Langeweile, S. 156.
119 Vgl. die Unterscheidung zwischen gegenständlicher und zuständlicher Langeweile bei Revers, Psychologie der Langeweile, S.54ff.; ders., Das Problem des Zeiterlebens in der Psychologie, Salzburg 1985, S. 54ff. Diese beiden Zustände sind schwer zu unterscheiden.
120 Weber, Ueber und gegen die Langeweile, S. 42-72.
121 Würtzer, Beherzigung verschiedener wichtiger Gegenstände, S. 3; Wegener, Ein Blatt wider die Langeweile, S. 35; Weber, Ueber und gegen die Langeweile, S.34.
122 Postman, Wir amüsieren uns zu Tode; Schmidbauer, Weniger ist manchmal mehr. Die Gegenthese bei Engell, Vom Widerspruch zur Langeweile.
123 Hull, Sexuality, S. 216.

So lange noch jeder in der bürgerlichen Gesellschaft nicht denjenigen Platz einnimmt, zu dem ihn seine Kräfte, seine Anlagen bestimmen, so lange wird es unmöglich sein, die Langeweile völlig von der Erde zu verbannen.[124]

Demzufolge konnte Langeweile jeden treffen, auch diejenigen, die sich bemühten, ihren Verstand immer weiter zu entwickeln, wie der 1740 geborene Philosophieprofessor Johann Georg Heinrich Feder, Hofrat und seit 1768 Professor in Göttingen, in seinen Abhandlungen über den menschlichen Willen von 1785 ausführte:

> Beschäftigung ist dem Menschen nötig, und er findet dieselbe nicht unter allen Umständen dem Zustande seiner Kräfte und Antriebe angemessen. Es ist also die lange Weile ein natürliches Übel, das einen jeden befallen kann.[125]

Feder war Illuminat, gehörte somit zu einem Geheimbund radikaler Aufklärer.[126] Er brach hier jedem Versuch, Langeweile nur dem Müßiggang des Adels zuzuordnen, die Spitze ab. Suchte er seine Aussage über Charaktertypologien und Situationsbeschreibungen auch sofort zu modifizieren, so blieb ihr allgemeiner Charakter doch bestehen. In einem knappen, aber prominent plazierten Kommentar warnte der Philosoph vor der unbestimmten Sehnsucht, die, wenn sie nicht erfüllt würde, entweder die individuelle Kontrolle aushebeln oder zu Stagnation und Resignation führen könne, die dem Auftrag zur Weltbemächtigung ebenfalls widersprachen:

> Wenn auf solche wahre Gefühle der wirklich vorhandenen Kraft dieser Zustand sich gründet: So kann nichts als die Befriedigung der dunklen Sehnsucht die Zufriedenheit des Gemüths herstellen ... Ohne dieselbe wird ein ermüdendes Streben, eine verderbliche Stagnation, Schwermuth und Auszehrung aus den verschlossenen Kräften entstehen. Oder die andringende Stärke derselben wird beym Reize unwürdiger Gegenstände endlich ausbrechen, die, wenn noch edle Regungen übrig sind, bald Ekel und Reue erzeugen.[127]

Den jeweiligen Platz in der Gesellschaft auszufüllen, war schwer, wenn ein Mensch meinte, die »wirklich vorhandene Kraft« nicht einsetzen zu können. Im Dreiecksverhältnis von individueller Veranlagung, Wohlbefinden und so-

---

124 Würtzer, Beherzigung verschiedener wichtiger Gegenstände, S. 4; zum folgenden vgl. Kessel, Balance der Gefühle, S. 237ff.
125 Feder, Untersuchungen über den menschlichen Willen, Bd. 1, S. 174.
126 Dazu van Dülmen, Der Geheimbund der Illuminaten. Die Illuminaten hingen zwar einer rationalistischen Weltauffassung an, hielten aber in ihrem Kult des Geheimnisses auch ein religionsanaloges Mysterium hoch.
127 Feder, Untersuchungen über den menschlichen Willen, S. 173.

zialer Situation lag die Ursache somit nicht automatisch bei den Einzelnen, und Langeweile implizierte nicht nur individuelle Schuld.[128] Hier tauchte das Problem auf, daß die sozialen Gruppen auf ihre individuellen Wünsche und Fähigkeiten verweisen könnten, die in den Augen der neuen Eliten noch deren pädagogischer Leitung bedurften, ein Problem, das um so schwerer auszuklammern war, als kein Autor Langeweile eindeutig nur einer sozialen Gruppe zuordnete. Die Volksaufklärung z. B. spiegelte die Brechung des aufklärerischen Diskurses, der auch die Herrschaftsansprüche der neuen Eliten barg;[129] sie stützte ihren erzieherischen Anspruch nicht auf ein (fiktives) allgemeines Menschheitsideal, sondern offen auf utilitaristische Überlegungen[130] und setzte einem dynamischen Bildungsbegriff eine nützliche, dem jeweiligen Stand entsprechende Bildung entgegen. Ganz ähnlich, eingebaut in repetitive Darstellungen der Tugend, unterschieden die Diätetiklehrer zwischen legitimer und nicht-legitimer Langeweile.

Zwischen dem kalten Trost der Zweckrationalität und dem Dämon der Gefühle boten sie Arbeit als kontrollierenden Zwischenschritt an, um den Körper und, so die Hoffnung, auch Herz und Verstand zu bewegen. Repräsentativ war der Artikel über Ennui in Diderots *Encyclopédie*. Der Autor de Jaucourt, der ausgiebig Dubos zitierte, diskutierte Langeweile als mangelnde Bewegung der Leidenschaften und Mangel an Anregungen, als einen Affekt, der schlimmer sei als Krankheit und Trauer. Er gab zu, daß niemand immer nur reflektieren könne, aber die Gefühle oder das Begehren, als zweiten Ausweg, beschrieb er als gefährlich und potentiell zerstörerisch. Am Ende offerierte er die jeweilige Arbeit als Lösung, die den individuellen Bedingungen von Alter, Geschlecht, Talent und Charakter ebenso entspreche wie den sozialen Faktoren von Rang und Position:

> Puisqu'il est si rare & comme impossible de pouvoir toûjours remplir l'ame par la seule *méditation*, & que la manière de l'occuper, qui est celle de *sentir*, en se livrant aux passions qui nous affectent, est une ressource dangereuse & funeste, cherchons contre *l'ennui* un remede praticable, à portée de tout le monde, & qui n'entraîne aucun inconvénient; ce fera celui des travaux du corps réunis à la culture de l'esprit, par l'exécution d'un plan bien concerté que chacun peut former & remplir de bonne heure, suivant son rang, sa position, son âge, son sexe, son caractere, & ses talens.[131]

---

128 Spacks, Boredom, S. 33-36, 58f., sieht Langeweile primär als Index moralischen Versagens, als Feind des Handels und Produkt von Nicht-Handeln.
129 Vgl. Niethammer, Bürgerliche Gesellschaft als Projekt, S. 30.
130 Ruppert, Volksaufklärung im späten 18. Jahrhundert, S. 342f.
131 De Jaucourt, Ennui, S. 694 (kursiv im Original; Schreibweise und Akzentsetzung wie im Original).

In der deutschen Debatte setzte die »affekttherapeutische Anthropologie«[132] zunächst bei der Erkenntnis an, daß Arbeit allein Langeweile eben nicht verhindere. Ebenso wortreich wie unsystematisch nahm sie sie zunächst als »Krankheit der Seele« ernst, um sie dann jedoch, in spezifischen Fällen, in ein moralisches Versagen umzudeuten[133] und so auch die Deutung zu einem Machtfaktor zu machen. Eine spezifisch interpretierte Arbeitsethik konnte die sozial sprengenden wie subjektiv lähmenden Implikationen von Langeweile einhegen. In diesem Nachdenken über Arbeit und Zeit, mit Blick auf tägliche Zeitökonomie und biographische und gesellschaftliche Planung, ging es weniger um die Kategorien Zeit und Arbeit an sich[134] als um deren subjektive Dimensionen im Sinne von Zukunftswahrnehmung, Ehrgeiz und Wahl. Bedürfnis, Erwartung und Trauer erhielten differentielle Bewertungen, und damit versuchten die Diätetiklehrer auch, bestimmte subjektive Wahrnehmungsweisen als konstitutiv für die zukünftige Gesellschaft zu etablieren.

Für die richtige Lebenskunst war zunächst die richtige Dosis von Arbeit die Antwort, frei nach Goethe: »Unbedingte Tätigkeit, von welcher Art sie sei, macht zuletzt bankerott.«[135] Keineswegs nur für den von Erwerbsarbeit entlasteten Adel empfahl sich deshalb die Balance von Studium und Spiel.[136] Zweitens entschied die Art der Arbeit, die Befriedigung, die sie verlieh, und ihre Freiwilligkeit darüber, ob sie Langeweile verhinderte, beseitigen half oder gar hervorrief. Karl Philipp Moritz, eine wichtige Figur in der Berliner Geselligkeit und Herausgeber des *Magazins für Erfahrungsseelenkunde*, einem Sammelplatz für Befindlichkeitsanalysen,[137] erklärte, daß Arbeit allein nicht ausreiche, um die »Hemmung der Kräfte« aufzuheben: »... daß man Langeweile haben kann, wenn man alle Hände voll zu thun hat, ist mir oft unbegreiflich gewesen.«[138] Der Anonymus von 1777 bestätigte, daß niemand ohne angenehme oder gern übernommene Beschäftigung glücklich leben könne. Dem äußeren Zwang folge das innere Unbehagen, weil das bloße Zeit-Vertreiben Langeweile eben nicht vertrieb: »Wenn ihn Bedürfnisse und Umstände zur Arbeit zwingen, dann kann er sich zwar durch dieselbe die Zeit vertreiben, aber doch mit Ennui arbeiten.«[139] Auch der Tübinger Altphilologe Carl Philipp Conz (1762-1827) hielt eine weder emotional noch kognitiv hinreichend anregende Tätigkeit für unbefriedigend.[140] Dem Anonymus von 1798 galt Langeweile dann nicht als

---

132 Schings, Melancholie, S. 28.
133 Zitat in: Über die Langeweile, S. 2; s. a. Völker, Langeweile, S. 153; Bellebaum, Langeweile, S. 159; für England Spacks, Boredom, S. 33f.
134 So de Grazia, Of Time, Work and Leisure.
135 Brednow, Goethe und die Langeweile, S. 7 (ohne Quellenangabe).
136 Schwarz, Langeweile, S. 36, grenzt dies auf den Adel ein; vgl. dagegen Kühme, Bürger und Spiel.
137 Killy, Von Berlin, S. 77; Kaufmann, Aufklärung, S. 43ff.
138 Moritz, Beiträge zur Philosophie, S. 49f.; s. a. Schings, Melancholie, S. 238.
139 Anon., Über den Kuß und die Langeweile, S. 42, Zitat S. 77.
140 Conz, Ueber Zufriedenheit, S. 194f.

moralisches Versagen, wenn jemand zu Geschäften gezwungen sei, die seinen Neigungen nicht entsprächen, oder lange mit Dingen oder Menschen zu tun habe, die ihm nicht gefielen. Dieser Mensch sei höchstens einer mangelnden Lebensklugheit zu zeihen, weil er falsch gewählt habe.[141] Campe untermauerte, daß nur Arbeit, die Freude mache, nur Fleiß ohne Arbeitswut und Geschäftigkeit ohne Eile den Menschen vor einem »unglücklichen Zustande« bewahre, und Conz warnte in demselben Tenor vor der »gewissen Seelenstumpfheit und Geistesläßigkeit« durch unaufhörlichen Fleiß.[142] Ihnen war noch geläufig, daß nach anstrengender Arbeit nicht totale Ruhe, sondern eine andere, erholsame Beschäftigung besser entspanne und die Gefühle ausbalanciere.[143]

Die Sorge vor Verausgabung führte dazu, eine mäßige Arbeitsausübung anzumahnen.[144] Um den Geist nicht zu überspannen und so die langfristige Fähigkeit zum Handeln zu erhalten, sollte intellektuelle Anstrengung mit anderen Arbeiten und Erholung abwechseln.[145] Besuche im Caféhaus, das dichte Netz von Vereinen und Assoziationen[146] ebenso wie die komplementäre Geschlechterideologie trugen diesen Bedürfnissen Rechnung.

Zugleich aber setzte hier das Pflichtgewissen ebenso an wie eine sozial und geschlechterspezifisch gebrochene Definition von Ehrgeiz und Erfolg. Für bestimmte soziale Gruppen wurde nun doch Arbeit per se, egal welcher Art, zur Sinnstiftung. Fleiß diente Basedow in seiner *Practischen Philosophie für alle Stände* von 1758 in erster Instanz als Schutz gegen Langeweile und die ihr folgenden Laster, indem sie den permanenten Antrieben im Menschen eine Richtung gab; erst an zweiter und dritter Stelle diente er dazu, Vermögen und Ehre zu erhalten und das eigene Land zu verbessern.[147] Campe pries im *Theophron*, seinem Ratgeber für junge Männer, der 1790 in dritter Auflage erschien, die bürgerlichen Tugenden allgemein als Schutz gegenüber der unbestimmten Sehnsucht. Zweckorientierung und eine konsequent zeitökonomische Lebenseinteilung sollten helfen, den Angelpunkt für Zufriedenheit in sich selbst zu finden, denn wer nicht wisse, was er zu jeder Zeit tun solle, sei mit Langeweile und Lebensüberdruß konfrontiert.[148] Arbeit half nicht nur, die Emotionen zu kontrollieren,[149] sondern auch, ganz schlicht, den Tag zu strukturieren, und schließlich lieferte sie ein Ziel in sich. »Travailler c'est se proposer un but

141 Über die Langeweile, S. 4ff.
142 Campe, Theophron, bes. S. 141, 185-205; Conz, Ueber Zufriedenheit, S. 76.
143 Anon., Von der Nothwendigkeit, S. 1349.
144 Corbin, Kulissen, S. 470; Würtzer, Beherzigung verschiedener wichtiger Gegenstände, S. 25; Campe, Theophron, S. 194.
145 Über die Langeweile, S. 168; s. a. Dissertation sur l'ennui, S. 36.
146 Kaschuba, Deutsche Bürgerlichkeit, S. 21; Gall, Bürgertum, S. 197; Linke, Sprachkultur.
147 Basedow, Practische Philosophie (Arbeiten und Aemter), S. 173.
148 Campe, Theophron, S. 140.
149 Begemann, Furcht und Angst, S. 29ff.

distinct et marqué; c'est méditer, c'est réfléchir, comparer, combiner en conséquence,« so rühmte die *Dissertation sur l'ennui* die alltägliche Orientierungskraft und Zielfunktion von Arbeit.[150] Fleiß habe nicht nötig zu wünschen, predigte Johann Samuel Bail, preußischer Oberkonsistorialrat, Superintendent und erster Prediger in Glogau.[151] Conz hoffte, daß die Zweckorientierung die Sicherheit vermittle, nicht sinnlos gelebt zu haben.[152]

Diesem ambivalenten Umgang mit dem Arbeitsethos entsprach eine Unterscheidung zwischen echten und falschen Bedürfnissen, analog zu der nach dem Beginn der Französischen Revolution entstehenden Kontroverse um richtige oder falsche Aufklärung.[153] Dubos und seine Nachfolger hatten Bedürfnisse mit Leidenschaften identifiziert, und ihre Bewertung war gespalten. Bedürfnisse galten einerseits als Zeichen der wirtschaftlichen und kulturellen Entwicklung eines Landes, andererseits aber als unkontrollierbar. Neben der Euphorie, daß eine Bedürfnisentgrenzung den Fortschritt und die kulturelle Entwicklung beflügeln könnte, stand immer eine konservative Kulturkritik, die aufgrund der Bedürfnisse im Sinne unkontrollierter Leidenschaften gesellschaftliche Unruhe fürchtete.[154] Bedürfnisse konnten auch zum Überschreiten von Grenzen antreiben, die als natürlich deklariert wurden, und diese Grenzen durch die Überschreitung als konstruiert erweisen. In der Debatte um die Zivilisierung der Leidenschaften, die die Entstehung der bürgerlichen Gesellschaft begleitete, wurde der Begriff Zivilisation daher, wie Helmut König formuliert, nicht nur für die Entwicklung der bürgerlichen Marktgesellschaft insgesamt ins Feld geführt, sondern auch innerhalb dieses Rahmens, um politische Herrschaft sowie ökonomische und, so wäre zu ergänzen, geschlechterspezifische Ungleichheit zu legitimieren.[155]

Die kulturelle Entwicklung des späten 18. Jahrhunderts, die Ausweitung des literarischen Marktes, des Publikums und neuer Formen der Unterhaltung sowie ein insgesamt wachsendes Reflexionsniveau beflügelten die Angst vor unkontrollierbaren Bedürfnissteigerungen,[156] wobei diese Gefahr erst recht nach dem Beginn der Französischen Revolution beschworen wurde. Der Anonymus von 1798 warnte vor den unbegrenzten Wünschen, die sich mit der kulturellen Entwicklung steigern und schnell außer Kontrolle geraten könnten – als »Abdruck der Leidenschaften,« die durch Klugheit und Mäßigkeit kon-

---

150 Dissertation sur l'ennui, S. 35.
151 Bail, Über Zufriedenheit und Lebens-Glück, S. 203.
152 Conz, Ueber Zufriedenheit, S. 208.
153 Dazu Ruppert, Volksaufklärung, S. 344.
154 Kim-Wawrzinek, Bedürfnis, S. 445, 451.
155 König, Zivilisation und Leidenschaften, S. 16.
156 Kiesel, Münch (Hg.), Gesellschaft und Literatur; zur entstehenden Konsumgesellschaft und den Ängsten vor Frauen als Konsumentinnen vgl. de Grazia, Furlough (Hg.), The Sex of Things; s. a. Barker-Benfield, The Culture of Sensibility, S. 154ff.; zur Partizipation von Frauen an der schreibenden und diskutierenden Öffentlichkeit vgl. Weckel, Frauenzeitschriften.

trolliert werden müßten, da sie sonst »Thor und Riegel sprengen ... und sich auf alle mögliche selbst unerlaubte Weise Befriedigung verschaffen.«[157] Die These, daß unkontrollierte Bedürfnisentwicklung zu Dekadenz und Kulturverfall führe, mit Langeweile als dem Indikator ständig sinkender Erwartungsschwellen, ist seitdem ein Topos der Kulturkritik von rechts und links.[158] Weber formulierte im frühen 19. Jahrhundert dieselben Punkte, die die Materialismus-Kritik des späten 19. Jahrhunderts im Vorwurf des »öden und ungeistigen Prunks« der bürgerlichen Gesellschaft und ihrer Jagd nach Vergnügen aufgriff,[159] oder die Konsumkritik der Gegenwart, die die seelische Verarmung gelangweilter Konsumautomaten konstatiert. Im späten 18. Jahrhundert verwies die Langeweiledrohung auf die Sorge, die Kontrolle über die Informations- und Kommunikationsgrenzen in einer über Bedürfnisse und Veränderung definierten und daher inhärent dynamischen Gesellschaft zu verlieren.

Es dürfte schwer sein, im weitesten Sinne aufklärerische Texte zu finden, die nicht den Begriff der Bestimmung benutzten, um die Berechtigung von Leidenschaften und Bedürfnissen hierarchisieren zu können. Wenn Glück aus der Balance zwischen Fähigkeiten und Tätigkeit erwuchs,[160] dann stand die Forderung nach gleichen Wahlmöglichkeiten für alle im Raum. Karl Friedrich Wegener hielt dem bereits 1785 in seinem *Blatt wider die Langeweile* die Rousseausche »inégalité parmi les hommes« entgegen.[161] Er verknüpfte Glück sowohl mit der individuellen Konstitution eines Menschen als auch mit der sozialen Lage, d. h. den »Mittel[n], welche [zur Vervollkommnung, MK] dargeboten werden«.[162] Auch 1798 hieß es, sich einzuordnen und zu bescheiden, da jeder Mensch andere Bedürfnisse habe, so verschieden wie »Verstand und Aufklärung, Gesundheit und Leibesstärke, Vermögen und Reichthümer«.[163] Nicht nur Besitz und Bildung, auch Körper und Geist waren Zulassungs- und Ausschlußkriterien.

Wer den universalen Anspruch der Aufklärungsnormen so auflöste, refigurierte Langeweile als moralisches Problem, als falsches Bewußtsein und falsche Wahrnehmung. Glück wurde zur Fähigkeit, die Dinge anzunehmen, wie sie seien. Realität und Realismus rückten in den Vordergrund, um in einer als multiperspektivisch erkannten Welt bestimmte Wahrnehmungen und Interpretationen als gültig durchzusetzen. Daß ein einziger verbindlicher Maßstab verloren gegangen war, konstatierte der ehemalige Radikalaufklärer Adam Weishaupt 1804:

157 Über die Langeweile, S. 33f.
158 Zu den Kulturkritikern Ernst Brandes und H.B. von Weber vgl. Schwarz, Langeweile, S. 44.
159 Müller, Bedürfnisse, S. 483, 486. Müller zitiert Artur Maraun, Das jungdeutsche Manifest, Berlin ²1927, S. 27, für das Kaiserreich.
160 Etwas zur Beherzigung, S. 68.
161 Zu dieser Ambivalenz auch des Fortschrittsbegriffs Koselleck, Fortschritt, S. 378.
162 Wegener, Ein Blatt wider die Langeweile, S. 50, 55f.
163 Über die Langeweile, S. 8.

Nun ist aber alles in dieser Welt Standort, und von jedem Standort aus, sieht man eine andere Welt, eine andere Ordnung der Dinge … D. h. jeder hat recht, wenn er die Dinge von seinem Standort aus beurteilt.[164]

Von seiner Wahrnehmung, daß es keinen einheitlichen, allgemeinverbindlichen Bewertungsmaßstab mehr gebe, sprang Weishaupt zurück zu einem christlich unterfütterten Begriff von Pflicht und Gehorsam, ein Wechsel, der die innere Spannung der deutschen Aufklärung in einem Text repräsentierte. Aus dieser Perspektive konnte Kritik an der Umwelt so gedeutet werden, daß die Menschen mit ihren Leidenschaften von äußeren Umständen abhängig seien. Dieses Urteil wiederum führte zu der Deutung, daß, wer so kritisiere, sich nicht selbst kontrollieren könne und deshalb auch nicht zur Kontrolle der Gesellschaft in der Lage sei.[165] Das bloße Nachdenken über das Glück, das die meisten Menschen jetzt betreiben würden, so formulierte ein Prediger, lenke erst die Sinne darauf, aber gerade wer es krampfhaft suche, dem entziehe es sich.[166] Weishaupt definierte Selbsterkenntnis 1794 wie von Weber 1826 als die Kraft, die Vorstellungen zu entwickeln, die den individuellen »Bestimmungen« angemessen seien, weil man nur dann dauerhaft vergnügt sein und die eigene und die allgemeine Glückseligkeit vorantreiben könne.[167] Nur wer seine Bestimmung kenne und akzeptiere, so das allgemeine Fazit, könne die eigenen Bedürfnisse und Gefühle richtig beurteilen.[168] Conz nannte Langeweile deshalb die »gefährlichste Pest der Seele«, weil sie unzufrieden mache.[169] Gerade das kritische Potential des Seelenschnupfens erforderte, das zu wollen, was man sollte.[170]

Dieselbe ambivalente Bewertung erfuhr auch das Gefühl des Ehrgeizes. Er galt als bedeutsam für die gesellschaftliche Entwicklung, aber die meisten Autoren unterschieden zwischen falschem und richtigem Ehrgeiz, je nach sozialer Position. Ihnen zufolge waren Bildung und Reflexionsfähigkeit nötig, um die Kluft zwischen Bedürfnissen und Befriedigung überhaupt als Kluft erkennen zu können. Entsprechend war Langeweile nur dann legitim, wenn die Artikulationsfähigkeit und Sprachmächtigkeit vorhanden war, auf der die Elitenkultur aufbaute. Den Nichtgebildeten, den Tagelöhnern, Handwerkern oder Abschreibern unterstellte Basedow, ihre einförmige Arbeit nicht als lang-

---

164 Weishaupt, Leuchte des Diogenes, S. 66f.
165 Zu diesem Zusammenhang Foucault, Der Gebrauch der Lüste, S. 82, 218ff.
166 Etwas zur Beherzigung, S. 53ff.
167 Weishaupt, Über die Selbsterkenntnis, S. 20; Weber, Ueber und gegen die Langeweile, S. 9ff., 124ff.
168 Wegener, Ein Blatt wider die Langeweile, bes. S. 35, 45-47; weitere Beispiele: Anon., Von der Langenweile; Anon., Von der Nothwendigkeit; Boureau-Deslandes, Über die Kunst.
169 Conz, Ueber Zufriedenheit, S. 159.
170 Zu dieser Maxime bürgerlicher Erziehung Trefzer, Die Konstruktion des bürgerlichen Menschen.

weilig zu empfinden, weil sie sie gewohnt seien.[171] Der Anonymus von 1777 unterstrich, die arbeitende Bevölkerung sei nicht gewohnt und deshalb auch nicht fähig, nachzudenken. Genau das schütze sie vor Langeweile, allerdings nur, so die typische Mahnung vor unangemessenem Ehrgeiz,[172] wenn sie nicht aus ihrem Zustand herausstrebe. Ein falscher Ehrgeiz, so hieß es, mache die eigenen Aufgaben langweilig und den Menschen unzufrieden.[173] Die *Dissertation sur l'ennui* untermauerte, daß, wer immer dieselbe Arbeit verrichte, sich deshalb nicht langweile, weil er dennoch fortschreite und sich gedanklich mit dem noch verbleibenden Rest seiner Arbeit beschäftige.[174] Jedes Streben über die jeweilige Position hinaus bringe seine eigene Strafe mit sich: »… toute ambition qui va au-déla, toute ambition qui nous donne le dégôut pour ce que nous sommes, pour ce que nous devons être … emprisonne notre vie par des moments d'ennui inévitable.«[175] Man langweile sich, so der Anonymus von 1798, weil man sich von dem durch eigene Wahl oder Bedürfnis vorgegebenen Wirkungskreis entferne,[176] und ohne Beschäftigung gemäß der Bestimmung, so die Kernaussage, bleibe die Seele leer.[177] Weishaupt hatte der Pluralisierung der Perspektiven ohne die Möglichkeit, diese hierarchisieren zu können, eine scharfe Kritik an »zweifelhaften Rechtsansprüchen« entgegengesetzt.[178] Ein anderer anonymer Text polemisierte präziser gegen Lehrer aus den unteren Ständen für die Kinder der höheren Stände,[179] wobei die theologische Ausbildung und eine Stelle als Hauslehrer oder Lehrer die wichtigste (und fast die einzige) Möglichkeit sozialen Aufstiegs für die Söhne unterbürgerlicher Schichten bildete.[180]

Boureau-Deslandes hatte, als einer von wenigen Autoren in dieser spezifischen Debatte, eine grundsätzliche geschlechterspezifische Differenz eingebracht, als er Frauen kategorisch aus dem Prinzip der Entwicklung ausklammerte. Er definierte sie als zeitlose Wesen, deren Bedürfnisse grundsätzlich mit ihren Mitteln übereinstimmten. Frauen seien deshalb weniger gefährdet durch Langeweile, weil zum einen ihren Bedürfnissen immer entsprochen werde, zum anderen, weil ihnen die Reflexionsfähigkeit fehle, sie sich mit ihren Empfindungen beschäftigten und aus natürlichen Trieben handelten, nicht aus vorher

---

171 Basedow, Practische Philosophie, S. 125f.
172 Engelsing, Arbeit, Zeit und Werk, S. 23; Corbin, Kulissen, S. 470, führt die zurückhaltenden Ambitionen auf diese ständigen Predigten zurück.
173 Anon., Über den Kuß und die Langeweile, S. 41f.
174 Dissertation sur l'ennui, S. 29.
175 Ebd., S. 38f., Zitat S. 39; vgl. Etwas zur Beherzigung, S. 63: ob freiwillig oder gezwungen, dem Beruf müsse man »würdig« bleiben.
176 Über die Langeweile, S. 69.
177 Anon., Von der Langenweile, Sp. 1140.
178 Weishaupt, Leuchte des Diogenes, S. 7.
179 Über die Langeweile, S. 203-206.
180 Nipperdey, Bürgerwelt und starker Staat, S. 463ff., zur Rolle der Volksschullehrer und deren Disposition zur Unzufriedenheit.

zweckbestimmten Beweggründen. Die Bedürfnisse eines Mannes dagegen seien entweder zu hoch oder zu seltsam; deshalb befinde er sich so oft in einer leeren und verdrießlichen Untätigkeit: »Der Mensch ist unglücklich weil er denkt.«[181] Frauen dürften der Langeweile aus seiner Perspektive erst gar nicht zum Opfer fallen. Trat sie dennoch ein, so radikalisierte er sie zur psychischen Fehlleistung, weil Glück automatisch aus der unterstellten Identität zwischen Bedürfnissen und sozialen Ansprüchen folgen müsse.

In den eben zitierten Beispielen ging es dagegen ausschließlich um Erfahrungen von Männern, wobei etliche Autoren sorgfältig zwischen Angehörigen unterbürgerlicher Gruppen und des alten oder neuen Bürgertums unterschieden. Für subalterne Beamte, d. h. potentielle Kandidaten für den Kreis der Aufgeklärten, zeigte Conz z. B. mehr Verständnis als für Handwerker. Viele Mitglieder des neuen Bürgertums arbeiteten in abhängiger Position, als Lehrer, Beamte, Prediger oder Professoren.[182] Sie mußten die Spannung zwischen dem Leitbegriff der Selbständigkeit[183] und einer untergeordneten Situation aushalten, ohne Reformbereitschaft durch Revolutionswunsch überholen oder in Resignation umschlagen zu lassen. Vor allem subalterne Beamte hingen in der absolutistischen Struktur der Jahrhundertwende eher von der Arbeitsweise und dem Temperament des Vorgesetzten ab als von einer Dienstpragmatik. Noch hatten sich die Fürstendiener nicht umfassend zu Staatsdienern gewandelt.[184] Jeder deutsche Staat wies andere Bedingungen auf. So schwankten die Arbeitszeiten von Kontoristen zwischen 6 und 12 Stunden pro Tag ebenso wie die Regelungen zur Sonntagsarbeit.[185] Conz zeichnete einfühlsam die Qual eines offensichtlich bürgerlichen niederen Beamten in abhängiger Position. Er habe mit den »dummvornehme(n) Minen und Gesichter« seiner Vorgesetzten zu kämpfen und müsse den ganzen Tag »angenagelt an seinem Aktentisch über Ab- und Einschreibung und Berechnung oft nichtswürdiger Dinge schwitzen«,[186] mit Arbeiten wie »strohenes ekles Einerley«, die wegen ihrer »Hirn- und Geschmacktödtenden Trockenheit« und des schlechten Lohns für »den Mann von Geist sauer« werden könnten. Wenn die tatsächliche Arbeit so krass dem Leitbild des selbständigen Bürgers widersprach, dann empfahl Conz nur die Hoffnung auf ein höheres Gericht und das Pflichtgewissen im Versuch,

181 Boureau-Deslandes, Über die Kunst, S. 100-105, Zitat S. 105.
182 Ruppert, Bürgertum im 18. Jahrhundert, S. 63ff.
183 Der Leitbegriff der Selbständigkeit setzte, materiell verstanden, Zeit, Besitz und ein Minimum an Bildung voraus, vgl. Blackbourn, The German Bourgeoisie: An Introduction, S. 9. Diese Individualität implizierte zugleich Herrschaft über Dinge und Menschen; das individuelle Subjekt war sowohl das Individuum, das agierte, als auch dasjenige, das auf andere Subjekte Einfluß ausübte, vgl. Hall, Competing Masculinities, S. 257.
184 Henning, Die deutsche Beamtenschaft, S. 15ff.; Tanzer, Spectacle müssen seyn, S. 46.
185 Engelsing, Arbeit, Zeit und Werk, S. 49ff.; zur Arbeitszeit von Handwerkern und Kaufleuten s. a. Nahrstedt, Die Entstehung der Freizeit, S. 126ff.
186 Conz, Ueber Zufriedenheit, S. 186.

auch der trockensten Arbeit durch Gewohnheit etwas abzugewinnen, und sei es durch den Gedanken, nicht müßig zu gehen, sondern wenigstens ein kleiner Teil im »großen Markte des Lebens zu seyn«. Dennoch hielt er es für eine »unerträgliche Pein ... , sich gar nicht leben zu können, fremd seyn müssen sich selbst und in ewiger Leibeigenschaft anderer seine Zeit hinschleppen«.[187]

In einer solchen Situation konnte Langeweile zum Zeichen von Subjektivität werden, als Protest, aber auch als Schutz gegen eine dem Männlichkeitsideal nicht entsprechende Abhängigkeit. Diese Abhängigkeit war um so problematischer, als Kant in seinen Texten zur Anthropologie Zufriedenheit definierte als den positiven Vergleich der eigenen gegenwärtigen Situation mit der eigenen Vergangenheit oder dem Blick auf die Lebenssituation anderer.[188] In der Arbeit und der Verfügung über Zeit abhängig zu sein, konnte Arbeit sinnlos erscheinen lassen. Der eindringlichen Beschreibung folgte daher sofort der Appell an das Pflichtgewissen, da Untätigkeit den Menschen nur noch mehr lähme und die Vernunft gebiete, das Unbehagen zu verringern.[189] Wer dagegen seine Arbeit frei wählen konnte, sollte unbedingt richtig, d. h. den eigenen Fähigkeiten entsprechend wählen,[190] um nicht nachher als unzufrieden und träge zu gelten.[191] Der Prediger Dallera betonte die Selbstverantwortung bei einer falschen Wahl: »So ist die Schuld unser, und wir werden dafür durch Langeweile und Ueberdruß, worin sie uns versenken, gestraft«.[192] Feder kritisierte, daß vor allem diejenigen sich langweilten, die sich durchaus neue Eindrücke verschaffen könnten, aber nicht die Kraft aufbrächten, es zu tun.[193] Die Herausgeber der *Moralischen Wochenschriften* inszenierten mitunter Gespräche mit dem vernünftigen Publikum, um zu dokumentieren, daß ihre Ideen Fuß faßten. Würtzer zitierte einen anonymen Brief, der Langeweile als Resultat fehlgeschlagener Hoffnungen bezeichnet und die Schuld ausdrücklich dem Einzelnen und seinen törichten Leidenschaften zugewiesen habe.[194]

Autoren wie Kant, Weishaupt und von Weber betonten aber auch die dynamische Wechselbeziehung zwischen Erfolg und Leistung. Diese Elite war sensibel für individuelle Einsamkeit in den ausgeweiteten Kommunikationszusammenhängen.[195] Aber sie war ebenso sensibel für die schwankenden Beziehungen zwischen der Pflicht zur Selbstkontrolle und der Sehnsucht nach

187 Conz, Ueber Zufriedenheit, S. 187-190.
188 Conze, Arbeit, S. 166; Kant, Anthropologie, S. 234f.
189 Conz, Ueber Zufriedenheit, S. 211; Über die Langeweile, S. 171ff., 177f.
190 Anon., Über den Kuß und die Langeweile, S. 77.
191 Conz, Ueber Zufriedenheit, S. 189.
192 Etwas zur Beherzigung, S. 73f.
193 Feder, Über den menschlichen Willen, S. 176.
194 Würtzer, Beherzigung verschiedener wichtiger Gegenstände, S. 39.
195 Nipperdey, Verein als soziale Struktur, S. 191; Obermeit, »Das unsichtbare Ding, das Seele heißt«, S. 78; s. a. Tenbruck, Freundschaft, S. 431-456. Ohne Freunde sei das Leben öde und leer, der Mensch isoliert inmitten einer Gesellschaft von Tausenden, warnte der Anonymus von 1798, Über die Langeweile, S. 151ff., 162.

Gratifikation. Sie wußte, wie wichtig Erfolg und Anerkennung waren, um den Ehrgeiz zu befriedigen und zur jeweils nächsten Leistung anzuspornen, die nicht nur durch Vernunftgründe zu erzwingen sei. Boureau-Deslandes warnte, daß der Mensch den Zwang fürchte, wenn er keinen Nutzen voraussehe, der für die Mühe entschädige.[196] Kant und Weishaupt definierten noch deutlicher den Erfolg als emotionale Schubkraft. Kant fand Arbeit nur durch Erfolg »ergötzend«, ansonsten sei sie beschwerlich und in sich unangenehm.[197] Ehr-, Herrsch- oder Habsucht trieben den Fortschritt an, so die Diktion, da nur sie den Hang zur Faulheit überwinden könnten.[198] Weishaupt sah Arbeitsbereitschaft nur dann voraus, wenn der Erfolg berechenbar und definitiv erreichbar sei, wenn nicht sofort, dann durch »wiederholte mäßige Anstrengung«.[199] Conz hielt »fremde Billigung« für entscheidend, um zufrieden zu sein.[200] Wenn Bildung den Menschen über seinen Beruf hinaus nützlich werden lasse, dann, so der Anonymus von 1798, komme es zum Ruhm, »dann ärndte ich die Vortheile meiner Brauchbarkeit.«[201] Der Hallenser Philosophieprofessor Johann Gebhardt Ehrenreich Maaß (1766-1823) schrieb in seinen Studien über die menschlichen Leidenschaften 1807, daß »das reelle Daseyn und das Leben unserer Kräfte … sich nicht anders als durch ihre Wirksamkeit offenbaren« könnten. Langeweile, als Stillstand des Lebensgefühls, werde entsprechend als »Mangel an Realität« empfunden.[202] Auch Feuchtersleben versicherte seiner Klientel, daß derjenige, dessen Aufmerksamkeit und Kraft in »Wirksamkeit« verflochten sei, das seelische Barometer nicht kenne.[203]

Hier wurde nicht einfach über Leistung Anerkennung reklamiert.[204] Auch diese Aufklärer lieferten die klassische Empfehlung, daß dieses Programm nur funktioniere, wenn Anerkennung und Ruhm die seelische Spannkraft für die jeweils nächste Anstrengung liefere. Das subjektive Empfinden der eigenen Wirksamkeit sollte die alltäglichen Routinekrisen überwinden helfen und das Auseinanderbrechen von individuellem Zeit- und Gefühlserleben und gesellschaftlichen Pflichten verhindern. Die Furcht vor der Anomie im Alltag, die aus einer zu starken Kontrolle der Leidenschaften resultieren konnte und damit aus dem eigenen kulturellen Konzept, beflügelte und verfestigte den Umschwung der männlichen Moderne von der Erlösung zum Erfolg[205] als Anreiz und Entschädigung für die mühsame Arbeit der Eliten.

196 Boureau-Deslandes, Über die Kunst, S. 30.
197 Kant, Anthropologie, S. 232.
198 Hardtwig, Auf dem Weg zum Bildungsbürgertum, S. 33f.
199 Weishaupt, Über die Selbsterkenntnis, S. 69.
200 Conz, Ueber Zufriedenheit, S. 152.
201 Über die Langeweile, S. 179.
202 Maaß, Versuch über die Leidenschaften, S. 91.
203 Feuchtersleben, Zur Diätetik der Seele, S. 67.
204 So Kocka, Bürgertum und Bürgerlichkeit, S. 43.
205 Honegger, Ordnung der Geschlechter, S. 37; ohne geschlechtsspezifische Differenzierung Seyfarth, Protestantismus, S. 358ff.

Im Langeweilekontext war die Formung eines Pflicht- und Zeitgewissens (Norbert Elias) nicht einheitlich. Sich niedergeschlagen und paralysiert zu fühlen, konnte entweder ein entschuldbares Bewußtsein der eigenen Subjektivität oder aber Schuld und schlechtes Gewissen implizieren, eine Selbstbestrafung des Individuums, die auf falschen Ehrgeiz verweise. Diese Texte versuchten ein Schuldgefühl zu erzeugen, das allerdings bereits voraussetzte, daß man die sozialen Normen verinnerlicht hatte. Zumindest galt die lähmende Wirkung von Langeweile als schärfer, wenn sie als selbstverschuldet empfunden werde. Kant betonte, daß Selbstzwänge anders wirkten als Fremdzwänge. Ein von anderen verursachtes Übel schmerze, während ein selber verursachtes Problem niederschlage:»Schuldig leiden schlägt nieder: weil es innerer Vorwurf ist.«[206] Auch Karl Philipp Moritz unterstrich, daß das Gefühl subjektiven Versagens die Handlungsfähigkeit beeinträchtigte.[207] Die Ordnungstheoretiker der Sattelzeit identifizierten Langeweile immer wieder mit Schuld und versprachen demgegenüber mit dem Pflichtgewissen ein gutes, zufriedenmachendes Gewissen.[208]

Die Konstruktion eines devianten Ehrgeizes und von Langeweile als Schuldgefühl riß im Laufe des 19. Jahrhunderts nicht mehr ab. Weber forderte 1826, Gesinnungen, Absichten und Pflichterfüllung an der sozialen Position auszurichten, die so verschieden sei wie Beruf und individuelle Motivation.[209] Wer nicht tätig sei, egal in welchem Beruf oder Stand, werde »mit langer Weile, Lebenseckel und Reue« gestraft.[210] Im Laufe des Jahrhunderts gerieten auch noch andere psychosomatische Störungen zu Anschlägen des schlechten Gewissens. Bei selbstverschuldeten Übeln, so erklärte die *Gartenlaube* 1865 und 1866 die Hypochondrie, suche das strafende Gewissen den Einzelnen mit Schwermut, Langeweile und Trübsinn heim.[211] Weil die säkulare und multiperspektivische Welt zunehmend über Erwartungen statt Erfahrungen wahrgenommen wurde,[212] blieb es ein Anliegen der Gebildeten, die Sprengkraft enttäuschter Erwartungen einzuhegen.

206 Kant, Anthropologie, S. 238.
207 Schwarz, Identität, S. 59. Auch Feuchtersleben warnte, daß Trauer lähme, Diätetik, S. 116.
208 De Gerando, Über die sittliche Vervollkommnung, Bd. 2, S. 292. Kein Zustand sei in sich »ennuyant«, so die *Dissertation sur l'ennui*, S. 38. Es gehe nur darum, die der jeweiligen Position entsprechenden Fähigkeiten auszuprägen. Csikszentmihalyi, Das flow-Erlebnis, fordert dasselbe, ohne Rücksicht auf Umfeld und Situation; Zeier, Arbeit, Glück und Langeweile, wiederholt diese Thesen; Hübner, Der de-projizierte Mensch, betrauert den Verlust wegweisender Ideologien mit ihren Gewißheiten.
209 Weber, Ueber und gegen die Langeweile, S. 218f.
210 Er wiederholte auch das sozialkonservative Argument, daß die Unterschichten sich am wenigsten langweilten, weil sie das Streben nach Wohlstand und Reichtum noch vor sich hätten, vgl. Weber, Ueber und gegen die Langeweile, S. 12f.
211 Art. Hypochondrie, in: Gartenlaube 65 (1865), S. 458ff., u. 66 (1866), S. 125ff.
212 Grundlegend Koselleck, ›Erfahrungsraum‹ und ›Erwartungshorizont‹.

3. Der temporale neue Mensch: Das Begehren des Augenblicks zwischen Erinnerung und Erwartung

Meta Moller (1728-1758) schrieb ihrem Verlobten Friedrich Gottlob Klopstock 1752: »... komm daß ich dich umarme, daß ich dich recht heiß küße, u dich dann nicht wieder von meinen Lippen u aus meinen Armen laße. Ach komm, komm, nun ja bald – O was habe ich verdrießliche, langweilige, eckelhafte Tage gehabt!« Zusammen dagegen würde ihnen kein Tag zu lang: »Wenn wir zufrieden mit uns selbst keine Veränderung zur Vertreibung der langen Weile gesucht, u doch vergnügt sind.«[213] Ohne ihn, das Ziel ihrer Leidenschaft, fand sie weder die schöne Umgebung noch den geselligen Zeitvertreib erheiternd. In der gemeinsamen Wohnung plante Klopstock dann in jedem Zimmer ein Canapee, der »Ehelichkeit« wegen, oder, wie Moller formulierte, zum Teetrinken und »alles tun«.[214] Mozart wandte Liebessehnsucht produktiv und komponierte aus Langeweile eine Arie für die *Zauberflöte*, als er sich im Juni 1791 nach seiner Frau Konstanze und dem Vergnügen in ihren Armen sehnte: »Ich kann Dir nicht sagen, was ich darum geben würde, wenn ich, anstatt hier zu sitzen, bei Dir in Baden wäre. – Aus lauter Langeweile habe ich heute von der Oper eine Arie komponiert – ich bin schon um halb 5 aufgestanden.«[215]

Das Kreisen um Langeweile war kein abgehobenes Nachdenken über ein möglicherweise eintretendes psychosoziales Problem, sondern fand sich in der Sprachpraxis der gebildeten Stände. Dabei ging es auch um Wollust, wobei die zeitgenössische Debatte Langeweile nur selten ausschließlich auf unterdrückte Sexualität zurückführte.[216] Isabel Hull hat gezeigt, wie elementar eine mäßig ausgeübte Sexualität im 18. Jahrhundert für die Konzeption des männlichen Bürgers war. Für die Vorstellungen der aufklärerischen Eliten über die ideale männliche Persönlichkeit war zentral, daß ihr Angriff auf Wollust[217] Triebe

---

213 Briefe von Liselotte, S. 14f.
214 Killy, Von Berlin, S. 183.
215 Pahlen (Hg.), Mein Engel, S. 30f.
216 In der Sekundärliteratur erklärte auch nur der Freud-Schüler Otto Fenichel Langeweile 1934 als eine durch sexuelle Verdrängung hervorgerufene »Triebspannung ohne Triebziel«, Fenichel, Zur Psychologie der Langeweile, S. 270-281. Freud ignorierte die Rolle von Langeweile in seiner Ätiologie der Hysterie, vgl. Bordo, Anorexia Nervosa, S. 104. Elias lieferte die breitere historische Interpretation, als er Langeweile als Zeichen für zu scharf verinnerlichte Selbstzwänge deutete, in einer beim Bürgertum insgesamt schärferen Intensität der Triebregulierung und der Regulierung der Geschlechterbeziehungen als beim Adel, Elias, Über den Prozeß, Bd. 2, S. 332, 418; vgl. Trefzer, Konstruktion, S. 22. Ohne Elias zu zitieren, erweiterte Haskell Bernstein 1975 ebenfalls Fenichels Interpretation. Auch er nannte zu früh verankerte Fremdzwänge und, ähnlich wie Barrington Moore, mangelnde Rücksicht auf emotionale Bedürfnisse im weiteren Sinne als Ursachen der Sehnsucht, die durch das Verdrängen der Zielvorstellungen unbestimmt werde, Bernstein, Boredom and the Ready-Made Life, S. 512-537.
217 Foucault, Der Wille zum Wissen, bes. S. 27ff.; Begemann, Furcht und Angst, S. 208ff.

nicht einfach unterdrücken, sondern in gewolltes und kontrolliertes Begehren umwandeln wollte. Dabei identifizierten sie den aktiven, gesunden und kräftigen Trieb immer mit männlicher Zeugungskraft, Vernunft und politischem Wesen, als automatisch unterstellte Kette zwischen Natur, Abstraktionsvermögen und Herrschaftsberechtigung.[218] Eine Familiengründung und damit eine in gesellschaftlich akzeptable Formen kanalisierte sexuelle Aktivität war entscheidend auch für die sozio-politische Position von Männern. Der Königsberger Theologe und Pädagoge Gustav Friedrich Dinter entschuldigte sich in seinen Lebenserinnerungen mehrfach für sein Junggesellenleben. Er legte nach dem Tod seiner jungen Braut das Gelübde ab, nicht zu heiraten, und blieb dabei, obwohl er darunter litt. Statt dessen beschwor er Mütter, ihre Söhne zwar nicht zu kalt, aber auch nicht zu romantisch zu erziehen,[219] damit sie nicht wegen eines unerreichbaren Ideals immer allein blieben. Dinter zählte als Entschuldigung, daß er dem Vaterland keine Kinder geschenkt habe, gewissenhaft seine »Junggesellensteuer« auf, Stipendien an Schüler und die Unterstützung seines Adoptivsohns, der Medizin studierte.[220] Dieser Zusammenhang blieb auch danach wichtig. John Stuart Mill und John Ruskin, von denen angenommen wurde, daß sie eine abstinente Ehe führten, büßten gerade deshalb einen Teil ihrer männlichen Reputation ein.[221]

Selbstkontrollierte Balance war auch hier das Ziel. Einerseits befürchtete der Pädagoge Carl Friedrich Pockels in einer für das 19. Jahrhundert typischen Weise Langeweile nicht nur bei Müßiggängern, sondern auch bei unverheirateten Frauen und Männern.[222] Wer andererseits eine zu ungehemmte Sexualität kritisieren wollte, führte die übrigen Leitwerte ins Feld, das Arbeitsethos, vor allem aber den Zeitverlust. Damit war nicht nur die unmittelbare Zeitverschwendung gemeint, sondern auch ein nicht normgerechter Umgang mit der Zeitperspektive. Denn als ein auf augenblickliche Erfüllung gerichteter Genuß drohte Sexualität eine zukunftsorientierte Mentalität zu unterlaufen. So provozierten Adlige wie Bürgerliche mit ihrer Klage über nichterfüllte Leidenschaft den Hedonismusvorwurf. Reichsfreiherr vom Stein warf Prinz Louis Ferdinand

---

218 Hull, Sexuality, bes. S. 236ff., 245.
219 Dinter, Leben, S. 57; Trepp, Anders als sein »Geschlechtscharakter«, S. 76f., zeigt, wie die Kluft zwischen romantischem Ideal und normalem Alltag es auch Ferdinand Beneke erschwerte, sich für die Ehe zu entscheiden.
220 Dinter, Leben, S. 295. Die praktischen Seiten der geschlechtsspezifischen Arbeitsteilung löste er erfinderisch. Als Leiter eines Progymnasiums brauchte er »einen Hilfslehrer und eine Hausfrau«. Mit dem Hilfslehrer schloß er einen Pakt. Dieser mußte (bzw. durfte) heiraten und ihrem gemeinsamen Haushalt die Hausfrau zur Verfügung stellen, während er dafür den ersten Sohn des Ehepaares adoptierte und studieren ließ; ebd., S. 206f.
221 Tosh, What Should Historians do, S. 183.
222 Pockels, Fragmente, 3. Slg., S. 15, 22f. Pockels gab 1787/88 das *Magazin für Erfahrungsseelenkunde* heraus. Zu Ledigen jetzt Kuhn, Familienstand ledig.

von Preußen 1799 vor, sich von Langeweile und einer unbestimmten Unruhe in die Spielleidenschaft treiben zu lassen und damit in schlechte Gesellschaft, die »zügellose[r] Habsucht« und »widerwärtigsten Leidenschaften« fröne.[223] Er drängte ihn statt dessen zu einer adäquaten Ehe. Louis Ferdinand wiederum hielt seiner Geliebten Pauline Wiesel 1806 vor, den Tag mit unnützen Promenaden und Visiten totzuschlagen und sich doch leer zu fühlen.[224] Wer über Langeweile klagte, ließ sich möglicherweise nicht durch das Zeitgewissen kontrollieren, diesen Disziplinierungshebel, der die Affektkontrolle zugleich voraussetzte und hervorbringen sollte.

Die anonyme Schrift *Über den Kuß und die Langeweile* von 1777 spitzte den Zusammenhang zwischen Sexualität und Langeweile, selbstkontrollierter Bildung und Zeitstruktur am schärfsten zu. Der Text beschrieb zunächst ebenso ausführlich wie wolkig sittsame und weniger sittsame Formen des Kusses, bot dann Tugend und Bildung als Schutz vor Wollust und Langeweile an, um schließlich Langeweile als Zeitverschwendung zu kritisieren. Auch hier war die Fähigkeit zur Selbstkontrolle verknüpft mit dem Können, sich zu artikulieren und als sprachmächtig zu erweisen. Wer sich nicht artikulieren konnte, oder besser: wer als nicht-sprachmächtig definiert wurde, schien zu der Selbstkontrolle nicht in der Lage, die zur Kontrolle der Gesellschaft berechtigen sollte.

Die Schrift lieferte zunächst die klassische Hedonismuskritik, indem sie einen selbstzerstörerischen Kreislauf der Sinnlichkeit nachzeichnete, in dem die Erfüllung der Begierde zu Langeweile und erneuter Begierde führte, einen Gedanken, den Schopenhauer zur Grundlage seiner Philosophie machte. Auch die Krieger gegen die Onanie argumentierten so.[225] Dann kontrastierte der Autor den sprachmächtigen Gebildeten, der seine Zeit schätze und richtig anwende, mit den sich langweilenden »lüsternen Zeitverschwendern«: »Was wollen sie eigentlich? Ohne Zeit in der Zeit leben?«[226] Die Wut verriet jedoch auch die Ohnmacht, da letztlich nur eine »höchstwahrscheinlich-elende Zukunft«,[227] der »moralische« Tod der Unvernünftigen behauptet werden konnte,[228] nicht aber ihr gesellschaftliches oder politisches Scheitern. In seinem Ärger darüber, wie ungern der Mensch sich anstrenge und im Maße seiner Sinnlichkeit auf die Gegenwart konzentriert bleibe,[229] hoffte der Anonymus

---

223 Louis Ferdinand, Ein Bild, S. 149; s. a. Killy, Von Berlin, S. 106.
224 Hess, Der Schwan, S. 47.
225 Schopenhauer, Die Welt als Wille und Vorstellung, in: Werke, Bd. 1, S. 344, bes. S. 405ff., 453; Bd. 2, S. 327, 571. Die Onaniefurcht paradigmatisch bei Niemeyer, Grundsätze der Erziehung, bes. S. 77, 87, 103, 143. Niemeyer arbeitete in den Franckeschen Stiftungen in Halle. S. a. Hull, Sexuality, S. 259ff.
226 Anon., Über den Kuß und die Langeweile, S. 73f., Zitat S. 66.
227 Ebd., S. 61; Etwas zur Beherzigung, S. 68; Über die Langeweile, S. Xff., seufzte, daß sich die Langeweile-Debatte sowieso nur an die richte, die tugendhaft leben wollten.
228 Anon., Über den Kuß und die Langeweile, S. 77.
229 Ebd., S. 61, 68.

von 1777 auf die Trias Tugend, Bildung und Religion.[230] Ein zu sorgloser Glaube geriet allerdings ebenfalls in die Kritik: Manche nähmen das Evangelium zu wörtlich und »erwarten alles von der Zeit, ohne sich um das Gegenwärtige oder das Zukünftige zu bekümmern«.[231]

Andere Autoren dagegen machten deutlich, wie wenig gerade die potentiell Gebildeten dem Tugendideal entsprächen. Wegener warf in seiner moralischen Wochenschrift Mitgliedern aller Bevölkerungsgruppen vor, zuerst die Zeit mit Wachteljagd, Völlerei oder Alkohol zu verschwenden und sich dann über Langeweile zu beklagen. Sein Vorwurf traf nicht nur Edelleute, sondern auch Förster, Pächter und Prediger, kleinstädtische Postbediente, Beamte, Bürgermeister und »Rathsherren«. Er spottete über Frauen, die zwar Taschenuhren besäßen, aber keinen Begriff der Zeit. Am meisten schockierte ihn ein Pastor, der nur noch Federn risse.[232] Wegener erhob es zur Forderung der Natur, daß ein sinnlicher Zeitvertreib nur kurz andauern, der Geist dagegen »ganz genießen« dürfe.[233] Der Wollüstige bündelte aus dieser Sicht die Verfehlungen, als purer »Egoist«, der als einzige Religion den zeitlichen Genuß verfolge.[234]

Langeweile wurde selten so ausschließlich auf sexuelle Bedürfnisse zugespitzt wie in *Ueber den Kuß und die Langeweile*, sondern meist breiter auf einen allgemeineren Begriff von Leidenschaften bezogen. Die meisten deutschen Texte wirken jedoch weniger präzise als die französischen, weil sie das Problem der Begierden und Leidenschaften seltener direkt ansprachen. Sie hatten mitunter keinen richtigen Anfang und kein Ende, setzten mit Langeweile als einem vorhandenen Problem ein, ohne den Zusammenhang mit dem Disziplinierungsanspruch der eigenen Kultur zu verdeutlichen, und endeten mit dem etwas hilflosen Kommentar, daß niemand gefeit sei, aber jeder die Pflicht habe, dagegen anzugehen.

Dem unmittelbaren Begehren des Augenblicks setzten Pädagogen und Popularphilosophen die Orientierung auf die Zukunft im Modell des Aufschubs entgegen. Aber auch in diesem Punkt verrieten sie, wie in Bezug auf Arbeit, ihre Skepsis bezüglich der eigenen Leitwerte. Gerade der empfohlene Umgang mit Zeit pendelte zwischen dem Wunsch, das Zeitgewissen zu etablieren, und der Furcht, ein selbstverständliches Gegenwartsgefühl zu verlieren. Alle großen Begriffe der Aufklärung wie Aufklärung selbst, Bildung, Fortschritt oder Vervollkommnung waren Entwicklungsbegriffe. Sie repräsentierten und popularisierten die Verzeitlichung als einer grundsätzlichen Lebenserfahrung des 18. und 19. Jahrhunderts,[235] vermittelt in der Praxis einer auf Zukunft bauenden

---

230 Ebd., bes. S. 45ff., 64.
231 Über die Langeweile, S. 11.
232 Wegener, Ein Blatt wider die Langeweile, S. 40ff.; vgl. Schindler, Zur Funktion des Geheimnisses.
233 Anon., Ueber Langeweile und Zeitvertreib, S. 522.
234 Über die Langeweile, S. 35.
235 Koselleck, Fortschritt, S. 351ff.

Affektkontrolle. Diese Zukunft sollte zum einen offen sein, durfte zum anderen aber auch nicht zu unsicher sein, um nicht die seelische Balance zu stören. Einerseits predigten die Diätetiklehrer das lineare Zeitbewußtsein; sie beschrieben Zeit als unumkehrbar und unwiderruflich verloren, wenn nicht genutzt. Dazu gehörte eine abstrakte doppelte Buchführung: Wer täglich nur eine Stunde Zeit spare, gewinne in 48 Jahren an die 18 000 Stunden und könne mit dieser Zeit sich selbst und der Gesellschaft unendlich nützen.[236] Andererseits warnten diese Autoren davor, Zeit nur noch als abstrakte Folge von Vergangenheit, Gegenwart und Zukunft wahrzunehmen, weil dann der lebendige Augenblick verschwinden und die gelebte Einheit der Zeit zerbrechen und zur Langeweile degenerieren könne, abstrakt und leer statt erfüllt und erfüllend. Der Mensch sollte auf Zeit aufmerksam sein und sie doch gleichzeitig unbewußt als Einheit leben, oder, wie Wilhelm von Humboldt knapp formulierte: man müsse die drei Stufen der Zeit in einem Gefühl und in einem Ziel zusammenfassen.[237]

Zeit ist ein philosophisches Thema spätestens seit Augustinus. Sie ist außerdem ein Politikum, nicht nur in Bezug z. B. auf Arbeitszeiten, sondern auch als Zeitzeichen des Protestes gegen eine lineare Moderne. Zumindest bewegte der Kontrast zwischen erfüllter und nicht-erfüllter Zeit, die Suche nach dem Augenblick, die Romantik wie die Zivilisationskritik des späten 19. Jahrhunderts.[238] Die heutige westliche Psychologie und Philosophie diskutiert den Zusammenhang von Zeitwahrnehmung und Persönlichkeitsbildung oder Gefühlsstörungen in den Humboldtschen Termini. Ein erfolgreicher Prozeß von

---

236 Über die Langeweile, S. 184. Dazu kursierte in England und Deutschland die in Ich-Form erzählte Geschichte eines Kaufmannes, der mit ehrlicher, harter Arbeit reich geworden war und dann zum Lebensstil eines Landedelmannes überging, nur um sich nach wenigen Wochen unerträglich zu langweilen, Angenehmer und vernünftiger Zeitvertreib, S. 145-152. Michael Ende hat in dem Roman *Momo* die heute so wirkungsmächtige Illusion entlarvt, durch permanentes Zeitsparen mehr Lebenszeit und Lebensqualität zu gewinnen.

237 Schultz, Das Problem der historischen Zeit, S. 306; vgl. Kessel, Jeder Augenblick hat seine Sichel, S. 261; Nipperdey, Die anthropologische Dimension, S. 34, betont das Verhältnis von Erinnerung und Planung und seinen Einfluß auf Handeln als wichtige anthropologische Fragestellung.

238 Vgl. allgemein Osborne, The Politics of Time; Zimmerli, Sandbothe (Hg.), Klassiker der modernen Zeitphilosophie; Fischer, Augenblick; Walter Müller-Seidel, Zeitbewußtsein um 1900. Literarische Moderne im wissenschaftsgeschichtlichen Kontext, in: Mölk (Hg.), Jahrhundertwende, S. 13-34. Löwy, Redemption and Utopia, bes. S. 95ff., 200ff., diskutiert die Kritik an der entleerten Zeit von jüdischen Intellektuellen wie nichtjüdischen Opponenten des Weimarer Systems. Er zeigt, wie vor allem Walter Benjamin messianischen Erlösungsglauben mit libertärer Romantik verband und dadurch eine neue Vision von erfüllter Zeit und Geschichte entwarf, die von Evolutionstheorien ebenso unabhängig war wie von Fortschrittsideologien.

Selbstfindung setzt demzufolge voraus, daß der Mensch die Zeit in ihren drei Modi von Gegenwart, Vergangenheit und Zukunft synthetisiert.[239] Dabei wird betont, daß die gelebte Zeit sich der räumlichen Zergliederung entzieht. Eine bewußte oder gar geforderte Abstraktion, ihre Einteilung in Vergangenheit, Gegenwart und Zukunft, kann die Zeit erstarren lassen, und Zeit nur noch als eine bloße Abfolge von Punkten zu erleben, bedeutet Langeweile, den vorpathologischen Zustand[240] vor Melancholie und Depression. Dann ist man nur in der Zeit, ohne sie zu »haben«,[241] oder, anders gewendet, man muß freie Zeit nicht einfach nur haben, sondern sie leben.[242] Nur dann sind Erinnerung und Hoffnung nicht nur Phänomene in der Zeit, sondern bedeuten selbst erfüllte Zeit und strukturieren ihrerseits gelebte Zeit auf sinnvolle Weise.[243]

Im späten 18. Jahrhundert problematisierten die Diätetiklehrer, daß sowohl eine offene als auch eine verschlossene Zukunft bedrohlich wirken konnte. Sie versuchten deshalb, die Zeit in zwei Richtungen zu strukturieren, die dem doppelten Charakter der Zeiterfahrung Rechnung trugen:[244] einerseits zeitökonomisch, im Alltag wie auch in biographischer Perspektive, andererseits in der subjektiven Wahrnehmung der gelebten Zeit, im Gewicht der Vergangenheit und im Blick in die Zukunft. Etwas überspitzt gesagt, formulierten sie dabei als Ziel von Identitätsbildung, was im 20. Jahrhundert häufig als Faktum konstatiert oder als Problem entdeckt wird. Konkreter: wenn heute gesagt werden kann, daß die Herrschaft der Zeit im Innern des Menschen verankert ist,[245] dann zeigen die bisher zitierten Beispiele, wie sehr sich die aufklärerische Pädagogik hierum noch bemühte. Vor allem erinnerten sie immer wieder daran, daß ein freudiges, zukunftsorientiertes Arbeiten nur dann funktioniere, wenn Erinnerung, gegenwärtiges Empfinden und Zukunftshoffnung lebendig (und damit unbewußt) zusammenfielen und nicht das Bild einer bereits definitiv vergangenen Zukunft die Gegenwart absterben ließ.

239 Theunissen, Negative Theologie der Zeit, S. 218-281, bes. S. 223ff.; Minkowski, Die gelebte Zeit; s. a. Edlund, Psychological Time; zu einem radikal anderen Verständnis von Zeit und Personalität in Indonesien vgl. Geertz, Person, Zeit und Umgangsformen.
240 Heidbrink, Melancholie und Moderne, S. 49.
241 Revers, Die Langeweile – Krise und Kriterium, S. 157.
242 Minkowski, Die gelebte Zeit, S. 15; die Freizeitpädagogik und -forschung möchte mit ähnlichen Argumenten Freizeit in Muße rückverwandeln, vgl. Nahrstedt, Leben in freier Zeit.
243 Minkowski, Die gelebte Zeit, S. 23-25, 28.
244 Kirchner, Grundlagen des Zeitschriftenwesens, führt 31 Zeitschriften zu »Zeitvertreib« und »müßigen Stunden« auf. Nicht mehr nachgewiesen werden konnten u. a.: Der Gelehrte Zeit-Vertreib, hg. v. Christian Schöttgen, Stück 1-52, Meissen 1742; Der Zeitvertreiber. Eine moralische Wochenschrift, hg. v. Johann Gottlieb Volkelt, St. 1-53, Leipzig 1745; Beherzigungen der Zeit, hg. v. Johann Friedrich Krügelstein, St. 1-23, Gotha 1771-1772; Der Zeitverkürzer. Eine Wochenschrift von verschiedenen Verfassern, hg. v. Christian Wilhelm Kindleben, Nr. 1-10, Halle 1781.
245 Theunissen, Negative Theologie der Zeit, S. 300.

Zeitökonomie und erfüllte Zeit hingen in dieser Diskussion insofern zusammen, als erstere, wie das Arbeitsgewissen, immer auch sinnstiftenden Charakter erhielt. Zeitökonomie verwies auf lineare Zeit als eine zentrale Achse von Selbstwahrnehmung. Nicht einfach nur Arbeit, sondern zeitökonomisch im Tag und im Leben strukturierte Arbeit sollte vor Sinnverlust schützen. Campe formulierte dies am nachdrücklichsten, als er warnte, daß der, der nicht wisse, was er zu jedem Zeitpunkt tun solle, mit Langeweile und Lebensüberdruß zu kämpfen haben würde.[246] Die Verinnerlichung sollte von einer bewußten und ständigen Konzentration auf Zeit und Gegenwart entlasten und so vor dem Gefühl der Sinnlosigkeit schützen.[247] Campe sprach diejenigen direkt an, die ihre Zeit wirklich selbständig einteilen konnten. Er empfahl ihnen, einen eigenen »Geschäftsplan« wie eine äußere Gewalt zu befolgen, also Selbstzwänge zu schaffen, weil nur wenige Menschen einen ganz unabhängigen Zustand ertragen könnten. Ein Übermaß an Unbestimmtheit lasse die offene Zeit leer und langweilig werden. Eine quantitative Bestimmung sollte vor qualitativem Verlust schützen, das Zeitgewissen über die Kluft zwischen Wünschen und Möglichkeiten hinweghelfen. Moritz' *Magazin für Erfahrungsseelenkunde* untermauerte in einem Artikel über »Laune« noch einmal den Wert der Zeit: »Vor allem hat man sich vor jenem tauben Hinbrüten in Acht zu nehmen, wo ohne Ziel und Zweck ein Augenblick nach dem anderen verfliegt, ohne daß man *gelebt* hat.«[248] Bereits bei einer kleinen Pause in den Geschäften befürchtete er das Gespenst der Sinnlosigkeit in dem Gedanken, daß alle Mühe vielleicht vergeblich sein könne: »... und plötzlich wird dir das, was du thust, zum Ekel werden.«[249]

Auch Kant wertete den Augenblick zugleich auf und ab. Dem Königsberger Philosophen zufolge bedeutete ein »höherentwickeltes« Bewußtsein, kontinuierlich getrieben zu sein, aus dem gegenwärtigen Zustand in einen anderen überzugehen, »jeden Zeitpunkt, darin wir sind, zu verlassen und in den folgenden überzugehen«. Froh werden könne der Mensch nur, wenn er die Zeit »ausfüllte« mit planmäßigen, zweckgerichteten Beschäftigungen.[250] Wer umgekehrt aber diese Zeitpunkte ausschließlich nur als Mittel sah, lebte sie nicht: »Wenn die gegenwärtige Zeit nur als ein Zwischenraum zwischen Mittel und Zweck betrachtet wird, so wird sie lang, aber mit Ekel.«[251] Seine kategoriale Definition von Zeit wandelte sich hier durchaus in eine gesellschaftlich gebundene. Zivilisiert sein heiße, auf das eigene Leben und damit auf die Zeit aufmerksam zu

---

246 Campe, Theophron, S. 140; Rinderspacher, Über die Wurzeln der Woche, S. 129.
247 Campe, Theophron, S. 26; Conz, Ueber Zufriedenheit, S. 208, 159.
248 Laune, in: Moritz, Magazin, Bd. 2, 3. St., S. 124 (kursiv im Original); Über die Langeweile, S. 11.
249 Moritz, Beiträge, S. 49.
250 Kant, Anthropologie, S. 233f.
251 Eisler, Kant-Lexikon, S. 327; s. a. Völker, Langeweile, S. 161.

sein,²⁵² im Gegensatz zu den Wilden, die sich nicht um Zeit kümmerten, sich allerdings auch nicht langweilten. Ein zivilisierter, also zukunftsorientierter Mann aber sollte müßige Stunden am Fluß als langweilige Zeitverschwendung wahrnehmen. Hufeland warnte zunächst davor, die Gegenwart über lauter Plänen für die Zukunft zu verlieren. »Man lebe, aber im rechten Sinne, immer nur für den Tag, so, als wenn er der einzige wäre, ohne sich um den morgenden Tag zu bekümmern. Unglückliche Menschen, die ihr immer nur an das Folgende, Mögliche denkt, und über den Plänen und Projekten des Zukünftigen die Gegenwart verliert!« Er fügte allerdings sofort hinzu, daß jeder Augenblick die »Mutter der Zukunft« sei, forderte also doch, die Gegenwart mit Blick auf die Zukunft wahrzunehmen.²⁵³ Wandelte sich Zeit jedoch in eine bloß abstrakte Zeitfolge, dann zerstörte die lähmende Sinnkrise kostbare Augenblicke, statt sie zielgerichtet und zweckrational zu füllen.²⁵⁴ Um ein gefährlich unkontrollierbares überschüssiges Sehnen in zweckorientiertes Handeln in der Zeit zu verwandeln, war auch dem Anonymus von 1798 keine Metapher zu scharf: »Jeder Augenblick hat seine Sichel, und eifert der ungeheuren Sense der Zeit nach, deren weiter Hieb Königreiche von der Wurzel wegreisst.«²⁵⁵

Wenn von der Erfahrung auf die Erwartung umgepolt wurde als strukturierender Kategorie, so war dieser Umschwung geprägt von der Angst, den Bezug zur Erfahrung ganz zu verlieren und die Erwartungen zu stark von Erfahrungen abzukoppeln.²⁵⁶ Daher mahnten die Diätetiklehrer ständig, daß man zwar zukunftsorientiert, aber zugleich in der Gegenwart präsent sein sollte, um durch intensives Handeln das Weiterleben im Gedächtnis der nächsten Generationen sichern zu können.²⁵⁷ Diese Vorstellungen über individuelle Entwicklung waren genauso wie der nationale Diskurs über die Zukunft der Nation männlich konnotiert.²⁵⁸ Wilhelm von Humboldt hoffte nicht nur, die Gegenwart ständig zu übersteigen,²⁵⁹ sondern erklärte, Männer taugten dazu, daß die Welt ihren Gang gehe, während Frauen dem »Dasein« Wert verliehen,²⁶⁰ also die Gegenwart präsent und authentisch erhalten sollten.

Auch mit Blick auf Zeit vertraten die Diätetiklehrer somit keinen gradlinigungebrochenen Fortschrittsoptimismus.²⁶¹ Ging es um die subjektive Wahrnehmung von Zeit statt um Zeiteinteilung, rückte die Angst vor der verlorenen

252 Kant, Anthropologie, S. 233.
253 Hufeland's Makrobiotik (Ausgabe 1932), S. 116f., Zitat S. 116; s. a. Über die Langeweile, S. 219, 182.
254 Kritisch gegenüber dieser Verengung Hennis, Der Geist des Rationalismus, S. 48.
255 Über die Langeweile, S. 74; vgl. Kessel, Jeder Augenblick, S. 263.
256 Koselleck, Fortschritt, S. 410; s. a. Kessel, Balance der Gefühle, S. 245.
257 Über die Langeweile, S. 178ff., bes. S. 181f.
258 Wendorff, Zeit und Kultur, S. 368; zur nationalen Debatte Jeismann, Das Vaterland der Feinde, S. 66.
259 Wendorff, Zeit und Kultur, S. 350.
260 Frevert, Bürgerliche Meisterdenker, S. 35.
261 So auch Bollenbeck, Bildung und Kultur, S. 83.

Zeit klar in den Mittelpunkt. Die *Dissertation sur l'ennui* betonte, daß sich die Seele nicht nur mit Ideen, sondern auch mit Gefühlen und Erinnerungen unterhalte.[262] Eine bereits eingetretene Langeweile war schwer steuerbar, daher sollten Erinnerungen genau wie Erwartungen kontrolliert werden. Wohl konnte die Erinnerung an ein heil überstandenes Unglück unterhalten,[263] aber nützlich waren Erinnerungen nur dann, wenn sie Verhaltenslehren für die Zukunft lieferten.[264] Gescheiterte Erwartungen drohten sich in lastende Erinnerungen zu wandeln, und ein Theologe mutmaßte, daß nicht so sehr die großen Unglücke den Menschen töteten als die Untätigkeit, die die Mutlosigkeit danach hervorrufe. Langeweile und die sie begleitende Mutlosigkeit seien ebenso traurig wie »fruchtlose Erinnerungen der Schwäche des menschlichen Geistes«. Ähnlich wie später Schopenhauer und Feuchtersleben forderte er eine aktive Verdrängung; das stete Andenken an das Unglück sei zu löschen, um die Tatkraft nicht dauerhaft zu blockieren.[265]

Dieses Nachdenken über die psychischen Auswirkungen von lähmender Erinnerung und fehlgeschlagener Erwartung nahm die Verdrängungs- und Anomiekonzepte der modernen Psychologie und Soziologie zumindest in ihrer popularisierten Form vorweg. Hoffnung wurde deshalb zum wichtigsten Gefühl, weil sie als Erwartungsüberschuß aus jeder Krise herausführen könne.[266] Sie drohte aber in Resignation umzuschlagen, wenn Fehlschläge nicht sofort vernünftig eingeordnet würden. Fortschrittsoptimismus konnte nur dann dauerhaft beflügeln, wenn der persönliche Horizont offen blieb, also nicht z. B. der Wechsel von Studium oder Ausbildung zum bürgerlichen Beruf männliche Hoffnungen radikal enttäuschte und sich statt endloser Entwicklung endlose Wiederholung abzeichnete. Die kulturell geforderte Dynamik war schwer einzulösen, wenn zerstörte Träume die Kraft begruben. In diesem Fall stolperte die bürgerliche Entschlossenheit, den Geschichtsverlauf prägen zu wollen.[267]

Conz z. B. erklärte, daß die »Selbsttätigkeit« ebenso gelähmt würde wie der Glaube an ein vollkommenes Jenseits, wenn man keine Chance zur Verbesserung der eigenen Situation mehr wahrnehme.[268] Wer seine Wünsche dauerhaft vereitelt sehe, dem werde die Seele »lahm« und die Zeit zur dürren Zukunft und einsamen Gegenwart. Das war mehr als kurzfristiger Energieverlust, eher Freuds Unbewußtes avant la lettre, denn die enttäuschten Neigungen wirkten subkutan weiter und fraßen von innen her die geistige Vitalität und Lebenslust

---

262 Dissertation sur l'ennui, S. 15.
263 Boureau-Deslandes, Über die Kunst, S. 33.
264 Angenehmer und lehrreicher Zeitvertreib, S. 180f.
265 Etwas zur Beherzigung, S. 74f.; Feuchtersleben, Diätetik der Seele, S. 110-116; Minkowski, Die gelebte Zeit, S. 170, zur positiven Funktion des Vergessens.
266 Hufeland's Makrobiotik, S. 117; Feuchtersleben, Diätetik der Seele, S. 110; Minkowsky, Die gelebte Zeit, S. 11; zu den Debatten um 1900 s. a. Kern, Culture of Time and Space; Fischer, Augenblick.
267 Adorno, Horkheimer, Dialektik der Aufklärung, S. 87.
268 Conz, Ueber Zufriedenheit, S. 211-216.

auf: die »engverschlossenen Begierden und Hoffnungen, hineingepreßt in sich, würgen sich und uns langsam und fürchterlich ab.«[269] Der Tübinger Altphilologe forderte einmal mehr, Träume auf den Alltag abzustimmen, um nicht durch ebendiesen Alltag »auszutrocknen« und gleichgültig zu werden.[270] Weishaupt argumentierte, daß jeder Mensch handlungsleitende Ideale brauche, die über die Vergänglichkeit hinweg Dauer herstellten. Nur dürften sie weder zu tief oder zu hoch angesetzt sein, weil beides den Handlungswillen lähme.[271] Er warnte vor allem vor zu hohen Vorstellungen von der Welt, den Menschen und dem eigenen Erfolg, um die Zukunft nicht zu veröden.

Das Deutungsmuster Zukunft kann im Nachdenken über (männliche) Identität seit dem 18. Jahrhundert kaum überschätzt werden. Die redundante Bewegungsmetaphorik des 18. und 19. Jahrhunderts assoziierte Stillstand – als Langeweile – mit Tod: »Wo die Bewegung fehlt, da nag't der Tod zur Vernichtung.«[272] Daß enttäuschte Erwartungen zunehmend als Ursache von Verdruß oder von schlechtem Gewissen interpretiert werden konnten,[273] verrät, wie sehr sich die Ausrichtung auf Zukunft in Mentalität umsetzte. Allerdings blieb auch für Männer offen, wie eine beflügelnde Hoffnung von einer Utopie zu unterscheiden war, die als nichtrealisierbar oder ungerechtfertigt galt. An die Stelle einer Erklärung rückte Tugend im Sinne von Einordnung. Maaß forderte, Erwartungen so im Wechsel von Freude und Verdruß an- und abzuspannen, daß die Nerven lebendig blieben, ein höheres Lebensgefühl vermittelten und vor Überdruß und »dem damit verbundenen unerträglichen Leerheitsgefühl« bewahrten.[274] Andere betonten, durch ein tugend- und pflichtbewußtes Leben mit der Welt im reinen zu sein und »Menschenhaß und Menschenfeindschaft« zu löschen.[275] Eine weitere Möglichkeit für Männer, in der prekären Spannung zwischen Gestern und Morgen die Balance zu halten, beschrieb der wohl berühmteste psychologische Roman des späten 18. Jahrhunderts, Karl Philipp Moritz' *Anton Reiser* aus den 1780er Jahren. Moritz blendete die Geschlechterdimensionen fast durchgängig aus. Reiser erschien hauptsächlich als Bürgerlicher, der entweder Opfer ständisch-adliger Distinktionskriterien oder seiner eigenen, überzogenen oder fehlgeleiteten Hoffnungen wurde. Er hoffte auf eine Karriere als Schauspieler und stürzte aus hochfliegenden Erwartungen immer wieder in düstere Langeweile und Melancholie. Nur in einer winzigen

269 Ebd., S. 165-168, Zitat S. 167f.
270 Ebd., S. 174ff.
271 Weishaupt, Über die Selbsterkenntnis, S. 104; das Prinzip macht heute in Seminaren für Führungskräfte Schule, vgl. Behutsame Selbstbehauptung. Was Erfolg ist und wie man zu einem Gewinner-Typ wird, in: Der Tagesspiegel, 26.5.1996, S. 45.
272 Über die Langeweile, S. 13.
273 Heinroth, Vom Ärger, S. 12. Heinroth (1773-1843) war Mediziner, Psychologe und Professor in Leipzig; vgl. Art. Hypochondrie, in: Brockhaus Konversations-Lexikon, Leipzig [14]1894, S. 488.
274 Maaß, Versuch über die Leidenschaften, S. 100, 108.
275 Über die Langeweile, S. 172.

Passage waren es nicht äußere Umstände, die ihn wieder aufleben ließen, sondern ein Vergleich mit dem Leben einer Frau, der ihm wieder Hoffnung machte. In einem Gasthof sah er eine alte Frau sitzen, die keinen Bezug mehr zu ihrer Umwelt erkennen ließ. Reiser stellte sich ihr Leben vor, automatisch und ohne zu zögern:

> Diese Frau war hier erzogen, hier geboren, hier alt geworden, hatte immer die Wände dieser Stube, den großen Ofen, die Tische, die Bänke gesehen – ... und als seine Gedanken sich sammelten, fühlte er das Vergnügen der Abwechslung, der Ausdehnung, der unbegrenzten Freiheit doppelt wieder – er war wie von Fesseln entbunden, und die alte Frau, mit bebendem Haupte, war ihm wieder ein gleichgültiger Gegenstand.[276]

Nicht ihr Alter war Ursache und Symbol für Unbeweglichkeit und Eingeschlossensein, sondern ihr Frausein. Diese Frau, so unterstellte Moritz automatisch, war immer hier gewesen, hatte immer nur diese Umgebung gesehen, und die Vergegenwärtigung dieses weiblichen Lebensstils machte Reiser seine offene Zukunft wieder bewußt, befreite und beflügelte ihn. Egal, wie oft die adlige Gesellschaft und die Gemeinschaft der Künstler ihn zurückwiesen, er war immer noch besser plaziert als sie. Die hier analysierten Vorstellungen von Zeit und Bewegung betrafen nur eine sehr kleine gesellschaftliche Gruppe, und ihre rechenhafte Lebensarithmetik stand auf schwankendem Boden. Gerade weil es schwer war, den eigenen kulturellen Idealen gerecht zu werden, baute das männliche Ausgespanntsein in Mobilität und Zukunft auf der Immobilität anderer auf.

Ein Blick auf die temporalen Muster von Identität zeigt erstaunliche Kontinuitäten. Vergleicht man die heutigen Überlegungen zu Zeit mit dem ambivalenten Nachdenken im späten 18. Jahrhundert, zeigt sich, wie sehr sich ein historisch gewachsenes Konstrukt von Zukunftsorientierung bis heute in ein selbstverständlich geltendes anthropologisches Grundmodell verwandelt hat. Zumindest maß die Psychopathologie in den 1960er Jahren psychisch-mentale »Gesundheit« und »Erwachsensein« an der Zukunftsorientierung, die als selbstverständliches Konstituens seelischer Individualität galt.[277] In der Motivationsforschung gilt der Verlust einer zukunftsbezogenen Zeitperspektive als das Schlimmste, das einem Menschen widerfahren könne, die »Hoffnungslosigkeit, die sich aus dem Mangel einer normalen positiven Bezogenheit auf Künftiges entwickelt.«[278] Aus der Perspektive des linearen Modells geraten an-

---

276 Moritz, Reiser, S. 294f.
277 Janzarik, Psychologie und Psychopathologie der Zukunftsbezogenheit, S. 33; vgl. Kessel, Balance der Gefühle, S. 241f.
278 Ein Überblick der Literatur bei Mönks, Zeitperspektive als psychologische Variable, hier S. 152. Zur Verschiebung des Gewichtes von Zukunft und Erinnerung in höherem Alter vgl. Brandstätter, Wentura, Veränderungen der Zeit- und Zukunftsperspektive, S. 2-21.

dere temporale Seinsmodi leicht zu angeblich defizitären Wahrnehmungsweisen.[279] Wenn die heutige Verfaßtheit unseres Zeitgefühls Karl Heinz Bohrer zufolge vom Abriß der Erwartungshoffnungen geprägt ist, im Verschleiß der geschichtlichen Metaphorik,[280] so verwundert die Zunahme der Langeweileklage nicht. Es geht jedoch nicht darum, sie nur zu wiederholen. Vielmehr kann das, was heute als psychologisches Werkzeug zur Analyse angeboten wird, und dazu gehört auch ein spezifisches temporales Verständnis von Identität, selbst als historische Konstruktion verstanden werden, denn nur ein nichthinterfragter Glaube an Fortschritt läßt dessen Stillstand automatisch als Langeweile erscheinen.

279 Bergmann, Das Problem der Zeit, S. 490.
280 Bohrer, Plötzlichkeit, S. 17.

4. Virtù con noia: Die Antinomie der Ordnung

David Hume verabscheute langweilige Gesellschafter – Menschen, die zwar tugendhaft seien, aber ihre eigenen Grenzen nicht erkennen und durch unpassendes Verhalten eine gute Unterhaltung zerstören würden. Er wollte lieber als ungerecht oder moralisch schwach bekannt sein denn als ein solcher Hanswurst.[281] Auch Descartes hinterließ in seiner Spätschrift über die *Passions de l'âme* einen für den Tugendkatalog eher beunruhigenden Satz: »Bisweilen verursacht die Andauer des Guten Langeweile oder Widerwillen, wohingegen sie beim Bösen die Trauer vermindert.«[282] Diese Polemik tauchte im Philistervorwurf wieder auf: der Tugendhafte als Langweiler. Langeweile war nicht nur ein problematischer Zustand. Der Begriff diente auch zur abwertenden Beschreibung von Personen wie von sozialen und politischen Zusammenhängen. Die Angst vor Langeweile, ihr tatsächliches Auftauchen als Zustand und schließlich ihr polemischer Gehalt sind schwer voneinander zu trennen, aber Langeweile als Kritik war auch deshalb so wirksam, weil die Angst vor ihr so präsent war.

Das Urteilspaar »interessant« versus »langweilig« tauchte im 18. Jahrhundert vor allem in Bezug auf Kunst auf, z. B. wenn Mendelssohn, Nicolai und Lessing literarische Figuren diskutierten. Letzterer kritisierte in einem Verriß von Wielands *Lady Johanna Gray* den Protagonisten zwar als liebenswürdig und fromm, aber auch als langweilig. Lessing wandte sich gegen eine zu strenge moralische Beurteilung von Kunstwerken.[283] Aber auch in der Geselligkeit spielte das Urteil eine wichtige Rolle. Wer sich langweilte, langweilte möglicherweise andere, und wer in gelangweilte Gesichter blickte, konnte, so das Drama der sympathetischen Wirkung, selbst die Ursache sein. Madame du Deffand, im 18. Jahrhundert vom Ennui geschlagen, wurde in vernichtenden Portraits als kalt, freudlos und unfähig zu warmer Freundschaft beschrieben.[284] Der französische Höfling La Rochefoucauld warnte vor der fatalen Wirkung im adlig-höfischen Zeremoniell, in dem man sich Höherstehenden gegenüber die eigene Langeweile nie anmerken lassen durfte: »Wir vergeben oft denen, die uns langweilen, aber wir können denen nicht vergeben, die wir langweilen.«[285]

281 Miller, The Anatomy of Disgust, S. 182.
282 Descartes, Die Leidenschaften der Seele, S. 105. Auch der Ekel entstamme derselben Quelle wie die Freude, da die Dinge, die uns eine gewisse Zeit erfreuten, im Übermaß schal würden, ebd. S. 317.
283 Zelle, Angenehmes Grauen, S. 323; s. a. Mattenklott, Melancholie, S. 24. Aus systemtheoretischer Perspektive konstatieren Plumpe/Werber, Literatur ist codierbar, S. 30ff., daß langweilig/interessant als Leitdifferenz das System Kunst seit dem späten 18. Jahrhundert codiert habe.
284 Kuhn, Demon, S. 142ff.
285 Zit. nach Lepenies, Melancholie, S. 60. Wie wichtig ästhetische Kriterien waren, zeigte sich auch darin, daß die Träger der jüdischen Haskala diejenigen Aspekte der jüdischen Kultur als ästhetisch unzulänglich beurteilten, die aus der jüdischen Tradition stammten und deutlich von der aufklärerisch-protestantischen Norm abwichen, und sie gebrauchten damit, in den Worten von Jacob Katz, »an aesthetic evaluation like a reasonsed argument«, Katz, Jewish Emancipation, S. 51.

Der Vorwurf der Langweiligkeit wurde von der alten wie der neuen Elite eingesetzt. In der Gesellschaft des 18. Jahrhunderts mußte man gefallen können, und dafür, so hatte schon Boureau-Deslandes ausgeführt, eigne sich der »Thor mit artigen Einfällen« besser als der »Philosoph, der in Wahrheit ertrunken sei«.[286] Zum größten Fehler erklärte er den Stolz auf einen Intellektualismus, der den Menschen langweilig mache, zumal wenn man ihm die Mühe des Denkens anmerke. Ein sicheres und damit vernünftiges Urteil sei unschätzbar, nur lande der Logiker schnell in der »ersten Classe der langweiligen Charaktere«. Vor allem ein erzwungen wirkendes Verhalten drohte die soziale Integration zu verhindern: »Überhaupt kann alles erzwungene nicht gefallen, und was nicht gefallen kann, wird langweilig.«[287]

Umgekehrt warfen die Vertreter der neuen Bildungselite denjenigen, die sich mit ihnen langweilten, vor, noch keine nützliche Unterhaltung gelernt zu haben und sie deshalb weder interessant finden noch interessant machen könnten,[288] also noch nicht reif zu sein für den aufklärerischen, vom Herkunftsmilieu unabhängigen Kommunikationszusammenhang. Doch verrieten ihre gewundenen Erklärungen auch, wie unsicher sie waren, ob sich ihr kulturelles Modell wirklich durchsetzen würde.[289] Feuchtersleben fürchtete, daß ein einzelnes Gähnen die ganze Gesellschaft anstecken würde, und verurteilte dieses gefährlich ansteckende Verhalten als »schwüle Gegenwart eines Verräters unter Freunden«.[290] Andere warnten, daß der Vernünftige im Verhältnis zum Spielertyp unattraktiv wirke. Im geselligen Zeitvertreib des späten 18. Jahrhunderts drohte der rechtschaffene Mann zur komischen Figur zu werden und als »überflüssig und langweilig« gesellschaftlich geschnitten zu werden.[291] Es fehlte auch nicht an Beispielen, in denen der unmoralische und lasterhafte Adlige am Ende gewann und der Gerechtigkeit entfloh.[292] All diese Beispiele übten vorbeugend ein, daß tugendhaftes Arbeitsethos und disziplinierende Zeitökonomie allein noch nicht soziale Anerkennung oder Erfolg sicherten.

Außerdem wußten die Theoretiker der Leere, wie schwer der geforderte Gleichmut von Gleichgültigkeit zu unterscheiden war. Sie tabuisierten nicht nur allzu heftige Leidenschaften, sondern auch einen Mangel an Emotionen, eine stoische Unempfindlichkeit, die keine Empfindungen mehr zulasse oder

---

286 Boureau-Deslandes, Über die Kunst, S. 81.
287 Ebd., S. 81.
288 Würtzer, Beherzigung verschiedener wichtiger Gegenstände, S. 7; vgl. Spacks, Boredom, S. 67, für die Kritik an gelangweilten Frauen als langweilig.
289 In Deutschland begleitete der Philistervorwurf das deutsche Bürgertum vom 18. bis in das frühe 20. Jahrhundert, ein Vorwurf, der die bürgerliche Furcht vor dem eigenen »Knirpstum« (Jacob Burckhardt) provozierte und spiegelte, vgl. Assmann, Arbeit am nationalen Gedächtnis, S. 67; Hofstaetter, Langeweile bei Heine, S. 133.
290 Feuchtersleben, Diätetik der Seele, S. 84. Es war allerdings auch klar, daß die wirklich langweiligen Leute sich selbst nicht langweilten, vgl. Dissertation sur l'ennui, S. 16.
291 Über die Langeweile, S. 108f.
292 Eine Wochenschrift, oder Etwas vor die Langeweile, S. 20.

zeige.[293] Die aufklärerischen Normen waren nicht deshalb so schwierig zu erfüllen, weil es um reine Repression oder Kontrolle ging, sondern weil sie ständig die reflektierte Balance wollten. Kant unterschied zwischen dem Gleichmütigen, der zwischen übergroßer Freude oder Trauer balancierte, und dem Gleichgültigen, der den Zufällen des Lebens abgestumpft gegenüberstehe.[294] Ein total regelmäßiges Gesicht galt als weniger erfreulich als ein ausdrucksvolles mit wechselndem Mienenspiel.[295] Carl Philipp Conz schrieb, daß ohne Leidenschaften, Wünsche und Hoffnungen die Seele starr und unempfindlich werde und eine stoische Ruhe, eine Seele, die »außer Begehrlichkeit gesetzt« sei, der menschlichen Natur widerspreche.[296]

Daher suchte die neue Elite auch die eigene Form der Geselligkeit mit dem so unscheinbar klingenden Begriff zu steuern. Gleichgültigkeit, als eine äußere Maske der Langeweile, ließ sich weder auf Menschen noch auf die Gesellschaft ein. Echte Bildung vollzog sich jedoch erst im Austausch mit anderen. Äußere Anregungen galten als unabdingbar,[297] denn, so war im *Hannoverischen Magazin* zu lesen, Nachdenken werde leicht »verdrießlich«, wenn die Ideen nicht neu seien.[298] Selbst der Gebildete drohte dann in niederes Vergnügen zu flüchten. In der aufklärerischen Geselligkeit war Langeweile ein gängiges Stichwort, mit dem anregende Unterhaltung, aber auch höfliches Benehmen gefordert wurde. Wilhelm Christian Wiesel, der Mann von Pauline Wiesel, der zeitweiligen Geliebten des Prinzen Louis Ferdinand, brachte in seiner Jugend einen Kreis zusammen, in dem den Teilnehmern zufolge keine Langeweile aufkam. Ludwig Tieck dagegen, der den Damen Shakespeare-Dramen vorlesen wollte, wurde ausgelacht und konnte sich als Gesellschafter nicht halten.[299] E.T.A. Hoffmann wiederum galt als stachliges Mitglied der guten Gesellschaft, weil er sich weigerte, langweilige Stunden mit Fassung durchzustehen, und sich dann demonstrativ schlecht benahm. Zur Strafe lud man ihn nicht mehr ein.[300] Dazu paßte, daß es für das bürgerliche Selbstverständnis wichtig war, sich in Geselligkeit »amüsiert« zu haben. Das richtige Reden über das Amüsement galt als soziale Kompetenz, die Aussage, sich nicht amüsiert zu haben, als Fauxpas.[301] Auch die neue bürgerlich-adlige Geselligkeit wurde, als Teil der Lebenskunst, inszeniert.[302]

293 Etwas zur Beherzigung, S. 20; Schwarz, Identität, S. 51.
294 Kant, Anthropologie, S. 235.
295 Dissertation sur l'ennui, S. 28.
296 Conz, Ueber Zufriedenheit, S. 143, 164.
297 Z. B. Weikard, Philosophischer Arzt, S. 219; Dissertation sur l'ennui, S. 17f.
298 Anon., Über Beschäftigung und Langeweile, S. 1650.
299 Hess, Der Schwan, S. 21.
300 Sie saßen und tranken, S. 143f.
301 Linke, Sprachkultur, S. 271f., 282f., 289. Linke scheint dies nicht zur bürgerlichen Leistungsmoral zu passen (S. 289f.); es ging jedoch darum, diese durch Soziabilität zu ergänzen und zu erleichtern, nicht zu verdrängen.
302 Vgl. die Beiträge von Schnegg, Weckel u. Tolkemitt in Weckel u. a. (Hg.), Ordnung.

Nach der Jahrhundertwende diente Langeweile jedoch nicht nur zur Beschreibung gesellschaftlicher, sondern auch politischer Zustände. »What was a gifted man to do after Napoleon?«[303] So faßte George Steiner die Atmosphäre der Reaktionszeit zusammen. Steiner führte das Gefühl der Stagnation und Langeweile nach dem Wiener Kongreß auf die Erfahrung der außergewöhnlichen Persönlichkeit zurück, die alles vereinte und alles verspielte: Aufbruch und Unternehmensgeist, Mut und Maßlosigkeit, Scheitern, Aufbäumen, Verbannung und Tod. Die napoleonische Ära beschleunigte die Zeiterfahrung, ließ Hoffnungen nah herankommen: »The eternal ›tomorrow‹ of utopian political vision became, as it were, Monday morning.«[304] Mit dem Einsetzen der Reaktion aber wurde Montag morgen grau.

Der Zerfall des alten Reiches und die politische Handlungsohnmacht führten das Leitmotiv des Wirkens oder der Selbsttätigkeit ad absurdum, problematisierten einen selbstverständlichen Fortschrittsbegriff und beschworen die politische Zeitdiagnose der Langeweile. Fichte benannte eine ideale Zukunft, die er nicht näher umriß als mit der Vision der Handlungsfreiheit, als deren Gegenpol. In den *Reden an die deutsche Nation* deutete er den Verlust der Souveränität als Verlust der Herrschaft über Geschichte und Zukunft: »Was seine Selbständigkeit verloren hat, hat zugleich verloren das Vermögen einzugreifen in den Zeitfluß …«[305] Er hoffte auf einen Neubeginn, mit der zu schaffenden Nation als Leitidee und einigendem ideologischen Rückhalt, um die Wüste zu überwinden. Denn ein Zeitalter, das keine übergreifende Idee habe, mußte Fichte zufolge langweilig sein und Langeweile produzieren; es werde »notwendig eine große Leere empfinden, die sich als unendliche, nie gründlich zu behebende und immerwiederkehrende Langeweile offenbart; es muß Langeweile so haben, wie machen.«[306]

Fichte erkor genau wie Weber Langeweile zur »maladie de l'idéalité«,[307] zum Zeichen des Idealverlustes. Um nie ohne Ideal dazustehen, beschwor auch Adam Weishaupt seine Leser in eindringlichen Worten, gerade in Krisenzeiten niemals den Glauben an den Fortschritt zu verlieren, da nur die Hoffnung auf die Zukunft mit der Gegenwart versöhnen könne.[308] Weishaupt, den die »allgemeine rastlose Welttätigkeit« in den Umbrüchen der napoleonischen Zeit beunruhigte, warnte vor der Beurteilung des Lebens als zufällig, leer und zwecklos und bestand darauf, den Glauben an die Zukunft tief zu verwurzeln, weil jeder

---

303 Steiner, In Bluebeard's Castle, S. 21.
304 Ebd., S. 20.
305 Fichte, Reden, S. 264f.; Jeismann, Das Vaterland der Feinde, S. 62. Zur Codierung im Genus des Männlichen vgl. ebd., S. 66; Mosse, Nationalism and Sexuality; Details aus den Befreiungskriegen bei Hagemann, Nation.
306 Fichte, Die Grundzüge, S. 78.
307 S. a. Huguet, L'ennui, S. 121.
308 Weber, Das Cultur-Leben, S. 311; s. a. Fichte, Grundzüge, S. 76f.; Weishaupt, Leuchte des Diogenes, S. 214, 243.

Mensch glücklich sein wolle und die Vorstellung eines zwecklosen Lebens mit Glück unvereinbar sei.[309] Hier ging es weniger um das Ideal einer partizipatorischen Bürgergesellschaft als um die Hoffnung, daß der Fortschrittsbegriff für männliche Bürger unter allen Umständen sinnstiftend wirken sollte. Literatur war seit der Aufklärung ein zentrales Medium des Nachdenkens der Gebildeten über Identität,[310] und in der Folgezeit schaffte Langeweile bruchlos den Sprung von einer Schriftstellergeneration zur nächsten, wobei sie diametral Verschiedenes signalisieren konnte. Die Romantiker artikulierten die Kluft zwischen Individuum und Welt, mit Langeweile als individualistischer und zugleich epochentypischer Aussage[311] über das »Ungenügen an der Normalität« (Lothar Pikulik). Das *Junge Deutschland* dagegen kritisierte umgekehrt die Kluft zwischen Welt und Individuum, das Problem von politischer Windstille und sozialer Stagnation.[312] Daß der Erwartungsüberschuß der Befreiungskriege in die bleierne Ruhe der Reaktion umschlagen würde, konnten viele zunächst schwer glauben, zumindest schrieb der Maler Gerhard von Kügelgen in diesem Sinne an seinen Bruder im Januar 1815.[313] Ursula Hofstaetter hat gezeigt, wie im Vormärz der Begriff Langeweile dann zu einem Deckmantel politischer Kritik wurde, der die Zensur unterlief. Progressive Schriftsteller wie Georg Büchner und Heinrich Heine, Theodor Mundt und Karl Gutzkow kritisierten die weiterhin in ständischen Traditionen und politischer Zensur verharrende deutsche Gesellschaft als langweilig. Auch der Literaturhistoriker und Vormärzliberale Johannes Scherr bezeichnete die zwanziger und dreißiger Jahre als atmosphärisch geprägt von Langeweile, und er machte diese Langeweile in seiner Literaturgeschichte von 1844 zum Thema.[314] Scherr bezeichnete Politik, Gesellschaft und Literatur als gleichermaßen öde Bereiche in der langweiligen Restaurationsperiode. Die geknebelte Politik lasse auch alle interessanten Gespräche in der Geselligkeit ersterben, so daß umgekehrt die Kritik an einer langweiligen Geselligkeit auch eine restaurative Politik implizieren konnte. Er pries Heine als den »Messias«, der der Schlange der Langeweile den Kopf zertreten habe und für die Vormärzliberalen eine neue Ära der Unterhaltung anbrechen ließ,[315] die zugleich politisches Engagement war.

309 Weishaupt, Leuchte des Diogenes, Zitat S. 5, S. 243f.
310 Nipperdey, Wie das Bürgertum die Moderne fand, S. 24; Epple, Empfindsame Geschichtsschreibung.
311 Der katholische Philosoph Franz von Baader nannte sie den »Hunger der inneren Lebenskraft«, Novalis »Hunger« oder »asthenischen Mangel«; Schwarz, Langeweile, S. 11, interpretierte sie als Zeichen von Ziellosigkeit und mangelnder Anpassung an eine sich verändernde Welt.
312 Hofstaetter, Langeweile bei Heine, S. 13f., 21.
313 Kügelgen, Ein Lebensbild in Briefen, S. 212.
314 Scherr, Poeten der Jetztzeit, S. 101-104; Hofstaetter, Langeweile bei Heine, S. 17. Der Kultur- und Literaturhistoriker Scherr war vor der Revolution Führer der demokratischen Partei in Süddeutschland, mußte 1849 wegen seiner großdeutschen Einstellung in die Schweiz fliehen und wurde 1860 in Zürich Professor.
315 Scherr, Poeten der Jetztzeit, S. 101. S. a. Kap. V.

Auch Georg Büchner prangerte 1836 in *Leonce und Lena*, einem »Lustspiel der Langeweile«, die Lähmung und das Lähmende des Ancien Regime im Vormärz an, das nicht mehr lebendig, aber auch nicht bereit war, zu sterben, in Gestalt von Adligen, die sinnlose Tätigkeiten verrichteten im Bewußtsein der unerbittlich verrinnenden Zeit. Bei Büchner erlösten Liebe und Leidenschaft aus der Zeit – die Liebe zu Lena ließ Leonce alle Uhren zerschlagen und alle Kalender vernichten.[316] Büchner hoffte ebenso wie Heine auf eine radikale Umgestaltung der Gesellschaft aus dem Volk heraus, um die »abgelebte moderne Gesellschaft zum Teufel gehn« zu lassen. Er schrieb an Gutzkow: »Zu was soll ein Ding wie diese zwischen Himmel und Erde herumlaufen? Das ganze Leben derselben besteht nur in Versuchen, sich die entsetzliche Langeweile zu vertreiben. Sie mag aussterben, das ist das einzig Neue, was sie noch erleben kann.«[317] Emma Siegmund, die Verlobte des Lyrikers Georg Herwegh, schrieb diesem im Januar 1843: »Alle braven Männer sollten auswandern und der König zuletzt mit seinen Schranzen und seiner Bureakratie allein auf dem Thron bleiben. Was das *Wort* nicht bewirkt, würde die *Langeweile* nachher fördern, ich glaube, das Pack käme nach.«[318]

Eine weitere Diskurslinie schließlich griff die in der Langeweiledebatte angesprochenen Ängste bezüglich einer zu rigiden Ordnung auf und wandte sie auf die Gesellschaftsstruktur an. Sie führte Langeweile auf die sich verfestigende Trennung von Familie und Arbeit zurück, d. h. auf einen der zentralen Ausdifferenzierungsprozesse der bürgerlichen Gesellschaft. Baudelaire, einer der berühmtesten Poeten des Ennui im 19. Jahrhundert, interpretierte Langeweile als Resultat und Zeichen zu scharf getrennter und zu rigide konzeptualisierter Sphären.[319] Politisch wirksamer lenkten die französischen Frühsozialisten den Blick auf die möglichen psychischen Folgen der modernen Arbeitsteilung, wenn sie qua Definition und nicht nach Neigung oder Interesse Arbeiten zuwies. Charles Fourier suchte in seiner *Theorie der vier Bewegungen und der allgemeinen Bestimmungen* die Ausdifferenzierung der Lebensbereiche durch eine Vergesellschaftung in Form von sogenannten Phalanstères aufzufangen, in denen die jeweilige Arbeit den Leidenschaften der Menschen angepaßt sei. Ihm ging es nicht um Zustimmung oder Ablehnung von Arbeit, sondern darum, die durch die Arbeitsteilung hervorgerufene Entfremdung aufzuheben, indem er aus der Not des aufkommenden Spezialistentums die Tugend von täglich

---

316 Mosler, Georg Büchners »Leonce und Lena«.
317 Büchner, Werke und Briefe, S. 191; zu Heine s. Hofstaetter, Langeweile bei Heine, S. 52, 58, 126. Behrens, Die Langeweile als »Antrieb der Kultur«, S. 468, rühmte Heines »absolute Entschlossenheit zum Wirklichen« und sein aktives literarisch-politisches Handeln als »beispielhafte Überwindung der absoluten Langeweile«.
318 Frauen im Aufbruch, S. 243 (kursiv im Original).
319 Lyotard, Beantwortung der Frage: was ist postmodern? S. 34; Goodstein, Experience without Qualities (MS), S. 216ff.

und stündlich wechselnden Arbeitsvorgängen machte.[320] Indem er Arbeit nicht einfach nur besser verteilen und organisieren wollte, sondern eine der individuellen Veranlagung entsprechende Arbeitsteilung entwarf, in der die Tätigkeiten regelmäßig wechselten, entwickelte er die aufklärerische Theorie über den Zusammenhang von Interesse, Arbeit und Langeweile weiter. Langeweile als Entfremdungserfahrung hing damit zusammen, daß sowohl dieser Differenzierungsprozeß als auch die Option zwischen den Bereichen als unausweichlich dargestellt wurden, eine immer schon getroffene Entscheidung entlang sozialer und Geschlechtergrenzen.

Fourier kritisierte jedoch nicht nur die bürgerliche Arbeitsteilung als Ursache von Entfremdung, sondern verortete, ähnlich wie Kierkegaard, Langeweile auch in der eindimensionalen bürgerlichen Ehe. Er registrierte eine »furchtbare Eintönigkeit in der herkömmlichen Ehe«, unter der die Frau aufgrund der gegebenen Arbeitsteilung noch stärker leide.[321] Die undurchlässigen Institutionen der bürgerlichen Gesellschaft zerstörten in seinen Augen spontane Freude: »Könnte es [das menschliche Geschlecht, MK] etwas Tauglicheres ersinnen, als den isolierten Haushalt und die unauflösliche Ehe, um Liebesbeziehungen und Genuß mit Langeweile, Käuflichkeit und Treulosigkeit zu belasten?«[322] Die mit dieser Arbeitsteilung und Familienform verknüpfte lineare Zukunftsorientierung kontrastierte er mit der erfüllten Leidenschaft des Augenblicks, wie sie in Schlegels *Lucinde* inszeniert wurde, dem paradigmatischen Programm romantischer Liebe. Fourier plädierte dafür, die Freuden des Tages nicht den zukünftigen Freuden zu opfern, sondern den Augenblick zu genießen und gerade deshalb weder eine Ehe noch andere Bindungen einzugehen, wenn sie nicht leidenschaftlich gewünscht würden.[323] Gegen drohende gesellschaftliche und sexuelle Leere empfahl er Ehepausen.[324] Fourier stand jedoch nicht allein mit der Radikalität, mit der er den Menschen als Gefühlswesen in den Mittelpunkt seiner Überlegungen rückte.[325] Er erneuerte im

---

320 Asholt, Fähnders (Hg.), Arbeit, S. 12.
321 Fourier, Theorie der vier Bewegungen, S. 165f., 175.
322 Ebd., S. 166f.
323 Ebd., S. 379f.
324 Onfray, Philosophie der Ekstase, S. 175.
325 So Daniel, Die Liebe, S. 96. Fourier unterscheidet sich m.E. nur in der Radikalität der sozio-politischen Folgen von Schopenhauer, der den Körper und die Abhängigkeit des Menschen betonte. Allerdings sah Schopenhauer in seiner Philosophie von Not und Langeweile in der freiwilligen Weltentsagung der Fähigsten die einzige Heilung. Ähnlich ironisch-kritisch gegenüber Ehe und Berufsgeschäften wie Fourier Kierkegaard, Die Wechselwirtschaft, S. 318. Eine auf »Ewigkeit« angelegte Ehe drohe nach kurzer weltlicher Gemeinsamkeit in Zank und Streit zu enden, während der übliche Berufsweg den Menschen zu einem »Peter Jedermann« mache, einem »winzigen Zäpfchen in der Maschine des Staatsorganismus; man hört auf, selbst der Herr des Betriebs zu sein, und dann können Theorien nur wenig helfen.« Auch Ehrgeiz sei kein geeignetes Palliativ; das Gesetz, unter dem man frone, sei gleich langweilig bei

Gegenteil die Ängste der Aufklärer vor einem zu strikten Befolgen sozialer Normen, indem er die Grundstrukturen der sich entwickelnden bürgerlichen Gesellschaft in ihrer Ausschließlichkeit angriff. Gerade diese kontinuierliche Skepsis mochte dazu beigetragen haben, daß Carl Theodor Welcker in seinem einflußreichen Artikel über »Geschlechtsverhältnisse« im *Staatslexikon* von 1838 ausdrücklich die französischen Saint-Simonisten und ihre Vorstellungen von gleichen Rechten für die Geschlechter attackierte.[326]

Die aufklärerische Langeweilediskussion verdeutlichte die Ambivalenz sowohl der kulturellen Leitwerte als auch ihrer angestrebten Verinnerlichung. Der seelische Gefrierpunkt belegte, wie verzahnt die individuelle und die gesellschaftliche Ebene waren, wobei die Diätetiklehrer das Problem vornehmlich vom männlichen Individuum her diskutierten. Die einzelnen Aspekte, die unter dem Stichwort Langeweile diskutiert wurden, Zeitverständnis und Zukunftshoffnung, Fleiß und Ehrgeiz, Sensibilität und Selbstkontrolle, ergaben zusammen das Idealbild einer gebildeten, männlichen Persönlichkeit, die Kopf, Herz und Sinne harmonisch verband. Die bürgerlichen Tugenden sollten zwischen Hedonismus und Askese balancieren helfen, drohten Langeweile aber selber hervorzubringen. Denn eine zu rigide Selbstkontrolle konnte zum Selbstverlust führen und die Handlungsbereitschaft lähmen, die den Erfolg in der Gegenwart und das zukünftige Erinnertwerden sichern sollte. Der Begriff prägte jedoch auch Beschreibungen von Politik und Gesellschaft. Aus konservativer Perspektive beschwor die Langeweilewarnung den unkontrollierbaren Taumel entgrenzter Bedürfnisse, progressive Autoren und Autorinnen kritisierten dagegen eine restaurative Politik und ein Gesellschaftsverständnis als langweilig, das dem Paradigma von Wandel und Entwicklung durch zu geringe Wahlmöglichkeiten widersprach. Der Langeweilebegriff vermittelte, wie gefährdet und gefährdend die Vorstellungen von Individuum und sozialer Ordnung in der prekären Balance zwischen Interessen und Kontrolle, zwischen dem zu erhaltenden Augenblick und dem in individuellen männlichen Ehrgeiz übersetzten Zugriff auf Fortschritt und Zukunft sein konnten.

---

schneller oder langsamer Beförderung. Außerdem betonte auch er, daß Langeweile kein Gegensatz zu Arbeit sei und daher durch Arbeit nicht aufgehoben werden könne (Wechselwirtschaft, S. 309). Er bezeichnete damit Selbständigkeit in modernen Arbeitsprozessen quasi als unmöglich und warf zugleich denen, die sich dennoch nicht langweilten, einen Mangel an politischer Einsicht oder an gebildeter Raffinesse vor. Statt dessen sang er das Lob der brotlosen Künste, eines intensiv, nicht extensiv betriebenen Müßiganges. Mattenklott, Tödliche Langeweile, S. 103, spricht von »Minimal Art der Unterhaltung«. Diese Selbstbegrenzung unterschied sich vom bürgerlichen Mäßigkeitsideal, weil Kierkegaard explizit dazu aufrief, alle Hoffnung aufzugeben; solange man noch hoffe, könne man nicht künstlerisch leben, Die Wechselwirtschaft, S. 312. Zum analogen Entwurf des modernen Künstlers durch den Verzicht auf Willen und Plan bei Benjamin Constant vgl. Bürger, Verschwinden, S. 136.

326 Dazu Herzog, Intimacy and Exclusion, S. 96.

III. Der Zwang zur Gegenwart: Langeweile und Weiblichkeit

1. »Tod im Leben«: Nicht-Identität als Norm

> Arbeitsamkeit und nüzliche Thätigkeit bewahren vor bösen Gedanken. Langeweile und Müßiggang verstimmen die heitere Laune, erwekken ein gefährliches Sehnen, eine Herzens-Unruhe, und stimmen zur Empfindelei; ein Leben immerwährenden Zerstreuungen gewiedmet erzeugt unregelmässige Begierden, nährt den Trieb zur Sinnlichkeit, und tödtet das Gefühl für häusliche Freuden. Eine Frau soll ihre glüklichste Existenz in ihrem Hause, in der Besorgung ihrer Berufsgeschäfte finden; ihr Mann, ihre Kinder, ihr Gesind, und in Stunden der Erholung ein lehrreiches Buch und ein kleiner Zirkel treuer, muntrer und verständiger Freunde – das soll ihre angenehmste Gesellschaft seyn.[1]

Weder Zukunft noch dynamisches Handeln, sondern häuslicher Fleiß und Selbstbescheidung sollten Langeweile bei Frauen verhindern. Neben dem aufklärerischen Bild des ganzen Mannes, des Lebenskünstlers, der zwischen auseinanderdriftenden Lebenswelten wechseln können sollte, gab es kein ähnlich offenes Weiblichkeitsbild.[2] Als Naturrecht, Aufklärung und die Auflösung der ständischen Gesellschaft die traditionelle Legitimation der Geschlechterhierarchie untergruben und die männlich definierte Anthropologie der Zukunft sich durchsetzte, sollte ein als nicht-entwicklungsfähig entworfenes Modell von Weiblichkeit die Fortdauer der Hierarchie in einem veränderten Denkhorizont sichern und die prekäre zeitliche und seelische Balance halten helfen. Fortschritt (und damit Zukunftsorientierung) als eine Erkenntniskategorie, die nicht nur den Geschichtsverlauf, sondern auch die zeitliche Struktur des Menschen als eines sich stets überholenden Wesens bezeichnete,[3] schloß Entwicklung als Element weiblicher Identität aus. Die Identifizierung von Natur und Frau seit dem Beginn des neuzeitlichen Rationalismus[4] codierte Weiblichkeit

---

1   Über die Geziemlichkeiten, S. 51f. Das Zitat verdanke ich Ulrike Weckel.
2   So auch Trepp, Sanfte Männlichkeit, S. 240.
3   Koselleck, Fortschritt, S. 390.
4   Die Ästhetikdebatte von Schiller über Simmel bis weit in das 20. Jahrhundert setzte die Beherrschung von Natur als Bedingung für Naturgenuß und Idealisierung voraus. Derselbe Zusammenhang zwischen Beherrschung und Idealisierung prägte die moderne Konstruktion von Weiblichkeit. Das Weiblichkeitskonzept und der Begriff der Landschaft repräsentierten die verlorene Ganzheit, Klinger, Frau, S. 73f., 79. Dies., Flucht Trost Revolte. Bei beiden verdeckt die ästhetisierende Betrachtungsweise den realen Anteil an Arbeit, Produktion und Markt, und gerade deshalb tendieren

als zeitlos und unveränderlich. Waren lineare Zeit und Geschichte identisch, aber die lineare Zeit nicht die Zeit von Frauen, dann war es unmöglich, Frauen als autonome Subjekte im Verlauf der Geschichte zu akzeptieren.[5]

Auch das Reden über Langeweile diente dazu, Geschichte aus dem Konstrukt von Weiblichkeit herauszuschreiben, um Frauen aus der Geschichte ausblenden zu können. Die zahlreichen präskriptiven Texte, die die Geschlechtscharaktere als naturhaft, also als nicht-historisch konstruierten,[6] lassen sich über diese Kategorie aufschlüsseln. Es dürfte schwer sein, einen Ratgebertext über Weiblichkeit zu finden, der den »Tod im Leben« von Frauen nicht einrechnete.[7] Von der Beschreibung der inneren Leere her läßt sich auch der empfohlene Umgang mit Zeit und Gefühlen entfalten, der die Selbstwahrnehmung und Selbstverortung von Frauen prägen sollte. Wenn im Folgenden die normative Konstruktion von Weiblichkeit und die Lebensbereiche von Frauen im Mittelpunkt stehen, in denen Langeweile thematisiert wurde, dann soll nicht das landläufige Urteil erneuert werden, daß Langeweile im 19. Jahrhundert ein Problem nur von Frauen der Oberschicht gewesen sei, sondern der Blick auf die Zuschreibungsprozesse gelenkt werden, mit denen die gebildete Elite Langeweile und Weiblichkeit als Negativentwürfe zu einer männlich gefaßten Idealfigur parallelisierten oder verknüpften. Diese Texte waren jedoch weder widerspruchsfrei, auch wenn es schwer ist, in der scheinbar bleiernen Statik einer repetitiven Beschreibung die Widersprüche in der sozialen Konstruktion von Weiblichkeit zu erkennen, noch blieben sie unwidersprochen. Sie thematisierten die bedrohliche Stärke, aber auch die Berechtigung von Leidenschaften und Wünschen und verrieten die Angst, daß Frauen ihre Verortung in der bürgerlichen Gesellschaft nicht akzeptieren würden, nicht zuletzt deshalb, weil die immer wieder erneuerte Kanonisierung der Geschlechtscharaktere von steter Kritik begleitet war.

  beide zum Begriff des Schönen, wobei die traditionelle Verbindung zwischen Frau und Schönheit erst unter den Bedingungen des neuzeitlichen Denkens systematische Bedeutung erhält, als »schönes« Eigentum, Duden, Das schöne Eigentum; Klinger, Frau, S. 84. Frevert, Mann und Weib, S. 154f., interpretiert der Betonung weiblicher Schönheit nur als aristokratisches Symbol, das die Trägerin und ihren ›Besitzer‹ adelte.
5 Ermath, The Solitude of Women, S. 43; vgl. jedoch Epple, Empfindsame Geschichtsschreibung, zu den Schreibstrategien, mit denen Frauen im späten 18. und frühen 19. Jahrhundert dieses Basismodell von Weiblichkeit ablehnten und veränderten.
6 Grundlegend Hausen, Geschlechtscharaktere.
7 Vgl. Kessel, Balance, S. 243ff. Einen parallelen Zusammenhang zwischen Tod, Weiblichkeit und Ästhetik in der modernen westlichen Kultur analysiert Elisabeth Bronfen. Das beunruhigende Phänomen des Todes wird dadurch eingehegt, daß moderne Kultur den weiblichen Körper, das zweite Synonym für Störung, sterben läßt. Kunst und Kultur verorten Frauen, als Symbol für Einheit und Zeitlosigkeit, durch Geschlecht und Tod; Bronfen, Nur über ihre Leiche, u. a. S. 585. Nur: Langeweile war nicht final.

a. Langeweile der Abhängigkeit: Weiblichkeit und Bedürfnisse

Eine Frau namens Henriette protestierte 1764 Rousseau gegenüber gegen einen Mangel an intellektueller und emotionaler Anregung. Sie fühlte sich mit den ›weiblichen‹ Handarbeiten unbehaglich, da sie nur ihre Hände, aber weder ihr Herz noch ihren Kopf beschäftigten.[8] Ausdrücklich unterschied sie zwischen Langeweile und ihrem seelischen Unbehagen, um den Vorwurf des Müßigganges zu vermeiden; sie wolle »weniger der Langeweile als dem seelischen Unbehagen abhelfen«. Zum einen litt sie unter der Vereinzelung als ledige Frau; sie könne diese Arbeit, die nur die Finger beschäftige, nur lieben, wenn sie in einem geselligen Kreis sei. Zum anderen lähmte Henriette die Ziellosigkeit, zu der sie verurteilt war, und indem die Umwelt an Reiz verlor, verlor auch sie ihren Aktivitätsdrang und damit die Kraft zur Veränderung:

> Ich lebe dahin, ohne ein bestimmtes Ziel zu haben, ohne zu begreifen, erfüllt von Abscheu, Trübsinn und dem schrecklichen Gefühl der Leere meiner Tage; nichts gefällt mir, nichts rührt mich an, alles um mich her stirbt ab, und ich selbst sterbe: Um zu leben, muß man handeln, und handeln aus irgendeinem Interesse.[9]

Rousseau warf Henriette vor, selbst schuld zu sein. Als er ihre Umstände besser kennenlernte, bestätigte er zwar, daß ein einmal erreichtes Reflexionsniveau nicht mehr zu hintergehen sei. Die eigenen Probleme würden jedoch umso größer, je mehr man über sie nachdenke. Er riet ihr daher zwar, die literarische Laufbahn einzuschlagen, warnte aber davor, nach öffentlicher Anerkennung zu schielen oder die Grenzen ihres Geschlechtes zu überschreiten.[10] Henriette war ledig, und sie schrieb zu einer Zeit, in der der Schriftsteller Carl Friedrich Pokkels in seinem »anthropologischen Charaktergemälde« *Der Mann* die Verknüpfung von Genialität und Männlichkeit dadurch herstellte, daß er sie bei Frauen ausschloß.[11]

Die Pariserin gilt als eine der ersten Frauen, die das Problem weiblicher Nicht-Identität in der sich konstituierenden bürgerlichen Gesellschaft umkreisten,[12] aber sie war nicht die einzige. In deutschen Territorien schrieben zahlreiche Frauen am Geschlechterdiskurs der Aufklärung mit und beteiligten sich so am öffentlichen Räsonnement, auch wenn sie für eine Existenz im Privaten plädierten. Marianne Ehrmann z. B. war eine von ungefähr 200 Frauen,

---

8 Honegger, Ordnung, S. 19ff.; Henriette, Mein Herz verlangt, S. 17ff.; Kessel, Jeder Augenblick, S. 268f.
9 Henriette, Mein Herz verlangt, S. 19f.
10 Honegger, Ordnung, S. 24.
11 Pockels, Der Mann, Bd. 3, S. XII. Zur Trivialisierung des Schreibens von Frauen vgl. Epple, Empfindsame Geschichtsschreibung; Bürger, Leben Schreiben.
12 Honegger, Ordnung, S. 29.

die sich im späten 18. Jahrhundert in Deutschland publizistisch oder schriftstellerisch betätigten.[13] Sie nannte sich ausdrücklich »Denkerin« statt »Gelehrte«[14] und vermied so die Konnotation von Pedanterie. Ihr Weiblichkeitsbild entsprach dem polarisierten Geschlechtermodell der Spätaufklärung, indem sie in ihrer Forderung nach Wissen und Erziehung für Frauen auf einer spezifisch weiblichen Bildung beharrte.[15] Aber auch sie prophezeite Langeweile und die gefürchtete Trockenheit dann, wenn die Sphären zu strikt getrennt würden:

> Wenn zu strenge Weisheit, mehr Rauhigkeit und Schüchternheit als Tugend das andere Geschlecht zu fliehen uns eingäbe, so würde nach und nach die Lebhaftigkeit unseres Genies sich verlieren, und statt eines Genies, das zu gefallen sucht, würde man dann nicht mehr als das Trockene einer übel verstandenen Philosophie finden.[16]

Sie formulierte die Differenz als Position weiblicher Stärke, denn Männer seien auf spezifisch weibliche Fähigkeiten angewiesen, da sie oft zu wenig empfindsam seien, »zu leere Köpfe [hätten], um sich selbst ein wahres Gefühl zu schaffen, und den Gebrauch davon am rechten Ort zu bestimmen.«[17]

Wie umstritten das bürgerliche Weiblichkeitsideal noch war, verriet die Forderung, daß Frauen mit ihrem Leben zufrieden und nicht neidisch sein sollten. Ein Anonymus klagte 1783 im *Hannoverischen Magazin* über die Gefährdung von Männern, vor allem Wissenschaftlern, durch den Zwang zum vernünftigen Umgang mit der Welt. Es folgte der ebenfalls typische Hinweis, Frauen hätten Männern etwas voraus, weil sie diese Last nicht trügen. Dann kam jedoch der spitze Kommentar, diesen Vorteil doch bitte mehr zu schätzen. Nur wenn das schöne Geschlecht einsehen lerne, daß seine Bestimmung eine stete Quelle des Vergnügens und der Tätigkeit sei, würde es »die Gelehrsamkeit und den Beruf des Unsrigen weniger beneiden und in froher Ausübung seines eigenen Berufes desto glücklicher seyn und desto glücklicher machen.«[18] Zu den angeprangerten weiblichen Verhaltensweisen gehörte es, Kinder einer Amme

---

13 Zur von Frauen mitbestimmten Öffentlichkeit im 18. Jahrhundert und zu den unterschiedlichen Vorstellungen des Geschlechterverhältnisses generell Weckel, Frauenzeitschriften, speziell zu Ehrmann S. 115-142, und Epple, Empfindsame Geschichtsschreibung.
14 Dawson, »And this Shield is called – Self-reliance«, S. 161.
15 Ehrmann, Philosophie eines Weibes. Sie war geschieden, verbrachte einige Jahre an der Bühne und heiratete dann den Schriftsteller Theophil Friedrich Ehrmann, vgl. Honegger, Ordnung, S. 32ff.
16 Ehrmann, Philosophie eines Weibes, S. 28f.
17 Ehrmann, Philosophie eines Weibes, S. 20. Sie plädierte für eine von Männern angeleitete Entwicklung von Frauen, damit sie für Männer interessant blieben: »Suchen sie unsren Umgang nach ihrem Geschmack zu bilden, und sie werden nicht mehr Ursache haben, aus langer Weile bey uns einzuschlafen,« ebd. S. 67.
18 Anon., Ueber Beschäftigung und Langeweile, S. 1655.

zu überantworten, statt selbst zu stillen und zu erziehen, oder im adligen Lebensstil generell als müßige Zeitverschwenderin zu erscheinen.[19] Auch der Langeweileanonymus von 1798 polemisierte in einer Verknüpfung von Weiblichkeit und Adel als negativem Kollektivsingular gegen die Salondame am Spieltisch und gegen Kinderlosigkeit, mit der Frauen in seinen Augen »vieler Ungemachlichkeiten und Langerweile« auszuweichen versuchten.[20]

Das im aufklärerischen Reden über Langeweile thematisierte Wissen um eine mögliche Kluft zwischen Bedürfnissen und Anforderungen setzte sich für die weibliche Erziehung grundsätzlich nicht in eine kompensatorische Argumentation um, sondern in den möglichst frühzeitigen Zugriff auf die Persönlichkeit, um die Erkenntnis dieses Bruches zu verhindern. Während Melancholie oder Wahnsinn in diesem Normendiskurs gar nicht auftauchten, bildete Langeweile seit dem späten 18. Jahrhundert einen Angelpunkt der Ratgeberliteratur, und sie wurde zuerst als Sinnproblem benannt, um sie dann als Zeichen von Faulheit und schlechtem Gewissen zu delegitimieren.

Joachim Heinrich Campe und seine Kollegen formulierten das psychologische Leitprinzip für eine erfolgreiche Umwandlung von Fremd- in Selbstzwänge, und sie spalteten dieses zentrale Element des Zivilisationsprozesses mit den Kategorien von Abhängigkeit und Unabhängigkeit geschlechterspezifisch auf, nicht als naturgegebene Eigenschaft, sondern als Element sozialer Beziehung,[21] das eingeübt werden sollte. Rousseau lieferte im *Emile* die Leitlinie: bei frühzeitiger Gewöhnung an den Zwang werde es Mädchen nie schwerfallen, ihren Willen dem eines anderen unterzuordnen. Außerdem, so Rousseau in anderem Zusammenhang, langweile man sich nie in seinen Verhältnissen, wenn man keine anderen kenne.[22] Basedow und Campe, die zu den bekanntesten Pädagogen ihrer Zeit zählten, forderten, Mädchen früh an ihre Unterordnung zu gewöhnen. Basedow befahl 1770 die weibliche »Einübung in die Abhängigkeit«. Mädchen müßten von Jugend auf »das männliche Geschlecht als das zum Vorzuge der Herrschaft bestimmte« ansehen lernen, weil sie selber »fast niemals« unabhängig werden würden. »Sie ist unter der Herrschaft; folglich muß sie diese zu ertragen wissen.« Dazu gehörte, die vielen »kleinen« Dinge des Haushaltes und die vielen »kleinen« Bedürfnisse der Männer ernstzunehmen, für deren Annehmlichkeit Frauen zu sorgen hätten.[23] Campe widmete in seinem paradigmatischen *Väterlichen Rath für meine Tochter* von 1789 ein eigenes Kapitel der »Gewöhnung an Abhängigkeit«. Er versicherte, daß Mädchen, wenn sie nur frühzeitig genug auf einen eigenen Willen und damit »vornehmlich auf eigene Launen und jede Art von Widersetzlichkeit« verzichteten, ihre

---

19 Anon., Die Dame langweilt sich, S. 118-120.
20 Über die Langeweile, S. 191-201, Zitat S. 199.
21 Vgl. Handler, »Identity«, S. 36f.
22 Rousseau, Emile, S. 399f., 232.
23 Basedow, Einübung in die Abhängigkeit, S. 130f.

Abhängigkeit nicht mehr als drückend empfinden würden.[24] Liest man die Debatte um moderne Subjektivität von ihrer inneren Leerstelle her, dann verschleierten die Zeitgenossen nicht einmal ansatzweise die Asymmetrie der Macht im Geschlechterverhältnis,[25] sondern hoben sie explizit hervor.

Gerade weil Pädagogen, Schriftsteller und Ärzte weibliche Lebensentwürfe einerseits als nicht offen deklarierten, andererseits aber weiblichen Protest antizipierten, versuchten sie ungleich differenzierter als bei Männern, die Geschlechtercodices für Psyche und Körper zu vermitteln. Ihnen erschien die vielbeschworene bürgerliche Häuslichkeit gegenüber der bürgerlich-adligen Salongeselligkeit um 1800 durchaus als hausbacken und unattraktiv, und Dr. Karl Ludwig Renner warnte 1822, daß nur der definitive Verzicht »auf die geräuschvolle Welt« das Gefühl einer »peinlichen Leere« bei Frauen verhindere.[26] Auch Christian Friedrich Wilhelm Jacobs fürchtete 1812, daß die Teilnahme an zu viel geselligen Vergnügen ein »drückendes Gefühl des leeren Daseyns« provozieren könne.[27] Campe beschrieb den häuslichen Bereich als kahl, einförmig und öde und sah wohl, daß Frauen darunter leiden könnten. Entsprechend evozierte er die klassische Vorstellung des Leidens als weibliche Aufgabe; eine Frau müsse die »kleinen Verdrießlichkeiten« des Haushalts ertragen oder dürfe sie gar nicht erst aufkommen lassen, während solche Zumutungen ihn, wie er zugab, mürrisch machen und ihm den Genuß der Familienfreuden verderben würden.[28] »Sie fühlt Bedürfnisse, und weiß nicht, welche«, umriß der Pädagoge die unbestimmte Sehnsucht,[29] die schwer zu kontrollieren war und den sozialen Weiblichkeitsentwurf von innen zu sprengen drohte.

Es spricht jedoch auch für ein relativ gefestigtes Machtgefühl, daß sie sich nicht scheuten, den funktionalen Charakter des angemahnten Triebverzichtes bei Frauen zu schildern. Renner schrieb, daß die weibliche Erziehung keine Bedürfnisse entstehen lassen solle, die, eben weil sie unbefriedigt bleiben würden, die Zufriedenheit zerstören könnten.[30] Der geistliche Rat und Lehrer Jakob Glatz (1776-1831) sekundierte in seiner 1808 erschienenen Verhaltenslehre für Frauen, daß nur das leidenschaftslose Mädchen die Unzufriedenheit abwehren könne,[31] während der Langeweilediskurs idealtypisch die Balance der Gefühle gefordert hatte. Andere waren vorsichtiger. Georg Friedrich Niemeyer

24 Campe, Väterlicher Rath, S. 247ff.
25 Thomas Kühne sieht eine Verschleierung, Männergeschichte als Geschlechtergeschichte, in: Ders. (Hg.), Männergeschichte, S. 7-30, hier S. 13.
26 Renner, Wie soll sich eine Jungfrau würdig bilden? S. 58f., 76.
27 Jacobs, Rosaliens Nachlaß nebst einem Anhange, S. 9f.
28 Campe, Väterlicher Rath, S. 137-141.
29 Ebd., S. 337.
30 Renner, Wie soll sich eine Jungfrau würdig bilden, S. 115.
31 Glatz, Rosaliens Vermächtniß an ihre Tochter Amanda, S. 59, 263f. Glatz war laut DBA ein vielgelesener pädagogischer Schriftsteller und zwischen 1797 und 1803 Gehilfe des Pädagogen Christian Gotthilf Salzmann, der am Philanthropinum in Dessau und in der Volksaufklärung arbeitete.

hielt Freude auch bei Frauen »ohne Beschäftigung der Seele« für nicht denkbar.[32] Da er den Haushalt ebenfalls »öde« fand, mahnte er statt dessen, »kleine Unruhen der Seele zu dulden«, um den Tätigkeitsantrieb nicht zu zerstören.[33] Letztlich verhinderte aber auch aus dieser Perspektive nur die radikale Gleichsetzung von Pflicht und Freude, daß die reale Abhängigkeit und das immer wieder vermittelte Bewußtsein des geringeren sozialen Wertes der sogenannten weiblichen Tätigkeiten die Lebensgeister lähmte.[34] In dieser Argumentation verengte sich der klassische Dreischritt in der Arbeitstheorie von Bedürfnissen über Arbeit zur Bedürfnisbefriedigung zur Gleichsetzung von Bedürfnissen mit der gesellschaftlich zugewiesenen Arbeit als Bedürfnisbefriedigung.

Bürgerliche Haushalte verloren erst im Laufe des Jahrhunderts umfassend ihre produktiven Funktionen. Um so entscheidender ist, daß die Texte über Geschlechteridentitäten bereits in der Etablierung der modernen Bewegungsmetaphorik Hausarbeit nicht nur als repetitiv, einförmig und langweilig, sondern auch als kleinlich und nichtig charakterisierten. Während Arbeit zum Maßstab von Identität wurde, verlor Hausarbeit ihren Status, und Anerkennung als zufriedenheitsstiftende Kategorie fiel fort. Auf das Selbstwertgefühl von Frauen abzielend, den geringeren Wert zu internalisieren, schien der Triebverzicht im weitesten Sinne zur einzigen Möglichkeit zu werden, den weiblichen Lebensentwurf ohne emotionalen Verlust zu ertragen.[35] Sicher honorierten einzelne männliche Familienangehörige im Alltag die repetitive und oft anstrengende Arbeit, während Frauen selbstbewußt darauf verwiesen und sie keineswegs als Schattenarbeit einstuften, sondern daraus ihren Anspruch zur Mitgestaltung der Gesellschaft ableiteten.[36] Das hob jedoch die grundsätzliche Brechung der Status- und Wertzuweisung nicht auf.

b. Langeweile der Zeit: Geschichte und Glauben

Die Bezeichnung Moderne meint nicht nur ein Bündel soziopolitischer Phänomene wie Kapitalismus, Bürokratie und technologisch-wissenschaftliche Entwicklung, sondern auch eine spezifische Wahrnehmung und Erfahrung von Temporalität und Historizität.[37] Die Diätetiklehrer hatten das Gefühl eines zerbrochenen Zeitverlaufes und einer verschlossenen Zukunft mit Langeweile gekoppelt. Empfindungs- und Reflexionsnormen für Frauen zerbrachen in sich

---

32 Niemeyer, Vermächtniß, S. 13-16. Zu dieser Schrift, die zwischen 1796 und 1834 in sechs Auflagen erschien, lieferte Knigge ein Vorwort. Laut DBA war Niemeyer zunächst Einvernehmer beim Zollwesen in Verden, dann Privatgelehrter.
33 Ebd., S. 96, 131ff., 326.
34 Campe, Väterlicher Rath, S. 248f.
35 Duden, Das schöne Eigentum; Bock, Duden, Arbeit aus Liebe.
36 Allen, Feminism and Motherhood; Trepp, Sanfte Männlichkeit, S. 261f.
37 Felski, Gender of Modernity, S. 9.

bereits die Zeit. Während die Aufklärer Männlichkeit mit linearer Zeitorientierung und historischer Zukunft verknüpften,[38] suchten sie weibliche Identität, bestimmt durch Wiederholung oder Warten,[39] durch den Bezug auf die Gegenwart oder aber die jenseitige, nicht-historische Zukunft zu formieren.

Der aufklärerische Diskurs über Langeweile unterschied sorgfältig zwischen verschiedenen sozialen Situationen, mit Blick auf individuelle Fähigkeiten und hierarchische Strukturen, auf Arbeit und Zeit sowie deren jeweilige subjektive Wahrnehmung, um Langeweile zu erklären, zu rechtfertigen oder zu kritisieren. Die an Frauen gerichteten Texte versuchten ebenfalls nicht, Langeweile zu leugnen. Sie unterdrückten jedoch die Warnung Hufelands und De Gerandos vor einem Sinn, der nur noch über Ordnung gestiftet würde. Niemeyer fand, daß Frauen die ihnen zugewiesenen Pflichten »der Ordnung wegen« gerne übernehmen sollten,[40] mit Zeitökonomie und Fleiß als Sinnersatz,[41] eine Mahnung, die den moralisch rigorosen Tugendkult vieler Frauen im 19. Jahrhundert[42] erklären kann. Die Literatur seit dem späten 18. Jahrhundert ist durchzogen vom Zeitmotiv, von der Angst, daß in der vorbeisausenden Zeit jedes Erlebnis zum bloßen Punkt einer Abfolge werde und die Möglichkeit für ein zeitloses, schieres Glücksgefühl verloren gehe.[43] Hier aber verschwand die Gefahr einer überplanten Zeit[44] hinter der grundsätzlich differenten Definition von Zeit als Bezugspunkt von Identität.

Das bedeutete nicht, Frauen kein lineares Zeitverständnis zu vermitteln.[45] Im Gegenteil: Alle Autoren lenkten die Aufmerksamkeit auf die lineare und rasend schnell verfließende Zeit und damit auf die Verpflichtung, sie zu nutzen. Auch hier ging es einerseits um die minutengenaue Strukturierung des Tagesablaufes, andererseits um den Blick auf die eigene Biographie. Mit Blick auf tägliche Zeitstrukturen identifizierten die Ratgeber Langeweile mit Müßiggang, ließen aber doch immer wieder erkennen, daß es letztlich um Routine und Anerkennung ging. Sie schlugen vor, die immer gleichen Aufgaben einerseits durch einen völlig durchorganisierten Tagesablauf, andererseits durch den Wechsel zwischen Hausarbeit, Geselligkeit und philanthropischer Arbeit zu

---

38 Wendorff, Zeit und Kultur, S. 368.
39 Corbin, Das »trauernde« Geschlecht, S. 71; Kern, Culture of Love, S. 11-25; Fugier, La bourgeoise; Felski, Gender of Modernity, S. 145ff.
40 Niemeyer, Vermächtniß, S. 140.
41 Häntzschel, Bildung und Kultur, S. 19.
42 Honegger, Ordnung, S. 36f.
43 Zum Wandel von der noch hoffnungsvollen Melancholie im Sturm und Drang zur resignativen Langeweile in der Romantik vgl. Beste, Bedrohliche Zeiten, S. 1f.; Mattenklott, Tödliche Langeweile, S. 102; Schwarz, Langeweile und Identität, S. 18.
44 Wendorff, Zeit und Kultur, S. 427ff., bes. S. 435.
45 Thompson, Time, betont die vormoderne Verortung von Frauen mit Blick auf Zeitorientierung.

strukturieren und so die Nerven frisch zu halten, ohne »den Druck der Langeweile«.[46]

Der präskriptive Zugriff auf jede Minute der Zeit von Oberschichtenfrauen veränderte sich zumindest bis in die 1920er Jahre nicht mehr,[47] während die tatsächlichen Zeiterfahrungen durch Wahrnehmung, Status, Kinderzahl oder die jeweils gültigen Maßstäbe für eine gute Hausfrau und Mutter immer variieren konnten.[48] Eine Tochter aus großbürgerlichem Haus mit Dienstboten hatte oft tatsächlich wenig zu tun. Julie Kaden, Tochter wohlhabender Eltern im Kaiserreich, wurde von der Köchin aus der Küche gescheucht oder tatenlos neben dem Herd stehengelassen, als ihre Familie beschloß, daß sie wenigstens kochen lernen sollte in der Zeit, in der sie auf ihre Zukunft wartete.[49] Der demonstrative Müßiggang (Thorstein Veblen) der Oberschichtengattin wurde im Laufe des Jahrhunderts zum Statussymbol des erwerbstätigen Mannes, aber es lassen sich Beispiele dafür ebenso finden wie für ausgefüllte Tagesläufe und mühsame Arbeit hinter der Fassade aufwendiger Repräsentation.[50] Mir geht es hier weniger um tatsächlich freie Zeit als darum, daß diejenigen, die Weiblichkeit mit spezifischen Zeitparametern verknüpften, anomische Erfahrungen voraussahen. Wohl überwölbten sie die innere Brechung der sozialen Leitwerte von Leistung, Erfolg und Zukunft mit der ideologischen Aufwertung und Sentimentalisierung der weiblichen Rolle. Noch stärker fällt jedoch auf, daß sie dadurch, daß sie Hausarbeit als langweilig und nichtig beschrieben, die Aufmerksamkeit prospektiver Leserinnen erst recht auf diese Kluft hinlenkten.

In biographischer Hinsicht konzentrierten sich die Ängste in erster Linie auf zwei Zeitpunkte im weiblichen Lebenslauf. Als besondere Gefahrenquelle galt zum einen das Ende der Schulausbildung, d. h. das gesellschaftlich fixierte Ende der intellektuellen Entwicklung, zum anderen die Heirat oder die Nicht-Heirat, das bereits von Henriette angesprochene Problem, daß die einzige uneingeschränkt legitime soziale Situierung eventuell nicht stattfand. Beide Ereignisse beendeten und eröffneten zugleich eine biographische Phase. Sie veränderten die bisherige Routine und boten einen Nährboden für Phantasien. Dem Wechsel aus der Schule in die Wartephase begegneten die Ratgeber mit detaillierten Tagesplänen.[51] Die Heirat dagegen war gefährlicher, zum einen, weil es jetzt nicht weitergehen sollte, bis auf Kinder, die Zukunft bedeuteten, zum anderen, weil sie mit Sexualität verknüpft war und das möglicherweise

---

46 Renner, Wie soll sich eine Jungfrau würdig bilden, S. 98. Für die Bedeutung von Zeitrastern im Leben bürgerlicher Frauen vgl. Fugier, Riten der Bürgerlichkeit.
47 Als Beispiel Renner, Wie soll sich eine Jungfrau würdig bilden, S. 98; Heintz, Honegger, Zum Strukturwandel, S. 36f.; für die Weimarer Zeit vgl. Hornung, Sie sind das Glück, S. 105-133.
48 Kessel, Verfügte Zeit, S. 10ff.
49 Kaden, Jugend in Dresden.
50 Dazu Meyer, Theater.
51 Als Beispiel: Steinau, Leitfaden, S. 99, 42-51.

auch nach der Heirat unerfüllt gebliebene emotionale und sexuelle Begehren berührte.

Überschüssige Bedürfnisse und überschüssiges Begehren bei Männern sollten auf die Zukunft gelenkt werden. Wo Zukunft dagegen geleugnet wurde, endete der Diskurs logischerweise im Modell von Weiblichkeit als Muster von Triebverzicht[52] und im Transfer von Erwartungen auf das Jenseits. Vor der Heirat betrafen die Erwartungen noch den eigenen Lebensweg. Nach der Heirat sollten Frauen ihre Zeitwahrnehmung und Zeitgefühle umpolen und spalten. Das freudige Erleben des gegenwärtigen Augenblicks sollte dem für die Zukunft agierenden Mann die Gegenwart präsent halten. Die eigene Erwartung dagegen wurde nicht auf die historische Zukunft, sondern auf die jenseitige Erlösung gelenkt.[53]

An diesem Punkt schrieben die Ratgeber Geschichte aus dem Leben von Frauen heraus. Sie sollten weder eine Vergangenheit noch eine Zukunft haben, sondern formbare Gegenwart sein. Wie Campe befürchtete jedoch auch Niemeyer, daß Frauen damit unzufrieden sein könnten.[54] Hier wiederum setzte die spezifische Bewertung von Zeiterfahrung und Emotionen an, die die Trauer über eine Zeit, die angesichts ihrer Linearität als für das eigene Leben verloren empfunden wurde, diskreditierte. Trauer über vergeudete oder verwartete Zeit galt als erneute Zeitverschwendung, eine traurig verbrachte Stunde als Verlust.[55] Ständiger Fleiß sollte Langeweile und Trauer verscheuchen. Adele Schopenhauer kommentierte diese Normen bitter-ironisch, als sie an ihrem 26. Geburtstag im Oktober 1823 – bereits ein »altes Mädchen« – notierte, sie sei »sehr ernsthaft, sehr fleißig ... und sehr betrübt gewesen«.[56]

In der Langeweile trifft das Gefühl der stillstehenden Zeit mit dem Gefühl zusammen, von der Welt abgeschnitten zu sein.[57] Henriette hatte sich genau so gefühlt, den Zusammenhang mit der häuslichen Vereinzelung betont und intellektuelles Engagement für sich gefordert. Der normative Diskurs über Weiblichkeit setzte dagegen auf den therapeutischen Charakter nicht nur von Familienarbeit und sozial-karitativem Engagement, sondern auch von Religion, um den Druck einer linearen Zeit ohne frei bestimmbare historische Zukunft aufzulösen. Niemeyer umriß den funktional-kompensatorischen Charakter von Religion für Frauen, der zur häufig konstatierten Feminisierung

---

52 Bock, Duden, Arbeit aus Liebe, S. 150.
53 Häntzschel, Bildung und Kultur, S. 64; Renner, Wie soll sich eine Jungfrau würdig bilden, S. 98, s. a. S. 234: sie solle sich nie den gegenwärtigen Augenblick durch drückende Gedanken an gestern und morgen trüben lassen. Glatz, Rosaliens Vermächtniß, S. 167.
54 Niemeyer, Vermächtniß, S. 151, 163.
55 Renner, Wie soll sich eine Jungfrau würdig bilden, S. 207ff., 234; Glatz, Rosaliens Vermächtniß, S. 69-74; Niemeyer, Vermächtniß, S. 163; Burow, Herzensworte, S. 26f.; Polko, Pilgerfahrt, S. 151.
56 Schopenhauer, Tagebuch, S. 14.
57 Hartocollis, Time and affect, S. 392.

der Religion im 19. Jahrhundert beitrug.⁵⁸ Der Gedanke, »daß alle die Opfer und Gefahren und Mühseligkeiten bloß im schnellverrauschenden Leben gelten sollten,« verbreite Traurigkeit und Schrecken. Niemeyer riet daher, in den für die Zufriedenheit unumgänglichen Momenten des Nichtstuns über die Kürze des Lebens zu reflektieren und so das Bewußtsein für den Wert jeder einzelnen Stunde zu erhalten.⁵⁹

Die Erzählerin, Dramaturgin und Übersetzerin Karoline von Woltmann (1787-1847) schrieb 1826, daß Frauen nur in der Religiosität die Perspektive der Unendlichkeit erlangen könnten, die jeder Mensch suche. Männer dagegen fänden sie durch den Wechsel zwischen Arbeit und Vergnügen.⁶⁰ Tugendhafte Formeln beschworen zunächst die Kraft schöner Erinnerungen, die »manche trübe Stunde« aufheitern könnten, wie Elise Köhler aus Weimar 1846 in ihrem Stammbuch nachlesen konnte.⁶¹ Wenn die Erinnerung nicht half und die Gegenwart zu öde war, galt traditionelle Frömmigkeit als letzte Lebenshilfe, um den »unerträglichen« Gedanken zu verscheuchen, daß selbstlose Opfer überhaupt nicht kompensiert würden.⁶² Im Jahrhundert der männlichen Auswanderung aus den (vor allem protestantischen) Kirchen⁶³ trafen sich Katholiken mit Protestanten, indem sie Frauen als Trägerinnen von Religion apostrophierten⁶⁴ und ihre Funktion als Retterinnen in der modernen Welt religiös-metaphysisch überhöhten. Weiblichkeit und traditionelle Religion im Sinne von ergebener Jenseitserwartung wurden aufeinander zugeordnet, als zwei nicht-evolutionäre, ahistorische Kategorien.

Diese Auffassung von Religion verwies Frauen auf sogenannte Ideale statt Interessen. Religion und Jenseitserwartung galten als Ideal, weltliche Hoffnungen und Lebensentwürfe dagegen als Partikularinteressen, die sich als Illusionen erweisen würden. Diese Normen veränderten sich nicht im Laufe des Jahrhunderts,⁶⁵ und die Feminisierung der Religion zeigt, daß sich die Wendung ›Erlösung statt Erfolg‹ als eine Möglichkeit der Sinnstiftung durchsetzte. Aber diese Feminisierung wirkte sich ganz unterschiedlich aus, und sie schrieb Frauen keineswegs nur im privaten Bereich und in der Fixierung auf Gegenwart fest. In den freisinnigen Gruppierungen wie im Deutschkatholizismus

---

58 Zuerst für die USA Douglas, Feminization; Paletschek, Frauen und Dissens; für den Katholizismus Blackbourn, Marpingen, S. 46f., 401.
59 Niemeyer, Vermächtniß, 163.
60 Woltmann, Ueber Natur, S. 299f.
61 Henning (Hg.), Blätter der Erinnerung, S. 230.
62 Glatz, Rosaliens Vermächtniß, S. 167.
63 Nipperdey, Arbeitswelt und Bürgergeist, S. 507ff.
64 Mooser, Katholische Volksreligion, S. 155.
65 Der *Kölnischen Volkszeitung* von 1904 zufolge bewahrte nur der Glaube an eine sittliche Lebensaufgabe, die göttliche Vorsehung und ein besseres Jenseits die für weltliche Täuschungen anfälligen Frauen davor, daß ihnen das Leben öde und leer, trost- und zwecklos erscheine, vgl. Sieger (Hg.), Aus der Frauenwelt, S. 29f.

verband sich die Kritik an traditioneller Religiosität im Vormärz mit einer Distanzierung von der weiblichen Rollennorm und z. T. mit basisdemokratischen Tendenzen.[66] Außerdem definierten Frauen, die sich karitativ engagierten, die Öffentlichkeit in häuslich-familialen Kategorien und dehnten so ihren Wirkungsanspruch und Wirkungsbereich aus.[67] Gegen Ende des Jahrhunderts schließlich kritisierte die österreichische Feministin Rosa Mayreder Religion als Seelendiät für die weibliche Psyche.[68] Auch die Sozialistin Lily Braun und die Schriftstellerin Gabriele Reuter stellten einen Zusammenhang her zwischen ihrem Glaubensverlust und dem Verlust ihrer Illusionen über die Chancen von Frauen in der bürgerlichen Gesellschaft. Beide prangerten die soziale Konstruktion von Langeweile im Leben von Frauen an und kritisierten Fleiß, Erinnerung und Gebet als Kompensationsmechanismen. Lily Braun realisierte durch ihre Glaubenszweifel noch viel schärfer ihre Einbindung in einen rigoros die Zeit ausfüllenden, sie aber nicht erfüllenden Tagesablauf:

> Es blieb leer in mir, viel leerer als zu der Zeit, wo der alte strenge Gott der orthodoxen Kirche sich noch nicht in einen so milden, hinter fernen Nebeln verschwindenden väterlichen Greis verwandelt hatte. In kalte Schauer des Entsetzens hüllte mich diese trostlose Öde, je mehr ich mich unter den rastlos formenden Händen der Tante der Idealgestalt, die ihr vorschwebte, näherte. Nie ließ sie mir Zeit für mich selbst; mein Tag war, was das Arbeitspensum und die Art der Erholung betrifft, so genau eingeteilt, daß mir für meine persönlichen Neigungen kein Platz übrig blieb.[69]

Auch Gabriele Reuters Glaubensverlust lenkte sie auf die »stumme Tragik des Alltags« der Frauen, die zunächst nur auf Ehe und Mutterschaft gepolt würden, um möglicherweise ledig und verfemt zu bleiben im »etwas farblosen, engen, aber ehrenfesten Bürgertum« Deutschlands. Träumte sie als Jugendliche viel während der Hausarbeit, fürchtete sie sich dann vor ihrer leeren Zukunft und der »Öde« in ihrer Seele.[70] Beide machten Langeweile zum Thema, aber indem sie sie schreibend bewältigten, griffen sie auch auf ihr eigenes Leben in den säkular-linearen Kategorien von Zukunft und Vergangenheit zu.

---

66 Vgl. Paletschek, Frauen und Dissens.
67 Prelinger, Charity, S. 49; s. a. die Beiträge in Lipp (Hg.), Schimpfende Weiber.
68 Bubenicek (Hg.), Rosa Mayreder, S. 105.
69 Braun, Memoiren: Lehrjahre, S. 143, s. a. S. 297.
70 Reuter, Vom Kind zum Menschen, S. 433, 351.

c. Langeweile als Schuld: Pflicht, Begehren, Gewissen

Systematisch läßt sich das Reden über weibliche Identität im 19. Jahrhundert im Grunde über immer dieselben Kategorien aufschlüsseln, auch wenn im Laufe des Jahrhunderts ausführlichere Kapitel über Erwerbsarbeit, Bildung und Freizeit auftauchten. Entscheidend ist, daß das Problem der möglicherweise nichterfüllten Hoffnungen und Leidenschaften nie verdrängt werden konnte, wohl auch aufgrund des nicht abreißenden Protestes von Frauen, auch wenn dieser eher in Schüben artikuliert wurde, in der Aufklärung, in Vormärz und Revolution sowie seit der Neuformierung der Frauenbewegung in den 1860er Jahren. An der Interpretation von Langeweile als fehlgelenktem Begehren und als Zeichen von schlechtem Gewissen läßt sich jedoch ablesen, daß sich der normative Diskurs im Laufe des Jahrhunderts verschärfte, parallel zur intensiveren Diskussion der sogenannten Frauenfrage. Autoren wie Campe hatten sich um den Erfolg der Verinnerlichungsprozesse angesichts einer noch nicht umfassend verankerten bürgerlichen Kultur gesorgt, um die Sprengkraft der Bedürfnisse und die Legitimität von Unruhe. In dem Maße, in dem sich die Lebenswelten ausdifferenzierten und Frauen Langeweile öffentlich als sozial verursachtes Problem thematisierten, verstärkte sich die Forderung des Pflichtethos, während der Wunsch von Frauen, über das eigene Leben entscheiden zu können, auf die scharf formulierte Kritik der Selbstsucht stieß.

»Wie reizlos wäre das Leben, wie würde alle Thatkraft gelähmt, wenn der Mensch nichts mehr zu hoffen und zu fürchten hätte!«[71] Hoffnung als zentrales Spannungsmoment des Lebens, darum kreisten diese Texte genauso wie das auf Männer bezogene Reden. Die Ratgeber predigten jedoch immer entschiedener Pflichterfüllung und Arbeit als Gegenpol zu Langeweile. Unzufriedenheit sei nicht die Schuld der anderen, sondern ergebe sich aus der »Langeweile und Unzufriedenheit mit sich selbst«[72], befand die ostpreußische Erzieherin und Schriftstellerin Julie Burow (1806-1868) in den sechziger Jahren, die in über 30 Romanen und Novellen die Situation bürgerlicher Frauen behandelte.[73] Ohne freudige Pflichterfüllung würden Frauen über die Leere ihres Daseins und Langeweile klagen, »sich nach einem Etwas sehnen, daß diesem Zustand ein Ende setzt,« ohne dies Etwas benennen zu können,[74] fügte die Erzieherin, Übersetzerin und Schriftstellerin Amely Bölte (1811-1891) wenig später hinzu. Eine Frau, die sich langweile, so das Fazit, stelle sich selber ein Armutszeugnis aus.[75] »Nur immer tätig sein, nur in irgend einer Weise etwas schaffen, wo und was, ist gleichgültig«, so predigte die Berliner Schriftstellerin Elise Polko (1823-1899), die mehrere Verhaltenslehren für Frauen verfaßte, in den achtziger Jahren ein

---

71 Milde, Deutsche Jungfrauen, S. 58.
72 Burow, Herzensworte, S. 27, 212; Burow, Glück, S. 87f.
73 Brinker-Gabler, Lexikon, S. 50f.; Niethammer, »Wir sind von der Natur«, S. 265ff.
74 Bölte, Neues Frauen-Brevier, S. 27f.
75 Steinau, Leitfaden, S. 97-99.

selbstreferentielles Arbeitsethos[76] gegen müßiges Grübeln. Dehne sich die Zeit beim Nähen, so daß die Gedanken gefährlich wanderten, sollte man schnell etwas anderes machen.[77] Selbst in diesen hermetischen Texten fällt jedoch auf, daß z. B. Burow in durchaus ambivalenter Form die Arbeit als »Wunderbalsam« für den zerstörten Traum beschrieb, dessen die Fleißigen nicht einmal bedürften.[78] Damit sprach sie den zerstörten Traum ebenso an, wie sie vorher ausdrücklich die Anziehungskraft der modernen Subjektivierungskonzepte auch für Frauen notierte, die den Blick auf das eigene Ich lenkten: »Du selbst! Das große Wort, das des Menschen Freiheit bezeichnet, ist auch zu uns gesprochen.« Dann allerdings folgte die Lese- und Verhaltensanweisung, daß ein weibliches »leeres Herz« nur nichterfüllte Pflichten verrate.[79]

Der Rat, die kostbare Zeit nicht durch »überflüssige« Zerstreuungen zu »zersplittern«, sondern so zu arbeiten, daß niemand über »lange Weile und üble Laune« zu klagen hätte,[80] war geläufig. Wie in Frankreich und England galt die Devise, daß Mädchen auf keinen Fall herumsitzen sollten, ohne etwas zu tun.[81] Mögliche andere Ursachen für Langeweile wurden ausgeblendet, wenn es hieß, daß Frauen »aus Mangel an nützlicher Arbeit in dumpfes Hinbrüten, in Kummer ohne Grund, in Sehnsucht ohne Ziel, in Leidenschaften ohne Erkenntnis und Achtung des Gegenstandes« verfielen, in »krankhafte« Seelenzustände, denen nur Arbeit abhelfen könne.[82] Das Pflichtgewissen füllte die historische Lücke zwischen Jetzt und Jenseits, zwischen Sehnsucht und Lebenswelt.

Campe hatte sich noch ob der möglichen Langeweile im bürgerlichen Lebensentwurf und der Attraktivität der adligen Zerstreuung gesorgt, die seiner Ansicht nach nur zum »entweilen« diente.[83] In dem Maße, in dem Frauen im Laufe des 19. Jahrhunderts heftiger gegen Langeweile und damit gegen die Fremdverfügung protestieren, verschärfte sich der Vorwurf, sie seien nur faul oder arbeitslos. Die klassische Version lieferte der Göttinger Arzt Hermann Klencke, der bürgerlichen Frauen vorwarf, ihre Zeit mit leichter Lektüre, billigem Kunstgenuß und Luxus zu vergeuden und dann über Langeweile zu klagen.[84]

---

76 Polko, Pilgerfahrt, S. 151; für das Kaiserreich vgl. Weismann, Froh erfülle Deine Pflicht.
77 Polko, Pilgerfahrt, S. 209-212.
78 Burow, Herzensworte, S. 101, 106.
79 Burow, Glück S. 87ff.; Burow, Herzensworte, S. 27; ähnlich: Bölte, Frauenbrevier; Polko, Pilgerfahrt. Zur unerfüllten Sehnsucht in Burows Leben vgl. Niethammer, »Wir sind von der Natur«, S. 277f.
80 Glatz, Rosaliens Vermächtniß, S. 74.
81 Milde, Deutsche Jungfrauen, S. 343; Fine, Die Aussteuer – Teil einer weiblichen Kultur?, S.184f.; Budde, Auf dem Weg, S. 116.
82 Burow, Glück, S. 90f.
83 Campe, Väterlicher Rath, S. 239, 335.
84 Klencke, Das Weib als Gattin, S. 768; s. a. Christ, Taschenbüchlein, S. 113; Oeynhausen, Worte mütterlicher Liebe, S. 163.

Seit der Jahrhundertmitte richtete sich Ratgeberliteratur, nun zunehmend von Frauen verfaßt, vorwiegend nur noch an Frauen. Manche Texte umrissen nicht mehr nur idealtypisch alle Stufen eines weiblichen Lebens, sondern befaßten sich mit der »Frau als Jungfrau« oder dem »Weib als Gattin«, suchten also einen immer feineren Zugriff auf die einzelnen Lebensphasen. Auch die meisten Autorinnen erkannten die weibliche Sonderanthropologie an.[85] Etliche wünschten sich die Zeit zurück, in der die viele Hausarbeit angeblich keine Zeit zum Träumen gelassen habe, und kritisierten die Frauen, die Hausarbeit als geistlos und langweilig angriffen.[86] Die Internalisierung dieser Weiblichkeitskonstruktion zeigte sich daran, daß eine Auseinandersetzung mit dem dominanten Muster fast unausweichlich zu einem Konflikt zwischen Frauen wurde. Denn beklagte sich eine Frau über Langeweile, dann schien sie nicht nur ihr eigenes Leben, sondern auch den Lebensstil der Frauen zu hinterfragen, die die traditionelle Rolle nicht in Frage stellten.

Die enge Verbindung zwischen der Kontrolle der Zeit und der Kontrolle von Sexualität prägte diese Narrative. Die Skala der Angst betraf weibliche Sexualität im engeren und Erwartungen im weiteren Sinne. Die Vorstellungen weiblicher Sexualität blieben im 19. Jahrhundert widersprüchlich. Frauen galten einerseits als völlig von ihren Trieben abhängig, eine These, die den männlichen Kontrollanspruch absicherte. Andererseits schuf die Medizin des 19. Jahrhunderts die neue These der weiblichen Leidenschaftslosigkeit, um eine Kultur zu untermauern, die Frauen den freien Ausdruck ihrer Sexualität verweigern und sie unsichtbar machen wollte.[87] Unabhängig vom Thema, ob Arbeit oder Freizeit, Phantasie oder Lektüre, die Ratgeber blieben fixiert auf eine zu kontrollierende weibliche Intellektualität und Sexualität. Beide Bedürfnisse konnten in einer verplanten und doch nicht kontrollierbaren Zeit ihren Anspruch anmelden. Pockels warnte 1806 vor dem »wollüstigen Herumtappen [von Frauen, MK] in der Bücherwelt«.[88]

Die Metaphorik der Langeweile war verzahnt mit der Metaphorik der Sexualität, über die Drehscheibe des Müßiggangs als Einfallstor für das Laster. Die Gefühlswüste der Langeweile war zunächst mit Trockenheit assoziiert, Sexualität mit Wassermetaphorik.[89] Aber der Strom der Leidenschaften drohte die Wüste jederzeit zu überfluten. Julie Burow bündelte alle Topoi der Trivialliteratur, um eine sexuell aufgeladene Langeweile zu konstruieren, die aus

---

85 Döcker, Ordnung, S. 260.
86 Polko, Pilgerfahrt, S. 67ff., 97ff.
87 Laqueur, Auf den Leib geschrieben, S. 173, 207; zur Reproduktion von Unsichtbarkeit durch die Geschichtswissenschaft vgl. Scott, The Problem of Invisibility, S. 5-29.
88 Pockels, Der Mann, Bd. 3, S. XII; zur beißenden Kritik an intellektuellen Frauen vgl. Gay, The Naked Heart.
89 Zur sexuellen Konnotation von Wassermetaphorik Corbin, Meereslust; s. a. Theweleit, Männerphantasien, Bd. 1.

Müßiggang entstehe: Faulheit sei wie ein stillstehendes Gewässer mit grün schillernder, schlangenartiger Vegetation auf der Wasseroberfläche, mit giftigen Miasmen unter der Oberfläche, die tödlich wirkten, wenn man sie zu lange einzuatmen gezwungen sei, erzeugt von abscheulichen Ungeheuern im Abgrund.[90] Der Massebegriff der politischen Theorie des 19. Jahrhunderts, der die zu kontrollierende Masse, Frauen und unterdrückte Triebe assoziierte[91] – die unteren Schichten der Gesellschaft und die unteren Ebenen der psychologischen Struktur des Individuums –, verwandte dieselbe Wassermetaphorik,[92] um die Kontrolle der Gesellschaft durch eine Elite der Gebildeten zu rechtfertigen. Im späten 19. Jahrhundert tauchten diese Bilder in der Angst vor einer Feminisierung der Öffentlichkeit durch die Konsumgesellschaft auf, in der dramatischen Beschwörung der Auflösung der Grenzen zwischen Individuen und Geschlechtern in einer flüssigen und alles überschwemmenden Masse weiblicher Konsumenten und ihres öffentlich gezeigten Begehrens.[93]

Die sexuelle Sehnsucht und die Imaginationskraft von Frauen wurden als Angstphantasie ständig reproduziert. Campe befürchtete Schlimmeres als »Uebelthun«, Niemeyer hoffte, daß Frauen sich in einsamen Minuten selbstbesinnen möchten, und Elise Polko sah den freien Lauf der Phantasie vor sich, »jener gefährlichen geistigen Beweglichkeit, die weder sich noch anderen Ruhe gönnt«.[94] Phantasie überwand jede Kontrolle von Zeit und Raum, schuf neue Erwartungen und Bedürfnisse. Die Auffassung, daß ein befriedigendes Sexualleben einen Mann glücklich und produktiv mache,[95] untermauerte das Bestreben, Energie bei Frauen in das Arbeitsethos umzuleiten. Dazu gehörte dieselbe Angst vor mechanischen Arbeiten, die auch der bürgerliche Blick auf Arbeiter verriet, die Angst vor »diesem Brüten, Sinnen und Träumen« während einer Arbeit, die keine Konzentration mehr erforderte, eine Angst, die Oberschichtmänner dazu trieb, die Bildung anderer kontrollieren zu wollen.[96]

Die Pathologisierung von Weiblichkeit in der Hysteriedebatte konnte an diese Literatur anknüpfen. Als Freud dem im Mann verkörperten Prinzip der Rationalität die Antithese des »uneingeschränkten Narzißmus« im Symbol der Mutter gegenüberstellte,[97] zeichnete er den kulturellen Entwurf der Geschlechterdichotomie nach. Eine sich langweilende Frau galt in der Ratgeberliteratur

90 Burow, Herzensworte, S. 105.
91 Blättler, Der Pöbel; König, Zivilisation und Leidenschaft; ausführlicher zum Massediskurs s.u. Kap. V.
92 Beispiele bei Graczyk, Die Masse als elementare Naturgewalt, S. 19-30, die jedoch weder die sexuellen noch die geschlechterspezifischen Konnotationen ausleuchtet.
93 Felski, Gender of Modernity, S. 73; Birken, Consuming Desire.
94 Campe, Väterlicher Rath, S. 243f.; Niemeyer, Vermächtniß, S. 149; Polko, Pilgerfahrt, S. 242. Zu Polko Brinker-Gabler, Lexikon, S. 241.
95 Hull, Sexuality; Hill, ›May the Doctor advise‹, S. 294.
96 Bausinger, Verbürgerlichung, S. 29.
97 Benjamin, Fesseln der Liebe, S. 171ff.

als selbstsüchtig und rücksichtslos, kalt und streng. Verweigere sie ihre Rolle, so verschließe sie sich deshalb mit ängstlicher Scheu, weil sie fürchte, »an sich selbst beeinträchtigt zu werden«. Die Liebe der anderen würde ihr verweigert bleiben, weil sie selber liebeleer sei, hieß es, um dann, erneut in der typischen Wassermetaphorik, Freuds allesverschlingende, narzißtische Frau vorwegzunehmen: »Sie gleicht einem Strudel, der nur alles um sich selbst herum dreht und alles in sich verschlingt.«[98] Weiblichkeit blieb in einer solchen Beschreibung reduziert auf die Alternative zwischen Selbstaufgabe oder einer zerstörerischen Form des Verhaltens.

Diese geschlechterspezifische Lesart verknüpfte sich mit der Unterscheidung zwischen legitimen und nichtlegitimen Erwartungen, die die Zukunftsorientierung seit dem 18. Jahrhundert begleitete, aber in der zweiten Hälfte des 19. Jahrhunderts unter dem Aspekt der Erzeugung nervöser Leiden noch intensiver diskutiert wurde. Die *Gartenlaube* veröffentlichte seit den 1850er Jahren Artikel über nervöse Leiden im allgemeinen und Hypochondrie im besonderen, die, so das Fazit, enttäuschte Hoffnungen, ein Gefühl vermeintlicher oder tatsächlicher Zurücksetzung oder den Kummer über einen verfehlten Lebenszweck implizierten.[99] Professor Heinrich Kisch erklärte 1887, daß männliche Hypochondrie oder Neurasthenie ernstzunehmen und nicht als Einbildung abzutun sei. Diese Unordnung impliziere enttäuschte Erwartungen, und der Verlust der inneren Heiterkeit resultiere aus einer verfehlten Berufswahl.[100] Die seelischen Leiden der sogenannten unzufriedenen Frauen dagegen, so konnte man bei Caroline Milde nachlesen, ergaben sich aus zu hohen Erwartungen und konnten nur durch die Fähigkeit behoben werden, sich unterzuordnen und den Augenblick zu genießen.[101] Bei männlichen Krankheitsbildern führten Ratgeber und Ärzte soziale Strukturen und konkrete Umstände an, die die als legitim bezeichneten Erwartungen blockierten. Die diskursive Definition von Weiblichkeit antizipierte dagegen eine Anomieerfahrung und verurteilte zugleich die ihr zugrundeliegenden Erwartungen. Im tatsächlichen Krankheitsfall bestimmte allerdings die Kombination von Klassen- und Geschlechterzugehörigkeit die Wahrnehmung von Krankheit und emotionalen Problemen. Zumindest amerikanische Ärzte reagierten verständnisvoller, wenn Oberschichtmänner und Arbeiterfrauen über Neurasthenie und Müdigkeit klagten, als wenn männliche Arbeiter und Oberschichtfrauen ihre Probleme schilderten.[102]

Schließlich fehlten auch nicht die beiden Topoi der sympathetischen Langeweile und der Balance zwischen Gleichmut und Gleichgültigkeit. Eine sich

---

98 Milde, Deutsche Jungfrauen, S. 78.
99 Schwabe, Nervöse Leiden, S. 422-424; Schwabe, Eingebildete Kranke.
100 Kisch, Hypochondrie, S. 889.
101 Milde, Deutsche Jungfrauen, S. 60.
102 Ray, Gorling, The Right to be sick, S. 251-267; zur Neurasthenie in Deutschland Radkau, Zeitalter der Nervosität.

langweilende Frau, so Campe bereits im späten 18. Jahrhundert, werde langweilig und unattraktiv und lasse die Familienzusammenkünfte zu den »langweiligsten, gezwungensten und traurigsten« Stunden des Tages verkommen.[103] Der von der Arbeit erschöpfte Mann, ein klassisches Stereotyp in den an Frauen adressierten Schriften, sollte nicht noch zu Hause über »Leerheit, Trockenheit [und] Langeweile« klagen müssen.[104] Knigge fand, daß nur die Frauen das »Interesse« eines Mannes wecken könnten, die auf den Anspruch auf Gelehrsamkeit verzichteten.[105] Der Gegensatz von dergestalt Langweilig- und Interessant-Sein prägte im Kaiserreich noch den Blick auf die Toten. Der Sohn von Marianne Immermann, die in zweiter Ehe mit Julius Wolff, dem Direktor der Bahn Berlin-Hamburg, verheiratet war, druckte in einer Sammlung ihrer Briefe einen Zeitungsnachruf mit ab, der ihren Fähigkeiten als Gastgeberin posthum höchstes Lob zollte: »Ihr erweiterter Kreis oder der stillere Familientisch, beides war gleich interessant, und kein Mensch hat sich wohl jemals bei Wolffs gelangweilt.«[106]

Eine richtig verstandene Affektkontrolle sollte bedeuten, Gefühle zu kontrollieren, aber sie immer noch zeigen zu können. Klencke kritisierte nervöse Frauen nicht nur als einseitig und eigensinnig, sondern auch als verschlossen,[107] und Verschlossenheit bedeutete eine Nicht-Lesbarkeit, die die innere Bemächtigung verweigerte. Starke Gefühle konnten die Ordnung sprengen, und angelsächsische Ratgeber peilten wie deutsche die Kontrolle von Lachen und Gelächter bis in die Gesichtsmuskeln hinein an.[108] Dazu gehörte, wie bei Renner, Frauen auf paradoxe Weise zur kontrollierten Abwechslung im Gefühlsausdruck aufzurufen: »Seyn Sie nicht immer so ernst, so feierlich, so scherzend, so tändelnd, wie es Ihnen bisweilen so gut steht.«[109] Das Abwechseln sollte automatisch, durch Gewöhnung erfolgen,[110] ohne den guten Ton zu verletzen.

So durchlässig dieser Diskurs in Bezug auf Ängste war, so hermetisch waren die narrativen Strategien, die jeden Geschlechtervergleich auszuschließen versuchten. Sorgfältig gewählte Beispiele beschrieben den Neid auf andere Frauen, nicht auf Männer, um eine grundsätzliche Nichtvergleichbarkeit zu untermauern. Wollte eine Frau liebenswert bleiben,[111] mußte sie die Spannung

---

103 Campe, Väterlicher Rath, S. 192f.
104 Renner, Wie soll sich eine Jungfrau würdig bilden, S. 190.
105 Honegger, Ordnung, S. 69.
106 Wolff, Leben und Briefe, S. 52.
107 Klencke, Gattin, S. 344f., 393.
108 Kasson, Rudeness and civility, S. 162-165; Glatz, Rosaliens Vermächtniß, S. 59, 266: »stille Heiterkeit« statt kecker, »unweiblicher« Lustigkeit; Campe, Väterlicher Rath, S. 182f.
109 Renner, Wie soll sich eine Jungfrau würdig bilden, S. 192.
110 Dazu Kasson, Rudeness and civility, S. 151-156.
111 Cockburn, The Gendering of Jobs, S. 40; Rose, Limited Livelyhoods, S. 192.

zwischen kollektiv definierter Identität und ihren eigenen Gefühlen mit sich selber ausmachen. Klencke erklärte Ehrgeiz und Neid bei Frauen ausdrücklich zu falschen und schädlichen Gefühlen, die der Triebkontrolle anheimfallen müßten.[112] Selbstverlust bedeutete aus dieser Perspektive Selbstsucht. Hufelands und Feuchterslebens Warnung vor einer zu scharf verinnerlichten Affektkontrolle wollten diese AutorInnen vergessen machen, zugunsten der von Rousseau und Campe etablierten Linie. Trivialliteratur, Publizistik und Verhaltensliteratur prophezeiten vor allem im späten 19. Jahrhundert den Frauen, die von der vorgeschriebenen Rolle abwichen, stereotyp Krankheit, Tod oder eine Langeweile, unter der sie selber am meisten leiden würden.[113] Adolf Hillert beschrieb 1837 zwei Töchter eines adligen Gutsbesitzers, die sich langweilten und prompt zwei Schmeichlern aufsaßen, die sich allerdings rechtzeitig entlarvten, so daß die Frauen unbeschadet aufs Land und in die Arme rechtschaffener und rechtmäßiger Ehemänner zurückkehrten.[114] Der Schriftsteller Hanns von Spielberg schilderte in dem Trivialroman *Gräfin Langeweile* von 1889 weit kritischer die »Selbstsucht« und folgende tödliche Langeweile einer Frau, die einen bürgerlichen Rechtsreferendar ausschlug und Titel, Geld und adlige Geselligkeit vorzog. Auch ihr adliger Gatte liebte sie rechtschaffen, ohne ihrer Langeweile abhelfen zu können.[115] Das soziale Feindbild im Titel sollte der bürgerlichen Frau ihre Verfehlung noch klarer machen. Ein Fortsetzungsroman mit dem programmatischen Titel »Schuldbewußt« in dem bürgerlichen Familienjournal *Daheim* hatte 1874 dasselbe Muster gezeichnet: Frauen, die der Sucht nach »Welt« nachgaben, statt rechtschaffene, wenn auch ziemlich trockene Rechtsreferendare zu heiraten, die dringend eine Frau für ihr bürgerliches Dasein brauchten.[116] In beiden Fällen entsprachen die geschilderten Männer zwar keineswegs dem Ideal des Lebenskünstlers. Vielmehr beschworen diese spezifischen Texte das polare Männlichkeitsbild, mit dem die weibliche Kompensationsarbeit eingefordert wurde. Ausdrücklich aber traf diese Männer keine Schuld, während die katalysatorische Wirkung einer von der Frau eingestandenen Schuld nie fehlte, die allein die »problematischen Naturen« korrigieren könne und diese dann dauerhaft glücklich werden lasse. In der Pluralisierung

112 Klencke, Das Weib als Gattin, S. 388f.; das Buch von 1872 gehörte zu den einflußreichsten und populärsten ärztlichen Ratgebern und erlebte in 17 Jahren 10 Auflagen, Frevert, Frauen-Geschichte, S. 333.
113 Müller, Töchter und Mütter, zu den traurigen Lebensumständen dergestalt ›devianter‹ Töchter.
114 Hillert, Reise in die Residenz; Grenz, Mädchenliteratur, S. 215f.
115 Spielberg, Gräfin Langeweile; die Rezension von P. v. Sz., Gräfin Langeweile, in: Daheim, 44 (1889), S. 703, preist den Schluß, in dem sie als Witwe ihre wahre Bestimmung findet und den kranken Rechtsreferendar pflegt. Ich danke Gunilla Budde für den Hinweis auf die Rezension.
116 Kurs, Schuldbewußt, S. 721-727.

der Lebenswelten im späten 19. Jahrhundert schien die Suche von Frauen nach Identität jedoch so bedrohlich, daß immer wieder erklärt werden mußte, das Vergessen des »eigenen ›Ich‹« sei »ganz besonders Frauensache«,[117] die lebenslange »fortgesetzte Überwachung des eigenen Ich ..., eine Kontrolle der Empfindungen, Lebensäußerungen und Thaten, besonders des Alltagslebens«.[118] Selbst-Lust als Selbstverlust und Selbstverlust als soziale Stigmatisierung, diese Wertungen sollten sich in Selbstwahrnehmung umsetzen. »Nichtstun führt zur Selbstverachtung,« so überführte Klencke die gebrochenen Normen der Leistungsgesellschaft in eine self-fulfilling prophecy.[119] Er lastete es wie Amely Bölte der einzelnen Person an, wenn in einer grauen Gegenwart weder Hoffnungen noch die Träume der Vergangenheit überlebten.[120] Immer wieder koppelten derartige Aussagen die moderne Zeitstruktur mit dem Umgang mit Gefühlen. Trauer über den Verlust des Selbst sollte zu Trauer über verlorene Zeit und zu einem schlechten Gewissen werden. Pflichten unlustig zu erfüllen, hieß, »selbstsüchtig in jeder Faser ihres Seins« zu sein.[121] Noch schlimmer war, den Ehemann für die eigenen Gefühle und die eigene Langeweile verantwortlich zu machen und von ihm mehr Abwechslung zu verlangen,[122] denn dies treibe ihn mit dem »Besten, was er in sich hat«, in die Einsamkeit.[123] Die stereotype Wendung von der Selbstlosigkeit bürgerlicher Mütter aus der Sicht ihrer Kinder[124] mag jenseits der Ritualisierung für die Wirkung dieses Gebotes stehen, ebenso wie die Neigung der ersten Politikerinnen, geschlechterpolitische Belange hinter vorgeblich nicht geschlechterspezifischen nationalen Fragen zurückzustellen.[125]

Die polemische Sprache untermauerte die Schärfe des Verbots, soziale Ursachen von Langeweile zu kritisieren. Emil Wallberg war noch relativ zurückhaltend, als er 1860 Männern riet, Frauen als »Geisteskranke« zu behandeln, die der Geduld bedürften, wenn sie »vom andauernden Kampfe mit dem Hausteufel der langen Weile ermattet in Gesellschaft kommen« und sich nicht einmal mehr um seinen Hemdkragen oder seine Fingernägel kümmern könnten.[126] Andere deklarierten eine depressive Stimmung spöttisch zur »Daseinslangeweile«, als im Müßiggang sinnlos verschwendete Zeit.

117 Sieger, Aus der Frauenwelt, S. 282f.
118 Reuß, Die Frau der Gegenwart, S. 102.
119 Klencke, Jungfrau, S. 277ff.
120 Bölte, Neues Frauen-Brevier, S. 50; Klencke, Gattin, S. 388-392.
121 Bölte, Frauen-Brevier, S. 65.
122 Ebd., S. 63f.
123 Bölke, Neues Frauen-Brevier, S. 24.
124 Budde, Auf dem Weg, S. 174f.
125 Dazu Schaser, Bürgerliche Frauen.
126 Emil Wallberg, Wie ein Wiener ein Gentleman wird, 12 Lektionen, Wien 1860, S. 50, zit. nach Döcker, Ordnung, S. 248.

Versuchten Frauen jedoch, produktiv zu sein, dann wurde die Sprache gewalttätig. Dann, so der Trivialautor Dagobert von Gerhardt, werde die Zeit »mit unfruchtbarem Geschreibe« nicht nur verschwendet, sondern »getötet«.[127] Die Schriftstellerin Klara Mundt beschrieb im Vormärz in ihrem Roman *Aphra Behn*, wie ein Mann seiner Frau als erstes das Schreiben verbot, weil sie die Zeit verschwende.[128] Frauen durften einen Mann oder seine Arbeit auf keinen Fall langweilig nennen, und dieses Verbot verriet bereits die Macht, die Sprache zugeschrieben wurde. Aber die Formulierung, daß sie töten würden, wenn sie auf das Wort zugriffen,[129] zeigte die gezielte sprachliche Gewalttätigkeit in einem Nullsummendenken, das zu leugnen versuchte, daß Frauen handeln könnten, mit der im Kontext hypersexualisierter Weiblichkeit depersonalisierenden Unterstellung, die reproduktiven Fähigkeiten verloren zu haben. Reproduzierten Frauen nicht auf kreatürliche Weise, dann töteten sie, ein in der Kunst um 1900 oft wiederholtes Motiv.[130]

Daß die Geschlechterdiskriminierung weniger erfolgreich als der Klassengegensatz kritisiert worden ist, lag nicht an der Artikulationsschwäche und mangelnden Organisationsfähigkeit der bürgerlichen Frauenbewegung.[131] Die Konstruktion von Weiblichkeit wollte Selbstwahrnehmungsmuster erzeugen, die einen systematischen und organisierten Protest erschwerten. Es ging um exakt dieselben Zusammenhänge zwischen Zeit und Arbeit, Gefühlen und Selbstkontrolle wie bei Männern, nur bewerteten diese Autoren und Autorinnen identische Annahmen über Leidenschaften und Anerkennung als Ursache von Freude und psychischem Gleichgewicht anders. Der permanente, demonstrative Verweis auf eine nicht frei verfügbare Zukunft suchte das Denkbare vorzuschreiben oder, noch zugespitzter, genau die Passivität und Handlungsohnmacht zu erzeugen, die Frauen dann wieder zugeschrieben wurde. Die Texte rekurrierten auf den Zusammenhang zwischen Scham und Selbstwertgefühl[132] und die schärfere Wirkung von internalisierten Verboten. Auch Vereinzelung kann ein Ergebnis von Scham sein: »Scham isoliert: Sich schämen macht einsam.«[133] Trivialliteratur, Erziehungs- und Anstandsbücher forderten, daß eine Frau, die sich langweilte, sich ihrer Selbstsucht schämen solle. Aus diesem stereotypen Opfer- und Beschämungsdiskurs soll kein genereller Opferstatus von Frauen oder mangelnde Handlungsmöglichkeiten abgeleitet werden, zumal Frauen an diesem Diskurs mitschrieben. Aufschlußreicher ist

---

127 Amyntor, Für und über die deutschen Frauen, S. 167, 202f.
128 Frauenemanzipation im Vormärz, S. 116, 248ff.
129 Zur Körperlichkeit polemischer Sprache vgl. Butler, Excitable Speech, S. 4f.
130 Zur »Ikonographie der Misogynie« um die Jahrhundertwende Dijkstra, Idols of Perversity.
131 So Kocka, Einige Ergebnisse, S. 207.
132 Generell Fink-Eitel, Philosophie der Gefühle, S. 16; Rawls, Theorie der Gerechtigkeit, S. 522ff.
133 Neckel, Status und Scham, S. 17.

vielmehr, daß die auf Frauen zielenden Texte die großen Begriffe von Individualität, Hoffnung oder Begehren nicht ausklammern konnten und sie daher in einer Weise umzudeuten versuchten, die ein gemeinsames Handeln erschweren könnte. Eine Frau, die protestierte, mußte nicht nur die Vereinzelung und den öffentlichen Sarkasmus überwinden, sondern die eigene bleierne Zeit, das Gefühl der Ohnmacht gegenüber der schleichend verfliegenden Zeit und der Geschichte, die sie nicht mitnahm.

Hier sei nur kurz darauf verwiesen, daß manche der von Frauen verfaßten Texte wie bei Burow einen doppelten Boden hatten, auch wenn die Ironie sehr versteckt war. Amely Bölte z. B. war ledig und verdiente sich ihren eigenen Lebensunterhalt. Sie arbeitete als erste England-Korrespondentin von Cottas *Morgenblatt* in den vierziger Jahren und traf dort mit Thomas Carlyle zusammen. Sie übersetzte Tiecks Romane ins Englische, kannte Gutzkow und Auerbach und veröffentlichte 1868 ein dreibändiges Werk mit dem eher für Autobiographien von Männern geläufigen Titel *Streben ist Leben*.[134] Als Ratgeberin forderte sie, das Weiblichkeitsideal zu akzeptieren, mit einem fast brutalen Hinweis auf den Verlust von Illusionen, um diese erst gar nicht aufkommen zu lassen. Direkt nach der Heirat, so Bölte, drohe »eine entsetzliche Leere, eine verzehrende Langeweile, eine Sehnsucht nach einem Etwas, das an sich namenlos ist«.[135] Fügten Frauen sich nicht bedingungslos in eine Konvenienzehe, führte das bürgerliche Ehemodell unausweichlich zur »verzehrenden Langeweile«, wenn der Ehemann emotional und sexuell enttäuschte. Böltes eigener Lebensstil mochte Häme auf sich ziehen und anstrengend sein, aber sie warf mit diesen Formulierungen auch einen Grauschleier über die Ehe und vor allem über die Sensibilität prospektiver Ehemänner.[136]

---

134 Brinker-Gabler, Lexikon, S. 36f.
135 Bölte, Frauen-Brevier, S. 62f., Zitat S. 63; s. a. Polko, Pilgerfahrt, S. 67-69; Steinau, Leitfaden, S. 97-99.
136 Auch in der Lebensgeschichte ihrer ledigen Tante, der Schriftstellerin Fanny Tarnow, protestierte sie gegen die Ausgrenzung von ledigen Frauen, vgl. Boetcher Joeres, Self-Conscious Histories, S. 181ff. Vgl. Kap. V für andere Aneignungsstrategien und Handlungsmöglichkeiten von Frauen.

2. Erwartungshorizonte und Erfahrungswelten

a. Verstrickte Zeit

Handarbeit verursachte die erste einschneidende Erfahrung von Langeweile. Solange sie zur Selbstversorgung eines Haushaltes beitrug, konnte sie das Selbstbewußtsein von Frauen stärken.[137] Die Mutter von Clara Geißmar verdächtigte im frühen 19. Jahrhundert eine junge Nachbarin sogar eines unmoralischen Lebenswandels, weil diese, Mutter von zwei kleinen Kindern und ohne Dienstmädchen, einige Strümpe einer älteren Frau gegen Entgeld zum Anstricken bringen wollte. Geißmars Mutter hielt dies für unökonomisch und unmoralisch. Sie fand, jede Frau, wie beschäftigt auch immer, habe Zeit zum Stricken, an Sonn- und Feiertagen oder wenn die Kinder schliefen.[138]

Als nicht produktive, sondern repräsentative Tätigkeit entwickelte Handarbeit sich jedoch im 19. Jahrhundert zu einem Symbol für die Immobilität und Disziplinierung, die von Frauen verlangt wurde. Henriette hatte gegen das Handarbeiten protestiert, das, als klassisch-weibliche Tätigkeit, »Kopf, Hand und Herz« fesseln sollte.[139] Langeweile konnte aus dem Gefühl zerrissener oder vergeudeter Zeit entstehen, die nicht auf ein Ziel zulief. Erneut ist wichtig, daß auf normativer Ebene die Langeweile der Handarbeit (oder der Stunden am Klavier,[140] diesem Proto-Möbel bürgerlicher Töchter) ständig angesprochen wurde, einmal mehr als Diskurs der Unausweichlichkeit, der das Leiden an der Weiblichkeit ebenso natürlich erscheinen lassen sollte wie diese Weiblichkeit selbst.

Handarbeit schrieb die Differenz der Disziplinierungs- und Selbstdisziplinierungsprozesse in derselben Generation ein. Sie verlangte täglich neue Selbstbeherrschung. Mädchen, die mit ca. 4 Jahren in der Strickschule oder zu Hause damit konfrontiert wurden, konnten ihre Erfahrung mit den größeren Freiräumen der Jungen aus der eigenen Familie oder der Nachbarschaft vergleichen.[141] Ratgeberinnen und Verfasserinnen von Selbstzeugnissen thematisierten diese Strukturierung des Lebens ausdrücklich als Achse der Benachteiligung. Auguste Teschner hielt es in ihren *Grundsätzen der Mädchenerziehung* von 1829 für normal, daß intelligente Mädchen sich bei Handarbeit langweilten. Gerade weil die Sache selbst das Interesse nicht zu wecken vermöge, Frauen sich aber zeitlebens damit beschäftigen müßten, beharrten sie und andere um so entschiedener auf dem Pflichtgewissen.[142] In der merkwürdigen Doppelerfahrung

---

137 Nützliche Anwendung der Zeit, S. 130.
138 Geißmar, Erinnerungen, S. 187.
139 Ladj-Teichman, Erziehung zur Weiblichkeit, S. 201.
140 Dazu Budde, Auf dem Weg, S. 136ff.
141 Ebd., S. 193ff., 221f.
142 Teschner, Grundsätze der Mädchenerziehung, S. 131; vgl. Ladj-Teichmann, Erziehung zur Weiblichkeit, S. 201; Polko, Pilgerfahrt, S. 209-212; Renner, Wie soll sich eine Jungfrau würdig bilden, S. 31.

der Langeweile manifestierte sich die Sehnsucht »nach draußen«, während sie ungezählte Knopflöcher verfertigte, so Zoë von Reuß; »… die Zeit … lief vorwärts, schnell, unaufhaltsam, aber doch zu langsam für meine Person, für meinen Lebensdrang.«[143] Elise Polko sinnierte, daß »manches wilde, fröhliche Mädchen« den »Schwarzen Mann« weniger gefürchtet habe als die Stricknadel.[144] Auch die Klavierstunde geriet zur »verhaßten, langweiligen« Zeit.[145] Ausdrücklich hieß es, daß vor allem die Schwester mit Geduld ertragen lernen müsse, was nicht zu ändern sei, d. h. nicht neidisch auf die größere Ungebundenheit des Bruders zu sein,[146] wenn sie ihm Socken stricken mußte. Der Pfarrer zur Jungfrau in Elbing, Heinrich Büttner, untermauerte diese weibliche Pflicht mit dem Sündenfall: Jede Eva müsse wiedergutmachen, was die Ur-Eva an Adam verschuldet habe.[147]

Handarbeit sollte auch den Körper zähmen, denn die Angst vor Sexualität saß immer im Nacken. Elise von Hohenhausen riet ihren Zöglingen 1854, in der schwierigen Balance zwischen zu lebhaften Gebärden einerseits und automatenhafter Unbeweglichkeit andererseits eine feine Arbeit in die Hände zu nehmen, um sich selber am »unanständigen« Spiel der Hände zu hindern.[148] Erwachsene Frauen dagegen sollten sich vom gefürchteten ›müßigen Grübeln‹ (der möglicherweise gedankenproduzierenden Kraft der Langeweile) mit Vorlesen ablenken oder sich darüber informieren, wie Nähnadeln hergestellt würden.[149]

Wie immer Frauen reagierten, Handarbeit blieb selten unkommentiert. Johanna Schopenhauer (1766-1838) lieferte ein Beispiel, wie sich die eigene Bewertung im Laufe des Lebens verschieben konnte. Sie ironisierte und verteidigte zugleich die Mädchenrunde bei Mamsell Ackermann, bei der sie in den frühen 1780er Jahren Tee servieren lernte und unbrauchbare Geldbeutel stickte. Als Mädchen erschien ihr das ritualisierte Zeremoniell zunächst langweilig, verdrießlich und lächerlich. Dann gewöhnte sie sich daran und genoß ihre Überlegenheit gegenüber Neuankömmlingen. In der Rückschau verteidigte sie ihre Erziehung, die für sie dasselbe bedeutete wie die Universitätsjahre für die »im Wechsel der Zeiten, im Gedränge der Welt« lebenden Männer: einen Schritt aus der Enge der Familie, ein Stück Erwachsenwerden.[150] Sie schottete sich damit auch ab gegen den Vorwurf, ihre Jugend mit nichtigen Dingen zu-

---

143 Reuß, Frau der Gegenwart, S. 75.
144 Polko, Pilgerfahrt, S. 232.
145 Reuß, Frau der Gegenwart, S. 34.
146 Milde, Deutsche Jungfrau, S. 31.
147 Büttner empfahl den »langweiligen wollenen Strickstrumpf«, das langweilige Notenabspielen oder den Vorlesedienst bei einer Tante, statt draußen zu spielen, vgl. Büttner, Die Frau nach dem Herzen Gottes, S. 25f.
148 Hohenhausen, Die Jungfrau und ihre Zukunft, S. 27, s. a. S. 60.
149 Renner, Wie soll eine Jungfrau sich würdig bilden, S. 42f.
150 Schopenhauer, Im Wechsel der Zeiten, S. 114-118.

gebracht zu haben. Auch Frauen, die die geschlechterspezifische Erziehung nicht in Frage stellten, genossen Auszeiten. Marianne Wolff beschrieb Lotte Schnaase ihre Häuslichkeit mit 10 Kindern folgendermaßen: »Einer soll Englisch, der andere Französisch lesen, ein dritter glaubt auch das Deutsch besser zu genießen, wenn er es laut von sich gibt; dazwischen kommen die Übungen auf dem Klavier, Guidos beginnende Studien, und Metas Seufzer beim Strikken.«[151] Ein Urlaub unterbrach diese quirlige Routine. Als Wolff mit einem Teil ihrer Kinder an den Strand fuhr, schrieb sie munter einer Tochter nach Hause: »Mit unserem Stricken wird es hier garnichts, wie steht es bei Euch?«[152]

Ein geselliger Kreis konnte die stereotpye Mahnung zu Fleiß und sittsamen Betragen unterlaufen. Nicht die Laus hätten sie geschafft, kicherten St. Galler Bürgertöchter nach einem besonders vergnügten Treffen ihres »Vereinli Erica« im späten 19. Jahrhundert, denn »der Mensch lebt doch nicht nur von Lismen und Häkeln, er muss doch auch *Vergnichen* haben«. Ein andermal amüsierten sie sich auch sehr, »obwohl wir zur Abwechslung einmal ordentlich schafften«.[153] Als das Dasein der Haustöchter jedoch länger andauerte, störte sie sowohl der Mangel an ernsthaften Aufgaben als auch an ernsthaftem Gesprächsstoff.

Frauen aus allen sozialen Schichten kritisierten diese Achse der Ungleichheit. Die baltische Gutstochter Sally von Kügelgen, Nichte des anhalt-bernburgischen Hofmalers Wilhelm von Kügelgen, verglich 1855 ihre eigenen Aussichten auf das Leben mit denen männlicher Verwandter wie ihrer Onkel Wilhelm und Karl Kügelgen, die nach alter Tradition auf Künstlerreise gegangen waren. Ihr war klar, daß auch eine Heirat die Abhängigkeit der Frau nicht aufhob. Deshalb erschien ihr jede Zukunft »öde und dürr«, nicht nur die der ledigen, sondern gerade auch der verheirateten Frau, weil diese ihr Leben ebenfalls nicht selbst bestimmen könne. Verwies ihre Kusine entsagend auf Religion, kommentierte sie sarkastisch die Alternative zwischen Religion und Handarbeit als Sinnstiftung, anstelle eines Künstlerlebens: »Ja, Predigten lesen und Strümpfe stopfen für die Hottentotten in Boriobulagah«.[154]

Kügelgen rief sich selbst zur Ordnung: Sie müsse auf romantische, aber aussichtslose Künstlerpläne verzichten und statt dessen ihr Glück darin finden, ihren Eltern Freude zu machen.[155] Aber sie wußte, wieviel höher diese Gesellschaft ein Leben bewertete, das als selber geschaffen galt, während einer Frau außer dem moralischen Streben nichts bleibe, was sie »erlangen oder erkämpfen« könne. Sie beschrieb die Kraft, die diese doppelte Selbstverleugnung kostete: »Wie anders, wenn man was werden könnte und einem der Himmel

---

151 Wolff, Leben und Briefe, S. 111.
152 Ebd., S. 84.
153 Linke, Sprachkultur, S. 246, 282 (kursiv im Original). Lismen = stricken (schweizerdeutsch). Blosser, Gerster, Töchter der guten Gesellschaft, S. 157f.
154 Kügelgen, Stilles Tagebuch, S. 36.
155 Ebd., S. 27, Zitat S. 20; Kessel, Balance, S. 249.

voll hoffnungsvoller Geigen hinge!«[156] Das oft eintönige Leben in der baltischen Provinz lieferte mitunter nicht einmal genug Stoff für ihr Tagebuch. War die Woche außerdem nur mit Schneidern ausgefüllt, ermüdeten nicht nur die Finger, sondern auch ihr Gemüt. Das mechanische Nähen ließ ihr genug Zeit, zu denken; nur fehlte ihr jede Anregung, so daß sie selber merkte, wie bei der einförmigen Arbeit »die Gedanken auch einförmig werden« und sich in diesem Fall fast ausschließlich um die Verlobung einer Freundin drehten.[157] Der Handarbeitszwang wirkte schichtübergreifend. Lily Braun, geb. von Kretschmann, die Tochter eines Generals, und Paula Ludwig, Tochter eines Schneidermeisters und eines ehemaligen Stubenmädchens, versuchten beide vergeblich, ihrer Mutter ihre Lektüre als richtige Arbeit darzustellen, um nicht dauernd für die Schneiderin, die Wäsche oder »langweiliges Nähteauftrennen« weggeholt zu werden[158] – eine Ursache für einen offen ausgetragenen Mutter-Tochter-Konflikt.[159] Braun geriet zum »letzten Schliff« in die Hände einer Tante, die ihren Tag strikt durchorganisierte und ihr keine Zeit für sich selbst ließ. Mitunter wurde sie bei der endlosen Handarbeit von ihren Träumen und Ideen überrannt, aber fing sie an zu schreiben, dann wurde ihre unnütze Phantasie gescholten.[160] Die Wienerin Emilie Deutelmoser hatte nach der Schule noch Französisch- und Klavierunterricht und mußte, wenn sie gegen sechs Uhr abends nach Hause kam, stricken; ansonsten erhielt sie Prügel mit dem Rohrstock.[161] Die 1833 geborene Paula von Bülow klagte über ungenügendes Lernen und langweilte sich im Salon ihrer Mutter, worauf ihr Vater sagte: »Halte das nur aus! Auch wenn Du nichts verstehst, etwas bleibt doch hängen, und Du lernst es, Dich mit Anstand zu langweilen«[162] – eine Lektion, an die sie sich als Hofdame später erinnerte.

In dem Maße, in dem die Zeit endgültig als unumkehrbar erlebt und das moderne Zeitmaß verinnerlicht wurde, konnte die Erinnerung bitterer werden. Der schleswig-holsteinischen Lehrerin und Schriftstellerin Charlotte Niese (1851-1935), die im Kaiserreich über ein Dutzend Romane sowie Dramen und Erzählungen veröffentlichte, taten diese »vergeudeten Morgenstunden von neun bis elf« später sehr leid.[163] Marie von Ebner-Eschenbach (1830-1916), geb. Gräfin Dubsky aus Mähren, eine auch von männlichen Kollegen anerkannte Schriftstellerin, fand es angeblich noch in der Rückschau unerklärlich, warum ihr das Stricklernen, gegen das sie sich lange wehrte, so sehr als Schmach und

---

156 Kügelgen, Stilles Tagebuch, S. 20, 27.
157 Ebd., S. 169.
158 Braun, Memoiren: Lehrjahre, S. 219; Ludwig, Buch des Lebens, S. 213.
159 Braun, Memoiren: Lehrjahre, S. 219f.
160 Ebd., S. 143.
161 Deutelmoser-Molnar, Wenn ich nicht strickte, S. 54.
162 Bülow, Aus verklungenen Zeiten, S. 20.
163 Niese, Von Gestern und Vorgestern, S. 94ff., Zitat S. 100; Brinker-Gabler, Lexikon, S. 229f.

Unterwerfung erschienen war.[164] Sie betete als Kind ebenfalls darum, daß die verhaßte Klavierstunde ausfallen möge, die sie genauso zu Kontrolle und Gleichmaß zwang. Erst als sie ihre sonst hart und steif wirkende Lehrerin in einem Konzert hörte und die Künstlerin in ihr entdeckte, tat ihr deren rigorose Behandlung nicht mehr weh.[165]

Gegen Ende des Jahrhunderts wurde Handarbeit zum Politikum. Etliche Mitglieder der bürgerlichen Frauenbewegung thematisierten das Strickenlernen zwischen vier und sechs Jahren als einen Einschnitt, an den sie sich deutlicher erinnerten als an den Schulanfang. Helene Lange beschrieb die eigene Kindheit als relativ frei von Erziehungseingriffen, erinnerte sich aber an die Qual, als sie als Sechsjährige für die Brüder Taschentücher säumen sollte.[166] Auch Adelheid Mommsen, zehntes von 16 Kindern des Historikers und Juristen Theodor Mommsen, betonte, daß ihre Lektüre nicht gelenkt wurde, sie aber für die Brüder zu Weihnachten Strümpfe stricken mußte.[167] Die Lehrerin Helene Adelmann, Mitstreiterin von Helene Lange und Gertrud Bäumer, erinnerte sich an die Revolution von 1848 im heimischen Baden vor allem unter dem Aspekt größerer Freiheit für die Kinder. Ihre Eltern waren so beschäftigt, daß sie sich nur halb so scharf kümmerten, und als Krönung fiel die Strickschule aus, die »größte Plage« ihrer Kindheit, weil das Gebäude den Freischaren zur Verfügung gestellt wurde.[168]

Die Kritik an einer geistlosen und Frauenarbeit zugleich ästhetisierenden Stickerei gehörte zu den Standardthemen von Frauenrechtlerinnen. Handarbeit füllte entweder nur die Zeit des Wartens auf den Ehemann oder trug im Verborgenen doch wieder zum Unterhalt der Familien bei, ohne daß die weibliche Erwerbsarbeit hinter der repräsentativen Fassade sichtbar werden durfte. Sie widersprach außerdem der steten pädagogischen Sorge im 19. Jahrhundert, Kinder zu früh zum Stillsitzen zu zwingen und ihren Bewegungsdrang zu unterdrücken. Hedwig Dohm entlarvte 1872 in ihrem Buch *Was die Pastoren denken* den Zirkelschluß einer an der Domestizierung von Frauen orientierten Argumentation. Sie kritisierte die Handarbeit, die zwischen Schularbeiten und Abendessen gezwängt war, als Ursache für den befürchteten Bewegungsmangel und die Kränklichkeit vieler Mädchen. Während Jungen frei herumtoben könnten, würden Theologen im nächsten Schritt Frauen mit dem Argument ihrer schwächlichen Konstitution vom Studium fernhalten.[169] Dohm beschrieb

---

164 Ebner-Eschenbach, Meine Kinderjahre, S. 59.
165 Ebd., S. 89, S. 95f.
166 Lange, Lebenserinnerungen, S. 24. In der zweiten Jahrhunderthälfte lesen sich Autobiographien von Frauen deutlicher als zu Beginn des Jahrhunderts als Kommentar gesellschaftlicher Strukturen, vgl. Niethammer, »Wir sind von der Natur«, S. 267.
167 Mommsen, Theodor Mommsen, S. 36.
168 Adelmann, Aus meiner Kinderzeit, S. 115; zur Qual der Strickschule und ihrer Sehnsucht, ein Junge zu sein, S. 43ff.
169 Dohm, Was die Pastoren.

außerdem den Mangel an Anregung, den Henriette, Teschner und Kügelgen beschrieben hatten und den auch die Schriftstellerin Gabriele Reuter aufgriff. Reuter machte die sinnlose Beschäftigungstherapie in ihren Bestsellern über das Leben bürgerlicher Frauen in den neunziger Jahren zum literarischen Thema. Ihre Heldin Agathe mußte jeden Abend den Teppich abklopfen und zur Schonung zusammenrollen, eine Arbeit, die sie aufgrund der finanziellen Not der Familie und der schwindenden Aussicht auf einen eigenen Hausstand nicht nur physisch auf die Knie brachte: »O war das Leben langweilig – langweilig – langweilig, in dieser Fülle von zweckloser Arbeit!«[170] Ihre Romanfigur begehrte zwar nicht auf, aber Reuter machte diesen als langweilig abgewerteten Alltag zum Mittelpunkt ihrer Bücher und etablierte sich auch dadurch als erfolgreiche Schriftstellerin.

b. Verwartete Zeit

Bei den Haustöchtern, die mit 14 Jahren die Schule verließen und auf die Ehe warteten, fällt das Problem des Wartens am ehesten auf,[171] nicht zuletzt, weil eine der berühmtesten Schriftstellerinnen des 19. Jahrhunderts, Fanny Lewald, es in ihrer in den sechziger Jahren publizierten dreibändigen *Lebensgeschichte* zum Thema machte. Ihre Autobiographie war als »map of action« (Paul Ricœur) für jüngere Frauen gedacht, als Signal für eine öffentliche Kontroverse um zwangsweise vertane Zeit, aber auch um Selbstbewußtsein und Schuldgefühle. Nach dem Ende ihrer Schulzeit saß Lewald fünf Stunden täglich an einem Platz, stopfte und schneiderte, spielte zwei Stunden Klavier und langweilte sich eine Stunde mit ihren alten Lehrbüchern, die sie auswendig kannte. Sie beneidete ihre Brüder, die ins Gymnasium gingen, nicht nur, weil sie mehr lernten, sondern auch, weil sie der elterlichen Erziehung eher entkamen. Lewald sah, daß sie ihre Lebenszeit irreversibel vergeudete und gleichzeitig der männliche Lebensentwurf in ihrer Gesellschaft mehr wert war. Ihr eigenes Leben verlor für sie auch deshalb an Wert, weil ihr das Dasein ihrer Brüder »vornehmer« vorkam.[172] Während sich ein Mann wie der spätere Landrat Felix Busch nach den ersten beruflichen Schritten als Regierungsreferendar wie »die Krone der Schöpfung« fühlen konnte, ohne große Arbeitsbelastung, aber mit

---

170 Reuter, Aus guter Familie, S. 290.
171 Beispiele bei Budde, Auf dem Weg, S. 242; Kern, The Culture of Love, S. 11-25.
172 Protest gegen die vernachlässigte Mädchenbildung, in: Frauenemanzipation im deutschen Vormärz, S. 16; als Paradeschülerin einer Mädchenschule in Königsberg hatte Lewald das typische Kompliment des preußischen Konsistorialrates Dinter erhalten, daß ihr Kopf auch besser einem Jungen gehört hätte. Er fand das nicht schlimm, solange sie dennoch »eine brave Frau« würde, ebd. S. 14; Lewald, Meine Lebensgeschichte, Bd. 1: Im Vaterhause, 1. Teil, S. 159-162; 2. Teil, S. 8-11.

umso größerem gesellschaftlichem Vergnügen,[173] mischten sich bei Lewald Verzweiflung über ihre Kraft- und Zeitvergeudung mit dem Schuldgefühl, weil sie ihren Eltern auf der Tasche lag und eine Konvenienzehe verweigerte.[174] Es gelang ihr erst mit 32 Jahren, sich selbständig zu machen, nachdem sie lange (und hier konnte sie die Diktion der Ratgeberliteratur in provozierender Absicht einsetzen) unter dem »Riß zwischen mir und meiner Umgebung, zwischen meiner Gegenwart und meinen Wünschen für die Zukunft« gelitten hatte.[175]

Die gebrochenen Identitätsnormen konnten vor allem dann zum Problem werden, wenn sich das Familienideal nicht einlösen ließ. Adele Schopenhauer (1797-1849) sehnte sich nach einer eigenen Familie, und ihrem Bruder gegenüber beschrieb sie ihre Wut darüber, nicht selber nach Glück suchen zu dürfen: »Häusliches Glück ist wohl das Schönste, was uns dies Dasein gibt, und die meisten gehen stumm, ohne Klage hin und haben es nicht, und dürfen es nicht einmal *suchen*.«[176] Schon als Jugendliche von ihrer Mutter Johanna instruiert, daß sie nicht hübsch genug zum Heiraten sei, fürchtete sie sich mit 19 Jahren vor der ihr »sicher bestimmten Lebenseinsamkeit«[177] und hoffte vergeblich darauf, »etwas Rechtes zu lernen«.[178] Sie befolgte strikt die bürgerlichen Verhaltensnormen, mokierte sich aber darüber, daß äußeres Verhalten innere Befindlichkeit widerspiegeln solle: »Sie sehen mich erstaunt an, daß ich nicht weinte, nicht klagte, nicht einmal traurig aussah, sondern tüchtig arbeitete. Mein Gott, wie kennen sie mich alle so gar wenig!«[179] Ohne Aussicht auf Änderung gab ihr Fleiß ihr wenig inneren Halt.[180]

Langeweile kann sich auch im Sekundärphänomen der Nervosität und inneren Unruhe äußern,[181] und Schopenhauer bedauerte, daß nicht genug innere Stille in ihr sei, die sie wenigstens in Ruhe lernen lasse.[182] Im Oktober 1824 trat die innere Lähmung, das gefürchtete Desinteresse ein: »Das Allerschlimmste ist diese innere Gleichgültigkeit.« Nichts interessierte sie mehr, und wenige Tage später wurde sie krank, was sie selber auf unterdrückte Gefühle zurückführte: »Ich arbeite, träume nicht, rede nicht, sehne mich nur selten, und doch war das Gefühl zu mächtig für meinen Körper.«[183] Sie wußte aber auch, daß klagende Frauen Gefahr liefen, als langweilig gescholten zu werden. Als sich eine letzte

---

173 Busch, Aus dem Leben, S. 51.
174 Frauenemanzipation im deutschen Vormärz, S. 237f.
175 Lewald, Leidensjahre, S. 138, Zitat S. 149.
176 Briefe berühmter Frauen, S. 86 (kursiv im Original).
177 Schopenhauer, Tagebuch, S. XVI.
178 Briefe berühmter Frauen, S. 84.
179 Schopenhauer, Tagebuch, S. 89.
180 Ebd., S. 14.
181 Haskell, Boredom and the ready-made life, S. 518.
182 Schopenhauer, Tagebuch, S. xxviii.
183 Ebd., S. 128f.

Hoffnung auf eine Lebensgemeinschaft mit Professor Gustav Schueler aus Jena zerschlug, gab es – den Hang zur dramatischen Sprache zu ihrer Zeit eingerechnet – ihre Hoffnungslosigkeit wieder, als sie schrieb: »Jetzt oder nie muß mich eine Arbeit an die Welt ketten oder eine Neigung oder eine Pflicht, denn ich lebe ein übermenschliches Leben.«[184]

Marianne Immermann hatte 1839 als 19jährige den viel älteren Karl Immermann geheiratet und wurde bereits ein Jahr später Witwe. Sie, die auf Ehe und Familie hingelebt hatte, fühlte sich regelrecht »gedemütigt«, als sein Tod ihre Ideale von einer Zukunft als Ehefrau und Mutter zerschlug[185] und sie mit einem Schlag aus dem Mittelpunkt an den Rand der Gesellschaft rückte. Durch diesen Schicksalsschlag realisierte sie, daß die Gesellschaft sie nur als Ehefrau integrierte.[186] Sie versicherte dem Freund der Familie Gustav zu Putlitz, keine »emanzipierte Frau oder alberne Gelehrte« zu werden, zumal ihr Kind sie immer in »der weiblichen Sphäre des Individuellen« zurückhalte.[187] Sie erkannte aber auch ihre eigene unvollständige Bildung und versuchte bei ihrer Tochter Karoline diesen Fehler zu verhindern.[188] Im Winter 1846 gelang es ihr nicht, wie im Jahr zuvor eine Rundreise zu unternehmen. Sie fühlte sich für die »nächsten sechs Monate gefesselt«, obwohl – aber auch weil – sie die Tochter einer Freundin bei sich hatte, die sie unterrichten sollte. Nach dem Tod ihrer mütterlichen Freundin Amalie von Sybel im selben Jahr waren ihre Verhältnisse »dürr und unerquicklich«, da sie fast gänzlich auf das Haus und ihre eigenen Beschäftigungen angewiesen war.[189] Ihr Leben veränderte sich jedoch wieder nachhaltig durch ihre zweite Ehe, in der sie nicht nur als Frau und Mutter lebte, obwohl sie insgesamt zehn Kinder betreute, sondern mit karitativen Aufgaben, geselligen Verpflichtungen und der Nachlaßpflege Karl Immermanns noch ganz andere Aufgaben hatte.[190]

Juliane Jacobi-Dittrich zufolge veränderte sich die Kindheit und Jugend von Mädchen der Oberschichten im Laufe des 19. Jahrhunderts kaum.[191] Viele genossen ihre soziale Rolle und den Eintritt in die Gesellschaft, erfuhren das Warten aber ab einem bestimmten Zeitpunkt als quälend, zumal wenn sie zornig über die Zeitvergeudung waren. Die St. Galler Bürgertöchter um 1900 genossen durchaus ihren Status und ertrugen ihre »Schliifschuel« ironisch. Je länger der Haustöchterstatus jedoch andauerte, desto öfter langweilten sie sich, freuten sich, wenn sie etwas »Vernünftiges« besprachen, oder beneideten ihren Verlobten oder eine zunächst abfällig betrachtete junge Gouvernante um deren

---

184 Ebd., S. XL.
185 Wolff, Briefe und Leben, S. 101.
186 Ebd., S. 59.
187 Ebd., S. 65.
188 Ebd., S. 61.
189 Ebd., S. 77.
190 Frevert, Mann und Weib, S. 162.
191 Jacobi-Dittrich, Growing Up Female, S. 197f.

regelmäßige Arbeit.[192] Auch die Posnerin Anna Kronthal, die sich eher negativ über die ersten Studentinnen in Zürich äußerte, beklagte, daß sie selber die aufnahmefähigsten Jahre zwischen Schulende und Eheanfang nutzlos verbringen mußte.[193]

Im späten 19. Jahrhundert brachte gerade die Erfahrung des Wartens viele Frauen dazu, sich gesellschaftlich oder auch frauenpolitisch zu engagieren. Elly Heuss-Knapp, die eine glückliche Kindheit und Jugend im Elsaß verlebte und einen relativ freien Weg in Bildung und Beruf hatte, vergaß doch nie die »Wunden und Narben« dieser Zeit; sie erinnerte sich vor allem an das »mädchenhafte« Gefühl, noch »im Wartesaal« zu sitzen und auf das eigentliche Leben zu warten.[194] Auch Adelheid Mommsen protestierte gegen ihr »leeres Leben ohne Verantwortung.« In den neunziger Jahren meldete sie sich in Helene Langes Lehrerinnenseminar in Berlin an und plante nach Aufenthalten in Paris und London noch ein Studium. Gerade weil ihr Vater sie vor der Horizonterweiterung warnte – getreu nach Rousseau, man langweile sich nicht, solange man keine anderen Verhältnisse kenne[195] – und sie ihm diesbezüglich recht gab, war sie sehr glücklich darüber, daß er ihre Entscheidung dennoch billigte[196] und nicht als Selbstsucht verurteilte. Marianne Weber formulierte eindringlich die lähmenden Wirkungen der Mischung aus Langeweile und Schuldgefühl, die sie als junge Frau empfunden hatte, weil sie den Vorwurf der Selbstsucht verinnerlicht hatte. Nach einer anregenden Pensionatszeit in Hannover nahmen Verwandte in Lemgo sie auf, und weil sie sich ihnen verpflichtet fühlte, machte sie sich ihre Sehnsucht nach »Realität« selber zum Vorwurf. Wochenlang sei sie so niedergeschlagen gewesen, daß nichts sie hätte aufrütteln können.[197]

Die Überwindung der Lähmung bedeutete allerdings nicht unbedingt eine Distanzierung vom Differenzmodell. In einer ambivalenten Mischung übernahmen Frauen, die den als männliches Prestigesymbol geforderten, von Erwerbsarbeit freigesetzten weiblichen Lebensstil als Last empfanden, das negative (Vor)Urteil über den geschäftigen Müßiggang von Oberschichtfrauen, konzentrierten sich in ihren Lösungsvorschlägen auf sogenannte wesensgemäße Arbeit und trieben doch gerade darüber die Partizipation von Frauen in öffentlichen Bereichen voran. Die aus einer jüdisch-konservativen Kaufmannsfamilie stammende Alice Salomon (1872-1948), die Vorkämpferin für die sozialen Frauenberufe, fand die Jahre zwischen 15 und 20 die schlimmsten, da sie aus Standesgründen nicht Lehrerin werden durfte. Ihr blieb nur die Sehnsucht nach dem »wahren Leben«, bis sie sich ab 1893 für soziale Arbeit engagierte.[198]

192 Blosser, Gerster, Töchter, S. 229, 235f.
193 Kronthal, Posner Mürbekuchen, S. 73.
194 Heuss-Knapp, Ausblick vom Münsterturm, S. 63.
195 Rousseau, Emile, S. 232.
196 Mommsen, Theodor Mommsen, S. 85f.
197 Weber, Lebenserinnerungen, S. 49, 51f.
198 Weiland, Geschichte, S. 235.

Sie konzipierte soziale Arbeit als eine Hauptdomäne ehrenamtlicher Betätigung von Frauen und setzte sie ausdrücklich ab gegen den »weiblichen Parasitismus« der in ihren Augen arbeitslosen Existenz derer, die nur genössen, während der Mann arbeite. Dem Vorwurf, nur die Zeit vertreiben zu wollen, hielt sie zum einen entgegen, daß es im Gegenteil darum gehe, »das Leben der Gegenwart« zu erfüllen, indem Gedanken und Interesse involviert würden. Zum anderen aber wollte sie Frauen zu Leistung veranlassen,[199] so daß sie auch ein männlich besetztes Konzept reklamierte.

c. Häusliche Gefühle: Krise und Kritik

Bismarck hat recht, daß man nur dann wirklich etwas leisten kann, wenn man mit den gemeinen Sorgen des täglichen Lebens nichts zu tun hat. Wer damit zu kämpfen hat, wird in den meisten Fällen weder als Künstler noch als Gelehrter noch als Beamter sich über die gewöhnlichste Mittelmäßigkeit erheben.[200]

Paul Graf Hatzfeld, der dies 1876 an seine Mutter schrieb, wiederholte *common knowledge*. Die Zuständigkeit für den Alltag erschwerte einen anders orientierten Ehrgeiz. Resignation war die gängige Empfehlung der Ratgeber seit dem späten 18. Jahrhundert, aber Verhaltensweisen lassen sich nicht systematisieren, auch nicht durch Herkunft. Marie Helene von Kügelgen, geb. Zöge von Manteuffel, verinnerlichte mit ihrer weiblichen Rolle auch die Langeweile-Warnung. 1800 schrieb sie an ihren damaligen Verlobten, den Kunstmaler Gerhard von Kügelgen: »Wir werden arbeiten und fleißig sein, und so kann auch selbst die Langeweile uns nicht schlechter machen, denn glaube mir Gerhard, Müßiggang und Langeweile bringen die meisten Menschen zu Unthaten und Verbrechen.«[201] Ihre Vorstellung der dienenden Hausfrau wich deutlich von der Meinung ihrer Mutter ab, die ihr riet, ihren Mann im Malen zu unterstützen. Kügelgen aber fürchtete, das Hauswesen und die Kinder darüber zu vernachlässigen, und lehnte es vor allem ab, sich mit ihm zu messen. Seine Kunst, also seine Zeit waren mehr wert: »Wie dürfte ich es wagen, neben Dir zu arbeiten, Du müßtest mir helfen, und dann brächte ich Dich noch um Deine Zeit.«[202] Sie wollte Haus und Küche besorgen, »wie es einem Weibe ziemt«, und dann vielleicht ein paar Stunden pro Tag junge Mädchen im Zeichnen

---

199 Zur widersprüchlichen Mütterlichkeitsvorstellung Sachße, Mütterlichkeit als Beruf, hier S. 139ff., s. a. S. 115f.; vgl. Salomon, Was wir uns und anderen schuldig sind, S. 89-117. Zu Salomon zuletzt Stoehr, Alice Salomon, S. 75-104.
200 Hatzfeldt, Nachgelassene Papiere, S. 304.
201 Kügelgen, Lebensbild, S. 50.
202 Ebd., S. 50.

unterrichten. Beide Eheleute betonten Arbeit als Freude und Genuß,[203] und Marie Helene ließ ihre Kinder getreu der Maxime der Abwechslung zwischendurch immer wieder kleine Arbeiten verrichten.[204] Ihr Sohn Wilhelm, später berühmt durch seine *Erinnerungen des Alten Mannes*, erinnerte sich noch als Erwachsener an diese langweiligen Arbeiten[205] und kokettierte mit seiner gebremsten Arbeitslust. Als Hausfrau klagte Kügelgen nicht über Langeweile, sondern über Erschöpfung und mangelnde Rücksicht auf die Hausfrau, wenn die Geselligkeit überhandnahm und der Besucherstrom ihnen selbst in die Sommerfrische folgte. 1817 verbrachte sie den August in Loschwitz und ärgerte sich über die zahllosen Besucher, die ihre Dienste und gute Laune reklamierten:

> Daß diese Damen und Herren weder die Höhe noch Abgelegenheit des Weinberges, weder Hitze, noch Regen noch Donnerwetter scheuen, um unsern Berg zu erklimmen, macht ja dem Künstler Ehre, aber der Frau des Künstlers wird es wohl niemand verdenken, daß sie wenig Freude daran hat, vormittags, mittags und abends bis acht bereit zu sein, ihr ganz fremde Menschen zu sehen und zu empfangen – denn wie gesagt, weder Hitze noch Regen, noch Donnerwetter, noch der Gedanke uns lästig zu werden, hält sie ab.[206]

Andere Ehefrauen in den gebildeten Kreisen thematisierten zwar auch ihre familiale Rolle bzw. definierten ihre Zukunft über Kinder, zeigten zugleich aber, wie wichtig für sie die Kunstreligion war, um unbefriedigende Situationen auszuhalten. Mutterschaft und Kunst ließen Minna Körner, die Mutter von Theodor Körner, endlose Serien von stillen Tagen am Ende des 18. Jahrhunderts ertragen. Sie meinte nicht nur die tägliche Routine, sondern sah auch ihr ganzes Leben in Tagen, Wochen, Monaten und Jahren an sich vorbeiziehen. Sie betonte jedoch sofort, sich nicht zu grämen, da sie ein neues Leben in ihren Kindern beginne und Kunst ihr die Zeit verkürze.[207] Auch Caroline von Dacheröden, die Frau von Wilhelm von Humboldt, empfand Kunst als Hilfe. Ihre Jugend war eine Mischung aus »Zwang und unsägliche[r] Langeweile«, mit einem »pedantischen« Vater und einem »nüchtern trockenen« Bruder.[208] Nachdem ihre Tochter Gabriele 1827 mit ihrem Mann, dem Gesandten Heinrich von Bülow, nach England gegangen war, empfand sie auch den Wohnsitz in

---

203 Ebd., S. 51, 87, 153.
204 Ebd., S. 167.
205 Hardach-Pinke, Kinder-Alltag, S. 107.
206 Vgl. Kessel, Zwischen Abwasch, S. 75.
207 Körner, Briefwechsel, S. 9f.
208 Bülow, Lebensbild, S. 64. 1893 veröffentlicht, war dies ein weiteres Beispiel für die Geläufigkeit, mit der Männer im 19. Jahrhundert mit dieser Begrifflichkeit beschrieben wurden.

Tegel als still und verödet.[209] Sie empfahl ihrer Tochter Kunst als Gegengewicht gegen die innere Leere und Trockenheit, die sie bei ihr deshalb in der »Förmlichkeit« des englischen Lebens befürchtete, weil Gabriele im Elternhaus ständig von Kunst und Wissenschaft umgeben gewesen sei und jetzt nur noch »Weltverhältnisse und fremde Menschen« um sich habe.[210]

Gegenüber diesen auch topoihaften Präsentationen beleuchtete Rahel Varnhagen 1819 pointiert und ironisch den wenig beflügelnden oder sinnstiftenden Charakter ihrer Arbeit sowie die hierarchisierende Bewertung geschlechterspezifischer Aufgaben. Männer nähmen sich und ihre Arbeit wichtiger, während sie Frauen kleine und zerstückelte Aufgaben zuwiesen, die weder erholen, erfüllen oder langfristig tragen könnten:

> Indessen der Männer Beschäftigungen wenigstens in ihren eignen Augen auch Geschäfte sind, die sie für wichtig halten müssen, in deren Ausübung ihre Ambition sich schmeichelt; worin sie ein Weiterkommen sehen, in welcher sie durch Menschenverkehr schon bewegt werden; wenn wir nur immer herabziehende, die kleinen Ausgaben und Einrichtungen, die sich ganz nach der Männer Stand beziehen müssen, Stückeleien vor uns haben.[211]

Varnhagen riet ihrer Schwester, daß Frauen es gerade wegen dieser Arbeiten doppelt nötig hätten, »neue Orte und neue Menschen« zu sehen, um sich »Blut, Leben, Nerven und Gedanken« auffrischen zu lassen.

Zwei etwas ausführlichere Beispiele aus dem frühen 19. Jahrhundert sollen zeigen, daß Langeweile nicht erst im Kaiserreich thematisiert wurde und vor allem nicht nur ein Problem für Frauen war, wie jedoch ähnliche Klagen über Langeweile, einen zerrissenen Alltag oder eine depressive Stimmung geschlechterspezifisch unterschiedlich gehandhabt wurden. Ludwig von Vincke, der Oberpräsident der Provinz Westfalen seit 1813, und seine Frau Eleonore sind ein Beispiel für ein bürgerliches Familienmodell auch im Adel.[212] Dazu gehörte im frühen 19. Jahrhundert auch noch, daß sich Arbeit, Familienleben und Geselligkeit vermischten, Spaziergänge mit der Familie am Nachmittag ebenso selbstverständlich waren wie Arbeit am Sonntag und daß auch Männer häusliche Ereignisse im Tagebuch erwähnten.[213] Aber seine innerste Zufriedenheit bezog Vincke dennoch aus seinem Beruf und seiner öffentlichen Position, und er klagte über Langeweile immer dann, wenn er seine Arbeit als vergeblich empfand oder sie zu langsam vorrückte.

209 Ebd., S. 121, 220f., 226f.
210 Ebd., S. 210.
211 Frauenbriefe der Romantik, S. 239; s. a. Frevert, Frauen-Geschichte, S. 58f.
212 Bahnke, Das Familienleben, S. 205-224; Bahnke, Ludwig und Eleonore Vincke, S. 519-536.
213 S. a. Trepp, Sanfte Männlichkeit, und Habermas, Frauen.

Vincke demonstrierte, wie offen ein Mann über langweilige Arbeit klagen konnte, ohne daß es seiner Persönlichkeit Abbruch tat. Zugleich belegt sein Tagebuch, daß er die Probleme seiner Frau vor allem dann beiseiteschob, wenn sie seinem Bedürfnis, emotional gestützt zu werden, zuwiderliefen. Bei beruflichem Ärger sehnte er sich nach der Familie als schützendem Hafen und reagierte gereizt, wenn seine erste Frau, die die Öffentlichkeit scheute und unter der Organisation eines großen Haushaltes und einer repräsentativen Geselligkeit litt, ihn dann nicht aufmunterte, sondern ihre eigenen Schwierigkeiten ansprach.

Der hohe Beamte fand Arbeit oder Unterhaltungen dann langweilig, wenn er nicht sofort seine Vorstellungen durchsetzen konnte oder aus seiner Sicht unangemessene politische Vorgaben seine Arbeit hinderten. An Rücktritt dachte er, wenn er in »unnützen Bestrebungen für's Bessere« keine Befriedigung fand.[214] Im Juni 1817 z. B. war er so ärgerlich über die Situation in Münster, daß es ihm »mit Arbeiten gar nicht flecken wollte.«[215] In solchen Momenten war der ungeduldige Oberpräsident schnell mit Langeweile als Charakterisierung zur Hand. Unnütz waren Aufgaben oder Situationen, die seinem Ehrgeiz widersprachen, langweilig die Personen, die ihm seine kostbare Zeit stahlen. Mit dem einen mußte er »bis zur Langeweile« sprechen, der andere war schlicht langweilig.[216]

»Die Langeweile kommt vom vielen Sitzen. Wenn man viel geht, langweilt man sich kaum,« hatte Rousseau geschrieben, allerdings unter der bezeichnenden Überschrift: »sein eigener Herr sein«.[217] Diese Charakterisierung paßte auf Vincke, der sich als reitender Beamter verstand, der lieber über Land ritt, als am Schreibtisch zu sitzen. Schreibarbeit hörte in seinen Augen nie auf, und wechselnde politische Leitlinien vermehrten das »unnütze Schreibwerk« noch zusätzlich.[218] 1818 litt er häufig unter dem Gefühl, mit der Arbeit nie an ein Ende und doch nicht vorwärts zu kommen.[219] Wenn er sich ärgerte, war er überzeugt, ohne diese politische Tätigkeit auf seinem kleinen Gut Ickern »sonder Langeweile« leben zu können; sein Wunsch nach öffentlichem Wirken ließ allerdings bis zu seinem Lebensende nicht zu, dies auszutesten.[220]

In positiven politischen Großwetterlagen, wie Ende 1814, mahnte er sich selber, freundlicher gegen die »gar nicht zu bedeutenden Menschen« zu sein, die ihn in seinen wichtigen Arbeiten »durch unnütze persönliche Belästigung« störten.[221] Seine Jahresrückblicke zeigten, wie sehr seine Zufriedenheit mit

214 Vincke, Tagebücher, S. 218.
215 Ebd., S. 339.
216 Ebd., S. 344, 356.
217 Rousseau, Emile, S. 375.
218 Vincke, Tagebücher, S. 50, 143, 146, 153, 451.
219 Ebd., S. 388, 450f.
220 Ebd., S. 180; ebd. Anm. 449.
221 Ebd., S. 117f.

seiner öffentlichen Position zusammenhing. Im Abdankungsjahr Napoleons reagierte er besonders euphorisch. Sein eigenes Jahr sei wichtig, tatenreich und gewissenhaft »ganz öffentlicher Wirksamkeit gewidmet« gewesen. Er habe alles in seinen Kräften stehende »für das allgemeine und manches besondere Wohl« getan, und was er nicht erreicht habe, sei für ihn auch nicht erreichbar gewesen. Als Lohn nannte er inneren Frieden, Anerkennung und Dank anderer, Gesundheit und ein angenehmes häusliches Leben.[222] Doch auch im »traurigen Stillstandsjahr« 1815, in dem auch er sich mit »passiver Tätigkeit« habe begnügen müssen und die hohen Erwartungen an Preußen weder innen- noch machtpolitisch erfüllt wurden, blickte er gelassen, »mit Ruhe«, auf seine öffentliche Tätigkeit zurück.[223]

Bei seiner Frau Eleonore, die zwischen 1811 und 1824 acht Mal schwanger wurde (zwei Mädchen starben 1815 und 1816 nach der Geburt), vermißte er dagegen den »frohen, leichten Sinn«, der ihr helfen sollte, »das kleine Ungemach des Lebens zu tragen, die kleinen Freuden lebendiger zu genießen und dagegen aufzuwägen.«[224] Zwar notierte er häufig, wie Anfang 1818, daß er ohne seine »Hausschätze« bei dem »unbefriedigenden Geschäftsleben« noch viel unglücklicher sein würde.[225] Eleonore entsprach jedoch nicht seinen Weiblichkeitsvorstellungen. Vincke war sich zwar bewußt, daß er sie aus ihrem ursprünglichen Umfeld herausgeholt hatte, wo sie genau so gewesen war, wie er gewollt hatte. Er selber geriet aus der Fassung, wenn es nicht vorwärts ging. Sie dagegen sollte lernen, dankbar zu sein für ihr gegenwärtiges Glück, geduldig in den »kleinen Sorgen des täglichen Lebens«. Gelänge es ihr, nicht mehr mit der »Unmöglichkeit im vergeblichen Kampf des Allervollkommensten« zu hadern, würden sie beide glücklich sein.[226] Falls sie sich nicht an die veränderten Umstände gewöhne, sah er im Oktober 1814 für sich selber eine »traurige Zukunft« voraus.[227]

Zum offenen Konflikt zwischen ihnen kam es, wenn Leonore seinen Beistand suchte, er aber beschäftigt war. Im April 1815, einen Monat nach dem Tod der ersehnten ersten Tochter, verlor er die Geduld, nachdem Eleonore zunächst vor dem Essen, als er noch arbeiten wollte, und dann beim Tee, als er sich ausruhen wollte, über eine gesellige Veranstaltung klagte, und er kritisierte sie heftig. Er hatte dann allerdings größere Mühe, seine Mutter zu beruhigen, die den Krach miterlebte, als seine Frau.[228] Im November 1817, kurz vor der fünften Geburt, machten ihm ihre Ängste wieder viel Kummer, wenn er von »des Tages Lasten ausruhen« wollte.[229]

222 Ebd., S. 120, s. a. S. 61.
223 Ebd., S. 217.
224 Ebd., S. 100.
225 Ebd., S. 383, 395.
226 Ebd., S. 454.
227 Ebd., S. 99.
228 Ebd., S. 147.
229 Ebd., S. 380.

Eleonore selber schwankte zwischen Kritik an ihrem Mann, kein Verständnis für sie aufzubringen, und Selbstvorwürfen.[230] Ihr Vater, Friedrich von Syberg, sprang ihr bei, indem er Vincke daran erinnerte, daß die scheue und zurückhaltende Frau als Oberpräsidentengattin nicht glücklich werden würde: »Die Lore paßt durchaus nicht für die Stelle, auf der sie steht, und wird und kann sich daher auch nicht darauf gefallen und glücklich fühlen. ... Sie kämpft und ringt wohl dagegen an, aber dadurch wird denn doch im Grunde das Übel nicht gehoben.«[231] Syberg wies Vinckes Anspruch zurück, seine Frau müsse lernen, sich den Umständen anzupassen, und mahnte seinen Schwiegersohn, wenigstens eine neue Schwangerschaft zu vermeiden, da sie nach den beiden Sterbefällen noch zu labil sei, was Vincke ignorierte. Nach der Geburt einer Tochter gestand er im November 1817 zwar wieder, daß er zu wenig bei seiner Frau sei.[232] In ihren letzten Lebensjahren kritisierte Eleonore Vincke, die 1826 starb, häufiger seinen Arbeitseifer, der ihn die Familie vernachlässigen ließ, und forderte, daß der Familie genauso viel Zeit zustehe wie dem Staat,[233] ohne daß sich das Verhältnis jedoch wesentlich änderte. Vincke klagte über Langeweile als Blockade, wenn er den selbstverständlich reklamierten Fortschritt als gehemmt empfand, und beanspruchte die Entlastung durch das Privatleben.

Im zweiten Beispiel kristallisierte die Auseinandersetzung um die Alltagsgestaltung im Blick auf Räume,[234] vor allem, wenn der Partner auf Reisen war und eine unmittelbare Unterstützung fehlte. Auch hier ging es nicht um eine Fundamentalkritik an den Geschlechterrollen, sondern um Gestaltungsmöglichkeiten des jeweiligen Alltags. Aber Bettine Brentano beschrieb nicht nur temperamentvoll und ironisch die von alltäglicher Frustration keineswegs freie Ehe mit Achim von Arnim, sondern erinnerte ihn auch an seine eigene Verantwortung für sein seelisches Gleichgewicht und mahnte ihn damit, der männlichen Ganzheitsvision gerecht zu werden. Sie versuchte ihn aufzuheitern und zu Produktivität und energischem, tatkräftigem Handeln anzuregen. Sie wies ihn auf ihre eigene Überforderung hin, während sie zugleich die Kritik abwehrte, sie ziehe einen Dichter durch die Heirat auf die öde Alltagsebene hinab.

Arnims lebten häufig getrennt, Bettine im Winter in Berlin, im Sommer auf dem Arnimschen Gut Wiepersdorf im Kreis Jüterbog. Der Ausbildung der sieben Kinder wegen zog sie später ganz nach Berlin, während er das Gut verwaltete. Arnim war häufig auf Reisen und beklagte sich von unterwegs über

---

230 Bahnke, Ludwig und Eleonore Vincke, S. 522.
231 Vincke, Tagebücher, Brief-Anhang, S. 594.
232 Ebd., S. 383.
233 Bahnke, Ludwig und Eleonore Vincke, S. 524. Vincke hielt ihr statt dessen seine Schwägerin Lisette als Beispiel vor, die ihrem Mann kräftig half und Eleonore Vincke Vorhaltungen machte, wie sie den Haushalt eines Oberpräsidenten zu führen habe, ebd., S. 176f.
234 Zum Konzept der Frauenräume Hausen, Frauenräume, S. 21-24.

Langeweile, so auch, als er von ihrer fünften Schwangerschaft im Februar 1818 erfuhr. Halb ironisch schrieb sie zurück, daß ihr Brief wohl kaum, wie er sich das gewünscht habe, seine Langeweile unterbrechen und ihn für »mißliche Gesellschaft« entschädigen würde. Statt dessen fürchtete sie, seine Ungeduld durch die Mitteilung der Schwangerschaft zu steigern. Die physischen Beschwerden empfand sie durch das Alleinsein besonders drückend, sie kündigten die Schmerzen und Gefahr der Geburt an, vor der ihr schauderte.[235]

Auch im Sommer desselben Jahres war ihr Mann unterwegs und beklagte sich brieflich über das Zerrissenwerden zwischen tausend Kleinigkeiten. Bettine schilderte ihm in einer wütend-komischen Replik 24 Stunden ihres eigenen Alltags: »Dein Brief kam gerade in einem Moment an, wo ich so recht überlegte, wie ich doch durch tausenderlei Dinge hin und her gezerrt würde; nun kamen Deine Klagen um Ähnliches, laß Dir aber zur Probe nur eine 24 Stunden darstellen.« Im siebten Monat schwanger, von Ohnmacht und Erbrechen gequält, mußte sie ihre Köchin ersetzen, die sich dramatisch zwei Finger zerschnitten hatte, die vier Kinder blieben auch an ihr hängen, da die Kinderfrau sich um ihr eigenes krankes Kind sorgte, beide Bedienstete zankten sich überdies vehement, und ihr Schwager bestand trotz der körperlichen und seelischen Erschöpfung seiner Schwägerin darauf, ihr nach 10 Uhr abends noch zwei Stunden lang Nichtigkeiten zu erzählen. Nachts gab es Feueralarm, und der nächste Tag verlief wie der erste, wobei auch hier die Geselligkeit wieder ihren Tribut forderte, da eine Bekannte auf einer gemeinsamen Spazierfahrt bestand.[236] Vor diesem Hintergrund erboste es sie, daß Armin, auf Reisen und unbelastet vom Familienalltag, nicht die rechte Lebensfreude aufbrachte.

Zwei Jahre später, im September 1820, war sie in derselben Situation, erneut schwanger und Achim auf Reisen im Rheinland. Wieder hoffte sie darauf, daß er sich unterwegs richtig austobte, um ihr dann im Winter zur Seite zu stehen. Sie suchte sein »aus Zorn und Hypochondrie zusammengesetztes Phlegma« aufzurütteln, während ihr eigener Alltag in ewiger Wiederholung und Einsamkeit zu zerfließen schien: »Dein Herz wird immer mehr wieder aufgrünen zu der Freudigkeit Deiner früheren Jahre, wenn du diese *Schwäche* überwindest und einmal im frohen Lebensgenuß Dich wieder kennen lernst. Ist's nicht genug, daß einer von uns sein Leben so verdehnt in Sorgen und in kränklicher Müdigkeit?«[237]

Die Romantiker thematisierten in ihrer Literatur Langeweile als Sehnsucht nach dem ›ganz anderen Leben‹. Sie schilderte ihm dagegen gekonnt gerade in ihrer Sorge, wie er als Dichter im Alltag einer kinderreichen Familie gedeihen solle, seine größeren individuellen Freiräume. Ihr Leben erscheine ihr doppelt jämmerlich, wenn sie sehe, daß sie ihm nur die Teilnahme an einem »alle

---

235 Frauenbriefe der Romantik, S. 98ff.
236 Ebd., S. 103ff., Zitat S. 103.
237 Ebd., S. 108 (kursiv im Original).

Geisteskraft auflösenden Unbehagen« biete, mit Kinderkrankheiten, Verdruß, einer Frau, die dauernd ohnmächtig würde und nur noch schlafen wolle, dem Wochenbett mit seinen Krisen – die oft beschworenen stillen Familienfreuden kamen hier eindeutig zu kurz. Er sollte nicht sagen können, daß der private Rahmen seine öffentliche Wirksamkeit beeinträchtigt habe. Denn, so deutete sie an, es liege nicht nur an ihr, falls er sein Leben nach der Heirat als weniger lebenswert empfinde. Wenn er »im mindesten vernünftig« sei, mahnte sie, dann nutze er seine Reise, und zwar frisch und vergnügt.[238] Sie wies damit zurück, daß nur sie für seine Gefühle verantwortlich sei.

Arnim zufolge verhinderten dringende Geschäfte, daß er sich intensiver um sie und die Familie kümmerte, und er warf ihr vor, Erholung und Genuß nur deshalb zu vermissen, weil sie zu wenig an der Berliner Gesellschaft teilnehme. Sie konterte, daß die Berliner Gesellschaft sie langweile.[239] Sie registrierte, daß er vermeiden wollte, ihr Leben auf sich selbst zurückzubeziehen. Da er jedoch auf Arbeit verwies, forderte sie genau diese Leistung, nämlich den großen, bedeutenden Dichter, der, wenn er sich schon nicht um seine Familie kümmere, auch nicht anderen Nichtigkeiten »ein Bedeutendes, und Großes, ja alles was mir wichtig an Dir ist,« opfern sollte.[240]

Einzelbeispiele auch im Lauf des 19. Jahrhunderts reflektierten häufig vordergründig keine grundsätzliche Kritik der sogenannten Bestimmungen. Aber indem Männer und Frauen die Stimmungen und Gefühlserwartungen thematisierten, die an die Geschlechterdifferenz geknüpft waren, verhandelten sie auch die grundsätzlichen Identitätsmodelle, so z. B. Therese und Eduard Devrient, ein berühmter Schauspieler und Intendant u. a. in Karlsruhe. Der Haushalt hinderte Frauen oft daran, an Aktivitäten teilzunehmen, die sie mehr interessierten. Therese Devrient hätte in den dreißiger Jahren zu gerne die Gespräche über Literatur und andere Kunst miterlebt, die sich an die Vorlesungen ihres Mannes in ihrem Hause anschlossen. Daran hinderte sie jedoch ihre kleine »Herde«, die während der Lesungen samt Kindermädchen und Naschzeug in den oberen Stock verbannt war, danach aber wieder heruntertobte.[241] Wenn ihr Mann sich jedoch über mangelnde Einfühlsamkeit ihrerseits beklagte, dann erinnerte auch sie ihn an die Ursachen. Wenn sie ihn auf Geschäfts- oder Ferienreisen begleitete, so erklärte sie ihm, sei sie oft gut gelaunt

---

238 Ebd., S. 108f.
239 »Diese Menschen wie Laroche, Lützow, haben mir so viel Langeweile gemacht, und diese Langeweile ist von ihnen so scharf gerügt worden, daß ich die höchste Anstrengung brauche, bloß um mein Gähnen in ihrer Gegenwart zu verbergen, und da sind mir wahrhaftig nie Scherze eingefallen, wie willst Du denn, daß ich meine Beine noch einen weiten Weg bemühen soll, um den Genuß dieser widerwärtigen Bekanntschaften zu pflegen, wo ich jeden Augenblick riskiere, zu beleidigen und mich ihrer Herablassung unwürdig zu machen ...«, ebd., 22.7.1827, S. 126.
240 Ebd., S. 127.
241 Devrient, Jugenderinnerungen, S. 401.

und es falle ihr leicht, ihre Liebe zu zeigen. Müsse sie jedoch für Haushalt und Kinder sorgen, während er unterwegs war, wache sie oft mit einem ihr selbst unerklärbaren Unbehagen auf und könne nicht immer auf den leidenschaftlichen Ton seiner Briefe eingehen.[242]

In seinen Briefen sprach Devrient offen seine körperlichen und emotionalen Bedürfnisse, aber auch seine Erwartungen an seine Frau an. Als sie 1836 in Heringsdorf war, beschrieb er ihr, wie er sie seine Liebe werde fühlen lassen, in »einem Fleisch«, während so die Hälfte seiner Seele und seines Leibes fehle; die »längelange große Wunde verhanselt schmerzlich an der Luft«.[243] Auch fünf Jahre später schilderte er ihr die gleichförmige Lustlosigkeit, die er ohne sie empfand:

Ich bin nicht traurig, nicht lustig, nicht verdrießlich, nicht heiter, ich bin so hingehalten von Tag zu Tag, wie ein pensionierter hagestolzer Hofrat, der nur aus seine morgende Spielpartie in der Ressource denkt ... eigentlich ein angenehmes Leben ... [ich] habe nichts davon, kurzum, ich weiß jetzt deutlich, wie Millionen Menschen zumut ist, die alt und grau ins Grab gelegt werden, ohne gelebt zu haben. Nun, ich will nachholen, wenn ich wieder bei Dir bin. Wir wollen doppelt leben, nicht wahr, meine Seele?[244]

Als er jedoch träumte, sie habe sich seiner glühenden Leidenschaft gegenüber »gleichgültig« gezeigt, warf er ihr Selbstsucht vor. Er hoffte, ihr die Augen dafür zu öffnen, daß sie nur da sei, um zu geben, ohne Anerkennung zu heischen, daß nicht die Menschen für sie da seien, sondern sie für die Menschen. Luce Irigaray erklärt die Funktion von Frauen, das männliche Ego durch ihre Spiegelfunktion zu unterstützen, und Devrient schrieb von seinem »Schmerz um ihre Seele«, »wo ich Dir doch zur Verständigung Deiner selbst gegeben bin, daß Du nur im Spiegel meiner Seele Dich erkennen kannst.« Wenn sie lerne, sich weniger um äußere Dinge zu kümmern, sondern dafür sorge, daß ihre Seele »still, liebend, sanft und heiter sei«, also dem Weiblichkeitsideal entspreche, dann werde sie auch in der Lage sein, auf seine Wünsche einzugehen, und er werde sie »heldenstark«, vor allem aber »hinschmelzend hingegeben« erleben, wie er sie aus unvergeßlichen Stunden kenne.[245] Es geht hier weder darum, sexuelles Vergnügen nur auf einer Seite zu vermuten noch ausschließlich auf die Macht zu verweisen, die Eduard Devrient qua Männlichkeitsanspruch oder Therese Devrient durch sein offen artikuliertes Begehren erhalten haben mochte. Vielmehr soll einerseits die Selbstverständlichkeit von Gefühlserwartungen in einer nicht egalitär verstandenen Differenz deutlich werden, anderer-

---

242 Briefwechsel Devrient, S. 102.
243 Ebd., S. 56.
244 Ebd., S. 98f.
245 Irigaray, Speculum, S. 54; Zitate Briefwechsel Devrient, S. 99f.

seits aber auch ihr Versuch, über Kritik und Erklärung diese Selbstverständlichkeit aufzulösen.

Die Töchter von Karl Marx waren ständig mit Politik und Politikern konfrontiert und tauschten sich untereinander darüber aus. Zumindest Jenny und Laura lebten mit ihren Ehemännern im Exil, mußten also immer wieder eine neue Umgebung bewältigen. Laura Lafargue konnte 1871 ihrem Mann nicht nach Paris nachreisen, nachdem sie wochenlang nichts von ihm gehört hatte, weil sie ein krankes Baby und mehrere andere Kinder versorgen mußte.[246] Als Jenny 1881 wieder nach Paris zog, litt sie unter der unabsehbaren Zeit und dem Verlust einer zwar monotonen, aber sie unabhängig machenden Arbeit außer Haus:

> ein endloses Jahrhundert von Tagen, die einander alle so gleich sind, daß man sie nicht mehr unterscheiden kann, außer daß einige noch eine Extraportion dieser elenden kleinen häuslichen Sorgen mit sich bringen, die stärker auf mir lasten als großes Unglück. Das freie, unabhängige tätige, wenn auch monotone Leben, das ich ein paar Monate lang in London geführt habe, hat mich verwöhnt.... Es ist mir jetzt alles so unerträglich, daß ich den Eindruck habe, ein paar Jahre, ja Monate dieses Lebens in einem fremden Land unter fremden Leuten, und ich bin eine unheilbare Idiotin ...[247]

Ein Jahr später hatte sie sich im biederen Vorort Argenteuil immer noch nicht besser eingelebt, zumal »die verwünschten Kleinen« ihre Nerven Tag und Nacht strapazierten. Sie sehnte sich sogar nach den U-Bahn-Fahrten in London zurück, wo sie wenigstens in Ruhe die Morgenzeitung lesen konnte. Sie war überzeugt, daß selbst öde Fabrikarbeit eine Frau weniger aufreibe als die »endlosen Haushaltspflichten«. Dennoch interessierte sie sich noch für die Diskussion um die Schulgesetze, die die öffentliche Debatte in Frankreich bestimmte.[248]

Die Kräfte zersplittern zu müssen, statt sie konzentrieren zu können, galt als Ursache von Langeweile und Überdruß. Die Neurasthenie-Debatte im späten 19. Jahrhundert sah Männer nervlich im Nachteil, wenn es darum ginge, die Aufmerksamkeit zu zersplittern, flink zu reagieren und doch freundlich dabei zu bleiben.[249] Sie erklärte damit die männliche Anfälligkeit für Neurasthenie, so daß diese ärztliche Diagnose die Auffassung sogenannter natürlicher weiblicher und männlicher Fähigkeiten noch untermauerte. Frauen notierten jedoch ausdrücklich die anstrengende Zerrissenheit der häuslichen und familiären Arbeit und ihr Gefühl, zu nichts zu kommen, weil andere sie ständig

---

246 Die Töchter von Karl Marx, S. 113f.
247 Ebd., S. 149f.
248 Ebd., S. 178.
249 Radkau, Männer als schwaches Geschlecht, S. 283.

unterbrachen. Fanny Mendelssohn, deren Selbsteinschätzung stark von der Bewertung durch ihren Bruder Felix abhing, verlor allerdings selten ihre ironische Gelassenheit, auch wenn das Treiben um sie herum, erst recht nach der Geburt ihres ersten Sohnes Sebastian, ein konzentriertes Briefeschreiben fast unmöglich machte. Im April 1825 schrieb sie Felix nach Paris, daß er sich sicher wundere, daß sie in ihrer »holden Ruhe« das Wort Unruhe als Echo aus seiner »rauschenden Welt« wiederhole; »und doch ist es so, hundertmal unterbrochen, gestört, ist es mir nicht möglich, drei zusammenhängende Worte zu schreiben, darum fang ich einmal früh am Tage an …«[250] Mitunter verwandelte sich die erhoffte Ruhe in ein derartiges Geplaudere, daß sie vergaß, was sie schreiben wollte.[251] Henriette Feuerbach fand einen ihrer Briefe an Emma Herwegh ganz »konfus« wegen der vielen Unterbrechungen,[252] und Adele Schopenhauer bezeichnete einen Brief an Bruder Arthur als »neumodisches Buch«, ohne inneren Zusammenhang der Einzelheiten. Ihr Leben brächte es mit sich, daß sie »bald den Speisekammerschlüssel, bald die Palette, den Federhut und die Schreibfeder wechselnd ergreifen muß.« Zwischen Anfang und Ende ihres Briefes lägen wohl »zwanzig Sorten von Geschäften und Stimmungen«.[253] Auch die Schriftstellerin Ottilie Wildermuth rang ihre Romane einem fast ununterbrochenen lebhaften Kommen und Gehen in ihrem Haus ab.[254]

In der *Gartenlaube* konnten sie dann nachlesen, daß Unterbrechungen sie befriedigten, da sie neue, frische Bewegung vermittelten.[255] Fanny Lewald berichtete dagegen von einer weiblichen Verwandten, die es sich in den dreißiger Jahren zum Prinzip gemacht hatte, täglich ein bis zwei Stunden für sich zur Lektüre zu haben, und dies in einem Haus mit Dienstboten auch durchsetzen konnte.[256] Hedwig Pringsheim-Dohm, eine Tochter der Frauenrechtlerin Hedwig Dohm, Ehefrau des Mathematikprofessors Alfred Pringsheim und Schwiegermutter von Thomas Mann, fühlte sich, als 1906 drei ihrer erwachsenen Söhne sie besuchen kamen, schon ganz »entwönt« [sic] davon, »so furchtbar viel Oberhemden waschen und so furchtbar viel gute Sachen kochen zu müssen.«[257] Marianne Weber (1870-1954), seit 1893 mit dem Nationalökonomen Max Weber verheiratet, trat zwar dafür ein, daß die Frau mit ihrer ›Harmonie‹ die männliche ›Disharmonie‹ auffangen müsse, brauchte dafür aber selber täglich einige Stunden Distanz zum Hausfrauenalltag.[258] Als der in ihren Augen charismatische Friedrich Naumann zum ersten Mal mit Max

250 Mendelssohn, Ein Portrait in Briefen, S. 36.
251 Ebd., S. 132f.; s. a. S. 136f.
252 Frauen im Aufbruch, S. 196.
253 Briefe berühmter Frauen, S. 86f.
254 Hudson, »Sieh so schrieb ich Bücher …«, S. 73.
255 Biedermann, Frauenbestimmung, III.
256 Lewald, Leidensjahre, S. 52.
257 Pringsheim-Dohm, Thomas Manns Schwiegermutter erzählt, S. 29.
258 Weber, Lebenserinnerungen, S. 54.

Weber diskutierte, ließ sie »Haushalt Haushalt sein« und hörte gebannt vom Nebenzimmer aus zu.[259] Diese Distanzierung gelang nicht immer. Marie Hesse, die Mutter des Schriftstellers Hermann Hesse, verbrachte als Jugendliche einige Zeit mit den Eltern in Indien und reiste mit ihrem zweiten Ehemann, dem Theologen Johannes Hesse, nach Lettland. Als sie dem Vater zuliebe 1889 ins schwäbische Calw zogen, litt sie nicht nur unter der provinziellen Atmosphäre, sondern fühlte ihre Energie auch durch den Haushalt aufgesogen. »Ich ging ganz auf im Haushalt und hatte keine Frische mehr für Mann und Kinder«, erinnerte sie sich an diese Zeit. »Gemüthlich« sei sie furchtbar gedrückt gewesen, weil in den dortigen Verhältnissen von früh bis spät »nur alles Böse in ihr hochgekocht« worden sei.[260] Große Geselligkeit konnte jedoch wieder als belebend empfunden werden.

Die Ansprüche der Umwelt richteten sich genauso an kinderlose Frauen. Annette von Droste-Hülshoff beschrieb im November 1835 das ständige Unterbrochenwerden als typisch weibliches Los und kleidete ihre Kritik geschickt in Selbstkritik. Ein Wechsel ihrer häuslichen Routine machte ihr klar, wie sehr sie sich sonst nach anderen richten mußte. Zu Hause habe sie nicht gemuckt, wenn sie in der Hälfte eines Verses habe abbrechen müssen, auch wenn sie dies manchen guten Gedanken oder Reim gekostet habe. Konnte sie jedoch auf einem anderen Landsitz im Rhythmus ihres eigenen Schreibens leben, ließen diese Wochen »geistigen Schlaraffenlebens« »böse Gewohnheiten« wuchern. Als erneut Besuch über sie hereinbrach, fühlte sie, wie sie eine Woche lang wieder einmal »meine eigne Lebensordnung habe aus den Augen setzen müssen, um der anderer zu folgen«, und der Vergleich machte sie besonders empfindlich.[261] Emma Siegmund schilderte im Dezember 1842 einen von Visiten, Diners und Besuchen ausgefüllten Tageslauf, der ihr kaum Zeit ließ, ihrem Verlobten Georg Herwegh zu schreiben, und sie konnte nur mit Mühe ihren Unmut verbergen.[262] Und verbergen sollte sie ihn, während Vincke oder Devrient ihre Balance erneuerten, indem sie ihn artikulierten.

Auch wenn sich die Themen wenig zu ändern schienen, so finden sich in der zweiten Jahrhunderthälfte seltener so selbstsichere Berichte über Haus- und Familienarbeit wie der von Bettine von Arnim. Der Vorwurf des geschäftigen Müßiggangs schwebte im Raum, während Frauen selber ihre Aufgaben selten als Arbeit deklarierten. Lita zu Putlitz, eine Tochter des Karlsruher Intendanten Gustav zu Putlitz, pflegte ihre Mutter bis zu deren Tod und mußte danach ihr eigenes Leben neu organisieren, da sie sich ohne diese familiale Rolle völlig unnütz vorkam.[263] Einerseits litt sie darunter, viel Abwechslung und Beschäftigung, aber »keine eigentliche Arbeit« zu haben, an die sie sich hätte halten

259 Weber, Max Weber, S. 233.
260 Hesse, Ein Lebensbild, S. 217.
261 Frauen im Aufbruch, S. 91f.
262 Ebd., S. 235.
263 Putlitz, Aus dem Bildersaal, S. 111.

können. Vernetzt im europäischen Hochadel, stellte sie diesen sozialen Status andererseits nie in Frage, sondern füllte die klassisch-weibliche Rolle der Begleiterin und Krankenpflegerin aus, nicht zuletzt, weil die damit verknüpften Reisen lockten, ihr Leben ausfüllten und interessant machten. Aber gerade weil sie keine bezahlte Arbeit und keine eigene Familie hatte, verlor sie nie ein Wort über Langeweile. Sie hob statt dessen den karitativen Aspekt ihrer Arbeiten hervor, um zu zeigen, daß sie kein unnützes Drohnenleben führte.[264] Eine Tante von Hermann Heimpel beschrieb allerdings noch ihr Klavierspiel als Arbeit, während Heimpel süffisant anmerkte, daß sie nie arbeite.[265] Bei Helene Weber, 1875 mit 31 Jahren Mutter von sechs Kindern, zeigte sich im Vergleich mit Bettine von Arnim, wie sich die Konzeption von Produktivität von Haus- und Familienarbeit abgekoppelt hatte. Zwischen sechs Uhr morgens und neun Uhr abends mit der Nahrungsversorgung ihrer großen Familie beschäftigt, war sie danach erschöpft, ohne in ihren eigenen Augen ernsthaft gearbeitet zu haben: »Und so vergeht der Tag und ich frage mich dann: Was hast du zustande gebracht außer für's liebe Essen und Trinken gesorgt und die Kleine gewartet?«[266]

Auch als Lily Braun oder Marianne Weber im Kaiserreich Hausarbeit als Arbeit thematisierten,[267] veränderte das nicht die selbstverständliche Zuweisung, daß Männer für diesen als uninteressant erklärten Bereich nicht zuständig waren. Max Weber, der dafür eintrat, Frauen zum Studium zuzulassen, riet seiner Frau Marianne vor der Heirat ganz selbstverständlich, sich stärker in der Hausarbeit zu engagieren, damit sie einen ganz eigenen Bereich habe, in dem sie nicht mit ihm konkurriere wie auf geistigem Gebiet. Auch wenn er sich seine Hausfrau nicht einfach wünschte, sollte sie doch praktisch denken und unbefangen empfinden,[268] und er geriet immer dann aus der Fassung, wenn Marianne praktische Alltagsfragen nicht lösen konnte, wie die Wahl der Reiseroute auf der ersten gemeinsamen Reise als Ehepaar.[269] Auch Theodor Heuss wurde mit vielen Problemen erst gar nicht konfrontiert. Seine Frau Elly Heuss-Knapp konnte Studium und Beruf frei wählen, arbeitete als Lehrerin, schrieb volkswirtschaftliche Lehrbücher und engagierte sich vor allem nach dem Ersten Weltkrieg politisch für die DDP. Die Ehe bedeutete für sie nicht das Ende der Erwerbsarbeit oder kreativen Tätigkeit, weil sie wie Marianne Weber immer auf Dienstboten zurückgreifen konnte, doch kommentierte sie selbstironisch die für sie nach ihrer Heirat zunächst entstehende Doppelbelastung.

264 Ebd., S. 129f., 156. Außerdem betonte sie, daß dies Leben ihr immer wieder neue Eindrücke brachte, rückblickend eine Besänftigung und Verteidigung zugleich, ebd. S. 130, 156.
265 Heimpel, Die halbe Violine, S. 142.
266 Weber, Max Weber, S. 36f.
267 Kuhn, Das Unterste zuoberst gekehrt, S. 31f.
268 Weber, Max Weber, S. 198; vgl. Fügen, Weber, S. 61f.
269 Weber, Max Weber, S. 203.

»Denke, wie schrecklich, die Leute gratulieren uns noch dauernd zu den ›jemeinsamen jeistigen Interessen‹, und dabei komme ich, seit ich verheiratet bin, nicht zum Lesen, keine ›Hilfe‹-Nummer mehr seither gelesen und noch kein literarisches Gespräch geführt. Man geht zurück!«, persiflierte sie ihre Situation Marianne Lesser-Knapp gegenüber im Mai 1908. Sie konnte über sich selbst noch lachen, als ihr »trotz aller Sozialpolitik«, die sie theoretisch so gut beherrschte, die Hausmädchen davonliefen. Bis sie deren Anleitung gelernt hatte, träumte sie von Milchtöpfen, »außen rußig, innen fett, das Schrecklichste, was es gibt«, während ihre Stunden immer so weiter liefen, »nicht aufregend, nicht interessant«, so der Stoßseufzer gegenüber Walter Leoni 1908.[270]

Es artikulierten gerade auch Frauen, die keine ausgewiesenen Feministinnen waren, ihre Anpassungsleistung, und das mag um so wichtiger gewesen sein, als diejenigen, die nicht als Außenseiter deklariert werden konnten, um so schärfer treffen mochten. Wie wenig es sich ausschloß, die Monotonie des Haushalts wahrzunehmen und doch die Zeit von Frauen selbstverständlich in Anspruch zu nehmen, demonstrierte Theodor Fontane. Er gilt vielen Historikern als einfühlsamer Kommentator des Zeitgeschehens und als besonders sensibel gegenüber den eingeengten Lebenswelten von Frauen, die er trotzdem als stärkere Persönlichkeiten gezeichnet habe.[271] Als einer der bekanntesten Schriftsteller und Kritiker seiner Zeit prägte er die Geschlechterbilder seiner Zeit aktiv mit, nicht zuletzt durch die Beschreibung der Langeweile der *Effie Briest*, die einer Mischung aus zu viel freier Zeit, zu wenig verantwortungsvoller Tätigkeit und unbefriedigten emotionalen und sexuellen Bedürfnissen geschuldet war.

Fontane bezeichnete Haus- und Familienarbeit immer wieder als langweilig und seinem eigenen Aktionsbedürfnis nicht angemessen. Er schrieb seiner Schwester 1862, daß er selbst nicht ununterbrochen, sondern nur ausnahmsweise in der »Einsamkeit und häuslichen Dürre« des Haushalts leben könne,[272] und untermauerte so auch die Konstruktion von Männlichkeit als nicht in Familie und Haushalt aufgehend. Seiner Tochter Mete gestand er zwanzig Jahre später, daß niemand immer »nachgiebig sein, immer sorgen und Aegernisse lächelnd überwinden« könne. Aber gerade weil Frauen diese Pflicht beständig beachten müßten, sollten sie klug nach dem Grund von Verstimmungen suchen, um sie aus dem Weg zu räumen,[273] statt es zum Konflikt kommen zu lassen. Er wußte, daß es seiner Frau gut tat, den Alltagstrott hinter sich zu lassen und ohne ihn zu verreisen: »Luft, Bewegung, neue Eindrücke, – vor allem das Herausgerissensein aus dem trüben Grau der Alltagsmisere, beruhigt die Nerven.«[274] War er allerdings in Ferien, begegnete er ihren Klagen über man-

---

270 Heuss-Knapp, Bürgerin zweier Welten, S. 109f.
271 Vgl. Jelavich, Literature and the Arts, S. 385.
272 Fontane, Briefe, Bd. 2, S. 290.
273 Ebd., S. 51.
274 Fontane, Briefe, Bd. 1, S. 111, s. a. S. 214f.

gelnde Abwechslung zu Hause mit dem Hinweis auf die Langeweile der Kur, die er aushalte, ohne unzufrieden zu werden.[275] Besonders kritisch reagierte er jedoch, wenn sie ihr Leben analysierte, statt es sich von ihm erklären zu lassen. Während seiner Abwesenheit von Berlin 1883 notierte sie zufrieden, wieviel mehr freie Zeit sie ohne ihn habe, und führte es auf seine absonderliche Tageseinteilung und Unpünktlichkeit zurück, der sie sich sonst anpassen mußte. Wütend wies er beides zurück und sprach ihr sachliches Deduktionsvermögen ab, schilderte nebenbei aber seine Tageseinteilung und die von ihm verlangte Zuarbeit seiner Frau:

Daß ich um 3 und um 10 esse, kann wirthschaftlich unbequem sein, frißt aber Deine Zeit nicht weg. Daß diese doch mitunter weggefressen wird, liegt einfach darin, daß ich doch vielfach Anliegen an Dich habe, die natürlich wegfallen, wenn ich nicht da bin. ›Bitte, besorge mir das‹, ›bitte, mache doch den Besuch‹, ›bitte, lies mir doch was vor‹, ›bitte, schreibe mir doch was ab‹, – so geht das oft tagelang; das ist aber nicht Unpünktlichkeit. Ich *bin* unpünktlich, aber bei dem stillen, zurückgezogenen Leben, das wir seit Jahren führen, spielt die Unpünktlichkeit keine Rolle. Sie kann sich einfach nicht zeigen.[276]

Die alltägliche Dynamik der Geschlechterverhältnisse läßt sich nur schwer in eine Typologie von Verhaltensweisen pressen, höchstens in eine weitgespannte, die eine grundsätzliche Kritik an der Definition von Weiblichkeit, einen sich nur privat artikulierenden Schmerz, mit Selbstvorwürfen vermischten Ärger und die Akzeptanz der normativen Narrative ebenso umfaßt wie alle Zwischenformen. Im Laufe des Jahrhunderts wurde es im Einzelfall schwerer, im Kontext des modernen Leistungsverständnisses aus der Haus- und Familienarbeit allein Selbstbewußtsein abzuleiten. Abgesehen vom Konzept der geistigen Mütterlichkeit, mit dem Frauen eine aktive Rolle in außerhäusigen Bereichen reklamierten, gab es jedoch immer Frauen, die entweder die erzwungene Untätigkeit in ihrem Lebensentwurf kritisierten oder in anderer Form darauf verwiesen, daß Langeweile kein a priori geschlechterspezifisches Phänomen oder Versagen sei, sondern aus dem nichtverhandelbaren Zuweisen von Aufgaben, Gefühlen und Zeitverständnis resultieren konnte. Die Begrifflichkeit der normativen Texte schien mitunter die Formulierungen für die Kritik bereitzustellen. Während die Ratgeberliteratur ein so banal scheinendes Phänomen wie Handarbeit als eine Achse der Benachteiligung thematisierte, die mit Selbstlosigkeit aufzufangen sei, erinnerten die Verfasserinnen von Selbstzeugnissen Handarbeit als einschneidende Differenzerfahrung. Frauen problematisierten geschlechtsspezifische Gefühlserwartungen und ironisierten den an sie her-

---

275 Ebd., S. 233, 247.
276 Ebd., S. 206f. (kursiv im Original).

angetragenen Harmonieanspruch. Sie wehrten sich damit nicht nur gegen eine Ästhetisierung ihrer Arbeit, sondern verwiesen vor allem auch darauf, daß es nicht nur ihre Schuld sei, wenn die emotionale Balance auf der anderen Seite verloren gehe.

d. Ehrgeiz als Schuld, Spott als Waffe

Aus Einzelerfahrungen läßt sich nicht unbedingt ein Erfahrungsaggregat zusammensetzen, aber Einzelerfahrungen werden in dem Maße zu repräsentativen Fallbeispielen, in dem sie die Konfrontation mit überindividuellen Strukturen oder Normen vermitteln, die in ganz unterschiedlichen Lebensläufen wirksam werden sollten. Dazu gehörten der Ausschluß aus Politik, höherer Bildung und vielen Erwerbsbereichen und damit die Schwierigkeit, intellektuelle Traditionen oder ein pluralisiertes gesellschaftliches Wissensreservoir über Geschlechterverhältnisse durch eine kontinuierliche öffentliche Reflexion herzustellen, sowie ein normativer Diskurs, der nicht nur die Begründung für die Exklusion lieferte, sondern auch Träume und Hoffnungen entlang der sozialen Werteskala auf- oder abwertete.

Die wachsende Partizipation von Frauen in einzelnen Funktionsbereichen wie Bildung, Erwerbsarbeit, Wohlfahrtsstaat und Politik während des Kaiserreichs bedeutete einen Erfolg für die Forderungen der bürgerlichen Frauenbewegung, nachdem Louise Otto oder Louise Aston bereits in der ersten Jahrhunderthälfte die Verortung von Frauen als gesellschaftliches, nicht nur individuelles Problem formuliert hatten. Daneben aber impliziert die Sekundärliteratur z. T. eher eine Verengung von Identitätsentwürfen, umgekehrt proportional zu der Erweiterung sozialer Handlungsräume. Juliane Dittrich-Jacobi zufolge artikulierten bürgerliche Frauen im späten 19. Jahrhundert nicht einmal mehr ihre Träume. Mary Jo Maynes hat bei Frauen aus den Unterschichten ein ähnliches Schweigen festgestellt. Während Arbeitermänner ihrem Zorn über das Ende ihrer Schulbildung in Autobiographien Luft machten, gab es für Arbeiterfrauen nicht nur keine guten Beschäftigungsaussichten, sondern im Vergleich mit deutschen Männern und französischen Männern und Frauen offensichtlich nicht einmal die Denkmöglichkeit, sich eine andere Zukunft vorzustellen. Ebenso erinnerten sich deutsche Frauen im Vergleich mit französischen Frauen oder deutschen und französischen Jungen und Männern seltener daran, ihr Elternhaus während ihrer Jugend verlassen zu haben.[277] Auch Katherine Goodman zufolge war die Bandbreite öffentlicher Positionen für Frauen am Ende des Jahrhunderts unbestreitbar größer als am Anfang, aber um den Preis eines »inneren Selbstmordes«, der sie ihre Erfahrungen und Wün-

---

277 Jacobi-Dittrich, Growing Up Female, S. 214; Maynes, Taking the Hard Road, S. 126f.

sche nicht mehr ungebrochen artikulieren ließ.[278] Diese Entwicklung läßt sich mit der schärfer werdenden normativen Regulierung von Weiblichkeit nach der Fundamentalpolitisierung in Vormärz und Revolution korrelieren, gefaßt vor allem im Begriff der Selbstsucht, der auf die Selbstwahrnehmung zielte.

Zu den immer wiederkehrenden Mechanismen der Delegitimierung von Träumen und Wünschen, die in Literatur und Publizistik, in familiärem und gesellschaftlichem Umfeld sichtbar waren, zählte der Spott, mit dem Berufs- und Bildungswünsche von Mädchen konfrontiert wurden. Pockels lieferte 1806 das Leitmotiv, als er »kluge« Frauen dazu aufforderte, Schriftstellerinnen nicht nur zu tadeln, sondern auch zu verlachen[279] und so einmal mehr die sogenannte Devianz zu einem Problem zwischen Frauen machte. Dieser Spott entzog sich wie der Langeweilevorwurf dem Argument. Er vereinzelte diejenigen, die er traf, und schrieb ihre Wünsche als Transgression fest.

Eine typische Reaktion war die vorwegnehmende Selbstkritik. Frauen erinnerten sich an den Spott, den ihre Träume und Phantasien provozierten. Sie verinnerlichten den Vorwurf, daß Frauenliteratur weniger wert und nur aus Langeweile geboren sei, ließen sich aber oft dennoch nicht beirren. Johanna Schopenhauer kokettierte damit, daß man ihr im geselligen Umgang die Schriftstellerin gar nicht anmerke.[280] Henriette Feuerbach spottete 1848 vorwegnehmend über sich selbst, um sich zu schützen und den zumindest therapeutischen Sinn ihres Schreibens zu verteidigen. Sie habe sich selber »was Redliches dabei heruntergemacht und ausgelacht«, aber am Ende sei es doch eine Arznei gewesen, die sich ihr »armer Sinn« selbst verordnet habe, und schließlich mochte sie ihr »Heftchen« doch, wenn es auch keinen Heller wert sei.[281] Elise Lensing fragte 1851 ängstlich an, ob Christine und Friedrich Hebbel nicht über sie und ihre kleinen Schreibversuche ironisch lächeln würden.[282] Die Lehrerin Helene Adelmann, die 1876 einen für die Stellenvermittlung für Frauen wichtigen Lehrerinnenverein in London gründete, erlebte als Mädchen, wie ihr Wunsch, Ärztin oder Apothekerin zu werden, entweder als ungeheuerlich oder aber als lächerlich abgetan wurde.[283] Die Schwester von Marie Ebner-Eschenbach tadelte deren erste Gedichte mit dem Satz, sie sei so kurios, und riet ihr statt dessen, die geschlechterspezifische Zuordnung von Sprachmächtigkeit zu akzeptieren: »Sprich nicht davon; dann vergeht's vielleicht.«[284] Fanny Lewald legte ihre ersten literarischen Versuche nicht nur deshalb wieder bei-

---

278 Goodman, Dis/Closures, S. 211; s. a. Prokop, Die Sehnsucht nach Volkseinheit, S. 176-203.
279 Pockels, Der Mann, B. 3, S. VIII.
280 Schopenhauer, Im Wechsel der Zeiten, S. 33.
281 Frauen im Aufbruch, S. 208f. Sie war die Schwiegertochter des Juristen Anselm Feuerbach.
282 Ebd., S. 351.
283 Adelmann, Aus meiner Kinderzeit, S. 106.
284 Ebner-Eschenbach, Meine Kinderjahre, S. 127, Zitat S. 137.

seite, weil sie den Vorwurf vermeiden wollte, ihre Produktion sei nur aus Langeweile entstanden, sondern weil sie es selber genau so empfand.[285] Zum Vergleich sei der Chirurg Theodor Billroth erwähnt, der sich damit brüsten konnte, sein erstes bedeutendes Buch aus Langeweile geschrieben zu haben.[286]
Ein Beispiel aus der Arbeiterbewegung illustriert die Bedeutung des Spotts in einer Statusgesellschaft wie Deutschland. Leiter von SPD-Versammlungen ermutigten alle männlichen Mitglieder ausdrücklich, Diskussionsbeiträge in freier Rede zu üben, solange sie unter sich seien, um sich nicht lächerlich zu machen, sobald sie es wagten, in anderen Kreisen das Wort zu ergreifen: »Und wenn das auch in der kläglichsten Form geschieht, jeder ist sicher, nicht ausgelacht zu werden, denn eben dazu sind wir allvierzehntägig hier zusammen, damit wir uns schulen, um in den grossen Versammlungen unsern Gegnern mit Erfolg antworten zu können.«[287] Der Ausschluß von Frauen aus politischen Organisationen nach 1850 bedeutete auch, ihnen ein Forum zum Reden zu entziehen. Umgekehrt bot das weibliche Vereinswesen Frauen Gelegenheit, öffentliches Sprechen zu üben.[288]

Zukunftsorientierten Ehrgeiz bei Frauen zu diskreditieren, war ein weiteres Mittel im Versuch, Identitätsbildung gegen das dominante Weiblichkeitsbild zu erschweren. Gegen die These einer linearen Entwicklung zum inneren Selbstmord spricht allerdings, daß in dem Maße, in dem Bildung und Erwerbstätigkeit zu erklärten Zielen der bürgerlichen Frauenbewegung wurden, Frauen im späten 19. Jahrhundert ihren Ehrgeiz ausdrücklich thematisierten, wenn auch als etwas, das erklärt und gerechtfertigt werden müsse. Marianne Weber leugnete nie ihre Ambitionen.[289] Minna Cauer, auf dem linken Flügel der bürgerlichen Frauenbewegung und für das Wahlrecht von Frauen engagiert, schöpfte Lebensmut und Hoffnung aus Applaus.[290] Christl Schleifer aus Wien litt dagegen an ihrem »Ehrgeizkomplex«.[291] Weder adlige noch bürgerliche Töchter wurden bis zum Ersten Weltkrieg systematisch auf die Welt außerhalb der Familie vorbereitet. Auch Töchter des Wirtschaftsbürgertums besuchten bis zum Ersten Weltkrieg Schulen, die eine an das Familienleben gemahnende persönliche Atmosphäre pflegten.[292]

Margarete von Wrangell (1876-1932), die als eine von zwei Frauen in der Weimarer Zeit 1922 ein Ordinariat als Professorin und Leiterin der Land-

---

285 Lewald, Meine Lebensgeschichte: Leidensjahre, S. 223f., 279.
286 Billroth, Briefe, S. 243.
287 Göhre, Drei Monate Fabrikarbeiter, S. 90; vgl. Kettmann, Die Existenzformen der deutschen Sprache, S. 57.
288 Zu Vereinen z. B. Heinsohn, Politik und Geschlecht; Klausmann, Politik und Kultur.
289 Weber, Lebenserinnerungen, S. 189. Zur Ehrgeizthematik, mit Literatur zu Autobiographien, Schaser, Lange, S. 354.
290 Cauer, Leben und Werk, S. 213.
291 Schnöller, Stekl (Hg.), »Es war eine Welt«, S. 159.
292 Augustine, Patricians, S. 118.

wirtschaftlichen Hochschule in Hohenheim erhielt, ging um die Jahrhundertwende in Reval auf eine Töchterschule, deren Ehrgeiz es war, daß ihre Schülerinnen keinen Ehrgeiz entwickelten.[293] Ihre Mutter freute sich jedoch, daß sie als Mädchen immer voll Interesse war und nie apathisch oder gelangweilt. Wrangell schilderte, fast im Stil des sozialistischen Erweckungserlebnisses in der Begegnung mit der Partei, die Bedeutung von Ehrgeiz und Anerkennung. Sie galt in der Schule als schlechter als ihre Schwester, bis sie in der Aspirantinnenklasse einen »berauschenden Erfolg« feierte, von dem ihr vor allem die »beglückende Anerkennung« ihres Vaters in Erinnerung blieb.[294] Die Anerkennung eines Mannes symbolisierte den Erfolg. Indem sie die Bedeutung dieser Erfahrung für sich betonte, konnte sie das Gefühl der Transgression überwinden und Erfolg für sich als legitime Kategorie definieren. Emotionalen und sozialen Rückhalt während ihres Studium fand sie dann allerdings überwiegend bei Frauen, vor allem ihrer Mutter.[295]

Die Wirksamkeit der geschlechterspezifischen Bewertungs- und Statuskategorien zeigte sich u. a. in dieser Orientierung auf männliche Anerkennung sowie daran, daß die Suche nach anderen Lebensformen häufig zu einer Auseinandersetzung unter Frauen führte. Antifeminismus war auch deshalb ein so träges Sinnmuster, weil er gerade zwischen Frauen dergestalt reproduziert wurde, daß die Sehnsucht nach einem anderen Lebensstil als Kritik am eigenen Lebensstil verstanden und entsprechend scharf abgelehnt wurde. Häufig waren es Frauen, die durch den Bezug auf die polarisierten, binären Codierungen, auf denen die soziale Ordnung und Kohäsion aufbaute,[296] keinen Spielraum für unterschiedliche Rollenmodelle ließen. Keineswegs distanzierten sich immer nur Töchter von der traditionellen Art ihrer Mütter. Elisabeth Meyer z. B., Mutter von Betsy und Conrad Ferdinand Meyer, wünschte sich für ihre Tochter ein bunteres Leben, während Betsy Meyer (1831-1912) voll in der Rolle der still für den Bruder arbeitenden Schwester aufging, sich als Malerin ausbilden ließ, um ihn finanzieren zu können, seine Sekretärin wurde und Frauen verspottete, die unter einem Mangel an Selbstbestimmung litten.

Elisabeth Meyer schrieb ihrem Sohn 1852: »Es ist wirklich stille bei uns, so stille, als wären Deine Schwester und ich dem Leben abgestorben. Bei mir ist dies ziemlich natürlich, aber die Betsy sollte und könnte noch leben, und dazu kannst *du* ihr am Besten verhelfen …«.[297] Betsy dagegen behauptete eine Woche später, daß ihre Mutter und sie glücklich seien, solange der Bruder zu einer »tätigen und somit zufriedenen Existenz« gelange, wobei sie allerdings

293 Wrangell, S. 20f.
294 Ebd., S. 21.
295 Zu Frauennetzwerken Schaser, Lange, S. 84ff.; für die USA Smith-Rosenberg, Disorderly Conduct, S. 254ff.
296 Smith-Rosenberg, Disorderly Conduct, S. 261.
297 Briefe berühmter Frauen, S. 93 (kursiv im Original).

von ihrem »sogenannten Glück« sprach[298] und ihn auf Arbeit und Erfolg verpflichtete. Sie arbeitete jahrzehntelang, nach außen hin unsichtbar, an den Korrekturen seiner Bücher mit. Den *Jörg Jenatsch* korrigierten sie 1876 gemeinsam vier Stunden vormittags, und sie übertrug die Korrekturen am Nachmittag in Reinschrift, so daß ihr kaum Zeit für Besuche oder den eigenen Haushalt blieb. Meyers Verleger Hermann Haessel gegenüber beharrte sie jedoch darauf, daß diese Arbeit nicht drückend sei und zudem eine »verborgene« Liebesmühe bleiben solle.[299]

Um so schärfer kritisierte Meyer die Frauen als selbstsüchtig, die selber etwas »leisten« wollten. Herablassend urteilte sie 1884 über die Tochter einer Schulfreundin, die über dem Gedanken, »nichts« zu sein, psychisch krank geworden sei:

> ... die moralische [Ursache der Krankheit, MK] aber ist oder war der peinigende Gedanke, sie sei *nichts*, leiste nichts, habe keinen eigentlichen Beruf in der Welt, also mit Schiller zu reden: ›ihres Nichts durchbohrendes Gefühl‹; beleidigtes oder erdrücktes Selbstgefühl, – Eitelkeit, wenn Sie wollen.

Meyer verurteilte diese Einstellung als »Schutt von Sinnestäuschungen und verkehrten Gedanken« und spottete über den Wunsch der jungen Frau, Diakonissin zu werden, um etwas zu »sein«.[300] Freud hätte dies als Überidentifikation mit dem Aggressor bezeichnet. Otto Weiningers Erfolgsbuch *Geschlecht und Charakter*[301] basierte auf der in jedem Verhaltensbuch des 19. Jahrhunderts vorformulierten These, daß die Frau »nicht« sei und »nichts« sei. Meyer übernahm diese Position und versuchte die Gefahr abzuwehren, daß eine Frau, die die Selbstaufgabe in Frage stellte, ohne ihr Frausein zu leugnen, Meyers Bewußtsein ihres eigenen Selbst untergrub und für falsch erklärte.

Meyer sprach den Schritt aus der Langeweile in die Krankheit an, den präpathologischen Zustand, der zu Depression oder Hysterie führen konnte. Ärzte vermittelten einem breiteren Publikum in Medien wie der *Gartenlaube*, daß Enttäuschungen sich somatisieren konnten, hielten dies aber nur bei Männern für legitim. Joachim Radkau hat gezeigt, wieviele Männer sich im Kaiserreich wegen Neurasthenie behandeln ließen und dabei ihre berufliche Überlastung und ihre sexuellen Probleme eloquenter als Frauen thematisierten. Er begründet dies damit, daß »Energie« zum weiblichen Selbstwertgefühl weniger als zum männlichen dazugehörte und sich deshalb aus dem Gefühl des Energiemangels bei Frauen nicht so leicht ein Therapiebedarf ergeben habe.[302] Eleanor Marx, die jüngste Tochter von Karl Marx, gab eine andere Antwort, als sie ihre

---

298 Ebd., S. 93.
299 Kessel, Zwischen Abwasch, S. 144-146., S.16.
300 Briefe berühmter Frauen, S. 215 (kursiv im Original).
301 Dazu u. a. Sengoopta, The Unknown Weininger.
302 Radkau, Männer als schwaches Geschlecht, S. 271.

Angst vor Ärzten beschrieb, weil diese Experten eine soziale Ursache in ein individuell-pathologisches Problem verwandeln würden.

Marx (1855-1898) sehnte sich nach einem materiell selbständigen Leben und probierte verschiedene literarische und künstlerische Tätigkeiten aus, wobei sie und ihre Schwestern den Vorwurf der Selbstsucht ebenso antizipierten wie die meisten anderen bisher geschilderten Frauen.[303] 1881, im Alter von 26 Jahren, hatte sie das Gefühl, daß sie ihr Leben lange genug habe »gehen lassen«.[304] Ein Jahr später, als sie ihren Vater nach dem Tod der Mutter auf die Isle of Wright zu dessen Kur begleitete, wurde sie depressiv, weil der Tod der Mutter das Gefühl verschärfte, endlich »etwas tun« zu wollen, bevor es zu spät sei. Sie analysierte ihren Zustand besser als jeder Arzt, und am meisten haßte sie ihren Vater und die Ärzte dafür, daß sie ihr Ruhe empfehlen und als Professionelle und als Männer ihren Anspruch auf Handeln und Aktivität zurückwiesen, statt sie bei der Arbeitssuche zu unterstützen. Sie wußte, daß sie nur dann gelassener werden könne, wenn sie »einen konkreten Plan und eine konkrete Arbeit hätte, als ewig weiter zu warten und zu warten.«[305] Sie hatte jedoch kein Geld, um z. B. Schauspielstunden zu nehmen, und war auf das Warten verwiesen.

Karl Marx definierte Langeweile in seinen Schriften ganz im Sinne des Langeweilediskurses als Sehnsucht nach einem Inhalt.[306] Seine Tochter dagegen schimpfte er aus, als ob sie sich auf Kosten der Familie »gehenließe«. Eleanor Marx klagte sich wohl an, selbstsüchtig zu sein, und beharrte doch auf ihrem eigenen Leben. Sie liebe ihren Vater und habe oft den Wunsch unterdrückt, »noch *etwas* zu versuchen«. Aber vergeblich: die Aussicht auf Unabhängigkeit verlockte sie zu sehr.[307] Als sie im Oktober 1882 an einem Wörterbuch mitarbeitete, konnte sie ihre Sonntage zu Hause wieder genießen.[308]

Nicht zu unterschätzen als ein Referenzmuster für die individuelle Selbstverortung war die literarische Aufarbeitung der Langeweileproblematik durch Schriftstellerinnen wie Gabriele Reuter. Ihre Romane, die ausdrücklich nicht die großen Leidenschaften, sondern die ganz normalen Abgründe im Leben bürgerlicher Frauen schildern wollten[309] und dabei die sozialen Ursachen des

---

303 Das funktionierte vor allem auch untereinander. Eleanor Marx entschuldigte sich vorwegnehmend bei ihrer Schwester Jenny für ihre brieflichen Klagen, für den »endlosen (und sehr egoistischen) Brief … . Hoffentlich habe ich Dich nicht sehr gelangweilt.« Die Töchter von Karl Marx, S. 170f. (kursiv im Original).
304 Ebd., S. 154.
305 Ebd., S. 169.
306 Karl Marx, Ökonomisch-philosophische Manuskripte (1844), MEW-Ergänzungsband, 1. Teil, Berlin 1968, S. 586. Diesen Hinweis verdanke ich Matthias Eidenbenz.
307 Die Töchter von Karl Marx, S. 171ff. (kursiv im Original).
308 Ebd., S. 184.
309 Reuter, Vom Kinde zum Menschen, S. 432. Auch sie wies die Stigmatisierung der Trauer als Krankheit und die Pathologisierung von Handlungswillen zurück. Ihre Agathe wollte nicht »krank« sein, sondern sich einfach mit »an des Lebens Tisch setzen« und genießen, Reuter, Aus guter Familie, S. 235f.

Problems in den Mittelpunkt rückten, waren ein Publikumserfolg in den neunziger Jahren. In ihrem Roman *Aus guter Familie*, der sechs Auflagen erlebte, zeigte Reuter an der Hauptfigur Agathe Heidling in stark autobiographischer Färbung die Versuchung, in die vorgegebene Rolle zurückzusinken: weniger gesellschaftliche Häme bedeutete weniger psychische Anstrengung. Heidling verzweifelte an der langweiligen, zwecklosen Hausarbeit[310] und war sogar bereit, als Frau eines Beamten zu leben, obwohl sie bei deren unterstelltem gleichförmigen Denken und Verhalten ihre eigenen Anlagen würde verstecken müssen – ein bissiger Kommentar zur Kultur des Kaiserreichs. Zur Langeweile im wenig anregenden Elternhaus kam die Langeweile der Ortlosigkeit und der unerfüllten Hoffnungen. Als sie die Sehnsucht nach einem Stück Geborgenheit aufgeben mußte, mußte sie nicht nur das Gefühl verarbeiten, auf dem Heiratsmarkt keine Chance zu haben, sondern sie schämte sich auch, sich feilgeboten zu haben. Zurück blieben nur »die Reue – die Scham – die Langeweile – zuletzt mehr und mehr ein Gefühl, als habe sie sich selbst verloren und schwanke – eine welkende Form ohne Inhalt, ohne Seele – durch der Erscheinungen Flucht«.[311]

Noch deutlicher in politisierender Absicht schlüsselte Lily Braun (1865-1916) ihren Lebenslauf bis zu ihrer Ehe über die Grunderfahrung der Langeweile auf, die sie auch als generelles Merkmal der Geselligkeit und der Umgangsformen des Kaiserreichs diagnostizierte: von den ersten Klassen im Privatinstitut für Mädchen, die sie als grenzenlos langweilige »graue, staubige Straße« empfand,[312] über die Mädchenjahre im Haus einer Tante, die sie zur weiblichen Idealgestalt formen wollte und ihren Tageslauf noch unerbittlicher einteilte als ihre Mutter,[313] bis hin zur Schweriner Gesellschaft, in der ihr die Männer wie die Frauen austauschbar vorkamen, die im »vorschriftsmäßigen Gleichmaß« endlose Nachmittagstees abhielten und in der von Braun kritisierten »vollkommene[n] Gleichartigkeit des Wesens« äußerlich und innerlich farblos blieben.[314] In diese lähmende Stille der guten Erziehung hinein forderte die temperamentvolle junge Frau noch weit erbitterter als Lewald: »Meine Lebenskräfte schreien nach Betätigung. Ich möchte ... etwas leisten, das Wunden schlägt.«[315]

Die Sozialistin aus gutem Haus brachte die gebrochenen Leistungs- und Bewertungsnormen der bürgerlichen Gesellschaft am deutlichsten auf den Punkt: »Wird der Wert eines Menschen an seiner Leistung gemessen, – wie bestehe ich vor dieser Prüfung?! Ich bin dreiundzwanzig Jahre alt, gesund an Geist und

---

310 Reuter, Aus guter Familie, S. 290.
311 Ebd., S. 263.
312 Braun, Lehrjahre, S. 33, 50.
313 Ebd., S. 143, 219f., 297.
314 Ebd., S. 213.
315 Ebd., S. 216.

Körper, leistungsfähiger vielleicht als viele, und ich arbeite nicht nur nichts, ich lebe nicht einmal, sondern werde gelebt!«[316] Sie beschrieb zunächst, wie sie im Übergangsstatus der Haustochter zwischen einer selbstvergessenen Teilnahme an gesellschaftlichen Ereignissen und der Wut und Verletzung über ein nichtselbstbestimmtes Leben schwankte.[317] In ihren Schriften, von denen die *Memoiren einer Sozialistin* nach heutigen Maßstäben ein Bestseller wurden, prangerte sie dann den fatalen Kreislauf von mangelhafter Ausbildung, Doppelbelastung und dem diesen Faktoren geschuldeten unprofessionellen Charakter der Arbeit von Frauen an, und sie forderte wirtschaftliche Unabhängigkeit als Lösung.[318]

Bei Braun wie Reuter war wichtig, daß sie Langeweile publizistisch als sozial konstruiertes Problem anprangerten, während sich in den Alltagskonflikten eher abzeichnete, daß Frauen versuchten, ihre Gefühle und deren Ursache genauer zu benennen, um dem Vorwurf der Selbstsucht zu entgehen. Aber gerade die so wortmächtige Braun zeigte, wie schwer es für diejenigen war, die Hemmschwellen zum gesprochenen Wort zu überwinden, die den Transgressionsvorwurf verinnerlicht hatten. Öffentliches Reden war noch schwieriger als publizieren, weil Frauen persönlich in Erscheinung treten und mit unmittelbaren Reaktionen rechnen mußten. Braun litt lange unter der Kritik ihrer weiblichen Verwandten gegenüber ihren Schreibversuchen, die über Gedichte für Familienereignisse hinausgingen, und auch sie erinnerte sich an den Spott ihres Vetters gegenüber den »Auswüchsen« ihrer Phantasie.[319] Als sie das erste Mal öffentlich in einer Kommission der *Gesellschaft für ethische Kultur* sprechen sollte, die ihr erster Mann leitete, fühlte sie sich, als ob sie sich nackt ausziehen sollte. Ihre Vision ihres entblößten Körpers baute auf der männlichen Phantasie von weiblichen Stimmen in der Öffentlichkeit als Gefahr und Grenzüberschreitung auf, die sie mit sich herumtrug. In ihrer Retrospektive betonte sie allerdings sofort, sie habe dann beschlossen, sich offensiv zur »geistigen Nacktheit« erziehen zu wollen, die die Menschheit von denen verlange, die sich in ihre Dienste stellen würden.[320] Damit verschob sie die Nacktheit, die schamvolle Entblößung, die der Welt verriet, daß sie den das öffentliche Reden legitimierenden Phallus nicht besaß, von der körperlichen auf die geistige Ebene. Die physische Entblößung wurde zur intellektuellen Offenbarung, indem sie die Scham, die ihre Handlung diskreditieren sollte, in eine ehrenhafte Haltung und die Zuschreibung von außen in eine eigene Entscheidung verwandelte.

---

316 Ebd., S. 308.
317 Ebd., S. 149; zu Marianne Webers ähnlichen Erfahrungen vgl. Kessel, Balance, S. 249f.
318 Stolten, Lily Braun, S. 217.
319 Braun, Lehrjahre, S. 20.
320 Ebd., S. 455.

e. Politik und Bildung, Augenblick und Zukunft

Die »großen Ferien des Lebens« (Michelle Perrot), politische und gesellschaftliche Umbrüche, Feste und Revolutionen wirbelten den Alltag durcheinander und machten den systematischen Exklusionscharakter der Geschlechterdifferenz mitunter erst recht bewußt.[321] Die Befreiungskriege konnten ebenso wie die Revolution von 1848 für Chancen und Verbote im Leben sensibilisieren.

Die napoleonischen Kriege führten zu einer Welle von Vereinsgründungen durch Frauen, die sich aus Patriotismus zusammenfanden und dann das gesellschaftliche Leben mitbestimmten.[322] Die große Politik intensivierte auch das individuelle Zeitgefühl. Johanna Schopenhauer war seit 1806 in Weimar dicht am militärischen Geschehen. Die Stadt wurde nach der Niederlage gegen die napoleonischen Truppen vom zurückweichenden preußischen Heer, von Verwundeten und Flüchtenden überflutet, und dagegen blieben die Bücher blaß: »Ich lese ohnehin jetzt wenig, ich lebe mehr, der Buchstabe ist doch immer ein totes Wesen,«[323] schrieb sie im Februar 1807. Nicht zuletzt, weil sie wußte, wie schwierig ihre Position als alleinstehende Frau war, engagierte sie sich mit Lebensmittel- und Weinlieferungen und wurde so schnell in der Stadt bekannt. Die von namhaften Adligen geführten Truppen machten den kleinen Ort in ihren Augen sehr lebendig. Verglichen mit Lesezirkeln war dies für Schopenhauer »ein so gewaltiges Leben, daß es mich unwiderstehlich mit fortreißt«.[324] Sie sah wohl die menschlichen Leiden im Krieg und die Gefahr, daß viele der schicken Soldaten, die sie bewunderte, verletzt, verstümmelt oder getötet werden könnten. Sobald der Abtransport der Verwundeten jedoch besser organisiert war und diese nicht mehr so sichtbar waren, überwog das Lebensgefühl den Schrecken, »denn wer sieht nicht gerne auf überstandene Stürme zurück?«[325] Bettine Brentano dagegen realisierte in dieser Situation erst recht die soziale Eingrenzung. Sie schrieb Friedrich Karl von Savigny 1804, daß ihre rastlose Gier nach »Wirken« die Seele überwältige:

> Wenn ich so denke, daß gestern ein Tag war, wie heute einer ist und morgen einer sein wird, und wie schon viele waren und noch viele sein werden, so wird es mir oft ganz dunkel vor den Sinnen und ich kann mir selbst kaum denken, wie unglücklich mich das machen wird, nie in ein Verhältnis zu kommen, worinnen ich meiner Kraft gemäß wirken kann.[326]

---

321 Geschichte der Frauen, Bd. 4, S. 536.
322 Reder, Frauenbewegung, betont den emanzipatorischen Charakter der Vereinsgründungen; s. a. Mettele, Bürgertum; Planert, Frauenbewegung.
323 Schopenhauer, Im Wechsel der Zeiten, S. 364; zur Lesewut Hoock-Demarle, Frauen der Goethe-Zeit, S. 166.
324 Schopenhauer, Im Wechsel der Zeiten, S. 315.
325 Ebd., S. 343.
326 Frauenbriefe der Romantik, S. 81.

Die jüngere Forschung hat die erweiterten Handlungs- und Partizipationsräume für Frauen aufgezeigt, die die Revolutionsjahre keineswegs »from a distance« erlebten.[327] Sie hatten teil an der politischen Öffentlichkeit, sowohl direkt als auch durch den Kontakt mit Ehemännern, Verwandten und Freunden,[328] als Publizistinnen (wenn auch unter Pseudonymen) oder als aktive Teilnehmerinnen wie Johanna Kinkel oder Emma Herwegh, die in Männerkleidern mit ihrem Mann zusammen nach Baden ritt. Rebecka Dirichlet-Mendelssohn, die Schwester von Fanny Mendelssohn-Bartholdy, kommentierte die politischen Ereignisse ebenso[329] wie die Demokratin und Schriftstellerin Malwida von Meysenbug, die 1852 aus Berlin ausgewiesen wurde und nach England ins Exil ging.

Die Revolution beeinflußte den Alltag beider Geschlechter. Für den badischen Arzt Eduard Kaiser bedeuteten die badischen Revolutionen den Höhepunkt seines Lebens und vor allem auch ein Gegengewicht zu privatem Leid, dem Tod von drei Kindern, seiner Frau, seinen Eltern und einer Schwester zwischen 1839 und 1854.[330] Er warf sich mit Schwung in die von Hecker und Struve geprägten politischen Ereignisse. »Man arbeitete und aß nur obenhin,« erinnerte er sich begeistert.[331] Kaiser genoß die Straße als öffentlichen Ort der Kommunikation: »Wir standen bis Mittag in dichten Gruppen auf den Straßen herum und frugen nach Neuigkeiten, wo wir ein unbekanntes Gesicht gewahr wurden.«[332] Danach erschien ihm sein eigenes Leben alltäglich und, so der bezeichnende Ausdruck, philisterhaft.[333] Seine Frau kam durch die Ereignisse zu einer nachgeholten Hochzeitsreise, die sonst selten jemand in der Familie schaffte – zum Parlament nach Frankfurt.[334]

Die Schriftstellerin Claire von Glümer wurde von ihrem Vater Ende 1848 nach Frankfurt geschickt, um von dort anonym für die *Magdeburger Zeitung* zu berichten.[335] Amalie Struve (1825-1862), die Frau des badischen Revolutionsführers Gustav von Struve, nahm aktiv mit ihm an den badischen Kämpfen teil, wurde mit ihm verurteilt und ging ins amerikanische Exil, wo sie zum Lebensunterhalt beitrug.[336] Politik und Geselligkeit flossen ineinander. Den

327 So noch Boetcher Joeres, 1848 From A Distance, S. 590-614; aus der Fülle der Literatur zu Handlungsspielräumen von Frauen in der Revolution hier nur Hauch, Madame Biedermeier; Hauch, Frauen-Räume; Kienitz, Frauen; Paletschek, Frauen und Dissens; Lipp, Bräute; Lipp, Schimpfende Weiber; Wischermann, Das Himmelskind; Hachtmann, »… nicht noch die Volksherrschaft«; sowie die Beiträge in ÖZG 9 (1998), H. 4.
328 Lipp, Bräute, S. 71-92.
329 Hensel, Lebensbild, S. 92f.
330 Kaiser, Aus alten Tagen, S. 215.
331 Ebd., S. 249.
332 Ebd., S. 249.
333 Ebd., S. 287.
334 Ebd., S. 253.
335 Boetcher Joeres, 1848 From A Distance, S. 601f.
336 Weiland, Geschichte, S. 262ff.

politischen Ereignissen folgten häufig Tanzveranstaltungen,[337] und als Struve im September 1848 die Republik in Lörrach ausrief, veranstaltete Amalie Struve direkt vor dem Haus eines politischen Gegners ihren Korso.[338] Frauen sprachen genau die lebensweltlichen Aspekte an, die die Langeweiletexte als Gefahr genannt hatten: die getrennten Lebenswelten, die Vereinzelung und mangelnde Anregung, das öde Abhaken der Zeit. Württemberg verbot als einziges deutsches Land Frauen zunächst den Zugang zu der Besuchergalerie der Abgeordnetenkammer im Landtag. Dies änderte sich erst, als das Rumpfparlament aus Frankfurt nach Stuttgart floh.[339] Dort ging es chaotisch zu, lange Wartezeiten garantierten nicht unbedingt einen Sitzplatz mit Ellbogenfreiheit, und doch schwärmte eine Frau über das Erlebnis: »Ich habe mich aber auch noch nie besser unterhalten als hier; oft kam man neben gebildete Männer, die sich belehrend über die jetzigen Zeitverhältnisse unterhielten, Aufschlüsse gaben über Dieses und Jenes, was mich interessirte, und so verstrich die Zeit, wir wußten nicht wie. – Wir Frauenzimmer waren alle so bekannt [miteinander, MK] geworden ...«[340]

Genau diese Bekanntschaften zwischen Frauen, ihre mögliche Solidarisierung und ihr neues politisches Wissen verrückten die Grenzen in den Geschlechterbeziehungen und lösten Ängste bei männlichen Beobachtern aus. Im Stuttgarter *Neuen Tagblatt* von 1849 beschrieb eine Frau, wie vereinzelt und abgeschnitten von Nachrichten sie sonst waren: »Wie einsam und verlassen schmachten wir in dieser bösen Zeit oft tagelang zu Hause?«[341] Gerade weil Männer die Beschleunigung des Zeit- und Lebensgefühls durch die politischen Ereignisse begeistert registrierten, war ihnen der Kontrast durchaus bewußt. Robert Blum schwärmte von der elektrisierenden Wirkung des Zeitgeschehens. Der Führer der gemäßigten Demokraten im Paulskirchenparlament schwelgte im »Champagnerrausch«, endlich die Politik bewegen zu können.[342] Das »betäubende« Treiben und die politische Entwicklung verdichteten den Erfahrungsgehalt rauschartig: »wahrlich, man lebt und arbeitet in einem Monat für Jahre, aber man merkt's nicht.«[343] Er vermißte seine Familie sehr, aber den Wunsch seiner Frau, ihn zu besuchen, mußte er relativ knapp dahingehend bescheiden, die Kinder seien zu klein, um alleingelassen zu werden; also könne sie nur zu Hause bleiben, da eine Reise gemeinsam mit den Kindern zu teuer war. Blum bat jedoch ausnahmsweise einen Freund, ihr zuzureden; normalerweise zeichne seine Frau sich aus in der weiblichen Kunst der Entbehrung, aber in diesem Fall fürchtete er doch, daß sie ihm die Enttäuschung anlastete.[344]

337 Lipp, Bräute, S. 77.
338 Kaiser, Aus alten Tagen, S. 263.
339 Lipp, Bräute, S. 80f.
340 Zit. nach Lipp, Frauen und Öffentlichkeit, S. 292.
341 Ebd., S. 293.
342 Blum, Briefe, S. 60.
343 Ebd., S. 76, 95.
344 Ebd., S. 74.

Die unterschiedliche literarische Verarbeitung der Revolution bestätigte, daß beiden Seiten die unterschiedlichen Zeit- und Lebenserfahrungen bewußt geworden waren. Männliche Autoren wie Melchior Meyr rückten die fließend gewordenen Handlungsgrenzen energisch zurecht und schrieben Frauen im Nachhinein aus dem revolutionären Handeln heraus: »Was die Männer sahen und erfuhren, ließen sich die Frauen gerne erzählen und lebten so auf ihre Weise die neue Zeit mit.«[345] Schriftstellerinnen wie Louise Otto und Claire von Glümer dagegen thematisierten den Ausschluß und das erzwungene Warten. Louise Otto zeigte in *Drei verhängnisvolle Jahre*, daß Zeit für Männer prallvoll und aufregend sein mochte, während das angstvolle Warten sie für Frauen zur Last machte. Männer konnten, genau wie Kaiser es empfunden hatte, ihre Sorgen in Taten vergessen: »Und die Tage, wie mühevoll und anstrengend auch die Arbeit sein mag, die sie bringen, vergehen doch pfeilgeschwind, wenn sie nicht unthätig verbracht werden müssen!«[346] 1849 formulierte Malwida von Meysenbug ihre politischen Hoffnungen noch als einen Kult der Zukunft.[347] Claire von Glümer dagegen verwies etwas später auf die gespaltene Definition der Zukunft und des Alltags, die es Frauen so schwer machte, eine eigene Zukunft im Sinne eigener Ziele zu definieren. Der Blick auf das höherbewertete Leben des anderen ließ sie realisieren, daß sie nicht nur keinen Fortschritt für sich selber verzeichnen konnte, sondern daß sie diesen nicht einmal als Hoffnung und konkrete Vision angestrebt und formuliert hatte:

Sie sprechen vom Leben der Männer, sagte sie, das hat doch in der That noch mehr als unser Leben. Sie streben doch nach Etwas, es mag noch so gering sein. Aber wir leben nur so hin; und ist ein Jahr vorüber und es fällt uns ein zu fragen: was haben wir gewonnen? oder auch nur: was haben wir gewollt? ich fürchte, wir können uns selbst nicht antworten.[348]

Nach der Revolution, durch das preußische Vereinsgesetz aus politischen Zusammenhängen ausgeschlossen, verlagerten sich die Energien auf Bildung und Arbeit. Vom 18. bis zum späten 19. Jahrhundert gab es wenige Möglichkeiten für Frauen der höheren Schichten, sich finanziell selbständig zu unterhalten. Handarbeit war eine legitime Quelle von Einkommen, bis bürgerliche Frauen sich Zugang vor allem zum Erziehungswesen verschafften, wobei die Pädagogin und Schulleiterin Elisabeth Bernhardi im späten 18. Jahrhundert nur »Verdruß über die Gegenwart, Angst über die Zukunft« voraussah.[349] Außer der Malerei und Schriftstellerei, beides eine finanziell unsichere Perspektive,

---

345 Meyr, Vier Deutsche, Bd. 3, S. 369; s. a. Boetcher Joeres, 1848 From A Distance, S. 601.
346 Otto, Drei verhängnisvolle Jahre, Bd. 2, S. 162f.
347 Wülfing, On Travel Literature, S. 295.
348 Glümer, Fata Morgana, S. 123f.
349 Bernhardi, Ein Wort, S. 88f.; Hardach-Pinke, Weibliche Bildung, S. 513.

bot sich daneben vor allem der Gouvernantenberuf an.³⁵⁰ Die seit den sechziger Jahren neuformierte Frauenbewegung kämpfte für einen systematisch anderen Entwurf der Zukunft, in Form verbesserter Mädchenbildung und der Zulassung zu den Universitäten. Vor allem im Vergleich des deutschen mit dem US-amerikanischen Bildungs- und Ausbildungssystem zeigt sich die Benachteiligung von Männern, die nicht zu den Oberschichten gehörten, und von Frauen generell durch die starre Entwicklung des deutschen Schul- und Berufssystems. Die Möglichkeit, Beruf und Familie miteinander zu verbinden, wurde in den USA durch kürzere Ausbildungswege und durch ein breiter gestaffeltes Raster von Zugangsmöglichkeiten zu vielen Berufen in einem weit geringeren Maße verhindert als in Deutschland.³⁵¹

Im Kaiserreich entwickelte sich die Kritik an der sozial verursachten Langeweile zu einem Antrieb der Veränderung. Hedwig Dohm sprach den Antifeminismus von Frauen an, als sie den Tugendkult der deutschen Hausfrau ironisierte, und sie warnte ausdrücklich davor, Spott zu fürchten und sich dadurch von der Idee der Frauenemanzipation abbringen zu lassen.³⁵² Die Schriftstellerin Elisabeth Dauthendey (1894-1943) beschrieb in *Die Gesellschaft* von 1894 die unterschiedlichen Ausgangsbedingungen für männliches und weibliches Handeln. Sie zeigte, wie die Benachteiligung in der Kindheit ansetzte, die Männern selbstverständlich ihren Platz gewähre, während Frauen in der Öffentlichkeit auf Spott, Gelächter und Schadenfreude treffen würden, wenn sie sich von der Lähmung, Einsamkeit und Leere in ihrem Leben freizumachen suchten. Sie beließ es nicht bei der Analyse, sondern begann und beendete ihren Artikel mit der Feststellung: »Das Weib denkt«, mit dem ebenso hoffnungsvollen wie für das binäre Denken bedrohlichen Schluß, die Menschheit sei in ein neues Stadium getreten.³⁵³

In der Bildungsdebatte, deren Teilnehmerinnen die Geschlechterdefinitionen problematisierten, auch wenn sie das Differenzdenken nicht offen negierten, erhielt der Langeweilebegriff erneut Hochkonjunktur. Der Vorwurf der Selbstsucht verband den antiintellektuellen Impuls des Langeweilebegriffs mit der Verpflichtung von Frauen auf Nicht-Intellektualität. Als ideal galt immer noch die treue, aufopfernde Frau, die gerade genug Bildung besaß, um nicht zu langweilen.³⁵⁴ Tinette Homberg wiederholte 1861 in einer Schrift zum preußischen Schulwesen die für das ganze Jahrhundert typische Kritik an einer »trockene[n] und langweilige[n]« Bildung, die die Dinge nüchtern zergliedere und – so der implizite Automatismus – die Persönlichkeit von Mädchen ver-

---

350 Hardach-Pinke, Weibliche Bildung, S. 514.
351 Vgl. Taylor, The Transition to Adulthood, bes. S. 646ff.; generell die Beiträge in Kleinau, Opitz (Hg.), Geschichte; Schaser, Lange.
352 Dohm, Der Jesuitismus im Hausstande, S. 208.
353 Pauloff, Die Geschlechter, S. 1362-1364.
354 Anderson, Vision und Leidenschaft, S. 18. Bölte, Die Gefährtin des Mannes, S. 226-228, kritisierte die »sogenannten unverstandenen Frauen«, die noch nicht begriffen hätten, daß ihre Freude in der Arbeit für ihren Mann läge.

forme, statt ihre liebevolle Lebendigkeit zu fördern.³⁵⁵ Karl Biedermann, ein Experte der *Gartenlaube* für die ideale Weiblichkeit, hielt Frauen in der zunehmenden Trennung der Lebenswelten ohne kluge Anleitung für gar nicht mehr in der Lage, angemessen auf die Geschäfte und Interessen ihres Mannes einzugehen; ohne seine Führung würden sie ihn langweilen und ermüden statt erfreuen.³⁵⁶ Helene Lange dagegen trieb die Inhalts- und Zwecklosigkeit des Lebens vieler Frauen dazu, sich energisch einen Inhalt zu suchen und die Ästhetisierung der Mädchenbildung durch nützliches, berufsorientiertes Wissen zu ersetzen.³⁵⁷

Die wirkungsmächtige und vielzitierte Weimarer Pädagogendenkschrift von 1872 schrieb Langeweile in politischer Bedeutung fest. In dieser den deutschen Staatsregierungen gewidmeten Denkschrift formulierten die Mädchenschulpädagogen ihr Ziel für die zukünftige Mädchenbildung, um so auch ihre eigenen professionellen Interessen und ihre Position an den Mädchenschulen für die Zukunft zu sichern.³⁵⁸ Gleichwertige, nicht gleichartige Bildung war das Motto:

> Es gilt dem Weibe eine der Geistesbildung des Mannes in der Allgemeinheit der Art und der Interessen ebenbürtige Bildung zu ermöglichen, damit der deutsche Mann nicht durch die geistige Kurzsichtigkeit und Engherzigkeit seiner Frau an dem häuslichen Herde gelangweilt und in seiner Hingabe an höhere Interessen gelähmt werde, dass ihm vielmehr das Weib mit Verständnis dieser Interessen und der Wärme des Gefühls für dieselbe zur Seite steht.³⁵⁹

Allerdings bewegten sie damit langfristig Helene Lange zum Handeln, die zwar die These der Gleichwertigkeit unterschrieb, sich aber gerade deshalb gegen die Dominanz von Männern in der Mädchenbildung wandte. Ihre *Gelbe Broschüre*, ein Begleitschreiben zu einer Petition an das preußische Unterrichtsministerium und das preußische Abgeordnetenhaus 1888, forderte einen größeren Einfluß der Lehrerinnen in den öffentlichen höheren Mädchenschulen und eine wissenschaftliche Lehrerinnenausbildung und gab den entscheidenden Anstoß zur Reform des Mädchenschulwesens.³⁶⁰ Trotz des Fortschritts allerdings, den die Frauenbewegung in der Ausbildung von Lehrerinnen erzielte, und obwohl dieser Beruf vor der Ausweitung des Angestelltenbereiches eine der besten Optionen für Frauen der Oberschichten bot, wies das Deutsche Reich mit

---

355 Homberg, Gedanken über Erziehung, S. 122.
356 Biedermann, Über Wesen, S. 95.
357 Freudenthal, Gestaltwandel, S. 227f.
358 Schaser, Lange, S. 54ff.; generell zu Bildung Albisetti, Schooling; Klewitz, Gleichheit als Hierarchie; Kleinau, Opitz (Hg.), Geschichte.
359 Handbuch der Frauenbewegung, Bd. 3, S. 111.
360 Albisetti, Schooling German Girls, S. 151, 167.

21 % weiblichen Lehrern immer noch den geringsten Prozentsatz aller westlichen Länder auf,[361] ein Indiz für größere strukturelle und mentalitätsmäßige Hindernisse für höhere Bildung und Erwerbsarbeit von Frauen in Deutschland.

Um so größer war der Stolz der ersten Studentinnen, als Pioniere zu arbeiten. »Ich bin ich, und die Welt steht leuchtend vor mir.« So interpretierte Minna Cauer den Gesichtsausdruck ihrer Großnichte Lilly, die ihr 1921 aus New York ein Bild von sich schickte.[362] Ähnlich empfanden die ersten Studentinnen, die in Zürich die Hochschule besuchten, bevor Frauen schließlich auch in Preußen 1908 zum Studium zugelassen wurden.[363] Marie Baum, Chemikerin und DDP-Abgeordnete in der Weimarer Nationalversammlung, die dort mit Ricarda Huch studierte, kam sich vor wie ein »Vorposten«, bereit zu hohem Einsatz.[364] Das Gefühl, eine von Wenigen zu sein, die neue Wege betraten, erhöhte die Lebensintensität. Margarete von Wrangell, die sich bereits in den neunziger Jahren zum Entsetzen der Revaler Gesellschaft die Erlaubnis erkämpft hatte, ohne Damenbegleitung ins Theater zu gehen und auszufahren, war 1904 eine von drei Studentinnen an der Universität Tübingen. Sie studierte Naturwissenschaften, Chemie und Botanik, ihre Mutter und ihre Schwester siedelten mit ihr von Reval dorthin um, und sie fühlten sich als »Pionierinnen«.[365]

Begleitet wurde dieser Prozeß von kleinen Geschichten in prominenten Zeitschriften, in denen Populationen lediger Männer in Paragraphen und Papier zu vertrocknen drohten. Darin stand wohl der männliche Junggesellenstatus auf dem Prüfstand, das öde, staubige Arbeitszimmer mit seinem Wust von Büchern, Manuskripten, Zeitschriften und dem Gefühl, niemals Herr seiner Zeit zu sein, sondern ständig nur dem »papiernen Zeitalter«[366] hinterherzuschreiben. Die Skala der lebensentfremdeten Bücherwürmer reichte vom promovierten Junggesellen, der seinen papierbedeckten (»trockenen«) Schreibtisch floh, bis zum zerstreuten Professor, dem die Welt zu öde wurde, der sich allerdings aus lauter Zerstreutheit nicht einmal konsequent umbringen konnte und statt dessen den Genuß eines Spazierganges im Mondschein wiederentdeckte.[367] Primär aber waren die Frauen impliziert, die sich weigerten, gefühl-

---

361 Albisetti, Education, in: Chickering (Hg.), Imperial Germany, S. 251.
362 Cauer, Leben und Werk, S. 261.2
363 In Baden wurden sie (versuchsweise) 1899 zugelassen, 1903 in Bayern, 1904 in Württemberg, 1906 in Sachsen, 1909 in Mecklenburg-Vorpommern. Deutschland bildete ein Schlußlicht unter vergleichbaren Ländern. Vgl. Kleinau, Opitz (Hg.), Geschichte; Huerkamp, Bildungsbürgerinnen; Schlüter (Hg.), Pionierinnen; Glaser, Hindernisse.
364 Baum, Rückblick, S. 59ff.
365 Wrangell, S. 143; zur Zeit zwischen Schule und Hochschule S. 79.
366 Anon., Ferien und Sonntagsruhe, in: Die Gegenwart, Bd. 41 (1892), S. 17-21.
367 Lottmann, Als Professor Susemihl, S. 107f.

voll einzugreifen, und »interessant« fungierte auch hier als Kriterium für die erwünschte Persönlichkeit. Eine »interessante« Frau fand das richtige Wort für jedes Problem ihres Mannes, ohne selber Anspruch auf akademische Ehren zu erheben. Paul Bliß beschrieb in der *Gesellschaft* von 1889 einen Journalisten, der plötzlich die Sterilität seiner Papier- und Tintenexistenz entdeckte und auf der Stelle eine Frau brauchte. Er schwärmte solange begeistert von der Bildung und dem »interessanten« Geplauder einer Frau, bis er merkte, daß sie die Autorin eines Buches war, das er rezensieren sollte. Er verriß sie erbarmungslos. Als Ergebnis blieb er zwar selber ledig, traf sie jedoch Jahre später als Gattin und Mutter wieder, und sie dankte ihm warm dafür, sie von ihrem schiefen Weg abgebracht zu haben.[368] Wer allerdings dergestalt die Verlusterfahrungen lediger Männer schilderte, beschrieb sie auch als von Frauen abhängig, da sie nicht von sich aus ihre emotionale Einseitigkeit auffangen könnten. Vielleicht wollten die akademischen und politischen Eliten auch deshalb nicht zulassen, daß intellektuell arbeitende Frauen auch nur austesten könnten, Familie und Beruf zu vereinbaren. Die Vorstellung, daß Beamtinnen nicht verheiratet sein dürften, schrieb das preußische Abgeordnetenhaus 1892 im Zölibat fest.[369]

Seit 1880 und 1885 existierten Erlasse in Preußen, die die Entlassung von Lehrerinnen bei ihrer Verheiratung ermöglichten, aber nicht unbedingt erzwangen. Ab 1892 mußten diese Frauen automatisch bei ihrer Heirat aufhören. Das preußische Abgeordnetenhaus reagierte damit sicher auch auf die Überfüllungskrise vor allem der Oberlehrerkarriere seit den frühen achtziger Jahren, zumal nachdem Helene Lange forderte, die Mädchenausbildung in die Hände von Frauen zu legen. Der Versuch, das Zölibat mit dem Familienrecht im Allgemeinen Landrecht zu erklären, das Ehemännern von 1794 bis 1896 gestattete, ihren Frauen jederzeit die Arbeit zu verbieten,[370] überzeugt jedoch nicht. Seit 1874 wurde das Bürgerliche Gesetzbuch diskutiert, das die Rechtslage in Deutschland vereinheitlichte und verheirateten Frauen die prinzipielle Geschäfts- und Prozeßfähigkeit zuerkannte, mit der wichtigen Konzession, daß verheiratete Frauen nicht mehr die Zustimmung des Ehemannes zu einem Arbeitsvertrag benötigten.[371] Die Reichsregierung legte den ersten Entwurf 1888 vor. In dem Moment, in dem Männer dieses Eingriffsrecht in die Arbeitsverhältnisse ihrer Frauen verloren, formulierte die Rechtsprechung die gesetzliche Unvereinbarkeit von Erwerbsarbeit und Familie für Beamtinnen.

---

368 [Bliß], Auch eine!, S. 155-157. Der Titel und der Name der Frau, Theodora, waren eine Anspielung auf Theodor Vischers *Auch einer*, einem Erfolgsbuch unter Akademikern.
369 Dazu Joest, Nieswandt, Das Lehrerinnen-Zölibat, S. 251-258; zur Entwicklung bis 1945 Huerkamp, Bildungsbürgerinnen, S. 215ff. Das Zölibat gab es nicht nur in Deutschland; eigentlich bildete nur Frankreich eine rühmliche Ausnahme.
370 Joest, Nieswandt, Das Lehrerinnen-Zölibat, S. 252. Zu den politischen Kontroversen um das BGB John, Politics and the Law.
371 Evans, Feminist Movement, S. 13.

Meist wird problematisiert, warum die ledigen Lehrerinnen, die die Frauenbewegung leiteten, die Ideologie der Mütterlichkeit propagierten. Dies erstaunt jedoch in einem Klima der Hypersexualisierung von Weiblichkeit nicht weiter. Außerdem konnten auch ledige Frauen sich so in einen familial über die Abfolge von Generationen definierten Geschichtsablauf einfügen. Aufschlußreich ist vielmehr, daß Politiker und Interessengruppen das Zölibat überhaupt für notwendig hielten, da die überwältigende Mehrheit der Lehrerinnen sowieso nicht heiratete. Es nahm Frauen, die sich für den Lehrerinnenberuf entschieden, die Möglichkeit, auch nur zu versuchen, die Doppelbelastung zu bewältigen, während Männer sich zunehmend nur noch über den Beruf definierten und von Frauen erwarteten, ihnen dies zu erleichtern.

Das Argument damaliger KommentatorInnen, daß Erwerbsarbeit und Familie für eine Frau sowieso nur Doppelbelastung bedeute, geht am Kern des Zölibats vorbei. Niemand zwang eine Lehrerin zu heiraten. Das Zölibat nahm ihr schlicht das Recht, selber darüber zu entscheiden. Nur Hedwig Dohm und die Volksschullehrerin und Liberale Maria Lischnewska machten dies deutlich. Dohm forderte eine gerechte Verteilung der Hausarbeit und strukturelle Hilfen wie Kindergärten bei der Kinderversorgung, um die permanent zelebrierte Berufsfreude statt zerrüttender Doppelbelastung auch wirklich zu garantieren. Lischnewska berührte den noch heikleren Punkt der Sexualität. Sie entfachte einen Streit in der Frauenbewegung, als sie als einzige auf der Berliner Tagung des Landesvereines Preußischer Volksschullehrerinnen 1904 für die Aufhebung der Klausel plädierte, weil diese die weibliche Sexualität verkümmern lasse. Sie kritisierte, daß unverheiratete Lehrerinnen oft ein trostloses Dasein führten, weil sie ihre natürlichen Bedürfnisse nicht entfalten dürften.[372] Um so deutlicher erscheint das Zölibat als Versuch, Mentalitäten in dem Moment rechtlich zu fixieren, in dem sie sich durch den zahlenmäßig sichtbaren Aufbruch von Frauen in neue Bereiche potentiell zu ändern schienen.

Der Entscheidungszwang zwischen Beruf und Familie konnte mutlos machen, aber auch in diesem Zwiespalt verwiesen etliche Texte darauf, daß Frauen daran ebenso schuld seien wie an einer als unbefriedigend empfundenen Arbeitssituation. Sie könnten mit ihrer Arbeit glücklich werden, so Amely Bölte, wenn sie sie auch ohne Aufstiegschancen als Entwicklung verstünden: »Wer bei der Arbeit keine Freude hat, hat sie selten. Wer in seinem Beruf kein Vorwärts kennt, auf dem lastet jeder kommende Morgen.«[373] Im Zentralorgan für Lehrerinnen und Erzieherinnen, der Zeitschrift *Die Lehrerin in Haus und Schule*, riet Emma Hoffmann 1888 ihren Kolleginnen, drei Grundsätze immer zu befolgen, um nicht wie andere Frauen Mut und Kraft zu verlieren: erstens ihren Beruf zu

---

372 Lischnewska, Die verheiratete Lehrerin; vgl. Joest, Nieswandt, Das Lehrerinnen-Zölibat, S. 258.
373 Bölte, Die Erzieherin, S. 288. Langeweile sollten Lehrerinnen vermeiden, indem sie den Stoff immer wieder neu durcharbeiteten, Hoffmann, Wie erhalten wir, S. 5.

lieben, sich zweitens Erfolg zu verschaffen, aber nicht äußeren Erfolg, und sich drittens nicht verbittern zu lassen.[374] Hoffmann sprach die ganze Skala gesellschaftlicher Benachteiligung an, die geringere Entlohnung, die gesellschaftliche Ächtung der verspotteten Blaustrümpfe und die drohende Mutlosigkeit und Verbitterung. Sie fand es verständlich, daß viele Frauen darunter litten, auf 100 Meter als Lehrerin erkannt zu werden, verlangte aber zugleich von ihnen, ihr Selbstbewußtsein genau zu dosieren. Sie dürften nicht stolz darauf sein, es weit gebracht zu haben, sondern nur darauf, auch an bescheidener Stelle das Beste zu leisten. Erfolg im Beruf bedeute in erster Linie Erfolg bei den Kindern. Zwar beharrte auch sie auf finanzieller Unabhängigkeit. Aber Frauen, die aufgrund der geschlechterspezifisch unterschiedlichen Lohnkategorien ihre Berufsfreudigkeit einbüßten, schalt sie als »Bewegung der Unzufriedenen«, die die Welt böse und das Leben unruhig machten. Verbitterung hielt sie zwar für möglich, wenn eine Lehrerin, die im Rampenlicht der öffentlichen Aufmerksamkeit stehe, sich deren Kritik zuziehe, und doch führte sie diese Reaktion auf individuelle Dispositionen wie Empfindlichkeit, Ungeduld und Energielosigkeit zurück,[376] Berufsfreudigkeit hingegen auf die angestrebte Entäußerung.[377] Sie versuchte so, die Hemmschwelle gegen Enttäuschung möglichst hoch zu ziehen. Ihre Ratschläge vermitteln gleichzeitig, wie vorsichtig Frauen agieren mußten, wenn sie ihr Bedürfnis nach Anerkennung ansprachen oder öffentliche Anerkennung reklamierten.

Friederike Grüzmüller, zweite Lehrerin an einer Volksschule in Peterswalde in Westpreußen, lieferte im selben Journal das Beispiel für Entäußerung. Ihr war es nicht gelungen, eine der begehrten Stellen an einer höheren Mädchenschule zu bekommen, und so richtete sie sich auf dieser Stelle ein (deren Gehalt für Lehrer mit Kindern nicht ausreichte, aber die Gefahr bestand bei Frauen nicht). Auch sie kritisierte die Frauen, die über Konkurrenzdenken bei Männern klagten, und riet allen Lehrerinnen, kochen und andere hauswirtschaftliche Fähigkeit zu lernen, um sich selber ein gemütlicheres Leben einzurichten, bei einer möglichen Heirat entsprechend gerüstet zu sein, vor allem aber, um diese Fähigkeiten auch in den Unterricht einbringen zu können. Gemütlich bedeutete, mittags eine Milchsuppe oder Gesundheitskaffee und abends Grütze zu kochen.[378]

Lehrerinnen stellten neben Telefonistinnen den höchsten Anteil von Neurastheniefällen bei erwerbstätigen Frauen.[379] Bei Telefonistinnen war der Anspruch, sekundenschnell zu reagieren, so hoch, daß die Streßfolgen nicht verwundern. Bei Lehrerinnen mochten diese Folgen mehr mit den gebroche-

---

374 Hoffmann, Wie erhalten wir, S. 2.
375 Ebd., S. 3f.
376 Ebd., S. 7.
377 Ebd., S. 8ff.
378 Grüzmüller, Lehrerin in Westpreußen, S. 108-111.
379 Radkau, Männer als schwaches Geschlecht, S. 273.

nen Normen zusammenhängen, dem Anspruch, Leistung ohne Anerkennung zu liefern, mit dem Spott des langweiligen Blaustrumpfs im Kopf. Zumindest die Rückblicke von ledigen Studienrätinnen über ihren Berufs- und Lebensweg fielen Claudia Huerkamp zufolge jedoch stereotyp positiv aus. Drei Topoi kehrten immer wieder: die Berufsfreude, das schöne Heim mit Garten, die Bildungsreisen.[380] Berufliches Engagement, der eigene Raum, das Hinaustreten in die Natur und die Mobilität in der Bildungsreise waren die Versatzstücke, die die Selbstzeugnisse männlicher Gebildeter aus dem 19. Jahrhundert prägten, und gebildete Frauen entwarfen sich im selben Modus.

Die Kritik an der sozial konstruierten Langeweile im Leben von Frauen der Oberschichten war im späten 19. Jahrhundert breit gestreut, und der polemische Ton der Ratgeberliteratur resultierte auch daher, daß das Verbot genau dieser Kritik so erfolglos blieb. Ein Protest von bürgerlichen Frauen gegen Arbeit jenseits der Hausarbeit ist dagegen weit schwerer zu entdecken als bei Männern. Die Frauenbewegung forderte Bildung und das Recht auf Erwerbsarbeit. Wenn eine Frau im Beruf über Langeweile klagte, riskierte sie den Vorwurf, ihr eigenes Interesse nicht wachhalten zu können oder für die Arbeit nicht zu taugen. Zumindest einige Mitglieder der ersten Frauenbewegung schafften es allerdings, ihre berufliche Position zu verändern, um nicht in der Langeweile der Routine zu erstarren. Anita Augspurg (1857-1943), Deutschlands erste Juristin und Mitbegründerin des *Verbandes für Frauenstimmrecht*, hatte auch deshalb einen so vielseitigen Lebensweg, weil sie sich nicht vorstellen konnte, ihr ganzes Leben auf einen Beruf festgelegt zu sein.[381] Marie Baum tolerierte in ihrem Beruf ebenfalls weder Routine noch Entfremdung. Ihre beiden ersten Arbeitsstellen als Chemikerin in Berlin und als Gewerbeinspektorin in Baden gab sie freiwillig auf, weil sie die erste Arbeit nicht als »wesenhaft« empfand und auf der zweiten Stelle ihr Vorgesetzter sie nicht selbständig genug agieren ließ. »Das Leben, nicht von der Mitte aus gestaltet, nicht im Tiefsten ergriffen, scheint vorüberzurauschen,« faßte sie die Kluft zwischen Erwartungen und Realität zusammen.[382] Beide Male betonte sie, daß sie den Sprung ins Leere wagte, ohne feste Pläne für die Zukunft zu haben, weil sie aufgrund ihrer ersten beruflichen Erfolge zuversichtlich genug gewesen sei, eine neue befriedigende Arbeit zu finden[383] – eine risikofreudige Lebenskünstlerin, die die Zukunft neu gestaltete, ohne sich an Gegenwärtiges zu klammern, weil der vorhandene Beruf die Lebensfreude zerstörte.

Ein letztes Beispiel soll die intrikate Verzahnung von beruflichem Ehrgeiz und persönlichen Ängsten zeigen, die daraus resultierte, daß die Polarisierung von Liebe und Beruf für Frauen Gegenwart und Zukunft gegeneinander aus-

---

380 Huerkamp, Bildungsbürgerinnen, S. 226.
381 Weiland, Geschichte, S. 38.
382 Baum, Rückblick, S. 82-84, Zitat S. 92.
383 Ebd., S. 105. Nach dem Krieg leitete sie die badische Wohlfahrtspflege von 1921 bis 1926.

spielte. Margarethe von Wrangell, die 1929, mit 53 Jahren, Wladimir Andronikow heiratete, einen Bekannten aus ihrer Jugend in Reval, war selbstbewußt genug, die Langeweile verschiedener Arbeiten zu thematisieren. Sie studierte in Tübingen mit einem Abstecher nach Leipzig und arbeitete dann u. a. in London bei William Ramsay, als Universitätsassistentin in Straßburg und in Paris bei Madame Curie. Wann immer ihre Arbeit ihr zu langweilig und zerstückelt schien, gelang es ihr, die vorhandene Situation zu verändern, ohne den Aufwand und die Anstrengung ausführlich zu thematisieren. Als Assistentin an der landwirtschaftlichen Versuchsstation in Dorpat 1909 machte sie ihre Arbeit gerne, aber fand sie doch langweilig, ohne Sorgen und ohne große Herausforderungen.[384] Sie beschloß daraufhin, für ein Jahr nach London zu Ramsay zu gehen. Dort gelang ihr eine originelle chemische Analyse, zu der Ramsay ihr nachdrücklich gratulierte, und sie schrieb nach Hause: »Jetzt mag nachher kommen, was da wolle, Enttäuschungen, maßlose Arbeit, vielleicht sogar die Erkenntnis, daß nicht alles so glänzend ist, wie es aussieht. Dieser Augenblick kann mir nicht mehr genommen werden.« Sie sei ein anderer Mensch.[385] Die folgende Arbeit als Universitätsassistentin in Straßburg 1910 fand sie wieder »zu zerstückelt«, um »von anspornender Aktualität zu sein«,[386] und ein Jahr später war sie bei Curie in Paris. 1920 habilitiert, wurde sie 1922 nach Hohenheim berufen.

Wrangell leugnete jedoch nicht die Kraft, die ihr Leben kostete, obwohl nicht nur Freundinnen und weibliche Familienangehörige sie im Studium unterstützten, sondern auch einige Professoren ihr verständnisvoll weiterhalfen. August Mickwitz z. B. schrieb nicht nur Empfehlungsbriefe, sondern beschrieb ihr auch die verschiedenen süddeutschen Universitätsstädte unter dem Aspekt der Frauenfreundlichkeit bzw. Frauenfeindlichkeit, und als sie es gut traf in Tübingen, freute er sich, daß alle freundlich zu ihr seien, da man dann mehr »Courage und Lebensfreudigkeit zum Arbeiten« habe.[387] Aber in kleinen Tagebuchgeschichten verarbeitete sie, die etliche Heiratsanträge ausschlug, ihre Verlusterfahrungen und sprach ungewöhnlich offen auch ihre Angst vor Beziehungen an. In einer kleinen Geschichte stellte sie sich als Malerin dar, die mit dem Zug aus München wegreiste, wo sie an ihrem Talent zu zweifeln begonnen hatte. Der Zug brachte sie schnell fort, als Symbol für ihre »kalte Sehnsucht«, die sie immer fortgetrieben habe, aus einer behüteten Kindheit in eine zerzauste und zerzausende Welt. Aber sie warf sich jetzt selber vor, nie auf Liebesangebote eingegangen zu sein, obwohl diese nie ihre Leidenschaft geweckt hatten. Im Zug reiste ein Mann mit, dessen Blick sie nicht mehr losließ. Als sie noch zehn Minuten gemeinsame Fahrt hatten, ging sie auf den Flur, als sie

---

384 Wrangell, S. 164.
385 Ebd., S. 169.
386 Ebd., S. 178.
387 Ebd., S. 139.

noch fünf Minuten hatten, nahm er sie in seine Arme. Sie hatte sich danach gesehnt, aber in diesem Moment riß sie sich los, wütend über ihre »Schwäche«. Sie hatte Angst davor, daß er, sobald sie den Zug verlassen hatte, etwas Niederträchtiges über Frauen sagen würde, sie dachte aber auch daran, »daß das Leben ein Narrentanz sei und daß eine Minute den Sinn von vielen Jahren verlachen kann. Sie wußte es nicht, ob die Minute recht hatte oder die vielen Jahre. Sie wollte es nicht wissen.«[388] Leidenschaft zählte in Augenblicken, und sie sehnte sich nach Liebe und Fallenlassen. Aber der Sehnsucht nach dem Sicheinlassen auf das Jetzt stand das überwältigende Festschreiben von Frauen auf dem Jetzt entgegen, das ihre Zukunft gefährdete, solange Liebe und Beruf für Frauen als einander ausschließend definiert waren. Einer Frau, die sich einließ, drohte die nichtkontrollierbare männliche Interpretation, der Spott über angebliche weibliche Bedingtheit durch Sexualität. Dieser double bind produzierte die Qual der Angst, sich nicht ausliefern zu wollen, und die Qual der Erkenntnis, sich nicht aufgeben zu können.

[388] Ebd., S. 155-159, Zitat S. 159.

IV. Der Zwang zur Zukunft: Langeweile und Männlichkeit

1. Persönlichkeit als Pflicht

Als das sogenannte erste Geschlecht, das den angeblich natürlichen Maßstab setzte, wurde Männlichkeit weniger explizit konzeptualisiert als Weiblichkeit. Aber indem die aufklärerischen Diätetiklehrer, in einer Diskussion von Männern über Männer, Langeweile als Gefahr in männlichen Lebensentwürfen thematisierten, entwarfen sie das Idealbild eines Mannes, der leidenschaftlich und zweckrational zugleich war und Vergangenheit, Gegenwart und Zukunft harmonisierte. Kommentare zur Ästhetik, Sexualität und Moral entwarfen den dergestalt ganzen Mann als intelligent, leidenschaftlich und handlungsfähig sowie als sexuell kontrolliert aktiv. Innerhalb des Entwurfs des Geschlechterverhältnisses als einer dichotomischen, polaren Hierarchie erschien Männlichkeit dagegen als zweckrational, um Weiblichkeit als nur emotional konstruieren zu können. Männlichkeit[1] war ein paradoxes Konstrukt, das gerade in dieser Doppelgesichtigkeit konstitutive Bedeutung für die Geschlechterordnung in Deutschland hatte.

Das Reden über die moderne Gesellschaft fand Carol Pateman zufolge immer auf zwei verschiedene Weisen statt.[2] Die Konstruktion der modernen Gesellschaft beruhte zunächst auf der Trennung zwischen privat (als weiblich-familialem Raum) und öffentlich (als gesellschaftlicher und politischer männlicher Sphäre), mit den entsprechenden dichotomischen Geschlechterbildern. Sobald jedoch dieser »sexuelle Vertrag« (Pateman) in den Gesellschaftsvertrag eingelassen war, verschob sich die Art der Argumentation. Jetzt suchte der Diskurs über die moderne Gesellschaft vergessen zu machen, daß es ein ausgeschlossenes Anderes gab, das durch seine Exklusion das Politische als politisch-männlich und die bürgerliche Gesellschaft als öffentlich-männliche Sphäre definierte. Im (vorgeblich geschlechterneutralen) Reden über die bürgerliche Gesellschaft als rein männlichem Raum verschoben sich dann auch die Definitionen von privat und öffentlich insofern, als beides jetzt männlich konnotiert

---

1 Für die Vorstellung einer dominanten oder hegemonialen Männlichkeit vgl. Connell, Gender and Power; der Blick auf historisch gleichzeitige, konkurrierende Modelle bei Hall, Competing Masculinities, und Tosh, What Should Historians Do; s. a. Mosse, Bild; Kimmel, Manhood; Roper, Manful Assertions; die Beiträge in Kühne (Hg.), Männergeschichte; Epple, Empfindsame Geschichtsschreibung.
2 Dazu und zum folgenden Pateman, The Sexual Contract; s. a. Landes, Women. Mir geht es weniger um die »imagined communities« (Benedict Anderson) als um das ›imagined individual‹.

war. Als öffentlich galten nun Staat und politisches Handeln, als privat z. B. Wirtschaft oder gesellschaftliche Organisationen wie Vereine.

Die beiden ineinander verzahnten Entwürfe von männlicher Individualität, so meine Hypothese, korrelierten mit diesen Redeweisen. Das polare Geschlechtermodell entsprach der Projektion ausdifferenzierter und einander entgegengesetzter Lebenswelten. Für die zweite Redeweise dagegen wurde ein Bild männlicher Identität nötig und wirksam, das in sich bereits die Prozesse der Exklusion vergessen machte, die die Grundlage und ein Konstituens der Moderne bildeten. Die Vorstellung des Lebenskünstlers verband deshalb alle zentralen Elemente von Menschsein, die in der binären Geschlechtercodierung auf Männlichkeit und Weiblichkeit aufgeteilt waren. Diese Ganzheit begründete den Anspruch auf Unabhängigkeit als einem Kern von Männlichkeit, einer Unabhängigkeit, die wiederum männliche Macht legitimieren sollte. Aus dieser Perspektive erklärt sich die scheinbare Diskrepanz zwischen den Selbstbeschreibungen der Moderne, die die Ausdifferenzierung der Lebenswelten betonen, und der gleichzeitigen Obsession mit der Einheit des männlichen Subjekts. Der Anspruch auf Ganzheit bedingte allerdings im Umkehrschluß, daß diese Konstruktion von Männlichkeit inhärent instabil war. Denn einerseits mußten alle Elemente dieser zusammengesetzten Identität vorhanden sein, um die Unabhängigkeit zu garantieren und den männlichen Machtanspruch abzustützen. Anderseits mußte der Machtanspruch von anderen akzeptiert werden, auch und gerade dann, wenn der Anspruch der Ganzheit in den Pluralisierungs- und Differenzierungsprozessen der Moderne offenkundig zur Fiktion wurde und die Einheit des Individuums nicht mehr garantiert schien.

Im Gegensatz zur erschlagenden Fülle von normativen Texten über Weiblichkeit muß aus diversen Texten und Praktiken herausgefiltert werden, welche Vorstellungen von Männlichkeit existierten und wie sie das Handeln von Akteuren prägten. Im Folgenden soll einerseits skizziert werden, welches Männlichkeitsideal Erziehungs- und Anstandsliteratur einübten. Verhaltenslehren für Männer propagierten auch im 19. Jahrhundert zunächst die im aufklärerischen Langeweilediskurs angemahnte Lebenskunst, rückten dann aber immer stärker die Arbeits- und Zukunftsorientierung und damit das polare Konzept von Männlichkeit in den Mittelpunkt. Anderseits geht es um die individuelle Verarbeitung der Spannung zwischen Gegenwartsbezug und Zukunftsorientierung, die in die temporale Konstruktion von Männlichkeit eingelassen war. Einige Beispiele sollen zeigen, wie die paradoxe Forderung, den Augenblick leben zu können und die Gegenwart doch immer auf die Zukunft hin zu verstehen, die Selbstdarstellung von Oberschichtmännern strukturierte, wobei der Schwerpunkt nicht zuletzt davon abhing, ob sie sich gegenüber Frauen oder anderen Männern positionierten.

a. Normen und Väter

Die Betonung der Empathie auch bei Männern um 1800[3] darf nicht vergessen machen, wie entscheidend eine schulisch-wissenschaftliche Ausbildung und eine gute berufliche Verankerung auch um diese Zeit für eine männliche Biographie waren, wobei sich in der Temporalisierung von Identität die Vorstellung von männlicher Karriere seit der Aufklärung von einer kreisförmigen zu einer linearen Bewegung wandelte.[4] Schulabschlüsse und Examina waren der individuellen Leistung im Beruf zunehmend vorgelagert. Bildungspatente bestimmten in immer größerem Ausmaß die soziale Lage und die individuellen Lebenschancen männlicher Bürger.[5] Die Bedeutung der Verknüpfung von Bildung, Sozialstatus und Sozialkarriere in Deutschland kann kaum überschätzt werden,[6] so daß der Ausschluß von Frauen aus den Institutionen höherer Bildung bis zum Ende des 19. Jahrhunderts mit Blick auf Erwerbschancen, aber auch Statuskategorien zu lesen ist. Trotz bzw. gerade wegen dieser Bedeutung von Ausbildung und Beruf wurden junge Männer in Salongesprächen, Lesezirkeln, von Eltern und Ratgebern im frühen 19. Jahrhundert davor gewarnt, durch eine einseitige Konzentration auf diese Aspekte langweilig zu werden. Die intensive Geselligkeit, das neu entstehende Promenieren oder die Caféhausbesuche[7] zeigten, wie die verschiedenen Lebensbereiche verbunden wurden. Dabei bestätigten diese Ratschläge zur Unterhaltung indirekt auch die Teilnahme von Frauen an der Geselligkeit und zeigten, wie durchlässig die normativ angestrebte Verhäuslichung noch war.[8]

»Wissenschaft und Gelehrsamkeit ohne feine Lebensart ist langweilig und pedantisch.«[9] So urteilte John Trusler, dessen Anstandsbuch Karl Philipp Moritz aus dem Englischen übersetzte, 1784. Auch wenn Berufs- und Zukunftsbezogenheit stark in den Mittelpunkt rückten, warnte er nachdrücklich davor, sie in Gesellschaft herauszustreichen, und Trusler predigte die Lebenskunst gerade für die, die Kunst nicht zum Lebensinhalt machten. Johann Traugott Schuster schrieb 1838 in seinen Vorschriften für den *Galanthomme oder Gesellschafter, wie er sein sollte*, daß ein Mann, der in Gesellschaft ausschließlich die diffizilen Angelegenheiten seiner eigenen Wissenschaft oder seines Berufes erörtere, die Damen langweile, und, so Schuster: »welch übles Licht wirft dies auf uns Männer«.[10] Ein anderer Autor erinnerte Männer an ihre Pflicht, Frauen

---

3 V.a. bei Trepp, Sanfte Männlichkeit.
4 Stanitzek, Genie: Karriere/Lebenslauf; LaVopa, Grace.
5 Conze, Kocka, Einleitung, S. 11f.; vgl. Lepsius, Das Bildungsbürgertum, S. 8-18.
6 Nipperdey, Kommentar, S. 145.
7 Trepp, Sanfte Männlichkeit, S. 370ff.; Kaschuba, Deutsche Bürgerlichkeit nach 1800, S. 21.
8 König, Kulturgeschichte des Spaziergangs, S. 48f.
9 Trusler/Rode, Anfangsgründe (1799), S. 31, s. a. 94-96, 162.
10 Schuster, Galanthomme, S. 45.

gefällig zu sein und jedes Mittel zu benutzen, ihnen »die Zeit zu verkürzen und angenehm hingehen zu lassen«.[11] Das bedeutete wohl, Frauen die Diskussion politischer oder beruflicher Themen zu verweigern und zu unterstellen, daß sie dadurch gelangweilt würden, d. h. ihnen nicht folgen könnten oder wollten. Ebenso wichtig ist jedoch, daß eine das Verhalten ausschließlich prägende Berufsorientierung im frühen 19. Jahrhundert als mangelhaftes Verhalten von Männern galt. Bis in die vierziger Jahre gaben Ratgeber noch Männern die Schuld, wenn sie Frauen in Gesellschaft dadurch langweilten, daß sie ausschließlich über ihre beruflichen Probleme, über Politik oder Religion diskutierten und dabei auch noch monologisierten.

Oberschichtmänner sollten Arbeit, Zeit und Sexualität kontrollieren, ohne sich der Ordnung zu strikt zu unterwerfen. In Bezug auf die an sich hochbesetzte Zeitökonomie sollte ein Mann »am allerwenigsten ein kleinlicher Pedant« sein, wohl »an die Zeit gebunden«, aber auf »verständige« Weise. Der Mann von Welt war gesetzt, aber ungezwungen.[12] Diese Mahnungen schlossen auch sexuelles Verhalten ein, denn die Pflicht, interessant zu bleiben, betraf nicht nur Gespräche in Salon oder Verein, sondern auch den Umgang mit der Ehefrau. Friedrich von Sydow z. B. warnte 1839 Männer nicht nur davor, Verstimmung aus der Arbeit nach Hause zu bringen. Er forderte sie außerdem auf, der Frau nicht nur in geistiger, sondern auch in physischer Hinsicht »nicht alltäglich und zum Überdruß zu werden«. Er beschwor damit zwar einmal mehr das Bild der sexuell unersättlichen Frau[13] und rief gerade deshalb zur Mäßigkeit auf, um nicht das Verlangen der Frau zu sehr anzustacheln und dann davor zu versagen. Er warnte aber auch vor einer zu massiven Trennung der Lebenswelten: Ein Mann dürfe sich nicht wundern, wenn seine Frau sich ihre Langeweile auf jede Art vertreibe, wenn er sich zu sehr außer Haus bewege, d. h. über seinem Beruf die Familie vernachlässige.[14]

Nach der Jahrhundertmitte verdichtete sich das Berufssystem für Akademiker, und die männliche Berufsbezogenheit nahm immer mehr zu.[15] Korrelierend verschärfte sich der Zwang zur Zukunft in Glückseligkeitslehren. Die Balancelehren des 18. Jahrhunderts forderten Männer auf, das höchste Glück stets in der Zukunft zu sehen, aber in der Gegenwart den Halt zu finden, um mit Schwung nach vorne schauen zu können. Auch Feuchtersleben empfahl noch eine »behagliche Lebensanschauung« und warnte vor Pedanterie genauso wie vor Müßiggang als Hindernis für Zufriedenheit.[16] Andererseits scheute er

---

11 Alberti, Neuestes Complimentirbuch, S. 133f.; s. a. S. 112-114, 128.
12 Paradigmatisch Trusler/Rode, Anfangsgründe der feinen Lebensart; Andreae, Anstands- und Lebensregeln, S. 12ff.
13 Dazu Corbin, Die kleine Bibel, S. 151-161.
14 Sydow, Der Juengling, S. 222, Zitat 246f., 259.
15 Hausen, Ulme, S. 114f.; Corbin, Das »trauernde« Geschlecht.
16 Feuchtersleben, Diätetik der Seele, S. 128f., 137.

aber auch keine großen Worte, um Handeln als solches und die Intensität einer Arbeit, einer Freude, eines Tuns als einzigen Schutz gegen das Nichtigwerden der menschlichen Existenz zu beschreiben:

> Langeweile ist das ganze Dasein des Menschen, – ein leeres Blatt, ein inhaltloser Begriff – wenn ihn der rastlose Stachel im tiefen Innern nicht treibt, im Schweiße seines Angesichtes die Geschichte hinzuschreiben: daß er litt – das ist, daß er lebte. Und daß er sie hinschreibt, darin besteht sein Glück: schreibe er sie mit Taten, Freuden oder Worten – es sind die Zwischenräume seiner Leiden. Wir haben keinen anderen Begriff vom Glück; genug, wenn wir glücklich in diesem Begriff sind.[17]

In der zweiten Jahrhunderthälfte verlagerte sich der Tenor dieses Einschreibens in die Selbstwahrnehmung deutlich auf die Zukunftsorientierung.[18] Nur im Streben liege das Glück,[19] Fortschreiten sei Bedingung des Bestehens,[20] kein Stillstand könne mit Freude verbunden sein,[21] so lauteten die Leitsätze einer mitunter darwinistisch aufgeladenen Ökonomie der Gefühle, die eine Wachstumsmentalität propagierte und sich in die zahlreichen, politisch und/oder religiös fundierten Zukunftsvorstellungen im Kaiserreich einspeiste.[22] Sie waren ebenso sehr ein Aufruf zum Ehrgeiz wie dessen Rechtfertigung, so wie die Lebensmaxime ›Stillstand ist Rückschritt‹ aus dem Aufschwung der Wissenschaften entlehnt war und umgekehrt durch deren temporale Konnotierung die Definition von Wissenschaft als männlich untermauerte.

Zwei Aperçus aus der ersten bzw. zweiten Jahrhunderthälfte über die Abwesenheit von Gegenwart markieren einerseits, welche Bedeutung Zukunft immer zugeschrieben wurde, andererseits, wie sich die Futurität verschärfte. Friedrich Theodor Vischer schrieb 1842: »… unsere Zeit hat keine Gegenwart, sondern nur eine Vergangenheit und eine Zukunft.«[23] Der Künstler bedauerte den Mangel an abbildungswürdiger Intensität des öffentlichen Handelns:

> Hat denn wirklich unsere Zeit keine Substanz, unser Bewußtsein keine Heimat, unser Wille kein Pathos? Wohl, er hat es; aber es ist ein Pathos der Zukunft. Wir sind nicht tot, aber wir sind dick eingepuppt, dick eingesponnen, und wir fangen an, uns zu regen, um auszuschlüpfen. Dies ist nun freilich

---

17 Ebd., S. 127.
18 Z. B. Hartsen, Grundzüge, S. 27; Boch, Grenzenloses Wachstum, für die Durchsetzung der Wachstumsperspektive im rheinischen Wirtschaftsbürgertum seit den dreißiger Jahren.
19 Kirchner, Diätetik, S. 45.
20 Glehn, Oeconomie, S. 30.
21 Schneider, Freude und Leid, S. 84.
22 Dazu umfassend Hölscher, Weltgericht.
23 Vischer, Kritische Gänge, Bd. 5, S. 38; vgl. Busch, Die fehlende Gegenwart, S. 290.

für den Künstler ein schlechter Trost; künftige Taten kann er nicht malen, und gegenwärtige gibt es nicht.[24]

Am Ende des Jahrhunderts monierte Nietzsche weit bissiger, die Deutschen seien entweder von vorgestern oder von übermorgen, hätten aber kein Heute.[25] Die Ratgeberliteratur für Männer änderte sich nach der Jahrhundertmitte außerdem insofern, daß die Schuldzuweisung für mangelnde männliche Sensibilität sich jetzt auf Frauen verlagerte. Der zerstreute Gelehrte war zwar nach wie vor eine komische Figur, um zu zeigen, wie lächerlich einseitige Bildung wirkte und wie sehr solche Figuren nicht nur sich selbst, sondern vor allem ihrer Familie schadeten.[26] Doch wurde ein möglicher Verlust der Vielseitigkeit in der stärker differenzierten Gesellschaft pointierter beschrieben. Männliche Ratgeber instrumentalisierten zum einen nachdrücklicher die immer negativ beschriebenen Auswirkungen der Berufsarbeit auf die männliche Persönlichkeit, um die komplementäre Entlastungsarbeit von Frauen einzuklagen. »Wir Männer [sind oft] still und langweilig in unserer Abmüdung,«[27] klagte der Pfarrer Heinrich Büttner 1863, und begründete mit Evas »Schuld« in der Schöpfungsgeschichte die heilige Pflicht jeder Frau, den Mann zu erfrischen. Der Privatier und Schriftsteller Bogumil Goltz wollte 1863 ebenfalls in ihren Armen Schule, Arbeit, Misere und langweilige Pflichten vergessen, denn sonst müßten dem Mann, diesem »Halbgott der Schulvernünftigkeit«, Herz und Geist vertrocknen.[28] Der abgemattete »Arbeitssoldat«[29] bedurfte der Erfrischung. Zum anderen entlasteten die Ratgeber Männer jetzt deutlich von dem Erwartungsdruck hinsichtlich sozialer Kompetenz. Ein Vergreifen im Ton oder ein sonstiger Mangel an gesellschaftlichem Schliff galt nun als Schuld der anwesenden Frauen, die den Anstand nicht zu wahren wüßten.[30]

Drittens gehörte in diesen Kontext das Verbot für Frauen, Männer als langweilig zu bezeichnen. Nahm sie seine eigene Selbstbeschreibung ernst und blendete sie sie auf ihn zurück, dann war sie schuld, wenn er die Kneipe dem Familienleben vorzog.[31] Julie Burow und Henriette Davidis, die mehrere Anstandsbücher verfaßten, stimmten ihre Leserinnen auf die schlechte Laune und mögliche Ungerechtigkeit ihres Mannes ein und mahnten, selbst dann nicht zu protestieren, wenn er eindeutig Unrecht habe.[32] Schließlich müsse ein Mann die »Zwangs- und Marterstationen« der Examina durchlaufen, um dann »so

24 Vischer, Kritische Gänge, Bd. 5, S. 38.
25 Plessner, Die verspätete Nation, S. 54.
26 Ebhardt, Der gute Ton, S. 256f.
27 Büttner, Die Frau, S. 80.
28 Goltz, Zur Charakteristik, S. 83, 101.
29 Le soldat du travail, in: Recherches, H. 32/33, September 1978.
30 Ebhardt, Der gute Ton, S. 290; Linke, Sprachkultur, S. 274.
31 Langewiesche, Frauentrost, S. 83f.; s. a. Bölte, Frauen-Brevier, S. 63f.
32 Davidis, Hausfrau, S. 19, 25; Burow, Herzensworte, S. 85.

anhaltend, so mühsam, so mechanisch« seine Arbeit zu leisten oder gar 20 Jahre lang Rekruten zu drillen, ohne vielleicht je Kriegstaten vollbringen zu dürfen[33] – Routine und Wiederholung statt dynamisches Überholen. Gabriele Reuter lieferte ein literarisches Vater-Tochter-Beispiel. In ihrem Bestseller *Aus guter Familie* mußte Tochter Agathe deshalb auf eine vierwöchige Reise verzichten, weil ihr Vater »diesen leichten anmutigen Reiz in seinem trockenen, arbeitsvollen Berufsleben nicht entbehren« wollte.[34] Das war nicht nur eine literarische Stilisierung. Als Julius Grosser, Redakteur der Zeitschrift *Nord und Süd*, beruflichen Ärger hatte, der ihn verbitterte, wollte er seine Frau, die Pianistin Anna Rilke, immer um sich haben; an Konzertreisen, so Rilke, sei nicht zu denken gewesen.[35] Im Geschlechterverhältnis gerann die Unterstellung, daß der Berufsmensch nicht von sich aus zur Einheit gelangen könne, zur Legitimation, um die Ergänzung durch Frauen einzufordern. In dem Moment, in dem in diesen Texten der Berufsmensch den ganzen Mann zu verdrängen begann und eine einseitig gezeichnete Männlichkeit als abhängig von weiblichen Emotionen beschworen wurde, durfte der männliche Machtanspruch allerdings definitiv nicht mehr hinterfragt werden, so daß diese Verschiebung die Verschärfung des Weiblichkeitsdiskurses miterklärt.

Im Umgang von Männern untereinander, vor allem zwischen den Generationen, tauchte die Angst vor dem Verlust einer balancierten Persönlichkeit allerdings ebenfalls auf. Zum einen war immer fraglich, ob ein Beruf ein Leben lang interessant sein würde. Zum anderen sicherte eine akademische Ausbildung wohl die besten Berufschancen und das höchste Prestige, sei es in den Professionen oder im Staatsdienst, galt aber zugleich als gefährliche Schneise in die Einseitigkeit.[36] Vor allem, wer sich der Wissenschaft verschrieb, sollte alle Seiten der Persönlichkeit ausprägen. Alexander von Humboldt verlangte von Schriftstellern, in ihrer Darstellung Emotionalität und wissenschaftlichen Objektivitätsanspruch zu verbinden,[37] und der Altertumswissenschaftler Friedrich August Wolf hoffte, in einem holistischen Wissenschaftsbegriff eine nur intellektuelle Gelehrsamkeit zu vermeiden oder aufzuheben.[38]

Um Freude und einen frischen Kopf, also eine interessierte und interessante Persönlichkeit zu bewahren, warnten Väter ihre Söhne in einer Weise, die deutlich quer stand zum ebenfalls stereotypen Fleißmotto, vor einem zu intensiven Studium und einer übertriebenen Konzentration auf die Arbeit. Heinrich Marx legte seinem siebzehn- bzw. achtzehnjährigen Sohn Karl am Beginn von dessen Studium 1835/1836 mehrfach nahe, das Studieren nicht zu übertreiben,

---

33 Burow, Glück, S. 84, 70, 77.
34 Reuter, Aus guter Familie, S. 109.
35 Grosser-Rilke, Nie verwehte Klänge, S. 96.
36 Als ein weiteres Beispiel für die redundanten Warnungen Claudius, Kurze Anweisung, bes. S. 5ff.
37 Brenner, Gefühl und Sachlichkeit, S. 164.
38 Marchand, Down from Olympus, S. 42.

sondern mehr auf seine Gesundheit zu achten, um seiner Familie und der Nation noch lange dienen zu können.[39] Der sächsische Generalleutnant und Kommandant der Festung Königstein Eduard Heinrich von Treitschke rügte im Dezember 1848 seinen vierzehnjährigen Sohn Heinrich, den späteren Historiker, nicht nur wegen seines ungezogenen Betragens, sondern auch deshalb, weil er trotz mütterlicher Mahnungen den täglichen Spaziergang vernachlässigte und abends bis 10 Uhr an seinem Schreibtisch saß. Treitschke senior erinnerte ihn an die in der Wachstumsphase besonders nötige Bewegung, statt Wissen in sich hineinzupropfen, das sich später vermutlich als unnötig erweisen würde: »Ich ehre Deinen Fleiß, aber alles Übertriebene schadet und zeugt von keinem guten Verstande.«[40]

Zeitökonomie wollte richtig verstanden sein. Eltern mahnten ihre Kinder, jeden Augenblick richtig zu nutzen, da nur ein Mensch, der die Zeit ordentlich einteile, alle Aufgaben erfülle und übertriebenen Fleiß zum falschen Zeitpunkt nicht nötig habe. Der 15jährige Max Weber hatte diese Tugenden voll verinnerlicht, als er 1879 in einem Brief an seinen Vetter Fritz Baumgarten die Schilderung seines Tageslaufes mit den Sätzen beendete: »Und wenn uns trotz alledem einmal die längliche Weile packt – was einem vernünftigen Menschen sowieso nie passieren sollte – ich weiß, was ich tue: ich greife zum äußersten Mittel und lerne Herrn von Varnbühlers Zolltarif auswendig!«[41] Noch auf seiner ersten Stelle als Arzt in Wien schilderte Hermann Wildermuth, der Sohn der schwäbischen Schriftstellerin Ottilie Wildermuth, seinen Eltern seinen Tagesablauf, die Lehrpläne und die Einteilung seiner übrigen Zeit. Den 15jährigen hatte die Mutter 1867 davor gewarnt, den Augenblick zu verschwenden. Aber auch hier riet der Vater in einem Nachsatz zu einem mütterlichen Brief, nicht um halb vier morgens, sondern erst um 6 Uhr aufzustehen. Wohl freue ihn der Fleiß des Sohnes, so Wildermuth senior, aber auch Fleiß wolle »mit Verstand« betrieben sein.[42]

Im antiintellektualistischen und z.T. wissenschaftskritischen Klima des späten 19. Jahrhunderts provozierten die Karikaturen des Überstudierten erst recht eine derartige väterliche Reaktion. 1895/96 erschienen zwei Auflagen der fiktiven *Briefe eines Vaters an seinen Sohn*, in denen der Vater sich mit der Bemerkung einführte, er werde auf das Vertrauen des Sohnes nicht wie ein »trockener Philister« reagieren. Der Briefsteller betraf den üblichen Kanon: Lektüreprobleme, Korpseintritt, Verhältnis zu Frauen und zu Schopenhauer, dessen Satz von der »Arbeit als Unlust« widerlegt werden müsse.[43] Als grundsätzliche Lebenshilfe empfahl der Vater, Umgang mit guten Familien zu suchen, in

39 Hopf (Hg.), Geliebtes Kind!, S. 190-194.
40 Ebd., S. 223f.
41 Weber, Jugendbriefe, S. 27.
42 Wildermuth, Ach die Poesie, S. 84, 86, 36f.
43 Briefe eines Vaters, S. 60ff.

denen nicht nur Gelehrte, sondern auch lebenskluge Praktiker anzutreffen seien, die ihn von einem schädlichen Büffeln oder zu intensiver Reflexion abhalten könnten. Beides drohe zu Enttäuschung und der gefürchteten blasierten oder »zerrissenen« Haltung zu führen.[44] Diese Sorge reflektierte den typischen Vorwurf um 1900, daß die großen Individuen in der Einseitigkeit des Spezialistentums verloren gegangen seien und das Spezialistentum wieder mit umfassender Bildung verbunden werden müsse, um den Beruf von einer höheren Warte aus zu überblicken und »das öde Einerlei mit seiner Eigenart« durchdringen zu können.[45] Wohl forderten die Verhaltenslehren seit der Jahrhundertmitte verstärkt von Frauen, die Auswirkungen des modernen Bildungs- und Berufssystems auf die männliche Psyche aufzufangen. Aber dieser Zugriff auf weibliche Identität war nicht zuletzt deshalb so scharf, weil die Philisterangst und das Bewußtsein, daß gerade durch ein verschärftes Berufsethos und die zunehmende »Institutionalisierung des Lebenslaufes«[46] die Gefahr der Einseitigkeit wuchs, auch zwischen Männern wachgehalten wurden.

Die konkrete Frage der Berufswahl ihrer Söhne nahmen Väter seit dem späten 18. Jahrhundert gerade deshalb sehr ernst, weil das Zusammenspiel von individuellen Neigungen und benötigten und abgefragten Kompetenzen in der Berufstätigkeit als essentiell vorausgesetzt wurde,[47] aber keineswegs immer gegeben schien. Zugespitzt formuliert, sorgten sich etliche Väter in der Goethe-Zeit darum, wie sie ihre vom Dichter- und Denkerruhm träumenden Söhne ins Kontor oder in den juristischen Hörsaal lenken könnten, ohne sie unzufrieden zu machen, und zwar mitunter genau deshalb, weil sie selber bittere Erfahrungen im Berufsleben gemacht hatten oder dem Leistungs- statt dem Bildungsideal hatten folgen müssen. War die Leidenschaft für einen Brotberuf nicht vorhanden, suchten Väter sie daher nicht nur durch die Mahnung zu Leistung und Pflicht zu wecken, sondern auch durch die Aussicht auf Erfolg. Der Begründer der neuen deutschen Strafrechtswissenschaft, Paul Johann Anselm Ritter von Feuerbach (1775-1833), beschrieb seinem Sohn eine solche Erfahrung, um dessen Ehrgeiz anzustacheln. Der mit dem persönlichen Adel für seine beruflichen Leistungen geehrte Feuerbach schlug sich zeitlebens mit einer ungeliebten Wissenschaft herum. Er mußte als junger Mann unter väterlichem Druck nach der Promotion in Philosophie auf die »abstoßende Jurisprudenz« umsatteln, um seine Ehe und Vaterschaft finanzieren zu können. Um den Ehrgeiz und Fleiß seines Sohnes zu wecken, des späteren Philologen und

---

44 Ebd., S. 39f.
45 So der Wiener Professor von Filek, der der älteren Generation vorwarf, das Studium der Söhne nur nach Einkunftschancen zu bestimmen statt durch das Bildungsideal, von Filek, Der moderne Student. Tief, aber langweilig fand ein amerikanischer Student bereits 1820 die Bücher deutscher Wissenschaftler, Bollenbeck, Bildung, S. 224.
46 Kohli, Die Institutionalisierung des Lebenslaufes, S. 1-29.
47 Dazu LaVopa, Grace, S. 169, 171, 188.

Archäologen Joseph Anselm Feuerbach, verhehlte er diesem nicht, daß er selber auch mit 45 Jahren Jura als Wissenschaft nicht anziehend fand. Er habe jedoch die Not zur Tugend gemacht und, von Pflichtgefühl, aber auch von Ehrgeiz getrieben, seine »Zwangs-, Not- und Brotwissenschaft« in eine Karriere mit finanzieller Sicherheit und öffentlicher Anerkennung verwandelt. Feuerbach machte in der Tat eine bedeutende Karriere. Er wurde 1808 Geheimer Rat, 1825 Staatsrat. Das 1813 veröffentlichte Bayerische Strafgesetzbuch trug seine Handschrift. Dennoch vertrat er ausdrücklich die Kantsche Maxime, daß »Arbeit *als* Arbeit niemals oder selten süß«[48] schmecke, und legte seinem Sohn Gewissen und Pflicht ans Herz, um über den damit erreichten Erfolg in seinem Beruf innerlich zufrieden zu bleiben und die Freude eines »ihm angemessenen Wirkens« zu erfahren.[49] Zwar betont Walter Killy, daß Bildungswille um 1800 noch originär war und nicht mit Ehrgeiz nach sozialem Aufstieg verwechselt werden sollte.[50] Aber säuberlich trennen lassen sich diese Faktoren wohl kaum.

Bürgerliche und adlige Eltern sorgten sich um die richtige Balance zwischen Pflicht, Ehrgeiz und Zufriedenheit, um dauerhaftes, tatkräftiges Handeln zu sichern. Bei der Erziehung zur Pflicht überlegten sie, wie der Ehrgeiz der Söhne zu wecken sei und welche Karriereschritte dann diese Ambitionen erfüllen könnten. Campe, zeitweilig der Hauslehrer von Alexander und Wilhelm von Humboldt, warnte junge Männer eindringlich davor, die eigene Arbeit »verächtlich« anzusehen, da sie sonst den Geschmack daran verlören. Und, so Campe, Dinge, die man ungern tue, erledige man auch nicht gut.[51] Ähnlich warnte der Dresdener Oberkonsistorialrat Gottfried Körner seinen Sohn Theodor (den späteren Helden der Freiheitskriege) im Mai 1809, als dieser an der Bergakademie Freiberg studierte, vor der inneren Leere, der »Leerheit des Kopfes und des Herzens«, die bei dem auftreten könne, der »für ein Studium ohne Neigung« bestimmt sei. Mancher fühle sich wohl in einer beschränkten Sphäre, schrieb Körner, aber bei seinem Sohn, dessen dichterische Anlagen er kannte und schätzte, sah er diese Bescheidung nicht voraus. Er befürchtete statt dessen Frivolität oder Lächerlichkeit,[52] beides Wirkungen, die fatale Folgen für seine Stellung in der Gesellschaft und damit sein Fortkommen haben könnten. Als Theodor den Bergbau aufgab, lobte sein Vater die reifliche Überlegung, die ihn nicht einfach einer Laune habe folgen lassen, und erneuerte den Zusammenhang zwischen beruflicher Neigung und Zufriedenheit: »Hat der Bergbau für Dich sein Interesse verloren, so getraue ich mich nicht, Dir zur Fortsetzung des Bergstudiums zuzureden.«[53]

---

48 Hopf (Hg.), Geliebtes Kind!, S. 171 (Original kursiv).
49 Ebd., S. 167-172, Zitate S. 171f. Da er sie habe liebgewinnen müssen, sei sie ihm jedoch bald weniger unangenehm geworden.
50 Killy, Von Berlin, S. 58.
51 Campe, Theophron, S. 196f., 141.
52 Körner, Briefwechsel, S. 58.
53 Hopf, Geliebtes Kind!, S. 124f.

Seine Eltern hielten ihn selbstverständlich zum Fleiß an, aber hofften immer auf eine gerundete Persönlichkeit. Körner senior glaubte, daß sein Sohn schon durch die Begeisterung für sein Studium viel gewinnen würde und vor »Übersättigung« bewahrt bleibe, wenn er sorgfältig zwischen »weiser Thätigkeit und Genuß« abwechsle und einem hohen Ziel zustrebe. Er solle das Gleichgewicht zwischen Kopf, Herz und Körper weder durch eine zu pedantische Konzentration auf die Gesundheit stören[54] noch den Genuß die Überhand gewinnen lassen, sondern seine Jugend zwischen »ernstem Studium und Genuß der Gegenwart« teilen.[55] Auch seine Mutter schrieb ihm: »… amüsire Dich, und sey gesund, nebenbey lerne was …«[56] Im übrigen vertraute sein Vater keineswegs nur auf die Leistungen Theodors. Er riet ihm im Gegenteil offen, mit Leuten Kontakte aufzunehmen, die ihm helfen könnten.[57] Theodor Körner, der die Qualitäten des Bildungsbürgers, des Künstlers und des Kriegers verband und sich als Antiphilister porträtierte,[58] wurde durch seinen Tod in den Freiheitskriegen zum Symbol für Männlichkeit.[59]

Manche Väter warnten, daß auch ein attraktiver und geliebter Beruf in einer untergeordneten Position seine Anziehungskraft verlieren konnte. Der preußische Feldmarschall Johann David Ludwig Graf Yorck von Wartenburg riet seinem Sohn Heinrich 1814, sich zunächst wissenschaftlich auszubilden, um die Chance zu wahren, als militärischer Führer zu glänzen, statt mit dem Vorbild des erfolgreichen Vaters im Kopf zu früh Soldat zu werden und dann als Subalternoffizier in der Garnison zu verkümmern. Wartenburg hielt ebenfalls Ehrgeiz für den besten und dauerhaftesten Antrieb zum Handeln und sah ohne eine richtige Ausbildung die Gefahr, den Ehrgeiz nicht richtig befriedigen zu können. Auch für Adlige gab es nicht nur Führungspositionen, und in untergeordneter Position, da war sich der Vater sicher, würde sein Sohn als »Mann von Kopf und Herz« nur das Drückende seiner Lage und den Verlust seiner Zeit spüren.[60] In einer höheren Position würde sich eine wohltemperierte Persönlichkeit besser halten lassen, wie auch Vincke demonstriert hatte. Was Fichte für die Nation formulierte, wandte von Wartenburg ins Persönliche. Wer nicht vorrückte, wer nicht der eigenen Wahrnehmung zufolge unabhängig agieren könne, spürte und verlor seine Zeit und dann möglicherweise seine harmonische Balance. Diese Väter konstruierten Männlichkeit als ehrgeizig und dynamisch, wußten aber auch, wie gefährdet dieses Selbstverständnis war.

54 Körner, Briefwechsel, S. 91.
55 Ebd., S. 171.
56 Ebd., S. 83.
57 Ebd., S. 204. Vgl. Tanner, Arbeitsame Patrioten, S. 164, zur sozialen Privilegierung durch familiäre Vernetzung und Kontakte, die größere soziale, aber auch psychische Sicherheit bedeuteten, als mentaler »Schwimmgürtel«.
58 Körner, Briefwechsel, S. 61f.
59 Zur Rezeption im 19. Jahrhundert vgl. Schilling, Held.
60 Hopf, Geliebtes Kind!, S. 132f.

Ging es darum, das Interesse für den Beruf zu wecken, reagierten Väter verständnisvoll. Klagte ein junger Mann dagegen über Langeweile, dann fielen männliche Reaktionen schärfer aus. Friedrich Daniel Ernst Schleiermacher (1768-1834), der einflußreiche religiöse Denker der Frühromantik, warnte seinen neunzehnjährigen Stiefsohn Ehrenfried von Willich 1827 davor, ohne Interesse für seinen Beruf in untergeordneter Position hängenzubleiben. In einer völlig unromantischen Skepsis gegenüber zu großer Introspektion kritisierte Schleiermacher, daß Willich seinen Ehrgeiz zu sehr auf sich selbst konzentriere, statt auf ein äußeres Wirkungsgebiet. Er warf ihm vor, kein Interesse an allgemeinpolitischen und verwaltungstechnischen Fragen zu entwickeln, und prophezeite ihm als Resultat seiner Langeweile an der Welt die von Romantikern wie Brentano und Tieck beschriebene Langeweile an sich selber: »Du kommst mir vor, wie ein paar sentimentale Liebende, die auch einer nur für den anderen sein wollen und sich sehr bald in einer höchst faden und langweiligen Existenz zur Last fallen.« Schleiermacher mahnte ihn, daß entweder das persönliche Engagement im Beruf oder, wenn der Beruf lustlos ausgeübt werde, ein anderes wissenschaftliches oder künstlerisches Interesse neben der »mechanischen« beruflichen Tätigkeit »freie Selbsttätigkeit« ermöglichen müsse. Willichs häufiges Gefühl der inneren Leere führte Schleiermacher entsprechend auf dessen Mangel an Eigeninitiative zurück: »… und dieser Mangel an Interesse ist es eigentlich, in welchem das Dich so oft befallende Gefühl von Leerheit seinen Grund hat.«[61] Er selber hatte, als er 1800 als Prediger an der Charité arbeitete, Henriette Herz beschworen, ihm oft zu schreiben, obwohl er sie häufig sah: »Dies muß mein Leben erhalten, welches schlechterdings in der Einsamkeit nicht gedeihen kann. Wahrlich, ich bin das allerabhängigste und unselbständigste Wesen auf der Erde, ich zweifle sogar ob ich ein Individuum bin. Ich strecke alle meine Wurzeln und Blätter aus nach Liebe …«[62] Im Modus der Empfindsamkeit einzugestehen, daß ein Mann sich nach Liebe sehnte oder von weiblicher Zuwendung abhängig war, bedeutete jedoch nicht, daß sein Gefühl von Fortschreiten und sein Wohlbefinden nicht elementar von der Arbeit abhingen.

Diese Bedeutung der Arbeit und die Angst vor dem Steckenbleiben der Karriere schälten sich gerade auch im Umgang von Männern untereinander heraus, nicht nur, wenn Ältere Jüngere auf die Berufswelt einschworen, sondern auch unter denen, für die die Entscheidung gerade anstand. Bei dem Literaturhistoriker Georg Gottfried Gervinus (1805-1871) z. B. zeigte sich, wie Persönlichkeits- und Bildungsideal, Ehrgeiz und hartes Berufskalkül ineinanderflossen. In seiner Jugend sah Gervinus sich zunächst als Dichter, und sein Vater war 1820 außerordentlich erleichtert, als sein Sohn im Alter von 15 Jahren zunächst freiwillig in eine kaufmännische Lehre einwilligte, weil er eingesehen habe, daß er doch nicht zu Höherem berufen sei.[63] Gervinus langweilte sich

---

61 Ebd., S. 157f.
62 Herz, Ihr Leben, S. 159f.
63 Gervinus, Leben, S. 56.

jedoch bald. Zum einen wurde die Arbeit zur Routine. Im Rückblick erklärte er seine ursprüngliche Faszination mit dem Kaufmannsberuf damit, daß dieser genau die richtige Mitte halte zwischen der Prosa des Handwerkers und der einseitigen Geistigkeit des Gelehrten. Sein anfängliches Interesse, die »frische Lust zur Sache«, versiegte jedoch, als er die Aufgaben beherrschte und nichts mehr seinen Ehrgeiz anstachelte. Er langweilte sich, als seine Arbeit nur noch seine äußere Aufmerksamkeit, aber nicht mehr seine »innere Arbeitsamkeit« beanspruchte, und litt unter dem »eintönige[n], mechanische[n] mehr Nichtsthun als Beschäftigtsein«. Zum zweiten aber wechselten zu diesem Zeitpunkt seine Freunde zur Universität, und der Vergleich kränkte seinen Ehrgeiz zutiefst.[64] Ihn quälte nun erst recht der Vergleich der Zeiten, der »schreckliche Abstich der leeren Gegenwart von der jüngsten, reichen Vergangenheit«. Zunächst schwärmte er davon, am griechischen Aufstand teilzunehmen, statt sich »durch ein ödes wüstes Dasein« zu schleppen, in dem er doch nichts leisten[65] und also seinen Status nicht verbessern würde. Zunächst kompensierte Jean-Paul-Lektüre die berufliche Prosa, dann aber entschied sich Gervinus trotz väterlicher Opposition doch noch zum Philologie- und Geschichtsstudium, war mit 25 Jahren habilitiert und mit seiner Arbeit glücklich.[66]

Aber als Gervinus um eine Entscheidung rang, zeigte sich, daß die Leidenschaft für Kunst und Literatur auch unter Jüngeren eine kalkulierte Berufswahl nicht ausschloß. Er verliebte sich zunächst in eine Schauspielerin und wollte selber Schauspieler werden, um ihr nahe zu sein. Sein Freund Wilhelm Sell warnte ihn jedoch entschieden davor, sich nur an ein einziges Gefühl zu hängen, und vor allem, die so wichtige Berufswahl von der Liebe zu einer Frau abhängig zu machen.[67] In Zeiten persönlicher Krise funktionierte das Arbeitsethos allerdings auch nur bedingt. In der schwierigen Zeit der Werbung um seine Frau Victorie Schelver, die Tochter eines Botanikers, 1836 half ihm seine Leidenschaft für Wissenschaft und Politik, in seinen Worten seine »Entäußerung« an das »Allgemeine«, über persönlichen Kummer hinweg – der Habitus des sich durch Arbeit und Öffentlichkeit definierenden Mannes. Als er jedoch für sein politisches Engagement mit seiner beruflichen Zukunft bezahlte und als einer der Göttinger Sieben 1837 und dann erneut 1853, mit 48 Jahren, wegen seiner liberalen Ideen entlassen wurde,[68] da half bei einer brutal gekappten Zukunft in einem geliebten Beruf und im politischen Engagement selbst Arbeit nicht mehr gegen »leere Stunden«.[69]

---

64 Ebd., S. 51f., 59, 66-68, Zitate S. 51f.
65 Ebd., S. 75.
66 Ebd., S. 225-227.
67 Ebd., S. 87f.
68 Ebd., S. 112, 149ff. S. a. Rosenberg, Gervinus und die deutsche Republik, S. 115-127; generell Hübinger, Gervinus.
69 Gervinus, Leben, S. 315.

Die Abneigung gegen den Kaufmannsberuf verband viele schöngeistig orientierte junge Männer. Der Juraprofessor Felix Eberty beschrieb das berufliche Leben seines Vaters als ausnehmend unglücklich. Dieser gehörte zu einem Jugendbund mit Chamisso und Varnhagen und wurde nur widerwillig Kaufmann. Dennoch unterwarf er sich dem Arbeitsethos und versuchte unter allen Umständen, gerade wenn die Geschäfte schlecht gingen, den Eindruck der Untätigkeit zu vermeiden, so daß er dann lieber »in Geschäften in Berlin« weilte. Sein Sohn bestand gerade deshalb im Kaiserreich noch auf der im frühen 19. Jahrhundert angemahnten Haltung, daß es auch bei ernster Arbeit eines freien Mannes unwürdig sei, keine Zeit zu haben.[70] Ein Freund des anhalt-bernburgischen Hofmalers Wilhelm von Kügelgen litt 1833 darunter, daß sein Sohn, der bei einem Buchhändler arbeitete, »keinen Beruf« zu diesem Geschäft habe.[71] Auch von dem Bruder von Gervinus hieß es, daß er als Geschäftsmann eindeutig im falschen Beruf war.[72]

All diese Einschätzungen verraten, wie aufmerksam die Betroffenen selber, aber auch männliche Familienangehörige und Freunde das Verhältnis von Interesse und Pflicht bei Männern beobachteten und den Zwang, sich eine berufliche Position schaffen zu müssen, als schwierige Anforderung ernstnahmen. Ratgeber, Väter und andere Männer im privaten Umfeld hielten auch im frühen 19. Jahrhundert das Ideal der Lebenskunst wach, es durfte jedoch nicht dazu führen, daß die Berufswahl darunter litt und die Karriereoptionen reduziert wurden. Umgekehrt konnten die Arbeitszwänge auch einen Mann belasten, der seine Arbeit mochte, aber noch einen auf die Person jenseits der Arbeit bezogenen Bildungs- und Entwicklungsbegriff hegte. Der Hamburger Buchhändler Perthes, der sich als rastlos tätig bezeichnete, hatte für andere Neigungen neben seinem Geschäft keine Zeit. Da er nicht mehr wie Gervinus wechseln konnte, litt er darunter, seinem Entwicklungsideal nicht gerecht zu werden: »Bei solcher Anspannung aller Kräfte, wie sie das hiesige Geschäft verlangt, erlaubt mir meine menschliche Natur nicht, täglich noch einige Stunden für mich zu arbeiten. Ich bleibe stehen, wo ich bin, und kann an kein Vorrücken denken; das macht mich elend.«[73]

---

70 Eberty, Jugenderinnerungen, S. 219; vgl. Trusler/Rode, Anfangsgründe, S. 121, für die Weisung um 1800, daß der Mann wohl arbeiten müsse, dies aber auf keinen Fall durch hastiges Gehen demonstrieren solle.
71 Kügelgen, Erinnerungen, S. 114.
72 Gervinus, Leben, S. 227.
73 Zit. nach Trepp, Sanfte Männlichkeit, S. 217.

b. Der gewonnene Augenblick

Das Ideal des Lebenskünstlers fokussierte auf der doppelten Qualität des Augenblicks, den der gebildete Tatmensch leben und zugleich überschreiten sollte. Der zunehmend zukunftsorientierte Berufsmensch dagegen lief Gefahr, die Gegenwart zu verlieren. Die Internalisierung dieser spannungsreichen kulturellen Verhaltensnorm fiel unterschiedlich aus. Einige erfolgreiche Oberschichtmänner, alle im ersten Drittel des 19. Jahrhunderts geboren, verrieten mit der Klage über Langeweile ihre Zukunftsorientierung und ihre gleichzeitige Fähigkeit, in der Gegenwart zu leben. Andere thematisierten darin eher ihr Getriebensein durch Ehrgeiz und Zeitempfinden. Das ist nur auf den ersten Blick ein Paradox, spiegelte es doch eine doppelseitige Norm, in der sich der Anspruch der Gelassenheit mit dem Ideal des Fortschrittsstrategen verschränkte.

Der Jurist und Mitbegründer der Historischen Rechtsschule Rudolf von Ihering (1818-1892) sprach dauernd von Langeweile: Er litt darunter, er benutzte den Begriff als Vorwurf und Kritik, und schließlich demonstrierte er in seinem Umgang mit Langeweile seine Fähigkeit, Arbeit und Kunst in einer Persönlichkeit zu verbinden. Er war dreimal verheiratet, hatte aus der zweiten Ehe vier Söhne und eine Tochter und lehrte nach dem Studium in Göttingen in Basel, Rostock, Kiel, Gießen, Wien und Göttingen. Ihering war ein lebensfroher Mensch, der gerne aß und trank. Die Pianistin Anna Grosser-Rilke, die keine aktive Feministin war, aber ihr abwechslungsreiches, zum großen Teil in Konstantinopel verbrachtes Leben sehr unabhängig gestaltete, bestätigte seine Selbsteinschätzung als glänzendem Gastgeber und eloquentem Gesellschafter[74] mit mildem Spott. Sie war neben Iherings Frau der einzige weibliche Gast bei den abendlichen Tafelrunden von maximal acht Personen, die er in höherem Alter in Göttingen veranstaltete: »… und wir hatten nichts zu tun, als nur zuzuhören, wie klug und witzig die Männer sprachen. Auch das Zuhören ist eine Kunst, die gelernt sein will, ich habe sie in dieser Zeit besonders fleißig geübt, und sie ist mir oft später im Leben gedankt worden.«[75] Immens produktiv als Wissenschaftler, begleitete Ihering seine Arbeitsleistung mit ständiger Selbstkritik, und er beobachtete sich selber genauso scharf, wenn er sich unproduktiv oder arbeitsunfähig fühlte, als wenn er krank war.

Ihering war der Langeweile-Vorwurf gegenüber seiner Zunft jederzeit präsent, und er spielte selber damit. Die Historische Schule betonte den praktischen Endzweck der Wissenschaft, und Ihering engagierte sich leidenschaftlich gegen die »lederne, trockene« Paragraphenjuristerei, die er Vorgängern und Kollegen vorwarf. Im Gegensatz zu diesen »Stockjuristen« bezeichnete er sich ausdrücklich als Künstler, den die Form seiner Arbeit genauso bewege wie der Inhalt.[76] Er war stolz auf seinen flüssigen Stil und wollte für die Jugend schrei-

---

74 Ihering, Briefe, S. 292f.
75 Grosser-Rilke, Nie verwehte Klänge, S. 102.
76 Ihering, Briefe, S. 33f.

ben, statt für die »Granden und Weisen« der Zunft, die er sich trocken und nüchtern vorstellte.[77] Sein angeblich gespanntes Verhältnis zum eigenen Beruf führte er immer wieder auf die unverdaulichen juristischen Fachbücher zurück, für die man einen »Straußenmagen« benötige: »Mein Leben ist eine ziemlich einförmige und langweilige Idylle, die sich an den Paragraphen des Puchtaschen Pandekten-Kompendiums hinzieht; die einzige Abwechslung, daß täglich andere Paragraphen hinzukommen.« Er freute sich darüber, daß der Naturwissenschaftler Johannes Müller in einer Rede in der Münchener Akademie der Wissenschaften als »flotter Bursch« und ausdrücklich nicht als Stubenhocker beschrieben worden sei. Dort wisse man, daß die Wissenschaft die Flüssigkeiten nötig habe, um nicht aufs Trockene zu kommen, kommentierte der Weinliebhaber und Frauenheld doppeldeutig.[78]

Im Bemühen, den Philister- oder Pedantenvorwurf zu vermeiden, spielte Ihering im Umgang mit Männern wie mit Frauen selbstbewußt mit den Zuschreibungen von Männlichkeit und Weiblichkeit und markierte seine Persönlichkeit gerade durch die Fähigkeit, in dieser Wissenschaft lebendig und vielseitig zu bleiben. 1876 beschrieb er seine Göttinger Kollegen als an Kunst völlig uninteressierte Eisberge.[79] Einen Kollegen bezeichnete er herablassend als einen »guten, braven Philister«, der nie über das Gewöhnlichste hinausschaue.[80] An Persönlichkeit mangelte es in Iherings Augen jedoch nicht nur Kollegen, sondern oft auch Frauen. In Wien, wo der berühmte Witwer umschwärmt wurde, zählte er entzückt viele »interessante« Damen (und heiratete zum dritten Mal). Im »ledernen Gießen« dagegen mußten die Frauen, die ihm »ein Interesse abnötigen konnten, mit der Laterne gesucht werden«.[81] Einer Bekannten erklärte er, es sei dringend nötig, Freundinnen neben seiner Frau zu haben, »aber um keinen Preis langweilige«.[82]

In seiner Selbstdarstellung reproduzierte Ihering häufig den Gegensatz von sachlich-männlicher Arbeit und weiblich-gefühlvoller Natur und verfestigte ihn, indem er für sich in Anspruch nahm, dann ›weiblich‹ agieren zu können, wenn er aus seinem Beruf lange genug herausgerissen werde. Bei Lotte Windscheid, der Frau seines Kollegen und Münchner Professors Bernhard Windscheid, entschuldigte er sich 1865 kokettierend, daß die Nüchternheit beim Analysieren von Paragraphen auch auf den privaten Briefstil von Männern

---

77 Ebd., S. 20 (an den damaligen Privatdozenten in München, Roderich Stintzing).
78 Ebd., S. 103-105.
79 Gegenüber Auguste von Littrow-Bischoff, ebd., S. 312.
80 Solch ein Urteil eignete sich auch in Berufungsverhandlungen in anderen Fächern. Der Pathologe Jakob Henle und sein Freund, der Arzt Karl Pfeufer, beurteilten 1857 die vorgeschlagenen Kollegen in Graden der Langweiligkeit; vgl. Briefwechsel Henle, Pfeufer, S. 113. Für Wissenschaftshistoriker: Richter in Dresden (langweilig), Seitz (langweiliger) und Beneke (am langweiligsten).
81 Ihering, Briefe, S. 237.
82 Ebd., S. 131, 409.

durchschlage (wohl wissend, daß seine Briefpartnerinnen einhellig seinen Briefstil lobten):

> Wir armen Männer, wir treiben alles, was wir tun, als Geschäft, selbst das Briefschreiben, und unwillkürlich überträgt sich die Stimmung, in die uns die Arbeit an einer Abhandlung versetzt hat, auch auf den Brief. Von 5-8 Uhr ein Paragraph über die mancipatio, von 8-9 einem Freunde zu seiner Verlobung oder, wenn er schon weiter vorgerückt ist, zu einem Kinde gratulieren – das steht ganz auf einer Linie für uns. Wo soll da plötzlich das Gefühl herkommen? Es ist nur die Fortsetzung der Arbeit, man gratuliert und kondoliert im Stil einer juristischen Abhandlung.

Nach eineinhalb Wochen Unwohlsein, so fuhr er fort, fühle er sich jedoch »so juristisch-leer und so gefühls-voll«, daß er vergessen könne, ein »gar gelehrter Herr« zu sein, und so ungezwungen plaudern könne, als ob er eine Dame sei.[83] Seine intellektuelle Arbeit machte ihn zum Mann, während er Gefühl, Plauderei und Nicht-Produktivität mit Frauen assoziierte. Ihering schrieb die Geschlechtergrenzen gerade durch diese prätendierte Fähigkeit fest, sie im Krankheitsfall überspringen zu können. Auch gegenüber Männern argumentierte er in geschlechterspezifischen Kategorien. Bernhard Windscheid gratulierte er 1858 zu dessen Verlobung, noch bevor er die offizielle Karte erhalten hatte, weil er am folgenden Tag wieder mit der juristischen Arbeit beginnen und deshalb alle »Herzensangelegenheiten, Gefühlssachen usw.« vorher erledigen wolle. Noch habe er die nötige Wärme, die von einem Gratulanten verlangt werde, schrieb er, während es nach einigen Tagen juristischer Arbeit »eines besonderen Ansatzes und einer besonderen Anstrengung« bedürfe, um sie in sich hervorzubringen.[84] Der Gelehrte als Künstler spielte mit Grenzen. Sein immer wieder erneuertes Männlichkeitsverständnis bedeutete Selbstkontrolle in Bezug auf Arbeit, aber nicht notwendigerweise im Umgang mit anderen. Er freute sich einerseits über sein »elastisches« Gemüt, das ihn aus tiefen Verstimmungen wieder hochkommen ließ.[85] Andererseits war sein Temperament oft heftig und mitunter ungerecht, wie sein Sohn Hermann anmerkte und er selber auch zugab, als seine Kritik an einem gemeinsamen Kollegen von seinen Freunden nicht geteilt wurde.[86] Zu Hause mußte seine Frau oft schwierige Situationen ausbalancieren, wie bei einem Mittagessen im Garten, bei dem ein etwas ältlicher Kalbsbraten, der dem Gourmet nicht schmeckte, mitsamt Schüssel ins Gemüsebeet sauste und die Kinder auf einen Wink der Mutter wenigstens noch Schüssel und Besteck retteten.[87] Es waren nicht zuletzt seine abrupten

---

83 Ebd., S. 169f.
84 Ebd., S. 97.
85 Ebd., S. 324.
86 Ebd., S. 149-158, bes. S. 156.
87 Ebd., Anhang, S. 466f.

Gefühlsumschwünge und die Möglichkeit, seinen Gefühlen freien Lauf zu lassen, die ihn, wenn nicht vor Langeweile, dann zumindest davor schützten, als langweilig bezeichnet zu werden. Ihering definierte Männer durch Arbeit und Frauen durch Männer. Er betonte, wie wichtig befriedigter Ehrgeiz für eine gelassen und zufrieden erlebte Gegenwart sei, und erwähnte mitunter auch den sonst marginalisierten Rückhalt im Haus. Seinem Kollegen K. F. von Gerber schrieb er 1861, daß seine Arbeit gut vorangehe:»... darin liegt, wie Du weißt, für mich ein Schutz gegen alle Anfechtungen des Ehrgeizes, der Verstimmung usw. – solange es mit der Arbeit vonstatten geht und mein Haus fest steht, kann mir die Welt nichts anhaben, das fühle ich jetzt wieder so klar wie je.«[88] Beim Tod seiner beiden ersten Frauen brach seine Arbeitsfähigkeit jeweils völlig zusammen. Ein Ruf nach Rostock bzw. eine sehr ehrenvolle Berufung nach Wien gaben ihm jedoch innerhalb weniger Wochen neuen Lebensmut und Arbeitseifer, so daß er einer Freundin, deren Mann starb, schrieb, daß einem Manne beim Tod seiner Frau noch »das Leben« bleibe, während Frauen (deren Mann für sie das Leben repräsentiere) mehr Zeit hätten, von ihrem Schmerz überwältigt zu werden. Er kondolierte ihr mitfühlend mit dem Satz, daß er die Witwenverbrennung, wenn sie nicht so schauerlich wäre, für die »poetischste« Form halten würde, in der die »Bedingtheit der ganzen Existenz der Frau durch den Mann jemals zum Ausdruck gebracht ist.«[89] Seine zweite Frau starb im September 1867. Im folgenden Dezember erhielt er den Ruf nach Wien, der ihm das Gefühl gab, endlich den Ort des öffentlichen Wirkens erreicht zu haben, für den ihn die Vorsehung bestimmt habe. Die Überzeugung, nicht nur für sich selbst, sondern in einem wahrnehmbaren Raum der Öffentlichkeit zu leben, half ihm über den Schmerz hinweg, denn dies bedeutete auch, nicht nur aus sich selber schöpfen zu müssen und neue Kontakte knüpfen zu können. Den Wechsel nach Wien vor Augen, schrieb er:»Ein erhebendes Gefühl der Freude durchdringt mich, wenn ich bedenke, was jetzt auf meine Schultern gelegt ist, und was ich werde schaffen können, und wenn je, schwellt der Glaube an mich selber mir das Herz.«[90] Der berufliche Erfolg half private Krisen überwinden, so daß er 1888 im Rückblick gelassen schreiben konnte, daß die Gegenwart im Vertrauen auf die Zukunft überwunden werden müsse.[91]

Ihering nutzte jedoch nicht nur Langeweile als polemisch-konturierendes Persönlichkeitsmerkmal, sondern belegte auch, wie ausgiebig ein Mann in seiner Stellung über Langeweile klagen durfte, wenn die konkrete Anpassung an neue Orte mit anderer Hörerzahl und wissenschaftlich-gesellschaftlichem Klima schwierig war. Die urbane Großstadt Wien, wo er von 1867 bis 1873

---

88 Ebd., S. 138f.
89 Ebd., S. 351.
90 Ebd., S. 219ff., Zitat S. 222.
91 Ebd., S. 413.

lehrte, kam bedeutend besser weg als die deutschen Provinzstädte Gießen und Göttingen, vor allem, weil er in Wien über 400 Hörer hatte, die finanziellen Gewinn und sozialen Status zugleich bedeuteten und ihm ein angenehmes Gefühl von Wirksamkeit vermittelten.[92] Nach einigen Semestern fand er den Großstadtalltag aber zu anstrengend, und er hoffte vor dem Wechsel nach Göttingen 1873 auf die Langeweile der Provinz, um bei weniger Abwechslung mehr zu leisten. Auch wenn er weiterhin routiniert exzessive Geselligkeit und Besuche monierte, die seine Zeit stehlen würden, hatte er dort dann mehr Zeit zum Arbeiten, als ihm lieb war. An Pfingsten 1876 flüchtete er, statt zu arbeiten, vor »dem Übermaß der Langeweile« in Göttingen ins freundlichere Heidelberg. Schwerer zu verkraften als die Langeweile durch mangelnde Anregung war jedoch der Verlust seiner »glänzenden akademischen Wirksamkeit«, der ihm Göttingen verödete, und er hielt es für eine große Dummheit, freiwillig »vom General wieder zum Unteroffizier« abgestiegen zu sein.[93] Wenn er auch kokettierte, so ließ doch eine lineare Lebens- und Karrierementalität für einen solchen Wechsel keine andere Sprache als die des Abstiegs zu. Andererseits war er immer bemüht, seine lebendige Präsenz in der Gegenwart zu zeigen, und präsentierte sich dergestalt, daß die Langeweile der Arbeit oder der Umwelt nie auf seine Persönlichkeit abfärbte.

Bei dem ein Jahr älteren und 1896 geadelten Spitzenbeamten Rudolf von Delbrück (1817-1903) zeigte sich dasselbe Muster. Zwar stellen seine Erinnerungen eine hermetischere Quelle dar als Iherings Briefe. Aber die Insistenz, die Gegenwart trotz allen Ehrgeizes genießen zu können, war bei dem langjährigen Junggesellen, der seine Erinnerungen in der zweiten Jahrhunderthälfte zusammenstellte, also zu einem Zeitpunkt, als die Klagen über den trockenen Berufsmenschen häufiger wurden,[94] noch prononcierter als bei Ihering. Delbrück arbeitete seit 1847 im preußischen Handelsministerium, wurde 1867 als Präsident des Bundes-, seit 1871 des Reichskanzleramtes der nächste Mitarbeiter Bismarcks und der Organisator der Reichsverwaltung. Seit 1869 auch preußischer Staatsminister, trat er 1876 zurück. Er klagte genau wie Ihering ungeniert über langweilige Arbeit und setzte sich ebenso entschieden als nicht-langweilig von anderen Männern ab. Delbrück beschloß als Jugendlicher, all seine Energien auf seine Karriere zu konzentrieren, und heiratete erst 1875 im Alter von 57 Jahren. Ihering hatte seine künstlerischen Qualitäten als Wissenschaftler und seine sozialen Kompetenzen betont. Delbrück, jahrzehntelang ausschließlich auf die Karriere konzentriert, betonte noch deutlicher, jeden gegenwärtigen Augenblick bewußt und intensiv genossen zu haben. Gerade weil er als jün-

---

92 Ebd., S. 237.
93 Ebd., S. 353. Einerseits schrieb er sogar Briefe aus Langeweile, andererseits versprach er einem Kollegen, den er nach Göttingen ziehen wollte, daß ihn die Stille und Langeweile von Göttingen wissenschaftlich vorangebracht habe.
94 Vgl. Kap. V.

gerer Mann auf eine Familie verzichtete, mochte es angesichts der gesellschaftlichen Vorurteile gegenüber Ledigen[95] besonders wichtig gewesen sein, sich als harmonischen Lebenskünstler darzustellen, der sich trotz langweiliger Arbeit nicht langweilte und deshalb auch keine Langeweile ausgestrahlt habe. Delbrücks erste berufliche Eindrücke waren von der Juristenschwemme und der politischen Situation im Deutschen Bund geprägt. Sein brennender Ehrgeiz erhielt den ersten Dämpfer während der Referendarszeit in Halle und Merseburg, wo es schlicht nicht genug Arbeit für alle gab und die Referendare nicht das Gefühl hatten, an bedeutenden Aufgaben mitzuarbeiten. Auch der Regierungswechsel 1840 änderte nichts an seiner Meinung, daß nur verwaltet, nicht aber regiert werde; je länger er in Merseburg war, desto geringfügiger erschienen ihm seine Aufgaben und desto mehr vermißte er neue Initiativen.[96] Sein Militärdienst war dann allerdings erst recht öde. Gerade weil Delbrück seine Karriere zeitbewußt plante, empfand er die vielen Exerzierstunden als verlorene Zeit, für sein Leben wie für die preußische Wehrhaftigkeit. Das einzig Positive war, daß ihm das Lernen für die zweite Staatsprüfung dadurch angenehmer erschien. Auch im Handelsamt war er nicht mit Arbeit überlastet; hier nutzte er ebenfalls seine Muße, um seine Weiterbildung »selbständig« voranzutreiben[97].

Etliche Positionen seiner beeindruckenden Karriere fand Delbrück entweder schlicht langweilig in puncto Arbeit oder lähmend aufgrund ihrer politischen Implikationen im Sinne der reduzierten Handlungsmöglichkeiten Preußens. Er betonte jedoch einerseits die z. T. geringe Arbeitsbelastung, die ihm ein vielseitiges, geselliges Leben gestattete, andererseits seine Fähigkeit, sich von den langweiligeren Aspekten seiner Arbeit zu lösen. Im kohärenzverschaffenden Rückblick auf den stockenden Beginn seiner Karriere beharrte er darauf, den Augenblick immer genossen zu haben. Das (eingestandene) »Sehnen nach einer Veränderung meiner Lage«, so schrieb er in der Rückschau, »konnte nur zeitweise Gewalt über mich gewinnen.« Er sei jung und genau in die richtigen Kreise eingebunden gewesen, vor allem den richtigen Mittagstisch, und seine »Wohngemeinschaft« mit Herrn von Schweinitz klappte ebenfalls vorzüglich, so daß ihm »der Genuß der Gegenwart für Grübeleien über die Zukunft wenig Raum ließ«.[98] Nach seiner glänzenden Karriere keineswegs geplagt von der Sorge, als fauler Beamter dazustehen, schilderte er die von geselligen Anlässen durchbrochene Arbeitsroutine. Als er bereits etabliert war, folgte dem für die Karriere so wichtigen Mittagessen ein Kaffee bei Kranzler, ein Spaziergang im Tiergarten oder ein Theaterbesuch sowie ein abschließender Besuch in einer

---

95 Zur Situation von Ledigen im 19. Jahrhundert vgl. Kuhn, Familienstand ledig.
96 Delbrück, Lebenserinnerungen, Bd. 1, S. 106, 117.
97 Ebd., S. 122, 151. Damit reklamierte er auch den klassischen Mußebegriff in der Kopplung mit Bildung.
98 Ebd., S. 188ff., Zitate S. 188.

Weinstube. Daneben fand er immer Zeit, die gerade gängigen Romane zu lesen, um bei geselligen Veranstaltungen die für sein Fortkommen richtige und wichtige Konversation machen zu können.[99] Langeweile hatte wenig mit zu wenig Arbeit zu tun und um so mehr mit individuellen Karrierechancen.

Die Frage des für die protestantische Ethik so wichtig erachteten ›calling‹ löste Delbrück pragmatisch. Die Auseinandersetzung mit Religion oder metaphysischen Begründungen seines Lebens war ihm schlicht zu zeitaufwendig. Anstelle der Religion erkor er die Staatsinteressen zur »sittlichen Grundlage« seines Handelns. Gerade weil er seinen Willen von den Zwecken des Staates bestimmen ließ, so argumentierte er, sei er in der Lage gewesen, die angenehmen wie traurigen Vorfälle des Augenblicks intensiv wahrzunehmen. Die Verlagerung von individueller Letztbegründung und Sinnsuche auf den Staat entlastete von Reflexionen; staatsloyales Verhalten vereinfachte sein Zeitbudget und Zeitempfinden. Der Verzicht auf transzendente Orientierung, die möglicherweise die Fragen von menschlicher Zeit und Endlichkeit aufgeworfen hätte, ermöglichte es ihm, in der Zeit zu leben, ohne daß sie ihm problematisch wurde.

Seine Weigerung zu heiraten begründete Delbrück ebenfalls mit der Hingabe an den Staat, aber auch mit dem ungewöhnlichen Eingeständnis, er sei zu verschlossen gewesen, um sich einem anderen Menschen ganz zu öffnen.[100] Seine Ehe mit Elise von Pommer Esche nach 1875 beschrieb er zurückhaltend als »reich an ruhigem Glück« (zumindest nach dem ersten Jahr, in dem er noch arbeitete und beide voneinander enttäuscht gewesen seien), »aber arm an erwähnenswerten Begebenheiten« – das klassische Muster in Autobiographien von Männern, häusliche Angelegenheiten als unwichtig für das Bild des Mannes als einer öffentlichen Persönlichkeit einzustufen.

Immer wieder machte Delbrück deutlich, daß auch langweilige Arbeit seine Lebenslust nicht gedämpft habe. Die Jahre nach Olmütz drückten seine Stimmung generell, und 1851 war er an den »wenig interessanten« Elbzollverhandlungen in dem für Fremde »tödlich langweiligen« Magdeburg beteiligt. Die Verhandlungen waren zeitintensiver als seine sonstigen Arbeiten, kamen ihm aber im Vergleich weit »nüchterner« vor,[101] so daß Arbeit allein auch auf dieser hohen politischen Ebene Langeweile nicht nur nicht verhinderte, sondern mitunter hervorrief. In dieser Situation rettete ihn die Frau eines Kollegen, die von ihrem völlig berufsbezogenen Mann seiner Meinung nach vernachlässigt wurde. Delbrück erläuterte der »unbefriedigten« Frau, daß man in einem solchen Fall erst recht den Augenblick ergreifen müsse, worauf sie sich in ihn verliebte.[102] Auch die Rheinzollverhandlungen in Hannover 1858 empfand er als

---

99 Ebd., S. 191f.
100 Ebd., S. 202, 204.
101 Ebd., S. 292.
102 Ebd., S. 293.

»einförmig«, zumal er wegen protokollarischer Differenzen nicht vom Hof eingeladen wurde. Dennoch betonte er sofort wieder, daß er »doch nicht an Langeweile litt«, da er den Wechsel zwischen Arbeit, geselligem Mittagessen und abendlichem Whist genau einhielt[103] und somit auch nicht exzessiv arbeitete. Auch höhere Posten brachten nicht nur interessantere Arbeit mit sich. 1859 zum Ministerialdirektor im Handelsministerium aufgestiegen, war Delbrück zugleich Koreferent in Disziplinarverfahren für nicht-richterliche Beamte, eine »Holzhauerarbeit«, die er erst 1864 wieder loswerden konnte. An den Umgang mit »interessanteren und wichtigeren Dingen« gewöhnt, mußte er sein ganzes Pflichtgefühl aufbringen, um in diesen »langweiligen Sachen« vorschriftsmäßig die Aktenlage zu überprüfen und dem Verlesen endloser Gutachten zuzuhören.[104] Im übrigen schien auch für Ministerialdirektoren Überarbeitung kein Problem gewesen zu sein, oder anders: Die Arbeit war ähnlich porös wie in seinen bisher geschilderten Positionen. Von neun bis drei im Amt, spazierte er nachmittags mit seinen Freunden durch den Tiergarten, ging allerdings auch danach noch oft kurz ins Büro. Zwischen 1860 und 1862 nahm er auch keinen längeren Urlaub,[105] während es ansonsten für Gutsituierte durchaus üblich wurde, sechs bis acht Wochen Urlaub zu machen. Erst 1865 gelang ihm wieder eine siebenwöchige Reise nach Rom, und erneut betonte er stolz, »die Gegenwart, unbeirrt durch jeden Gedanken an das, was hinter mir lag und vor mir liegen mochte, rein und voll« genossen zu haben.[106] Er habe die Politik völlig vergessen und sei ganz vom ästhetischen Genuß gefangengenommen worden. Der Diplomat Kurd von Schlözer (1822-1894), der als Zwanzigjähriger eingestand, unter dem Zwang zur Zukunft zu leiden, argumentierte ähnlich. Er besuchte als Student Paris 1845 und fühlte sich nicht besonders wohl, mit dem antifranzösischen Vorwurf, daß die Stadt nur den Kopf, nicht aber das Herz befriedige. Er rief sich jedoch mit dem Satz zur Ordnung, es sei seiner unwürdig, die Gegenwart nicht zu genießen, und konnte so auch unbeschadet Exkursionen in das Pariser Nachtleben begründen.[107]

Flaubert bezeichnete es 1850 als Hauptziel des Lebens, nicht gelangweilt zu sein,[108] und hielt, in einer im künstlerisch-literarischen Bereich gängigen Polarisierung, der Langeweile der bürgerlichen Erwerbswelt die Kunst entgegen. Diese gebildeten Berufsmänner dagegen insistierten darauf, daß sie mit ihrem Beruf auch die Kunst des Lebens beherrschten. Beide waren ebenso karriereorientiert wie erfolgreich und kontrollierten in ihrem Selbstentwurf Gegenwart und Zukunft, wobei Ihering den Zusammenhang mit erfolgreicher Arbeit deutlicher ansprach als Delbrück in seinem überlegten Rückblick, der Konnex

103 Delbrück, Lebenserinnerungen, Bd. 2, S. 133.
104 Ebd., S. 148.
105 Ebd., S. 150, 250.
106 Ebd., S. 358.
107 Schlözer, Jugendbriefe, S. 54.
108 Colpitt, The Issue of Boredom, S. 361.

sich dort aber aus dessen Karrierestufen von selbst ergab. Gerade indem sie ausgiebig über die Langeweile ihrer Arbeit klagten, ohne daß diese sie anstecken würde, zeigten sie anderen, daß sie nie einem nur zweckrationalen Blick auf die Welt anheimfielen, sondern Kunst und soziale Beziehungen in ihr Leben integrierten.

c. Der verlorene Augenblick

Ich bin nun einmal in Bahnen geworfen, die weder Rückzug noch Stillstand erlauben. Das unvorhergesehene, oft plötzlich Neue in der Industrie erfordert unablässige Aufmerksamkeit; der gänzliche Umschwung des Zuckergeschäfts löst alte, bequeme und werte Verhältnisse, neue müssen gebildet werden – Sie werden gestehen, daß, so belohnend meine ausgedehnten Geschäfte sind, an die gewünschte Ruhe nur dann erst zu denken sein wird, wenn meine Söhne mich werden ersetzen können; und wenn ich gesund bin, so macht mir das Wirken, Schaffen und Erkunden Freude.[109]

Dieses klassische Statement einer Mentalität auf dem Weg zum »Stillstand als Rückschritt« lieferte ein Hamburger Geschäftsmann 1851 in einem Brief an den Kaufmann Justus Ruperti. Seine Begrifflichkeit war ebenfalls typisch für männliche Selbstdarstellungen im 19. Jahrhundert. Vor allem seit der Jahrhundertmitte drehten sich die Titel von Autobiographien und Memoiren zunehmend um das »Wollen«, »Werden« und »Wirken« und stellten so die Trias von Leidenschaften, Entwicklung und Handeln als Bezugspunkte männlicher Identität in den Mittelpunkt.[110] Doch verrieten andere Zeitgenossen von Ihering und Delbrück, daß die zeitliche oder emotionale Balance nicht immer leicht zu halten war.

Den 1829 geborenen Chirurgen Theodor Billroth trennten fast dreißig Jahre von dem 1801 geborenen Schauspieler, Schriftsteller und Intendanten Eduard Devrient, der altersmäßig in der Mitte liegende Unternehmer Werner Siemens (1816-1892) gehörte zur Altersgruppe von Ihering und Delbrück. Alle drei zelebrierten geradezu die emotionale Schubkraft des Erfolges. Sie gehörten zu den Erben oder Epigonen einer politisch dramatischen Epoche und lebten in einer häufig als langweilig und politisch steril kritisierten Zeit. Alle drei fühlten sich

---

109 Zit. nach Trepp, Sanfte Männlichkeit, S. 214.
110 Als Beispiele: Karl Mettenheimer, Werden und Wollen und Wirken eines alten Arztes in Briefen und Niederschriften, Berlin 1940, hg. v. Heinrich von Mettenheimer (1825-1898, Leibarzt, Mitdir. Augenanstalt Schwerin); Erich Hoffmann, Wollen und Schaffen. Lebenserinnerungen aus der Wendezeit der Heilkunde 1868-1932, Hamm 1918; Guido Adler, Wollen und Wirken, Wien 1935 (geb. 1885, Musikgelehrter, Professor in Wien und Prag); Erich Ermatinger, Jahre des Wirkens. Der Richter des Lebens 2. Teil, Leipzig 1945 (Literaturhistoriker, Professor in Zürich).

durch Bismarcks militärische Erfolge auch persönlich exkulpiert vom Philistervorwurf.

Siemens, der 1888 geadelte Prototyp des erfolgreichen Wirtschaftsbürgers, bestätigte einmal mehr, daß das bürgerliche Programm sich nicht darin erschöpfte, über Leistung Anerkennung und sozialen Status zu reklamieren. Er wies auf die vertrauensbildende Wirkung des Erfolges als Basis für individuelles, schwungvolles Engagement hin.[111] Seine Erfolge beim Militär gaben ihm das Selbstvertrauen, sich selbständig zu machen.[112] Sein Offiziersrang spornte ihn ebenso wie der Erfolg und das Gefühl, etwas Nützliches zu tun, zu weiteren Leistungen an, als »befriedigendes Bewußtsein«, das seinen Geist anregte.[113] Auch Billroth vergaß nie die Bedeutung eines frühen und großen Erfolges im Leben; wem dies gelinge, der werde lange getragen.[114]

Als Resultat notierten jedoch beide ihre Unfähigkeit, sich in der Gegenwart heimisch zu fühlen. Mitunter muß ihr irritiertes Gegenwartsgefühl mühsam aus den Halbsätzen herausgelesen werden, die die schwarzen Löcher in ansonsten kontinuierlichen Erfolgsgeschichten umrundeten oder übersprangen. Billroth, der sein ganzes Leben lang den Zwang der Zeit reflektierte, schrieb mit 59 Jahren seine schlechten Stimmungen seiner melancholischen Grundeinstellung, aber auch seiner grundsätzlichen Orientierung auf die Zukunft zu: »Meine Gedanken bewegen sich fast nur auf dem Gebiete der Zukunft, so daß ich selten in der Lage bin, auch die schönste Gegenwart zu genießen.«[115] Siemens schrieb im Rückblick: »Niemals habe ich die Gedanken und Pläne, die mich gerade beschäftigen, vollständig verdrängen können und vielfach hat mir dies den Genuß der Gegenwart verkümmert, denn ich vermochte mich ihm immer nur vorübergehend hinzugeben«.[116]

Gleichzeitig aber, und das wurde vor allem in Konfliktsituationen zwischen den Geschlechtern deutlich, diente das (durch die Konstruktion von Männlichkeit erzeugte und sie im Gegenzug erzeugende, aber deshalb nicht weniger reale) Leiden an der Zeit dazu, männliche Identität durch ihre Differenz zu Weiblichkeit zu markieren. Weder Ihering noch Delbrück gerieten je in Gefahr, sich wirklich unfreiwillig aus ihrem Beruf zurückziehen zu müssen. Die Karriere des Schauspielers und späteren Intendanten des Hoftheaters in Karlsruhe, Eduard Devrient (1801-1877), dagegen war wirklich einmal durch den Verlust seiner Singstimme bedroht, und er hatte auch noch als Vorleser an der Akademie-Sektion für dramatische Kunst in Berlin das Nachsehen gegenüber Tieck. Devrient zelebrierte sein Mann-Sein als Unterwegs-Sein, und in dieser

111 Zusätzlich zur Einbindung in familiäre und andere nützliche Kontakte, vgl. Kocka, Familie, bes. S. 170, 174.
112 Siemens, Lebenserinnerungen, S. 77ff.
113 Ebd., S. 100, 275, Zitat S. 297.
114 Billroth, Briefe, S. 483.
115 Ebd., S. 356.
116 Siemens, Lebenserinnerungen, S. 248.

Krise übermannten ihn »Verachtung, ja Ekel« an der Welt. Natürlich habe er ein wunderschönes Heim mit einer liebevollen Frau, schrieb er im Tagebuch. Aber das reichte nicht nur nicht, sondern deren Konnotation als privat hob im Gegenteil den drohenden Verlust der Öffentlichkeit nur um so schärfer hervor. Devrient empörte sich dagegen, daß er sich auf sein »innerliches Leben« konzentrieren und auf äußeren Ruhm und Ehre verzichten solle, während er, wie er offen zugab, auf öffentliche Wirksamkeit und Anerkennung »angewiesen« sei.[117] Bei ihm wurde besonders deutlich, daß seine Sinngebung für sein eigenes Leben sich nicht einfach nur am klassischen Bildungsroman im Sinne einer aufsteigenden Entwicklungs- und Karrierelinie orientierte, sondern auch an dessen geschlechterspezifischem Differenzcharakter. Wenn John Tosh zufolge die viktorianische Literatur nicht nur das Carlylesche Arbeitsethos, sondern im Widerspruch dazu auch das Bild vermittelte, daß ein Mann erst dann ein Mann sein könne, wenn er die Berufsmaske ablege,[118] dann fühlte Devrient seine Männlichkeit gerade dann getroffen, wenn er seinen Beruf verloren hätte. Sein Gleichgewicht war abhängig davon, sich öffentlich präsent, sichtbar und erfolgreich zu fühlen, und seine gesundheitliche Krise gefährdete mehr als nur eine spezifische Arbeit.

Devrient, der aus einer der berühmtesten Schauspielerfamilien des 19. Jahrhunderts stammte, verlor diesen bohrenden Ehrgeiz sein Leben lang nicht. Langeweile spielte bei ihm eine große Rolle, als Mittel der Kritik von Persönlichkeiten, indem er freigebig Theaterstücke und Schauspieler so beurteilte und bewertete, und als Erfahrung beider Geschlechter. Dem 35jährigen genügte im Januar 1836 seine öffentliche Resonanz noch keineswegs, und er schrieb: »... ich möchte bedeutender beschäftigt sein, mich mehr hervortun, mehr wirken. – Geduld, Geduld ist die schwerste Tugend. Ich arbeitete noch spät.«[119] Zwar schalt er sich im folgenden November selbst für seine Jagd nach Erfolg, da in diesem »unruhigen Treiben und Hetzen die Gesundheit des Leibes und der Seele« untergehe. Ausdrücklich wollte er »einmal eine Strecke lang die Zeit gewähren lassen« und seine Muße zur inneren Sammlung nützen.[120] Er träumte zwischendurch von einem ganz selbständigen Leben, in dem er sich keinem institutionellen Zwang unterwerfen müsse und sein Leben ganz nach seinen eigenen Bedürfnissen einrichten könne, und realisierte wohl, daß der sehnsüchtige Blick auf die Zukunft die Gegenwart ungenutzt verschwinden lassen konnte: »Diese wilden Träume machen unempfindlich gegen allen kleinen Gewinn des Tages, ungenügsam und treiben in ihrer Erwartung Tage und Stunden vorüber, die man wohl nützen sollte.«[121] Er gehörte zu denjenigen, die wie auch

---

117 Devrient, Tagebücher, Bd. 1, S. 123f.
118 Tosh, What Should Historians Do, S. 188.
119 Devrient, Tagebücher, Bd. 1, S. 3; s. a. Kessel, Ehrgeiz.
120 Devrient, Tagebücher, Bd. 1, S. 8.
121 Ebd., S. 175.

der Mediziner Adolf Kußmaul, der Volkskundler Wilhelm Heinrich Riehl und der Diplomat und Ägyptologe Heinrich Brugsch-Pasche darauf brannten, der Welt mitzuteilen, wie bedeutend ihre eigene Zeit gewesen sei. Sie hofften auf dasselbe Urteil der Nachwelt wie der Kunsthistoriker Anton Springer: »Möchte die Nachwelt, wenn sie dieses Leben an sich vorüberziehen läßt, von mir sagen: ›Er hat nicht umsonst gelebt!‹«[122]

Die Angst, nicht erfolgreich zu sein, das reale Leiden am Zeitzwang und die Funktionalisierung dieser als männlich reklamierten Zeitwahrnehmung waren in der alltäglichen Reproduktion der Geschlechteridentitäten nicht voneinander zu trennen. Seiner beruflichen Ungeduld machte Devrient vor allem in der Familie Luft. Als er 1845 mit seiner Frau Therese und seiner ihr Leben lang bettlägerigen Schwägerin Lenore über Lebensanschauungen debattierte, suchten ihm die beiden Frauen seine eigene Einsicht zu vermitteln, daß er die schönsten Stunden verschenke, um so seinem Mißmut zu begegnen. Er fand in dieser Situation jedoch, daß sie ihm ihre »durch ihr Erdendasein umzäunte Ansicht« aufdrängen wollten, daß auch der Alltag erfreuen und befriedigen könne. Als Devrient ihnen erneut sein Ungenügen an der Gegenwart entgegenhielt, mußte er »den altbekannten Vorwurf wieder hören, daß ich dadurch freudetötend und entmutigend auf meine Umgebung wirke«. Seine Frau und seine Schwägerin waren seines Erachtens in der Gegenwart verfangen und mußten sich von ihm sagen lassen, daß eine solche Zeit für Männer ohne das Darüberhinausdrängen ungenügend war. Zwar wehrten sich die beiden Frauen gegen diese Zuschreibung, aber letztlich setzte sich Devrient durch. Er beharrte solange auf dem für ihn unbefriedigenden Charakter des Augenblicks, bis ihm die beiden Frauen »das Gefühl des Unterwegsseins« und die permanente Sehnsucht nach reineren Zuständen »verziehen«.[123]

Seine Schwägerin Lenore bäumte sich zwanzig Jahre später, 1865, einmal gegen ihr Schicksal auf. Sie wollte sich nicht länger in ihr »unbefriedigendes« und »grausames« Leben ergeben, das ohne Liebe sei und den gepredigten Idealen überhaupt nicht entspreche. Nirgends finde sie reine Zustände, und der einzelne Mensch müsse sich quälen für einen kaum wahrnehmbaren Fortschritt der Menschheit. Das war genau das Gefühl, das Devrient für sich in Anspruch nahm. Ihr jedoch erklärte er, daß auch sein scheinbar glücklicheres Leben nur durch Gottvertrauen zu ertragen sei, und riet ihr, ihre Ergebung wiederzufinden.[124] Seine Tochter Marie, die in seinen Augen mit einem »unseligen« Talent als Schauspielerin »geschlagen« war, ließ er zwar auf Drängen Thereses die Bühne ausprobieren, aber er prophezeite ihr eine böse Zeit, zumal er sie nicht schön genug fand, und nach einer Krankheit verschwand sie zumindest aus seinen Notizen.

122 Zit. nach Böhmer, Die Welt des Biedermeier, S. 301.
123 Devrient, Tagebücher, Bd. 1, S. 249f.
124 Devrient, Tagebücher, Bd. 2, S. 454f.

Auch als Devrient bereits ein anerkannter Theaterfachmann war, beflügelte ihn immer wieder der Zuspruch bekannter Politiker und Künstler. Als er seine neue Stelle als Intendant des Karlsruher Hoftheaters antrat, bestätigte er Rousseaus Satz, daß ein neues Umfeld den Erwartungshorizont verschieben und das Gewohnte langweilig machen können. »Freiere Übersicht und andere Maßstäbe« verunsicherten ihn nicht, sondern machten ihn höchstens unzufriedener.[125] Aber er konnte sich so auch neu sozial vernetzen und Anerkennung verschaffen. Während seiner ständigen Auseinandersetzungen mit dem Karlsruher Intendanten 1856 berichtete er von einer Reise: »Die Berührung mit bedeutenden Menschen hier gibt mir einmal wieder frische Lebenslust, und daß ich bei diesen besten Männern des Vaterlandes in Achtung stehe, daß sie das bestimmte Zutrauen haben, ich wirke Gutes in Karlsruhe …, das ist tröstlich und ermutigend.«[126]

Bis zu seinem Ausscheiden klagte er stereotyp über institutionelle Zwänge wie langweilige Sitzungen und frustrierende Auseinandersetzungen, weigerte sich aber, sich früher zurückzuziehen. Er beschrieb wortreich die Überlastung durch aufreibende Arbeitsreisen und sehnte sich nach dem »stillen Talwinkel«, in dem seine Frau lebte, blieb jedoch im öffentlichen Raum. Wohl besann er sich sechs Jahre nach seinem Amtsantritt in Karlsruhe 1858 und 1859 einmal auf den traditionellen Bildungsbegriff und dachte darüber nach, daß er, statt weltlichen Dingen nachzujagen, statt dessen seine innerste Persönlichkeit entwickeln solle. Aber die gegenseitige Bestätigung des männlichen Kollegenkreises hielt den Bannkreis des Erfolges intakt: »Könnte ich, dürfte ich mich solchen Anstrengungen, wie die der hier verlebten Wochen, wohl entziehen? Ich war hier wirklich unentbehrlich, ganz so, wie meine Konferenz-Kollegen es sagen.«[127] Das Bollwerk der kollegialen Anerkennung schützte ihn gegen die Veränderung der Geschlechterrollen, gegen die Kritik, die Therese Devrient mitschwingen ließ, wenn sie erklärte, daß sie auf Reisen mit ihm gelassener sei als im aufreibenden Kampf mit dem Familienalltag. »Es kann nun einmal nicht anders sein,«[128] so entzog er die Rollenverteilung jeder Diskussion.

Während der Jurist Ihering und der Beamte Delbrück sich als Lebenskünstler darstellten, setzte Devrient sich als Künstler keineswegs von den Normen der bürgerlichen Erwerbsgesellschaft ab, sondern unterschrieb im Gegenteil ausdrücklich deren Erfolgskriterien. Als Theaterschriftsteller und Intendant war er kein Außenseiter; vielmehr repräsentierte und beeinflußte er zentrale Einstellungen in der bürgerlichen Gesellschaft mit.[129] Er beurteilte Kunst, Menschen und Politik häufig als langweilig. Als Affekt aber verriet Langeweile

---

125 Devrient, Briefwechsel, S. 296.
126 Devrient, Tagebücher, Bd. 2, S. 193. Zu seiner Karlsruher Zeit vgl. Daniel, Hoftheater.
127 Devrient, Briefwechsel, S. 341; vgl. Kessel, Balance der Gefühle, S. 250.
128 Devrient, Briefwechsel, S. 314.
129 Zur sozialen Funktion des Künstlers vgl. Ziolkowski, Das Amt des Poeten.

sein Sehnen nach Erfolg, um sich und seinen Nachruhm zu etablieren. Wohl war Theater im 19. Jahrhundert unmittelbarer von der Zustimmung des Publikums abhängig als heute, da Unmutsäußerungen der Zuschauer die Spieldauer eines Stückes verkürzen konnten;[130] diese materielle Dimension muß man einrechnen. Aber Devrient sorgte sich weniger um die materielle Existenz der Familie als um die gefährdete Nahtstelle zwischen öffentlichem und privatem Raum, und wenn diese sich auflöste, dann wurde seine Abhängigkeit von öffentlicher Anerkennung zum Problem. Wenn es darüber zum Familienstreit kam, wies er Kritik mit genau den temporal (und räumlich) strukturierten Identitätsnormen zurück, über die er einerseits klagte und mit denen er andererseits seinen Wunsch nach Vorwärtskommen und öffentlicher Wahrnehmbarkeit legitimierte.

Die Wahrnehmung der eigenen Handlungs- und Erfolgschancen hing eng mit den sich verändernden Berufsstrukturen zusammen. Die Spezialisierung in den akademischen Berufen z. B. bedeutete keineswegs automatisch eine langweilige Monotonisierung. Zunächst konnte ein Mann sich im Aufschwung der Wissenschaften damit profilieren. In der Explosion des Wissens in den Naturwissenschaften und medizinischen Fächer seit den dreißiger Jahren bildete die Spezialisierung eine Möglichkeit, berühmt zu werden, und gerade Ärzte peilten ihre Karierechancen nicht immer nur mit dem Ziel der sogenannten objektiven Wissenschaft an. Hermann Wildermuth, der Sohn der schwäbischen Schriftstellerin Ottilie Wildermuth, der Arzt wurde, sagte den Naturwissenschaften die größte Zukunft voraus und sah für sich selber die Chance, als Afrikareisender der schwäbischen Provinz zu entfliehen.[131] Willy Hellpach, später ein bekannter Nervenarzt und in den zwanziger Jahren Unterrichtsminister in Baden, wurde durch die Bilder berühmter Forschungsreisender und durch die Rolle Schweningers für Bismarck dazu angeregt, Medizin zu studieren und so der provinziellen Namenlosigkeit zu entfliehen,»aus der Enge in die Höhe, aus der Namenlosigkeit nach Ruf und Ruhm« zu streben.[132]

Theodor Billroth (1829-1894) war einer der innovativsten und berühmtesten Pioniere in der Krebsbehandlung sowie für Magen- und Kehlkopfoperationen. Er wurde 1859 mit 30 Jahren ordentlicher Professor in Zürich, seit 1867 in Wien. Billroth durchlitt sämtliche Varianten der Ehrgeiz- und Langeweilekrisen und war ähnlich wie Ihering vom Philistervorwurf verfolgt. Aber er zeigte deutlicher als andere die Angst nicht nur vor einem Stocken der Karriere, son-

---

130 Zur Entstehung eines »Vorhangs des Schweigens« zwischen Publikum und Bühne zwischen 1750 und 1850 vgl. Johnson, Listening in Paris.
131 Wildermuth, Ach die Poesie, S. 160, 155. Das heißt nicht, daß Professionalisierungsprozesse in einem Basis-Überbau-Modell Mentalität prägen. Vielmehr trug das Vorhandensein bestimmter Identitätsmuster zu den spezifisch deutschen Professionalisierungsprozessen bei, die dann wiederum Wahrnehmungen und Erfahrungen beeinflußten.
132 Hellpach, Wirken in Wirren, S. 137.

dern auch davor, durch die Spezialisierung seiner Tätigkeit und die Intensität seines Berufes selber langweilig, weil einseitig, zu werden.

Billroth entschied sich mit 27 Jahren für die Chirurgie und wollte der Erste in seinem Fach werden.[133] Bereits als 26jähriger Dozent spürte er den Zwang der Zeit; entweder es überstürzte sich alles, oder er war erschöpft.[134] Auch seine Karriere verlief anfangs etwas stockend, weil andere Chirurgen die Plätze vor ihm in der Zürcher Klinik besetzten, in der er seine erste Stelle innehatte. Im Rückblick bezeichnete Billroth seine Langeweile im klassischen Melancholiesinn als produktiv. Er kokettierte, er habe dort zunächst so entsetzlich viel Zeit gehabt, weil ihm die anderen Chirurgen keinen Raum für seinen praktischen Ehrgeiz ließen, daß er aus lauter Langeweile seine berühmte *Allgemeine Chirurgie* geschrieben habe.[135] Im Alltag aber saß ihm der Philistervorwurf im Nacken, und zwar auf jeder Karrierestufe neu.

Nachdem er sich in Zürich etabliert hatte und ihm, wie er jubelte, alles gelang, hoffte er darauf, noch einmal an einem der größten Plätze der Wissenschaft, in Wien oder Berlin, zu wirken, auch wenn er sich selber sofort »lächerlich« schimpfte.[136] Ein Jahr später allerdings fühlte er sich genau deshalb immer unbehaglicher in Zürich, weil er alles erreicht hatte, was dort zu erreichen war. Nicht nur ein zu langsamer, auch ein zu rascher Aufstieg zum definitiven Gipfel konnte langweilen – ein Zuviel egal wovon, wie die Aufklärungsdiätetiker geschrieben hatten:

Ich habe hier alles erreicht, was ein Chirurg hier erreichen kann, und das ist für einen Menschen von 37 Jahren doch ein entschiedenes Unglück! Wenn ich nicht bald von hier fortkomme, werde ich bald ganz fettig degenerieren. ... Vielleicht sind es nur vorübergehende Stimmungen, Folgen von Fettansatz, weil es mir zu gut geht. Doch solche Stimmungen sind recht fatal; ich war früher selten davon geplagt, jetzt wird es damit chronisch.

Bis die Berufung aus Wien 1867 perfekt war, schwankte er zwischen Jubel und Depression. »Mißstimmung und Lebensüberdruß« plagten ihn, der das höchste erreichbare Gehalt bezog und auch sonst alle Optionen erreicht hatte. »Sie werden mich für toll halten,« schrieb er dem Kunsthistoriker Wilhelm Lübke; alle anderen würden es Glück nennen, für ihn sei es ein Elend, zumal er fürchtete, zu den Philistern gezählt zu werden, die mit ihrer einmal erreichten Behaglichkeit zufrieden seien. Die Berufung nach Wien öffnete erneut die Zukunft: »ich soll doch noch nicht ausruhen, noch nicht in dem Philisterschlaf den Lebensrest verduseln.«[137] Die Begeisterung seiner Frau, endlich aus Zürich

---

133 Billroth, Briefe, S. 24, 39.
134 Ebd., S. 24.
135 Ebd., S. 243.
136 Ebd., S. 56.
137 Ebd., S. 66f.

wegzukommen, schützte ihn zusätzlich vor Zweifeln und der Sorge, ob er seine Familie angemessen würde ernähren könne. Nach dem ersten Jahr in Wien verschärfte sich sein zunächst eher ruhiger Arbeitsrhythmus. Im ersten Jahr fuhr er an einem typischen Arbeitstag 1868 morgens um 8 Uhr in die Stadt, hielt Klinik von 9 bis 11 Uhr, »fuhr dann Praxis«, arbeitete anschließend »mäßig«, aß im Hotel, hielt einen Mittagsschlaf, hatte nachmittags Sprechstunde und fuhr abends um 6 Uhr wieder nach Hause. In den Ferien fuhr er erst später in die Stadt, um in seiner Stadtwohnung an Abhandlungen zu arbeiten.[138] Er fühlte sich absolut nicht überbürdet, fand sogar, daß er bei solidem Lebenswandel »überreichlich Zeit« hatte, erklärte es aber mit mangelnden sozialen Kontakten.[139] Ein Jahr später dauerte sein Arbeitstag bereits von 8 bis 20 Uhr, und seine Frau fand ihn unausstehlich. Im Alter von 40 Jahren registrierte er, wie sehr ihn die Medizin auffraß und wie wenig er dem von ihm als legitim erkannten Anspruch seiner Frau auf Unterhaltung und Anregung gerecht wurde. Nach einem normalen Arbeitstag wollte er nur noch Ruhe, während sie den ganzen Tag allein mit den Kindern war und mit ihm reden wollte. Billroth gab zu, daß sowohl ein weiteres Kind als auch die musikalischen Abende, die der mit Brahms befreundete Chirurg gerne veranstaltete, enorme Arbeit für seine Frau bedeuteten.[140] Er selber fand, daß Kinder manchmal schlicht störten und langweilten, zumindest solange er noch nicht richtig mit ihnen reden konnte, erkannte aber an, wie selbstlos seine Frau sich um die drei Töchter kümmerte.[141]

Billroth litt unter den widerstreitenden Folgen seiner eigenen Einstellung. Er klagte zunächst darüber, »mit diesem ewigen Pflichtgefühl rastloser Arbeit durch die Welt zu keuchen«.[142] Ein Tageslauf, den er 1890 an Johannes Brahms schickte, verriet den ständigen Blick auf die Uhr, die Minuten, die zählten, die vielen Menschen, die sich ständig an ihn wandten und seine Aufmerksamkeit erforderten, auch wenn der Musikliebhaber noch Zeit fand, abends ins Konzert zu gehen und abzuschalten.[143] Im dem dauernden Wechsel zwischen völliger Anspannung und totaler Erschöpfung verlor er seine innere Ruhe, und er warnte den Chirurgen Richard Volkmann und den Anatom Eduard von Rindfleisch, ihre Arbeit richtiger zu dosieren oder zwischendurch zugunsten ausgiebiger Kuren »zur Seite zu werfen«, damit es ihnen nicht ähnlich gehe.[144] Unzählige Anfragen ignorierte er zu diesem Zeitpunkt bereits. Er litt darunter, nicht allen helfen zu können, und weigerte sich konsequent, Unheilbare oder von ihm als Hypochonder Eingestufte zu behandeln, weil selbst ein überhöhtes

138 Ebd., S. 78.
139 Ebd., S. 80.
140 Ebd., S. 59f.
141 Ebd., S. 248.
142 Ebd., S. 114.
143 Ebd., S. 399.
144 Ebd., S. 159, 165.

Honorar ihn nicht für »die Langeweile und den Zeitverlust« dieser unnützen Arbeit entschädigen würde.[145]

Diese Mühle der Spezialistenarbeit beleuchtete einen zweiten Aspekt, der ihn bereits in Zürich geplagt hatte: Billroth war zu erfolgreich. Er war einerseits »übersättigt an Erfolgen und Ovationen« und hatte mehr als genug an Anerkennung und Auszeichnungen:[146]

> Was mich betrifft, ist die Leidenschaft, die mich am mächtigsten beherrschte, der Ehrgeiz, völlig befriedigt und erschöpft. Ich leide nur unter dem Vorwurf, den ich mir machen muß, daß ich immer interesseloser meiner Wissenschaft und meinem Beruf gegenüber bin.

Damit versagte der emotionale Anreiz, der ihn vorangetrieben hatte. Er litt andererseits unter dem Gefühl, zu wenig tun zu können, und empfand, daß seine Produktivität nachließ. Billroth beschloß daher immer wieder, die letzten Jahre ohne den ständigen Kampf mit den österreichischen Behörden um die Ausstattung der Klinik und Ähnliches zu verbringen und seiner Familie zu widmen, ohne es dann doch lassen zu können.

Drittens nämlich war er wie Devrient im Balancieren zwischen der Sehnsucht nach Ruhe und den Gratifikationen, die die Arbeit bot, unfähig und unwillig, sein Tempo zu reduzieren. Der glänzende Lehrer Billroth glaubte sich durch seine ausgedehnte Schule selber überflüssig gemacht zu haben und fand es vielleicht auch deshalb unmöglich, irgendeine Kommission oder eine neue Aufgabe abzulehnen,[147] obwohl er fand, daß diese Ansprüche das Gewebe seines Lebens und seiner Zeit zu Charpie zerrupften.[148] Er fragte sich, wo er blieb, und seine Familie fragte es erst recht.[149] Zunehmend machte ihn die »grenzenlose Zersplitterung« seiner Zeit mißmutig, die folgende Ermüdung und Zerfahrenheit.[150] Sein Alter bzw. sein Altern beunruhigte ihn. Er habe nicht mehr zu tun als früher, er sei nur früher erschöpft.[151] Bis zuletzt sehr aktiv, entschuldigte er ständig seine Müdigkeit.[152] Es sei nur »Riesen-Naturen« gegeben, über das 60. Lebensjahr hinaus ein »Vorwärts-Streben« zu bewahren.[153]

Sobald er jedoch einen Fetzen Zeit hatte, z. B. beschloß, weniger zu schreiben, stürzte er sich prompt in eine »großartige Vereinsmeierei« und verbrachte seine Zeit in Sitzungen und Kommissionen.[154] Ähnlich wie Devrient hielt er es

---

145 Ebd., S. 238.
146 Ebd., S. 264, 289.
147 Ebd., S. 138.
148 Ebd., S. 300, 328, 402.
149 Ebd., S. 295.
150 Ebd., S. 331.
151 Ebd., S. 253, 255.
152 Ebd., S. 260.
153 Ebd., S. 443.
154 Ebd., S. 188f.

für sozial nicht verträglich, sich diesen Ansprüchen zu entziehen,[155] aber er brauchte auch das Gefühl des Gebrauchtseins. Während einer ernsthaften Lungenentzündung entsetzte ihn die Vorstellung, ohne Arbeit zu leben, ebenso wie das mäßige Leben, das ihm die Ärzte abverlangten.[156]

Billroth ist auch deshalb ein interessantes Beispiel, weil er den Langeweilevorwurf nicht nur gegen andere, sondern auch gegen sich selber wandte. Ihn befriedigten die Detailarbeit und Spezialisierung, die ursprünglich den Aufstieg sicherten, im Laufe seiner Karriere immer weniger. Er ironisierte dies zwar 1875 als beginnende Dekadenz,[157] aber seine Arbeit wurde ihm dennoch zu monoton. Zwar gelang es ihm, sein Interesse an allgemeineren Problemen in nicht-chirurgische Abhandlungen umzusetzen; von einem Text über die Medizin an den deutschen Universitäten glaubte er, daß wirklich nur er ihn hätte schreiben können.[158] Aber Billroth registrierte vor allem die Macht der Gewohnheit, nicht nur im Tageslauf, sondern auch im »Befahren der immer gleichen psychischen Geleise«. In seiner Anfangszeit verurteilte er die Wiener, sah sie als »gemalte Figuren« und »hohle Schablonen« statt »wirkliche Menschen! Individuum! Persönlichkeiten!« Er kritisierte ihre Geselligkeit und ihr Arbeitsethos, sehnte sich nach »lustigen, munteren, witzigen Menschen« und fand die Literaten alle fürchterlich langweilig.[159] Wenig später aber notierte er selbstkritisch, wie schwer es ihm selber fiel, andere Qualitäten als die des Berufsmenschen zu erhalten, z. B. seine Geselligkeit, die er früher mit einem Glas Wein belebt hatte: »Der Ehrgeiz, mich in meiner Position zu halten, die Nothwendigkeit und Gewohnheit der comfortablen Lebensweise zu bleiben, halten mich gefesselt, und ich sehe meinen nicht medicinischen Menschen in Stücken von mir abfallen. Ich habe das Bedürfniß nach Umgang, bin aber überzeugt, daß ich in Gesellschaft nicht drei Worte reden könnte.«[160] Zum Musikmachen fehlte ihm Zeit und Stimmung, zumal ihn der psychische Wechsel in seiner Praxis ermüdete und der »geistige Coulissenwechsel« ihm schwerfiel.[161] Sein Mangel an Geselligkeit, auch 1883 wieder beklagt, lag nicht nur an Terminproblemen, sondern auch daran, daß die Professoren sich gegenseitig alle »grenzenlos langweilig« fanden.[162]

Je deutlicher Billroth, etwas abstrakt ausgedrückt, ein stationäres Verhältnis von Arbeit und Persönlichkeit wahrnahm, desto mehr nahm er die Gefahr, als langweilig bezeichnet zu werden, vorweg.[163] Wenn er sich entschuldigte, Kolle-

155 Ebd., S. 246f.
156 Ebd., S. 334, 355.
157 Ebd., S. 149.
158 Ebd., S. 156.
159 Ebd., S. 81f., Zitate S. 74.
160 Ebd., S. 86f.
161 Ebd., S. 191, 314, 369.
162 Ebd., S. 252.
163 Ebd., S. 40 (an His in Basel 1861).

gen mit Fragen zu »langweilen«,[164] konnte er sich zwar als einen umfassend interessierten Menschen darstellen. Aufgrund seiner wachsenden Sehnsucht nach Ruhe[165] sorgte er sich jedoch, in Gesellschaft nicht mehr attraktiv zu sein. Er hatte Angst, steril zu wirken, Jüngeren nicht mehr genug gute Laune zu bieten und dann auch sich selber nicht mehr zu unterhalten. In einem ungewöhnlichen Eingeständnis schrieb er 1892, er habe kaum noch Mut, »hervorzukriechen ..., da ich mich unerträglich langweilig finde, mich sogar mit mir selbst langweile und mich nach Tarok und Whist sehne, um die, wenn auch seltene, freie Zeit todt zu schlagen!«[166]

Wie Siemens und Ihering gaben ihm die Kriege von 1866 und 1870 persönlichen Auftrieb. Freute sich Siemens 1864, daß endlich auch Preußen (und nicht mehr nur der einzelne Unternehmer) »selbsttätig« in den Lauf der Geschichte eingriff,[167] bedauerte Billroth 1866 das »elende Vergnügen«, nicht auf dem Schlachtfeld zu sein, sondern »im Exil« Kolleg lesen und alte Menschen operieren zu müssen, um deren Leben etwas zu verlängern.[168] Im Krieg gegen Frankreich war er dann wirklich als Experte dabei. Ende Juli 1870 reiste er ins Elsaß, um Spitäler zu organisieren, und die ersten Eindrücke übertrafen alle bisherigen interessanten Reisen. »Ja, man muß mitten drin sein im Krieg, um das Schreckliche desselben und auch das Großartige davon zu empfinden«, schrieb Billroth seiner Frau.[169] Der Feldzug schloß eine Lücke in seinen Erfahrungen. Er fand seine Arbeit »außerordentlich glücklich und segensreich«, war froh, seine Kräfte wieder einmal geprüft zu haben, und fühlte sich selber »stark!« und »famos gesund« durch die erhebende Wirkung einer Arbeit an der Grenze nah an der Gefahr, aber kaum in Gefahr.[170] Die enorme Verantwortlichkeit und Autorität seiner Stellung erhöhte das Gefühl der eigenen Kraft, zumal sich alle anderen Ärzte seinem Rat fügten.[171] Er ›wirkte‹ im nationalen Sinn als Teil der virilen deutschen Armee. Als er wenig später dann auch die Kriegschirurgie äußerst monoton zu finden begann,[172] konnte er wieder nach Wien zurückkehren.[173] Als eine der Speerspitzen deutscher Wissenschaft hoffte Billroth auch die Amerikaner zu schlagen[174] und kultivierte nach 1871 erst recht seinen Franzosenhaß.[175]

164 So 1889, ebd., S. 383.
165 Er sei, so 1884, sich immer noch nicht langweilig genug, um ein paar Tage mit sich selber zu verbringen, ebd., S. 274f.
166 Ebd., S. 302, Zitat S. 451.
167 Siemens, Lebenserinnerungen, S. 168.
168 Billroth, Briefe, Zitat S. 61, s. a. S. 63.
169 Ebd., S. 99.
170 Ebd., S. 101-103.
171 Ebd., S. 108.
172 Ebd., S. 108f.
173 Ebd., S. 101.
174 Ebd., S. 111.
175 Den Kunsthistoriker Lübke kritisierte er heftig dafür, diesen Haß leugnen zu wollen, ebd., S. 114f.

Erfolg, Entwicklung, Zukunft, diesen Forderungen fühlten sich Künstler, Wissenschaftler oder hohe Beamte ebenso verpflichtet wie dem Modell der Lebenskunst. Angst, Erfahrung und Zuschreibung flossen auch hier oft ineinander. Das Gefühl der Leere tauchte dann auf, wenn im Blick auf die biographische Zeit der Vergleich zwischen den eigenen Lebensphasen negativ ausfiel oder die ersehnte öffentliche Wirksamkeit auszubleiben drohte. Die ambivalente Prägung des Männlichkeitsbildes erlaubte es, sowohl mit dem Zwang zur Zukunft als auch mit der Fähigkeit, die Zeit zu balancieren, die Geschlechtergrenzen zu verteidigen und männliche Räume als solche zu erhalten. Aber dieses Männlichkeitsverständnis war abhängig davon, geschlechterspezifische Zeitwahrnehmungen und die Grenze privat-öffentlich zu bewahren. Männer der Oberschicht konnten Frauen und Männern gegenüber die eigene Persönlichkeit konturieren, indem sie sich über ermüdende oder unbefriedigende Arbeit erhoben. Aber die Sorge, langweilig zu werden, verriet auch, wie schwer es sein konnte, den Druck der professionellen Strukturen und der Arbeitsroutine aufzufangen, wenn man sich dem Ideal der ausgewogenen Persönlichkeit verpflichtet fühlte. Der so schwer zu entkräftende Vorwurf der Langweiligkeit gestaltete auch deshalb in einem Zeitraum, in dem Männlichkeit generell, ungeachtet sozialer Herkunft, immer entschiedener über Arbeit und Leistung definiert wurde, gerade unter Männern die Hierarchie der Attraktivität mit.

2. Der Schrecken des Stillstands

In diesem Abschnitt geht es mit Blick auf verschiedene Lebensphasen um die Schatten, die Lebensläufe und berufliche Entscheidungen begleiten konnten, um gebrochene Definitionen von Zufriedenheit und die Rolle und Triebkraft von Ehrgeiz, um die Angst, keinen Platz im Leben zu finden, aber auch um die Möglichkeit, Enttäuschung zu kompensieren. Dabei zeigt sich einerseits, daß die normative Verschiebung zum »Arbeitssoldaten« auch Selbstwahrnehmung und Präsentation immer deutlicher strukturierte. Dabei entschied sicher nicht nur der Beruf über das psychische Gleichgewicht, sondern auch, was ein Mann fühlte und was er hoffen konnte.[176] Klagen über Arbeit sind schwer einzuordnen. Sie verraten nicht nur Selbstbewußtsein und Statusempfinden, sondern auch Divergenzen zwischen sozialer Gratifikation und Leidensdruck, zwischen Machtausübung und subjektiven Erfahrungen von Entbehrung, Einsamkeit oder Arbeitslast.[177] Aber die enorme Bedeutung des Ehrgeizes in den bisherigen Fallstudien hat bereits gezeigt, wie sich diese Ebenen immer mehr verzahnten. Andererseits blieb gerade im Kaiserreich mit seinen Topoi der Zerrissenheit und der Krise[178] und der Suche nach Individualität[179] das Ideal des Lebenskünstlers wirksam, das es erlaubte, Gesellschaft als rein männlichen Raum zu denken.

Langeweile warf in verschiedenen Lebensphasen ihre Schatten – in der Ausbildung, beim Berufseinstieg, im Verlauf der Karriere und schließlich, zumindest seit dem späten 19. Jahrhundert, auch an deren Ende. Das reflektierte die Verinnerlichung der Temporalisierung, hing aber auch mit Professionalisierungsprozessen zusammen. Letztere konnten die Profilierung wohl erleichtern. Aber sie schoben nicht nur den Eintritt in die berufliche Zukunft hinaus, sondern erschwerten es auch, den Beruf zu wechseln und einen Mißerfolg oder die Enttäuschung über einen ungeliebten Beruf durch einen neuen Anfang in der Lebensmitte aufzufangen. Langeweile konnte daher in der verlängerten Adoleszenz auftauchen, wenn nicht absehbar war, wann ein Mann sich beruflich etablieren konnte. Diese mentale Disposition ließ sich jedoch nach der Etablierung im Beruf auch nicht einfach ändern. An einer sich verändernden Wahrnehmung des Berufsendes ist schließlich besonders deutlich abzulesen, wie sehr sich durch eine immer exklusivere Definition von Männlichkeit durch Arbeit und Erfolg der Entwicklungsbegriff von der Persönlichkeit außerhalb der Arbeit auf die Entwicklung im Beruf verlagerte.

---

176 So über Arbeiter Maynes, Taking the Hard Road, S. 201.
177 Vgl. Roper, Tosh, Introduction.
178 Vgl. z. B. Doerry, Übergangsmenschen.
179 Eley, Die deutsche Geschichte, S. 28.

a. Einstieg als Problem: Langeweile auf dem Weg zur Zukunft

In dem Zeitraum, in dem sich der Zukunftsappell an Männer verschärfte, verzögerte eine verlängerte Schulzeit den Eintritt in eine als unabhängig geltende Zukunft. Seit 1832 waren acht Jahre Gymnasium und Abitur notwendig für die Zulassung zum Studium. Zunächst gestattete das Kurssystem Schülern, die einen Kurs nicht erfolgreich absolvierten, diesen zu einem späteren Zeitpunkt zu wiederholen, während sie in den anderen Fächern weiterrückten. Dieses flexible Kurssystem wich jedoch seit der Jahrhundertmitte dem Klassensystem, in dem ein ganzes Jahr wiederholt werden mußte, wenn ein Schüler in einem Fach versagte. Das erschwerte nicht nur den Schulbesuch für Söhne ohne den entsprechenden finanziellen Hintergrund. Männer wurden auch später beruflich aktiv als z. B. im US-amerikanischen Schul- und Berufssystem.[180] Außerdem wollte das deutsche Schulwesen zumindest vor der Schulreform der achtziger und neunziger Jahre »nicht den kritische[n] Frager, sondern den eingepaßte[n] Wisser und Könner« ausbilden.[181] Im akademischen Bereich wich die Humboldtsche Vision der Vielseitigkeit der philologischen Akribie und Entwicklung zur Großwissenschaft mit ihren Wissenschaftsbürokraten am Ende des Jahrhunderts.[182]

Die Gymnasialjahre konnten eine reale Leidenserfahrung sein, insofern muß die retrospektive Schulkritik, die viele Selbstzeugnisse von Männern durchzieht, ernst genommen werden. Allerdings hob sich dadurch auch die folgende berufliche Selbständigkeit oder das eigene Verhalten in der Schulzeit positiv gegen deren formalisierte Regeln ab. Der Literaturhistoriker Gervinus fand den mit Liebe erteilten Griechischunterricht interessant, den übrigen mit Schlendrian verknüpften Zwang langweilig. Er beschrieb auch die Erwartungshaltungen und Urteilskriterien gegenüber Jungen. Er sei zu wenig ermutigt und angespornt worden, gegen den Willen des Vaters sofort ein Studium durchzusetzen, nicht zuletzt, weil er zu bescheiden gewesen sei; deshalb hätten ihn auch seine Schulkameraden für »trocken, nüchtern und nichtsversprechend« angesehen.[183] Dem Ingenieur Carl Linde waren die klassischen Sprachen zunächst egal, dann fand er sie abscheulich, und er gab zu, daß ihm hier wie später immer dann die Energie zur Überwindung der Langeweile gefehlt habe, wenn ihn die Sache nicht interessierte.[184] Der Diplomat Ludwig Raschdau kritisierte das Lehrpersonal ebenso wie die Form des Unterrichts; es sei ein Auswendiglernen ohne Zusammenhang gewesen.[185] Auch der Landrat Felix Busch fand seinen Schul-

---

180 Taylor, The Transition to Adulthood, bes. S. 637.
181 Nipperdey, Arbeitswelt und Bürgergeist, S. 558, 540f.
182 Am Beispiel der Altertumswissenschaft Marchand, Down from Olympus, z. B. S. 77, 134.
183 Gervinus, Leben, S. 49.
184 Linde, Aus meinem Leben, S. 6f.
185 Raschdau, Wie ich Diplomat wurde, S. 4f.

unterricht langweilig.[186] Er litt außerdem unter dem scharfen Kontrast zwischen seinem relativ großzügigen, bunten Leben als Sohn eines Diplomaten und der rigiden Atmosphäre und Zeitdisziplin in Schulpforta, vor allem, wenn er aus den Ferien bei den Eltern in Rumänien oder Schweden zurückkehrte, obwohl sein Vater ihn auch mit vielen kleinen Arbeiten disziplinierte.[187] Stereotyp kritisierten sie einen Unterricht ohne Engagement und Anschaulichkeit und setzten ihre eigene Lern- oder Forschungsneigung vom schulischen Zeit- und Regelregime ab. Der spätere Historiker Kurt Breysig hielt sich für unfähig zum Auswendiglernen, neigte, wie er fand, zum selbständigen Lernen und suchte in der Schule ohne übertriebenen Ehrgeiz im Mittelfeld zu bleiben, um mehr freie Zeit für Aufenthalte im Freien und fürs eigene Lesen zu haben.[188] Der Jurist Friedrich Arnold schilderte 1878 in der Zeitschrift *Daheim* die Frustrationen eines durch professorales Dozieren trocken gewordenen Studiums. Erst die Praxis habe ihn die notwendigen Erfahrungen gelehrt.[189]

Die Sensibilität für die shortcomings des deutschen Gymnasiums konnte sich bei bürgerlichen Söhnen durch adlige Verhaltensweisen noch verstärken, selbst wenn es sich um defensive Strategien des »Obenbleibens« (Rudolf Braun) handelte. Das neuhumanistische Gymnasium hatte bis 1900 das Monopol für die Zulassung zum Studium und bot, z. B. durch das Einjährige, hohen Sozialstatus und prestigeträchtige Karrieremöglichkeiten außerhalb der akademischen Berufe.[190] Mancher Adelssohn zeigte allerdings seine Distanz zum Berechtigungswesen, indem er demonstrativ mit mangelnder Intelligenz kokettierte, die dennoch einen Abschluß nicht verhinderte. Der spätere Flügeladjutant Wilhelms II., Graf Schönburg-Waldenburg (aus ehemals reichsunmittelbarer Linie), referierte ausführlich seine Odyssee durch vier Schulen und beschrieb, wie hilflos die Gymnasialdisziplin gegenüber Angehörigen des höheren Adels sein konnte.[191] Der Militär (und abgebrochene Jurastudent) Leopold von Schlözer betonte besonders, daß seine Distanz zur Bildung daher rühre,

186 Busch, Aus dem Leben, S. 8f.
187 Ebd., S. 14f., 24. Seine Großmutter schrieb ihm den klassischen Vers ins Stammbuch: »Was verkürzt die Zeit? Tüchtigkeit. Was macht sie lang? Müßiggang!« Ebd., S. 277.
188 Breysig, Aus meinen Tagen, S. 8f., 20, 22.
189 Arnold, Aus den Erinnerungen eines Juristen, S. 602-604.
190 Nipperdey, Arbeitswelt und Bürgergeist, S. 548f.
191 Schönburg-Waldenburg, Erinnerungen, S. 29-33. Alexander von Hohenlohe war etwas differenzierter. Sein Leben stand im Schatten seines Vaters; er mußte als Bezirkspräsident von Colmar 1906 zurücktreten, als die »Denkwürdigkeiten« des Prinzen Chlodwig zu Hohenlohe-Schillingsfürst, seit 1894 Reichskanzler und preußischer Ministerpräsident, erschienen. Auch er erinnerte sich nur an trockene Zahlen ohne lebendigen Zusammenhang aus der Schule. Im Rückblick bedauerte er, so in den Familientraditionen verfangen gewesen zu sein, daß er zu Beginn seiner Ausbildung keine Alternative zum preußischen Staatsdienst habe gelten lassen. Hohenlohe, Aus meinem Leben, S. 14-19.

daß sie seinem favorisierten Männlichkeitsbild widerspreche. Ihm widerstrebte nicht nur ein überprüfbares Leistungsethos, sondern er kontrastierte Intellektualität und Männlichkeit. Schlözer begründete seinen Wechsel von der Richterlaufbahn zum Militär mit seiner Abneigung gegen die Spezialisierung der Wissenschaften, die die Persönlichkeit verkümmern lasse, während ihn am Soldatenleben »das Persönliche, das Männliche« reize. »Der handelnde Mensch löst den intellektuellen ab«, schrieb er seinen Eltern.[192] Er schwelgte im Kameradschaftsgefühl der Truppe, die nicht verlangte, daß er sich wie auf der Berliner Universität den Kopf über kosmologische Antinomien zerbreche. Auch wenn er nicht leugnete, daß der militärische Gesichtskreis in langen Friedenszeiten zu schablonenhaftem Drill verkommen könne,[193] hielt er das Militär für den geeignetsten Rahmen, sein Ideal des Tatmenschen zu leben.

Auch wenn hier ein schichtspezifischer Distinktionswunsch dazukam, so zeigte die Langeweilekritik all dieser Männer, daß ihre persönliche Entwicklungsfähigkeit den institutionellen Zwang, die Monotonie und Langeweile des Grammatikunterrichtes überlebt hatte, während sich Arbeiterkinder den Luxus dieser Klage erst gar nicht leisten konnten. Für Arbeiterjungen und -mädchen bedeutete das Schulende mit spätestens 14 Jahren das tatsächliche Ende der Hoffnungen, und männliche Selbstzeugnisse artikulierten den Zorn über diese in Deutschland so besonders wichtige Achse der Ungleichheit.[194] Die Schulerfahrung der bürgerlichen und adligen Söhne hingegen, aber auch die gängige Kritik an der angeblich öden, materialistischen Wirtschaft speisten die kontinuierliche Begeisterung für künstlerische Berufe, die v. a. bürgerliche Männer auch im Kaiserreich an den Tag legten. Zwar stieg von den dreißigern bis in die sechziger Jahre die Rate der wirtschaftsbürgerlichen Söhne, die im Geschäft blieben, von 58 % auf 76 %.[195] Dolores Augustine zufolge kann dies nicht nur auf autoritäre Eltern zurückgeführt werden. Genauso wichtig wird die zunehmende Sekurität und der wachsende Reichtum gewesen sein, ebenso aber die Sehnsucht, über materiellen Erfolg soziale Anerkennung zu sichern. Typisch war aber die ursprüngliche Sehnsucht nach einem im weitesten Sinne künstlerischen Beruf. Hans Fürstenberg wollte zunächst Architekt werden, entschied sich dann aber doch für die Banklaufbahn, wobei er in seinem Leben genügend Raum ließ für künstlerische Interessen.[196] Paul Wallich wollte erst Philosoph werden, entschied dann aber, daß diese Hoffnung seinen Ehrgeiz nicht würde befriedigen können, zumal ihm zusätzlich seine jüdische Herkunft schadete. Während seiner Militärzeit witzelten seine Kollegen bereits über ihn als Professor, und ihm war klar, daß er seine Erfolge nur der ehemaligen Position seines

---

192 Schlözer, Vorwärts!, S. 29.
193 Ebd., S. 31, 48.
194 Maynes, Taking the Hard Road, S. 113.
195 Augustine, Patricians, S. 149; Budde, Auf dem Weg, S. 217, fand in ihrem Sample dagegen 44 % Wirtschaftsbürgersöhne, die zur Kunst wechselten.
196 Augustine, Patricians, S. 140ff.; vgl. Hein (Hg.), Bürgerkultur.

Vaters als Bankdirektor verdankte. Nur eine Karriere in der Wirtschaft schien ihm ausreichende Garantie für den ersehnten sozialen Status zu sein.

Es konnte ein enormer Druck sein, sich für einen Beruf zu entscheiden, der das ganze Leben prägen sollte. Kurd von Schlözer (1822-1894), von 1850 bis 1892 ein bekannter und erfolgreicher Diplomat, gestand als Zwanzigjähriger seinem Bruder Nestor, daß er seine frühere Abneigung, sich mit seiner Zukunft zu beschäftigen, immer noch nicht aufgegeben habe.[197] Adolf Wermuth, der spätere Oberbürgermeister von Berlin, schrieb seiner Mutter zu Beginn des Studiums, daß es doch ein ganz eigenes Gefühl sei, so lockend die Zukunft auch vor ihm liege, auf einmal so ganz allein zu stehen.[198] Wilhelm von Siemens litt nicht einfach nur darunter, der Sohn eines berühmten Vaters zu sein, sondern auch unter dessen extremer Zukunftsorientierung. Er wurde traurig und melancholisch, weil er ständig über die Zukunft nachdachte und sich ängstigte, der inkompetente Sohn eines großen Vaters zu sein. Sein Schwager betonte in seinem Nachruf, daß sein Leben ihn in eine Position brachte, die mit seinen innersten Interessen nicht übereinstimmte, und bezeichnete ihn als delikates Instrument, das vorzeitig aus dem Takt geraten war.[199] Ein ähnliches Verständnis für die Probleme der Ein- und Anpassung wie die bereits geschilderten Beispiele aus dem frühen 19. Jahrhundert verriet die von Augustine betonte Toleranz wirtschaftsbürgerlicher Eltern im Kaiserreich gegenüber den Söhnen, die sich mitunter erst im dritten Lebensjahrzehnt für einen Beruf entschieden.

Explizit tauchte Langeweile dann auf, wenn der Wunsch nach einer Karriere vorhanden war, ohne den take-off bereits gesichert zu haben. Der Physiker Heinrich Hertz begann 1875 zunächst ein Ingenieursstudium. Solange er schwankte, für welche Richtung er sich entscheiden sollte, fühlte er sich besonders einsam und trat deshalb bei einem Korps ein.[200] Er litt nicht nur unter Heimweh und Einsamkeit, sondern vor allem unter Langeweile, als er nebenbei auf einem Büro als Zeichner arbeitete. Zwar lebte er sich ein, als die anfängliche Neckerei der Kollegen aufhörte, doch die Tage waren »einförmig«, und er hatte das Gefühl, in Vorbereitung für das »eigentliche Leben« zu sein, dessen Umrisse ihm noch unklar waren.[201] Als er jedoch 1877 vom Ingenieurstudium auf die Naturwissenschaften umsattelte, gesichert durch die finanzielle Unterstützung seiner Eltern, war er sicher, seine Fähigkeiten ausleben zu können und anerkannt zu werden. Diese Ausbildung bot nicht nur einen höheren sozialen Status, sondern vermittelte ihm auch das Gefühl, sich über das darin verborgene unendliche Forschen die Zukunft immer ein Stück weit offenhalten zu können.[202]

197 Schlözer, Jugendbriefe, S. 21.
198 Brief von Adolf Wermuth an seine Mutter Marie, Leipzig, 23.4.1873, privater Nachlaß Martin Wermuth. Ich danke Herrn Wermuth, daß er mich einige Briefe seines Großvaters aus dem privaten Nachlaß einsehen ließ.
199 Augustine, Patricians, S. 140.
200 Hertz, Erinnerungen, S. 21, 35f.
201 Ebd., S. 29.
202 Ebd., S. 48ff., 55f.

b. Vorwärts leben? Langeweile in der Zukunft

»Vorwärts! Leben!« – so nannte Leopold von Schlözer seine Erinnerungen an die Husarenzeit und markierte mit dem Titel noch einmal seine Persönlichkeit. Andere verloren dieses dynamische Lebensgefühl mitunter im Amtsalltag. Zumal der Beginn von Beamtenkarrieren war häufig von Warten und Abhängigkeit bestimmt. Die Formalisierung in Bildungswesen und Berufszulassung und der Weg in die nach der Verbeamtung nicht mehr von der Leistung abhängige Beamtensicherheit[203] erzwangen lange Wartezeiten und zunächst unsichere Perspektiven. Ehe sich die Professionalisierungs- und Akademisierungsprozesse in einer für die deutsche Geschichte spezifischen Weise verfestigten,[204] war es noch leichter möglich, wie die *médecin-philosophes* um 1800, nacheinander oder nebeneinander verschiedene Tätigkeiten auszuüben; mit dem Beginn der Spezialisierung erforderten solche Berufe jedoch getrennte und lange Ausbildungswege. Einen weiteren Prellbock für individuellen Ehrgeiz bildete die regelmäßig auftretende Juristenschwemme. Die unbesoldete Assessoren- und Referendarszeit betrug in Preußen in den dreißiger Jahren sechs bis sieben, in den fünfziger Jahren bereits zehn Jahre. In den neunziger Jahren war ein Viertel aller Stellen in der Justiz mit Gerichtsassessoren besetzt, von denen 1901 nur 35 % Diäten bezogen.[205] Diese lange Durststrecke in subalterner und abhängiger Position[206] konnte das Gefühl der Trockenheit erzeugen, entschiedener als die sich seit den sechziger Jahren durchsetzende Trennung zwischen Arbeit und Nicht-Arbeit, die die Arbeiter- und später die Angestelltenschaft stärker betraf als Landräte, hohe Bürokraten oder Diplomaten. Als niederer Charge in der Provinz hängenzubleiben, würde eine zeit- und kostenintensive Ausbildung ohne die angepeilte Belohnung bleiben lassen und, so der Alptraum einiger, den immergleichen Trott der Arbeit nicht einmal durch großstädtische Geselligkeit ausgleichen. In solchen Angstvisionen, die die Träume vom zukünftigen Ruhm verdunkelten, lockten z. B. der diplomatische Dienst oder das Militär, vor allem nach 1870/71.

Ein typischer Auslöser der inneren Leere war die Angst des Rechtsreferendars, auf einer Stelle in der Provinz zu enden. Der spätere Theaterschriftsteller und Intendant Gustav zu Putlitz und der Dramaturg Rudolf Gottschall (1823-1909) fühlten sich gleichermaßen geschlagen mit dem Jurastudium bzw. der Referendarszeit.[207] Als Putlitz in den vierziger Jahren als Jurist im Staatsdienst arbeitete, kam er damit noch einigermaßen zurecht, solange er sich in Berlin

---

203 Dazu Wunder, Geschichte der Bürokratie, S. 41ff.
204 Vgl. Cocks, Jarausch (Hg.), German Professions.
205 Wunder, Geschichte der Bürokratie, S. 53, 79.
206 Haupt, Berufskarrieren, S. 154f., 157.
207 Gottschall, Aus meiner Jugend, S. 192f.; Putlitz, Lebensbild, S. 34, Mai 1845. Putlitz konstatierte ironisch, er sei zufrieden mit sich, denn er habe sein Landgericht, wenn nicht mit Leidenschaft, so doch mit Fleiß besucht.

aufhielt. In Magdeburg dagegen fühlte er sich als kleines Rädchen einer Maschinerie, innerlich und äußerlich leer und in seiner Produktivität gelähmt.

Putlitz spielte verschiedene Karrierepläne durch, vor allem den diplomatischen Dienst, der schillernde Abwechslung, rascheres Vorankommen und Status verhieß. Seinen Wunsch nach diesem dann doch nicht vollzogenen Wechsel begründete er ausdrücklich damit, als Jurist wenig Aussicht auf Erfolg zu haben und sich auch 10 Jahre später noch auf demselben Platz zu finden, den ein anderer vielleicht besser ausfüllen könne.[208]

Putlitz konnte es sich letztlich aufgrund seiner Herkunft leisten, doch sein geliebtes Theater zum Beruf zu machen, während der finanziell schlechter gestellte Bürgerliche Ludwig Raschdau (1849-1938) tatsächlich aus dem Jurastudium zunächst in den diplomatischen Dolmetscherdienst floh, nur um sich dort ähnlich blockiert zu fühlen. Ohne einflußreiche Familie oder Gönner trieb ihn im Jurastudium die Angst vor den langen Jahren als unbesoldeter Assessor ebenso um wie die Sorge, als Kreisrichter in einer oberschlesischen Landstadt zu enden.[209] Durch seine Kenntnisse orientalischer Sprachen gelangte Raschdau 1870 dann, nach seinem Sprung in den Auswärtigen Dienst, als Dolmetscher an das Konsulat in Konstantinopel. Der Dienst war »wenig anstrengend« und ließ ihm genug Zeit, auf Streifzügen und in Cafés seine Landes- und Sprachkenntnisse zu erweitern.[210] Diese Arbeit war ihm jedoch auf Dauer zu unselbständig, und er holte, von seinem Vorgesetzten Graf Keyserlingk ermutigt, das erste juristische Examen nach, um seine Karrierechancen zu verbessern. In den vier Studienjahren in Straßburg, Zabern und im Münstertal verlängerte das Auswärtige Amt seinen Urlaub jeweils etwas unwillig in der Erkenntnis, daß ihm die Arbeitslust auf dem bisherigen Posten schlicht vergangen sei. Als Referendar in Straßburg absolvierte er den Militärdienst neben der juristischen Arbeit, aber in diesen Jahren hätte er immer wieder »der Zeit Flügel geben wollen«, um endlich bei der attraktiveren Zukunft anzukommen, die ihm seine Phantasie ausmalte. Aber auch er fühlte sich sofort bemüßigt hinzuzufügen, daß die Eintönigkeit und Disziplin dieser Zeit seine körperliche und geistige Entwicklung gefördert (und keineswegs gelähmt) hätten.[211]

1876 ins Auswärtige Amt aufgenommen, fühlte Raschdau zunächst stolz die Augen Deutschlands und der Welt auf sich gerichtet, um sich dann jedoch auf schematische, formalistische und vor allem »ganz und gar untergeordnete Aufgaben« reduziert zu finden.[212] Er hatte jedoch Glück und konnte sich wieder nach Konstantinopel versetzen lassen. Als Leiter des deutschen Konsulats in

---

208 Vgl. Kessel, Balance der Gefühle, S. 234, 251f. Putlitz wurde Intendant in Schwerin und 1873 Nachfolger von Devrient in Karlsruhe.
209 Raschdau, Wie ich Diplomat wurde, S. 5f., 9.
210 Ebd., S. 19. 24f.
211 Ebd., S. 35-37, Zitat S. 36.
212 Ebd., S. 42f.

Smyrna ab 1879, später als Vizekonsul in Ägypten genoß er seine Selbständigkeit, bei »mäßiger« amtlicher Beschäftigung.[213] Danach trieb ihn die Suche nach neuen Herausforderungen weiter, wobei er seine Selbständigkeit betonte, um das Image des untergeordneten Schreibtischtäters abzuschütteln, und sich weidlich über den konsularischen Papierkram während der eigentlich ersehnten Konsulatsvertretung in New York ärgerte. Im Vergleich mit dem dennoch sehr abwechslungsreichen Leben in der amerikanischen Metropole erwies sich Kuba als anschließender Aufenthaltsort dagegen bei »unbedeutender« Tätigkeit als trockene Wüste.[214] In einem von außen betrachtet abwechslungsreichen Lebenslauf wechselte er zwischen Stationen, die er bald interessant, bald langweilig fand, wobei vor allem zwei Aspekte typisch waren. Als Maßstab diente die kontinuierliche Verlaufs- und Aufwärtsperspektive, die in der eigenen Wahrnehmung des Vorher und Nachher Zeiten als langweilig oder interessant charakterisierte, eine Version vom Fortschritt, die Nicht-Entwicklung zum Rückschritt erklärte. Zum anderen beschrieb er wie viele seiner Zeitgenossen ganz nebenbei, daß der tatsächliche Arbeitsaufwand auf etlichen Posten relativ gering war.

Auch den späteren Mitarbeiter im preußischen Finanzministerium und Landrat Felix Busch (1871-1938) belastete es, als er den Beginn seiner Karriere mit seinen Erwartungen aus der Studienzeit verglich. Busch dachte in seiner ersten langweiligen Station im Landratsamt von Herford ebenfalls an den diplomatischen Dienst als Rettung. Er war weder über- noch unterfordert noch litt er an einer rigiden Arbeitsstruktur; sein Berufsstart war deshalb mühsam, weil er schlicht weniger bot als die Ausbildungszeit. Busch hatte zunächst am Amtsgericht Spandau gearbeitet, mit wenig Arbeit, aber gesellschaftlich um so interessanteren Begegnungen. Anschließend war er als Regierungsreferendar in Kassel und dann ein Jahr in Italien auf Urlaub. Danach prallte er hart auf dem trockenen Boden westfälischer Umgangsformen auf, der ihm weder eigenständige, interessante Arbeit noch anregende Unterhaltung bot.

Der Vergleich zwischen dem Jetzt und der so viel attraktiveren Vergangenheit deprimierte ihn, und je trister die Gegenwart, desto mehr litt Busch unter seinen unsicheren Zukunftsaussichten, die ihn entweder in ein Landratsamt oder ein Ministerium befördern oder aber als Assessor oder Regierungsrat irgendwo in der Provinz enden lassen konnten: »… der Gedanke, noch mehrere Jahre in dem reizlosen Orte zuzubringen, noch dazu mit einer wenig befriedigenden Tätigkeit, war für mich schwer erträglich.« Gerade nachdem er beschlossen hatte, zum diplomatischen Dienst zu wechseln, kam die Aufforderung, als Dezernent beim Oberpräsidium in Posen einzutreten. Posen bot als Stadt genauso wenig wie Herford, aber seine neue Position bildete das richtige Sprungbrett für die ersehnte Karriere. Unter dem Oberpräsidenten von Bitter, dem wie vielen anderen der Satz zugeschrieben wurde, daß man schließlich

---

213 Ebd., S. 51, 55f., 60ff.
214 Ebd., S. 75, 92ff.

auch die Nachtstunden zum Arbeiten verwenden könne, fing dann die ›richtige‹ Arbeit an.[215] Als Landrat fühlte Busch sich dann tatsächlich als »kleiner König«,[216] und ein kleiner König war ein ganzer Mann. Denn wußte ein Landrat seine Kreisinsassen geschickt zu behandeln, dann, so Busch, habe er den schönsten und vielseitigsten Beruf, den er sich in Preußen denken konnte.[217] Er war Landrat in Hörde von 1905 bis 1907, wechselte 1907 in das preußische Finanzministerium und wurde dort 1908 Vortragender Rat. Drei Jahre später allerdings, nach einigen Jahren als »Tintenkuli« in der »ständigen Luft der Zentralbehörde«, kehrte er gerne zurück in die praktische Tätigkeit als Landrat des Bezirks Niederbarnim, weil er sich dort unabhängiger fühlte von den ständigen politischen Schwankungen, die den nach Zielvorgabe Arbeitenden im Ministerium eine kontinuierliche Arbeit erschwert hätten.[218] Auch Busch scheute sich nicht, bestimmte Arbeiten als langweilig zu bezeichnen, betonte es im Gegenteil ausdrücklich und machte klar, daß er kein bloßer Ordnungsmensch sei.[219] Die Landratsarbeit war in sich vielseitig und abwechslungsreich, aber auch er setzte sich zusätzlich noch von anderen Männern ab. Einen bedeutenden Hamburger Kaufmann fand er »einseitig«, da dieser außer seinem eigentlichen Geschäft alle anderen Berufe und vor allem auch alle ästhetischen Genüsse für überflüssig gehalten habe.[220]

Bereits Vincke hatte über Schreibtischarbeit geklagt, und in Selbstzeugnissen wird immer wieder deutlich, wie schwer solche Arbeit als selbständiges, sichtbares Handeln darzustellen war. Nicht nur adlige Spitzenbeamte klagten über den täglichen Kleinkram im Büro,[221] vielmehr beschrieben Bürgerliche und Adlige einen unangenehmen Kontrast zwischen der Tintenarbeit am Schreibtisch und erfüllten Taten. Raschdau betonte den repetitiven Charakter und die Nichtigkeit etlicher Vorgänge und rückte den Blick, wie er der Gefahr der Langeweile durch Fortbildung oder Mobilität entging. Wilhelm Muehlon (1878-1944) plagte sich Anfang des 20. Jahrhunderts im bayerischen Staatsdienst. Ihn schreckte die Aussicht, »lange Jahre bei kleinlicher Arbeitsweise, ohne frische Zugluft, auf den späten Tag zu warten«, an dem er einen persönlichen Wirkungskreis eigenverantwortlich leiten dürfe. Deshalb wechselte er 1907 gerne ins Auswärtige Amt, ließ sich aber auch von dort ein Jahr später zu Krupp abkommandieren, als Direktor der Abteilung Kriegsmaterial.[222] Als

---

215 Busch, Aus dem Leben, S. 69-71, 76, Zitat S. 71.
216 Zur Bezeichnung und zu Landräten generell Eifert, Die kleinen Könige.
217 Busch, Aus dem Leben, S. 113-115; zum unterschiedlichen Handlungsspielraum der Landräte Lieven, Abschied, S. 285-288.
218 Busch, Aus dem Leben, S. 154ff.
219 Zu Webers Kritik am Ordnungsmenschen Goldman, Politics, S. 172.
220 Busch, Aus dem Leben, S. 113, 61, 185.
221 So Schlegel, Zum Quellenwert der Autobiographie, S. 227.
222 Muehlon, Fremder im eigenen Land, S. 39f.

Joachim von Winterfeldt-Menkin aus dem Landratsamt 1903/04 zum Posten des Oberpräsidialrates in Potsdam wechselte und der »Schreibtisch mein Schicksal, Tinte und Papier mein tägliches Brot« wurden, vermißte er die »erfrischenden« Fahrten in seinen Kreis.[223] Johann-Heinrich Graf Bernstorff (1862-1939) aus mecklenburgischem Uradel, der ebenfalls einen langen und langweiligen Einstieg in die Karriere erlebte, bis er als Botschafter in London von 1908 bis 1917 eigenständiger aktiv wurde, konnte von seinen zwei Jahren im Auswärtigen Amt 1890-1892 wenig berichten, da er fast nur am Schreibtisch gesessen habe.[224]

Auch wenn neue Aufgaben für eine begrenzte Zeit aus der üblichen Routine herausrissen, verrieten Männer, daß sie Schreibtischarbeit deshalb als trocken empfanden, weil sie meist eine verborgene Tätigkeit darstellte. Der spätere Reichsschatzsekretär und Oberbürgermeister von Berlin Adolf Wermuth, ein Vorzeigebeamter, brach eine Lanze für die vielen Bürokraten, die in wenig sichtbarer Position das Reich funktionieren ließen. Es schwang eigene Erfahrung mit, wenn er die deutschen Beamten rühmte, die »in der Stille des Arbeitszimmers bewältigen, was die anderen ihnen aus dem bewegten Leben des Tages zutragen.« Solche Musterbeamten, erläuterte er etwas gequält, würden wohl nur »in der nüchternen Luft immer gleicher Pflicht gedeihen«.[225] Er selber durchlebte eine Krise, als er aus dem frischem Wind des bewegten Lebens wieder in die stehende Büroluft zurückkehren mußte. Wermuth organisierte den deutschen Beitrag für die Weltausstellungen 1888 in Sydney und Melbourne und 1893 in Chicago. Fünf Jahre lang war er in dieser wichtigen Position viel auf Reisen. In sein Berliner Büro zurückgekehrt, schlagartig aus dem Licht der Öffentlichkeit gerückt und noch ohne neue spannende Aufgabe, überfielen ihn Langeweile und Perspektivlosigkeit. »Nach dem Schweifen und Erraffen in der weiten Welt wurde es mir unendlich schwer, in die Enge des Büros mich zurückzufinden und Aufgaben, wenn auch großen Inhalts, so doch in kleiner, zuweilen kleinlicher Aufmachung zu erledigen.« Aber er blieb mannhafter Sieger über seine Arbeit. Durch die im späten 19. Jahrhundert typischen Kampfmetaphern charakterisierte er sich weniger als Bürokraten denn als Krieger und Helden der Arbeit, aber Angriff und Sieg, um in seinem Bild zu bleiben, waren nicht immer einfach: »Der Tag mit seiner Last und Widerwärtigkeit muß gepackt und niedergerungen werden, bis er meiner Arbeit sein Bestes hergibt«.[226]

---

223 Winterfeldt-Menkin, Jahreszeiten, S. 113.
224 Bernstorff, Erinnerungen und Briefe, S. 23-25. Er versuchte den uneingeschränkten U-Boot-Krieg und den Kriegseintritt der USA zu verhindern, warnte als demokratischer Reichstagsabgeordneter und Völkerbundanhänger 1920-28 nach der Ermordung Rathenaus 1922 vor dem rabiaten Antisemitismus und verließ Deutschland 1933.
225 Wermuth, Beamtenleben, S. 208.
226 Ebd., S. 213f.

Im Kaiserreich existierte neben der Nervositätsdebatte zunächst noch der Stolz auf deutsche Gemütlichkeit und Gemächlichkeit weiter.[227] Hellmuth von Gerlach (1866-1935), der mit Friedrich Naumann 1896 den National-Sozialen Verein gründete und sich im Ersten Weltkrieg zum Pazifisten wandelte, bemerkte aber Anfang der neunziger Jahre generationsspezifische Unterschiede. Wegen seiner Stellungnahmen zur Politik in die »tiefste Provinz«, nach Neumünster, strafversetzt, notierte auch er als Referendar den Mangel an Arbeit in der Verwaltung, bevor er 1893 freiwillig den Staatsdienst quittierte. Nur hätten die älteren Geheimräte nach dem Prinzip »Eile mit Weile« gelebt und ihre Abneigung gegen nüchterne Geschäfte und gehäufte Arbeit auch bei den jüngeren Kollegen vorausgesetzt, während diese, Gerlachs Kollegen, »bienenfleißig, aber kalte Streber«, im Gegenteil nervös geworden seien durch die Ruhe der Älteren.[228]

Auch wenn es vorher Einzelbeispiele gegeben haben mag, wurde Ehrgeiz im Kaiserreich im Wortsinn tödlicher. Wie elementar beruflicher Mißerfolg zu diesem Zeitpunkt männliches Selbstverständnis zerstören konnte, belegte der Suizid eines zunächst erfolgreichen Chirurgen, der 1895 an einer Intrige scheiterte,[229] während Friederike von Winterfeld ihren beruflich gescheiterten Mann davon abbringen konnte, sich das Leben zu nehmen.[230] Max Weber reflektierte während seiner über dreijährigen Arbeitsunfähigkeit die Last der dominanten Männlichkeitskonzeption. Er litt am meisten unter der impliziten Unterstellung von Familie und Freunden, daß es ihm nur am Willen mangele,[231] und damit unter dem Gefühl, seine Umwelt schätze ihn nur als Berufsmenschen.

Blieb die Verlust- oder Bedrohungserfahrung unterhalb dieser existentiellen Schwelle, dann klagten Männer vor allem aus dem protestantischen und dem jüdischen Milieu und mit unterschiedlicher politischer Ausrichtung dann über Langeweile, wenn ihr bohrender Ehrgeiz unbefriedigt blieb. Der Romanist Victor Klemperer war vor den Karteikästen der Bayerischen Staatsbibliothek richtiggehend vom Ehrgeiz geschüttelt. Klemperer stammte aus einer jüdischen Familie und ließ sich taufen, wurde aber dennoch nicht sofort in die Professorenkaste aufgenommen. Erst relativ spät auf diese Karriere eingeschwenkt und finanziell lange abhängig von seinen erfolgreicheren Brüdern, fiel es ihm schwer, dadurch nicht »seelenlahm« und mutlos zu werden. In seiner Arbeit verfolgte ihn »der dumme und peinigende Wunsch, noch ein Werk, nur noch dies eine, an dem ich gerade arbeite und das sicher mein bestes wird, meiner Katalogkarte hinzugefügt zu sehen!«[232]

227 Radkau, Nationalismus und Nervosität, S. 290f.
228 Gerlach, Meine Erlebnisse, S. 18-23, 28ff.
229 Hausen, Ulme, S. 115.
230 Hölscher, Bürgerliche Religiosität, S. 208.
231 Weber, Lebensbild, S. 253ff.
232 Klemperer, Curriculum vitae, Bd. 1, S. 381. Klemperers Aufzeichnungen sind z. B. auch deshalb interessant, weil er seine Einstellung zum Kriegsausbruch 1914 nicht erst im Rückblick, sondern schon 1914 in der allgemeinen Euphorie und Hochstimmung unter Akademikern kritisch hinterfragte.

Klemperer lieferte ein eindrückliches Beispiel dafür, wie sehr eine wahrgenommene Verschiebung in den Geschlechterbeziehungen den Ehrgeiz auf eine Weise verschärfte, die auch das Körpergefühl beeinträchtigte. Daß die Achse zwischen sexueller, beruflicher und sozio-politischer Identität für Männer nicht in Frage gestellt wurde, zeigte sich deutlicher in individuellen Krisen als in einem normal verlaufenden Alltag. Während Devrient durch einen beruflichen Erfolg das Gefühl sexueller Attraktivität zurückerhielt,[233] verriet Klemperer die umgekehrte Empfindung, durch beruflichen Mißerfolg auch in seiner sexuellen Identität beeinträchtigt zu sein. Er kämpfte generell darum, nicht aufgrund eines empfundenen Mangels an Anerkennung zu verbittern. Dramatisch wurde sein Krisenempfinden jedoch, als seine Frau Eva im Ersten Weltkrieg ihre musikalische Ausbildung vorantrieb. Ihre künstlerische Weiterentwicklung erschütterte nicht nur seine alte Sicherheit in ihrem Verhältnis, sondern auch sein Selbstverständnis, als Mann der ›Produzent‹ in der Familie zu sein. Sein Problem verschärfte sich paradoxerweise noch dadurch, daß sie keinen öffentlichen Ruhm anstrebte und er ihr gewissermaßen nicht vorwerfen konnte, zu vermännlichen. Um so mehr brannte er, zu diesem Zeitpunkt habilitiert, aber ohne feste Stelle, darauf, wieder »produktive« Arbeit zu leisten und nicht nur »Kärrner« zu sein. Solange er ihrer Kreativität »nichts« – und damit meinte Klemperer: keine öffentliche Anerkennung – entgegensetzen konnte, war er nicht nur in seiner beruflichen Ehre als Wissenschaftler getroffen, sondern als Mann. Denn er fühlte sich durch den Krieg nicht nur »verarmt«, sondern auch »wie sterilisiert«.[234]

Theodor Fontane nahm ebenfalls für sich selber ausdrücklich die Verbindung von öffentlichem Erfolg und Zufriedenheit in Anspruch, die er den weiblichen Familienmitgliedern absprach: »Das Mitrennen in dem großen Ameisenhaufen macht mir keinen Spaß mehr. Ich sehne mich nach einem *wirklichen* Erfolg; kann ich *den* nicht haben, so langweilt mich das literarische Sechsdreierthum mehr als es mich erfreut,« erfuhr seine Frau Emilie 1880.[235] Zwei Jahr später war er erneut völlig lustlos, weil es ihm an der »*begeisterten* Zustimmung« der Mitmenschen fehlte. Eine Publikumsreaktion, die ihm als bloßer »lederner succès d'estime« vorkam, ließ sowohl das eigene Leben als auch die eigene Arbeit völlig gleichgültig erscheinen:

> Ringt man sich erfolglos ab, bringt man es über den ledernen succès d'estime nicht hinaus, empfindet man in jedem Augenblick: es ist ganz

---

233 Vgl. Kessel, Balance der Gefühle, S. 248.
234 Klemperer, Curriculum vitae, Bd. 2, S. 580-583. Als Neurastheniker bezeichneten Ärzte im Kaiserreich die Männer, die sich gleichzeitig beruflich und sexuell überfordert fühlten, vgl. Radkau, Zeitalter der Nervosität, z. B. S. 71, 83, 99, 144ff., der dieses Phänomen allerdings als Problem von Männern, nicht als Problem von Männlichkeit oder relationaler Geschlechteridentität thematisiert.
235 Fontane, Briefe, Bd. 1, S. 110f. (kursiv im Original); vgl. Kessel, Balance der Gefühle, S. 253.

gleichgültig, ob Du lebst oder nicht lebst, und es ist womöglich noch gleichgültiger ob Du einen Roman unter dem Titel ›Peter der Große‹, ›Peter in der Fremde‹ oder ›Struwwelpeter‹ schreibst, alle bestehen aus denselben 24 Buchstaben und alle kommen in die Leihbibliothek und werden à 1 Sgr pro Band gelesen und je nach Gutdünken und Zufall abwechselnd gut und schlecht gefunden – auf dieser Alltags- und Durchschnitts-Stufe stehen bleiben, ist traurig, lähmt und kann selbst *meine* Hoffnungsseligkeit nicht zu neuen Großthaten begeistern.[236]

In Ehezwistigkeiten allerdings verhalf ihm sein Wissen, die Person zu sein, die öffentlich wahrgenommen wurde, zu einer überlegenen Position. Dann brachte er das gesellschaftliche Wertemuster ein, das hinter ihm stand und bei aller Klage über mangelnde Anerkennung in der Gegenwart die größere Chance des Erinnertwerdens in der Zukunft bedeutete. Fontane war sicher, daß das historische Urteil über ihre jeweilige Arbeit und Persönlichkeit zu seinen Gunsten ausfallen würde: »Aus Deinen vor zwei Stunden erhaltenen Zeilen einen schönen Seelenglanz erhalten zu haben, kann ich nicht sagen; Du hast ganz recht, die Menschen sind verschieden, auch wir, und es fragt sich bloß, wer durch seine Lebens- und Anschauungsweise der Welt mehr Freude gemacht hat. Ich kann die Antwort darauf ruhig abwarten.«[237]

Der Historiker Kurt Breysig (1866-1940), den die ersten Aussichten des Vorwärtskommens darin bestärkten hatten, den richtigen Beruf zu haben,[238] wandelte sich unter dem Einfluß Lamprechts vom Spezialforscher zum Universalhistoriker und fühlte sich zunehmend vereinzelt und einflußlos in seiner Zunft. Dieses Gefühl verstärkte die bohrende Sehnsucht nach Nachruhm, den Wunsch, nicht vergeblich, sondern über den Tod hinaus zu schreiben. 1903 notierte der 37jährige:

Der Nachruhm ... ein unschlüssig unsicherer Besitz – von seinem Eigentümer schwebend, schwankend geahnt. Aber dieser Vorschimmer einstigen Glanzes ist doch das Einzige, was sein Inhaber selbst fühlt, besitzt. In ihm brennt doch diese Flamme – die später noch durch Jahrhunderte ihren Schein werfen soll: ich meine ein ahnendes Bewußtsein dieses Über-Sich-Selbst-Hinauswirkens.[239]

Aber schon ehe das Gefühl der wissenschaftlichen Vereinzelung auftauchte, registrierte er als Dreißigjähriger einen zunehmend verkrampften Umgang mit

---

236 Ebd., S. 182 (kursiv im Original).
237 Ebd., S. 141.
238 Breysig, Aus meinen Tagen, S. 24, s. a. S. 36.
239 Ebd., S. 105 (21.12.1903).

seiner eigenen Zeit. Verplauderte er zwei Jahre vorher noch ohne schlechtes Gewissen Nachmittage, rechnete er jetzt mit den Stunden.[240] 1915 klagte er über »diese dämonische Macht des Arbeitsteufels, der vorwärts, immer nur vorwärts treibt«.[241] Sein Versuch, universalgeschichtlich zu arbeiten, machte ihm seine kurze Lebensspanne ebenso bewußt wie die Nachteile, die er gegenüber den Historikern in den etablierten Bahnen hatte, und diese Zeitknappheit spürte er überall. Ein neuer Hausbau freute ihn, ließ ihn jedoch auch immer wieder verzweifeln, weil es ihm die Hälfte seiner »rinnenden Stunde, Tage, Monde« wegnahm und seine »Zeit- und Arbeitssumme« von zwei Seiten, dem Hausbau und von einer Veränderung in seinen Vorlesungen, »angefressen« wurde.[242] Breysig betrachtete seine Lebenszeit in genau den abstrakten, aufeinanderfolgenden Abschnitten, vor denen die Diätetiklehrer gewarnt hatten, um nicht das Gefühl einer zusammenhängenden, gelebten Zeit zu verlieren.

Die Dynamik des Vorwärts trieb auch den mit knapp 37 Jahren verstorbenen Physiker Heinrich Hertz an (1857-1894), der zwischen dem Unmut, daß seine Karriere nicht schnell genug vorangehe, und dem Gefühl der rasenden und nicht ausreichenden Zeit schwankte. Nachdem er seine Langeweile zu Beginn seines Studiums gemeistert hatte, die mit der Unsicherheit über das zu wählende Fach zusammenhing, verging zwar im naturwissenschaftlichen Studium auch jeder Tag wie der andere, aber er war dennoch zufrieden,[243] ein typischer Beleg für die Bedeutung immaterieller Faktoren bei Routinearbeiten. Danach verließen ihn der Erfolg und das Bewußtsein des richtigen Weges nicht mehr. Als Assistent von Hermann von Helmholtz war Hertz zwar »geplagt« mit Arbeit, ihn entschädigten aber die hohe soziale Anerkennung und das Wissen, in einem berühmten Labor zu arbeiten. Er lernte immer mehr bereits in Wissenschaft und Gesellschaft Arrivierte kennen, die ihn auf gleichberechtigter Basis behandelten, und diese Vernetzung half ihm vor allem über manch »langweilige Zeit« hinweg.[244] Auch die Militärzeit genoß Hertz genau wie Willy Hellpach deshalb, weil er nicht zur Masse gehörte.[245]

Nach diesem glatten Einstieg störte ihn jedoch jede Wartephase. Bereits mit 26 Jahren 1883 Privatdozent in Kiel, das er auf Dauer langweilig fand, bekam er eineinhalb Jahre später, im Dezember 1884, den ersten Ruf aus Karlsruhe. Als sich die Entscheidung hinzog, wurde er unzufrieden und ungeduldig und konnte sich schlechter auf seine Arbeit konzentrieren. Als seine Mutter seinen Ehrgeiz schalt, konterte er, daß dagegen mit Vernunftgründen wenig auszurichten sei. Er sehne sich weniger nach einem Titel als nach »Tätigkeit und

---

240 Ebd., S. 94-97, Zitat S. 97.
241 Ebd., S. 122.
242 Ebd., S. 120.
243 Hertz, Erinnerungen, S. 58.
244 Ebd., S. 104f., 107, 115f.
245 Ebd., S. 84; Hellpach, Wirken, S. 329.

Leben und Veränderung«, schrieb er zurück, gestand aber doch ein, daß diese Berufung seinen Ehrgeiz genügend befriedige.[246] Mit 28 Jahren Professor, ging es von da an weniger um Langeweile als um Nervosität. Seine Frau und er hetzten mehr zwischen Arbeit und Geselligkeit hin- und her, als daß beides angenehm abwechselte.[247] Hertz notierte aber nicht nur sorgfältig den Streß in seinem Tagebuch, sondern auch das erhebende und sehr bewußt genossene Gefühl, trotz seiner Jugend eine Autorität zu sein.[248] Seine schmerzhafte und letztlich tödliche Knochenentzündung ertrug er ungemein selbstbeherrscht, und dieses Leiden rückte den »größten Feind der Zufriedenheit« beiseite, die Sorge um die Zukunft.[249] Langeweile und Schmerz existieren selten nebeneinander.

Ehrgeiz machte auch vor gläubigen Katholiken nicht halt. Karl Trimborn (1854-1921), der erste Vorsitzende des *Volksvereins für das Katholische Deutschland*, arbeitete nach dem Jurastudium zunächst als Rechtsanwalt in der Kanzlei des Vaters. Hermann Cardaums, der Trimborns Biographie aus Briefen und Tagebüchern zusammensetzte, schrieb es der schwierigen Zusammenarbeit zwischen Vater und Sohn zu, daß Trimborn »ausnahmsweise« einmal über seine Arbeit geklagt habe, aber bezeichnenderweise mit dem Satz: »Ich fühle mich in meinem Berufe nicht glücklich. Ich meine immer: Andere junge Kollegen hätten mehr Ansehen und reüssierten besser.«[250] Mit 30 Jahren stürzte er sich 1890 in die Politik.[251] Ab 1896 war Trimborn 25 Jahre lang ständig Mitglied verschiedener parlamentarischer Körperschaften, des Abgeordnetenhauses, des Reichstages, nach 1919 dann der Nationalversammlung. Am Anfang seiner parlamentarischen Tätigkeit mußte er sich allerdings, wie im Beruf, zunächst erst einmal etablieren, wobei ihn ausdrücklich weniger der Kleinkram der Routinearbeit als der anfängliche Mangel an Anerkennung verärgerten.[252]

Geschlechterspezifische Definitionen von Ehrgeiz und Erfolg kamen bei Männern schichtenübergreifend zum Tragen. Otto von Bismarck und Paul Graf Hatzfeld, das soll ein letzter Vergleich zweier bekannter Adliger zeigen, vermittelten paradigmatisch, wie sehr Ehrgeiz und das Überholen der Gegenwart männliche Mentalität im Kaiserreich prägten. Bei beiden entschied nicht der Beruf über Status oder finanzielle Sicherheit, und beide suchten Langeweile zum Zeichen einer von spezifischer Arbeit unabhängigen Subjektivität und Distinktionsfähigkeit zu machen. Ihr Wunsch nach Veränderung, um zufrieden zu bleiben, zielte auf eigenständige Entscheidungsmöglichkeiten mit politischer Wirkung, ohne sich mit alltäglichem Kleinkram zu belasten. Als Adlige distanzierten sie sich zum einen von den Ausbildungswegen und Berufsfeldern

---

246 Hertz, Erinnerungen, S. 152f.
247 Ebd., S. 215-220, 222f.
248 Ebd., S. 215-220, 222f., 246.
249 Ebd., S. 236, 247.
250 Trimborn, Nach seinen Briefen, S. 51.
251 Ebd., S. 69.
252 Ebd., S. 101.

einer als bürgerlich konnotierten Erwerbswelt, zum anderen aber agierten sie die schichtübergreifende Verhaltensanforderung des agilen, tatkräftigen Mannes aus.

Adligen standen die statushöheren Positionen in Bürokratie, Militär und Diplomatie offen, aber die militärische Laufbahn, die mühsame Karriere in der Verwaltungsbürokratie oder die Bewirtschaftung von Besitzungen in der Provinz boten letztlich auch limitierte Optionen. Die Einführung der Parlamente in Preußen und Rußland nach den Revolutionen von 1848 und 1905 veränderte die politische Rolle der Adligen und eröffnete einen neuen Bereich. Bismarck und Hatzfeldt gehörten zu denjenigen, die, in Dominic Lievens Worten, in der Politik einen Ausweg fanden »aus bürokratischer Plackerei auf der einen und der Isolation eines pommerschen Landgutes auf der anderen Seite.«[253]

Bismarck (1815-1898) lieferte bis zu seinem Einstieg in die Politik das klassische Beispiel des gelangweilten Adligen ohne festes Ziel und packende Tätigkeit. Er langweilte sich in den dreißiger und vierziger Jahren während des Studiums ebenso wie bei einem kurzen Abstecher in die Potsdamer Bürokratie oder bei der Verwaltung der väterlichen Güter. »Ehrgeiz oder Leere und Überdruß« nannte er die unvermeidlichen Begleiter seiner »wüsten Studienzeit«,[254] aber auch danach litt er an der anstrengenden Pendelbewegung seiner Stimmungen, solange er sich in den vorgesehenen und absehbaren Bahnen eines adligen Lebens bewegte.

Auch Bismarck demonstrierte die männliche Langeweile, die die Persönlichkeit von der Umwelt abhob und Subjektivität markierte. Er wiederholte die typische und süffisante Kritik an der Zeitvergeudung in der Bürokratie im frühen 19. Jahrhundert. Über seine Zeit im preußischen Staatsdienst von 1836-39 monierte er, Geschäfte würden erfunden, um die Beamten zu beschäftigen, und nicht Beamte eingestellt, um die nötigen Arbeiten zu erledigen. Aber es war nicht nur der bürokratische Schlendrian, der ihn keine Freude an der verbeamteten Berufserfüllung finden und erwarten ließ. Für den steinig-bürgerlichen Weg des Avancements durch »Examen, Connexionen, Ancienität und Wohlwollen« war er schlicht zu ehrgeizig.[255] Seine Abneigung gegen Unterordnung ließ ihn Anfang der vierziger Jahre auch das ihm angetragene Landratsamt ablehnen.[256] Verwaltungstätigkeit nannte er »geistiges Holzhauen«, mit dem er vergeblich seinen »theilnahmslos erschlafften Geist« zu ermuntern versuchte, und es endete wie die Gutsverwaltung regelmäßig in einer »an Le-

---

253 Lieven, Abschied von Macht, S. 289f.
254 Bismarck, Briefe, S. 46. (1846); vgl. Stürmer, Die Reichsgründung, S. 12. Bismarck behauptete, die schulische Überforderung von 1821 bis 1827 im Berliner Institut von Johann Ernst Plamann seelisch nie überwunden zu haben, vgl. Engelsing, Arbeit und Freizeit von Schülern, S. 64f.
255 Bismarck, Briefe, S. 15f.
256 Ebd., S. 31.

bensüberdruß grenzende[n] Gelangweiltheit durch alles, was mich umgiebt«, eine Langeweile, die sich auch nicht durch Reisen beseitigen ließ. Bismarck bestätigte den Charakter von Langeweile als Unterdrückung von Gefühlen und Interessen. Er lebte »wie ein Uhrwerk, ohne besondere Wünsche oder Befürchtungen zu haben; ein sehr harmonischer und sehr langweiliger Zustand.«[257] 1846 gestand er seinem Bruder, daß ihm jeder Zustand, in dem er sein könnte, erstrebenswert erscheine, aber »lästig und langweilig, sobald ich darin bin.«[258] Erst die Politik, die er selber gestaltete, lieferte den richtigen Turf für seinen Ehrgeiz, wobei er noch in der Revolution von 1848, wie der damals liberale Literaturhistoriker Rudolf Gottschall (1823-1909) süffisant anmerkte, mitunter beim Stammtisch der Linken auftauchte, weil ihn seine Konservativen langweilten und er »mehr geistige Beweglichkeit, mehr Leben und Feuer« bei den Liberalen fand.[259]

Paul Graf Hatzfeldt (1831-1901) verriet genau dieselbe Mentalität. Er war Vortragender Rat im Außenministerium, seit 1890 Botschafter in London und gleichermaßen berühmt für seine diplomatischen Fähigkeiten wie für seine Faulheit im Büro. Auch er war umgetrieben von dem Bedürfnis, sich und anderen seine Fähigkeit zu beweisen, um dann eine Sache ad acta zu legen. Er verriet den adligen Anspruch, die Person nicht im Beruf aufgehen zu lassen, ebenso wie einen tiefsitzenden Impuls, sich nicht für das ganze Leben festzulegen und keiner Routine unterordnen zu müssen: »Es reizt mich immer nur, zu beweisen, daß ich könnte – habe ich etwas erreicht und bewiesen, daß ich es kann, dann ist es aus, und das Geschäft selbst langweilt mich.«[260]

Im Gegensatz zu Bismarck war Hatzfeldt jedoch seit seiner Jugend physisch labil. Gleichzeitig vertrat er selbstbewußt das traditionelle adlige Anrecht auf Muße und Müßiggang. Seine Mutter und seine Freunde dagegen suchten ihn aus seinem Hang zur »Indolenz, vulgo Trägheit«, wie Heinrich VII. Prinz Reuss formulierte, aufzurütteln. Freunde wie Familienmitglieder mahnten ihn, eine zweckgerichtete Tätigkeit zu ergreifen, um seinem Leben einen Mittelpunkt zu geben, und vermittelten ihm so, daß männliches Leben durch eine kontinuierliche Karriere definiert sein müsse. Reuss verwarf ausdrücklich eine Existenz ohne zielgerichtete Arbeit: »Was wollen Sie anfangen? Ihre Zeit zwischen Paris und Trachtenberg teilen, ohne bestimmte Beschäftigung, ohne bestimmten Zweck, als den zu existieren?«[261] Die »rote Gräfin« Sophie von Hatzfeldt warf ihrem 30jährigen Sohn 1861 »Trägheit, Verweichlichung und Blasiertheit« vor. Diese Eigenschaften, so die Gräfin, würden ihn entschlußlos von einem zum

257 Ebd., S. 31.
258 Ebd., S. 38.
259 Gottschall, Aus meiner Jugend, S. 264.
260 Hatzfeldt, Nachgelassene Papiere, S. XXVIII.
261 Ebd., S. 232. (Reuss an Hatzfeldt, 18.11.1866) Noch der Herausgeber der Papiere meint, Hatzfeldts Faulheit betonen zu müssen.

anderen springen lassen und daran hindern, sich ernsthaft und mit Ausdauer einer Arbeit und einem Zweck zu widmen.[262] Auch Hatzfeldt fürchtete zu Beginn seiner Karriere, als Erster Sekretär in Dresden oder Kopenhagen zu enden,[263] als kleiner Fisch im großen Reich. Im Krieg mit Frankreich dagegen lebte er auf, dicht am Entscheidungszentrum und doch nicht in Gefahr. Als Vortragender Rat 1889 sehnte er oft die »großen« Manövertage zurück. Er klagte über Beschäftigungsmangel und warf genau wie Bismarck dem Amt Zeitverschwendung vor. Er verbringe Stunden dort, die für die Menschheit, Preußen und leider auch für ihn völlig nutzlos seien.[264] Als Botschafter in London in den neunziger Jahren hörte diese Klage auf. Statt dessen seufzte er über Arbeitsüberlastung und Krankheiten, mit dem für einen Mann seiner Zeit ungewöhnlichen und für Bismarck kaum überzeugenden Argument, daß seine Kinder ihn brauchten. Hatzfeldt argumentierte, daß er seine Arbeitskraft durch regelmäßige Erholung erhalten müsse, um die Familie finanzieren zu können. Sein starkes Selbstwertgefühl war geschützt durch Herkunft, Stellung und Beziehungen: »Entweder man glaubt, daß ich jetzt oder in Zukunft Großes leiste – dann soll man mir auch eine besondere und amtlich erträgliche Stellung einräumen –, oder man glaubt das nicht, dann hat man mich auch nicht nötig.«[265] Er bestand auf langen Urlauben und Kuren, um nicht »abgefahren oder für den Rest meines Lebens krank und zu jeder Tätigkeit unfähig zu bleiben.«[266] An Bismarck vorbei unterhielten sich die Freunde Hatzfeldt und Graf Holstein, die graue Eminenz im Auswärtigen Amt, oft und ausführlich über die richtigen Ärzte, Badeorte, Pillen und Kuren. Holstein warnte Hatzfeldt auch vor Bismarcks Zorn und forderte ihn auf, mehr zu schreiben, um nicht wieder der »Arbeitsunlust« geziehen zu werden.[267]

Hatzfeldt erregte nicht nur deshalb Zorn, weil er dauernd krank war, sondern auch, weil er auf seinen Körper verwies, um Urlaub zu fordern. Der männliche Körper war ein Fokus für Ängste, wobei Krankheit die Existenz bedrohen, aber auch einen Ausweg aus einem belastenden Leistungszwang liefern konnte.[268] Billroth und Ihering beobachteten ihre Körper und ihre Leistungsfähigkeit ähnlich genau wie Hatzfeldt. Auf dem Körper basierte der diskursive Entwurf männlicher Überlegenheit, und er mußte die tatsächliche Erwerbs-, Leistungs- und Reproduktionsfähigkeit garantierten, die die männliche Machtposition absicherte. Wer jedoch offen damit argumentierte, seine wochenlangen Ferien nicht einfach nur nahm, sondern forderte, unterlief eine von dieser Körperlichkeit abstrahierende Diskursivität und die ständige Lei-

---

262 Ebd., S. 176f.
263 Ebd., S. 269.
264 Ebd., S. XXX.
265 Ebd., S.434 (31.12.1883). Zum Kampf um den Urlaub vgl. ebd. S. 448, 755, 786, 832.
266 Ebd., S. 448.
267 Ebd., S. 627, 657, 648, 429.
268 Vgl. Kessel, Trauma, S. 162f.

stungsrhetorik. Herbert von Bismarck faßte das gängige Urteil über Hatzfeldt zusammen. Dieser sei zwar ein hervorragender Diplomat, tauge aber nicht zu regelmäßiger Büroarbeit, da er nicht bereit sei, Dinge, die ihn langweilten, zu ergründen.[269] Bismarck reagierte schärfer. Er zeigte, daß Feminisierung als Ausgrenzung und Diffamierung nicht nur gegenüber Juden oder anderen Nationen funktionierte, sondern daß Werthierarchien auch im Konflikt zwischen statusähnlichen Adligen durch Geschlechtertermini produziert wurden,[270] wobei ihre Ähnlichkeit das Abgrenzungsbedürfnis noch erhöht haben mochte: »Ein Pimpelmatz, eine schwangere Frau, durch und durch ein Egoist. Packt sich immer gleich in Watte. Liest nicht mal Akten, wenn er krank ist.«[271] Auch Adlige definierten sich als produktive Männer über ihre berufliche und/oder körperliche Leistungsfähigkeit. Qua Krankheit eine nur reproduktive Frau statt ein produktiver Mann zu sein, schärfer hätte der Vorwurf des für körperliche Exzesse bekannten Bismarck im Kontext eines hierarchischen Geschlechterdenkens nicht sein können.

c. Herren der Arbeit

Als junger Regierungsreferendar in Kassel mußte Felix Busch vor allem gut tanzen können. Schon während der Arbeit am Spandauer Amtsgericht blieb ihm hinreichend Zeit, Seminare und Vorlesungen der Universität zu besuchen. In Kassel (auch »Pensionopolis« genannt) trat die Arbeit noch deutlicher hinter allem anderen zurück.[272] Nach dem Arbeitsbeginn in Herford und Posen faulenzte Busch dann nach eigenem Bekunden eineinhalb Jahre lang in Berlin als Zweiter Staatskommissar an der Berliner Börse. Er beschrieb, wie die beiden Kommissare morgens einen kurzen Abstecher in die Finanzzentren machten, um die Kurse festzustellen, und ihren Arbeitsplatz dann mit der wichtigen Miene und dem eiligem Schritt vielbeschäftigter Männer verließen, um an der nächsten Straßenecke in ein geruhsames Tempo zu verfallen und sich den Rest des Tages beim Spaziergang im Tiergarten oder in den Museen vom Arbeitsbeginn zu erholen.[273] Ihre Karriere nahm den gewünschten Verlauf, und doch konnte ihnen niemand nachsagen, daß sie nur ihren Beruf im Kopf hätten.

Johann-Heinrich Graf Bernstorff war vor seiner Tätigkeit als Botschafter in London Gesandter in München. Seine dortige Büroarbeit beschränkte sich auf eine halbe Stunde pro Tag. Er kam um halb 11 ins Büro, wo sein Vorgesetzter

---

269 Hatzfeldt, Nachgelassene Papiere, S. 449; auch Raschdau, Wie ich Diplomat wurde, S. 54, nannte Hatzfeldt »von Natur aus träge«.
270 Dazu generell Ortner, Whitehead, Accounting for Sexual Meanings, S. 12.
271 Hatzfeldt, Nachgelassene Papiere, S. 402, Anm. 3.
272 Busch, Aus dem Leben, S. 51f.; auch Delbrück, Lebenserinnerungen, S. 272, schwärmte von der Kasseler Gesellschaft in den vierziger Jahren.
273 Busch, Aus dem Leben, S. 98f.

Graf Monte Berichte schrieb, und kurz nach 11 holte Monte ihn regelmäßig zum Spaziergang ab mit dem Satz:»Sie haben doch nichts zu tun, gehen wir also zusammen spazieren.« Beim zweistündigen Bummel durch München hätten sie dann die gesamte Politik, aber auch die Kunst der Zeit durchgesprochen.[274] So erwiesen sich die beiden Diplomaten nicht nur als Kunstkenner, sondern sie waren zugleich, durch diese Praktik der Distinktion, sichtbarer als im Büro und präsent im öffentlichen Raum von Straße und Museum, als Männer, die ihrer Arbeit nicht unterworfen waren, sondern Arbeit frei einteilen und über Zeit und Raum verfügen konnten.

Diese demonstrative Muße, im Bewußtsein des Arriviertseins, fand kaum nur rhetorisch statt. Die Repräsentation von Arbeit in männlichen Selbstzeugnissen war vielschichtig und kann nicht auf den ubiquitären Topos der steten Tätigkeit reduziert werden. Zur Darstellung als dynamischer Mann, der über den Tag und die jeweilige Position hinausstrebte, konnte auch eine bewußt geschilderte poröse und gelassene Arbeitseinteilung gehören. Einerseits werteten konservative Eliten nach 1848 den Arbeitsbegriff auf bzw. definierten ihn ausschließlicher als Gegensatz zu Langeweile, um von der Interpretation von Langeweile als unterdrückten politischen Leidenschaften und Wünschen abzulenken,[275] ein Wandel, der sich im Kaiserreich zur »Nationalisierung der Arbeit« (Frank Trommler) steigerte. Dazu gehörte ein Diskurs, der zumindest seit der Revolution von 1848 demokratisches Handeln mit faulem Bummeln gleichsetzte.

Andererseits und gerade in diesem Kontext wies das finanzkommissarische Flanieren durch die Museen und das Reden über die eigene Faulheit die Betreffenden als Herren der Arbeit aus. Wer gezielt mit der Arbeitslast kokettierte oder sie tatsächlich elegant handhabte, erwies sich als aktiv und stand doch gelassen über der Arbeit. Die wirkliche Berufslast ist schwer zu ermitteln, je nach Lebensphase und Position unterschiedlich oder auch in den freien Berufen anders als in der Bürokratie. Aber die Angst vor dem Stillstand verweist keineswegs automatisch auf einen hektischen Tages- oder Lebenslauf und die Selbstdefinition über Arbeit und eine permanente Leistungsrhetorik nicht unbedingt auf lange und anstrengende Arbeitstage. Oberschichtmänner betonten ausdrücklich ihre poröse Arbeitszeit und ihre Fähigkeit, sich aus den Räumen der Arbeit zu entfernen. Und zu den öffentlichen Räumen, in denen sie außerhalb des Büros präsent waren, gehörten auch bei Busch und Bernstorff die Räume der Natur und der Kunst.

Das Wort Bummler erhielt seit der Revolution von 1848 einen negativen Beigeschmack.[276] Die *Grenzboten* verbanden 1848 Bummelei mit Politik und nannten die Bummler »eine species des neuen politischen Thierreiches«. Das *Stuttgarter Morgenblatt* resümierte einen Streifzug durch Berlin kritisch folgen-

---

274 Bernstorff, Erinnerungen, S. 36ff., 71.
275 Vgl. Kap. V.
276 Ladendorf, Moderne Schlagworte, S. 105-126.

dermaßen: »Das wahre, ächte, unbestreitbare Resultat der Revolution ist das Wachsthum des Müßiggangs, der »Dämmerlust« des Berliner Volkes ... Das Nichtsthun selbst, wofür das neue Wort »Bummelei« erfunden ward, ist aber als ein neues Lebenselement zu trauriger Bedeutsamkeit gelangt.«[277] Umgekehrt gab sich die satirische, linksliberale Zeitschrift *Kladderadatsch* den ironischen Untertitel: *Organ für und von Bummler*.[278] Es wäre interessant, Selbstzeugnisse auf eine sich ändernde Darstellung von Arbeit während außergewöhnlicher politischer Ereignisse wie Revolution und Krieg abzufragen.[279] Der badische Liberale Eduard Kaiser erinnerte sich in der Rückschau an die Jahre 1848/1849 vergnügt daran, daß man nur obenhin aß und arbeitete und immer wieder auf die Straße hinausrannte, um zu beobachten, zu diskutieren und jeden Augenblick mitzuerleben. Sebastian Hensel dagegen, der Sohn von Fanny Mendelssohn und Wilhelm Hensel, notierte im Rückblick auf den Alltag in der Revolution gleich zweimal kritisch, daß in Berlin im Revolutionssommer nun wirklich überhaupt nicht gearbeitet worden sei.[280] Und wer während der Revolution demokratische Politik machte und im Kreuzfeuer der öffentlichen Aufmerksamkeit stand, mußte sich offensichtlich gegen den Vorwurf der Faulheit abschotten. Robert Blum zumindest zählte alle seine Aktivitäten auf, um zu zeigen, daß nicht einfach nur – unter dem Deckmantel politischen Handelns – geredet, gebummelt und Zeit verschwendet würde. Er betonte seine Aktivitäten um so mehr, weil die intensive Tätigkeit z. B. im Mai 1848 wenige unmittelbare Ergebnisse hervorbrachte: »Öffentliche Sitzung, Abteilungssitzungen, Sitzungen in 2 Kommissionen, und zwar den wichtigsten, Parteiberatungen, Klubberatungen, Kommissionsarbeiten und dazu eine Zeitung – wer sagt, daß ich nicht arbeite, der lügt schauderhaft.«[281] Politische Interessiertheit konnte gegen Fleiß und Arbeitsbereitschaft ausgespielt oder direkt als Faulheit diskriminiert werden.

Auch in der Folge wurden Bummelei und Nichtstun identifiziert: »Das Nichtstun findet sich in allen Schichten der menschlichen Gesellschaft, jede Klasse derselben hat eine besondere Kategorie von Bummlern aufzuweisen,« hieß es 1863.[282] In der Hochindustrialisierung lernten zumindest die Berliner zeitgenössischen Aussagen zufolge erst recht nicht flanieren. Einerseits beklagte Victor Auburtin 1911 im *Berliner Tageblatt*, daß der Berliner nicht zweckfrei

---

277 Ladendorf, Moderne Schlagworte, S. 107.
278 Abgedr. in: Ann T. Allen, Satire and Society in Wilhelmine Germany. Kladderadatsch and Simplicissimus 1890-1914, Lexington 1984, S. 17. Der Junge auf dem Titelblatt vom 9. Juli 1848 zeigt mit einem verschmitzten Grinsen auf das Wort »Bummler«.
279 Vor allem in den Einigungskriegen wurden Kriegshandlungen als (oft: »herrliche«) »Tätigkeit« beschrieben. Lüdtke, The Appeal of Exterminating ›Others‹, bes. S. 66f., zur möglichen Verquickung von Mord und Arbeit im 20. Jahrhundert.
280 Hensel, Lebensbild, S. 71, 82.
281 Blum, Briefe, S. 76.
282 Köhn, Straßenrausch, S. 101.

bummeln könne: »Wir kennen die Kunst des Spazierens nicht, die Kunst des Flanierens. Die Gabe ist uns versagt, uns eine Stunde ganz hinzugeben und nicht zu sorgen für den kommenden Morgen. [...] In dieser emsigen Stadt sind Spazierengehen und Laster so ungefähr dasselbe.«[283] Andererseits aber sprach Karl Bleibtreus Bismarck-Roman von 1915 von den »in Muße verrosteten«.[284] Zu diesem Zeitpunkt war aus Selbstzeugnissen von Oberschichtmännern der Begriff der Muße auch fast ganz verschwunden. Im Gegenzug allerdings konnte die Praktik derer in gesicherter Position, im Schritt durch die Bürotür über Zeit und Raum zu verfügen, belegen, daß, obwohl sie sich über Arbeit definierten, sie sich nicht von ihr dominieren lassen mußten. Ihr Flanieren war außerdem ein konkretes soziales Vorrecht. Im Kaiserreich beanspruchten unterbürgerliche Gruppen, die Straße als öffentlichen Ort zu nutzen, um soziale und politische Forderungen zu unterstützen. In Berlin verkündete Polizeipräsident Jagow 1910 demgegenüber das »Recht auf der Straße«; die Straße diene lediglich dem Verkehr, und bei Widerstand gegen die Staatsgewalt erfolge Waffengebrauch.[285] Hohe Beamte oder Diplomaten konnten dieser Disziplinierung ihr eigenes, gelassen demonstriertes Recht auf die Straße entgegenstellen, der Vorwurf des Bummelns traf nicht sie.

Die Verregelung von Arbeitszeiten erfaßte Männer ganz unterschiedlich. Generell verschoben sich im Laufe des Jahrhunderts die Tagesstrukturen.[286] Fanny Lewald schilderte ihren Onkel, den in den dreißiger Jahren noch morgens Freunde besuchten, während diese »literarische Stammgasterei« 15 Jahre später aufgehört hatte.[287] Vincke oder der Hofmaler Wilhelm von Kügelgen arbeiteten (in der ersten Jahrhunderthälfte) oft bis tief in die Nacht oder am Sonntag, verbrachten dafür aber regelmäßig tagsüber Zeit mit ihren Familien.[288] Billroth dagegen vermittelte in den späten sechziger und siebziger Jahren, wie sich seine Arbeitslast exponentiell vergrößerte und Arbeits- und Familienzeit systematischer getrennt wurden. Doch auch dieser Prozeß sagte noch nichts über den porösen oder gedrängten Charakter ihrer Arbeit. Delbrück und Ernst von Ernsthausen schilderten die mit Geselligkeit vermischte Arbeit von hohen Beamten. Arthur von Brauer, ein enger Mitarbeiter von Bismarck, mußte bei dessen unorthodoxer Arbeitsweise von morgens elf Uhr bis in die Nacht zur Verfügung stehen und wurde zu Stoßzeiten auch aus Gesellschaften oder dem Theater herausgeholt.[289] Brauer beschrieb auch anschaulich, daß noch in den achtziger Jahren die Essenszeiten in Berlin extrem variierten.

283 Ebd., S. 131.
284 Parr, Zwei Seelen, S. 75.
285 Lindenberger, Straßenpolitik, S. 347.
286 Nahrstedt, Entstehung der Freizeit, u. a. S. 251f.; Trepp, Sanfte Männlichkeit, S. 226ff.
287 Lewald, Befreiung und Wanderleben, S. 121.
288 Z.B. Kügelgen, Erinnerungen, u. a. S. 88, 148.
289 Brauer, Im Dienste Bismarcks, S. 96f., 198, 214.

Je nachdem, ob man in »altberliner Kreisen«, mit dem Generalstab, den »Geheimräten«, den Räten des Auswärtigen Amtes, mit Kanzler und Hof oder aber »ganz feinen Leuten« zu Mittag aß, konnte man das zwischen zwei Uhr nachmittags und sieben Uhr abends zu jeder Stunde tun.[290]
Auch bei stetigen Arbeitszeiten konnte die oft beschworene stete Tätigkeit für leitende Angestellte oder Direktoren einen normalen Arbeitstag bedeuten, ohne daß sie sich für die Firma aufrieben. Wilhelm Muehlon, vom Außenministerium an die Firma Krupp delegiert und dort Leiter der Abteilung Kriegsmaterial, bemerkte, daß bis auf Direktor E., der alle paar Tage zusammenbreche (und dessen Nachfolger er wurde), die übrigen Kruppschen Direktoren durchaus keine überarbeiteten und nervösen Menschen gewesen seien.[291] Hermann Cardaums betonte das Arbeitspensum und die enorme Schaffenskraft Karl Trimborns und nannte sein Rednerprogramm mitleiderregend. Mitten in der damit gemeinten Serie von Veranstaltungen zwischen dem 22. Juni und dem 1. September lagen aber auch 6 Wochen Kuraufenthalt in Kissingen und Limburg.[292] Der spätere Landrat Joachim von Winterfeldt-Menkin schilderte seine Referendarszeit im Kaiserreich folgendermaßen: »Der Dienst, der von uns Referendaren gefordert wurde, war wenig anstrengend. Man ging gegen elf Uhr auf das Büro, erledigte etwa vorliegende Arbeiten, wie Entwürfe für Verfügungen oder Berichte, um dann um ein Uhr im Zivilkasino zum Mittagessen zu landen. Das war schon auszuhalten.« Allabendlich traf man sich dort dann auch zum Bier.[293] Auch der vom Sattlersohn zum Banksyndikus aufgestiegene Wilhelm Weber (1832-1899) pflegte die rastlose Arbeitsorientierung, ohne sich aufzureiben. 1868 schrieb er seiner Braut Anna Meyer, daß die Liebe eines Weibes wohl ihn, aber nicht sein ganzes Leben erfülle. Die Liebe liefere die Triebkraft, die die Tätigkeit in Schwung halte.[294] Als Banksyndikus bei Bleichröder von 1871 bis 1890, zur Zeit seiner intensivsten Mitarbeit und des materiellen und sozialen Aufstiegs, erreichte seine Aktivität die größte Ausdehnung. Sein normaler Arbeitsalltag, immer wieder unterbrochen durch Reisen nach Rumänien, Schweden, Ungarn oder Südwest-Afrika, die durch Bleichröders politisches Engagement Bedeutung erhielten, verriet dennoch nicht die Hetze eines heutigen Börsenmaklers: »Ich stehe spät auf, da mich in der hinteren Schlafstube weder die Sonne noch der Lärm der Kinder ermuntert. Gegen 9 Uhr empfange ich gewöhnlich Herrn Meyer, der mich zum Bureau begleitet. Mittags 1 Uhr esse ich bei Landvogt recht gut und zwar incl. Schoppen Mosel für zusammen 2 M. 50. Dann nach Hause, Schläfchen, 4 Uhr ins Bureau, 7 Uhr heim.«[295]

290 Ebd., S. 213.
291 Muehlon, Fremder im eigenen Land, S. 81.
292 Trimborn, Nach seinen Briefen, S. 63.
293 Winterfeldt-Menkin, Jahreszeiten, S. 80.
294 Weber-Kellermann, Vom Handwerkersohn, S. 78.
295 Zit. bei Weber-Kellermann, Vom Handwerkersohn, S. 99.

Gerade Männer in höheren Positionen rückten das Ausmaß ihrer Arbeitslast zurecht. Als Verwalter des Deichdezernates der Düsseldorfer Regierung berichtete Ernst von Ernsthausen 1855, er sei wohl beschäftigt, aber nicht so viel, wie davon gefabelt werde.[296] Ein andermal riet er einem Freund, nicht bis ein Uhr nachts am Schreibtisch zu sitzen, sondern lieber mit ihm Musik und Geselligkeit zu genießen. Ihm war die Bürokratenschelte des Vormärz präsent, als er eine brillante Verwaltungslaufbahn vom Landratsamt im Rheinland bis zum Amt des Oberpräsidenten der Provinz Westpreußen durchlief. Er stellte sich als Mann der Praxis und als Beamten mit eigener Meinung dar und stichelte gegen Bürokraten, die zwar alle Paragraphen kannten, aber nicht die »Verhältnisse des äußeren Lebens«.[297] Den Posten des Unterstaatssekretärs im Innenministerium schlug er aus, weil er auf einen größeren Gestaltungsspielraum als Oberpräsident hoffte.

Ernsthausen kokettierte wie sein bürgerlicher Amtskollege Felix Busch mit seinen knapp bestandenen Examina, außerdem, explizit gegen einen emphatischen Arbeitsbegriff gerichtet, mit seinen Corpserlebnissen.[298] Die äußeren Verhältnisse konnte er auch deshalb gut kennenlernen, weil er in einer porösen Arbeitszeit Arbeit und Erholung miteinander verband. Tagsüber und nachmittags fanden viele, nicht nur beruflich bedingte Ausflüge und Ausritte statt. Der passionierte Jäger hob besonders diesen traditionellen adligen Zeitvertreib hervor und rühmte ungeniert den beruflichen und karrieretechnischen Nutzen der Jagd, die sich mit dem Beruf eines Verwaltungsbeamten durchaus vereinbaren lasse, wenn er denn nicht »an das Bureau gefesselt ist«.[299] Auch angesichts der nationalen Euphorie 1870 betonte Ernsthausen seine Faulheit, obwohl er gleichzeitig, wie die meisten, alles Persönliche hinter der großen Politik zurücktreten fühlte. Ihm falle aber doch nur die »ungeheure« Arbeit ein, die jetzt auf ihn zukäme, schrieb er, da er »zu der zahlreichen Zunft derer [gehörte], die, wenn sie etwas leisten sollen, ein großes Quantum angeborener Faulheit überwinden müssen.«[300] Der Bürgerliche Busch und der Adlige Ernsthausen waren nicht in Gefahr, pedantische Arbeitsmechaniker zu werden.

Ernsthausen mißfiel die Bürokratisierung des Landratsamtes, weil sie ihn häufiger an das Büro fesselte, als ihm lieb war. Am Schreibtisch spürte er deutlicher die größere Abhängigkeit in einer vernetzten Verwaltung. Er beklagte sich nicht über mehr Arbeit per se, sondern über weniger praktische Arbeit über Land, die ihm immer interessante Kontakte gebracht hatte. Ein Wechsel von Geldern nach Moers besserte sein Befinden nur wenig, da er nun der Regierung in Düsseldorf statt Koblenz verantwortlich war. An seinen Freund und

---

296 Ernsthausen, Erinnerungen, S. 174.
297 Ebd., S. 231.
298 Ebd., S. 22f., 34f., 48ff., 81ff.; Busch, Aus dem Leben, S. 37.
299 Ernsthausen, Erinnerungen, S. 130-133.
300 Ebd., S. 130-133, 267-269.

Kollegen Diest schrieb er im übertriebenen Telegrammstil 1858: »Ich jetzt sehr beschäftigt. Viel zu thun. Fiskus verlangt immer mehr. O, wir sind abhängig von der Schreibwut einzelner! Fühlen Sie, was das heißt? Schwerlich.« Und er hoffte auf Kunst als Ausgleich: »Wenn Sie nächstens herkommen, bringen Sie Ihr Cello mit Noten für Klavier mit. Hier Trost in der Unmittelbarkeit der Erregung.«[301] Im Büro waren Anstrengung und Erholung schwerer zu verbinden, die Routine zeigte sich deutlicher, und die Selbständigkeit als ein Angelpunkt männlichen Selbstverständnisses ging ebenso verloren wie die Unmittelbarkeit seiner Arbeit. Zwei Jahre später beklagte er wieder den Verlust an praktischer Tätigkeit: »Dazu kommt, daß hier die Verwaltung doch sehr monoton ist: kein Gemeindeleben, kein Gemeindewald, bloße finanzielle Hin- und Herschreibereien nach modernen Prinzipien!«[302] Als er 1865 als Landrat aus dem Rheinland nach Königsberg wechselte, fand er es dort leichter, seine Vorliebe für persönliche Beziehungen im Gegensatz zu gleichförmig-bürokratischen Regeln auszuleben.[303] Er hatte dort nicht nur einen größeren Handlungsspielraum, sondern freute sich auch das ganze Jahr auf die jährliche Weichselfahrt, bei der er Land und Leute sah und wenn nicht aus dem Sattel, so wenigstens aus dem Boot regierte.

Auch für Offiziere ging es eher um Routine als um Arbeitslast, die in Manöverzeiten zwar wuchs, aber durch deren Abwechslung und Aufregung aufgefangen wurde. Lily Braun berichtete von ihrem Vater, General Hans von Kretschmann (der Ende 1889 seinen Abschied nehmen mußte, weil er den Kronprinzen zuvor im Manöver fast besiegt hatte und auch mit dem jungen Kaiser über Taktik stritt), daß er vormittags auf dem Büro des Generalkommandos arbeitete und nachmittags meist Zeit für einen Ausritt mit seiner Frau fand, bevor er bis zum Abend dann allein weiterarbeitete.[304] Schönburg-Waldenburg betonte zwar, daß sich zu seiner Zeit im Militär die Arbeitsanforderungen auch für Offiziere verschärften. Sein Kommandant, Kronprinz Wilhelm, setzte jedoch eher durch seine Ruhelosigkeit in seinem Regiment die Sitte außer Kraft, daß Offiziere nachmittags kaum anzutreffen waren, wie es bei anderen Waffengattungen oder unter anderen Kommandeuren offensichtlich noch möglich war.[305] Als Eskadronschef ging Schönburg dann zum Mittagessen nach Hause, und der Nachmittag gehörte ihm, frei für Geselligkeit oder Theaterbesuche.[306]

Schlug die Langeweile dennoch zu, dann standen Männern verschiedene Kompensationsmechanismen zur Verfügung, Familie, Geselligkeit oder aber das offene Ausleben von Zorn und Wut. Im späten 19. Jahrhundert, als Er-

301 Ebd., S. 196.
302 Ebd., S. 201.
303 Ebd., S. 216.
304 Braun, Memoiren, S. 30; zur Biographie des Vaters Stolten, Lily Braun, S. 214, 219; Meyer, The Radicalization of Lily Braun, S. 226f.
305 Schönburg-Waldenburg, Erinnerungen, S. 56f.
306 Ebd., S. 127.

werbsarbeit und Familie immer stärker polarisiert und Frauen immer entschiedener zur kompensatorischen Liebesarbeit aufgefordert wurden, verschwanden Frauen und Familie gleichzeitig immer mehr aus männlichen Selbstzeugnissen. Dazu gehörte auch, Frauen nicht mehr mit ihrem Namen,[307] sondern nur noch in ihrer Familienfunktion zu nennen (extrem bei Schönburg-Waldenburg, der von seiner geschiedenen Frau als Großmutter seiner Enkeltochter sprach[308]). Diese Sprachregelung trug dazu bei, Frauen zu entindividualisieren und die Abhängigkeit einer zunehmend über Erwerbsarbeit konstruierten Männlichkeit vom klassischen Geschlechterverhältnis zu verdecken, um das Bild einer rein öffentlichen Männlichkeit nicht zu gefährden. Nur in Krisensituationen erwähnte z. B. Adolf Wermuth den emotionalen Rückhalt und die Abwechslung durch Frau und Kinder, die er sonst bis auf wenige Sätze konsequent ausblendete. Ging es im Beruf nicht vorwärts, dann kam die Familie »zu ihrem Recht« und erlaubte ihm sein Fazit: »Solche Zeiten des Zwiespalts, des Unbehagens, des unbefriedigten Tatendurstes sind die gesundesten. In ihnen sammelt, wie ein Zitterfisch, der Mann neue elektrische Kraft.«[309] Solange die kleinen Netze den vom Stillstand im bürokratischen Großraum irritierten Mann auffingen, konnte die Langeweile des geprellten Ehrgeizes einen Raum zum Nachdenken und Luftholen schaffen und zu neuen Taten anspornen.

Zu den Kompensationsmechanismen gehörte nicht nur der Wechsel zwischen Arbeit und Familie, sondern auch die Geselligkeit, die, als öffentlicher oder halb-öffentlicher Bereich, im Gegensatz zur Familie nicht aus den Lebensdarstellungen verschwand. Jetzt sicherte die Geselligkeit noch stärker als in der Spätaufklärung in der Darstellung nach außen die andere Seite des Lebenskünstlers.[310] Der nationalliberale Reichstagsabgeordnete Ludwig Friedrich Seyffardt präsentierte sich fast ausschließlich als *homo politicus*, listete aber die geselligen Ereignisse und unternommenen Reisen stichpunktartig auf, säuberlich nach Jahrzehnten geordnet.[311] Auch diejenigen, die in dramatischen Worten ihre riesige Arbeitslast betonten, verwiesen auf ihre geselligen Fähigkeiten. Der Psychiater Robert Wollenberg erholte sich während des Studiums bei Theaterbesuchen, Essengehen und Alsterfahrten. Während seiner beruflichen Tätigkeit gelang es ihm zumindest, an Festen und Feiertagen neue Kraft für seine ärztliche Verantwortung zu schöpfen.[312] Auch der Kavallerieoffizier Friedrich von Bernhardi untermauerte die Trias von geistiger Anstrengung, körper-

---

307 Bering, Der Name als Stigma, S. 254, zeigt, wie im Namen die soziale Existenz zu wachsen beginnt.
308 Schönburg-Waldenburg, Erinnerungen, S. 301.
309 Wermuth, Beamtenleben, S. 213f.
310 Zur hohen Bedeutung von Geselligkeit auch Stefan-Ludwig Hoffmann, Die Politik der Geselligkeit. Freimaurerlogen in der deutschen Bürgergesellschaft 1840-1914, Göttingen 2000, z. B. S. 253.
311 Seyffardt, Erinnerungen, z. B. S. 582, 588, 591.
312 Wollenberg, Erinnerungen, z. B. S. 99-104.

licher Ertüchtigung und fröhlicher Geselligkeit. Auf der Kriegsschule Erfurt z. B. sei er ebenso fleißig wie lebenslustig und gesellig gewesen.[313] So gängig es war, über die Langeweile der Kurorte zu klagen, der Frankfurter Buchhändler und Publizist Jacob Rosenheim war insofern typisch, als er regelmäßig jedes Jahr drei bis vier Wochen an die Nordsee, nach Holland oder Norderney fuhr und sich genußvoll an die vielen erfreulichen und nützlichen Kontakte erinnerte, die er in den beliebten Badeorten anknüpfen konnte.[314] Dabei fuhr er übrigens ohne seine Frau, die, wie er selber schrieb, immer zu viel mit den Kindern zu tun gehabt habe. Helden der Arbeit waren bei aller Klage keine Sklaven der Arbeit.

Eine dritte Möglichkeit, mit Krisenerfahrungen fertig zu werden, war der offene Ärger. Die Aggressivität, mit der Wermuth seine Arbeit attackierte, beschränkte sich nicht auf Aktenstücke. Er verriet wie Ihering, wie ungeniert er trotz der übergreifenden Forderung nach Selbstkontrolle seinem Unmut Luft machen und sich selber so wieder ins Lot bringen konnte, wenn die Umstände seine Entwicklung behinderten. Unbehagen resultierte nicht per se aus den Bürokratisierungsprozessen. Die »supersedure of meaning by function«, die Anton Zijderveld als Ursache von Langeweile in der Moderne benannt hat,[315] trifft zumindest für das 19. Jahrhundert so pauschal nicht zu und läßt generell außer Acht, daß auch innerhalb sich verändernder Berufsstrukturen neue Bedeutungen geschaffen werden können. Wann das Problem auftauchte und wie es bewältigt wurde, hing u. a. von der jeweiligen Position, ihrem Status und dem Status des Amtsinhabers ab. Wermuth litt nur in sehr spezifischen Situationen unter Langeweile: wenn er sich unsichtbar fühlte und in alte, nicht mehr gewohnte Strukturen zurückkehren mußte, was er als Bedeutungsverlust empfand. In dieser Situation der Blockade übertrug er seinen inneren Mißmut offen auf den äußeren Betrieb und dessen Träger, die in seinen Augen sein Wollen nicht gebührend würdigten und nutzten.[316] In den USA galt männlicher Zorn im späten 19. Jahrhundert als wertvoller Antrieb zur Arbeit,[317] und um die Jahrhundertwende verschob sich dort die Betonung in der Definition von Männlichkeit von Selbstkontrolle und Disziplin auf Aggressivität und Sexualität, im Rahmen eines Zivilisationsdiskurses, der die Überlegenheit weißer Männer verfestigte.[318] In den hier analysierten, fast hermetisch auf die berufliche, gesellschaftliche und, so vorhanden, politische Rolle beschränkten Autobiographien aus dem deutschen Sprachraum hatte Sexualität selten explizit einen Platz, höchstens in dem dann allerdings bezeichnenden Gefühl der Ent-

---

313 Bernhardi, Denkwürdigkeiten, S. 33-36.
314 Rosenheim, Erinnerungen, S. 104.
315 Zijderveld, Cliché and Boredom, S. 75ff.; Zijderveld, Modernität und Langeweile, S. 321ff.
316 Wermuth, Beamtenleben, S. 213; vgl. Kessel, Balance der Gefühle, S. 251.
317 Stearns, Stearns, Anger.
318 Vgl. Bederman, Manliness and Civilization.

sexualisierung durch beruflichen Mißerfolg. Häufiger tauchte dagegen eine stolz reklamierte Aggressivität auf, die auf die Stärke der Leidenschaften insgesamt verweisen konnte. Der Zorn erlaubte, ärgerliche Erinnerungen aus dem Gedächtnis zu streichen und die Selbstwahrnehmung und Außendarstellung insofern mit den tatsächlichen Aufgaben zu vereinbaren, als er zeigte, daß die Fähigkeit zu handeln nur kurzfristig von außen blockiert, aber nicht dauerhaft gelähmt war.

Auch Werner Siemens mußte weder auf weibliche Unterstützung noch auf das Ausleben von Zorn und Ärger verzichten. Er schilderte sich als schnell entschlossen, zupackend handelnd, aber auch intellektuell grüblerisch. Siemens verband Denken und Tat,[319] da er nicht nur die stimulierende Freude des Entdeckens von neuen Einsichten und Lösungen erlebte, sondern letztere auch konkret anwandte. Den Preis des Fortkommens, der dauernd beschworenen Dynamisierung von Erwartungen, spürte auch er, der ununterbrochen Tätigkeit und Selbsttätigkeit betonte. In der Phase vor seiner zweiten Heirat mit seiner Schwägerin Antonie Siemens sah er nur noch Arbeit um sich herum. Diese Heirat brachte wieder »Sonnenschein« in sein »etwas verdüstertes, arbeitsvolles Leben«.[320] Die Erfahrung half ihm, wieder mit Freude zu arbeiten, und die jeweilige Zuschreibung reproduzierte die Geschlechteridentitäten.

Auch Siemens stabilisierte sein Gleichgewicht dadurch, daß er seinem leicht erregbaren Zorn freien Lauf ließ, wenn die Umstände seine Absichten vereitelten. Er hielt sich selber für zu gutmütig für einen Geschäftsmann, und dieses Manko glich er durch seine Erregbarkeit aus, die ihm den Kopf von Ärger und Unmut frei blies, einen Unmut, den er strikt von körperlicher Aggressivität unterschied. Entscheidend und gar nicht so paradox war vor allem, daß er beanspruchte, gerade im Verlust der Selbstkontrolle seine Selbstbeherrschung unter Beweis zu stellen, im kontrollierten Zorn:

> Dieser Zorn, der immer leicht in mir aufstieg, wenn meine guten Absichten verkannt oder mißbraucht wurden, war stets eine Erlösung und Befreiung für mich, und ich habe es oft ausgesprochen, daß mir Jemand, mit dem ich Unangenehmes zu verhandeln hatte, keinen größeren Dienst erweisen könnte, als wenn er mir Ursache gäbe, zornig zu werden. Uebrigens war dieser Zorn in der Regel nur eine Form geistiger Erregung, die ich niemals aus der Gewalt verlor.[321]

Den Beginn von Schulzeit und Studium, als Einübung in Zeitrhythmen und Disziplin und als Entscheidung für die Ausbildung, die den Grundstock für die Lebensstellung sichern sollte, präsentierten Männer der Oberschicht häufig als

---

319 Siemens, Lebenserinnerungen, S. 248.
320 Ebd., S. 257.
321 Ebd., S. 296; Kessel, Balance der Gefühle, S. 251.

anstrengende und verunsichernde Verlusterfahrung. Die Konzentration auf die kontinuierliche Lebenslinie verriet dann allerdings die Verinnerlichung der temporalen Identität. Der bohrende, auf die Zukunft gerichtete Ehrgeiz erhöhte in der Folge die Angst, im Beruf an unattraktiven Orten hängenzubleiben oder in Routine aufgesogen zu werden, und ließ wenig Denkmöglichkeiten zu, das eigene Leben anders zu gestalten. Ein tatsächlicher Mangel an Erfolg konnte das Gefühl der männlichen Identität tiefgreifend erschüttern, erst recht dann, wenn sich gleichzeitig die Beziehung zwischen den Geschlechtern veränderte. Die Klage über Langeweile reflektierte in Einzelfällen auch sich verdichtende Bürokratisierungsprozesse. In einer Zeit, in der Männer aus allen Schichten zunehmend über Arbeit definiert wurden, ermöglichte diese Klage es jedoch zugleich, über die entfremdende Wirkung von Arbeitsstrukturen zu klagen, ohne den in der Klassengesellschaft explosiven Entfremdungsbegriff zu gebrauchen und in einer ungewollten Allianz der arbeitenden Bevölkerung zu enden. In erfolgreichen Lebensläufen schlug Nicht-Arbeit außerdem keineswegs, wie es der normative Diskurs wollte, in Langeweile um. Sie konnte vielmehr – sofern bestimmte Karriereziele erreicht waren – genußvoll goutiert und präsentiert werden und (bei Adligen wie Bürgerlichen) individuelle Herrschaft über Arbeit, Zeit und Raum symbolisieren. Demonstratives Flanieren an öffentlichen Orten unterschied sich als soziale Praxis vom diskreditierten Bummeln, das Inszenieren der eigenen Nicht-Arbeit markierte die eigene Persönlichkeit gegenüber Verhaltensanforderungen, die man gleichzeitig bereits erfüllt hatte, wie die erreichte Position bestätigte – solange sie dauerte.

d. Ausstieg als Problem:
Zukunftsmensch ohne Ewigkeit, Berufsmensch ohne Arbeit

»Stillstand ist Rückschritt«,[322] das war das Motto des 1895 geadelten Arztes Ernst von Leyden (1832-1910), Professor in Königsberg, Straßburg und ab 1876 an der Charité in Berlin. Sein Lebensprinzip ließ wenig Raum für Suche und Nachdenken und diskreditierte Tätigkeiten oder Lebensphasen, die nicht direkt karrierefördernd waren, als Umwege und langweilige Zeitvergeudung. Wer dergestalt das Vorwärts zelebrierte, für den konnte der Blick auf das Jenseits und auf das Berufsende ernüchternd sein, zumal wenn Arbeit, wie häufig bei protestantischen und jüdischen Männern, immer weniger religiös fundiert war.[323] Seit dem späten 19. Jahrhundert wird bei diesen Männern ein Pensionsschock sichtbar, der sich durch die Charakterisierung des Jenseits als schierer Langeweile verstärken konnte. Die Verlagerung von Sinnstiftung auf Erfolg und Zukunft führte zu einer doppelten Sinnentleerung, der Sinnkrise nach

---

322 Leyden, Lebenserinnerungen, S. 264.
323 Nipperdey, Arbeitswelt und Bürgergeist, S. 187.

dem Berufsende und dem Sinnverlust des Jenseits als einem Raum, der sich weder veränderte, gemessen an der ständigen Dynamisierung von Erwartungen, noch, so könnte man zuspitzen, irgendwelche Distinktionsmöglichkeiten mehr bot.

Lucian Hölscher hat gezeigt, wie virulent und wichtig Zukunftsvorstellungen im ganzen 19. Jahrhundert, vor allem aber im Kaiserreich waren. Die Sozialisten porträtierten ihre ideale Gesellschaft als Nachfolgerin der christlichen Endzeiterwartungen. Die Revolutionserwartungen verdichteten sich in den sechziger und siebziger Jahren, mit dem Krieg gegen Frankreich als einer Epochenschwelle, die diese Erwartung zeitlich näherrückte. Die revolutionäre Naherwartung der achtziger und neunziger Jahre wich zwar wieder der Fernerwartung, aber am Ende des 19. Jahrhunderts wurden politische Interessenkonflikte häufig als Streit um die Zukunft ausgetragen.[324] Der Aufschwung von sozialistischen Endzeiterwartungen arbeitete mit sehr konkreten zeitlichen Perspektiven. Zeitgleich forderte die bürgerliche Frauenbewegung, daß Frauen ihre Zukunft selber sollten formen können.

Diese gesellschaftliche Bedeutung von Zukunft wurde gegenkonturiert durch einen Zusammenhang zwischen Ewigkeit und Langeweile, den Literaten und Populärphilosophen das ganze Jahrhundert hindurch herstellten. Sorgten sich bereits die Aufklärer um die gefährlichen Auswirkungen eines Glaubensverlustes auf die Beurteilung der irdischen Zeit, so entwickelten Schriftsteller wie Jean Paul und Novalis die Folgen des linearen Zeitdenkens und eines unendlichen Fortschrittsbegriffs. Wenn Stillstand als Langeweile galt und das Jenseits die irdische Entwicklung beendete, dann drohte im ewiggleichen Jenseits nichts als Langeweile. In diesem Kontext blieb die Geschlechterdifferenz unausgesprochen. Aber die im Reden über Weiblichkeit vorgenommene Verknüpfung von Weiblichkeit und Jenseits bestärkte noch die Verlagerung von männlicher Sinngebung auf ein durch Wandel in der Zeit definiertes Diesseits.

Das Jenseits war das Vollkommene, aber damit auch das Unveränderbare, und die männlich definierte Moderne folgte dem Leitprinzip der Vervollkommnung, nicht mehr dem Ideal der Vollkommenheit. Friedrich von Hardenberg (Novalis) warnte vor Langeweile in der Ästhetik des Vollkommenen, nämlich des Jenseits: »Wie vermeidet man bei der Darstellung des Vollkommenen die Langeweile?« Er fand die Betrachtung Gottes zu monoton; sie erinnerte ihn an vollkommene Charaktere in Theaterstücken oder an »die Trockenheit eines echten, reinen, philosophischen oder mathematischen Systems«.[325] Die Mentalität von Gebildeten erschließt sich sicher nicht aus wenigen literarischen Beispielen. Aber das aufgeklärte Publikum verstand sich als lesende und schreibende Öffentlichkeit und nutzte Literatur als ein Medium der Selbstverstän-

---

324 Hölscher, Weltgericht, S. 438.
325 Von Hardenberg [Novalis], Das Werk, Bd. 3, S. 163; s. a. Plumpe, Ästhetische Kommunikation der Moderne, Bd. 2, S. 292.

digung,[326] und männliche Philosophen und Literaten erklärten die Ewigkeit für langweilig. Aus der Welt von Jean Paul war »Gott und sein Maß, die Zeit,« gewichen, so daß die Zeitperspektive über dem Menschen zusammenschlug.[327] Er artikulierte das menschliche Entsetzen sowohl vor einer unendlichen Ewigkeit als auch vor einer unendlichen, aber nie bei der Ewigkeit ankommenden Zeit. Er zweifelte, wie die menschliche Endlichkeit eine Zeitunendlichkeit und das Herz immer größere Befriedigungen aushalte. Gleichzeitig aber hielt er die »Unaufhörlichkeit« für unentbehrlich, denn »bei irgend einem Stillstand einmal finge eine Ewigkeit der Langeweile an. Und welches Ziel liegt dann wieder hinter den 1000 erreichten Zielen?« Er wünschte sich den dumpfen Glauben des Volkes zurück, das seine 80 Jahre für unermeßlicher halte als alle Zeit-Unendlichkeit.[328] Seine bildungsbürgerliche Perspektive ignorierte, wie sehr die Debatte um das Leben nach dem Tode das Religionsverständnis der ländlichen Gesellschaft verunsicherte,[329] zeigte aber, wie destabilisierend ein als unendlich offen definierter Fortschrittsbegriff sein konnte.

Auch Bonaventuras *Nachtwachen* zirkulierten um Zeit, Ewigkeit und Langeweile, um die Verzweiflung und Einsamkeit des in der Ewigkeit mit sich allein Seins, wenn mit der Abwechslung die Zeit verschwinde und eine »fürchterliche ewig öde Langeweile« herrsche, in der nur noch »das große schreckliche Ich (war), das an sich selbst zehrte, und im Verschlingen stets sich wiedergebar.«[330] Dem »wahnsinnigen Weltschöpfer« legte er in den Mund, daß die Puppe Mensch sich schon auf Erden viel zu oft langweile und sich in der kurzen Sekunde ihrer Existenz dauernd die Zeit zu vertreiben suche, »wie müßte sie sich bei mir in der Ewigkeit, vor der ich oft selbst erschrecke, langweilen!« Alles Neue sei in der langen Ewigkeit willkommen, in der es gar keinen Zeitvertreib gebe.[331] Immer wieder malte er das Entsetzen aus, das eintreten müsse, wenn die Zeit aufhöre und der eine Moment zu der Ewigkeit werde, »die auf immer alle Veränderung« aufhebe.[332]

Hebbel verlieh der Unsterblichkeit des Ich dasselbe Janusgesicht. »Bei persönlicher Fortdauer mit Bewußtsein ist eine Existenz ad infinitum hinein kaum denkbar, denn eins von Beidem: Langeweile oder Ekel müßte sich einstellen«, folgerte er.[333] In der Ewigkeit befürchtete der Schriftsteller ein »Drehen

---

326 Nipperdey, Wie das Bürgertum die Moderne fand, S. 18ff., 24ff.; Lange, Literatur, S. 283. Lange wirft auch die Frage auf, ob andere nationale Literaturen die Widersprüche zwischen gesellschaftlichem Zwang und individueller Freiheit ebenso zum Thema machten wie die deutsche, Literatur, S. 279.
327 Rehm, Experimentum medietatis, S. 7ff., 26.
328 Jean Paul, [Neues] Kampaner Thal, S. 188f. Für diesen Hinweis danke ich Helmut Zander.
329 Dazu Kaufmann, Aufklärung.
330 Bonaventura, Nachtwachen, S. 168f.
331 Ebd., S. 113ff., Zitat S. 115.
332 Ebd., S. 46f.
333 Hebbel, Sämtliche Werke, Bd. 2, Notat 2920, S. 326.

im Kreis«, ein »Wieder- und Wiederkäuen«.³³⁴ Auch für die Jetztzeit war sein Wunsch nach Sicherheit und Kitzel zugleich wohl nicht komisch gemeint und genau in seiner Ambivalenz typisch für viele Langeweile-Zeugnisse. Er sehnte sich nach dem Gefühl des Sterbens, nicht ohne vorher klug seine Rettung zu organisieren: »Einmal den Tod kosten: sich in's Meer stürzen und Leute bestellen, die Einen wieder herausziehen.«³³⁵ Nach dieser absoluten, doch vom Endrisiko befreiten Erfahrung hoffte er wohl, wie Dubos es in seinen Überlegungen zum Interesse an Hinrichtungen formulierte, seinen normalen, sicheren Alltag wieder mehr schätzen zu können.

Auf Philosophenseite popularisierte Fichte die Vorstellung eines »ewigen Concerts, wo nur Halleluja gesungen wird, – wobei *ich* wenigstens die unausstehlichste Langeweile mir denke.«³³⁶ Auch Schopenhauer kommentierte sarkastisch die herkömmliche Eschatologie. Seiner Philosophie zufolge pendelte der Mensch im Leben zwischen der Not des unbefriedigten und der Langeweile des befriedigten Begehrens. Für die Zeit danach konstatierte er, daß, da der Mensch alle Not und Pein in die Hölle verlagert habe, für den Himmel nur Langeweile übrig bleibe.³³⁷

Die Popularisierer des Pessimismus in der zweiten Jahrhunderthälfte griffen diese Idee auf, wobei ihre Irritation spiegelte, wie selbstverständlich sie sich über das weltliche »Tätigsein« und einen dadurch bestimmten Fortschritt definierten. Der Populärpessimist Eduard von Hartmann (1842-1906) empörte sich nicht nur über die reine Muße, die er als Nichtstuerei definierte, sondern auch über die Vision, daß man nach einem unaufhörlich tätigen Leben das »transcendente Aufhören aller Zeit und Veränderung, die Erstarrung und Versteinerung der absoluten Ruhe« erleben solle. Das, so Hartmann, bedeute die »Verabsolutirung [sic] der langen Weile«. Er berief sich auf Kant, der bereits die Möglichkeit absoluter Zufriedenheit geleugnet und sie mit »thatloser Ruhe und Stillstand der Triebfedern« identifiziert habe.³³⁸ Der Populärphilosoph Julius Friedrich Bahnsen (1830-1881), Gymnasiallehrer im pommerschen Lauenburg, entsetzte sich ebenfalls über die Vorstellung eines langweiligen »Himmels und überhimmlischen Ortes«, an dem Wesen mit »gänzlich quiescierendem Willen«, aber dafür ewiger Anschauung der Ideen sich tummelten.³³⁹ Richard Wagner kontrastierte eine langweilige ewige Tugend mit seinem unmittelbaren Begehren. Er riet Judith Gautier, das tugendreiche, aber öde Himmelreich war-

---

334 Ebd., Notat 2463, S. 147; Notat 3012, S. 374; zum Thema Zeit bei Hebbel vgl. Michelsen, Hebbels Tagebücher, S. 60ff.
335 Hebbel, Sämtliche Werke, Bd. 2, Notat 2643, S. 224.
336 Fichte, Vorlesungen über Platners Aphorismen, S. 344, Zeile 8-11 (Original kursiv). Vgl. generell Helmut Zander, Geschichte der Seelenwanderung in Europa. Alternative religiöse Traditionen von der Antike bis heute, Darmstadt 2000.
337 Schopenhauer, Die Welt als Wille und Vorstellung, Bd. 1, S. 407.
338 Hartmann, Zur Geschichte, S. 60f.
339 Bahnsen, Beiträge zur Charakterologie, Bd. 1, S. 329f.

ten zu lassen:»Lieben Sie mich und warten wir da nicht auf das protestantische Himmelreich: es wird schrecklich langweilig sein! Liebe! Licbc! Lieben Sie mich, immerdar!«[340] Das witzigste Beispiel stammte von dem lettischen Schriftsteller und leidenschaftlichen Wagnerianer Janis Poruks. Er verfaßte 1903 ein Gedicht mit dem Titel *Faust – quasi 3. Teil der Tragödie*, in dem Faust, der strebende Mensch schlechthin, sich in der eintönigen himmlischen Seligkeit zutiefst langweilte und auch Gretchen sich auf die vielfältigere Erde zurücksehnte.[341]

Die Perspektive, vom steten Wandel in einen gleichbleibenden und undifferenzierten Zustand zu stürzen, drohte die Arbeitsethik negativ zu beeinflußen. Johannes Huber, einer der zahlreichen Pessimismus-Schriftsteller des Kaiserreichs, warnte seine Leser deshalb vor Bonaventuras *Nachtwachen*, in denen ein Wahnsinniger seine irdische Langeweile ins Jenseits verlängere und statt außerweltlicher Entschädigung nur ewige Wiederholung propagiere.[342] Huber verwies statt dessen auf die klassische Trias von Pflichterfüllung, Selbstbeherrschung und idealem Gemüt,[343] den Topoi auch einer Bestseller-Sammlung von Thomas Carlyles Schriften, 1843 zuerst erschienen als *Einst und Jetzt* und 1901 unter dem bezeichnenden Titel *Arbeiten und nicht verzweifeln* neu auf Deutsch herausgebracht. Der Werbetext des Buches, von dem bis 1938 296 000 Exemplare verkauft wurden, wiederholte Carlyles Mahnung, keine Zeit mit einem letztlich illusionären Ringen um Selbsterkenntnis zu verlieren, sondern zu wissen, woran man zu arbeiten habe, um dann intensivst zu arbeiten.[344] Wer Arbeit so als Letztbegründung legitimierte, ohne ihren Zweck außer der bloßen Beschäftigung zu thematisieren, mochte allerdings nur noch stärker eine entleerte jenseitige Zeit implizieren.

Bernard Lang und Colleen MacDannell haben gezeigt, wie sich zumindest die angelsächsischen Jenseitsvorstellungen nach der anthropozentrischen Wende seit dem 18. Jahrhundert veränderten. Die Gläubigen trafen auch im Himmel auf Familie und Arbeit, diesen Angelpunkten der Gesellschaft des 19. Jahrhunderts. Die Himmelskonzeptionen duldeten keine Untätigkeit mehr, und Jenseitsvorstellungen rückten im 19. Jahrhundert vom »ewigen Concert des Halleluja« ab. Zumindest der englischsprachige, bürgerliche Himmel füllte sich seit dem späten 18. Jahrhundert mit nicht-entfremdeter und nicht-entfremdender Arbeit, einem steten Fortschritt in der Erkenntnis Gottes und vor allem einem unaufhörlichen Lernen über das Universum, bei dem die Seligen jedoch ausdrücklich nie auf etwas stießen, das sich wiederholte und so langweilig werden könne.[345] Isaac Watts' Bild aus dem 18. Jahrhundert zeichnete

---

340 Gregor-Dellin, Richard Wagner, S. 734.
341 Maurina, Die Langeweile, S. 10f.
342 Huber, Der Pessimismus, S. 49, 79, 94-97.
343 Ebd., S. 99-104, 110f.
344 Naumann, Das Blaue Buch vom Vaterland, Anhang.
345 Lang, McDannell, Der Himmel, S. 368ff., hier S. 380.

statt Seelenschlaf und ewiger Betrachtung Gottes einen Himmel voller Abwechslung und Vielfalt, und Emmanuel Swedenborgs Heilige führten ihr gewohntes tätiges Leben, nur ohne Last und Langeweile.[346] Zumindest in den eben knapp beschriebenen Einstellungen dagegen wandelte sich das Kontinuum einer erfüllten Jetztzeit in leere Fortdauer und ewige Wiederholung. Gegenüber dem undefinierten Ideal, auf das jeder stets hinarbeiten sollte, erschien die klassische Ewigkeit als unbewegliches Reduziertwerden auf sich selber, das auch in Frage stellen konnte, warum die Menschen einem permanenten irdischen Fortschritt zuarbeiten sollten. Der übergreifende Prozeß der Entkirchlichung im 19. Jahrhundert bedeutete keinen geringeren Bedarf an transzendenter Tröstung,[347] und eine als langweilig und sinnlos erklärte traditionelle Eschatologie konnte den Bedarf an weltlichem Messianismus nur erhöhen.[348]

Diese Entwertung des Jenseits als immobilem und immergleichem Zustand entsprach dem funktionalen Charakter von Religion in der normativen Konstruktion von Weiblichkeit. Frauen wurden auf die traditionelle Eschatologie gelenkt, um nicht durch die Grenzen im Diesseits mutlos zu werden.[349] Nietzsche verriet, wie die Geschlechterdifferenz auch über den Umgang mit Glauben und Religion konstituiert wurde, als er in einem wütenden Ausfall gegen die Gleichberechtigung von Frauen in *Jenseits von Gut und Böse* eine weibliche Distanzierung von Religiosität mit den Worten verurteilte: »als ob ein Weib ohne Frömmigkeit für einen tiefen und gottlosen Mann nicht etwas vollkommen Widriges oder Lächerliches wäre.«[350]

Die Langeweile des Jenseits mochte schließlich auch dadurch zustandekommen, daß der Fortschritt des Diesseits, in dem es immer auch Sieger und Unterlegene gab, einer Konfiguration wich, in der herkömmliche Hierarchien und Machtverhältnisse verschwanden. Es sangen nicht einfach nur alle Halleluja, sondern es sangen *alle* Halleluja, also dasselbe Lied. Sowohl die traditionellen eschatologischen als auch die sozialistischen Zukunftsvorstellungen

---

346 Lang, McDonnell, Der Himmel, S. 282f.
347 Nipperdey, Bürgerwelt und starker Staat, bes. S. 440ff.; Ders., Arbeitswelt und Bürgergeist, S. 520, sieht das moderne Phänomen einer metaphysischen Langeweile erst im Kaiserreich am Rande der kirchlichen Spektren auftauchen; zu Religion s. a. die Beiträge in Schieder (Hg.), Religion im 19. Jahrhundert.
348 Sigmund Mowinckel, He that cometh, Oxford 1956, zeigt, daß im jüdischen Messianismus Ewigkeit keine abstrakt-leere Zeit war, sondern eine erfüllte Zeit, untrennbar von ihrem Inhalt. Benjamin fügte dem die erfüllte Jetzt-Zeit hinzu, in der jeder Moment die Ankunft des Messias bedeuten konnte, vgl. Löwy, Redemption, S. 207. Falls eine solche Wahrnehmung der Zeit als kulturelle Überlegenheit rezipiert wurde, mochte sie den Antisemitismus noch weiter verschärft haben. Zum Nationalismus als Ersatzreligion Haupt, Tacke, Die Kultur des Nationalen, S. 269ff.; Wehler, Deutsche Gesellschaftsgeschichte, Bd. 3, S. 938-946.
349 Glatz, Rosaliens Vermächtniß, S. 167; Sieger, Aus der Frauenwelt, S. 29f.
350 Nietzsche, Unsere Tugenden, S. 183.

prognostizierten eine radikale Veränderung der sozialen Verhältnisse, entweder durch ein Gottesgericht oder ein Weltgericht im Laufe des immanenten Bewegungsprozesses der Geschichte. Ein letzter revolutionärer Umsturz endete in einer nicht mehr veränderlichen und nicht mehr veränderbaren Welt, einer Welt ohne Zeit und Dynamik, aber auch ohne Hierarchie von Klassen und Geschlechtern. Ein Reich von 1000 Jahren konnte diesen Zustand in die Unendlichkeit hinausschieben.

Eine solch negative Wahrnehmung des Jenseits verschärfte noch die Sehnsucht nach Erfolg im Diesseits oder aber die Bitterkeit über mangelnde Anerkennung. Theodor Fontane begann seine Karriere als Schriftsteller relativ spät und litt zeitlebens unter dem Gefühl, nicht das ihm zustehende Maß an öffentlicher Anerkennung zu erhalten. Im Alter von 72 Jahren erhielt er 1891 den Schiller-Preis, aber die Empfindungen der Jahre zuvor ließen sich nicht einfach wegwischen. Statt einfach zufrieden zu sein, gestand er seiner Tochter Mete, daß er eher eine schmerzliche Heiterkeit spüre, weil es so spät komme und nicht dann, als er es sich sehnlich wünschte. Die »Nichtigkeit alles Irdischen« werde um so mehr betont. Der Agnostiker Fontane untermauerte noch einmal die moderne Erlösungsfunktion des Erfolges, als er schrieb: »Wer nun an ein Ewiges glaubt, dem wird in diesem Zustande erst recht wohl, aber zu den so Beglückten darf ich mich nicht zählen.«[351] Sein Ruhm kam ihm schlicht zu spät, auch wenn er beschwörend versicherte, Erfolg sei ihm gleichgültig geworden.[352]

Hartmanns Angst, daß das Ende eines »unaufhörlich tätigen Lebens« im Jenseits Versteinerung und Langeweile bedeutete, beflügelte auch die seit der Jahrhundertwende sichtbare Pensionsangst hoher Beamter und Freiberufler. An die Antike anknüpfende literarische und bildliche Darstellungen der Lebensalter aus dem Mittelalter und der Frühen Neuzeit reichten wirkungsgeschichtlich weit in das 19. Jahrhundert hinein, ihr Einfluß auf das tatsächliche Handeln und biographische Planen von Menschen ist jedoch schwer auszumachen. Das Alter als eigener, sozialpolitisch abgesicherter Abschnitt zwischen Arbeit und Tod ist ein Phänomen des 20. Jahrhunderts.[353] Im wilhelminischen Deutschland drohte durch die Verschiebung des Entwicklungsbegriffs von der Persönlichkeit auf den Beruf das Berufsende zum Ende der Entwicklung zu werden, genau zu dem Zeitpunkt, an dem die moderne Altersvorsorge in Ansätzen begann. Während viele Akademiker eine beruflich eigenständige Position erst in ihrem dritten Lebensjahrzehnt erreichten, stürzten etliche der bisher beschriebenen Männer ein Berufsleben später dann in eine innere Krise, in Langeweile und Orientierungslosigkeit, wenn ein ungewolltes oder vorher

---

351 Fontane, Briefe, Bd. II, S. 180.
352 Ebd., S. 34.
353 Vgl. generell Conrad, Die Entstehung des modernen Ruhestandes, bes. S. 417; ders., Vom Greis zum Rentner, S. 16ff.

nicht reflektiertes Berufsende nicht mehr zu vermeiden war. Die ›Arbeitslosigkeit‹ nach dem Ausstieg aus dem Beruf bedeutete, zentrale Angelpunkte von Männlichkeit in der vertrauten Form aufgeben zu müssen.

Den für unterschiedliche sozio-professionelle Gruppen divergenten Weg in die moderne Pension beschritten zunächst staatliche Bedienstete, die sich in Preußen ab 1886 im Alter von 65 Jahren, unabhängig vom Gesundheitszustand und ohne allzu gravierende Einbrüche im Lebensunterhalt, zur Ruhe setzen lassen konnten, während sie vorher in Preußen nur bei Dienstunfähigkeit nach 15 (nach 1872 nach zehn) Dienstjahren Anspruch auf eine Alterspension hatten. Mit dieser Neuregelung konnte sich ein Beamter mit einem größeren Sicherheitsgefühl für seine Pensionierung engagieren, da die Höchstpension (von maximal 75 % des Gehaltes) nun schon mit 70 statt mit 80 Jahren bezogen werden konnte.[354] Erst seit der Weimarer Zeit gab es die automatische Zwangspensionierung bei einer fixierten Altersgrenze. Preußen setzte 1920, das Reich 1923 die obligatorische Altersgrenze von 65 Jahren durch, interessanterweise gegen den Widerstand der Beamtenschaft. Selbständige wurden als letzte in die wohlfahrtsstaatliche Sicherung integriert.[355] Auf ein materiell sorgenfreies Alter konnten nur Beamte durch ihre privilegierte Versorgung spekulieren, also die Gruppe, die ein gesetzlich geregeltes Berufsende ablehnte; alle anderen Bevölkerungsgruppen waren bis in das 20. Jahrhundert auf eine kumulative Kombination von Unterstützungsleistungen, von Sozialversicherung über Armenhilfe bis zu Familienunterstützung, angewiesen.[356] Damit ist noch nichts über die Einstellung zum Berufsausstieg gesagt, sondern nur daran erinnert, daß dieser im 19. und frühen 20. Jahrhundert keinen ökonomisch abgesicherten und voraussehbaren Wechsel in eine andere Lebensphase darstellte, sondern in ganz elementarer Weise von Faktoren wie Gesundheit, finanzieller Absicherung, Familieneinbindung und Erfahrungen von Erfolg oder Mißerfolg abhing.

Ein klassisches Muster der Daseinsvorsorge im westeuropäischen Bürgertum des 17. und 18. Jahrhunderts war der Landkauf, um als ländlicher Rentier vielleicht schon mit fünfzig, und nicht erst als Greis, einen dem adligen Landleben ähnlichen ruhigen Lebensabend zu verbringen. Auch in Deutschland galt um 1800 erst derjenige als wirklich erfolgreich hinsichtlich der angestrebten Selbständigkeit, der sich in seinen Fünfzigern zurückziehen konnte, um noch etwas vom Leben zu haben, und das hieß auch, nicht nur im Beruf aufzugeben, sondern ein Leben jenseits des Berufes zu planen.[357] Interessanterweise polemisierten jedoch dagegen bereits die *Moralischen Wochenschriften* des 18. Jahrhunderts in adelskritischer Absicht. Sie schilderten einen Kaufmann, der in abgrundtiefe Langeweile, Melancholie und Lebensüberdruß stürzte, als er sich nach dem

---

354 Wunder, Geschichte der Bürokratie, S. 105.
355 Conrad, Die Entstehung des modernen Ruhestandes, S. 425f.
356 Ebd., S. 429.
357 Gall, Bürgertum, S. 89, 106.

Erreichen eines bestimmten finanziellen Wohlstands aus seiner gewohnten Tätigkeit zurückzog, um nur noch die Früchte seiner Arbeit zu genießen. Damit nahmen sie den Wechsel von der »gesicherten Nahrung« zur Expansion, vom Auskommen zum Fortkommen vorweg, der umfassend in den 1830er Jahren einsetzte.[358] Sie propagierten implizit die Ausdehnung der (allerdings mäßigen) Erwerbsarbeit über das gesamte Leben, ohne einen arbeitsfreien Lebensabend zu thematisieren.

Die Intensivierung der Arbeitsempathie im 19. Jahrhundert problematisierte das Aussteigen aus dem Berufsleben zunehmend, wobei allerdings nicht umstandslos daraus geschlossen werden sollte, daß der bürgerliche Selfmade-Mann sich nicht mehr in der Lebensmitte zurückziehen wollte, sondern weiterarbeitete.[359] Der Pädagoge Wilhelm Münch hielt Rentiers (und Arbeitslose) in einer Langeweileanalyse kurz vor der Jahrhundertwende für besonders langeweileanfällig. Sie seien nicht mehr durch eine »feste und zusammenhängende Tätigkeit emporgehoben« und daher einer »Hoffnungslosigkeit gegenüber der Zukunft, die ja keine Erhöhung des Daseins mehr bringen kann«, preisgegeben, die die Willenslähmung und »Mattheit des Empfindens« geradezu einlade.[360] Léon Dumont warnte in seiner Gefühlslehre davor, daß bei der steten Orientierung auf Beschäftigung eine zunächst ersehnte Ruhe in Langeweile umschlagen könne. In den zwanziger Jahren, nach der Einführung des obligatorischen Rentenalters, schlug die negative Einschätzung des Alters als einer Phase der Arbeits- und Perspektivlosigkeit und damit der sozialen Wertlosigkeit der betreffenden Menschen noch offener durch. Als sich der zum Pazifisten und überzeugten Anhänger Weimars gewandelte ehemalige General der Infanterie, der 1853 geborene Berthold Deimling, Mitgründer des Reichsbanners Schwarz-Rot-Gold, für die Unterzeichnung des Versailler Vertrages stark machte, schrieb eine Zeitung, daß der »beneidenswerte alte Soldat« das Glück habe, »seine Leidenschaft als Soldat, als Führer im Kampfe voll ausleben zu können und nicht tatenlos im Greisenalter verdämmern oder mißmutig zur Seite« stehen zu müssen.[361]

Gesellschaftliche Definition und Selbstwahrnehmung griffen an diesem Punkt ineinander. Arthur von Brauer (1845-1926), ein enger Mitarbeiter Bismarcks, mußte nach dessen Sturz gegen seinen Willen aus der nationalen Politik nach Baden zurückkehren. Bei ihm schlug der Stolz, nach vorne und oben zu gehen, in das Gefühl um, sich rückwärts zu bewegen und abzusteigen. Als Vortragender Rat im Auswärtigen Amt 1881-1885 unter Paul Graf Hatzfeldt als Staatssekretär genoß Brauer die Freiheit, die Hatzfeldt ihm ließ, auch wenn

---

358 Vgl. Kaschuba, Lipp, Zur Organisation des bürgerlichen Optimismus, S. 74-82.
359 So argumentiert Gall, Bürgertum, S. 341.
360 Münch, Über die Langeweile, S. 191f., 195. Zur sich im 18. Jahrhundert vorbereitenden Gleichsetzung von jung mit neu und gut und von alt mit minderwertig und überholt vgl. Conrad, Vom Greis zum Rentner, S. 30.
361 Deimling, Aus der alten in die neue Zeit, S. 280.

dessen Abneigung, wichtige Gespräche für die Referenten zur Ausarbeitung vorzubereiten, ihn mitunter nötigte, ein nicht miterlebtes Gespräch zu protokollieren. Nach einem Jahr in der handelspolitischen Abteilung als Orientreferent in die politische Abteilung versetzt, verschärfte sich das Tempo deutlich. Bismarcks Arbeitsroutine bedeutete für Brauer, zu allen möglichen Tages- und Nachtzeiten bereit zu stehen. Dennoch waren diese Jahre im Auswärtigen Amt wegen der Nähe zum mächtigen Kanzler nicht nur arbeitsintensiv, sondern auch aufregend und interessant. Ehrlicherweise rechnete er eine Schönfärbung im Rückblick ein. »In der Wirklichkeit« sei das Glücksgefühl zu oft gestört gewesen durch Überanstrengung, Gebundensein und geschäftlichen Ärger. Aber die Nähe zu Bismarcks »unvergleichlicher auswärtiger Staatskunst« wog alles auf.[362]

Mit Blick auf Dynamik, Abwechslung, Selbständigkeit und Langeweile verriet Brauer dasselbe Muster wie die bisherigen Fälle. Als Referendar fand er, als einer von wenigen, den Justizdienst in Baden »weder trocken noch langweilig«, aber die Begriffswahl spricht für sich. Der Grund: er konnte den Amtsrichter in Karlsruhe bzw. Mosbach relativ eigenständig vertreten. 1872 an das Bezirksamt Überlingen versetzt, holte ihn jedoch das typische Schicksal ein. Ein Jahr nach der Reichseinigung fühlte er sich »unbefriedigt« in den dortigen »kleinen Verhältnissen« und beschloß, dem Deutschen Reich und Bismarck in größerem Rahmen zu dienen. Brauer hatte Glück; das AA schickte ihn als Attaché an das Generalkonsulat in Bukarest.[363] Vor seiner Arbeit als Vortragender Rat arbeitete er zwischen 1875 und 1881 in St. Petersburg. Nach sieben Jahren im Auswärtigen Amt und sechs davon in der Politischen Abteilung trieb ihn die Sehnsucht nach eigenständigeren und zugleich mit der politischen Zentrale verbundenen Aufgaben um. Er litt darunter, nicht mehr für andere Aufgaben in Betracht gezogen zu werden, und griff sofort zu, als Herbert Bismarck ihm 1888 das eigentlich unter Rang stehende Generalkonsulat in Kairo anbot.[364]

Die Entlassung des Kanzlers traf auch Brauers Karriere. Er trat ungern und zögernd aus dem Reichsdienst in den badischen »zurück«,[365] war von 1890 bis 1893 badischer Gesandter beim Bundesrat in Berlin, von 1893 bis 1905 badischer Staats- und »Außen«minister und schließlich badischer Oberhofmeister. Bis 1893 wenigstens noch in Berlin, hörte danach zu seinem Bedauern sein Kontakt mit »der großen Welt« und »der großen Politik« auf. Nach 20 Jahren Regierungsdienst in der großen Politik erschien Karlsruhe ihm »unbedeutend und unwichtig«.[366] Wie Siemens und Devrient bestätigte Brauer, daß Veränderungen, eine »freiere Übersicht« und das Kennenlernen anderer Maßstäbe die

---

362 Brauer, Im Dienste Bismarcks, S. 97.
363 Ebd., S. 13f., 22.
364 Ebd., S. 215f.
365 Ebd., S. 365.
366 Ebd., S. 373.

Unzufriedenheit mit dem Bisherigen steigerten.³⁶⁷ Memoiren zu schreiben, erlaubte das Leben zurückzuholen, aber Brauer machte keinen Hehl daraus, wie mühsam er einen Prozeß verarbeitete, den er als schleichenden Rücktritt empfand.

Für Ernst von Leyden bedeutete der Rückzug aus dem Beruf genau den Stillstand, den er selber als Rückschritt interpretiert hatte. Er konnte wie Ihering individuelles Unglück durch beruflichen Erfolg kompensieren und betonte sowohl seine exorbitante Arbeit als auch seine Fähigkeit, seinen »genußfrohen« Geist in Geselligkeit und im Umgang mit Künstlern wieder auszuruhen. Den Tod seiner ersten Frau im Kindbett, ein Jahr nach der Hochzeit 1863, überwand er durch einen Ruf nach Königsberg. Die Aussicht auf »fruchtbringende Arbeit« riß ihn aus »fruchtloser Melancholie«. 33 Jahre alt, erfüllte ihn das Gefühl jugendlicher Kraft mit »Mut und Tatendurst zum Vorwärtsstreben«.³⁶⁸ Danach zählte zumindest für den harmonisierenden Rückblick auf sein Leben nur noch purer Erfolg und Anerkennung für seine Arbeit. Diese wuchs ununterbrochen, aber gerade daß er von morgens bis abends beschäftigt sei, so notierte er 1870, befriedigte ihn außerordentlich³⁶⁹ – wie Feuchtersleben gepredigt hatte, konnte das Gefühl des eigenen Wirkens Trauer und Depression fernhalten. Als Arzt des Zaren Alexander III. und des Kronprinzen von Rumänien bewegte sich Leyden in den höchsten Kreisen, und bei seinem Rücktritt vom Amt listete er »Ehren über Ehren« auf, die in der deutschen Titel- und Statusgesellschaft zählten. Entsprechend schwer fiel es ihm im Alter von 75 Jahren, die Charité nach 31 Jahren 1907 zu verlassen. Er hielt zunächst noch an der Leitung des Institutes für Krebsforschung fest, mußte aber auch diese krankheitsbedingt aufgeben.³⁷⁰ Es ist schwer vorstellbar, wie Leyden bei all seiner Arbeit wirklich noch Zeit für Geselligkeit fand, und er gab zu, daß eine intensive Geselligkeit immer schwerer mit der Berufsarbeit zu vereinbaren gewesen sei.³⁷¹ Der aktiven Beschäftigung mit den Musen kehrte er nach dem Studium den Rücken, weil Beruf und Wissenschaft ihm keine Zeit mehr dafür ließen. Dennoch bestand er darauf, sich noch als bekannter Arzt und Professor in Berlin mit Künstlern erholt zu haben. Zum unverzichtbaren Ausgleich gehörte auch der Urlaub, der den arbeitsreichen Winter und Frühling im Sommer ausglich.³⁷²

Leyden und Brauer repräsentierten höhere Beamte, Professoren, Ärzte und Landräte, die berufliches Prestige, öffentliche Sichtbarkeit und Wirksamkeit, soziale Kontakte und sozialen Status für sich reklamierten. Erwerbsarbeit bedeutete Verantwortung und den anstrengenden Zwang, den Lebensunterhalt

---

367 Devrient, Briefwechsel, S. 296; Siemens, Lebenserinnerungen, S. 30.
368 Leyden, Lebenserinnerungen, S. 85.
369 Ebd., S. 122.
370 Ebd., S. 270.
371 Ebd., S. 137.
372 Ebd., S. 141f.

zu sichern.[373] Keine noch so laute Klage führte jedoch dazu, die Zuweisung von Arbeitsbereichen ändern zu wollen, solange die von Männern besetzten Positionen einen höheren Status innehatten und diese Erwerbsarbeit als Wertmaßstab für Individualität und Persönlichkeit galt. Beim Arbeitsende fiel nicht nur die tägliche Routine fort, sondern es verschwanden vor allem diese materiell-immateriellen Faktoren. Der häusliche Bereich galt einerseits immer als nebensächlich und wurde andererseits durch eine erhöhte Arbeitsorientierung noch unverzichtbarer, wie Billroth einmal mehr 1883 formulierte, als er dem Sohn eines Freundes, der Arzt werden wollte, die mühsame Arbeit schilderte, aber nicht den Verzicht darauf oder eine andere Gestaltung empfahl, sondern eine »gute, ruhige Frau und ein ruhiges, häusliches Glück«.[374] Die stereotype Formel in Autobiographien, der letzte Lebensabschnitt oder die Zeit nach dem Ausscheiden aus dem Amt sei unwichtig, verriet, was es für Männer bedeutete, sich in genau diesen minimalisierten Bereich zurückziehen zu müssen. Viele schrieben ihre Memoiren oder ihre Autobiographie, um das Leben zurückzuholen.

Häufig zerstörte der Tod die Pläne für ein Leben nach der Arbeit, wobei Männer in der Mitte des Jahrhunderts noch ganz unterschiedliche Vorstellungen vom Ruhestand entwickelten. Der Vater der Schriftstellerin Gabriele Reuter, Kaufmann in Alexandrien und Kairo, plauderte in den sechziger Jahren am Wochenende mit seiner Familie darüber, wie sie das Landhaus in Deutschland einrichten würden, wo er mit seiner Frau seinen Lebensabend verbringen wollte. Allerdings brüskierte er seine Tochter dauerhaft, als er seine Frau versprechen ließ, bei seinem eventuellen früheren Tod nie wieder ins Theater zu gehen.[375] Sein früher Tod verhinderte dann tatsächlich einen gemeinsamen Lebensabend und ließ seine Frau und Tochter in finanziellen Nöten zurück, die die Heiratsaussichten Reuters zerstörten.

Ein mußevoller Lebensabend brauchte ein sicheres finanzielles Polster. Der Kaufmannsberuf blieb risikoreich und konnte einen Mann an seinem Lebensende nach langer Selbständigkeit abhängig werden lassen. Der Pathologe Jakob Henle war Kind eines Kaufmannes. 1855 registrierte der 46jährige Sohn mit Besorgnis, daß sein Vater Altersbeschwerden spürte und sich um das Geschäft sorgte. Zum ersten Mal, so Henle, habe er seinen Vater ernst und teilnahmslos gesehen. Vor allem bedrückte diesen der Gedanke, möglicherweise nicht mehr unabhängig zu sein.[376] Es gelang ihm jedoch eineinviertel Jahre später, einen günstigen Vertrag für die Übergabe auszuhandeln, der seine Kinder nicht finanziell belastete, und er hatte diesen versprochen, daß er wieder heiter werden wolle, falls ihm diese letzte Transaktion glücke. Henles Vater starb jedoch rela-

---

373 Dazu Corbin, Das »trauernde« Geschlecht.
374 Theodor Billroth an R. Toppius, 19.9.1883, Ärzte-Briefe, S. 175.
375 Reuter, Vom Kind zum Menschen, S. 146.
376 Briefwechsel Henle und Pfeufer, S. 78.

tiv unvermutet genau in dem Moment, als ein noch ungeöffneter Brief die Geschäftsübergabe regelte und seine Dienstentlassung bestätigte. Sein Sohn tröstete sich mit dem Gedanken, daß es unsicher gewesen sei, wie sein Vater das »bequemere Leben« und den »Mangel der gewohnten Beschäftigung« ertragen haben würde.[377] Auch der Vater von Fanny Lewald, der nach dem Tod seiner Frau sein Geschäft verkleinerte, um eventuell zu den Kindern nach Berlin übersiedeln zu können, langweilte sich damit, weil er an andere Geschäftsdimensionen gewöhnt war, aber die Kinder versuchten letztlich vergeblich, ihn mit der Beteiligung an einem Eisenbahn- oder Aktienunternehmen zu locken.[378]

Adlige, die ihre Güter bewirtschafteten, wünschten sich mitunter einen Lebensabend fern von der Provinz. Der Vater von Gustav zu Putlitz übergab mit 59 Jahren 1849 sein Gut Retzin seinem Sohn, um eine geruhsame Zeit in Berlin und mit Freunden zu verbringen und seinen vielseitigen geistigen Interessen nachzugehen. Dem älteren Putlitz hatte der Beruf als Landwirt, wie es seine Schwiegertochter in den unvermeidlichen Termini formulierte, »viele Freude, Genugthuung und Gelingen«, aber auch viel Mühe, Sorge und Arbeit gebracht. Ab 1849 war er Erbmarschall der Kurmark Brandenburg, 1855 erhielt er einen erblichen Sitz im Herrenhaus, so daß er auch noch mit ganz anderen Angelegenheiten als vorher beschäftigt war. 1878 feierte er in guter Verfassung seinen 89. Geburtstag.[379] Gustav zu Putlitz quittierte auf Wunsch seines Vaters den Staatsdienst, um die Bewirtschaftung von Retzin zu übernehmen, obwohl auch ihn die provinzielle Abgeschiedenheit zunächst schreckte.[380]

Weil sie an ihren gewohnten Beschäftigungen mit all deren physisch-psychischen Sicherheiten hingen, dachten Beamte häufig nicht daran, sich zurückzuziehen, obwohl ihr Ruhestand finanziell gesichert gewesen wäre. Aus seiner Zeit im preußischen Finanzministerium in den neunziger Jahren berichtete Adolf Wermuth, daß der preußische Finanzminister Johannes von Miquel (1828-1901) den achtzigjährigen Unterstaatssekretär Meinecke gerne zum Rücktritt bewegt hätte, diesen Wunsch aber nicht offen ansprechen wollte. So brachte die Presse regelmäßig den Hinweis, daß Meinecke ausscheiden wolle; dieser erkundigte sich dann entsetzt bei Miquel, ob er gehen solle, was Miquel natürlich formvollendet verneinte.[381] Dabei blieb es. In den sechziger Jahren traf Ernst von Ernsthausen einen ähnlich reagierenden Geheimen Oberrat, der sein 50jähriges Dienstjubiläum hinter sich hatte, aber auch dann nicht gehen wollte, als er von seinem gleichaltrigen Vorgesetzten offen danach gefragt wurde.[382] Auch Rudolf Delbrück beklagte die lange Lebensdauer einiger Räte

---

377 Ebd, S. 105f.
378 Lewald, Befreiung und Wanderleben, S. 118.
379 Putlitz, Ein Lebensbild, Bd. 1, S. 81f., Bd. 3, S. 187.
380 Ebd., Bd. 1, S. 82.
381 Wermuth, Beamtenleben, S. 210.
382 Ernsthausen, Erinnerungen, S. 230.

als Karrierehindernis, weil sie das Aufsteigen ihrer Hintermänner behinderten.[383] Wer an vorderster Stelle stand oder auf eine noch bedeutendere Position hoffte, den traf ein erzwungener Wechsel noch stärker. Als Miquel wenige Monate nach seiner Entlassung starb, nachdem er bereits als möglicher Kanzler gehandelt worden war, hielt Wermuth es für natürlich, daß die Entlassung bei dem »brennenden Ehrgeiz und Machtbedürfnis« Miquels eine mögliche Ursache sei. »Konnte er in anderer als der scharfen öffentlichen Luft nicht mehr atmen, oder war seine Kraft schon verbraucht, ehe er aus dem Amte schied? Vor dieser Frage habe ich am Sarge so manches vom Vaterlandsdienst verzehrten Beamten gestanden.«[384] Wermuth selber betonte, daß ein Mann nie so der Knecht seiner Arbeit werden dürfe, daß er nicht danach noch andere Aufgaben entwickeln könne.[385] Allerdings wurde er nach dem Ausscheiden aus dem Ministerium, als er mit seiner Frau Pläne für den Ruhestand machte, gefragt, ob er Oberbürgermeister von Berlin werden wolle, so daß er noch einmal in eine bedeutende Position rückte.

In ganz unterschiedlichen Berufen löste das Berufsende eine psychische Krise aus, und sie läßt sich auch nicht darauf zurückführen, ob der Betreffende sich mühsam aus kleinen Anfängen hochgearbeitet hatte oder ob ihm die Türen für Ausbildung und Beruf offen standen. Der Mann der Schriftstellerin Ottilie Wildermuth, Johann David Wildermuth (1807-1885), war der Sohn eines schwäbischen Kleinbauern und arbeitete sich über Hauslehrerstellen und Realschulunterricht zum Posten des promovierten und mit dem Professorentitel versehenen Gymnasiallehrers hoch. Noch als Gymnasialprofessor gab er nebenher Stunden, um sein Gehalt aufzubessern, und seine Frau sicherte das Familienbudget durch ihre Romane. Es mochte jedoch nicht nur der finanziellen Situation geschuldet sein, daß Wildermuth sein 1876 eingereichtes Pensionierungsgesuch, im Alter von 69 Jahren, als Lebensende empfand. Ottilie Wildermuth schrieb ihrem Sohn, daß ihr Mann an dem Tag, an dem er es aufsetzen wollte, gar nicht habe aufstehen wollen, »weil es ihm vorstand wie ein Todesurteil«.[386] Diese emotionalen Reaktionen spiegelten auch den veränderten Charakter der Geselligkeit, die nicht mehr, wie zu Beginn des Jahrhunderts, bei ausreichenden Geldmitteln einen eigenständigen Bereich der Lebensgestaltung bot, sondern auf der Prestigeskala nur noch als (dann allerdings notwendige) Ergänzung zum Beruf fungierte.

Die heutige Bezeichnung der Alterseinsamkeit als »sozialem Tod« ist insofern unglücklich, weil sie Nichtrevidierbares impliziert; aber sie umreißt den Verlust an sozialen Bindungen, stabilisierender Routine[387] und Lebensbegrün-

---

383 Delbrück, Lebenserinnerungen, Bd. 2, S. 145.
384 Wermuth, Beamtenleben, S. 211.
385 Ebd., S. 317.
386 Wildermuth, Ach die Poesie, S. 448.
387 Kessel, Sterben/Tod, S. 270.

dung. Ernst von Ernsthausen durchlief eine brillante Verwaltungskarriere, als Landrat in Geldern und Moers, als kommissarischer Verwalter des Bürgermeisteramtes und dann als Regierungsvizepräsident in Königsberg, als Präfekt in Straßburg 1871-75 und in Colmar 1875-79 und von 1879 bis zu seinem selber erbetenen Abschied aus dem Amt 1888 als Oberpräsident der Provinz Westpreußen. Auf dieses letzte Amt hatte Ernsthausen gehofft, als er den Posten des Unterstaatssekretärs im Ministerium des Innern unter Graf Eulenburg ausschlug.[388] Alles Neue reizte ihn,[389] so auch der Wechsel zwischen den einzelnen Landesteilen, die ganz unterschiedliche Freiräume für Spitzenbeamte boten. Gleich in den ersten Sätzen seiner Lebenserinnerungen zementierte Ernsthausen das Bild eines Verwaltungsbeamten, der keineswegs an den Schreibtisch gefesselt sei, sondern nicht »Ruh noch Rast« kenne: »Darf man sich eines erreichtes Zieles freuen, so winkt schon ein zweites und drittes.« Wer so lebte, stand einem wirklich selbständigen Wirtschaftsbürger oder einem erfolgreichen Militär nichts nach. Ernsthausens allererster Satz aber verriet seine Desorientierung nach dem Ausscheiden aus dem Staatsdienst. Bis dahin in regelmäßigen Abständen auf jeweils höheren Posten und in neuen Wirkungskreisen, »irrte« er dann eine Zeitlang ohne festes Ziel umher. Deshalb beschloß er, seine Laufbahn noch einmal in der Erinnerung zu durchwandern.[390]

Wer im Laufe des Berufslebens über Arbeitsbelastung oder langweilige Routine klagte, geriet manchmal erst dann in eine richtige Krise, wenn er beides verlor und damit selbstverständliche Vernetzung und subtile wie offenkundige Gratifikation. Hugo Graf von Radolin (1841-1917), 1888 in den Fürstenstand erhoben, arbeitete seit 1866 auf verschiedenen diplomatischen Posten und war von 1884 bis 1888 Hofmarschall des Kronprinzen. Zwischen 1888 und 1892 ohne entsprechenden Einsatz, bestürmte er Hatzfeldt intensiv, sich beim Kaiser für seine erneute diplomatische Verwendung einzusetzen. Das Ausgeschlossensein lastete schwer auf ihm. Die »Tretmühle« fehlte ihm, er fühlte sich entschieden zu jung, um ein Leben »als sich langweilender Partikulier« zu führen, und ihm graute vor allem vor der einzig sichtbaren Alternative, einem Leben in Posen, der Provinz. Als weiteres Problem tauchten die jüngeren Diplomaten hinter ihm auf, die ihn um so schneller überflügeln könnten, je länger er nicht aktiv war.[391] Auch bei ihm hing Langeweile weniger mit Nichtstun als mit Ehrgeiz und der sozialen Verortung über eine bestimmte Position zusammen. Von 1892 bis 1910 war er dann nacheinander Botschafter in Konstantinopel, St. Petersburg und Paris, und seine Zeit als Botschafter in Konstantinopel genoß er nicht zuletzt deshalb, weil sich in seinem Kollegenkreis »kein tatendurstiges unruhiges Element« befand, sondern alle die Ruhe genossen.[392]

---

388 Ernsthausen, Erinnerungen, S. 384.
389 Ebd., S. 288.
390 Ebd., S. III.
391 Hatzfeldt, Nachgelassene Papiere, Bd. 2, S. 696, 742f., 802.
392 Ebd., S. 979.

Mit allen Vorbehalten: Männer sprachen seit der zweiten Jahrhunderthälfte deutlicher ihre Probleme mit dem Berufsende an. Die Einführung der obligatorischen Altersgrenze in der Weimarer Republik bedeutete einen symbolisch wie praktisch wesentlichen Einschnitt in das Lebensgefühl, und es wäre interessant, die Opposition gegen die Weimarer Republik auch aus dieser Perspektive zu beleuchten. Nicht jede Autobiographie ist der aus einer Krise geborene Versuch, das Leben zurückzuholen, und Böhmer hat schon für die Biedermeierzeit betont, daß Männer auf ihr Überleben in der Erinnerung der folgenden Generationen hofften. Aber die in Ehrgeiz und Langeweile sichtbare, nicht hinterfragte, sondern als männliches Vorrecht eingeklagte Dynamisierung von Erwartungen wurde durch den Umgang mit dem Berufsende noch deutlicher markiert. Der Psychiater Robert Wollenberg erreichte 1930 die endgültige Altersgrenze von 68 Jahren für die Emeritierung. Wollenberg gehörte zu denjenigen, die sich gegen die Fixierung eines bestimmten Pensionsalters wehrten, mit dem arbeitsmarktpolitisch einleuchtenden Argument, die Arbeitsfähigkeit so besser ausnutzen und die Pensionszahlungen entsprechend begrenzen zu können. Er nutzte die für Professoren mögliche dreijährige »Schonzeit«, wie er es nannte, und blieb nach dem Erreichen der Altersgrenze von 65 Jahren noch für drei Jahre im Amt. Bewußt reflektierte er dann seine neue Lebensphase, mit der zu dem Zeitpunkt bereits klassischen Auffassung vom Körper als Dynamo, der ohne Arbeits-Antrieb zugrunde gehe:[393] »Ich war jetzt wirklich losgelöst von der Tätigkeit, die ich so viele Jahre hindurch mit so großer Befriedigung ausgeübt hatte, und mußte daran denken, einen Ersatz zu schaffen, damit der Motor noch einige Zeit in Gang bliebe.« Gleichzeitig reagierte er hochempfindlich auf die mögliche Unterstellung von anderer Seite, sich ohne seinen Beruf nicht mehr beschäftigen zu können. Ebenso entschieden wie irritiert wies er die Befürchtung zurück, sich zu langweilen. Ein Jahr nach seiner Emeritierung, so der Psychiater, hätten er und seine Frau sich noch kein einziges Mal über Langeweile zu beklagen gehabt.[394]

Wer sich an eine schwierige Jugend erinnerte und dann ein ungewolltes Ende verarbeiten mußte, gab der Zeit dazwischen eine noch intensivere Färbung. Joachim von Winterfeldt-Menkin erhielt durch eine brillante Karriere das Selbstvertrauen, das ihm in einer unglücklichen, ängstlichen Jugend gefehlt habe.[395] Vor seinem »glücklichen« Beamtenleben sei er ein schüchterner, ängstlicher und an Weltschmerz leidender Mann gewesen, der selbst im »erfülltesten Rausch des Augenblicks« ein »schmerzhaftes Gefühl letzter Einsamkeit« verspürte. Die Zweifel am Sinn des Lebens verlor er, nachdem er einen weiten Wirkungskreis übernommen hatte, mit »herrlichsten Aufgaben« im Dienste

---

393 Vgl. Rabinbach, The Human Motor, zur Wirkungsgeschichte dieser Metapher.
394 Wollenberg, Erinnerungen, S. 172f.
395 Winterfeldt-Menkin, Jahreszeiten, S. 88ff.

der Heimat und »großen schöpferischen Perspektiven«.[396] Dann folgte eine Erfolgsgeschichte: Landrat, ab 1903/04 Oberpräsidialrat in Potsdam und in dieser Funktion Vertreter von Bethmann Hollweg, dem Oberpräsidenten von Brandenburg 1899-1905, ab 1911 (bis 1930) Landesdirektor der Provinz Brandenburg, im Ersten Weltkrieg wegen seiner Leitung der Kriegsbeschädigten-Fürsorge unabkömmlich, dann Reichstagsabgeordneter. Als er 1930 mit 65 Jahren aus dem Amt ausschied, klagte er: »Der Zustand der Arbeitslosigkeit, in den ich durch den Fortfall meiner Ämter geriet, war für mich ebenso ungewohnt wie schwer erträglich.«[397] Der 1853 geborene Berthold von Deimling, General der Infanterie, bangte 1913 vor der Entscheidung von oben, ob er die Führung eines Korps oder den Abschied bekommen würde. Als er trotz großer Konkurrenz um die wenigen Generalkommandos im Heer das XV. Armeekorps in Straßburg erhielt, bannte diese Berufung das »gräßliche Gespenst mißvergnügter Untätigkeit als pensionierter Offizier«.[398] Als er jedoch 1916 gegen seinen Willen zum Einreichen seines Abschiedes aufgefordert wurde, packte ihn nach seiner Verabschiedung »eine starke innere Unruhe, die mich nicht lange an einem Ort verweilen ließ«.[399] In seinem politischen Einsatz für die Weimarer Republik wandte er seine Irritation ins Produktive. Auch Karl Trimborn, katholischer Reichstagsabgeordneter in den Anfängen der Weimarer Republik, vermerkte noch kurz vor seinem Tod 1921 stolz, daß er bis zuletzt, mit 67 Jahren, »voll tätig« gewesen sei.[400]

Umgekehrte – und gescheiterte – Beispiele verdeutlichen den Trend, der auch bedeutete, daß ein konkurrierendes Männlichkeitsmodell nur schwer durchsetzbar war. Die Ärztin, Psychologin und Sexualforscherin Charlotte Wolff berichtete, daß ihr Vater sich kurz vor dem Ersten Weltkrieg am liebsten mit knapp über vierzig in Danzig zur Ruhe gesetzt hätte, um nach einer harten Arbeitsphase ein Leben in Muße zu genießen, finanziert von den Dividenden seines Kapitals. Mit dem klassischen Ideal des selbständigen Bürgers vor Augen, der auf den Früchten seiner eigenen Arbeit ausruhe, sei er gar nicht auf die Idee gekommen, daß er sich dabei langweilen könnte. Ihre Mutter dagegen, zehn Jahre jünger, habe der Übersiedlung nach Danzig nur unter der Bedingung zugestimmt, daß er dem Großhandelsgeschäft ihres Bruders als Teilhaber beitrete.[401] Dieser Wunsch konnte ein auf den Mann verlagerter Ehrgeiz sein. Möglicherweise kannte sie aber auch die Langeweile in einem Leben ohne zielgerichtete oder gesellschaftlich hochbesetzte Aufgaben oder wollte schlicht ihren getrennten Lebensbereich behalten. Der 1861 geborene Robert Bosch

---

396 Ebd., S. 88ff.
397 Ebd., S. 347.
398 Deimling, Aus der alten in die neue Zeit, S. 137.
399 Ebd., S. 227.
400 Trimborn, Nach seinen Briefen, S. 190.
401 Ihre Tochter deutete dies als unersättlichen Wunsch nach mehr materiellen Gütern, Wolff, Augenblicke verändern uns mehr, S. 32f.

träumte ebenfalls davon, noblere Lebensinteressen als eine Karriere in der Wirtschaft verfolgen zu können. Er hoffte, sich mit 55 Jahren zurückzuziehen, um seinen eigentlichen Interessen Botanik, Zoologie und Biologie nachgehen zu können. Aber es blieb bei dem Traum.[402]

Parallel zum Beginn der Sozialversicherungssysteme und eines finanziell vom Arbeitgeber oder vom Staat abgesicherten Alters, von dem Beamte als erste profitierten, wurde es für Männer der Oberschichten im späten 19. und frühen 20. Jahrhunderts mühsamer, ein Alter ohne Arbeit zu akzeptieren. Damit ist Arbeit ohne totale physische Erschöpfung gemeint: Ein Hochschullehrer oder Industriekapitän mochte einen anstrengenden Beruf haben, dieser wies aber weder die physische Härte von Industriearbeit noch deren Abhängigkeitsstrukturen auf. Es waren Männer in hohen Positionen, die weniger Ermüdung verrieten als den Absturz in Langeweile, Unruhe und Orientierungslosigkeit, wenn der selbstverständliche Rahmen ihrer Arbeit fortfiel, der Übergang zur Pensionszeit nicht freudig begrüßt oder gar gefürchtet wurde. Dieser Übergang war aus Sicht dieser Männer ein Schritt hinaus aus ihrem strikt als öffentlich dargestellten Leben, und er mußte auch bei bewußter Antizipation bewältigt werden. Die gesellschaftliche Werteskala ordnete Menschen über Arbeit und (zugeschriebene) Leistungsfähigkeit ein, wozu sie aktiv mit beigetragen hatten, um dann die Auswirkungen auf ihre Selbstwahrnehmung und ihr Wohlbefinden zu erleben. Bürgerliche und adlige Männer trafen sich nicht nur in der Furcht vor einer Position in abgelegener Provinz, dem Verharren in der Anonymität oder dem Steckenbleiben der Karriere, sondern auch in der Orientierungslosigkeit der Pensionäre.

Diese Mentalität verschwand nicht im Laufe des 20. Jahrhunderts, sondern übersetzt sich bis in die Gegenwart in gesellschaftliche Werthierarchien und Selbstverständnis. Die zahlreichen Anleitungen von Psychologen, Freizeitexperten und Altersforschern, wie heute mit einer zunehmend älteren Bevölkerung und kürzeren Arbeitszeiten die Zeit des Alters ›sinnvoll‹ zu gestalten sei,[403] kurieren nur die Symptome. Sie zielen auf Zeitvertreib, statt z. B. ein stärkeres Bewußtsein des Zivilbürgers zu entwickeln, das das Rentenalter weniger bedrohlich machen könnte.[404] Im Kaiserreich wurde das Berufsende jedoch vor allem durch die systematische Entwertung des privaten Lebens problematisch. Wer den Menschen, die diesen Bereich gestalteten, keinen Namen gab, schickte sich selber in den Raum des Schweigens zurück.

---

402 Augustine, Patricians, S. 142.
403 Z.B. Was tun mit der vielen Zeit?, in: Nikolaus, Älter werden, S. 10-16, mit der vertrauten Aufforderung, einen Tagesplan zu machen und wichtige Dinge zu notieren.
404 Walzer, Spheres of Justice, S. 195.

e. Verregelte Welt, Routine ohne Tat: Hof und Militär

Langeweile ließ sich weder auf bestimmte Berufe noch auf soziale Gruppen eingrenzen. In zwei Bereichen allerdings tauchten Langeweileklagen aufgrund ihrer spezifischen Binnenstrukturierung besonders häufig auf: in den von ritualisierten Konventionen geprägten höfischen Gesellschaften[405] sowie im routinisierten Drill des Militärs. Diese Bereiche waren von Adligen dominiert, aber lebensweltliche Situationen oder individuelles Verhalten können quasi mehrfach und widersprüchlich kulturell codiert sein. Wie die bisherigen Beispiele zeigten, existierten als adlig und bürgerlich geltende Einstellungen und Praktiken in einem übergreifenden Bild von Männlichkeit nebeneinander. Heinz Reif hat beim westfälischen Adel des 18. und 19. Jahrhunderts eine »veränderte Anthropologie« festgestellt, die neue Vorstellung einer offenen Zukunft, einer zum Besseren plan- und veränderbaren Welt und eine stärker innenstabilisierte Selbstorientierung.[406] Eberhard Weis zufolge herrschte am bayerischen Hof unter König Max I. noch die libertinäre Sexualmoral des Ancien Regime; den Umgang mit anderen Menschen und die Arbeitshaltung der Beamten dagegen bezeichnet er als bürgerlich.[407]

Diese kurzen Bemerkungen werden in keiner Weise den territorial, politisch und/oder konfessionell bedingten Unterschieden zwischen den verschiedenen adligen Gruppen gerecht.[408] Der Adel in Deutschland mußte sich gegen die Monarchie und deren Bürokratie behaupten,[409] und für viele Adlige wandelte sich ein Amt im 19. Jahrhundert zur Erwerbskarriere,[410] nicht zuletzt, um die eigene Familie standesgemäß unterhalten zu können. Ein adliger Landrat oder Bürokrat lebte anders als der Hofadel, und Distanz zum bürokratischen Kleinkram und statusstabilisierender Spott gegenüber dem Leistungs- und Bildungsideal standen mitunter direkt neben dem stolzen Verweis auf das eigene Arbeitsethos.[411] Im folgenden geht es um Schlaglichter auf die überwiegend adlige Hofkultur, wobei hier wie beim Militär der hohe soziale Status kompensatorisch wirken konnte.

Georg Büchner und der Trivialschriftsteller Eduard von Keyserling prangerten am Anfang und am Ende des Jahrhunderts die Langeweile des Hof- und des Landadels als Ausdruck einer obsoleten, erstarrten Gesellschaftsschicht an.

405 Zum Ancien Regime vgl. Elias, Die höfische Gesellschaft; Lepenies, Melancholie und Gesellschaft.
406 Reif, Westfälischer Adel, bes. S. 129ff.
407 Weis, Hof und Hofgesellschaft in Bayern, S. 84-86.
408 Dazu neben Reif und Lieven: Möckl (Hg.), Hof; Wehler (Hg.), Europäischer Adel; von Reden-Dohna, Melville (Hg.), Der Adel; Werner (Hg.), Hof; Fehrenbach (Hg.), Adel.
409 Lieven, Abschied, S. 46.
410 Schlegel, Zum Quellenwert der Autobiographie, S. 226.
411 Kühlmann, Erinnerungen, S. 427, führte sich in Kopenhagen mit dem Hinweis ein, in London eine »fast unmenschliche Arbeitsüberlastung« bewältigt zu haben.

Hofzeremoniell gilt als klassischer Nährboden für Langeweile, und ein kursorischer Einblick in das Leben von Männern und Frauen am Hof bestätigt das für das 19. Jahrhundert. Hansmartin Schwarzmaier kritisiert zwar zu Recht, daß Goethes Urteil, der Karlsruher Hof des 18. Jahrhunderts sei langweilig, systematische Forschung ersetzt habe.[412] Er selber sieht es jedoch ähnlich. Manche Probleme tauchten in verschiedenen Ancien Regimes auf, z. B. die Langeweile des Visitenwesens. Diese soziale Verpflichtung konnte mitunter den ganzen Vormittag in Anspruch nehmen, nur um in den erforderlichen Häusern eine angeknickte Visitenkarte zu hinterlassen. Dominic Lieven berichtet, daß in der russischen adligen Geselligkeit ein junger Mann nach einem Ball die Häuser all der jungen Frauen aufsuchen mußte, mit denen er getanzt hatte, bei zwei bis drei Bällen pro Woche im Winter und mehr als einem Tanz eine zeitraubende Verpflichtung. Sie hinterließ in diesem Fall bei Fürst Trubezkoj ein »Gefühl bedrückender Leere in der Seele«, und er zog sich mit seinem Bruder aus dem Leben der Moskauer Aristokratie zurück, weil das gesellschaftliche Leben mit ihrer beider Philosophiestudium zeitlich nicht zu vereinbaren war.[413]

Ansonsten rückt Lieven in seiner Analyse des englischen, russischen und deutschen Adels im 19. Jahrhundert den Zeitvertreib der Oberschicht in den Mittelpunkt des Kapitels über Mentalität und Lebensstil.[414] Reif betont die Erziehung gegen den Müßiggang als Spielfeld eines Teufels, der seit dem Aufkommen des Bürgertums, der Beschränkung der ständischen Macht durch die Fürsten und vor allem seit der Reformation in der Vorstellungswelt des katholischen westfälischen Adels wieder sehr lebendig war.[415] Die landadlige Lebensweise ließ viel Raum für Muße, Müßiggang und Zeitvertreib (ohne daß automatisch Langeweile auftauchen mußte). Das Hofzeremoniell dagegen fraß unglaublich viel Zeit, über die die Höflinge nicht frei verfügen konnten. Auch wenn der Stil der höfischen Gesellschaft sich voneinander unterschied und sich änderte im Lauf des Jahrhunderts (der Potsdamer Hof galt immer als lebendiger als der Berliner, letzterer galt vor 1890 als unelegant und nach 1890 als zunehmend unnahbar), blieben sich hier die Klagen über die Langeweile vergeudeter Zeit und steifen Zeremoniells gleich. Reglementierte Zeit, die man nicht bestimmen konnte, Abhängigkeit vom Zeremoniell oder von den Launen regierender Figuren, diese Faktoren machten die Zeit zum Problem.

Regierende wie Fußvolk litten unter einem Umfeld, in dem Verhalten und Stimmungen massiv reguliert wurden. Fürst Wilhelm zu Sayn-Wittgenstein beklagte sich beim preußischen Oberpräsidenten Vincke während des Wiener Kongresses darüber, daß die Hofverhältnisse 12-16 Stunden am Tag erforder-

---

412 Schwarzmaier, Hof und Hofgesellschaft Badens, S. 137.
413 So zitiert Lieven Fürst Jewgenij Trubezkoj, Abschied, S. 185f.
414 Lieven, Abschied, S. 179-213.
415 Reif, Westfälischer Adel, S. 133.

ten.[416] Der »melancholische König« Friedrich Wilhelm III. und vor allem seine Frau, Königin Luise, protestierten genauso gegen die Langeweile und die rigide Zeitdisziplin am preußischen Hof wie der letzte württembergische König Wilhelm II. gegen die Strukturen seiner Umgebung.[417] Kaiser Wilhelm II. war wohl nur der bekannteste Monarch des 19. Jahrhunderts, der sich explizit langweilte, und seine rastlose Nervosität forderte seinen Höflingen einiges ab. Schönburg-Waldenburg beschrieb die inmitten hektischer Betriebsamkeit entstehende Langeweile und umgekehrt die aus Langeweile geborene Unruhe am Hof »Wilhelms des Plötzlichen«, der unter keinen Umständen gelangweilt werden wollte. Der Kaiser »gab sich mit Vorliebe als Ereignis«,[418] wie Modris Eksteins schreibt, aber gerade er lieferte ein interessantes Beispiel, wie sehr der Energie-›Haushalt‹ bestimmt werden konnte durch die Möglichkeit individueller Gestaltung. In den Augen derer, die sich nach Wilhelms Zeitplänen richten mußten, hatte der Kaiser endlose Energie. Die höfische Etikette drehte jedoch die Geschlechterhierarchie in puncto Zeitverfügung mitunter auf der allerhöchsten Ebene um. Die kaiserliche Tante, die Großherzogin Luise von Baden, war die einzige, die Wilhelm ihrerseits ermüdete, und zwar genau deshalb, weil der Kaiser in Karlsruhe den Zeitplänen seiner Tante folgen mußte,[419] während er sie ansonsten selber diktierte.

Schärfer noch traf es diejenigen in der unmittelbaren Umgebung der regierenden Häupter, die sowohl deren Unbehagen als auch ihre eigene Langeweile und Ungeduld ertragen mußten. Junge Flügeladjutanten litten im frühen wie späten 19. Jahrhundert unter dem reglementierten Zeitvertreib und den aufgeblähten Repräsentationspflichten. Der spätere preußische General Ludwig Freiherr von Wolzogen war 1806 Flügeladjutant König Friedrichs in Karlsruhe und mußte im ständigen Verkehr mit den Günstlingen des Königs »den Angenehmen« spielen.[420] Das Schlimmste war, von 1 bis 3 Uhr nachmittags und von halb sieben bis 10 Uhr abends und jeden fünften Tag ganz nur auf die Winke seines Herrn zu lauern. Auch Luise von Göchhausen, Hofdame der Herzogin-Mutter Anna Amalia von Sachsen-Weimar am Weimarer Hof in der klassischen Zeit, fand es anstrengend, erschöpfend und langweilig, sich immer den Stimmungen der Brotherren anzupassen. Nur wenn sie krank war, unter Schnupfen, Zahn- oder Ohrenschmerzen litt, gelang es ihr, einen »ruhigen, mir eigenen Tag« zu haben.[421] Ansonsten urteilte die bekannte Spötterin: »Unser

---

416 Vincke, Tagebücher, S. 519.
417 Vgl. Stamm-Kuhlmann, Der Hof Friedrich Wilhelms III., S. 283; Stamm-Kuhlmann, König in Preußens großer Zeit, S. 320; zum württembergischen Wilhelm vgl. Pistorius, Die letzten Tage des Königreiches Württemberg, S. 163.
418 Eksteins, Tanz über Gräben, S. 142.
419 Schönburg-Waldenburg, Erinnerungen, S. 172; s. a. Weis, Hof, S. 88 – aus der »Geschäftslosigkeit« des bayerischen Königs seien, so urteilte Karl Heinrich Ritter von Lang, viele »Launen« hervorgegangen.
420 Sauer, Der württembergische Hof, S. 110.
421 Göchhausen, Briefe, S. 131.

junger Hof – die Prinzessinnen ausgenommen – ist weder recht jugendlich fröhlich noch geistreich liebenswürdig, und mit diesen Jungen jung zu seyn, hat zuweilen seine Schwierigkeit.«[422] Zwanzig Jahre früher, 1782, war sie bereits darauf bedacht gewesen, am Karneval die »maladie contagieuse des Hofennui recht brillant zu machen«.[423] Der Tenor änderte sich wenig. Die Schriftstellerin Marie von Bunsen, Begleiterin der »Kaiserin Friedrich«, überlieferte aus dem Kaiserreich folgendes Gespräch zwischen der Kaiserin, die auf Reisen unermüdlich die Natur bewunderte, und ihrem erschöpften Begleiter: »Herr von Wedel, welch ein Blick!« »Bedaure unendlich, Majestät, aber nach 12stündigem ununterbrochenem Naturgenuß kann ich nicht mehr!«[424] Alexander von Hohenlohe, der nie wie erhofft in der adligen Gesellschaft reüssierte, weil die Erfolge oder Mißerfolge seines Vaters, des Kanzlers, auch seinen Lebensweg diktierten, realisierte auch deshalb um so schärfer die Langeweile, die Gebundenheit und den Ärger von Höflingen, die mit jeder Äußerung die Launen ihrer Brotherrn beachten müßten und die diesen Zustand nur mit Sinn für das Komische ihrer eigenen Situation überstehen könnten.[425] Als Eduard von Keyserling um 1900 den Ennui des Adels in seinen Romanen beschrieb, variierte er ein geläufiges Thema.

Es waren nicht nur Ferien und Feste, die im adlig-höfischen Milieu Abwechslung boten,[426] sondern auch die Aufregung der Manöver oder ein Wechsel zwischen verschiedenen Welten, z. B. zwischen Hof und landadligem Lebensstil oder Arbeit unter anderen Bedingungen.[427] Wilhelm von Kügelgen, der nicht nur unter seiner Abhängigkeit als Kammerherr litt, sondern auch als Porträtmaler, da die Herzogin zu den Sitzungen beliebig zu spät kam und seine Zeit vergeudete, da er wieder weggehen noch etwas anderes beginnen konnte, rettete sich angesichts der endlosen Geselligkeiten am anhaltinischen Zwerghof in Humor:

… die Thees bei der Herzogin sind das Schlimmste. Dort sitzt man jetzt drei volle Stunden von 7 bis 10 Uhr Abends auf einem Stühlchen ohne Lehne, dessen Sitz nicht größer ist als ein Pollscher Pfannkuchen. Gegessen wird nur aus der Faust und dabei soll immer Conversation sein. Schläft man nun

---

422 Ebd., S. 131.
423 Ebd., S. 29.
424 Bunsen, Die Welt, S. 174. Hier setzte auch die politische Kritik des Vormärz an, als Büchner in *Leonce und Lena* die sinnlose Beschäftigungstherapie des Hochadels anprangerte. Das *Junge Deutschland* warf Friedrich Wilhelm IV. in der Schrift *Was ist ein Fürst?* Völlerei und Reisen aus Langeweile vor, während ihn nur der Zufall der adligen Geburt ermächtige, seinen Untertanen Steuern aufzuerlegen, vgl. Böhmer, Biedermeier, S. 342f.
425 Hohenlohe, Aus meinem Leben, S. 374, s. a. S. 370.
426 Sauer, Der württembergische Hof, S. 111.
427 Vgl. die Erinnerungen von Lita zu Putlitz.

ein bischen ein, so stürzt man mit Donnergepolter unter den Tisch, den Teppich mit den Armleuchtern nachreißend. Wacht man, so vertreibt man sich die Bitterkeit der Situation theils mit Schnupfen und Schnäuzen, was gar nicht gern gesehen wird, oder mit den erbärmlichsten Witzen. Bisweilen wird auch ein Missionsbericht oder ein Bericht aus irgend einer Verwahrschule oder Besserungsanstalt vorgelesen, und dann fühlt man ordentlich wie sich Einem die Gelenke lockern.[428]

Vor allem die adligen Frauen dauerten ihn, die nicht an den Regierungsgeschäften teilnahmen. »Seine« Herzogin halte nie ihre Hände im Schoß, habe aber »keinen eigentlichen Lebensberuf«; alles werde ihr »so in den Mund gekaut, daß sie selbst es nur zu schlingen hat und kaum schmecken kann.« Über die dänische Königstochter, die Schwägerin der Herzogin von Anhalt-Bernburg, urteilte Kügelgen 1854: »Am schlimmsten sind die ganz vornehmen Damen dran, die, weil sie nur genießen wollen, nicht genießen«. Sie tue, wisse und lerne nichts, meinte er, und lebe ein vergeudetes Leben:

... sie hat weder Einfälle noch macht sie Ausfälle, und wenn sie nicht so unglücklich wäre, könnte man über sie lachen. Aber es ist schrecklich, zu sagen: ich glaube, die Langeweile hat ihre gutartige Seele schon halb aufgefressen und nagt und nagt, bis nichts mehr übrig sein wird.

Kügelgen wechselte zwischen dem Hofdienst und seiner Malerei, und er kontrastierte gerne die gebildete, lebendige Atmosphäre in seinem Haus mit dem Stil am Hof. Er betonte seine Bildung, seine Soziabilität und die emotional befriedigende Wirkung eines gelungenen Wechsels zwischen Arbeit und Erholung als Belohnung. Lud er Freunde ein, so freute er sich über die muntern Gespräche, die zeigen würden, daß sich niemand bei ihm langweile. Er litt immer schon unter der Vorstellung, wieder am Hof zu sein, und warf seinen Arbeitgebern vor, daß deren gleichmäßig-langweiliges Leben mit ewig denselben »nichtswürdigsten« Gesprächen höchstens unterbrochen würde durch die Freude über einen neuen Zeitvertreib. Kügelgen notierte die Auswirkungen dieses Lebensstils auf Zeitwahrnehmung und Gefühle. In seinen Augen kannten diese Adligen in ihrer materiellen Sicherheit zwar keine Angst vor dem nächsten Tag, aber auch nicht die »süßen Freuden einer freien Stunde.«[429] Die gleichbleibende Zeit dehnte sich unendlich und fiel zugleich in sich zusammen.

428 Kügelgen, Bürgerleben, S. 690; zu den langweiligen Teestunden am preußischen Hof vgl. Stamm-Kuhlmann, König, S. 246.
429 Kügelgen, Wilhelm an Adelheid, S. 21. Weitere Urteile über den Hof und dessen seichte Unterhaltungen – da alles Ernste langweile – bei Kügelgen, Erinnerungen, S. 187; auch eine Reise 1836 war nicht angenehmer, sondern eher noch anstrengender, weil dieselben Rituale an jedem anderen Ort aufrechterhalten wurden, ebd. S. 244ff.

Auch eine der bekanntesten Chronistinnen des Berliner Hoflebens, die Baronin Spitzemberg, die Frau des württembergischen katholischen Diplomaten Carl von Spitzemberg, leugnete keineswegs die Langeweile des hochritualisierten Hoflebens. Sie war jedoch eine zentrale Figur in der Hofgesellschaft und hatte als verheiratete Frau einen unangefochtenen Status. Durch die Männer in ihrer Familie mit den Zentren der Macht verbunden, kannte sie die Höfe in St. Petersburg und Berlin, mit Bern als bürgerlichem Vergleich. Bürgerliche Schriftsteller im Kaiserreich beschrieben den adligen Lebensstil gerne als »glänzendes Elend«,[430] um Nichtadlige daran zu erinnern, daß der aristokratische Lebensstil Sinnfragen auch nicht löse, sondern im Gegenteil erst hervorrufe. Spitzemberg genoß jedoch die Geselligkeit und die Distinktionsrituale, ohne die etwas stereotype Mühe der winterlichen Ballsaison zu leugnen: »Wochenlang erst um 12 Uhr aufzustehen, weil man sich erst um 4 Uhr niederlegt, dabei nichts Ernsthaftes tun und seiner Häuslichkeit verlustig gehen, das spannt so ab, daß man seine Ruhe erst recht schätzen lernt,« resümierte sie die Petersburger Saison im Februar 1865.[431]

Die Langeweile war mitunter das Anstrengendste. Spitzemberg fand die Berliner Gesellschaft weniger glänzend als z. B. die Petersburger, und während der Saison wurden ihr die Gesichter zu bekannt, weil nach den strikten sozialen Vorgaben immer wieder dieselben eingeladen wurden. Hier gab es außerdem besonders viele Gastgeber, »deren Gesellschaften nicht leben noch sterben können und deshalb schrecklich langweilig sind.«[432] Spitzemberg genoß das Ausgehen zwar im Gegensatz zu ihrem Mann, aber bei der großen Cour, der Vorstellung des diplomatischen Corps in Berlin, mit einer schweren Schleppe auf dem Arm auf die Majestäten zu warten, war beim ersten Mal ein »bunter, ganz hübscher Anblick, aber sonst eine große Komödie bzw. Langeweile«.[433]

Bei einem viertägigen Besuch der Königin von Württemberg in Berlin 1872 war sie fast die ganze Zeit im Einsatz. Am letzten Tag mußte sie sich viermal umziehen (eine Pflicht, unter der auch Kügelgen besonders litt), das letzte Mal, um abends um 11 Uhr die Königin auf dem Bahnhof zu verabschieden, eine »Dienstleistung, … arg abspannend und ermüdend für Leib und Seele«.[434] Die gebildete Frau fand ihre Lebensweise mitunter kontraproduktiv:

> Als Kuriosum führe ich an, daß, wie aus diesem Buche hervorgeht, wir in den nun verflossenen siebzig Tagen des Jahres 1872 an einundvierzig ausgebeten waren, an neun bei uns Leute sahen, also bloß zwanzigmal allein zu Hause gewesen sind. Mir kommt das förmlich erschreckend vor; man merkt aber auch den Strudel, in dem man lebte, an dem Verbrauch an Kräften,

430 Krafft, Glänzendes Elend; Borst, Glänzendes Elend, S. 291-293.
431 Spitzemberg, Tagebuch, S. 61.
432 Ebd., S. 79; s. a. S. 65.
433 Ebd., S. 74.
434 Ebd., S. 131.

Zeit, Geld und Kleidung, sowie an dem Wenigen, was man an seiner geistigen Fortbildung durch Lesen und Fortbildung zu leisten imstande ist und wozu man in solchem Gehetze auch alle Lust und Fähigkeit zu verlieren bedroht ist.[435]

Wer in diesem hochstrukturierten Umfeld gefallen wollte, und gefallen mußte man, um erfolgreich zu sein, brauchte geschliffene Umgangsformen und durfte doch nicht unter den ritualisierten Konventionen ersticken, um nicht als langweilig gescholten zu werden.

Ein Merkmal im Verhältnis der Geschlechter am Hof war, daß die Männer, die keinen anderen Beruf ergriffen, aber auch nicht direkt mit Regierungsgeschäften zu tun hatten, mit Strukturen und Lebenserfahrungen konfrontiert waren, die normativ Frauen zugeschrieben wurden. Prinz Schönburg-Waldenburg, der Flügeladjutant Wilhelms II. von 1900 bis 1902, distanzierte sich vielleicht auch aus diesem Grunde so betont von der wilhelminischen Hofgesellschaft und stellte sich dezidiert als nicht langweilig, als eine dynamische Persönlichkeit dar. Er machte dieselben unangenehmen Erfahrungen wie Wolzogen zu Beginn des Jahrhunderts. Beide mußten, quasi geschlechter- und klassenverschoben, wie Dienstmädchen den ganzen Tag auf dem Sprung sein. Schönburg-Waldenburg fand, er sei die einzige »fühlende Brust unter Larven« gewesen,[436] und kritisierte den das innere Leben zurückdrängenden Verhaltenskodex im Umfeld des Kaisers.

Er litt vor allem unter dem Zwang, ständig in Bereitschaft für seinen Herrn sein zu müssen und nie über seine Zeit verfügen zu können.[437] Das beschäftigungslose »Bereitsein« war am schlimmsten,[438] das Nichtstun langweilig, anstrengend und ermüdend zugleich. Schönburgs Vorgänger hatte ihn mit geheimnisvollen Worten vor der zufallenden Bibliothekstür gewarnt, hinter der das kaiserliche Ehepaar endlose Abende mit seiner Entourage verbrachte. Seinem Adjutanten zufolge übte Wilhelm II. sich an diesen Abenden in »englischer Gastfreundschaft«, d. h. er tat, was er wollte, und alle anderen durften ihm zusehen, weil sie bei jeder anderen Beschäftigung Angst hatten, den Kaiser zu stören.[439] Vorlesen war besonders schlimm, zumal für Schönburg-Waldenburg, der hingebungsvoll mit seinem geringen Intelligenzgrad und seiner Verachtung des bürgerlichen Schul- und Examenwesens kokettierte. Die Kaiserin lobte ihn allerdings als den einzigen Mann, der nie beim abendlichen Vorlesen eingeschlafen sei. Graf Mecklenburg dagegen schlief so fest, daß er fast auf die Kaiserin fiel.[440] Der Kaiser gab die Langeweile dieser Abende selber ganz un-

---

435 Ebd., S. 133, s. a. S. 140.
436 Schönburg-Waldenburg, Erinnerungen, S. 129.
437 Ebd., S. 162, 174, 180.
438 Ebd., Zitat S. 136, 150.
439 Ebd., S. 147.
440 Ebd., S. 167.

geniert zu und setzte sie als Mechanismus der Macht ein. Als sich einige Herren eines Abends in einem unbewachten Augenblick unauffällig ins Nebenzimmer zurückzogen, befahl Wilhelm seinem Flügeladjutanten, die Herren sofort zurückzuholen, um sich mit ihm zu langweilen, eine Situation, die sich auch in Kriegszeiten wiederholte.[441] Landadlige konnten zumindest jederzeit auf Jagd gehen,[442] während Schönburg-Waldenburg zwar an den kaiserlichen Jagden teilnahm, aber an den endlosen Leseabenden, an denen der Gichtgeplagte mitunter nicht einmal sitzen durfte, sehnsüchtig von Kaninchenjagden und schönen Frauen träumte.

Schönburg-Waldenburg betonte ununterbrochen seinen Status und seinen Uradel, der seine miserablen schulischen Leistungen mehr als wettmachte und ihn schließlich eine der prestigehöchsten Stellen am Hof erreichen ließ. Indem er sich als handelnden, militärischen Mann darstellte, konnte er sich einerseits als Persönlichkeit von den Strukturen des täglichen Lebens am Hof distanzieren, andererseits den Vorwurf der Faulheit abwehren, der auch in diesem Umfeld schnell bei der Hand war, der Wilhelm II. traf und ihn mitimplizierte, mitten in den Schilderungen der hektisch-betriebsamen und doch unbefriedigenden Jahre am Hof. Ähnlich wie Ernsthausen verteidigte er die kaiserlichen Jagden als gute Möglichkeit, Land und Leute kennenzulernen.[443] Unter »Tätigkeit« verstand er zwar, im Landratsamt von Greiz ein bißchen hereinzuschauen, Verwandte zu besuchen, zu jagen und zu reisen.[444] Aber trotz dieser Definition bestätigte er die Bedeutung des Arbeitsbegriffs, den zu unterschreiben offensichtlich auch der Hochadel verpflichtet war.

Schönburg-Waldenburg definierte sich in seiner Zeit am Hof nicht nur als Soldat, als handelnd und aktiv, sondern beschrieb sich auch als widerspruchsfreudig gegenüber dem Kaiser (eine Eigenschaft, die beim Militär nicht geübt wurde), also dezidiert nicht als Höfling. In diesem Zusammenhang fiel der Satz von der »einzigen fühlenden Brust unter Larven«. Wen er als Soldaten schätzte, den bezeichnete er als »frische« Natur, im Gegensatz zur höfischen Form z. B. der Prinzessin Elisabeth von Sachsen-Weimar, Ehefrau von Herzog Johann Albrecht von Mecklenburg, seinem zeitweiligen Kommandanten. Diese liebte es ihm zufolge, »wenn man sich scheinbar natürlich gab, ... wodurch freilich noch lange keine natürliche Stimmung geschaffen wurde.«[445] In seiner tatsächlichen Funktion als Soldat hatte er entschieden mehr Freiraum, war beweglicher in seiner Zeit. Seine verschiedenen militärischen Positionen erlaubten ihm meist eine relativ abwechslungsreiche und vor allem von ihm dirigierte Arbeit, als Regimentsadjutant oder als Eskadronschef.[446] Aber auch den

441 Ebd., S. 167, 254.
442 Lieven, Abschied, S. 204ff.
443 Schönburg-Waldenburg, Erinnerungen, S. 158, 169.
444 Ebd., S. 110.
445 Ebd., Zitat S. 63, 150.
446 Ebd., S. 95, 116, 119.

militärischen Dienst beschrieb er gerne mit dem Topos von »des Dienstes ewig gleichgestellter Uhr«.[447] Damit war weniger ein monotoner Arbeitsablauf gemeint als die Spannung zwischen Erwartungen und tatsächlicher Anforderung, solange nicht die großen Manövertage den Ernstfall wenigstens simulierten, die er wie viele andere Zeitgenossen als Höhepunkte empfand.[448] Daß er im höfischen Kontext sein Selbstverständnis als Soldat so ausdrücklich beibehielt, mochte auch darauf reagieren, daß gerade Wilhelm II. Männer in seiner Umgebung gerne als langweilig verurteilte und mit dieser Beschreibung von Persönlichkeit Politik betrieb. Der Kaiser hatte keine sehr lange Aufmerksamkeitsspanne, und am ebenso geläufigen wie weichen Kriterium des Langweiligseins maß er besonders die Politiker des Kaiserreiches.[449] Auch Wermuth bemerkte, daß der Kaiser den Staatssekretär des Innern, Arthur Graf von Posadowsky, dessen Vorträge er nicht mochte, als »ledern« bezeichnete.[450] Wilhelm II. identifizierte auf dieser an sich unauffälligen sprachlichen Ebene Politik mit Unterhaltung. Aktion galt mehr als Argument. Indem politische Vorträge ihn schnell langweilten, implizierte er auf höchster Ebene, daß politische Argumente langweilig waren und das mühsame Aufdröseln sachlich schwieriger und konfliktträchtiger Zusammenhänge nur Zeit verschwende.

Das Militär wiederum barg durch die Ausbildung für und das Warten auf einen dann möglicherweise nicht erfolgenden Ernstfall die ganze Skala der Langeweileauslöser, zumal in der militarisierten wilhelminischen Gesellschaft, in der der Reserveoffiziersrang den sozialen Status erst richtig abrundete und militärisches Handeln das Wirken der Nation repräsentierte.[451] Das Militär stand mehr noch als der diplomatische Dienst für Aktion und Handeln, vor allem im Gegensatz zur Bürokratie – ein Traumreich junger Rechtsreferendare nach der Reichsgründung, wenn sie die Routineaspekte ihrer eigenen Arbeit entdeckten. Die Routine beim Militär wurde allerdings um so schneller langweilig, weil militärisches Handeln als Ernstfall entweder gar nicht stattfand

447 Ebd., S. 61, 168.
448 Ebd., S. 41, 205.
449 Philippi, Der Hof Kaiser Wilhelms II., S. 381.
450 Wermuth, Beamtenleben, S. 215.
451 Niederländische Wehrpflichtige organisierten im November 1995 einen »nationalen Tag der Langeweile«, um gegen die Sinnlosigkeit ihres Dienstes zu protestieren. Sie säuberten immer wieder denselben Platz, wuschen saubere Autos, marschierten im Kreis, spielten Karten und schauten vom Bett aus fern. Die Aktion sollte die Abschaffung der Dienstpflicht beschleunigen, da junge Wehrpflichtige im Schnitt nur drei Stunden pro Tag wirklich sinnvoll beschäftigt seien und Berufssoldaten alle anderen Aufgaben erfüllten, vgl. Tag der Langeweile, in: Frankfurter Rundschau, 18.11. 1995, S. 24. Für diesen Hinweis danke ich Armin Triebel. Langeweile beim Militär ist auch in der Bundeswehr unter den Stichworten »Bummelei im Dienst« oder »Überforderung durch Unterforderung« ein Thema von Steinaecker, »Kampf dem Gammeln«, S. 4-15 (der Autor war 1983 Referatsleiter »Innere Führung« im Führungsstab der Bundeswehr); Kluss, Überforderung durch Unterforderung, S. 349-356.

oder Tod bedeuten konnte, in der Spannung zwischen Sieg oder radikaler Zerstörung, eine Erfahrung, die die Teilnehmer an den Befreiungskriegen ebenso bestätigten wie die des Ersten Weltkriegs. Wer zum Militär ging oder, z. B. in der Revolution von 1848, quasi-militärischen Dienst schob, wurde regelmäßig mit dem Problem konfrontiert, daß Militär als Beruf ebenso wie die Kriegsroutine Langeweile oder Angst produzierte oder aber wieder nur genau dieselbe Disziplin wie in Friedenszeiten, nur jetzt eine Disziplin zum Tode, wie Fritz von Unruh es 1911 in seinem Stück *Offiziere* beschrieb.[452]

Der preußische General Yorck von Wartenburg, der seinen Sohn 1814 vor der untergeordneten Position warnte, in der er die Zeit lastend spüren würde, kannte diese Ambivalenz. Hierarchie war leichter auf einer Position auszuhalten, die wohl Unterordnung erforderte, aber auch die Chance bot, selber Kommandos zu erteilen. Das Warten blieb jedoch auch höheren Offizieren nicht erspart. Friedrich Wilhelm III. erlebte als preußischer Kronprinz in den Feldzügen 1792-1794 die Langeweile und das Warten im Krieg.[453] Prinz Louis Ferdinand, der Onkel Friedrich Wilhelms und Neffe Friedrichs des Großen, suchte Stamm-Kuhlmann zufolge »den Kitzel der Todesnähe, um seine existentielle Leere und Langeweile zu bekämpfen«, die den nicht-herrschenden Adligen in dieser Umbruchzeit überfiel, während der melancholische und lethargischere Kronprinz die Öde seines Lebens »wie Atlas das Weltgebäude« getragen habe.[454] Louis Ferdinand reagierte wie Alexander von der Marwitz, der jüngere Bruder des Reformbekämpfers, auf die Reformzeit, die die Rolle des Adels veränderte. Marwitz, der 1814 in den Befreiungskriegen fiel, war außerstande, seine Träume von außerordentlicher Bewährung auf einen normalen Alltag mit Studium, Fleiß und Heirat zu konzipieren. Anderen gelang in diesen intensiven Jahren der Wechsel zwischen einer militärischen und einer zivilen Laufbahn, je nach politisch-militärischer Entwicklung, auch wenn ihre Karriere darunter litt. Der 1782 geborene Vater von Ernst von Ernsthausen absolvierte sowohl eine militärische Ausbildung als auch ein Jurastudium. Er schlug im Friedensjahr 1802 zunächst die zivile Laufbahn ein, erbat aber in der Folge zweimal einen militärischen Posten, um in den Feldzügen mitmachen zu können. Der militärische Dienst in Friedenszeiten gefiel ihm jedoch nicht, so daß er 1808 auf seinen Posten als Regierungsreferendar in Stettin zurückkehrte. Diese Flexibilität zwischen der zivilen und der Militärlaufbahn förderte Ernsthausens Fortkommen nicht unbedingt, ließ ihn jedoch immer dort sein, wo er sich am wirksamsten fühlte.[455]

Kriegsführung wurde mit anderer Arbeit analogisiert. Und wie bei jeder anderen Arbeit drohte das Warten auf die Aktion und das Warten in der Aktion Langeweile und die Frage nach dem Sinn der Aktion auszulösen. Adorno for-

---

452 Unruh, Offiziere.
453 Stamm-Kuhlmann, König, S. 87, 98, s. a. S. 247.
454 Ebd., S. 224f.
455 Ernsthausen, Erinnerungen, S. 6ff.

mulierte das Problem etwas anders, als er schrieb, daß kein Funke der Besinnung in die Freizeit fallen dürfe, um nicht als Funke des Zweifels in die Arbeitswelt überzuspringen.[456] Eine langweilig werdende Routine im Friedensdienst stachelte Sehnsucht oder Zweifel an. Routine bedeutete nicht Beschäftigungslosigkeit, sondern Wiederkehr, ohne auf das eigentliche Ziel vorzurücken. Auch ein Soldat aus Leidenschaft wie Leopold von Schlözer gab zu, daß der militärische Gesichtskreis sich in langer Friedenszeit leicht zu einem schablonenhaften Drill verenge, während ein Aufenthalt im damaligen Diedenhofen an der französischen Grenze »frisches«, »prickelndes« Soldatenleben bedeutete.[457] Gerhard Kügelgen, der älteste Sohn des Malers Wilhelm von Kügelgen, wartete 1866 in Berlin auf seinen ersten Einsatz. »Wir sitzen ruhig, üben uns in Geduld und denken darüber nach, wozu wir eigentlich da sind. Die Erörterung dieser Frage ist für preuß. Offiziere nicht ungefährlich, weil man leicht darüber verrückt werden kann,« schrieb er seinem Vater.[458] Gerhard fiel wenig später bei Düppel.

Hier geht es um die Empfindungen von höheren Offizieren, nicht um einfache Mitglieder der Truppe. Und gerade Mitglieder des Führungspersonals wollten sich bestätigen. Die Septennatskrise 1886 beflügelte die jungen Offiziere, die die Reichsgründung noch nicht als aktive Militärs miterlebt hatten, aber darauf brannten, Erfolge für sich und Deutschland zu erzielen. Lily Braun zufolge strahlten sie »in der Erwartung, daß ihr Leben zum Ereignis werden könnte«. Ihr Vater, General von Kretschmann, kommentierte die folgende Enttäuschung, als sich die beschworene Kriegsgefahr wieder auflöste, mit dem Satz, Soldat zu sein und doch nur Krieg spielen und Rekruten drillen zu dürfen, sei dasselbe, wie als Künstler nichts als Malstunden geben zu dürfen.[459] Der spätere preußische General Berthold von Deimling, der den deutschfranzösischen Krieg als Primaner aus nächster Nähe erlebte (die Geschichtsexkursion ging ins zerstörte Straßburg) und deshalb wie Schlözer statt ins Jurastudium zum Militär drängte, meldete sich dreißig Jahre später gerne freiwillig zum Einsatz in Südwestafrika 1904-1906, wo er zuletzt Kommandeur der Schutztruppe war. Er hatte es bereits nur schwer verwunden, die China-Expedition unter Graf Waldersee 1900 vom grünen Tisch des Großen Generalstabes aus beobachten zu müssen, und dreißig Jahre Pflicht auf Kasernenhöfen und beim Generalstab waren genug.[460]

Heinrich Hertz benannte ein wichtiges Problem militärischer Routine. Er genoß seinen ersten Dienst durchaus, weil er nicht zur Masse gehörte, absolvierte die weiteren Übungen dann aber eher pflichtbewußt, weil ihm seine

---

456 Adorno, Freizeit, S. 57ff.
457 Schlözer, Vorwärts, S. 31, 42.
458 Kügelgen, Bürgerleben, S. 742.
459 Braun, Memoiren, S. 272.
460 Deimling, Aus der alten in die neue Zeit, S. 51. Diese Situation thematisierte Unruh in *Offiziere*.

Arbeit wichtiger war. Das »Bummelleben« des Dienstes behagte dem 26jährigen 1882, ein Jahr vor seiner ersten Dozentur, nicht besonders, da es weder Verantwortlichkeit noch richtige Anstrengung bedeutete und statt dessen nur »die freie Zeit in lauter kleine Stücke« zerriß. Als seine Mutter den mürrischen Ton seiner Briefe ansprach, verteidigte er ungewöhnlich heftig seine Ideale, die eben nicht immer der Welt anzupassen seien und für die er im übrigen ihre Erziehung verantwortlich machte.[461] Das Militär lebte auf im Manöver. Im Gegensatz zu den »großen Ferien« politischer Umbrüche und Revolutionen (Michelle Perrot) waren Manövertage die kleinen Ferien. Die Faszination durch die Manöver durchzieht die Selbstzeugnisse bürgerlicher wie adliger Männer und Frauen und bestätigte die Militarisierung der deutschen Gesellschaft auch aus der Perspektive, was als Nicht-Alltag, als interessant empfunden wurde, als ein Abenteuer, das die Zukunft in die Gegenwart holte.[462] Im Rückblick, vor allem nach der Reichseinigung, waren das außerdem unkontroverse Erinnerungen, in denen sich jede/r als Teil der Gemeinschaft fühlen konnte, während Erinnerungen an die Revolution mitunter die brisante Frage einer Veränderung der politischen Einstellung aufwarfen oder eine ursprünglich liberalere Haltung gerechtfertigt und in einen trotzdem kontinuierlich scheinenden Lebensweg eingeordnet werden mußte.

Als hoffnungslos provinziell galten die Städtchen, die nicht einmal eine Garnison aufweisen konnten und in heillose Aufregung gerieten, wenn sie einmal in Jahren Einquartierung bekamen.[463] Manöver waren eine »herrliche Zeit«, für Willy Hellpach und Friedrich von Bernhardi, Mete Fontane und Paul Graf Hatzfeldt.[464] Fontane litt als Hauslehrerin bei einer landadligen Familie in Kleindammer Anfang der achtziger Jahre immer wieder unter den endlos langen Sonn- und Feiertagen, an denen sie, wohlwollend behandelt, aber letztlich immer in untergeordnet-abhängiger Stellung, mithelfen mußte, die Familie zu unterhalten. Im September 1881 dagegen erlebte sie pralle Manövertage, traf Adlige mit berühmten Namen wie Graf Schulenburg, von Tresckow, von Arnim, die sie »wie eine junge Fürstin« behandelten und mit ihr flirteten. Den ersten »langweiligen Sonntag« danach verkürzte sie sich mit Manöverberichten an ihre Mutter, in denen sie die Spannung noch einmal nacherlebte.[465] Auch Militärs konnten einer im Drill erstarrten Routine entgehen und Krieg empfinden, während Gastgeber durch den Kontakt mit Offizieren deren Status mitgenossen. Felix Busch erinnert sich an die Manöver als eine »Lebensfreudigkeit« wie »kaum mehr«.[466] Der nationalliberale Abgeordnete Ludwig

---

461 Hertz, Erinnerungen, S. 122f.
462 Diese Formulierung bei Jankélévitch, L'aventure, S. 7.
463 Hellpach, Wirken in Wirren, S. 36ff.; Schlözer, Vorwärts, S. 62f.
464 Hellpach, Wirken in Wirren, S. 332; Bernhardi, Denkwürdigkeiten, S. 194f.; Fontane, Briefe an die Eltern, S. 190, 196, 222.
465 Fontane, Briefe an die Eltern, S. 222f.
466 Busch, Aus dem Leben, S. 40f.

Friedrich Seyffardt freute sich wie Fontane über zweifache Einquartierung und die resultierenden Kontakte mit Offizieren.[467] Ein Mann in Uniform war interessant, darauf hatte sich auch Schönburg-Waldenburg verlassen. Für Berufssoldaten wie Schlözer durchbrachen Manöver den regulären und regelmäßigen Dienst, gaben dem Jahr einen Höhepunkt, weckten Vorfreude und gaben Stoff zum Nacherzählen.[468] Wurde das Manöver zum Ernstfall, zum Grauen und zum Alltag, konnte es diese Funktionen verlieren. Als sich die Kriegseuphorie und die Bewegung des Aufbruchs im Stillstand der Schützengräben festfuhren, kehrte die Langeweile wieder, und mit ihr Unterhaltung und regelrechte Freizeitgestaltung in Form des Fronttheaters. Die in Tagebüchern und Literatur vor 1914 auftauchende Kriegssehnsucht richtete sich oft gegen ein angeblich in Langeweile erstarrtes bürgerliches Leben.[469] Die Ästhetisierung von Krieg und Gewalt wiederum funktionierte primär aus der Vogelperspektive und in der rückblickenden Konfrontation mit dem Tod. In der Grundausbildung, der Etappe oder im Schützengraben dagegen schlug eher die Langeweile (oder die Angst) zu. Ernst Barlach, der auch als Künstler nach der Devise lebte: »Nichtarbeit ist das große Unglück«,[470] genoß die erste Zeit seiner »Grundausbildung« im Krieg sehr. Zum Garnisonsdienst einberufen, empfand er 1916 allerdings nur noch »tödliche Langeweile«.[471] Auch Victor Klemperer beklagte den Mangel an richtiger Arbeit als Soldat.[472] Seine Lage war weder besonders gefährlich noch besonders entbehrungsreich, er konnte sich weder über Vorgesetzte noch über Kameraden beklagen, und doch war er gepeinigt vom Gefühl »der gänzlichen Leere, der Nichtigkeit meines eigenen Vegetierens und alles Geschehens um mich her«,[473] und zwar bereits vor jeder Grabenerfahrung. Die Kriegsmaschinerie reduzierte ihn und das Leiden anderer zu einer nichtigen Nummer, es war unabsehbar, nicht zu beeinflussen und vor allem nicht zu vermitteln: »Es ist ein allgemein anerkannter Satz der Ästhetik, daß Unglück und Leiden besser zur Darstellung geeignet seien als Glück. Ich bestreite das: Es gibt kein größeres Leiden als die innere Öde, die Inhaltslosigkeit endloser Tage, denen eine unabsehbare Reihe ebenso endloser Tage folgen wird, die bewußte Nichtexistenz bei lebendigem Leibe. Wie soll man das Nichts darstellen?«[474]

Wie bei den jungen Offizieren während der Septennatskrise brannte der Ehrgeiz aus Friedenstagen vor allem in denjenigen, für die die Kriegsführung die Erfüllung ihres eigentlichen Berufes darstellte. Hier war ein Sieg nötig, und

---

467 Seyffardt, Erinnerungen, S. 587.
468 Schlözer, Vorwärts, S. 73.
469 Eksteins, Tanz über Gräben, S. 324; s. a. Anz, Vogl (Hg.), Dichter und der Krieg.
470 Barlach, Die Briefe I, S. 681.
471 Ebd., S. 472. Diesen Hinweis verdanke ich Bärbel Kuhn.
472 Klemperer, Curriculum vitae, Bd. 2, S. 429.
473 Ebd., S. 423.
474 Ebd.

er sollte sichtbar sein. Georg von der Marwitz, General der Heereskavallerie, bezweifelte bereits Anfang November 1914, ob die deutsche Armee schnell wieder aus der »Maulwurfsarbeit« herausfinden würde, in die eine verfehlte Taktik sie hineingebracht habe. Seiner Frau gegenüber zitierte er einen ehemaligen Generalinspektor der Kavallerie, der gesagt hatte, wenn der Krieg anfange, langweilig zu werden, dann sei es erst der eigentliche Krieg. Den habe man nun wirklich, schloß er resigniert, nachdem er bereits vorher mehrfach langweilige Tage hinter der Front und unbefriedigende »‚Arbeitstage‘« ohne rechten Erfolg moniert hatte.[475] Von der Marwitz fand es vor allem schwierig, hinten bleiben zu müssen, während andere im Kampf standen. Neidisch blickte er auf die Ostfront, wo Hindenburg auf dem Schlachtfeld und nicht nur durch die bloßen Regeln militärischer Beförderung Feldmarschall geworden war, was Marwitz für einen Soldaten besonders erfreulich fand.[476]

Die Kriegsbriefe des 1913 geadelten Hugo von Pohl (1855-1916) belegen exemplarisch, wie das erzwungene Warten ohne Ergebnis bei gleichzeitigem Vorrücken anderer marterte, bis alles außer dem begehrten Ziel schal und langweilig wurde und das unerfüllte Warten schließlich auf den Körper zurückschlug. Pohl hatte 1900 die Besetzung Pekings geleitet, war seit Februar 1913 Admiral, von April 1913 bis Februar 1915 Chef des Admiralstabes und von Februar 1915 bis Januar 1916, d. h. bis einen Monat vor seinem Tod, Chef der Hochseeflotte. Der Einsatz der Flotte war zwischen Reichsmarineamt, Admiralstab und Führung der Hochseeflotte heftig umstritten. Die Frage des unbeschränkten U-Boot-Krieges beherrschte die öffentliche Debatte um die Kriegsführung 1915 und 1916 wie kein zweites Thema, und Pohl stand mitten im Zentrum.[477] Er litt seit seinem Amtsantritt als Flottenchef unter der erzwungenen Untätigkeit der Flotte, die ihn meist in seinem Unterseeboot festhielt und als einzige Abwechslung einen Spaziergang an Deck erlaubte. Die räumliche Einengung symbolisierte treffend die Wände, an denen sein Begehren sich totlief, seine brennende Sehnsucht nach Erfolg, wie ihn Militärs an Land wie Hindenburg verzeichneten.

Pohl benannte selber die psychische Sprengkraft seiner Fixierung auf ein in diesem Fall international sichtbares Handeln. Sein »ganzes Denken und Trachten« sei auf einen Erfolg gerichtet, schrieb er seiner Frau Anfang März 1915.[478] Dieser Tenor änderte sich nicht mehr, sondern wurde nur immer schärfer, bis Pohl sich am 9. Janaur 1916 völlig überraschend krank melden mußte und am 22. Februar starb. Gerade weil er glaubte, mit dem Flotteneinsatz den Kriegsverlauf positiv beeinflussen zu können, marterte ihn das qualvolle Warten, das er als viel schlimmer empfand, als in der Front stehen und »dreinschlagen« zu

---

475 Von der Marwitz, Weltkriegsbriefe, S. 55f., 63, 65.
476 Ebd., S. 55, 66.
477 Kielmannsegg, Deutschland und der Erste Weltkrieg, S. 133ff., 375ff; Nipperdey, Machtstaat vor der Demokratie, S. 771.
478 Pohl, Aufzeichnungen, S. 116.

können. Das »Drängen in der eigenen Brust« sei das Schlimmste, schrieb er im Mai 1915. »In mir liegt ein furchtbares Sehnen nach Erfolg.« Peter Kielmannsegg hält es für unbegreiflich, daß Pohl sich von der warnungslosen Versenkung feindlicher Schiffe einen Erfolg erwartete, und erklärt seine Hoffnung auf Erfolg und sein Drängen auf den Einsatz damit, daß dieser auf eine Schockwirkung auf der anderen Seite hoffte.[479] Pohl selber schrieb, daß er deshalb nicht auf einen frühen Waffenstillstand hoffte, um nicht stillschweigend aus diesem Krieg herauszukommen, während alle anderen aktiv gewesen seien.[480] Es kostete ihn eine »ungeheure seelische Anstrengung«, in einer den Politikern angelasteten Untätigkeit »mit Vertrauen und Lust in die Zukunft zu schauen«, zumal er auch noch seine Offiziere und Mannschaften beruhigen mußte.[481] Auch im September 1915 war er nicht guter Stimmung, weil sich kein größerer Erfolg einstellen wollte. »Wenn ich doch einen Erfolg haben möchte, damit das Warten endlich aufhört,« klagte er erneut Anfang Januar 1916.[482] Wenige Tage später mußte er sich krank melden, ausgerechnet in dem Moment, in dem die Lage hoffnungsvoller schien: »Jetzt, wo ich immer mehr Aussicht zum Siegen hatte, wo kleine Kreuzer und Torpedoboote umgebaut, wo die Hauptarbeit getan ist. Jetzt kommt das Halt.«[483] Zu einem Zeitpunkt, an dem jeder Sieg der U-Boot-Flotte deutlich wahrgenommen worden wäre, setzte eine Krankheit Pohls Zeit auch ohne militärisches Gefecht ein Ende.

Die Überzeugung, daß das moderne Subjekt durch etwas außerhalb seiner selbst vor der Sinnlosigkeit gerettet werden müsse,[484] und die vor 1914 im Langeweilebegriff symbolisierte Sinnerwartung an den Krieg fanden sich auch bei dem Schriftsteller Rudolf Binding (1867-1938). Aufgrund der Langeweile des Stellungskrieges fühlte er sich berechtigt, ein ausgewogenes Verhältnis zwischen Zweck und Mitteln zu verlangen, das mit dem Stellungskrieg verlorengegangen war. Damit meinte er keine Reduktion der Kriegsziele, sondern einen Erfolg, der die Größe der Opfer spiegelte.

Binding benutzte das ganze Arsenal der Langeweile-Semantik. Er kritisierte wie Marwitz bereits 1914 die Kriegsführung, weil er sich schon zu diesem Zeitpunkt zwecklos und überflüssig vorkam: »Wenn es frisch vorwärts ginge und Aufgaben zu lösen wären, die den ganzen Menschen erforderten, würde man wohl nicht so oft nach hinten denken.«[485] Im Kampf um Meter sehnte er sich danach, »etwas Wirkliches zu leisten«.[486] Die einzige Genugtuung in dem »Mauersteindasein« fand er im Gedanken, daß dies den »bösen Feind« auch

---

479 Kielmannsegg, Deutschland und der Erste Weltkrieg, S. 134f.
480 Pohl, Aufzeichnungen, S. 119, 122, 126.
481 Ebd., S. 138.
482 Ebd., S. 149.
483 Ebd., S. 150.
484 Goldman, Politics, S. 8f.
485 Binding, Aus dem Kriege, S. 43f.
486 Ebd., S. 27.

»langweile«.[487] Es sei kein »Sinn« mehr in der Sache, notierte er an Weihnachten. Aber es war nicht das Töten als solches, das ihn demoralisierte, sondern der ungeheure Einsatz für nur minimale Resultate. Nur auf Aktion zu warten, nicht mehr im großen Stil handeln und ausprobieren zu können, traf in den Augen des bildungselitären Binding vor allem die Talentierten, mache sie »unbefriedigt, nervös« und ließ sie (ein für die Definition der Geschlechterdifferenz aufschlußreicher Satz) ihr Selbstvertrauen verlieren: »man traut sich nichts mehr zu.«[488]

Mit der Armee am selben Fleck zu bleiben und dann auch noch Kraft aus sich selbst zu schöpfen, war ihm zu viel. Binding phantasierte allerdings nicht nur über die reinigende Kraft des Stahlgewitters, sondern er ließ sich 1916 aus einer Etappenstellung tatsächlich zur Front versetzen. 1917 sehnte er sich von einer hinteren Position aus auf einen Vorposten, um sich mit den Engländern Gefechte zu liefern und dadurch sich selber wieder zu begegnen.[489] Nur die Grenzlinie zum Tod gab ihm das Gefühl des Lebens zurück. Das Bedürfnis, von außen motiviert und getragen zu werden, wuchs in einer Massentötung, die im Grabenkrieg »ohne Höhen, ohne Begeisterung, ohne wirkliche Leistung« blieb: »Nichts trägt zu sich selbst, in sich selbst hinein soll man sich retten von Tag zu Tag, von Nacht zu Nacht. Das ist so mühsam wie sein eigenes Gefängnis austapezieren und behaglich zu machen,«[490] so lautete sein Kommentar, der einen wohl nicht innengeleiteten Bürger verriet. Auch das elitäre Selbstbewußtsein, sich als Gebildeter hinausretten zu können in lichtere Ebenen, klang überanstrengt. Ab 1916 polemisierte Binding bitter gegen die Halbherzigkeit seiner Zeit, die sich sogar in der Kriegsführung zeige, gegen Bürgerlichkeit als Spießigkeit und Verflachung selbst *in extremis*: »Mit Bürgermoral kann man nicht Geschichte machen und Kriege führen. Ich freue mich darüber, daß Krieg und Geschichte sich das nicht gefallen lassen. Es bleibt doch etwas in der Welt, das sich nicht verbürgerlichen läßt.« Solange aber diese Mittelmäßigkeit Triumphe feierte und den Erfolg der Aggression verhinderte, würde es langweilig bleiben. Nicht das Was zählte, sondern das Wie, nicht die rechtliche oder moralische Legitimation, sondern die Größe und Aggressivität. Binding versprach sich Rettung nur noch von einem charismatischen Führer-Typ, der sich über sämtliche Regeln der bei ihm verpönten Disziplinargesellschaft hinwegsetzte:

> Manchmal sehe ich mich nach den Zuchthäusern um, ob nicht ein wirklich großer Verbrechergeist dort verborgen säße, den man entfesseln könnte, damit – gleichviel ob gut oder böse – wenigstens etwas geschähe! Aber solche Leute hat man leider aus Vorsicht geköpft.[491]

487 Ebd., S. 120.
488 Ebd., S. 48, 77, Zitat S. 54.
489 Ebd., S. 175, 235f.
490 Ebd., S. 246.
491 Ebd., S. 152f.

V. Ein Code wandert

1. Langeweile und Politik

Auf der Ebene von individuellen Selbstbeschreibungen und Erfahrungen beleuchtete die Frage nach Langeweile die paradoxe Konstruktion und Internalisierung von Weiblichkeit und Männlichkeit sowie Kontroversen um die Geschlechteridentitäten. Aber der Begriff blieb in der zweiten Hälfte des 19. Jahrhunderts auch ein Kürzel in Beschreibungen von Politik und Gesellschaft. Im Vormärz hatte z. B. Heinrich Heine die sozio-politischen Ursachen des Lähmungsgefühls betont, als er den Begriff als Deckmantel für politische Kritik benutzte – die sterile Politik der Restauration produziere Langeweile beim Volk und seinen Dichtern. In der restaurativen Phase nach der Revolution diente der Langeweiletopos eher dazu, die Ausweitung von Partizipations- und Kommunikationsmöglichkeiten zu kritisieren. Konservative Kommentatoren rückten nun individuelle Ursachen von Langeweile bzw. individuelle Schuld in den Vordergrund und erklärten sie zum Gegensatz von Arbeit, um ihr das explosive, kritische Potential zu nehmen. Damit rückte ein Individualitätsverständnis in den Vordergrund, das diejenigen als ganze Persönlichkeit charakterisierte, die sich der Gemeinschaft unterordneten, während denjenigen, die sich für angeblich »fraktionierende« Interessen engagierten, vorgeworfen wurde, sich freiwillig in der Masse aufzugeben und auf innere Harmonie und äußere Geschlossenheit zu verzichten. Die sozio-politische Implikation des Langeweilebegriffs verschob sich vom Konflikt zur Kontrolle, um demokratisches Engagement in der postrevolutionären Zeit ausgrenzen zu können.

a. Vom Konflikt zur Kontrolle: Demokratisches Engagement als Verlust

Langeweile als Metapher liberaler oder demokratischer Kritik verschwand allerdings auch nicht nach 1850. Eduard Devrient, der 1848 kein Barrikadenkämpfer, aber doch ein selbstbewußter, adels- und hofkritischer bürgerlicher Liberaler war,[1] lief Sturm gegen die Langeweile des Theaters in den fünfziger Jahren,[2] auf

---

1   Daniel, Hoftheater, S. 407ff.
2   1852 stand er »Hundepein der Langeweile« in der Karlsruher Oper aus, Devrient, Briefwechsel, S. 173. Er langweilte sich dauernd und vermutete – mit einem Seitenhieb auch gegen bürgerliche Familienverhältnisse –, daß nur die noch größere Langeweile daheim die Leute ins Theater brächte: »Welch ein Zauber muß im Theater und welche Gewalt in der Langeweile müßiger Abende liegen, daß die Leute immer noch

dessen Bühne sich niemand mehr etwas traue. Die Metapher von Politik als Theater avancierte in der Revolution zu einem wichtigen Motiv in Europa. Entsetzte und erfreute Kommentatoren und politische Literaten verglichen Politik mit Theater, mit all seinen Implikationen von Masken und Vorgängen hinter den Kulissen, aber auch von Spiel im Sinne von Nicht-Arbeit.[3] Nimmt man die Rede von Politik als Theater ernst, dann kritisierte Devrient auch eine steril gewordene politische Bühne. Die Demokratin Malwida von Meysenbug, die 1852 aus Berlin ausgewiesen wurde, ins Exil nach England und später nach Italien ging, nannte das politische Leben unter der Zensur »öde«, da man Gleichgesinnte nur schwer erkennen und nur heimlich treffen könne und die Besten im Gefängnis oder verbannt seien.[4] Das preußische Vereinsgesetz schloß Frauen 1850 wieder aus dem politischen Raum aus, der sich während der Revolutionszeit geöffnet hatte, und erschwerte auch publizistisches Engagement. So fand eine der Ausnahmefiguren der ersten Phase der Frauenbewegung, die radikalemanzipatorische Schriftstellerin Louise Dittmar, keinen Verleger mehr.[5]

Andere Kommentare sind schwerer zu entschlüsseln, erschließen sich aber auch über die Analogisierung von Unterhaltung und Politik. Die *Gartenlaube*, 1853 gegründet und noch liberal, veröffentlichte 1854 einen anonymen Artikel zur Grundsatzfrage:»Was ist die Langeweile?« Natürlich ohne sie eindeutig zu beantworten, sondern primär, um einen Konflikt zwischen Langweilern und Angeödeten zu konstatieren. Ein Seufzer verriet die Irritation: »Ein Mensch soll nie Langeweile haben! ruft uns die Moral, die Erziehung, die Lebensweisheit zu.« Aber wie solle man das anfangen, denn: »Das ist ja gerade das Problem, daß nicht wir sie [haben, MK], sondern die Langeweile uns hat.«[6] Der Verfasser gestand auch ein, daß der Aufruf zur Willenskraft, der die Debatte um psychophysische Störungen unweigerlich begleitete, in der merkwürdigen Doppelerfahrung der Langeweile wenig helfe, da der »innere« Mensch ermüde, während der »äußere« in eine fieberhafte Ungeduld verfalle, in der er sich dann doch wieder nicht zu regen wage. Diese »Tyrannei« töte den Geist und schlimmstenfalls auch die Liebe. Die Langeweile in der Geselligkeit sei noch schwerer zu umgehen als die in der Einsamkeit, hieß es, weil die Langweiler den Geist derart strangulierten, daß auch die Seele nicht mehr Atem holen könne.

Das *Conversations-Lexikon für Geist, Witz und Humor* zog sich in seinem ersten Band 1852 auf den klassischen Topos von Langeweile als dem Unglück

    hereinlaufen!« Briefwechsel Devrient, S. 181, 185. Noch schärfer urteilte er über München und Nürnberg, S. 250. Für das Langeweile-versus-Interesse-Kriterium in der Bühnenkunst vgl. Devrient, Aus seinen Tagebüchern, z. B. Bd. 1, S. 148, 202, 260ff., 293, 331, 334; Bd. 2, S. 23, 117, 427.
3 Georg Herwegh modellierte sich nach Lamartine, während Friedrich Wilhelm IV. sich wütend über das »sündenhafte« und ihm »verhaßte« Schauspiel moderner Parlamente aufregte; vgl. Blackbourn, Politics as Theatre, S. 247.
4 Meysenbug, Briefe an Johanna und Gottfried Kinkel, S. 85.
5 Herzog, Intimacy and Exclusion, S. 140ff.
6 Was ist die Langeweile? S. 295.

der Glücklichen zurück und brachte dann fünf Beispiele von unsäglichen Langweilern aus der adligen Gesellschaft.[7] Wer sich hier langweilte, hatte schlicht zu wenig zu tun. Die *Gartenlaube* rekurrierte jedoch nicht einfach auf Adelskritik oder die Identifizierung von Langeweile und Müßiggang, sondern verknüpfte das Übel ausdrücklich mit den bürgerlichen Normen bzw. der bürgerlichen Geselligkeit, die vom Berufszwang entlasten und nicht langweilen sollte. In diesen Formulierungen ist heute nur schwer eine Gesellschafts- oder politische Kritik zu entdecken. In den fünfziger Jahren jedoch vermuteten Staats- und Zensurorgane schnell verborgene Bedeutungen in der Beschreibung von Alltagssituationen. Einmal wurde eine ganze Ausgabe des Münchner *Volksboten* beschlagnahmt, weil sie wahrheitsgemäß berichtet hatte, der Ministerpräsident sei auf vereister Straße ausgerutscht.[8] Und selbst wenn die *Gartenlaube* normale Geselligkeit meinte, ohne zu implizieren, daß brisantere Themen tabuisiert seien, war der resignierte Seufzer aufschlußreich, da hier ein ultrabürgerliches Organ der eigenen Kultur attestierte, Langeweile zu produzieren. Mit der Tyrannei, die Verstand und Herz lahmlege, konnte aber auch die politische Situation gemeint sein.

Ohne große Gefühle keine Begeisterung, ohne Begeisterung keine (politische) Tat, das war ein Zusammenhang, der im Langeweilebegriff mitschwang. Er war in dieser Allgemeinheit allerdings für jede politische Richtung verwendbar und wurde nach der Revolution auch von verschiedenen Seiten reklamiert. So tauchte er im Massediskurs seit der Revolution auf. Konservative politische Strömungen im 19. und frühen 20. Jahrhundert definierten die Masse als Gegenpol zu einer Modernität, die als vernünftiger und von den männlichen Eliten kontrollierter Fortschritt galt.[9] Der Massebegriff erhielt dabei zwei Bedeutungen. In einer engeren, klassenspezifischen Bedeutung meinte er die Arbeiterklasse, die unteren Schichten im Klassengefüge. Die zweite Bedeutung war breiter und unspezifischer und meinte unterdrückte Gefühle und Leidenschaften, all das, was im Modernisierungsprozeß ausgeblendet und kontrolliert werden sollte, sozusagen die unteren Schichten im psychologischen Make-up der Gesellschaft und der Menschen. Der Massebegriff wurde in beiden Bedeutungen feminisiert, so daß der klassische Dreisatz im Sinne von Unterschichten, Frauen und unterdrückten Gefühlen entstand, alle drei potentiell unruhig und gefährlich, beweglich und instabil.

Diese Definitionen bargen jedoch ihre eigene Sprengkraft. Eine mögliche Gefahr war, daß all diese Elemente in den Prozessen der Rationalisierung assimiliert und damit (durch den Verlust der unterschwelligen, wenn auch ausgegrenzten Leidenschaftlichkeit) die ganze Welt entzaubert würde. Ein anderer Denkhorizont war der, daß die sozialen Gruppen, die aus dem Prozeß von

---

[7] Conversations-Lexikon für Geist, Witz und Humor, Bd. 1, S. 550f.
[8] Siemann, Gesellschaft im Aufbruch, S. 70.
[9] Zum folgenden v. a. König, Zivilisation und Leidenschaft; s. a. Blättler, Der Pöbel; Barrows, Distorting Mirrors.

Modernität und Fortschritt ausgeblendet wurden, zurückschlugen, unterstützt genau durch die handlungsinitiierende Kraft, die den großen Gefühlen zugeschrieben wurde. Gelänge es ihnen, sich die zweckrationale Steuerung der Welt anzueignen, dann würden sie nicht gefühlsmäßig abhängig von anderen werden, da sie die Macht der Emotionen qua zugeschriebener Natur besäßen. Nicht zuletzt aufgrund dieser Ängste bezeichneten diejenigen, die den Diskurs über die Masse formulierten, die Masse per Definition als unfähig, sich selber zu kontrollieren, um ihr eigenes Anrecht auf Kontrolle zu untermauern.

Malwida von Meysenbug sprach den Zusammenhang von Gefühlen und politischer Tatkraft in der gefährlichen letzteren Bedeutung an. Von den Männern der Oberschichten enttäuscht, verlagerte sie ihre Hoffnungen auf die Gruppen, die der Massediskurs aus dem politischen Raum ausschließen wollte. Während Konservative der Arbeiterklasse paternalistisch unterstellten, ihre Leidenschaften nicht ausreichend kontrollieren zu können, hoffte Meysenbug auf die großen Gefühle der Arbeiter. Nur diese konnten ihr zufolge noch die unverstellte Begeisterung aufbringen, die für große Taten nötig sei: »Auch leuchtet mir aus meinen sich täglich mehrenden Proletarierbekanntschaften eine neue Hoffnung auf, da ist noch eine Kraft des Schmerzes und der Gesinnung die entflammt werden kann zur Begeistrung ohne die freilich keine That möglich ist.«[10] Sie formulierte die Termini des Massediskurses positiv um: nur die unteren Schichten der Gesellschaft hätten noch Zugang zu den unteren psychologischen Schichten der Leidenschaften und damit zur entscheidenden Triebkraft für politisch-gesellschaftliches Handeln. Nach der Revolution traf eine solche Kritik an einem Mangel an Handlungswillen und Ausstrahlung einen empfindlichen Punkt in der Selbstwahrnehmung männlicher Gebildeter.

Den aus konservativer Sicht legitimen Zusammenhang zwischen Begeisterung und Handeln versuchte demgegenüber Johann Eduard Erdmann (1805-1892) zu untermauern, Rechtshegelianer und Philosophieprofessor in Halle-Wittenberg. Er entwarf das Negativbild eines Menschen, der durch demokratisches Engagement sowohl seine innere Homogenität als auch seine äußeren Konturen verliere und deshalb langweilig werde. 1852 hielt Erdmann vor dem wissenschaftlichen Verein in Berlin einen Vortrag »Ueber die Langeweile«, in dem er die Wendung zu Arbeit und Pflicht forderte. 1863 referierte er dort »Ueber Schwärmerei und Begeisterung« und griff nun, zu Beginn der Neuen Ära, offensiv demokratisches Engagement an. 1851 veröffentlichte Erdmann außerdem seine *Psychologischen Briefe*, die stetig neu aufgelegt wurden. Seine Äußerungen waren klassische Beispiele für die angstvolle Stigmatisierung von Intellektuellen und Juden, für eine bildungselitäre Ausgrenzung nicht erwünschter sozialer Gruppen als Masse und für die Ausstattung dieser Masse mit weiblichen Zügen. In den *Psychologischen Briefen* protestierte er heftig gegen eine von ihm als bedrohlich wahrgenommene Verschiebung der Ge-

---

10 Meysenbug, Briefe an Johanna und Gottfried Kinkel, S. 56.

schlechterbeziehungen und verurteilte Frauen, die gegen Männer kämpfen wollten, während sie doch dazu bestimmt seien, sich zu ergeben.[11] Gefährlich war die Verschiebung vor allem deshalb, weil in seinem hermetisch-polaren Nullsummendenken die Frauenfrage letztlich eine Männerfrage war. In seinen Augen hatte in der Revolution monarchisch-männliches Handeln gefehlt, und die aktivere Rolle von Frauen wies darauf hin, daß die Männer seiner Zeit »indifferent und kraftlos«, »zu Weibern« geworden seien.[12] Meysenbug wollte die Emanzipation von Frauen durch argumentative Auseinandersetzung mit Männern erreichen,[13] und Erdmann suchte genau das zu verhindern.

In seinen Vorträgen reagierte er zunächst auf einige vorrevolutionäre Langeweile-Kritiker. Es sei noch einmal an Johannes Scherr erinnert, der die Gleichberechtigung von Frauen radikal bekämpfte,[14] aber auch nicht-handelnde Männer im Vormärz scharf kritisiert hatte, indem er seinen Zeitgenossen Heinrich Heine als strahlenden Helden der Politik und der Geselligkeit schilderte. Scherr pries 1844 den Schriftsteller, der die langweiligen Philister aufs Korn nahm, als einen ganzen Mann, der »schon so viele Weiber geküßt hatte und in parlamentarischen Kämpfen so spöttisch, so sicher, so schneidend und siegreich das Nichts eurer Halbmänner, eurer politischen Schilfrohre an den Pranger zu stellen gewohnt war.« Scherr sah die Restaurationszeit vor dem Aufbruch in politische, soziale und literarische Langeweile versunken. Die himmlischen Götter hätten sich schlafen gelegt, lästerte er, und flöge ein Engel durch den Raum, wäre es höchstens der Engel der Langeweile, denn, so seine Theatermetapher: »... das Schauspielhaus der Geschichte wurde geschlossen«.[15] Die »heillose« und »recht blasirte Stimmung« sei auch nicht durch »wassersüchtigen Thee mit hektischen Butterschnitten« verbessert worden, bis ein Aufatmen durch die Gesellschaft gegangen sei bei der Ankunft des »Messias«, der »der Schlange der Langeweile den Kopf zertrat und für uns eine ganz neue Aera der Unterhaltung anbrechen ließ«.[16] Einen jüdischen Intellektuellen und Kritiker als Heilbringer und Rollenmodell tatkräftigen und politisch wie sexuell erfolgreichen Handelns zu präsentieren und damit andere Männer als politisch rückgratlos darzustellen, als schwankende Halbmänner, die die Zukunft verloren, statt sie zu formen, unterfütterte im politischen Umschwung nach der Revolution den Antisemitismus.

In seinem ersten Vortrag wandte Erdmann sich allerdings zunächst gegen Alfred de Musset, dessen *Confessions d'un enfant du siècle* von 1836 eindringlich

---

11 Erdmann, Psychologische Briefe, S. 99.
12 Ebd., S. 119f.; zur Wahrnehmung aktiver Frauen als Bedrohung vgl. Hertz, Medusa's Head, S. 27-54; zu Erdmann Haarbusch, Der Zauberstab der Macht, bes. S. 224ff., 250.
13 Wülfing, On Travel Literature, S. 300.
14 Secci, German Women Writers, S. 153.
15 Scherr, Poeten der Jetztzeit, S. 102.
16 Ebd., S. 101.

das Gefühl der entleerten Zeit beschrieben hatten, produziert durch politische Reaktion und gelenkte Bildung. Musset sah das junge Frankreich »von den Herrschern der Welt zur Ruhe verurteilt, steifen Schulfüchsen aller Art, der Trägheit und der Langeweile ausgeliefert«.[17] Ihm zufolge endeten alle Lebensweisen, die sich diesen Regimen unterordnen mußten, in Enttäuschung und Resignation. Egal, ob Wüstling, Beamter oder Politiker mit seinem »kalten [sic] Enthusiasmus«, jeder würde »zwischen seinen vier Wänden voll Bitterkeit die Leere seines Daseins und die Armseligkeit seiner Hände« empfinden.[18] Scherr hatte die Atmosphäre der Reaktion blasiert genannt. Erdmann kehrte diese Bezeichnung gegen Kritiker wie de Musset, und für die »Blasirten«, wie er sie nannte, hatte er nur einen Ort: wer so zerrissen sei wie die Figuren de Mussets, gehöre in die Papiermühle.[19] In den sechziger Jahren polemisierte er gegen Heine, gegen den »kalten« Spott »geistreicher, aber blasirter Wortführer«, denen er seine »wahre Begeisterung« entgegenhielt.[20] Langeweile und Kälte bildeten ein Paar, auch in der späteren Konfrontation kalter Zivilisation mit warmer Gemeinschaft.[21]

Das Bild des Blasierten verschwand genauso wenig wie das des Zerrissenen. Simmel schrieb in seiner Analyse des Großstadtlebens, daß nur eine blasierte Distanz den Großstadtmenschen gestatte, die Zerrissenheit der äußeren urbanen Welt ohne inneren Schaden zu überstehen – wie bei der Nervosität[22] eine Verschiebung des Begriffs auf die Großstadt. Vor allem prägte der Topos jedoch den Antisemitismus und die Debatte um angemessenes politisches Verhalten. Die Kritik am sogenannten fragmentierten Selbst und den Bruchstückmenschen durchzog z. B. Julius Langbehns Rembrandtbuch von 1890.[23] Auch Erdmann diskreditierte die, die den politischen Umschwung nicht akzeptierten, als persönlich zerrissen und narzisstisch. Er interpretierte Langeweile entschieden als Willenskrankheit und falsches Bewußtsein und wies eine andere Deutung der von der Revolution Enttäuschten zurück.[24] Besonders wütend reagierte er auf die Gegner der Reaktion, die sich durch eine demonstrative Langeweile denjenigen gegenüber als überlegen zu erweisen suchen würden,

17 Hofstaetter, Heine, S. 16f.
18 De Musset, Bekenntnisse eines Kindes seiner Zeit, S. 12f.
19 Erdmann, Ueber die Langeweile, S. 25-33.
20 Erdmann, Ueber Schwärmerei, S. 32.
21 Die Behauptung von Substanzverlust und Nivellierung durch Individualisierungsprozesse endete ebenfalls in der Metapher der Kälte, vgl. Bollenbeck, Bildung, S. 280. Auch der Philosoph und Publizist Friedrich Albert Lange benutzte sie in seiner Analyse der technisch-industriellen Moderne, die Max Weber beeinflußte; dazu Hennis, Max Webers Wissenschaft vom Menschen.
22 Dazu Radkau, Zeitalter der Nervosität.
23 Dazu Stern, Kulturpessimismus, S. 184.
24 In einer extrem mechanistischen Zeitauffassung sah er Langeweile dann entstehen, wenn »die Zeittheilchen welche zwischen die Gegenstände fallen und also leer sind, sich mehren und ausdehnen, so daß uns ist als wenn ›nichts‹ mehr geschieht«; Erdmann, Ueber die Langeweile, S. 10.

die die bürgerlichen Tugenden so lebten, wie Erdmann sie propagierte. Der Philosophieprofessor warf den dergestalt Gelangweilten vor, nur deshalb nichts mehr außer Zeit und Vergänglichkeit wahrnehmen zu können, weil sie sich auf ihren Egoismus und ihre eigene innere Leere konzentrierten.[25] In dem Satz, Langeweile sei in der Tat gefährlich, weil sie auch Erwachsene zu »den schlechtesten Streichen« brächte,[26] faßte Erdmann sein Urteil über die Revolution zusammen. Auch er beschwor den ganzen Menschen, nur daß diese prästabilisierte Figur sich ihm zufolge dann nicht langweile, wenn sie hegelianische Weltanpassung leistete. Denn nur die Liebe zur Welt, wie sie sei, so der populäre Redner, mache die Gegenwart zu einer Herzens- bzw. Gesinnungssache und verhindere Langeweile. Meysenbug hatte über Einsamkeit in der Reaktionszeit geklagt. Erdmann unterstrich, daß in der Tat überall über Einsamkeit geklagt würde, wischte sie aber als blanken Egoismus beiseite[27] sowie als Unfähigkeit, Interesse am Gegebenen zu entwickeln. Während die Aufklärer gewarnt hatten, daß auch der vollendet Gebildete nie ganz geschützt sei, so behauptete Erdmann, daß ein wirklich Gebildeter sich nicht langweile, da er sich mit allem zu beschäftigen wisse.[28] Wer dennoch kritisiere, dem fehle entsprechend das entscheidende Kriterium, echte Bildung, für den Zugang zur Bürgergesellschaft. Seine Wut über die demonstrative Langeweile verriet jedoch, daß er sich noch um die Überzeugungskraft seiner Argumentation sorgte. Er tröstete sich so unmittelbar nach der Revolution damit, daß seine Zeit die »Zerrissenen« nicht mehr so schätze wie die vorherige Epoche, und der Umschwung zu Beruf und Wirtschaft gab ihm Recht.

Warf der Philosophieprofessor 1852 politischen Literaten unter dem Stichwort Langeweile vor, ihre innere Harmonie aufzugeben, griff er elf Jahre später die Topoi des Massediskurses auf und behauptete, daß das Engagement für ein von den Massen getragenes Partikularinteresse nicht nur die innere Persönlichkeit fragmentiere, sondern auch die äußeren Konturen einer Individualität in der Masse verschwimmen lasse. Erdmann verband bereits eine soziologische und eine massenpsychologische Auffassung von Masse, während gemeinhin die soziologische Perspektive in Deutschland, die massenpsychologische dagegen im Frankreich des späten 19. Jahrhunderts verortet wird, von wo aus sich diese Auffassung rasch ausbreitete.[29] Hier ist jedoch entscheidender, daß die Implikationen des Massediskurses bereits in den sechziger Jahren unter dem Stichwort Langeweile abgerufen wurden.

Indem Erdmann eine ganzheitliche Persönlichkeit und parlamentarisches oder parteipolitisches Handeln kontrastierte, griff er nicht nur bestimmte Politiker oder eine spezifische Politik an, sondern lehnte es prinzipiell ab, daß ein

---

25 Erdmann, Ueber die Langeweile, S. 20-22.
26 Ebd., S. 21.
27 Ebd., S. 14ff.
28 Ebd., S. 27.
29 Vgl. König, Zivilisation und Leidenschaft, S. 143.

Mensch, der sich für partikulare politische Interessen engagiere, harmonisch sein könne. Gleichzeitig erklärte er eine sich widerspruchsfrei gebende Gemeinschaft zum Ideal. Hatte Meysenbug die echte, tatbringende Begeisterung nur noch bei den Unterschichten verortet, so unterschied seine Polemik scharf zwischen der blinden Schwärmerei der Masse einerseits, die immer nur ihresgleichen folge und deren eigentliche Bestimmung es sei, ruhig zu sein, und der echten Passion einer sprachmächtigen Elite andererseits, die Geist voraussetze und ohne die nie etwas Großes geschehe.[30] Sprachmächtigkeit konstituierte die Elite,[31] und Erdmann sprach den auf der anderen Seite Engagierten diese Fähigkeit ab.[32] Er analogisierte einen derart »kritik- und geistlosen« »Schwarmgeist«, solche »ergebenen, geistlosen Mitschreier« mit nichtdenkenden Tieren. Wer sich für »Secten, Fractionen, Schulen« engagiere, so der Philosophieprofessor, büße seine Individualität ein, werde ordinär und gewöhnlich.[33] Wahre Begeisterung dagegen war ihm zufolge nur über das Wort erfahrbar und vermittelbar. Da er der Masse die Sprachmächtigkeit absprach, wurde deren Begeisterung zum Widerspruch in sich und konnte keine Wahrheit beanspruchen. In Erdmanns Logik war nicht der unpolitische Bourgeois ein Philister, sondern derjenige, der als Teil der Masse sich anmaße, »das Wort« zu verstehen, einer, »der nichts Besonderes ist, den es aber anwandelt, etwas Besonderes zu sein«.[34] Echter Geist zeige sich nur in einer radikalen Subjektivität, die er mit massenpolitischem Engagement kontrastierte. Solcher »pervertierten« Massenschwärmerei setzte er einen »Schwarm« der Pflichtbewußten entgegen, in dem ein zunächst von seiner Naturbahn abgekommenes Bienchen, das er als treuherziges Symbol des Fleißes zitierte, wieder glücklich würde.[35] Aber schließlich, so endete sein bemühter Sarkasmus, gebe es keine Polizeigesetze gegen Langeweile, und jeder habe das Recht, freiwillig auf seinen Kopf zu verzichten.

Der Massetopos fungierte seit der Jahrhundertmitte als Kristallisationspunkt und Projektionsfläche von Ängsten und politischen Absichten.[36] Ähnlich wie

---

30 Erdmann, Ueber Schwärmerei, S. 10ff., S. 31ff.
31 König, Zivilisation und Leidenschaft, S. 52ff.
32 Auch die französische Massenpsychologie gegen Ende des Jahrhunderts rationalisierte damit ihre Weigerung, dissidente Stimmen anzuhören. Susanna Barrows sieht diese »Taubheit der gelehrten Männer« als Beispiel für Foucaults These, daß die moderne Gesellschaft Vernunft und Wahnsinn polarisierte und so taub gegeneinander werden ließ; Barrows, Distorting Mirrors, S. 191.
33 Erdmann, Ueber Schwärmerei, S. 18, 26.
34 Ebd., S. 14.
35 Ebd., S. 35f.
36 Auch wenn der Diskurs über die feminisierte Masse erst seit den achtziger Jahren Hochkonjunktur hatte, vgl. König, Zivilisation und Leidenschaft, bes. S. 162ff.; Rosenhaft, Women, Gender, and the Limits of Political History, S. 162ff.; s. a. Eley, Introduction 1: Is there a History of the *Kaiserreich?*, S. 22f., 35; Felski, Gender of Modernity, S. 61ff.

bei den Alldeutschen später[37] entsprach dem wütenden Antifeminismus der Antisemitismus. In Erdmanns scharfer Dichotomisierung waren ebenfalls Repräsentationen von Männlichkeit impliziert. Er wollte die Energie der Leidenschaften auf Arbeit und Pflicht umlenken, ein Argumentationsmuster, das auch den diskussionsabschottenden Diskurs über Weiblichkeit seit dem 18. Jahrhundert strukturierte. Heine repräsentierte einen ganzen Mann, der Intellektueller und Künstler zugleich war, aber nicht einfach nur einen Bildungsroman schrieb oder lebte, sondern Politik und Gesellschaft kommentierte und für sich in Anspruch nahm, mit seinem Wort die Tat zu provozieren[38] – ähnlich wie Bildungsbürger während der Revolution beansprucht hatten, ihr Reden als Handeln verstehen zu können.[39] Erdmann dagegen beschrieb einen ganzen Mann, der sich auf Beruf und Pflicht konzentrierte, insofern noch männlich blieb, aber in der angemahnten Passivität gegenüber der politischen Entwicklung quasi feminisiert wurde. Vor dem Hintergrund dieses Umdeutungsprozesses läßt sich die emotionale und nationale Besetzung des Arbeitsbegriffes in der zweiten Jahrhunderthälfte als eine Möglichkeit lesen, ein Verständnis von Männlichkeit zu retten, das nach wie vor auch durch Leidenschaften und (nationale) Politik bestimmt war.

Als sich die nationale Selbstdarstellung seit der zweiten Jahrhunderthälfte vom philosophisch-literarischen Diskurs auf primär industriell-ökonomische und machtpolitische Repräsentationen verlagerte,[40] gewann der Massetopos auch eine außenpolitische Funktion, mit entsprechenden Geschlechterstereotypen. Die Semantik der Nationalcharaktere kontrastierte einen sogenannten individualistischen deutschen Charakter, organisiert in einem organischen Gemeinwesen, abwechselnd mit der russischen, französischen oder englischen Masse.[41] Thomas Mann führte die Bedeutungsfelder von Langeweile, Antifeminismus und einer deutschen, organischen, antidemokratischen Kultur in seinen *Betrachtungen eines Unpolitischen* von 1918 zusammen. Mann definierte Demokratisierung als »Entdeutschung«.[42] Er warf denjenigen, die aus Deutschland »einfach eine bürgerliche Demokratie im römisch-westlichen Sinn« machen wollten, vor, Deutschland sein »Bestes und Schwerstes, seine Problematik« zu nehmen; ein demokratisiertes Deutschland würde »langweilig, klar, dumm und undeutsch«.[43] So wie der Massetopos eine deutsche Individualität von einer jeweils anderen nationalen Masse absetzte und damit den jewei-

---

37 Evans, The Feminist Movement, S. 176; Chickering, We Men; Planert, Antifeminismus.
38 Heine, Deutschland, S. 22f.
39 Steinmetz, »Reden ist eine Tat bei euch.«
40 Gerhard, Link, Zum Anteil der Kollektivsymbolik, S. 34.
41 Link, Wülfing, Einleitung, in: Link, Wülfing (Hg.), Nationale Mythen, S. 9; Gerhard, Link, Zum Anteil der Kollektivsymbole, ebd., S. 28, 38.
42 Mann, Betrachtungen eines Unpolitischen, S. 60.
43 Ebd., S. 46; vgl. Goldman, Politics, S. 97.

ligen Gegner auch feminisierte, warnte Mann vor einem Wandel des politischen Systems mit der Unterstellung, daß eine solche Veränderung auch eine Umkehr der Geschlechterverhältnisse impliziere. Bliebe das »Imperium der Zivilisation« erfolgreich, so siegte in seinen Augen ein verwerflich-weibliches, westliches über ein männliches, deutsches Prinzip; Europa würde im Falle eines westlichen Sieges nicht nur »platt-human« und »trivial-verderbt«, sondern auch »feminin-elegant«, ergo französisch.[44] Der Publizist Nachum Goldmann beschrieb den Krieg als einen männlich-weiblichen Gegensatz, in dem der Geist des deutschen Militarismus, identisch mit kriegerisch-männlicher Arbeit und männlichem Erfolg, siegen müsse gegen eine weiblich konnotierte Geselligkeit, die das Signum einer anderen Form von Gesellschaft war: »Das Rascheln von Schleppen, das Flüstern galanter Kavaliere, das Kichern liebenswürdiger Damen bilden nicht mehr den Rhythmus des Jahrhunderts; aber das Sausen der Maschinen, das Hasten der Geschäftigen, der harte Tritt der Arbeiterbataillone, das männliche Jubeln der Erfolgreichen, das sind die Elemente ihres Klanges.«[45]

Analog diente der Topos der langweiligen Politik dazu, das Aushandeln politischer Kompromisse in der Innenpolitik als Einschränkung der nationalen Handlungsfähigkeit zu desavouieren. Die Bismarck-Mythisierung, die den Kanzler seit den späten achtziger Jahren zu *dem* Künstler der Politik und Goethe zum Bismarck der Literatur stilisierte, überwölbte diese Diskurslinie. Bismarck und Goethe bildeten seit diesem Zeitpunkt das dominierende Dioskurenpaar des nationalen Mythensystems.[46] Die Sehnsucht nach dem Künstler-Politiker drückte das Unbehagen über die gesellschaftlichen Veränderungen und die Sehnsucht nach dem starken Staats- und Gesellschaftslenker aus, und die Metapher der Staatskunst implizierte einerseits nationale Handlungsfähigkeit und diente andererseits ausdrücklich dazu, im Kontext der Partizipationsrevolution antiparlamentarische Politik zu rechtfertigen. Diese Mythisierung wirft im übrigen ein weiteres Schlaglicht auf das Zölibat für Lehrerinnen. Die männlichen Oberlehrer transportierten den Künstler-Politiker-Mythos nämlich besonders stark, z. B. der Dresdner Realschuldirektor Otto Lyon in seiner *Zeitschrift für den deutschen Unterricht*. Als Vermittler nationaler Höherentwicklung konnte der Lehrer selber zum Künstler werden und sich, indem er die Macht-Kultur-Synthese verkörperte, in Bismarcks Führungsanspruch

---

44 Mann, Betrachtungen eines Unpolitischen, S. 58; s. a. Raddatz, Männer-Ängste, S. 68ff.
45 Goldmann, Der Geist des Militarismus, S. 36; s. a. Gerhard, Link, Zum Anteil der Kollektivsymbolik, S. 36.
46 Parr, Zwei Seelen, S. 102ff., S. 157ff. Diese Mythenbildung setzte jedoch nicht erst mit Bismarcks Abgang ein. Aus der Sicht politikinteressierter Zeitgenossen wie Ihering hatte weniger die politische Liberalisierung in den sechziger Jahren als die Serie der Einigungskriege die Langeweile der Politik bereinigt und die unterlegene, passiv-reagierende Position Deutschlands im Mächtesystem aufgehoben. Diese Bismarcksche Kunst machte Ihering zu seinem Anhänger.

wiederfinden.[47] Wenn die Leiterinnen der Frauenbewegung, meist selber Lehrerinnen, sich als Kulturpolitikerinnen bezeichneten, griffen sie auch auf diese Kombination zu, und das Zölibat konnte zumindest verhindern, daß sie nicht auch noch im eigenen Leben die Synthese von Familie und Staatsmacht zu verkörpern versuchten.

Der Symbolkomplex Langeweile war in der antiparlamentarischen Bedeutung genauso anschlußfähig wie in kritisch-demokratischer Absicht. Ein anonymer Text über *Die politische Langeweile oder die deutsche Politik im Jahre 1876*,[48] in diesem Jahr auch veröffentlicht, interpretierte Langeweile – mit scharf antisemitischer Ausrichtung – als Verlust der nationalen Handlungsfähigkeit, diesmal aufgrund einer Bismarck angelasteten, zu großen Toleranz gegenüber liberalen und nicht-preußischen Interessen. Das Pamphlet (veröffentlicht »Von einem Preußen«) trug die Handschrift eines preußisch-partikularistischen Altkonservativen und Verfechters der großdeutschen Lösung,[49] der gegen den »kleinlichen« Parteienhader ebenso zu Felde zog wie gegen die »unpreußischen«, »jüdisch« durchsetzten Nationalliberalen und den Wirtschaftsliberalismus. Konkret forderte der Autor Bismarck zu machtvollem, machtstaatlichen Eingreifen in die nächsten Wahlen auf, im Tenor verurteilte er ein argumentatives, langwieriges Aushandeln politischer Interessenkonflikte als Blockade für politisches Handeln.

Der Begriff der Langeweile im Titel diente mehr als Aufhänger, um die öffentliche Aufmerksamkeit zu erregen, als daß er den Text strukturierte. Gerade dies zeigte jedoch, daß der Verfasser den Kanzler ebenso gut kannte wie die politische Bedeutung von Langeweile. Bismarck, der sich in fast allen Lebensphasen über bohrende Langeweile beklagte, bis er seine hohen politischen Ämter innehatte, stand nun selber als Ursache da. Eine bereits polemische Auseinandersetzung erhielt so ihre Spitze. Der Verfasser fand es langweilig in Deutschland, trotz der schwelenden Orientfrage und den bevorstehenden Neuwahlen, eine Kritik, die durch einen Blick nach Frankreich noch schärfer wurde; es sei kaum tadelnswerter, wenn das französische Volk aus Langeweile Torheiten begehe – der Autor meinte vermutlich die Kraftprobe zwischen General Mac-Mahon und dem seit März 1876 mehrheitlich republikanischen Parlament[50] – als wenn das deutsche Volk aus politischer Langeweile versumpfe und versauere.[51] Er kritisierte, daß das deutsche Volk der Innenpolitik gegenüber zu gleichgültig sei, meinte damit aber nicht ein mangelndes Interesse an den parlamentarischen Debatten. Unter politischer Langeweile verstand er, daß nicht nur die Nationalliberalen, sondern der Parlamentarismus im allgemeinen versagt habe.[52]

47 Ebd., S. 157ff., 166f.
48 Anon., Die politische Langeweile.
49 Zu deren Position Nipperdey, Machtstaat vor der Demokratie, S. 360ff.
50 Loth, Geschichte Frankreichs im 20. Jahrhundert, S. 12.
51 Die politische Langeweile, S. 5.
52 Ebd., S. 4f.

Vor allem die preußisch-süddeutschen Differenzen regelte Bismarck dem Autor nicht entschieden genug. Der preußische Junker verriet sich in reiterlichen Metaphern; die Deutschen müßten regiert, die nicht-preußischen Staaten fester zwischen die Knie der Regierung genommen werden, nachdem ihnen schon die Großgrundbesitzer und das Militär fehlten, die den Begriff der Ehre in Preußen hochhalten würden. Es ging vornehmlich gegen Bayern, Hannover und Schleswig-Holstein mit dem Vorwurf, Bismarck habe Preußen von der deutschen Kleinstaaterei nach dem Sieg über Frankreich schlagen lassen – und dann auch noch von ›rationalistischen‹ Juristen, die zusätzlich der Herkunft aus den Kleinstaaten geziehen werden konnten.[53]

Die nationalliberale Politik und Presse kritisierte der anonyme Verfasser als »jüdisch« und »langweilig«,[54] als überrational (dem widersprach nicht, daß Juden in anderen Kontexten als übersexualisiertes Drohbild gezeichnet wurden[55] – beide Vorwürfe unterstellten einen unbalancierten, nichtharmonischen Menschen). Er wetterte gegen den wirtschaftsliberalen Finanzminister Camphausen, dessen Rücktritt mit einigen Kollegen zwei Jahre später die innenpolitische Wende einleitete. Dann folgten ein Plädoyer für wirtschaftlichen Protektionismus anstelle des unterstellten Manchesterliberalismus sowie Überlegungen über eine mögliche Regierungspartei, so daß der Verfasser eventuell aus dem Gründungsumfeld der Deutsch-Konservativen Partei stammte. Statt den Parlamentarismus stärken zu wollen, forderte er ein dem Ministerpräsidenten gegenüber loyales, »organisches, also politisch homogenes« Ministerium, und schloß mit nachdrücklichen Appellen an Bismarck, durchzugreifen und eine starke Führung zu demonstrieren.[56]

Die Nation wurde in männlichen Kategorien gefaßt. Vor der Reichseinigung verglich Bogumil Goltz, einer der zahlreichen Vielschreiber, der sich auch zur Frauenrolle äußerte, Deutschlands Verhältnis zu den übrigen europäischen Ländern mit dem einer Frau im Verhältnis zu Männern,[57] also als schwach, unterlegen und passiv. Auch der Anonymus warf Bismarck vor, nach der kühnen Reichseinigung die männliche Position zu verspielen, nach dem emphatischen Augenblick, dem enthusiastischen Einheitserlebnis, das den »Stärksten« zum »Führer der Starken« hatte werden lassen.[58]

Aktion statt Langeweile, Handeln statt Argumente, Politik machen statt diskutierend Zeit zu verschwenden – wer diese Bedeutungen von Langeweile abrief, betrat vertrautes Terrain. Dieser Autor wußte so genau, wie er Bismarck treffen konnte, weil er an seine Neigungen appellierte, und der Tenor entsprach der z. B. von Kurt Breysig beschriebenen Verachtung des Liberalismus und des

---

53 Ebd., S. 8-15.
54 Ebd., S. 19.
55 Vgl. dazu v. a. die Arbeiten von Sander Gilman.
56 Die politische Langeweile, S. 33-39.
57 James, Deutsche Identität, S. 24.
58 Zu dieser Terminologie von 1870 vgl. Jeismann, Vaterland der Feinde, hier S. 242.

Parlamentarismus als »Plapperment« gerade durch viele bürgerliche Akademiker.[59] Der Vorwurf des öden Parteihaders und die Debatte um die Massengesellschaft und die nivellierenden Folgen der Zivilisation ergänzten einander. Werner Sombart warnte vor der »parlamentarischen Verknöcherungsgefahr«.[60] Der Kavalleriegeneral Friedrich von Bernhardi, dessen Buch *Deutschland und der nächste Krieg* 1912 ein Publikumsrenner wurde, kommentierte die späten sechziger Jahre mit dem Satz, daß sich der staatsmännische Gedanke dem »öden doktrinären Parteienstandpunkt« weit überlegen gezeigt habe.[61] Kügelgen sprach vom »ledernen Parlamentarismus nach der Schablone«,[62] und Winterfeldt-Menkin unterschied den Parlamentarismus von einer auf Vertrauen gegründeten Verwaltung,[63] auch ein Kommentar zum oft unterstellten rationalen Charakter von Bürokratisierungsprozessen. Leidenschaftliche und deshalb interessante, ästhetisch akzeptable Tatkraft war in diesem Denk- und Erwartungshorizont der Kontrapunkt zu als langweilig gescholtenen Kontroversen um konträre Standpunkte.

Entsprechend erhoben politisch-pädagogische Kommentatoren es zur Tugend, durch politische Auseinandersetzungen gelangweilt zu sein. Der Pastor Arnold Daniel hielt 1887 einen Vortrag über Langeweile in Emden, der in drei Folgen im *Ostfriesischen Schulblatt* erschien, dem Organ des ostfriesischen Lehrervereins.[64] Er lieferte eine Systematik von entschuldbarer und nicht entschuldbarer Langeweile und erklärte Langeweile zum moralischen Gebot in bestimmten Situationen. Dabei analogisierte er das Geschwätz von Frauen und Parlamentariern als Ursache einer nicht nur gerechtfertigten, sondern geradezu erforderlichen Langeweile.

Keineswegs unpolitisch verurteilte Daniel wie Erdmann oder der Anonymus parteipolitisch-parlamentarisches Engagement. Sich zu langweilen, hielt er für die richtige moralische Antwort auf die falsche Art, Politik zu betreiben. Langeweile war sittlich geboten bei »ekelhaften Darstellungen schlüpfriger Romane, unsittlicher Gemälde, schmutziger Gespräche [...], oder ewigen Nörgeleien verbissener Parteipolitiker nach rechts und links, oder Geschwätz des Kaffeeklatsches und Hetzthees, Tuscheln und Zischen giftiger Zungen auf Bierbank oder im Salon.«[65] Politische Diskussionen rangierten auf einer Stufe mit Kartenspiel, Verstößen gegen eine rigide Sexualmoral und der »Plapper- und Putzsucht« junger Mädchen. Daniel übertrug die Identifikation von Langeweile mit Müßiggang, die auch die Konstruktion von Weiblichkeit prägte, auf parlamentarische Politik, die er zur Zeitverschwendung und implizit zur Faulheit

---

59 Breysig, Aus meinen Tagen, S. 13.
60 Lenger, Die Abkehr der Gebildeten von der Politik, S. 74.
61 Bernhardi, Denkwürdigkeiten, S. 31.
62 Kügelgen, Bürgerleben, S. 1053.
63 Winterfeldt-Menkin, Jahreszeiten, S. 137f.
64 Daniel, Über die Langeweile.
65 Ebd., S. 127.

erklärte, ein Vorwurf, gegen den sich Blum bereits 1848 als demokratischer Parlamentarier gewehrt hatte. Nietzsche erklärte es in *Jenseits von Gut und Böse* zum Zeichen zivilisatorischer »Flachköpfigkeit«, sich aus der elitären Höhe des echten Denkers auf die nivellierende Ebene der Diskussion um gleiche Rechte für Männer und Frauen zu begeben. Daniel nannte es ein Zeichen moralischsittlichen Verfalls, den parlamentarischen Betrieb anders denn als Schwatzbude wahrzunehmen. Er rechtfertigte nicht nur die Distanz zu solchen Diskussionsformen, sondern verurteilte diejenigen, die sich dabei nicht langweilten.

Daniel listete noch andere Situationen auf, in denen Langeweile voraussehbar und gerechtfertigt war: Unter- oder Überforderung, die ihm absolut leer erscheinende Zeit des Frührentners oder den Aufenthalt eines seriösen Geschäftsmannes im rheinischen Karneval. Das Grundmuster war immer ein blockiertes Vorwärtsstreben, ob selbst- oder fremdverschuldet,[66] ein ungestillter geistiger Hunger, der Erkenntnistrieb und Tatendurst, Phantasie und Gewissen abstumpfen lasse. Ähnlich wie Erdmann erklärte er Langeweile dann jedoch als individuelle Bankrotterklärung bestimmter Sozialcharaktere, und wieder standen Intellektuelle und Frauen nebeneinander. Auch Daniel beschrieb Intellektuelle als »blasirte«, »verbildete Langweiler« mit überzogenen Ansprüchen, die sich nur interessieren lassen wollten, statt selber interessant zu sein. In seiner Typologie der strafwürdigen Situationen war es das erste Gebot, niemanden zu langweilen.[67] Analog warf der Göttinger Arzt Hermann Klencke »unzufriedenen« Frauen vor, daß ihre Langeweile nur ihren »kalten, schalen Egoismus« verrate, den Wunsch, nur zu nehmen, nicht zu geben, und einen tiefsitzenden Mangel an Liebe.[68]

Diese Umdeutung markiert einen Unterschied zur englischen Geschichte von »boredom«. Spacks konstatiert einen übergreifenden Wandel in der Interpretation des englischen Begriffs, von einer moralisierenden Interpretation im 18. Jahrhundert, die die Schuld beim Individuum verortete, über soziologisierende Varianten im 19. Jahrhundert bis zur heute dominanten Tendenz, die Umwelt verantwortlich zu machen. In den deutschen Diskursfeldern konkurrierten Vertreter beider Interpretationen seit dem 18. Jahrhundert miteinander. Nach 1850 individualisierten Konservative den Begriff noch einmal entschieden. Mit dem Verweis auf diese Art, Pluralisierung und Parlamentarisierung auszugrenzen, soll kein eindimensionales Bild des unpolitischen Deutschen erneuert werden.[69] Aber eine solche Selbstbeschreibung gehörte zu den Strategien, mit denen Streit und Auseinandersetzung als Mittel politischer und

---

66 Ebd., S. 98.
67 Ebd., S. 97, 128, 149. Er erklärte es zur sittlichen Aufgabe, sich mit den täglichen Haus- und Arbeitsgenossen nicht zu langweilen, ebd. S. 149ff.
68 Klencke, Jungfrau, S. 32.
69 Zur Verlagerung politischer Aktivität auf die lokale Ebene vgl. z. B. Jan Palmowski, The Politics of the ›Unpolitical German‹. Liberalism in German Local Government, 1860-1880, in: The Historical Journal 42, 3 (1999), S. 675-704.

gesellschaftlicher Konsensfindung delegitimiert und nicht nur ein spezifisches politisches Handeln, sondern auch die Menschen, die so handelten, abqualifiziert wurden.

b. Massengesellschaft und Distinktion

Auch hinter der stereotypen Warnung, daß der Fortschritt die Welt monoton mache, stand die Angst vor dem Verlust von Deutungsmacht in einer Gesellschaft und einer Welt, in der Deutschland gerade erst die Führung in Wissenschaft und Technik eroberte und sie als politische Großmacht beanspruchte, aber das Wissen immer weniger monopolisierbar wurde, mit dem diese Position erreicht worden war. Das Deutungsmuster Bildung verlor seit den sechziger Jahren seine symbolische Vergesellschaftungskraft,[70] zu dem Zeitpunkt, als die Frauenbewegung und die Sozialdemokraten sich zu organisieren begannen. Die Klage über den Verlust von Individualität in der Massengesellschaft, ein fester Bestandteil konservativer Kulturkritik seit der Französischen Revolution, gewann zeitgleich an Schärfe.

Eine innergesellschaftliche Nivellierung behauptete Emil Stoetzel 1868 in seinem durchaus ambivalenten Artikel »Das Original«, veröffentlicht in der apolitischen Familienzeitschrift *Daheim*. Er beklagte, daß in den Verschulungs-, Professionalisierungs- und Bürokratisierungsprozessen des 19. Jahrhunderts wenige Männer dem Unabhängigkeitsmodell entsprechen könnten, laste diese Entwicklung aber der Massengesellschaft mit ihren Demokratisierungstendenzen an. Den Typus des farblos-nüchternen Berufsmenschen fand er nicht erstrebenswert, aber entweder schwer zu vermeiden oder ein Problem derer, die sich den Zugang zu diesen Berufsbereichen neu erkämpft hatten.

Stoetzel beschrieb die Vertreter verschiedener Professionen als langweilige, wenig originelle, auswechselbare Typen. Er schilderte deutsche Männer, die einen sicheren und statushohen Karriereweg gewählt hatten, als grau und berechenbar, im Gegensatz ausgerechnet zu einem klugen und originellen Franzosen, der allerdings an seinen fehlgeleiteten Utopien scheiterte. Stoetzel ärgerte sich in Tocquevillescher Manier über die wissenschaftliche Zergliederungswut des 19. Jahrhunderts, die aus markigen Speisen bloße chemische Zusammensetzungen mache und auch menschliche Persönlichkeiten auf identisches Verhalten reduziere, weil sie wenig Raum lasse für kreative Originalität. Erziehung, Ausbildung, Beruf, die ewig gleichen Karrierestufen färbten ab: »Lauter flaue, klare, schablonenmäßige Gestalten, ein Schafstall, wo ein Stück einen weißen, das andere einen schwarzen Pelz hat, und – ja und eben nichts weiter,« so beschrieb er die gute Gesellschaft. In dieser »unterschiedslosen, gleichförmigen Masse« sah er statt Individuen nur mehr Typen, die dem klassischen Gebildeten nicht entsprachen: den neuetablierten Kaufmann mit der Devise

---

70 Bollenbeck, Bildung, S. 280; für Oberschichtmänner, so wäre zu präzisieren.

»Zeit ist Geld«, also den Wirtschaftsbürger, den ungehobelten Theologiestudenten aus der Provinz und den alten, pedantischen niederen Bürokraten. Keiner besaß das eigentlich erträumte kulturelle oder soziale Kapital.

> Langweiliges Jahrhundert, ... welches alles uniformiert, keine Persönlichkeit und keine Eigenart aufkommen lassen will. Wenn es sich doch heute jemand beikommen ließe, sich als zweiter Diogenes in einer Tonne einzulogiren, oder am hellen Tage mit einer Laterne Menschen zu suchen, ein paar Sturzbäder in der Charité wären ihm doch mindestens sicher. Kann es denn auch anders sein? Muß nicht in einem Zeitalter der allgemeinen Schulpflicht, der allgemeinen Wehrpflicht, des allgemeinen Stimmrechts, der allgemeinen Grundrechte auch der ganze Mensch nothwendig etwas Allgemeines werden?[71]

Stoetzel unterstellte, daß die Verbreitung von gleichen Rechten und Pflichten den Menschen vermasse und die Massengesellschaft eine Persönlichkeit zum Typus reduziere. Das Allgemeine als das Gemeine, die Demokratisierung von Grundrechten als Zerstörung von Originalität, das waren klassische Topoi der konservativen Kritik an der Massengesellschaft und am liberalen Individualismus. Der Gegenspieler, ein heruntergekommener Franzose, war allerdings auch keine Heldenfigur. Er war zwar klug und originell, aber ein sozialer Außenseiter: als junger, hochintelligenter Mensch ins Ausland verschlagen, erwarb er zu wenig Sprach- und Landeskenntnisse, so daß seine Fähigkeiten abstarben, und er konzentrierte sich auf ein einziges, unrealisierbares Projekt – genau die Fehlhaltung, die als sicherer Weg in psychischen und physischen Verfall galt. Der Mann starb. Das war nicht ungewöhnlich, sondern das übliche literarische Los für mangelnde Anpassung an die bürgerliche Gesellschaft. Nur traf es normalerweise Frauen.

Stoetzels halb verständnisvolle, halb resignierte Kritik bezog sich auf bürgerliche Berufe. Die mögliche Langeweile von Arbeitern dagegen wurde seltener thematisiert, während die ländliche Gesellschaft zu diesem Zeitpunkt bis auf Randbemerkungen noch gar nicht ins Blickfeld rückte. Die Diskussion um Arbeitsfreude drehte sich zwar um Entfremdungserfahrungen. Die Arbeitswissenschaft machte die Arbeitsfreude zum akademischen Thema und verstärkte den Kampf »um die Seele des Arbeiters«,[72] wobei die Psychophysik immer auch die psychischen Folgen von Übermüdung und Monotonie berücksichtigte. Die Obsession mit Arbeit erweiterte sich im Kaiserreich zur vieldiskutierten Utopie einer Arbeit ohne Ermüdung, in der die Metapher des »menschlichen Motors« revolutionäre wissenschaftliche Entdeckungen über die physikalische Natur in eine neue Vision sozialer Modernität übersetzte und in einem übergreifenden

---

71 Stoetzel, Das Original, Zitate S. 263.
72 Hinrichs, Um die Seele des Arbeiters; Campbell, Joy in Work, S. 73ff.

materialistischen Konzept Natur, Industrie und menschliche Aktivität bündelte. Arbeit wandelte sich von einer christlich-moralisch aufgeladenen Kategorie zu einer quantifizierbaren Größe in Form von Arbeitskraft,[73] und Wissenschaftler suchten nach technisch-physiologischem Wissen über Müdigkeit, um diese, die dem Menschen und der Gesellschaft Grenzen setzte, ausschalten zu können.

Wer Langeweile jedoch als umfassendes Übel einer modernen Gesellschaft charakterisierte, konnte nicht umhin, mitunter auch die Klassenstruktur zu berühren. Bildungselitäre und sozialkritische Stimmen hielten sich dabei die Waage. Der Schweizer Staatsrechtler, Bundesrat und Prediger Carl Hilty (1833-1909)[74] und der Berliner Pädagoge Wilhelm Münch[75] hielten Langeweile für eine mögliche Quelle der Unzufriedenheit von Arbeitern oder Angestellten. Beide kritisierten, daß die Oberschichten, deren Lebenserhalt materiell gesichert sei, stärker freizeit- als arbeitsorientiert seien, und monierten die Reizüberflutung der Gesellschaft. Hilty und Münch entdeckten Langeweile bei beiden Geschlechtern und allen sozialen Gruppen, und letztlich geriet Langeweile zum catch-all-Begriff für alle Übel in einer modernen oder, bei Hilty, einer vom Glauben entfremdeten Gesellschaft. Hilty drohte dem zum »Rentier« gewordenen Bürger allerdings auch an, von den »echten« Arbeitern um 1900 genauso überholt zu werden, wie das Bürgertum den müßiggängerischen Adel an der letzten Jahrhundertwende überholt habe.[76]

Andere wiesen dagegen strikt zurück, daß Arbeiter sich langweilen könnten. Karl Stugan in *Über Land und Meer* von 1878[77] und Karl Gerhard in der Zeitschrift *Vom Fels zum Meer* von 1898/99[78] beschäftigten sich primär mit der Langeweile der Gebildeten und der Zerstreuungssucht blasierter Müßiggänger. Sie erklärten Langeweile und Überdruß im Gestus des Kulturkritikers zur Trauer der Psyche über ein naturwidriges Dasein, über einen verfehlten Lebenszweck und die im Zeitvertreib verschwendete Zeit.[79] Stugan forderte zwar von den Gesellschaftswissenschaften, das Problem zu lösen, daß die Armen zuwenig Zeit zur Erholung hätten und die Reichen zuwenig Lust zur Arbeit verspürten. In einer bemühten Verteidigung von Fleiß und Tugend jammerte er jedoch primär über den zerstreuungssüchtigen, blasierten, faulen Müßiggänger. Das differenzierte kulturelle Vergnügungsangebot des Kaiserreichs mit seinen Theatern, Konzerten, Bällen und seiner »oberflächlichen« Kunst inter-

---

73 Rabinbach, The Human Motor, S. 1, 4.
74 Hilty, Über die Langeweile, S. 239-254. Hilty war Rechtsanwalt in Chur, dann Strafrechtslehrer in Bern, zugleich Chef der schweizerischen Militärjustiz, Mitglied des Nationalrats und des Haager Gerichtshofes.
75 Münch, Über die Langeweile, S. 188-199.
76 Hilty, Das Glück, S. 19.
77 Stugan, Abgerissene Gedanken über Langeweile, S. 579-580, S. 591ff.
78 Gerhard, Die Langeweile, S. 100-103.
79 Ebd., S. 591ff.; Stugan, Abgerissene Gedanken über Langeweile, S. 100ff.

pretierte er als Palliativ gegen die herrschende Langeweile. Nur sehr knapp räumte er ein, daß Arbeit allein genauso wenig erstrebenswert sei wie purer Genuß, und empfahl die klassische Balance.[80] Stugan verwahrte sich jedoch sofort gegen eine klassenkämpferische Entfremdungskritik, indem er Arbeit und Langeweile kontrastierte, daraus paternalistisch folgerte, daß Arbeiter sich nicht langweilten, und das als ausgleichende Gerechtigkeit gegenüber den geplagten Oberschichten bewertete. Der Münchner Philosophieprofessor und Populärpessimist Johannes Huber gestand ein, daß Arbeiter leiden könnten, sprach aber nur vage von Verbesserungen der sozialen Verhältnisse.[81] Auch Gerhard grenzte Langeweile sozialkonservativ ein. Er behauptete, der Mangel an Zeit verhindere Langeweile bei den Unterschichten, und fügte die bildungselitäre Deutung hinzu, daß nur gebildete Menschen sich langweilen könnten: die Bewußtseinskrise als Merkmal, das den Kulturmenschen vor den Unterschichten auszeichnete. Vor dieser Folie wird das Reden über Langeweile und Arbeitslast erneut als Distinktionsmöglichkeit von Oberschichtmännern sichtbar.

Gegenüber Langeweile als einem klassenkämpferisch interpretierbaren Symptom von entfremdender Arbeit und mangelnder Wahlfreiheit beschworen diese bürgerlichen Gefühlslehrer wie Erdmann die individuelle Qualität des Phänomens. Denen, die für sozialen Ausgleich eintraten, warfen sie ein Sicherheitsdenken vor, das die Entwicklung einer dynamischen Gesellschaft blockieren könne. Einige Autoren erklärten lebensweltliche Unsicherheit zu dem notwendigen Stachel, der die größten Anstrengungen hervorzaubere. Ohne möglicherweise eintretendes Unglück fehle der mächtigste Antrieb für Kraftanstrengung, schrieb Huber; es »würde das Leben in langweiliger Monotonie reizlos wie ein aufgezogenes Uhrwerk ablaufen; da alles, was kommt, weil es so kommen müßte, schon im voraus erkannt wäre.«[82] Eine psychodarwinistische Version lieferte der Populärphilosoph Georg Heinrich Schneider. Er erhob 1883 das Empfinden vom Stillstand als Rückschritt zur anthropologischen Konstante und diskreditierte gleichzeitig Güterverteilung oder sozialen Wandel hin zur Einebnung sozialer Differenzen als »unpraktisch und krankhaft«. Er behauptete, daß ein Mensch sich im täglichen Kampf um Existenzverbesserung wohler fühle als in einer gesicherten Existenz, da vor allem ererbter Besitz schnell Unlustgefühle hervorrufe und Sicherheit dem menschlichen Trieb zum Fortschreiten nicht entspreche. Eine möglicherweise das ganze Leben überspannende Hoffnungslosigkeit aufgrund einer ökonomischen Randlage oder diskursiven Verortung ignorierte er weniger, als daß er sie verächtlich beiseite wischte. Schneider forderte eine entsprechend angepaßte Wahrnehmung, denn glücklich zu sein, hänge davon ab, ob man sich im Vergleich mit anderen in der

---

80 Stugan, Abgerissene Gedanken über Langeweile, S. 579f., 591ff.
81 Huber, Pessimismus, S. 99; Stugan, Abgerissene Gedanken über Langeweile, S. 593.
82 Huber, Pessimismus, S. 104; s. a. S. 99-104, 110f.

»Selbst- und Arterhaltung gefördert oder gehemmt« fühle.[83] Ein gesunder Mensch, der nicht unmoralisch oder leidenschaftlich sei, komme vorwärts, unabhängig von den Ausgangsbedingungen.[84] Umgekehrt begründete er das Streben der bereits Besitzenden nach Zuwachs damit, daß keine stationäre Situation Freude verursache; weil ein »gesunder« Mensch sowieso immer nach vorn strebe, werde ein Stillstand als Rückschritt empfunden.[85]

Ein ähnliches Abgrenzungsbedürfnis zeigte sich auch mit Blick auf ausgeweitete Kommunikationszusammenhänge. Die Globalisierung von Kommunikation im späten 19. Jahrhundert und eine entsprechend höhere Annäherung galt manchen Beobachtern nicht nur als Gewinn, sondern auch als Bedrohung. Verbesserte Kommunikationsmittel machten Wissen mehr Menschen simultan zugänglich, und diese plötzliche Nähe aller mit allen erhöhte das Abgrenzungsbedürfnis, statt es abzubauen.[86] Der Königsberger Philosophieprofessor Karl Rosenkranz (1805-1879) nahm in diesem Sinne Ferdinand Tönnies' Kritik in *Gemeinschaft und Gesellschaft* vorweg, der die Entwicklung des modernen Kapitalismus zwar für unausweichlich hielt, sie aber auch als Verlust definierte. Auch Rosenkranz befürchtete eine internationale Vernetzung, die die erst im Laufe des Jahrhunderts erworbene internationale Vormachtstellung in den Wissenschaften wieder gefährden könne. Der Hegel-Biograph, seit 1833 der dritte Nachfolger Kants auf dessen Lehrstuhl, war von Juli 1848 bis Januar 1849 als Vortragender Rat im Kultusministerium in Berlin und vertrat auch danach eine liberale Position.[87] Sein Glaube an den Fortschritt der Geschichte war jedoch ambivalent. Er sah weniger gesteigerte Anregungen voraus als eine einförmiger werdende Kultur.

Ein Jahr nach der Reichseinigung beklagte Rosenkranz 1872 in der *Gegenwart* den »Fortschritt in der Einförmigkeit der Civilisation«. Er unterstellte ebenfalls, daß mit ausgeweiteten Partizipationsmöglichkeiten die Kultur einheitlicher würde. Die »unerhörte Gleichzeitigkeit« des Wissens[88] interpretierte er als Gleichförmigkeit: »Welche Folgen diese geistige Einförmigkeit, dies augenblickliche Wissen aller wichtigen Thatsachen der Gegenwart haben wird, kann erst die Erfahrung lehren.« Wissen ließ sich als Distinktionsmittel oder als Instrument von Macht und Überlegenheit schwerer nutzen, wenn alle gleichzeitig dasselbe wissen konnten. Rosenkranz bedauerte, daß die ganze Mensch-

---

83 Schneider, Freud und Leid, S. 111f.
84 Ebd., S. 88.
85 Ebd., bes. S. 84ff., S. 86.
86 Kern, The Culture of Time and Space; Fischer, Augenblicke, S. 7ff.
87 Dietzsch, Karl Rosenkranz, S. 153-161; Überweg, Grundriß der Geschichte der Philosophie, Bd. IV, S. 213f.; zu Rosenkranz' Ästhetik vgl. Jung, Schöner Schein der Häßlichkeit, S. 187ff.
88 Zur Ausweitung des Zeitungswesens Nipperdey, Arbeitswelt und Bürgergeist, S. 797ff.

heit sich nun sofort die individuellen Errungenschaften einzelner Völker oder eines genialen Individuums aneignen könnte.[89] Im Moment des größten militärisch-politischen Triumphes bedrohte der Telegraph in seinen Augen die Hegemonie der »gebildetsten Nation der Erde«. Wohl plädierte er am Ende für Parlamentarisierung und einen verbesserten Transport und beschrieb diese Entwicklung als Verlusterfahrung der Naturvölker: »Die Eigenthümlichkeit der Naturvölker und ihrer Sprachen, die Eigenthümlichkeit der nationalen Tracht und Bewaffnung, die Unwegsamkeit und Zufälligkeit des Verkehrs, die Abgeschlossenheit eines beschränkten Bewußtseins, die despotische Regierungsform müssen dem Rationalismus des denkenden Geistes und seinem Nivellement sich unterwerfen.«[90] Dieser Fortschritt schien ihm ebenso unausweichlich wie zwangsläufig monoton und langweilig: »Die immer wachsende Einförmigkeit der Cultur, welche an die Stelle der Romantik der Naturwüchsigkeit tritt, gähnt uns zunächst als eine Oede an, die uns oft schon langweilt.«[91] Ausdrücklich suchte er nach den positiven Auswirkungen der internationalen Vernetzung, schilderte sie jedoch als weder aufregend noch einladend. Im unvermeidlichen Fortschritt hoffte er auf eine (unerklärte) Individualisierung durch den Geist und die Natur mit ihren immer neuen Rätseln, um die drohende gähnende Öde zu füllen. Nicht die Ausweitung des Wissens, sondern die wachsende Zugänglichkeit des Wissens galt als Verlust.

Die Vorstellung von Massenwissen beflügelte die Angst vor den Massen. Nicht nur Opponenten, auch Befürworter des Fortschritts unterstellten, daß eine Demokratisierung von Informationen und Rechten national wie international sogenannte natürliche Unterschiede verschwinden lassen würde. Auch bei der Vereinheitlichung der Zeitstandards durch die Greenwich-Zeit sorgten sich Publizisten darum, wie sich sozio-ökonomische und politische Vereinheitlichungsprozesse auf Psyche, Mentalität und Verhalten auswirken könnten. M. Wilhelm Meyer plädierte in der *Gegenwart* zwar ausdrücklich für ökonomische Rationalisierung und internationale Kooperation, wenn sie dem Wohlstand aller und damit dem Frieden diene. Aber auch er setzte solche Prozesse mit psychisch-mentaler Vereinheitlichung gleich. Dieselbe Uhrzeit zu haben, verglich er mit einem erzwungenen Verhalten in einem Überwachungsstaat bzw. unter einem Obergärtner, der alle Triebe in dieselbe Richtung zwinge, und er warnte vor einem Alltag im korsettierten Gleichschritt. Meyer beschwor eine monotone Welt als unausweichliches Ergebnis ökonomischer Rationalisierung, und er begründete mit dieser Angst seinen Wunsch, bestimmte Phänomene aus allem Wandel herauszuhalten. Sollte sich die deutsche Wirtschaft im Greenwich-Takt bewegen, schien ihm sonst auch der deutsche Alltag bedroht:

---

89 Rosenkranz, Der Fortschritt, S. 180.
90 Ebd., beide Zitate S. 182.
91 Ebd., S. 180.

Das müßte ja eine grauenhaft langweilige Welt sein, wo auch unser Geist und unser Gemüth in eine allgemeine Uniform gesteckt und nicht nur der Tabak, sondern auch das Lachen und Weinen verstaatlicht wäre, welches man nur nach gewissen gesetzlichen Normen und nach Entrichtung der darauf entfallenden indirecten Steuer ratenweise genießen darf, ebenso wie die schwarze Suppe, welche uns dann ein Polizeidiener alle Mittage bringen würde.[92]

Vor dieser Rationalisierung suchte er die »individuelle Vielartigkeit« zu schützen, die »inneren naturgeborenen Güter unserer Seele«, »deren Verschlingungen untereinander allein nur das Leben interessant und genießbar machen können und die deshalb auch in ihren geringfügigeren Zügen vom Fortschritt unangetastet bleiben sollten.«[93] Wer demgegenüber auf gleichen Rechten beharrte, handelte sich schnell den Vorwurf ein, natürliche Unterschiede zerstören und »Gleichmacherei« betreiben zu wollen.

Norbert Elias hat auf die antidemokratische Bedeutung des Langeweilebegriffs aufmerksam gemacht. Er verstand Langeweile auf individueller wie gesellschaftlicher Ebene als Zeichen für zu stark verinnerlichte Verbote. Beim einzelnen Menschen signalisiere Langeweile, daß soziale Tabus so strikt verinnerlicht seien, daß die Einzelnen ihre Gefühle gar nicht mehr ungebrochen äußern könnten.[94] Auf der Makroebene interpretierte Elias Langeweile analog als Zeichen einer Gesellschaft, die das offene Austragen von Konflikten nicht zulasse. Er plädierte statt dessen für ein Gesellschaftsmodell, das nicht auf eine unerreichbare Utopie der Konfliktlosigkeit abziele, sondern sich um kontrollierbare und demokratisch veränderbare Mechanismen der Konfliktregulierung bemühe:

> Eine konfliktlose Gesellschaft mag als Gipfel der Rationalität erscheinen, aber sie ist zugleich auch eine Gesellschaft der Grabesstille, der äußersten Gefühlskälte und höchsten Langeweile – eine Gesellschaft überdies ohne jede Dynamik. In jeder erwünschten Gesellschaft, wie in der gegenwärtigen, besteht die Aufgabe nicht in der Abschaffung der Konflikte – das ist ein vergebliches Unterfangen –, sondern in ihrer Regulierung, in der Unterwerfung der Konflikt-Taktiken und -Strategien unter Regeln, die selbst nie als endgültig betrachtet werden können.[95]

---

92 Meyer, Die Weltzeit, S. 131-133.
93 Ebd., S. 132.
94 Elias, Über den Prozeß der Zivilisation, Bd. 2, S. 332. Moore, Ungerechtigkeit, S. 23f., nennt schiere Langeweile einen psychischen Mangel, neben dem Fehlen eines freundlichen Echos, der Verhinderung von Aggressionen und dem Mangel an Anerkennung, die genauso schädlich sein könne wie materieller oder physischer Mangel.
95 Elias, Studien über die Deutschen, S. 384.

Er stellte damit dem wilhelminischen Politik- und Gesellschaftsverständnis, der Polarisierung von warmer organischer Gemeinschaft und kalter Zivilisation, von künstlichem Verhalten und authentischem Gefühl, von Selbstkontrolle und männlichem Wirken eine pluralistische, nicht-determinierende »postmodern condition«[96] entgegen, eine politische Kultur diesseits der Utopie (Helmuth Plessner).

Im Lichte der beschriebenen Deutungsprozesse ist davor zu warnen, aus der Krisenrhetorik um 1900 ungebrochen die Interpretation von Langeweile als einem Phänomen hochzivilisierter Gesellschaften zu übernehmen, die im Gefühl der Insuffizienz nach der Heraufkunft des Unzivilisierten, Barbarischen schielen.[97] Eine dem politischen System angelastete Langeweile zeichnete nicht einfach nur das Unbehagen in der Zivilisation nach, wie Spacks formuliert.[98] Im deutschen Kontext markierte Langeweile vielmehr, wie ein Unbehagen über den Triebverzicht *in* der Kultur, wie Freud es nannte,[99] in das Unbehagen *an* der Kultur umformuliert wurde, durch die Klage nicht nur über eine kulturelle,[100] sondern auch eine politische Langeweile, die eine Klage über Pluralisierungsprozesse war. Das ästhetisierende und Gegenargumente erschwerende Begriffspaar interessant versus langweilig, mit dem politisches und gesellschaftliches Handeln bewertet wurde, überhöhte die Opposition gegen ein institutionalisiertes Austragen von Konflikten und gegen eine Ausweitung von Kommunikation und Partizipation zur einzig akzeptablen Haltung. Der Vorwurf der Langweiligkeit und des Langeweile-Erzeugens, oft mit antisemitischer Spitze, traf Einzelpersonen und Körperschaften wie das Parlament. Die Langeweileklage bedeutete dennoch keine rundweg antimoderne Position. Sie verriet vielmehr die Angst vor verschobenen Grenzen, vor pluralisierten Öffentlichkeiten, die die Kontrolle der Eliten innen- und außenpolitisch zu gefährden drohten.

---

96 Bauman, Intimations of Postmodernity, S. 190.
97 Pikulik, Langeweile oder die Krankheit zum Kriege, S. 615.
98 Spacks, Boredom, S. X.
99 Freud, Über das Unbehagen, bes. S. 457f.
100 Stern, Kulturpessimismus, bes. S. 19-21, 26.

2. Langeweile und Individuum

Der Sprachwissenschaftler Moritz Lazarus (1824-1903) erklärte 1878 in einem Vortrag über »Zeit und Weile« in Berlin, daß Langeweile ein »ungemein geläufiger« Begriff in Deutschland sei.[101] Die vielschichtigen Diskurslinien lassen sich nur schwer auf eine Linie bringen, drehten sich aber im weitesten Sinne alle um das Verhältnis von sozialen Regeln und individueller Authentizität. Die großen Entwürfe, wie ›richtiges‹ Handeln und ›richtige‹ Persönlichkeit aussehen sollten, die unter dem Stichwort Langeweile in der Sattelzeit publiziert worden waren, gab es nicht mehr. Statt dessen ironisierten Literaten und Bühnenautoren die Langeweile steifer Konventionen, während Wissenschaftler die komplexe moderne Gesellschaft mit standardisierten Lebensläufen und langen Handlungsketten in den Vordergrund rückten.[102] Hatten die Diätetiklehrer diskutiert, wie nötig, aber auch wie problematisch Selbstkontrolle war, so forderten jetzt, in auseinandertretenden Diskursen, die weder soziale Ausdifferenzierung noch Persönlichkeitsnormen mehr problematisierten, einige Verhaltenslehrer eine immer striktere Gefühls- und Persönlichkeitskontrolle, während andere entweder Selbstkontrolle als eine Blockade des Handelns beschrieben oder gar eine angeblich authentische Natur beschworen, die in einer intellektualistischen Moderne verlorengehe und durch große, handelnde Helden wieder freigesetzt werden müsse.

a. Gymnastik des Willens: Pessimismus und Sexualität

In den fünfziger und sechziger Jahren setzte eine breite Rezeption des 1788 geborenen Arthur Schopenhauer ein.[103] Einer seiner Popularisierer war Eduard von Hartmann, dessen Arbeiten um 1900 Verkaufszahlen um 180 000 erreichten und der neben Nietzsche das bürgerliche Selbstverständnis grundlegend

---

101 Lazarus, Zeit und Weile, S. 201. Lazarus war (mit Heymann Steinthal) Mitbegründer und -herausgeber der Zeitschrift für Völkerpsychologie und Sprachwissenschaft. Er war zunächst Professor in Bern (wo auch Hilty arbeitete), ab 1872 dann in Berlin, und gehörte zum Zirkel der Baronin Spitzemberg, der Ehefrau des katholischen württembergischen Diplomaten Carl von Spitzemberg.
102 Auch Döcker, Ordnung, S. 191f., konstatiert, daß das ausgefeilte Programm der Selbstbildung nach der Jahrhundertmitte ersetzt wurde durch »standardisierte Phrasen zur Bewältigung standardisierter Situationen, die um den aktiv gestaltenden Anteil der beteiligten Subjekte verkürzt werden«.
103 Sass, Daseinsbedeutende Funktionen von Wissen und Glauben, S. 113-138. 1859-1860 erschienen die 3. bis 10. Auflage von »Die Welt als Wille und Vorstellung«, 1851 erstmals »Parerga und Palipomena«. Frauenstädts erste Werkausgabe Schopenhauers in 6 Bänden erschien 1873-74, in 2. Auflage 1877, ebd. S. 137f.

beeinflußte.[104] Ein Scharnier für die Säkularisierung des Denkens im späten 19. Jahrhundert,[105] wandte Schopenhauer sich gegen Hegels Hypothese eines geschichtlichen Endzwecks und gegen die dominante philosophische Vorstellung des Absoluten als Geist oder Vernunft. Sein Modell des Ich setzte sich aus Wille (= Trieb) und Intellekt zusammen, wobei der Intellekt dem Willen nachgeordnet und meist ausgeliefert sei. Weder Geist noch Idee, sondern der blinde Wille wirke als metaphysisches Urprinzip und verborgener Grund allen Geschehens.[106] In diesen Vorstellungen bildete Langeweile eine zentrale Kategorie. Schopenhauer sah die Masse der Menschen unausweichlich zwischen Unlust und Lust taumeln, zwischen der Not des unbefriedigten Begehrens und der Langeweile des befriedigten Begehrens.

Schopenhauer rückte den Körper mit seinem beherrschenden sexuellen Trieb in den Mittelpunkt seiner Philosophie und seines Menschenbildes.[107] Er definierte Sexualität als heftigste Begierde, als »Wunsch der Wünsche«, dessen Befriedigung das letzte Ziel der natürlichen menschlichen Bestrebungen sei, die Krone des Glücks. Diese Befriedigung hielt er für notwendig für physische Gesundheit.[108] Erreiche der Mensch sie, scheine alles erreicht, anderenfalls alles verfehlt.[109] Schopenhauers Elitenverständnis zufolge gelang es jedoch nur denjenigen, die auf die Gesellschaft verzichteten, sich aus der Abhängigkeit des Geistes von Körper und Sexus zu befreien, während die große Masse am Gängelband der Triebe taumele. Seine Theorie konnte für die Gebildeten insofern attraktiv sein, als sie der Masse ebenfalls unterstellten, ihre Triebe nicht kontrollieren zu können, sich selber aber nicht als Teil der Masse verstanden, sondern aus der für sich reklamierten Fähigkeit zur Selbstkontrolle das Recht und die Pflicht ableiteten, die Massengesellschaft zu kontrollieren.

Schopenhauer vertrat eine Theorie der Bedürfnisse, die sich in die Kulturkritik an einer entstehenden Konsumgesellschaft einspeisen konnte. Generell kämpften in seiner Welt die »niedere Volksklasse« vornehmlich gegen die Not und die im Überfluß lebenden oberen Schichten gegen die Langeweile,[110] in

---

104 Zu Schopenhauer (und Freuds Anleihen bei ihm) vgl. Zentner, Die Flucht ins Vergessen, hier S. XI; zur Rezeption Schopenhauers Nipperdey, Bürgerwelt und starker Staat, u. a. S. 447ff., 579; zu Hartmann s. Gebhardt, »Der Zusammenhang der Dinge«, S. 262ff.; Blättler, Der Pöbel, S. 169ff.
105 Nipperdey, Bürgerwelt und starker Staat, S. 447f., zur Erschütterung der idealistischen Weltdeutung mit ihrem Fortschritts- und Kulturoptimismus.
106 Zentner, Flucht, bes. S. 78ff.; Heidbrink, Melancholie, S. 116; Nipperdey, Bürgerwelt und starker Staat, S. 447.
107 Zur Zweiteilung der Philosophiegeschichte in der Frage, ob die Vernunft oder die Triebe wirkungsmächtiger seien, vgl. Fink-Eitel, Lohmann, Philosophie der Gefühle, S. 7ff.; Zentner, Flucht, S. 81.
108 Zentner, Flucht, S. 78.
109 Ebd., S. Xf.
110 Nach der Sicherung des Lebensunterhaltes gehe es nur noch darum, die Langeweile abzuwehren, Schopenhauer, Parerga, II (=Werke, Bd. 5), S. 261.

einem Weltbild ohne Wandel oder geschichtliche Entwicklung. Das individuelle Streben war kein fortschrittsoptimistisches Werkzeug mehr, sondern resultierte aus blindem Daseinsdrang, aus der Unzufriedenheit mit dem gegebenen Zustand. Jede Befriedigung erklärte er zum Ausgangspunkt eines erneuten Strebens, wenn sie nach einem kurzen Atemholen in Langeweile umschlage.[111] Entsprechend schützte nur ein Erwartungsüberschuß die Masse vor dem Leiden der Langeweile:

> … glücklich genug, wenn noch etwas zu wünschen und zu streben übrig blieb, damit das Spiel des steten Uebergangs vom Wunsch zur Befriedigung und von dieser zum neuen Wunsch, dessen rascher Gang Glück, das langsame Leiden heißt, unterhalten werde, und nicht in jenes Stocken gerathe, das sich als furchtbare, lebenserstarrende Langeweile, mattes Sehnen ohne bestimmtes Objekt, ertödtender *languor* zeigt.[112]

Mit Blick auf die Geschlechterbeziehungen allerdings unterschied sich Schopenhauer nicht von anderen Ratgebern. Wie später bei Nietzsche lebte auch bei ihm das weder zu großen geistigen noch körperlichen Arbeiten befähigte Weib nur für die Gegenwart, wie er in den 1851 fertiggestellten *Parerga* schrieb; der denkende Mann dagegen überblicke Vergangenheit und Zukunft, weshalb er auch oft so sorgenvoll sei.[113] In diesem Punkt stimmte ihm sein Popularisierer, der Offizier und Privatgelehrte Eduard von Hartmann, zu.[114] Ging es um das Geschlechterverhältnis, dann verwandelte sich die Masse, nun rein männlich definiert, in Hartmanns patriarchalischer und klassenaristokratischer Sicht aus einem triebbeherrschten Pöbel in ein vernunft- und moralfähiges Volk.[115] Ansonsten jedoch popularisierte er vor allem den im späten 19. Jahrhundert typischen Gegensatz von Arbeit und Langeweile. Die reine Muße verwarf er als Nichtstuerei und Hirngespinst, da Muße ohne Arbeit nicht erquicke, sondern nur durch Zeitvertreib erschöpfe oder vor langer Weile verschmachten lasse.[116]

Hartmann interessierte außerdem und vor allem eine Definition legitimen Begehrens. Je selbstverständlicher die Temporalisierung wurde, umso gefährlicher erschien ihm ein stetes Anstacheln der Erwartungen. Hartmanns spezifische Auffassung von Pessimismus sollte eine umfassend und unterschiedslos propagierte Erwartung der Erwartungen abblocken. Gerade weil er fürchtete, daß der moderne Mensch ein immer feiner entwickeltes Sensorium für die Diskrepanz zwischen Zielen und Ergebnissen menschlichen Handelns habe,

---

111 Vgl. Hofstaetter, Heine, S. 113ff.; Überweg, Grundriß der Geschichte der Philosophie, Bd. 4, v. a. S. 145f.
112 Schopenhauer, Die Welt als Wille, I (= Werke, Bd. 1), S. 229f. (kursiv im Original).
113 Schopenhauer, Parerga II (= Werke, Bd. 5), S. 529.
114 Finney, Women in Modern Drama, S. 2.
115 Blättler, Der Pöbel, S. 180.
116 Hartmann, Zur Geschichte, S. 37.

forderte er sozialkonservativ, jeder solle sich daran gewöhnen, daß in der Lust-Unlust-Bilanz des Lebens die Unlust immer größer sein werde.[117] Auch der Populärpessimist Bahnsen unterschied in seinen Studien über Charakterologie zwischen echtem Pessimismus und falscher Sentimentalität, wobei er letztere direkt neben Langeweile plazierte, als »das unbestimmt Negative der Nichtbefriedigung«. Langeweile sei kein echter Pessimismus, weil erstere einfach nur vage und wegstrebend sei, »nicht das Leiden als unentrinnbares Lebensgesetz« erkenne, nicht resigniert, sondern nur unzufrieden und launisch sei.[118] So wie Erdmann und andere sorgfältig zwischen echter und falscher Begeisterung und Langeweile unterschieden,[119] so behielten diese beiden Autoren sich für Pessimismus und Langeweile eine bildungselitäre Deutung vor.

Ob Verhaltenslehrer in der zweiten Jahrhunderthälfte nun direkt auf Schopenhauer reagierten oder nicht, sie wandten sich mit der typischen Forderung nach einer rigiden und so früh wie möglich verinnerlichten Ökonomie der Gefühle gegen zu hohe Erwartungen und polemisierten gegen eine Liberalisierung der Sexualmoral. So forderte der 1863 geborene Reinhold Gerling, Redakteur naturheilkundlicher Zeitschriften und Verfasser etlicher Theaterstücke, die »Gymnastik des Willens«[120] und versprach durch Selbstkontrolle gesellschaftliche Einbindung und sozialen Erfolg. Er verwandte einen ähnlich quantitativen Glücks- und Zeitbegriff wie Erdmann in dessen Versuch, politische Leidenschaften vergessen zu machen. Gerling definierte Glück in meßbaren Zeiteinheiten, nicht als ein intensives Gefühl, das die Zeit vergessen lasse. Erwartungen sollten beschnitten werden, denn je weniger man vom Leben erwarte, desto zahlreicher würden die »Zeitabschnitte des Glücks«.[121] Friedrich Kirchner, Oberlehrer am königlichen Realgymnasium in Berlin und Dozent für Philosophie und Literaturgeschichte an der Humboldt-Akademie, empfahl in seiner *Diätetik des Geistes* von 1884, lüsterne Gedanken durch Waldwanderungen zu verscheuchen und sich ansonsten müde zu arbeiten.[122] Der bei Reval ansässige Rittergutsbesitzer und Landwirt Nicolai von Glehn plädierte in seiner 1889 veröffentlichten Flugschrift über *Die Oeconomie der Empfindungen* für eine »fürsorgliche Sparsamkeit an unsren Gefühlen« in dieser »erregten« Zeit, um nicht in die Abgründe der Unlust zu stürzen.[123] Dazu gehörte bei Hermann Klencke auch, Tränen und Rührung bei Jungen zu tabuisieren.[124] Klencke for-

---

117 Ebd., S. 77, 92f.
118 Bahnsen, Beiträge zur Charakterologie, Bd. 2, S. 216.
119 So auch der Publizist Gelderblom, Begeisterung, und der protestantische Theologe und vaterländische Schriftsteller Gerok, Illusionen und Ideale.
120 Gerling, Gymnastik des Willens, S. 206 (sein Pseudonym war R. Dörffel); zur ähnlichen Terminologie Schopenhauers und Freuds Zentner, Flucht, S. 86f.
121 Gerling, Gymnastik des Willens, S. 88, Zitat S. 196.
122 Kirchner, Diätetik, S. 45, 236.
123 Glehn, Oeconomie der Empfindungen, S. 61.
124 Klencke, Die Mutter als Erzieherin, S. 493.

mulierte die klassische Angstvision, daß sexuelle Freizügigkeit zu einer Abhängigkeit vom Genuß führe, die Langeweile produziere und die Arbeitskraft des Menschen in einem »Streben ohne Ziel« verzehre.[125] Statt dessen galt die jeweils gegebene Arbeit als Quelle von Zufriedenheit. Kirchner malte Sinneslust als sichersten Weg in Langeweile und Unlust, Arbeit dagegen, mochte sie noch »so langweilig, geistlos, unbedeutend sein«, als reizvoll, weil sie das Wesen alles Lebens sei.[126] Johannes Huber lehnte das pessimistische Lust- und Unlust-Prinzip entschieden und ärgerlich ab. Er wehrte sich gegen den polemisierenden Kontrast zwischen einem philosophisch wachen, sein In-die-Welt-Geworfensein reflektierenden und deshalb leidenden Menschen mit dem zufriedenen, spießerhaften Bourgeois. Huber beharrte auf einem »unbewußten Befriedigtsein« als dem Grundzustand zumindest des fleißigen Menschen, der Lust und Unlust nur vereinzelt spüre. Das kam dem Bild des Spießers zwar vertrackt nahe, aber er verortete Langeweile apodiktisch nur in einem Leben »ohne Beruf und Tätigkeit«[127] und verurteilte diejenigen, die das ablehnten, als »Blasirte«. Und zu einem Zeitpunkt, an dem die Frauenbewegung Langeweile in kritischer Absicht thematisierte, fehlte auch bei ihm nicht der Kommentar, daß ein »Übermaß an Unlust« in der Ehe ein Zeichen mangelnder Selbstlosigkeit sei.[128]

b. Literarische Spitzen: Der Zwang der Konvention

In der Literatur und auf der Bühne[129] zielte der Langeweiletopos dagegen häufig auf eine Gesellschaft, die genau deshalb in grauer Langeweile versinke, weil sie strikten sozialen Konventionen folge. Ein vielschichtiges Beispiel lieferte Gontscharows *Oblomow* von 1859, der gerne als der Langeweile-Roman schlechthin bezeichnet wird. Gontscharow kontrastierte die Trägheit des russischen Dienstadels mit arbeitsorientierter deutscher Energie. Deren Vertreter allerdings formulierten auch nicht unbedingt ein klares Lebensziel, sondern vermittelten bloßes Tätigsein als Inbegriff von Leben. Die Oblomows dagegen konnten Arbeit einfach nicht lieben, und wie seiner ganzen Familie galt auch

---

125 Klencke, Die menschlichen Leidenschaften, S. 131. Kinder wollte er von klein auf an Arbeit und Tätigkeit gewöhnt wissen, damit sie nicht durch zu leicht erreichte und damit reizlos werdende Genüsse gelangweilt und unbefriedigt würden, Klencke, Die Mutter als Erzieherin, S. 315.
126 Kirchner, Diätetik, S. 25, 34.
127 Huber, Pessimismus, S. 98.
128 Ebd., S. 99.
129 Vgl. z. B. Pikulik, Langeweile; Planz, Langeweile. Auch die Vertreter der idealistischen und der naturalistischen Literatur bekämpften sich gegenseitig mit dem Vorwurf der Langweiligkeit; vgl. Schwarzkopf, Der Roman, bei dem man sich langweilt, der die Werke z. B. von Spielhagen kommentierte, sowie die Rezension dieser Rezension in: Die Gegenwart 29 (1886), S. 46f.

dem Titelhelden »der Wirbel ewigen Strebens nach irgendeinem Ziele« nicht als das »richtige Leben«. Für diese Adligen bedeutete Nicht-Veränderung Glück; sie wären mitsamt ihren Bediensteten dann vor Melancholie gestorben, »wenn das Morgen nicht dem Heute, das Übermorgen aber nicht dem Morgen gleichen würde«.[130]

Gontscharow skizzierte die in der russischen Literatur bekannte Figur des ›überflüssigen Menschen‹. Die Darstellung des Deutschen Stolz, der versuchte, die Lethargie seines Jugendfreundes Oblomow zu vertreiben, verriet jedoch auch Skepsis gegenüber einer rein an Arbeit, Ertrag und Ordnung orientierten Lebensweise, oder besser: diese Lebensweise wurde nur erträglich durch den klassischen Geschlechtergegensatz. Stolz' russische Mutter verkörperte die aristokratisch-künstlerischen Elemente gegenüber den Arbeitshandschuhen und Lehmstiefeln seines deutschen Vaters, der als typisch deutsch präsentiert wurde: bieder und stocksteif, nur für grobe, fleißige Arbeit geschaffen und damit für »banale Ordnung, langweiliges Regelmaß im Leben und pedantische Pflichterfüllung«.[131] Auch Stolz' Leben ordnete Gontscharow mit dem klassischen Geschlechtermodell. Zunächst erklärte Stolz, daß nicht das Weib, sondern die Arbeit Ziel des Lebens sein müsse. Aber erst als er Olga heiratete – die Frau, die sich zunächst in Oblomow verliebt hatte, weil sie glaubte, ihn zu einem anderen Leben bewegen zu können –, erhielten seine spröde Arbeit und »schmierigen Rechnungen« ihren überhöhten, befriedigenden Glanz, und ihm blieb nichts mehr, das er noch hätte ersehnen müssen.[132]

Wichtig ist jedoch, daß Oblomow selber sich eigentlich nur dann langweilte, wenn er sich aus Trägheit und Unwissenheit in Geldschwierigkeiten brachte, die sein bequemes Leben erschwerten, nicht aber, solange sein Lebensstil durch die Erträge vom Gut und durch die Arbeit seiner ihn vergötternden Frau in Gang gehalten wurde. An der sogenannten guten Gesellschaft ließ er kein gutes Haar. Er prangerte die Hohlheit und Leere an, die sich hinter dem Zeitvertreib der zahllosen Soupers verbarg, und kritisierte den Neid und die Erfolgssucht, die diese Unterhaltungen prägten. Er selber reizte seine Besucher vielleicht, aber er langweilte sie nicht. Sein Problem war nicht, daß er nicht arbeitete, sondern daß er überhaupt kein Interesse mehr entwickeln konnte. An diesem Punkt allerdings kritisierte auch Gontscharow heftig eine Erziehung, die die ursprünglichen Kräfte des Knaben Oblomow, der sich gegen Verzärtelung wehrte, nicht angeregt oder gar ausgenutzt habe, so daß sie abstarben.[133]

Nihilismus, Entfremdung und Langeweile waren europäische Literaturthemen. Von der in den fünfziger Jahren einsetzenden Rezeption russischer Literatur in Deutschland seien nur Turgenjew und Lermontow erwähnt, die früh

---

130 Gontscharow, Oblomow, S. 176, 191.
131 Ebd., S. 226.
132 Ebd., S. 572, Zitat S. 616.
133 Ebd., S. 203ff.

übersetzt wurden. Turgenjews *Väter und Söhne* erzählte vom Nihilismus, Lermontows *Ein Held unserer Zeit*, 1852 ungekürzt auf Deutsch herausgebracht,[134] von der Langeweile im Innern des Menschen, der nicht einmal die Liebe abhelfen kann. Eine umfangreiche Rezeption russischer Literatur setzte allerdings erst mit dem Naturalismus ein, mit Übersetzungen von Tolstoi und Dostojewski, bis hin zur Tolstoi-Manie der Intellektuellen um 1900.[135] Auf der Bühne inszenierten u. a. Ibsen und Tschechow die lähmende Langeweile bürgerlicher wie adliger Männer und Frauen. Tschechows Figuren verzehrten sich im Gefälle zwischen einer glorifizierten Vergangenheit, einer tristen Gegenwart und einer hoffnungslosen Zukunft, mit Visionen eines nie realisierten lebenswerten Lebens und einem scheiternden Aufbegehren, das in Resignation oder Suizid endete. Den *Drei Schwestern* half auch die ersehnte Berufstätigkeit wenig, da sie in abhängiger Position monotone Arbeit leisten mußten. Ein deutscher Autor der Langeweile, wenn auch kein großer Sozialkritiker, war Eduard von Keyserling. Seine Trivialromane über die überlebte Existenz altadliger Häuser führten quälende Dramen der Langeweile auf, resignativ oder gewalttätig, immer ausweglos, in denen jedes temperamentvolle Lebensgefühl als Krankheit definiert und von obsoleten sozialen Konventionen erstickt wurde. Keyserling nutzte zahlreiche Bedeutungsdimensionen der Langeweile: den Juden, der den Adligen kurz ablenkte, dann aber langweilte; die unter der lastenden Vergangenheit absterbende Gegenwart; die Sehnsucht nach dem intensiv erlebten Augenblick, die nur der Spieler realisierte, aber prompt mit dem Tod bezahlte, so die 1914 veröffentlichte Erzählung *Abendliche Häuser*.[136] Und nachdem ältere Adlige verächtlich den Wunsch von Frauen nach Entwicklung kommentiert hatten, sanken Keyserlings Figuren in Kissen, Konvention und Krankheit zurück.[137]

Es ging jedoch nicht nur um rigide Geschlechterrollen oder überlebte Adelshäuser, sondern auch um die Langeweile und Langweiligkeit derer, die sich zu scharf kontrollierten, übermäßig ehrgeizig waren und sich sozial extrem anpaßten. Ein Erfolgsstück aus Frankreich, das nach seiner Aufführung in Deutschland als Zitatenlieferant diente, spießte die Erfolgssucht von Aufsteigern und ihre zu Lasten der Gefühle gehende Anpassungsbereitschaft auf, die die Gesellschaft in Langeweile versinken lasse. Der französische Lustspieldichter und Erfolgsautor Edouard Pailleron lieferte in *Le Monde où l'on s'ennuie* ein amüsantes Beispiel, wie Langeweile und aus Ehrgeiz eingehaltene soziale Konventionen zusammenhingen. Das Stück wurde nach seiner Erstaufführung

---

134 Korn, Vermittler der Musen, Anm. 62, S. 272f.
135 Hanke, Das »spezifisch intellektuelle Erlösungsbedürfnis«, S. 158-171.
136 Keyserling, Abendliche Häuser.
137 Das Geschlechterverhältnis stand vielfach im Mittelpunkt, sei es humorvoll wie in Tschechows *Der Rosastrumpf* von 1886 oder böse in Wedekinds *Ich langweile mich* von 1883 oder gesellschaftskritisch in Ibsens *Nora* und *Hedda Gabler*.

an der Comédie Française im April 1881 an die 500 Mal in Paris und dann in Wien, Hamburg und Berlin aufgeführt.[138] Pailleron hatte davor bereits ein Stück mit dem Titel *Le Monde où l'on s'amuse* geschrieben. Der Feuilletonist Theodor Zolling, Herausgeber der *Gegenwart*, bezeichnete »Die Welt, in der man sich langweilt« nach der Berliner Aufführung 1882 als eines der erfolgreichsten Werke des modernen französischen Theaters.

Pailleron beschrieb die steifleinene, adlig-bürgerliche Provinzgesellschaft, mit einem Unterpräfekten, der Präfekt werden wollte, und einem Raster langweiliger und lebendiger Typen, die Zolling Revue passieren ließ.[139] Aufrichtige Langweiler standen neben Strebern, die die Langeweile um der Karriere willen in Kauf nahmen, d. h. ihre Gefühle den sozialen Konventionen opferten. Es war schwer zu unterscheiden, welches Verhalten problematischer war. Aufrichtige Langweiler waren aus Überzeugung seriös, wie eine Gräfin, die in ihrem Salon Senatoren und Akademiker fabrizierte und Talente unterstützte; ein intellektuelles Weib ohne Weiblichkeit; eine Masse junger schöner Frauen, die für Schopenhauer und Hegel (in Frankreich: Tocqueville) schwärmten. Zu den Karriere-Langweilern gehörten Modeprofessoren, verkannte Politiker, Akademiker wie der Sohn der Gräfin, der allerdings seine Katharsis erlebte, als er seine Gefühle sprechen ließ, und der bürgerliche Unterpräfekt mit seiner Frau, die ebenfalls entschuldigt wurden, weil ihre Zärtlichkeit füreinander letztlich doch nicht erstickte. Auf der anderen Seite die lebendigen Frauen (nur Frauen): die Herzogin als exzentrische und vorlaute Tante der Gräfin sowie ihre illegitime Nichte, die sie adoptierte und dann mit dem Sohn ihrer steifen, trockenen Nichte verheiratete und somit alles zur Freude derer mit Herz und Temperament regelte. Bei Pailleron wurden Frauen langweilig, wenn sie sich zu intellektuell gaben, aber auch die Männer, die sich ausschließlich auf ihre Karriere konzentrierten.

Paillerons Ironie war relativ harmlos. Dennoch versuchte Zolling, diese Langeweile nur in der angeblich »hoch zugeknöpften, prüden, gezwungenen und daher langweiligen« Gesellschaft Frankreichs zu verorten, wo man eine ermüdende Tugend dem bequemen Laster vorziehe, diese soziale Verlogenheit jedoch ihre Strafe fände, indem sie Langeweile erzeuge.[140] In höheren deutschen Kreisen erhielt das Stück jedoch Referenzcharakter. Der Erlanger Philosophieprofessor Paul Hensel, Enkel von Wilhelm Hensel und Fanny Mendelssohn, der in Heidelberg zum Kreis von Max Weber gehörte, schrieb seiner Schwester Lilli 1903, daß er eine »Damenvorlesung« über den englischen Roman angefangen habe, in der er sich wie Bellac vorkomme. Bellac war Zolling zufolge Paillerons »parfümierter Lieblingsprofessor der Damen und Salonpsycholog«, der sich von seinen schönen Hörerinnen in Weihrauchwolken hüllen ließ und

---

138 Pailleron, Le Monde où l'on s'ennuie.
139 Zolling, »Die Welt, in der man sich langweilt«, S. 190f.
140 Ebd., S. 190.

ihnen dafür das Manna einer sublimen Philosophie spendete.¹⁴¹ Hensel rang der Situation etwas Gutes ab, da das Hörerinnengeld eine teure Bücherrechnung decke und die männlichen Studenten im Vergleich zu den weiblichen faul seien.¹⁴² Bismarcks Mitarbeiter Arthur von Brauer bewertete mit Paillerons Titeln die Berliner Geselligkeit nach Langeweile-Graden. Er wurde durch Herbert Bismarck bei Paul Lindau eingeführt, dessen Frau einen Künstlersalon unterhielt, in dem Politiker und Akademiker ohne ihre Frauen erschienen. Brauer war begeistert:

> Der Ton war etwas frei, verglichen mit dem Gehabe in den »höheren« Salons, die damals noch einer gewissen Würde, selbst altpreußischen Steifheit nicht ermangelten. Dafür gab es keine Langeweile, sondern viel Witz und geistreiche Einfälle. Man denke: das leichte Völkchen der Theater, Diplomaten und Hofherrn ohne ihre Gattinnen, kluge und üppige Judenfrauen ohne ihre Ehemänner, – »le monde où l'on s'amuse« – man trennte sich niemals vor dem grauenden Morgen.¹⁴³

Es gehörte gleichermaßen zum guten Ton, zuerst die Regeln überscharf zu vermitteln und dann über Langeweile zu klagen, als »soziale Kritik auf halbem Wege« (Michèle Huguet). Aber entscheidend war, wer sprach. Paul Lindau, Mitherausgeber der *Gegenwart* und einer der bekanntesten Feuilletonisten im Kaiserreich, regte sich sechs Spalten lang über eine Novelle von Fanny Lewald auf, in der sie ein nüchternes, emotionsloses Kalkül als Merkmal des vorherrschenden Typs von Männlichkeit konstatierte. Lewald schilderte in *Vater und Sohn* 1881 spöttisch zwei vernünftige und langweilige Männer, denen jede echte Leidenschaft auch in Herzensangelegenheiten abhanden gekommen sei. Ein Witwer und sein Sohn gingen pragmatisch-geschäftsmäßig an die Arbeit, eine neue Hausfrau zu finden, eine zweckmäßige Entscheidung, die sich am Ende allerdings doch noch in eine Liebesheirat verwandelte.

Lindau warf Lewald vor, daß eine Schriftstellerin selten die gefühlsmäßigen Qualitäten von Männern dermaßen verkannt habe; kein echter Mann sei so leidenschaftslos. Ihn erschrecke die »Nüchternheit und Gefühlsleere« der geschilderten Personen, und am meisten entsetzte ihn, daß Lewald den jungen Mann »vernünftig« nannte, als er den durch den Tod der Mutter »unordentlich« gewordenen Haushalt ordnen wollte. Daß dieser »nüchternste und trockenste aller jungen Männer« am Ende auch noch sein Ziel erreichte, fand er unglaubwürdig und die Dichtung insgesamt von »so erschreckend nüchterner, verletzender, widerwärtiger und prosaischer Frostigkeit«, das sie nicht nur schlecht, sondern – so das vernichtende Resume – langweilig sei.¹⁴⁴

141 Ebd., S. 190f.
142 Hensel, Leben, S. 177.
143 Brauer, Im Dienste Bismarcks, S. 212.
144 Lindau, Vater und Sohn, S. 168-171.

c. Virtù con noia: Selbstkontrolle versus Authentizität

Die Gefühlskultur der Oberschichten im 19. Jahrhundert war von der Forderung nach Selbstkontrolle ebenso geprägt wie von der oft geradezu inszenierten Sehnsucht nach kontrollierbaren Leidenschaften und der Kritik an lähmenden Konventionen. Während im späten 18. Jahrhundert die Spannung zwischen Kontrollbedarf und Kontrollgefahr oft in denselben Texten diskutiert wurde, traten ein Jahrhundert später die Selbstbeschreibungen deutlicher auseinander. Es fehlte auch im frühen 19. Jahrhundert nicht an Stimmen, die sehnsüchtig die angeblich intensiveren Gefühle früherer Epochen beschworen, aber diese Kritik schlug im Kaiserreich, als die Gymnastik des Willens immer unflexibler eingeübt wurde, in die systematisch gepflegte Klage über den Verlust an Authentizität und echter Begeisterung um. E.T.A. Hoffmann (1767-1822), der nicht nur Jurist und Beamter, sondern auch Literat, Maler, Musiker und Dramaturg war, erinnerte zu Beginn des Jahrhunderts sehnsüchtig an die angeblich großen Gefühle des 16. Jahrhunderts. Berlin sei früher lustiger und bunter gewesen, »als jezt, wo alles auf einerley Weise ausgeprägt wird, und man in der Langenweile selbst die Lust sucht und findet sich zu langweilen.«[145] Fanny Lewald urteilte in der Jahrhundertmitte noch schärfer über die deutsche Gesellschaft, als sie sich nach den großen Gefühlen vergangener Zeiten sehnte:

> Ohne die Frivolität, die sittliche Depravation entschuldigen zu wollen, kann ich mich meiner alten Vorliebe für jene Tage nicht erwehren, in denen die Menschen sich die Mühe nahmen, ein individuelles Leben zu führen und starke Leidenschaften, starke Anreize zu empfinden. Langweiliger als die Gesellschaft, in der wir leben, kenne ich nichts. Eine frostige Moral, eine tugendhafte Bequemlichkeit oder bequeme Tugend, grade genug Heuchelei, um über andere so weit entrüstet zu sein, daß man mit träger Toleranz über ihre kleinen Schwächen still ist, eine gelegentliche gelassene Empörung über eines oder das andre, die aber auch nie zum eigentlichen Zorn oder Hasse entbrennt, mag sie Personen oder Zuständen gelten; keine leidenschaftlichen Zuneigungen, kein großer Zwang, keine rechte Freiheit.[146]

Peter Altenberg, neben Karl Kraus eine zentrale Figur im Wiener Fin de Siècle, fügte eine typische Kritik am »Gesellschaftsmenschen« hinzu, der das Innere vom Äußeren abspalte und die Verbindung zwischen Gefühl und Ausdruck kappe.[147]

---

145 Hoffmann, Die Brautwahl, S. 83.
146 Lewald, Gefühltes und Gedachtes, S. 44f.
147 Kreh, Langeweile und Traum, S. 10f. Ich danke Frau Kreh, daß ich das Manuskript einsehen konnte.

Während bedeutende Vertreter des Bildungsbürgertums wie Max Weber das Ideal der asketischen Selbstkontrolle als Werkzeug der Weltkontrolle verteidigten,[148] wurde es in der auf Verschriftlichung fixierten Kultur des 19. Jahrhunderts fast zum Gemeinplatz, den Menschen früherer Zeiten stärkere Emotionen zuzuschreiben und genau die Selbstkontrolle als Problem zu bezeichnen, die eingeübt wurde.[149] Das Thema vom Selbstzwang als einer Blockade des Handelns tauchte in populärwissenschaftlichen Veröffentlichungen auf, deren Verbreitung schwer einzuschätzen ist, aber auch in wichtigen Zeitschriften des Kaiserreichs. Der Populärphilosoph Frederik A. von Hartsen sprach davon in seiner Studie über die *Grundzüge der Wissenschaft des Glücks* von 1869, die er dem »mutigen« John Stuart Mill widmete, ebenso Carl Andreae in seiner *Psychophysik der Faulheit*, die 1904 in zweiter Auflage erschien und sich an Schopenhauer abarbeitete. Beide definierten Selbstbeschränkung als notwendig, aber auch als gefährlich für die Handlungsfähigkeit. Andreae erklärte in den Termini, die Elias zu einer Theorie ausweitete, daß der Selbstzwang um so mehr an Bedeutung gewinne, je stärker der Mensch im Prozeß seiner individuellen Entwicklung auf weiter entfernt liegende Ziele hinarbeite, und daß dieser Selbstzwang einen wesentlichen Teil der Kraft verzehre.[150] Hartsen formulierte noch entschiedener, als er jedem, der »wirken« wolle, riet, sich eine soziale Position zu suchen, die es erlaube, die Zwänge der Selbstbeherrschung so weit wie möglich außer Acht zu lassen, ohne allerdings dezisionistisches Verhalten zu befürworten:[151]

›Selbstbeherrschung‹ ist Streit zwischen Seelenkräften. Bei jeder Selbstbeherrschung wird Kraft ausser Wirkung gesetzt. Selbstbeherrschung bei einem Wesen also thut der Intensität seiner Thätigkeit Abbruch. Hieraus folgt: jeder der kräftig wirken will, muss die Nothwendigkeit der Selbst-

148 Goldman, Politics, S. 271.
149 Vgl. Kessel, Trauma der Affektkontrolle.
150 Andreae, Über die Faulheit, S. 7. Andreae leitete höhere Bildungsanstalten für Frauen und Lehrer in Kaiserslautern und lehrte Pädagogik an der Universität München.
151 Hartsen verteidigte ausdrücklich eine Staatsform, die jedem das Streben nach Glück ermögliche, solange es das Streben anderer nicht verhindere. Opfer müßten ihren Sinn haben; opfere sich jemand ganz einem anderen, so sei dieser Sinn zerstört (er widersprach damit der Definition der Geschlechterdifferenz). Er warnte aber auch vor einem »System des allgemeinen Egoismus« und forderte ein christliches System auf der Basis der Menschenpflicht, Glück zu verbreiten. Damit meinte auch er ein auf Zukunft gerichtetes Glück der Tätigkeit statt das sinnliche Glück das Augenblicks, Hartsen, Grundzüge, S. 6, 27f. Bei ihm zeigte sich der Glaube an die Leitfunktion von Wissenschaft auch für die Psyche deutlich. Er glaubte, selbst ein solch unbestimmbares Phänomen wie Glück quantifizieren und für jeden Menschen berechnen zu können. Mit der »Wissenschaft des Lebens« wollte er für jede Seele bestimmen, welche Reize sie als Lust empfinde, um dann zu zeigen, wie sie diese Reize finden könne.

beherrschung möglichst fliehen. Er muss seine gesellschaftliche Stellung so wählen, dass er jeder seiner Neigungen folgen kann. Am schönsten und am aufrichtigsten ist der Mensch dann, wenn er frei den Regungen seines Gemüthes nachgehen kann.[152]

Auch der Berliner Pädagoge und Professor Wilhelm Münch kontrastierte 1898/99 in einer pointierten Analyse von Langeweile in bestimmten Lebensphasen Konventionen mit Wahrheit und Leben. Er lieferte zunächst eine Typologie möglicher Ursachen, um zu zeigen, welch unterschiedliche Phänomene unter einem Begriff von Langeweile gefaßt würden. Dazu gehörten individuelle Ursachen wie Ermüdung, Ungeduld und Unverstand und psychosoziale wie Abhängigkeit, ein Übermaß an Anregungen oder Ungewißheit. Sehnsucht, Hoffnungslosigkeit und Enttäuschung, Melancholie oder Blasiertheit, Armut, Reichtum oder Einsamkeit – letztlich konnte alles Langeweile hervorrufen.[153] Sie ließ sich weder auf ein spezifisches Phänomen zurückführen noch durch ein Faktorenbündel erklären. Bissig schloß er mit der stundenlangen sprachlosen Ausdauer deutscher Männerrunden vor ihrem Bierglas, die entweder ein reiches Innenleben oder Trägheit und innere Verschwommenheit bezeuge.

Dann griff Münch den Zusammenhang zwischen Selbstzwang und Langeweile auf und erklärte Langeweile einerseits als Schlagschatten eines beschleunigten Fortschritts, andererseits als Resultat einer starken und konventionalisierten Selbstkontrolle. Für ihn waren dies zwei Seiten einer Medaille. Den sozialen Umgang miteinander charakterisierte der Pädagoge ohne Umstände als *virtù con noia*, tugendhafte Langeweile. Er beschrieb nicht nur die lähmende Wirkung, sondern die lähmende Absicht und Funktion der gesellschaftlichen Konventionen und des Zwanges zur Selbstkontrolle, die der Persönlichkeit die Kanten abschliffen. Münch beklagte, daß

die Innehaltung der vereinbarten Formen, der Ablauf der üblichen Ceremonien, das stete Ansichhalten, die Abdämpfung aller energischeren Lebensäußerungen, die Angleichung, das möglichste Verstecken jeder Eigenart,

Langeweile manchmal in einem so breiten Saum um das Vergnügen webe, daß außer dem Saum nichts übrigbleibe. Münch verstand gesellschaftliche Zusammenkünfte in Bourdieuscher Manier als soziale Räume, in denen verschiedene Formen kulturellen Kapitals ausgetauscht und angesammelt würden, Huldigungen, Kontakte, die Präsentation von Korrektheit, das Beherrschen der Sinne, Triebe und Gesten, das Alain Corbin als ein entscheidendes Strukturierungsmerkmal sozialer Hierarchien im 19. Jahrhundert herausgearbeitet hat.[154]

---

152 Ebd., S. 37f.
153 Münch, Über die Langeweile, S. 193.
154 Corbin, Zur Geschichte und Anthropologie der Sinneswahrnehmung, S. 211.

Die Langeweile des guten Tons diente in seinen Augen dazu, »allem Leidenschaftlichen, Maßlosen, Schroffen, allen Zusammenstößen vorzubeugen, und sie erreicht diesen Zweck, wenn auch auf Kosten des Lebens und der Wahrheit.«[155]
Konventionen funktionieren am besten, wenn sie automatisch, quasi reflexartig ablaufen. Die angestrebte Invarianz verhindert allerdings leicht, daß Menschen flexibel auf neue Situationen eingehen können.[156] Münch blendete dieses Problem auf einen Gegensatz von Leidenschaft und Wahrheit versus Langeweile und unterdrücktes Leben um. Er lehnte Selbstkontrolle nicht rundweg ab, sondern hielt sie für notwendig in einer komplexen Gesellschaft. Zivilisiertes Verhalten blockierte jedoch in seinen Augen Energie, erschwerte Eigenart und verhinderte Leben und Wahrheit, so daß auch er letztlich die Vorstellung einer in der modernen Gesellschaft verkümmernden authentischen Individualität mittrug.

Neben einer normalen Langeweile, die im Grunde überall auftauchen könne,[157] interessierten ihn besonders die Situationen, in denen Menschen in die bestehenden sozialen Regeln hineinsozialisiert oder aus ihnen herausfallen würden. Junge und ältere Menschen hielt er für besonders gefährdet, wenn diese über Schule, Strickstrumpf und Militärdienst in soziale Zwänge hineinsozialisiert würden oder aus vertrauten Vernetzungen ausscheiden müßten. Langeweile bei Kindern und Jugendlichen sei ein Zeichen, daß deren emotionale Bedürfnisse zu wenig erfüllt würden, und er warnte vor einer zu früh und hart geforderten Kontrolle beim Kind, die diesem die »Frische« nehme. In der auch nicht ungefährdeten Lebensmitte drohten die Zwänge der guten Gesellschaft, aber auch die Arbeitswelt und die Ehe als mögliche Ursachen, zumindest in ihrer festgefügten und aufeinanderbezogenen Form in der bürgerlichen Gesellschaft. Das Berufsende interessierte ihn jedoch am meisten, und Münch beschrieb und repräsentierte zugleich die moderne Arbeitsmentalität, als er Langeweile in der freien Zeit der Pensionäre vermutete, weil diese nicht mehr durch »feste und zusammenhängende Tätigkeit emporgehoben« würden, sondern mit dem Druck der Pflicht auch deren beschwingende Kraft vermißten. Deshalb drohte Langeweile auch den Arbeitslosen bzw. den Menschen, die keine »mit festen und großen Pflichten verbundene Stellung« hätten, die am »Rande des vollquellenden Lebens« stünden und nicht aus seinen »bitteren oder süßen, aber immer belebenden« Strömen tränken.[158] Ältere Menschen reagierten Münch zufolge auf ihre »Hoffnungslosigkeit gegenüber der Zukunft, die ja keine Erhöhung des Daseins mehr bringen kann«, mit Willenslähmung

---

155 Münch, Über die Langeweile, Zitate S. 190. Auch dort, wo Langeweile unangenehm werde, sah er die deutsche Gesellschaft von »einem kühnen Riß im Gewebe« weit entfernt.
156 Hobsbawm, Introduction: Inventing Traditions, S. 3.
157 Münch, Über die Langeweile, S. 188.
158 Ebd., S. 191f.

und »Mattheit des Empfindens«.[159] Er hoffte, daß die Sehnsucht nach intensiver Betätigung im Alter nachlasse, so daß ältere Menschen sich mit einer Lebensform bescheiden würden, die Jüngere ungeduldig werden lasse. Diese Lebensdeutung war radikal säkularisiert. Innerweltliche Hoffnung sollte vor innerer Leere schützen. Außerdem bezog auch Münch individuelles Selbstverständnis ausschließlich auf die Möglichkeiten in der Arbeitswelt. Diese soziale Positionierung galt automatisch als Maßstab für die eigene Selbstwahrnehmung, so daß er gar nicht damit rechnete, daß nicht oder nicht mehr Erwerbstätige ihr Leben ohne Erwerbsarbeit oder ihre Altersphase selber positiv erfahren könnten. Er bestätigte erneut, daß der Wunsch des Vaters von Charlotte Wolff, sich im Alter von 40 Jahren zur Ruhe zu setzen, vielleicht zum Machbaren, aber weniger zum Sagbaren gehörte.

Die Deutung von Langeweile als Ergebnis von Beschleunigungsprozessen ähnelte dagegen der Diskussion um 1800, nur jetzt bezogen auf eine urbanisierte Gesellschaft mit einer zunehmend kommerziell organisierten Freizeitkultur. Rosenkranz hatte sorgenvoll gefragt, welche Folgen die Dynamisierung der Informationsgesellschaft haben könne. Lazarus sprach nicht von einer monotoneren Welt, sondern von einer niedrigeren Wahrnehmungs- und Reizschwelle und deutete ein geschärftes Zeitbewußtsein, eine bessere objektive Zeitbestimmung und ein erregbareres subjektives Zeitgefühl als Zeichen kulturellen Fortschritts an. Münch verwies ebenfalls auf eine sinkende Bedürfnisschwelle für das Neue, wenn der Blick immer häufiger aus der Bahn des Gewohnten gelenkt werde, eine Sorge, die erst recht in der heutigen Ära virtueller Realität geäußert wird. Bei der raschen Flut von Neuerungen erstaune so schnell nichts mehr, führte er aus,[160] und dies könne eine blasierte Gleichgültigkeit ebenso erzeugen wie die Sehnsucht nach aufrüttelnden Gefühlen. Münch plazierte diese Entwicklung im städtischen Kontext und hielt ein Leben nah an der Natur, weniger von »Kultur« überformt, für objektiv zwar gleichförmiger, jedoch subjektiv weniger langeweilegefährdet, weil es weniger Erwartungen wecke. Nicht nur die diachrone Berechenbarkeit, auch die synchrone Einbindung in längere Handlungsketten und größere urbane Räume konnte das Gefühl des authentischen Lebens gefährden.[161] Am Ende dieser soziologischen Analysen stand jedoch keine andere Vision von Persönlichkeitsbildung oder sozialen Bezie-

---

159 Ebd., S. 195.
160 Ebd., S. 197.
161 Auch Simmel betonte die zunehmende Vernetzung in längeren Handlungsketten und die dadurch notwendig werdende, immer feinere individuelle Zeitkontrolle sowie die äußere Hülle der Indifferenz, die das Überleben in der Großstadt erlaube. Einerseits sah er, daß nur Exaktheit und minutengenaue Präzision es den Großstädtern erlauben würden, die täglichen Anforderungen der vielfältigen Vernetzung in einer über den Markt definierten Umwelt zu bewältigen. Andererseits aber sprach Simmel von einer unnatürlichen Lebensform insofern, als ihm diese Verhaltensweisen auch den Inhalt des Lebens zu färben schienen, weil sie »den Ausschluß jener

hungen, sondern nur die klassische Aufforderung, eine durch die Umstände auferlegte Langeweile anständig zu ertragen. Vor allem aber müsse man lernen, weder sich selber noch andere zu langweilen.[162]

Langeweile als Glaubens- oder Gottesverlust zu interpretieren, entwickelte sich gegenüber der Arbeitsreligion und der Zuschreibung zur modernen Gesellschaft zu einem eher marginalen Teildiskurs in der Pluralität der Interpretationen, verfochten primär von Theologen oder kirchlich aktiven Kommentatoren.[163] Friedrich Rittelmeyer, Pfarrer der französisch-reformierten Gemeinde in Berlin und Leiter der durch Rudolf Steiner inspirierten Christengemeinschaft in den zwanziger Jahren, schrieb im Tagebuch: »Wenn du nur eine Sekunde lang ein dumpfes Gefühl der Langeweile hast, so verstehe es sofort religiös, d. h. als den Ruf Gottes: Jetzt will *ich* mit dir reden!«[164] Carl Hilty definierte Langeweile 1908 im *Politischen Jahrbuch der Schweizerischen Eidgenossenschaft* als Zeichen des Glaubensverlustes. Er protestierte gegen die immanenten Erklärungsversuche der Welt und attestierte jedem Menschen die Sehnsucht, das eigene Ich durch einen transzendenten Bezug zu erklären[165] und somit in einen überindividuellen Zusammenhang zu stellen, bestätigt durch den redundanten Ruf nach einer Weltanschauung im Kaiserreich. Entsprechend hielt er Hilfsmittel gegen Langeweile wie Arbeit und Pflichterfüllung, Rückkehr zur Natur oder Kunst und Wissenschaft für sinnlos, solange der verbindende Rahmen echter Frömmigkeit fehle.

Bei Hilty, der Langeweile in jeder Lebensphase und bei jedem Menschen für möglich hielt, geriet sie zwar zur Ursache sämtlicher Mißstände der modernen Gesellschaft, für Vergnügungssucht wie Zivilisationskrankheiten, für Alkoholmißbrauch, Wirtshauspolitik und Feste – eine »Leere und Oede des gewöhnlichen Daseins«, die zu bösen Taten führen könne.[166] Aber er warnte auch vor einer Tugend, die in Langeweile umschlage. Ein nur noch arbeits-, fortschritts- und sittlichkeitswütiger Protestantismus, so Hilty, werde langweilig, wenn die pure Pflichterfüllung keine gefühlsmäßige Ausstrahlung mehr zulasse. Den Tugendhelden, die mit ihrem gesitteten, aber lieblosen Verhalten junge Leute

---

irrationalen, instinktiven, souveränen Wesenszüge und Impulse begünstigen, die von sich aus die Lebensform bestimmen wollen, statt sie als eine allgemeine, schematisch präzisierte von außen zu empfangen.« Simmel, Die Großstädte und das Geistesleben, S. 195. Für eine ausführliche Analyse des Langeweilebegriffs bei Simmel vgl. Goodstein, Experience without Qualities, Kap. 4. Doerry, Übergangsmenschen, entlehnt Simmels Begriff des »Reizschutzmechanismus« der Wilhelminer gegenüber der Reizüberflutung ihrer Zeit.
162 Münch, Über die Langeweile, S. 199.
163 Zu heutigen Interpretationen von protestantischer wie katholischer Seite vgl. die Arbeiten von Bleistein, Bösinger, Endres, Lorenz oder Jacobi.
164 Rittelmeyer, Aphorismen, S. 180 (kursiv im Original). Das Zitat verdanke ich Helmut Zander.
165 Hilty, Das Glück, S. 219-221, 241.
166 Hilty, Über die Langeweile, S. 242ff.

dem Glauben zu entfremden drohten, hielt er entgegen, daß kein Mensch seine Pflicht immer erfülle, und empfahl als Vorbild das schweizerische Institut der barmherzigen Schwestern, das nur Personen mit heiterer Gemütsart aufnehme.[167] Hilty warnte vor den psychischen Folgen eines zu starr verinnerlichten Pflichtethos; eine nach innen gerichtete Härte strahle leicht nach außen ab und könne auch gegen andere hart machen.[168] Ihm ging es darum, durch einen überwölbenden Glauben die linear aufeinanderfolgenden Phasen der eigenen Biographie sinnhaft zu vermitteln, während Münch Erfolg und soziale Einbindung im Arbeitsleben als einen Schutz definierte, der im Alter möglicherweise fortfiel und bei Arbeitslosen oder Frauen überhaupt nicht gegeben sein mochte. Bei beiden war jedoch zu erkennen, daß sie eine unausweichlich scheinende Berechenbarkeit von Biographieverläufen als Problem wahrnahmen.

Neben diesen populärwissenschaftlichen Analysen, die die Entwicklung der Arbeitsgesellschaft und ihrer Werthierarchien nicht mehr problematisierten, obwohl sie deren problematische Folgen ansprachen, machten sich andere Autoren die Semantik der angeblich verlorenen Unmittelbarkeit zunutze, um den analytischen Blick auf die eigene Gesellschaft zu diskreditieren und statt dessen von der großen Politik große Emotionen zu fordern. Im wilhelminischen Dualismus von überhöhtem Nationalideal und einem stereotyp als öde bezeichneten Alltag[169] verrieten kleine, für sich genommen unauffällige Äußerungen die Sehnsucht, begeistert zu *werden*. Die Langeweileklage markierte eine Begeisterungsbereitschaft, die von außen geweckt werden wollte, den Wunsch nach einer »Zukunft der Fülle«, diesem temporalen Grundmuster der Apokalypsevorstellungen im Kaiserreich, um eine als mangelhaft empfundene Vergangenheit und Gegenwart hinter sich zu lassen.[170] Publizisten klagten unter Titeln wie »Das Recht der Begeisterung«[171] oder »Das heilige Schauern«[172] das Recht auf große Gefühle ein und billigten der Begeisterung über die außergewöhnliche Tat rechtsetzende Kraft zu. Die Lücke zwischen Alltag und undefiniertem Ideal füllten Ereignisse wie der Zeppelin-Flug, den der Alldeutsche Paul Liman als Beweis interpretierte, daß einzelne Männer wieder »vom

167 Hilty, Das Glück, S. 130f.
168 Hilty, Über die Langeweile, S. 244f. Vgl. Moore, Soziale Ungerechtigkeit, für eine ähnliche Argumentation. Trotz einer völlig anderen Ausrichtung tauchte ein ähnlicher Aspekt auch bei Lazarus auf. Ihm zufolge hatte ein guter Mensch vielleicht nicht die Möglichkeit und auf alle Fälle nicht die Pflicht, kurzweilig zu sein; aber niemand, so warnte der Sprachwissenschaftler, erwerbe sich durch Tugend das Recht, langweilig zu sein – was den Tugendkult der bürgerlichen Frauenbewegung genauso meinen konnte wie die Sittenstrenge der Verhaltenslehren. Lazarus sicherte sich und seine Wissenschaft allerdings sofort ab, als er behauptete, daß alles »Gewaltige und Tiefe« per se nicht langweilig sei, Lazarus, Zeit und Weile, S. 211.
169 Elias, Studien über die Deutschen, S. 420-422.
170 Vondung, Apokalypse, bes. S. 340ff., 358ff.
171 Liman, Das Recht der Begeisterung, S. 645.
172 Spier, Das heilige Schauern, S. 153.

Grübeln zur Tat« gelangten.[173] Die deutsche Begeisterung über den Zeppelin-Flug deutete er als Zeichen, daß das deutsche Volk noch fähig sei, sich begeistern und durch die handelnde, nicht die grübelnde Persönlichkeit fortreißen zu lassen. Diese Bereitschaft beurteilte Liman als innere Kraft, nicht innere Schwäche, und außerdem als einen nationalanthropologischen Charakterzug. Liman erklärte Unterwerfungsbereitschaft zum Zeichen von Größe, da die Huldigung für den großen Mann auch das deutsche Volk groß mache und der »feierliche« Schauer des Zeppelin-Fluges aus dem »ewigen Gleichmaß des täglichen Dienstes« heraushebe.

Nach den von außen gelieferten Emotionen sehnte sich auch der Berliner Autor J. Spier 1912. Er wollte stürmische Erschütterungen, »Kraftentfaltungen«, ein Gruseln, das aus der »sterilen Selbstauflösung des Alltags« heraushebe. Es ekelte ihn vor dem papiernen Zeitalter, in dem es zwar alle Gefühle gebe, aber eben nur auf Papier; der »heilige Schauer« fehle den Menschen seiner Zeit, die »reisen, lesen, konversieren und erkalten«.[174] Er warf ihnen vor, sich nicht mehr erschüttern lassen zu können, weil sie keine persönliche »Einheit« mehr besäßen, nur mehr »gekittete Bruchstücke«, »komplizierte, mosaikartig komponierte Wesen« seien. Entsprechend haßte er Intellektuelle, als Repräsentanten einer fragmentierten Persönlichkeit, und lehnte die Wissenschaften als Mittel der Weltdeutung ab. Spier erinnerte an den Kalifen Omar, der die Bibliothek von Alexandrien verbrennen ließ, weil sie entweder enthalte, was im Koran stehe, also überflüssig sei, oder andere Erkenntnisse und deshalb gefährlich sei. »Das war nicht schön von Omar; aber manchmal fühlt man bei dem uns erdrückenden Bücherwust, der jeden Tag anwächst, das Bedürfnis nach einem uns erwachsenden Omar«, lautete sein unheimliches Begehren. Von einer allgemeinen Bücherverbrennung glaubte er zwar absehen zu könne, weil er eine Abkehr vom nüchternen Rationalismus bemerkte, eine Neoromantik im »sterilen ›geschaftelhubernden‹ Getriebe«. Aber er beschrieb doch noch einmal den gewünschten Typ von Männlichkeit; »der ganze Kerl, nicht der ›Uebergescheite‹, der alles weiß,« sei höher zu bewerten, wenn nicht mehr Bildung, sondern Charakter entscheide.[175] Seine »Rettung der Persönlichkeit«[176]

173 Liman, Das Recht der Begeisterung, S. 645.
174 Spier, Das heilige Schauern, S. 153.
175 Ebd., S. 153f.
176 Zu diesem Topos der Jahrhundertwende im Kontext der Relevanzkrise des Protestantismus vgl. Graf, Rettung der Persönlichkeit, S. 103-131. Auf die Pluralisierung der Lebenswelten um 1900 z. B. in den Jugend- oder Lebensreformbewegungen kann hier nicht weiter eingegangen werden. Authentizität wurde in ganz verschiedenen Kontexten gefordert. Der Naturalist Conrad Alberti z. B. warf den Bildungsbürgern seiner Zeit vor, eine rein funktionale Kunst zu fordern, um sich ihre leeren Stunden füllen zu lassen. Während die so Kritisierten unter der Fassade von Ruhe und Ordnung die Begeisterung für Kriege, Revolutionen und andere »rohe Kraftäußerungen« vermissen lassen würden, lobte er diejenigen, deren Leidenschaftlichkeit sie noch zu »ganzen Menschen« mache, Alberti, Die Bourgeoisie und die Kunst, z. B. S. 823, 282, 840.

hing ab von einer einheitsstiftenden Symbolfigur, sollte nicht von innen und schon gar nicht über eine politische Kultur geleistet werden, die über das argumentative Aushandeln konfligierender Positionen strukturiert war. Der vielzitierte »Geist von 1914« ist mittlerweile als eher partikulare Begeisterung aufgezeigt worden. Die Sehnsucht nach einem Krieg, der die Zersplitterung überwinden sollte,[177] war typischer für Intellektuelle, Akademiker und Künstler als z. B. für die Landbevölkerung,[178] und häufig eine Euphorie von Kriegern an der Heimatfront. Auch wandelten sich viele der Enthusiasten, die sich 1914 freiwillig meldeten, zu Kriegsgegnern, als der Tod, wie Ernst Toller schrieb, eine Bagatelle wurde.[179] Aber wichtig war die Implikation, daß nur ein Krieg ein Ereignis sei, das der individuellen Gefühlsdynamik angemessen sei, so in der Klage von Georg Heym, der eine aufgewühlte Umgebung forderte, weil er nur dann seine eigenen großen Gefühle glaubte ausdrücken zu können. Heym sehnte sich nach dem Außergewöhnlichen, nach dem »großen Schmerz«, in der endlosen Folge von Tagen, die ihren Weg auch ohne seine Zustimmung liefen.[180] Die Zeit sei banal und deshalb seinen individuellen Gefühlen nicht angemessen: »Mein Gott – ich ersticke noch mit meinem brachliegenden Enthusiasmus in dieser banalen Zeit. Denn ich bedarf gewaltiger äußerer Emotionen, um glücklich zu sein.«[181] 1907 schrieb er: »Auch ich kann sagen: Gäb' es nur einen Krieg, gesund wär' ich. Ein Tag wie der andere. Keine großen Freuden, keine großen Schmerzen.«[182] Seine Notizen kontrastierten in geläufiger Form Leidenschaft mit Intellektualität, eine Dichotomie, die auch Thomas Mann glorifizierte und die sich zu Beginn des Krieges noch verschärfte.[183] Politik sollte die Selbstkontrolle aushebeln.

Daß gerade deutsche Akademiker die Kriegsbereitschaft mittrugen und schürten, lag nicht zuletzt an der immer wieder aufblitzenden Kritik an ihrer Männlichkeit ohne Begeisterungsfähigkeit. Johannes Scherr und Rudolf von Ihering hatten den Krieg gegen Frankreich begeistert begrüßt, weil er beweise, daß das Buch dem Schwert vorgearbeitet habe.[184] Der Krieg 1914 wertete Aka-

---

177 Vgl. die Beiträge in Mommsen, Müller-Luckner (Hg.), Krieg und Kultur.
178 Ziemann, Front und Heimat; s. a. Verhey, Mythos. Zur dennoch weitverbreiteten Kriegsmentalität Rohkrämer, Militarismus.
179 Anz, Vogl (Hg.), Die Dichter und der Krieg, S. 237.
180 Heym Lesebuch, S. 261f.
181 Ebd., S. 291.
182 Ebd., S. 271.
183 Anz, Vogl (Hg.), Dichter, S. 231; zum ähnlichen Muster bei Carl Schmitt vgl. Bernd Rüthers, Entartetes Recht. Rechtslehren und Kronjuristen im Dritten Reich, München ²1989, bes. S. 112ff.
184 Aus der »deutschen Cultur- und Sittengeschichte«, S. 279f. Scherr rügte zwar die »undemokratische« Einigung, die kleindeutsche Variante und den Partikularismus im neuen Reich, lobte in diesem Text 1873 aber begeistert die deutsche Tatkraft im Krieg.

demiker ebenfalls wieder auf. In dem berüchtigten »Aufruf der 93« *An die Kulturwelt* vom Oktober 1914 beharrten namhafte deutsche Akademiker auf der Vorreiterfunktion der deutschen Wissenschaft. Sie lehnten die »Unterstellung« des Auslandes ab, der deutsche Militarismus weiche von der deutschen Kultur ab, und erklärten diese Kultur und ihre Wissenschaft zur Basis und Voraussetzung der militärischen Erfolge.[185] Hinter der zumindest anfänglichen Begeisterung stand sicher auch der »ennui der neuen Helden des Zweifels, die auf dem Grund ihrer Reagenzgläser das Leben nicht gefunden hatten«.[186] Aber es galt auch eine Vorstellung des ganzen Mannes zu verteidigen und zu zeigen, daß er durch seine Konzentration auf Beruf und Erfolg seine Fähigkeit für große Gefühle nicht verloren habe.

185 Abgedruckt in: Calder (Hg.), Wilamowitz nach 50 Jahren, S. 718; vgl. Brocke, Wissenschaft und Militarismus, S. 649ff.; zuletzt: von Ungarn-Sternberg, Der Aufruf ›An die Kulturwelt!‹.
186 Huguet, L'ennui, S. 164.

3. Langeweile und Geschlechterverhältnis

Während die Debatten über politische Partizipation, sozialen Wandel oder das Verhältnis von individueller Psyche und sozialen Regeln in erster Linie zu implizieren versuchten, daß Entwürfe von Individualität und Gesellschaft nicht verhandelbar seien, so zeigte vor allem die hochemotionalisierte Kontroverse um Geschlechteridentität, wie umstritten der Langeweilebegriff letztlich war. Eine elitär verstandene männliche Subjektivität formierte sich über das Dreieck von Vernunft, Leidenschaften und Zukunftsorientierung. Das Geschlechterverhältnis geriet im späten 19. Jahrhundert nicht nur deshalb in Bewegung, weil bürgerliche Frauen den Zugang zu höherer Bildung erhielten und z. T. das Wahlrecht forderten. Prominente und weniger bekannte Frauen eigneten sich vielmehr mit ihren Kommentaren zu Kunst und Gefühlen, zu Zeit und Sexualität in einem umgedrehten Diskurs[187] die zentralen Kategorien dieses Subjektivitätsentwurfs an. Damit bestätigten sie zwar, wie Judith Butler warnt, einerseits diametrisch die dominante Version von Subjektivität.[188] Aber indem diese Frauen beanspruchten, Weiblichkeit als einen ganzheitlichen, nichtpolaren Entwurf über dieselben Kategorien definieren zu können wie Männlichkeit, unterliefen sie zum einen das subjekttheoretische Differenzdenken. Zum anderen zeigten sie, daß, wenn von Abhängigkeit im Geschlechterverhältnis zu reden sei, diese Abhängigkeit beiderseitig bestand, und sie verwiesen auf eine mögliche Konsequenz des polaren Geschlechterdiskurses, die auch schon im Massediskurs impliziert war: daß Frauen, gerade wenn sie – diskursgemäß – von Natur aus emotional seien, sich auch der Vernunft bemächtigen könnten, ohne Schaden an ihrer Persönlichkeit zu nehmen, während Männer – dem polaren Geschlechtermodell zufolge von Natur aus zweckrational – ohne die Entfaltung ihrer eigenen Sensibilität oder die Ergänzung durch weibliche Emotionen verkümmern müßten. Diese Aneignung einer als unabhängig geltenden Identität wiederum sollte zusammengelesen werden mit der im Laufe des 19. Jahrhunderts immer wieder auftauchenden Kritik, daß Männer das ganzheitliche Ideal von Männlichkeit nicht einlösten.

Die Praktiken von Frauen in Kunst, Literatur und sozialen Beziehungen waren dafür genauso wichtig wie der kreative und selektive Umgang mit den Geschlechterdiskursen. Dazu gehörten das Schreiben an sich; die Themenauswahl; der Spott über die fatalen Folgen einer rigide formulierten Geschlechterordnung; die narrativen Strategien, mit denen publizierende Frauen ihre normativ festgeschriebenen Lebensphasen in einen selber gestalteten Lebens- und Bildungsroman verwandelten; die Literarisierung gleichgültigen Schweigens; und schließlich der Marktaspekt von Literatur, den Frauen mitunter direkt ansprachen oder einfach für sich nutzten, indem sie Ratgeberliteratur zum Lebensunterhalt verfaßten, um sich dann der Literatur zuzuwenden.

---

187 Vgl. Foucault, Nietzsche, S. 117.
188 Butler, Bodies That Matter, S. 21.

a. Bildung

Der Wunsch nach Bildung bedeutete den Zugriff auf ein zentrales Vorrecht von Männern. Frauen führten häufig das Differenzdenken ins Feld, um ihren Anspruch auf gleiche Rechte durchzusetzen und deutlich zu machen, daß ihre Weiblichkeit durch die Partizipation an einer zunächst männlich definierten Welt keinen Schaden nähme. Die Opponenten von Frauenbildung argumentierten dagegen aus einem Nullsummenverständnis heraus, um gegen die Öffnung der Hochschulen zu protestieren. Ein Zuwachs an Frauenbildung bedeutete für sie nicht einfach nur eine Konkurrenz, sondern einen Verlust an Männlichkeit. Der Berliner Jurist Otto Gierke warnte vor einem dann drohenden Niedergang: »Sorgen wir vor allem, daß unsere Männer Männer bleiben! Es war stets ein Zeichen des Verfalls, wenn die Männlichkeit den Männern abhanden kam und ihre Zuflucht zu den Frauen nahm!«[189] Wilhelm Münch wies weibliche Bildungsinteressen als grundsätzlich »unnatürlich« und als Camouflage für Emanzipationsgelüste zurück. Hinter dem Wunsch nach Gleichberechtigung vermutete er den Versuch der Machtumkehr, womit er zugab, daß er auch die gegebenen Geschlechterbeziehungen als Machtverhältnis sah.[190] Ein analoges Nullsummendenken ließ der Reiseschriftsteller Stefan von Kotze erkennen, für den die herkömmliche Gesellschaftsstruktur, männliches Selbstvertrauen und sexuelle Potenz zusammengehörten: »Sollte die jetzige Ordnung der Dinge sich ändern und die Frau dauerhaft, Generationen hindurch dominieren, so muß das Selbstvertrauen und damit die Potenz des Mannes bedenklich geschwächt werden.«[191] Der Breslauer Historiker Jacob Caro kommentierte die Zulassung von Frauen zum Studium mit dem Satz: »Giebt man den Frauen, welche am Zuständlichen meisten die Zufälle interessieren, das Wort, so erklärt man die Revolution in Permanenz.«[192] Frauen das Wort zu geben, unterlief die Definition der männlichen Elite über Sprachmächtigkeit und drohte auch das Geschlechterverhältnis zu diskursivieren.

Da diese Akademiker Gesellschaft und Staat ebenfalls über ein hierarchisches Geschlechterverhältnis definierten, leiteten sie aus einer Verschiebung der Geschlechterbeziehungen eine nationale Krise ab. Der Trivialschriftsteller Dagobert von Gerhardt erklärte die Produktivität des deutschen Volkes dahingehend, daß bisher Kant und die deutschen Frauen die Leistungsfähigkeit »des« Menschen durch die »gleiche Befriedigung seiner Vernunft- und Gefühlsbe-

---

189 In: Kirchhoff, Die akademische Frau, S. 27.
190 Münch, Unterricht und Interesse, S. 125. Auch der Literaturhistoriker Johannes Scherr wandte sich 1876 erneut haßerfüllt gegen Frauenbildung, Engelhardt, »Geistig in Fesseln«, S. 155. Neben der bereits in Kap. III erwähnten Literatur zu Frauenbildung s. a. Hahn (Hg.), Frauen; Burchardt, Blaustrumpf; Schlüter (Hg.), Pionierinnen.
191 Zit. nach Planert, Antifeminismus, S. 40.
192 In: Kirchhoff, Die akademische Frau, S. 186f.

dürfnisse« gesichert hätten.[193] Verschöben Frauen diese Balance, drohte ihm zufolge die gesamte Produktivität und damit die wirtschaftliche Vorreiterrolle Deutschlands ins Wanken zu geraten.[194] Auch Gierke prognostizierte den staatlichen Niedergang: »Wer dem geschichtlich bewährten Ideal die Treue hält, würde thöricht handeln, wenn er ein Zugeständnis machte.«[195] Es gab nur wenige wie John Stuart Mill, die Frauen öffentlich ermutigten, zu sprechen.[196]

b. Kunst

Die Kontroverse um den Platz von Frauen in Bildung und Beruf fand innerhalb einer Feminisierung der Kultur statt, die nicht nur in Deutschland als Entmännlichung wahrgenommen wurde,[197] aber aufgrund der Erlösungsfunktion von Kunst und Kultur in Deutschland stark dramatisiert wurde, genau wie die Niedergangsrhetorik, die, wie Fritz Stern bemerkt hat, in Deutschland weiter entfernt vom tatsächlichen sozialen Wandel war als in jedem anderen, vergleichbaren Industriestaat.[198] Kunst und Künstler verkörperten kreative Subjektivität schlechthin, so daß eine Auseinandersetzung um Geschlechterrollen in diesem Bereich die Objekt-Subjekt-Kontroverse, wenn möglich, noch pointierter als die Bildungsfrage zuspitzte.

Etliche Zeitschriften im Kaiserreich führten eine intensive Debatte um das brisante Verhältnis von Kunst und idealer Weiblichkeit,[199] um Frauen als Objekte oder Subjekte von Kunst. Resignation wie Revolutionssehnsucht galten als Triebkräfte künstlerischen Schaffens, ausdrücklich aber nur auf dem Höhenkamm von Rembrandt, Calderón, Lenau und Grillparzer.[200] Frauen sollten Objekt, nicht Subjekt der Kunst sein. Sie organisierten zwar den Posten Kunst in bürgerlichen Haushalten, den Gang ins Theater, in die Oper, in Konzerte oder Ausstellungen, und sie sollten im Klavierspielen und Zeichnen dilettieren,

---

193 Amyntor, Für und über die deutschen Frauen, S. 209.
194 Zu deren Bedeutung für das deutsche Selbstverständnis James, Deutsche Identität.
195 In: Kirchhoff, Die akademische Frau, S. 27; vgl. Frevert, Frauen-Geschichte, S. 121f.
196 Schiebinger, The Mind Has No Sex?, S. 269.
197 Vgl. Gilbert, Gubar, Tradition and the Female Talent, S. 187; Finney, Women in Modern Drama, S. 153ff.; für Frankreich Maugue, L'identité masculine en crise; s. a. Prasch, Victorian Women and the Gendering of Culture.
198 Stern, Kulturpessimismus, S. 19.
199 Z. B. Elberskirchen, Die Stellung der Frau zur Kunst und zum – Mann, S. 403-407; Piper, Die weibliche Kunstseele, S. 297-300; Meyer, Die beiden Frauenideale der Germanen, S. 591-596; Bethge, Lyrische Frauen, S. 329-331, entsetzte sich über den größeren kommerziellen und Publikumserfolg von Autorinnen, die das s. E. nur schafften, weil sie sich leichter dem Zeitgeist anpaßten; Benzmann, Die deutsche Frauenlyrik in der Gegenwart, S. 1221-25, urteilte ebenfalls, daß Frauen nie echte Kunst schaffen würden.
200 Madjera, Revolution und Resignation als Kunst-Prinzipien, S. 329-333.

ohne aber den Anspruch zu erheben, wirklich schöpferisch zu sein. Frauen waren Kulturträgerinnen, sollten aber weder definieren, was Kunst sei, noch sie schaffen.[201] Patricia Herminghouse zufolge waren ein Viertel bis ein Drittel aller schriftstellernden Personen im 18. und 19. Jahrhundert Frauen,[202] wobei ihre Präsenz gegen Ende des 19. Jahrhunderts nicht mehr zu übersehen war. Peter Gay hat den Haß beschrieben, der die Frauen traf, die literarisch erfolgreich waren.[203] Andreas Huyssen und Rita Felski betonen die patriarchalische Mentalität auch der Avantgarde, wobei Felski zufolge die nostalgische Sehnsucht nach der holistischen, versöhnenden, reproduktiven Frau in Deutschland seit der Romantik prononcierter war als in anderen europäischen Ländern,[204] analog zum schärferen Kulturpessimismus. Theodor Zolling behauptete 1886, daß »das große weibliche Lesepublikum, die schreibenden Damen, die illustrirten Zeitschriften unseren Roman entmannt, verweiblicht« hätten.[205] Detlev von Liliencron rief sarkastisch dazu auf, sich nicht mehr mit den »ewigen langweiligen Comtessen und Bankierstöchtern« abzugeben,[206] die den publizistischen Markt bevölkerten. Wurde eine falsche Heirat nach oben nur mit dem Titel der »Gräfin Langeweile« bedacht, so sprach Rainer Maria Rilke nun abfällig vom literarischen »Frauenproletariat«.[207] Ähnlich wie Caro beschwor er damit die Gefahr von Aufruhr und Umsturz. Wedekinds *Lulu*, die typischerweise mit einer subversiven und zugleich überwältigenden sexuellen Macht ausgestattet war, bezeichnete ein Kommentator ebenfalls als Repräsentantin des weiblichen Proletariats, das bereit sei, die Barrikaden zu stürmen. Mit diesem mächtigen Antrieb zum Handeln ausgestattet, wurde sie für jeden Schritt, den sie außerhalb der sozialen Konventionen machte, mit Strategien der Beschämung und Einhegung konfrontiert, die alle vorwegnehmend auf ihren Tod verwiesen, und fiel schließlich männlicher Gewalt in Gestalt eines Lustmörders zum Opfer.[208] Langbehn zufolge befand sich die deutsche Kunst deshalb nicht auf der Höhe des nationalen Ruhms, weil sie einen »weiblichen Ton« habe, während die militärischen Erfolge Bismarcks dem »männlichen« Volk Deutschlands angemessen seien.[209]

201 Zur phallischen Symbolik künstlerischer Produktion vgl. Gilbert, Gubar, The Madwoman in the Attic, S. 9.
202 Herminghouse, Women and the Literary Enterprise, S. 79.
203 Gay, The Cultivation of Hatred, S. 327ff.
204 Huyssen, After the Great Divide, S. 44ff.; Felski, Gender of Modernity, S. 50.
205 Zolling, Ein komischer Roman, S. 117.
206 Häntzschel, Bildung und Kultur, S. 42.
207 Ebd., S. 42; zum stereotypen Vorwurf der »falschen« Lektüre von Unterschichten und Frauen Engelsing, Der Bürger als Leser; ders., Analphabetentum und Lektüre; als Quellen u. a. Niemeyer, Vermächtniß, S. 146, 152-154; Glatz, Rosaliens Vermächtniß, S. 71; Klencke, Das Weib als Gattin, S. 69; Polko, Pilgerfahrt, S. 68; Milde, Deutsche Jungfrauen, S.220f.
208 Tatar, Lustmord, S. 11.
209 Langbehn, Rembrandt, S. 325.

Die literarisch-künstlerischen und sozialen Eliten versuchten, Kunst und künstlerische Schaffenskraft weiterhin als männliche Domäne zu markieren. Auch in der Kitsch-Debatte im Kaiserreich ging es eher um soziale Kontrolle als um eine pauschale Kulturkritik. In der Verzahnung von nationaler Kultur und nationaler Identität durch die bürgerlichen Eliten lehnten diese Kitsch im späten 19. Jahrhundert nicht einfach pauschal ab. Statt dessen versuchten sie z. B. im Werkbund, über die Definition von Kunst ihre gesellschaftliche Vormachtposition abzusichern, die durch die Feminisierung der Kultur gefährdet schien, und zwar unter anderem, indem auch sie Massenkultur feminisierten und von Frauen erzeugte Kunstprodukte als minderwertig erklärten.[210]

Es gehörte zu den defensiv-aggressiven Verteidigungsstrategien, Kunst und Frauen als analoge Ideale außerhalb des Marktes anzusiedeln. Schriftstellerinnen setzten genau hier an. Indem sie ihren Lebensunterhalt bestritten, präsentierten sie gleichzeitig weibliche Kreativität im angeblich entfeminisierenden Markt. Gabriele Reuter, eine der erfolgreichsten Schriftstellerinnen der Jahrhundertwende,[211] stellte diesen Zusammenhang in einem Artikel mit der Überschrift »Mein liebes Ich« 1888 ebenso ironisch wie entschieden her. Während sie in ihren Romanen das vergeudete Leben ewiger Haustöchter schilderte, wies sie hier die ästhetisierende Betrachtung einer angeblich jenseits von Marktmechanismen angesiedelten Kunst zurück und beschrieb, wie sie sich als ledige Frau ohne Familienunterstützung ihren Lebensunterhalt verdienen mußte. Während die Ratgeber die scharfe Kontrolle des weiblichen »Ich« forderten, erklärte sie ihr ›abweichendes‹ Verhalten gelassen als Vererbung; Schriftstellerei sei erblich in ihrer Familie, wie in anderen das Trinken oder der Selbstmord.

Reuter wuchs in Ägypten auf, aber als ihr Vater starb, zog die Siebzehnjährige mit der Mutter und den Brüdern nach Neuhaldersleben bei Magdeburg, wo sie alles andere als ägyptische Folklore erwartete. Durch den Tod des Vaters gezwungen, sich ihren Lebensunterhalt zu verdienen, schilderte sie in der *Magdeburger Zeitung* das ägyptische Leben. Ihre Geschichten verkauften sich so gut, daß sie sich als gutbezahlte Feuilletonistin etablieren konnte, und die Familie ermöglichte ihr die Übersiedlung nach Weimar, um für weitere Anregungen zu sorgen.[212] Reuter beharrte darauf, daß der Markt nicht notwendigerweise entzaubere, sondern mitunter die einzige Chance biete, eine persönliche Entzauberung – ohne Mitgift nicht heiraten zu können, sinnlose Arbeit ohne Kompensation und Anerkennung leisten zu müssen – wie männliche Kollegen zu überwinden. Sie wechselte nicht nur zwischen familiärem und gesellschaftlichem Bereich, sondern beschrieb, wie die Kunst im Markt ihr eine unabhängige Existenz sicherte und sie ihre Persönlichkeit entwickeln ließ.

210 Jenkins, The kitsch collection, bes. S. 136ff.; Huyssen, Mass culture as woman; zum Werkbund Campbell, The German Werkbund.
211 Weedon, Of Madness and Masochism, S. 81.
212 Reuter, Mein liebes Ich, S. 283.

Johanna Elberskirchen attackierte mit dem plakativen Titel: »Die Stellung der Frau zur Kunst und zum – Mann« 1888 noch direkter die herrschende ideologische Verknüpfung von Frau und Kunst. Die Redaktion der *Gesellschaft* fühlte sich zu dem Kommentar genötigt, daß sie für diese Leserzuschrift nicht verantwortlich zeichne. Elberskirchen zeigte die Gefahr auf, im Rahmen des vorherrschenden Denkens entweder als weibliche Kunst oder vermännlichte Künstlerin diffamiert zu werden. Auch sie wünschte die »berüchtigte Frauenlitteratur« der Frauen fort, die in den engen Grenzen der sogenannten Weiblichkeit bleiben würden, und warf diesen Autorinnen ebenfalls vor, keine echte Kunst schaffen zu können.[213] Aber sie verweigerte auch die Anpassung an männliche Kriterien, wies die Ästhetisierung von Frauen als unbewegliche Objekte der Kunst zurück und forderte eine geschlechtsneutrale Ästhetik. Elberskirchen definierte Ästhetik als einen grenzfreien Raum, der nur ästhetische Kriterien kenne, ein Freiraum, in dem auch Frauen das Recht hatten, Kunst und Weiblichkeit – über ihre Beziehung zueinander oder unabhängig voneinander – zu definieren. Sie analogisierte wie Lou Andreas-Salomé nicht Frau und Kunst, sondern Frau und Künstlerin. Wenn Frauen sich Kunst aneigneten, wiesen sie womöglich noch entschiedener als im Bereich Bildung die gebrochenen Subjektivitätsnormen des modernen Geschlechterverhältnisses zurück.

c. Zeit

Als dritte Facette im Aushandeln von Subjektpositionen gaben Frauen den Begriffen von Zeit und Zukunft geschlechterübergreifende Bedeutung: im Glauben der bürgerlichen Frauenbewegung an den Fortschritt,[214] in den Überschriften ihrer Erzählungen und in einem offensiv und ironisch gebrauchten Fortschrittsbegriff, der die Definition von weiblicher Zeit als zirkulär, nichtkontinuierlich oder rückschrittlich zurückwies. Bereits im Titel ihrer Autobiographie *Vom Kind zum Menschen* spielte Gabriele Reuter mit der kulturellen Praktik gebildeter Männer, einen Bildungsroman in der autobiographischen Fiktion nachzuerzählen, als Spiegel der lebenslangen Entwicklung des männlichen Selbst. Die meisten Autobiographien von Männern sind in diesem Gestus geschrieben, hermetisch und schwer aufzubrechen, als kontinuierliche

---

213 Elberskirchen, Die Stellung der Frau zur Kunst und zum – Mann, S. 403-407.
214 Henriette Schrader-Breymann formulierte den Zugriff auf Zukunft, der auch im Prinzip der ›geistigen Mütterlichkeit‹ lag: »Wenn die Frau die geistige Mütterlichkeit sich errungen, dann ist sie frei; d. h. sie erfaßt das Leben groß, sie sieht die Gegenwart mit der Zukunft im Zusammenhange, und wenn sie nicht in der Ehe steht, wenn sie keine leiblichen Kinder geboren hat, so ist sie doch nicht als ein »ausgelöstes Glied der Kette Menschheit« zu betrachten.« Für die Entwicklung der Persönlichkeit beanspruchte sie dann auch die Bereiche von Wissenschaft und Kunst für Frauen, Lyschinska, Henriette Schrader-Breymann, Bd. 1, S. 467.

Erzählung ohne Brüche oder besser: mit Brüchen, die überwunden wurden und ihr Leben so zu Geschichte machte. Mit ihrem Titel nahm Reuter die Entwicklung vom abhängigen Kindstatus zum autonomen Menschen für sich in Anspruch. Patricia Meyer Spacks hat die Schreibweisen geschildert, mit denen englische Schriftstellerinnen ihre Langeweile überwanden oder den Vorwurf eines langweiligen Lebens zurückwiesen. Die extrem hohe Bedeutung des Bildungsromans in der deutschen Kultur machte ein solches Verhalten noch bedeutsamer.

Im Text betonte Reuter die Brüche und Diskontinuitäten in ihrem Leben und wies die Vorstellung von idealer Weiblichkeit als zeitloser Harmonie zurück. Schon als sie Magdeburger Lesern ihre Jugend in Ägypten erzählte, hatte sie ihr Leben in eine Geschichte verwandelt, die gerade aus den offen angesprochenen Brüchen ihre Dynamik bezog. Ihre Romane waren konventioneller als ihr eigenes Leben. Die *Geschichte einer Tochter aus gutem Haus* thematisierte den erzwungenen Halt, die Aufgabe selbstverständlicher Erwartungen und erfüllter Sexualität, und endete in tragischem geistigen und physischen Verfall. In ihrer Autobiographie dagegen zeigte Reuter, wie sie aus Langeweile und Depression die Kraft zum Handeln entwickelte und ihr Handeln in Lebenskunst wandelte, als sie ihr Leben neu zusammenbaute. Sie leugnete nicht, wie anstrengend das von ihr nicht gewollte Leben als alleinstehende Frau im 19. Jahrhundert war, die sich nach Liebe und Sexualität sehnte, nur keine Möglichkeit sah, sie außerhalb der Ehe zu erhalten. »Ich entsetzte mich vor der Leere meiner Zukunft,« schrieb sie in der Rückschau über diese Initiation, während sie am Ende eines beruflich erfolgreichen Lebens ihre Einsamkeit zugab, aber auch damit umgehen gelernt hatte: »Die Einsamkeit, vor der ich mich in der Jugend gefürchtet, war mir längst zu einem lieben Heim geworden.«[215]

Helene Böhlau (1859-1940) thematisierte noch deutlicher die temporale Strukturierung von Weiblichkeit und Männlichkeit. Ihr Roman *Rangierbahnhof* erzählte eine ambivalente Zeitgeschichte, in der eine junge Malerin ihrem Ehrgeiz lebte und auf späteren Erfolg in der Zukunft hoffte. Das Ende war zwar insofern konventionell, als auch diese Heldin am Ende starb, aber Böhlau problematisierte die geschlechterspezifisch gespaltenen Definitionen von Zeit und Familie. Die Malerin Olly verwirrte ihren zukünftigen Mann zunächst, weil sie wilde Faschingsbälle genoß, während seine ideale Frau nichts von Faschingsbällen wüßte oder es zumindest nicht sagen würde. Er hatte Frauen immer nur als rein physische Objekte gesehen, als Körper mit etwas Herz – »und dies Herz war ihm als etwas unsäglich Langweiliges erschienen« –, aber dieser jungen Frau konnte er seine Maske nicht überstülpen.[216] Nach der Heirat beschrieb Böhlau Langeweile als Signum einer Ehe, in der ein grundsätzliches

---

215 Reuter, Vom Kind zum Menschen, S. 351, 476.
216 Böhlau, Rangierbahnhof, S.70ff., Zitat S. 74.

Nicht-Verstehen aufgrund festgefügter Lebens- und Geschlechterkonzeptionen herrschte. Vor allem aber, und hier widersprach sie der Familienideologie ebenso wie der familienorientierten Selbstdarstellung weiblicher Subjektivität in Tagebüchern, wies sie die Definition weiblicher Zukunft durch Kinder zurück. Olly empfand die Schwangerschaft als das Ende ihrer professionellen Zukunft, in der sie ihr Glück und ihr eigentliches Leben erwartete; die Fehlgeburt war für sie eine Befreiung, in der das Schicksal ihr ihre eigene Zeit und Zukunft zurückgab.[217] Analog verknüpfte Böhlau Anerkennung und Zeitgefühl für diese Frau. Olly sehnte sich solange nach einer Zukunft, in der sie anerkannt sein würde, bis ein bedeutender Künstler sich mit ihr anfreundete, sie als Gleichwertige anerkannte und ihr damit »Herzensfrieden und das sichere, warme Sommerglück der Gegenwart« schenkte.[218] Auch das passierte quasi zu spät, d. h. nachdem sie tödlich erkrankt war, und unter Verzicht auf eine sexuelle Beziehung. Ollys quälender Sehnsucht, verschärft durch die Krankheit, setzte der männliche Künstler dennoch das bergende Gefühl der Anerkennung entgegen. Böhlaus Zeitdarstellung war traurig, fordernd und beunruhigend zugleich. Sie sprengte die Festlegung von Weiblichkeit auf Gegenwart und zeigte, welch volles Gefühl von Gegenwart durch Anerkennung geschenkt werden konnte. Aber auch ihre zukunftsfixierte, hochbegabte Heldin bezahlte ihre Unruhe und ihren Ehrgeiz mit dem Tod, in einem kurz aufblitzenden und ob seiner weltlichen Aussichtslosigkeit bitteren Glück von Zuspruch und platonischer Liebe, gefesselt an einen nicht böswilligen, aber verständnislosen Ehemann.

Blieb die populäre Belletristik meist dem Muster verhaftet, daß Frauen ihren Wunsch nach einer interessanten Zukunft mit einer traurigen Gegenwart bezahlten,[219] so tauchten in der Publizistik offensivere Signale auf, als einige Autorinnen den absoluten Charakter der gesellschaftlichen Zeitbegriffe ironisierten. In ihrem bereits erwähnten Aufsatz über Frauen und Kunst paraphrasierte Johanna Elberskirchen 1888 das philosophische Kategoriendenken, um Zeit als eine unabhängige Größe darzustellen, die Frauen in die Zukunft des unaufhaltsamen Fortschrittes mitnahm.[220] Elberskirchen forderte nicht nur, sondern beschrieb die Einlösung ihrer Forderungen als unausweichlich und kehrte dabei den Begriff der Selbstsucht um. Nicht eine Frau, die Bildung und Arbeit wolle, sondern ein Mann, der ihr befehle, nicht mit ihm zu rivalisieren, sei selbstsüchtig. Außerdem seien nicht Frauen verantwortlich für den sozialen Wandel, da die Zeit selbst den Frauen befehle, mit ihr mitzukommen:

---

217 Ebd., S. 101-103. Eine erfüllte Kombination von beidem wurde allerdings auch hier nicht angedacht.
218 Ebd., S. 181.
219 Müller, Mütter und Töchter.
220 Elberskirchen, Stellung der Frau, S. 403-407.

Die Zeit! Müde der schreienden Ungerechtigkeit, die das Weib, als eine natürliche Konsequenz seiner Sklaverei, nicht fähig war, selbständig zu erkennen und zu bemeistern, zog sie einen Strich durch diese diktatorischen Worte [daß Frauen nicht konkurrieren sollten, MK] und grub in Flammenzügen darunter: »Weib, du sollst! Du sollst, weil du mußt! Du mußt, weil ich, die Zeit, das ganz kategorisch will!«[221]

Elberskirchen lobte die Entschlossenheit, mit der Frauen sich der Verdammung zu einem öden, einsamen Leben entgegenstellten. Sie forderte Männer auf, Buße zu tun und freiwillig zu geben, was Frauen sich sonst nehmen würden, und zollte der Zeit ihren Tribut:

Und es ist gut so! Es ist gut, daß die Zeit so und nicht anders mit mächtiger Faust befreiend eingriff, sonst trottete das Weib heute noch gemüthlich in der Mühle der männlichen Selbstsucht![222]

Denselben Ton schlug Johanna Friederike Wecker-Westner 1892 in einer Zuschrift für die von Lina Morgenstern redigierte *Deutsche Hausfrauen-Zeitung* an, die *Die Gesellschaft* erneut abdruckte. Sie protestierte gegen die restriktiven Bildungsmöglichkeiten für Frauen und verstand unter Fortschritt gleichwertige Bildungschancen für Männer und Frauen. Sie verwies auf die Kluft zwischen einer als rational deklarierten Herrschaft und der von ihr konstatierten nichtrationalen und nicht begründbaren Gewalt im Geschlechterverhältnis, rief aber ebenfalls die Zeit als Verbündete auf den historischen Plan:

Der »Mann« als solcher hat kein moralisches Recht uns vorzuschreiben, was wir wollen und was nicht, er bedient sich des schlechten Mittels der Gewalt, des Despotismus, um uns, der Hälfte der Menschheit, seinen Willen aufzuzwingen! Aber, es hilft ihm nichts: der Fortschritt zum Besseren ist unaufhaltsam wie die Zeit.[223]

Das ubiquitäre männliche Schlagwort vom »Stillstand ist Rückschritt«[224] hielt dem nicht stand. Der Fortschrittsoptimismus wandelte sich in dem Moment zur Klage über die zerrissene Zeit und über sozialen Wandel als Verfall, in dem die Definitionsmacht über Zeit und Zukunft in Frage gestellt wurde. Unter dem Titel »Im Stechschritt der Zeit« faßte der Naturalist Michael Georg Conrad die als pathologisch deklarierten sozialen Veränderungen des Fin de siècle in kleinen Geschichten zusammen, die am Ende alle zu Mord und Totschlag

---

221 Ebd., S. 405.
222 Ebd., S. 406.
223 Wecker-Westner, [ohne Titel], S. 11.
224 Myers, Der Kampf gegen den Fortschritt, S. 52-55.

führten,[225] und er rief zur Wiederherstellung einer »arg gefährdeten Mannhaftigkeit« auf.[226]

Wilhelm Langewiesche, der die Sammlung von Carlyles Essays unter dem Titel *Arbeiten und nicht verzweifeln* publizierte, geriet die Zeit ebenfalls aus den Fugen. Er beklagte 1902 den Verlust der Maßstäbe für Glück und Harmonie, die nur durch Religion und Weiblichkeit zu retten seien, aber da auch Frauen die Religion nicht mehr verträten, verhalle der »Schrei nach dem Weibe« ungehört. Würden Frauen »entweibt« zu Konkurrentinnen, dann sah er das atemlose Tempo seiner Zeit noch schneller und letztlich unerträglich werden.[227] Wenn Frauen nicht mehr in ihrer Gegenwart verharrten, dann – und nur dann – verwandelte sich die moderne Welt in ein stählernes Gehäuse, da die modernen Frauen die von Langewiesche in dramatischen Worten beschworene Selbstaufzehrung[228] der Männer nicht mehr auffingen. Er sah im Kaiserreich eine künstliche Bedürfnisproduktion, die zu maßloser Arbeit führe und die Arbeitsfreude ersticke, statt sie zu stärken, und ruhelose Genüsse mit sich bringe, die blendeten, statt zu wärmen. Der Vorwurf der Langeweile folgte auf dem Fuße. Bildungswünsche von Frauen verurteilte Langewiesche als nichtiges Streben und Ursache von Bleichsucht und Hysterie,[229] als »kraftlose Anläufe« ohne klare Erkenntnis von Ziel und Weg, als eine »unerhörte Entartung«,[230] die die Ehe schal werden lasse. Er fand es einleuchtend, daß Männer lieber in die Kneipe gingen als zu Hause gelangweilt zu werden, und lastete auch die zunehmende Geschlechtertrennung in der Geselligkeit den Frauen an, die unfähig seien, für Männer noch interessant zu bleiben.[231]

Elberskirchens Ironie markierte als Grundproblem der Geschlechterdifferenz ihr Verfaßtsein in absoluten Termini. Wenn Frauen die differente Definition von Zeit, Zukunft und Langeweile aufhoben, wandelte sich für die Verteidiger des status quo die Linearität des Fortschritts in linearen Verfall. Wer die Definition von Geschichte und Identität absolut faßte, konnte nicht flexibel reagieren, wenn die Definitionsmacht von anderen in Frage gestellt wurde. In den Augen dieser Männer, deren dynamische Zukunftssicherheit an die Immobilität des Geschlechterverhältnisses geknüpft war, entzauberte sich die Welt nicht automatisch durch die Bürokratisierungs- und Rationalisierungsprozesse, sondern durch die Forderung nach mehr Rationalität, im Sinne einer offeneren Diskussion über grundlegende Determinanten sozialer Ordnung. Nicht nur ihre Autorität über Frauen stützte ihr Selbstgefühl,[232] sondern auch

---

225 Conrad, Im Stechschritt der Zeit, S. 137-142.
226 Huyssen, After the Great Divide, S. 50.
227 Langewiesche, Frauentrost, S. 29-32, Zitat S. 32.
228 Ebd., S. 35-37, 59.
229 Ebd., S. 114.
230 Ebd., S. 86.
231 Ebd., S. 83f.
232 Dazu Tosh, What should Historians do, S. 87.

ihre Definitionsmacht über Zeit und Raum, so daß ihnen die Welt dann unbeherrschbar erschien, wenn sie nicht mehr nur nach ihren Maßgaben gestaltet werden sollte. Daß die Selbstverständlichkeit der sozialen Beziehungen erschüttert wurde, lag wiederum nicht nur an den Konflikten über Bildung, Kunst und Zukunft, sondern auch daran, daß Frauen immer wieder die ihnen zugeschriebene Position der Gefühlsexpertin nutzten, um Männer als defizitär darzustellen. Das Bemühen von Männern, sich als ganze Persönlichkeit zu präsentieren, muß mit dieser Kritik zusammengesehen werden, die im Laufe des Jahrhunderts ganz unterschiedliche Aspekte betraf: unzureichende Gesellschaftsfähigkeit, einen Mangel an politischer Vision und Tatkraft, die einseitige Fixierung auf die Arbeit oder, am Ende des Jahrhunderts, fehlende sexuelle Sensibilität.

d. Der halbe Mann, oder: Der Bürger als Bohnenhülse

… außer den Thurnschen Damen betritt kein Frauenzimmer dies Haus, nur Männer von *einem* Schlage, Altertümler, die in meines Schwagers muffigen Manuskripten wühlen möchten, sehr gelehrte, sehr geachtete, ja sehr berühmte Leute in ihrem Fach; aber langweilig wie der bittre Tod, schimmlig, rostig, prosaisch wie eine Pferdebürste; verhärtete Verächter aller neueren Kunst und Literatur. Mir ist zuweilen, als wandle ich zwischen trocknen Bohnenhülsen und höre nichts als das dürre Rappeln und Knistern um mich her, und solche Patrone können nicht enden; *vier* Stunden muß man mit ihnen zu Tisch sitzen, und unaufhörlich wird das leere Stroh gedroschen! Nein, Schlüter, ich bin gewiß nicht unbillig und verachte keine Wissenschaft, weil sie mir fremd ist; aber dieses Feld ist zu beschränkt und abgegrast; das Distelfressen kann nicht ausbleiben. Was zum Henker ist daran gelegen, ob vor dreihundert Jahren der unbedeutende Prior eines Klosters, was nie in der Geschichte vorkommt, Ottwin oder Godwin geheißen, und doch sehe ich, daß dergleichen Dinge viel graue Haare und bittre Herzen machen.[233]

So ironisch beklagte sich Annette von Droste-Hülshoff (1797-1848) am 9. November 1835 bei Christoph Bernhard Schlüter über ihre Besucher, leibhaftige Berufsmenschen, die sozial geachtet waren, dem Idealbild bürgerlicher »sociabilité«[234] aber nicht entfernt entsprachen. Droste-Hülshoff arbeitete sich nicht am Diskurs über Weiblichkeit ab, sondern repräsentierte einen im 19. Jahrhundert typischen Umgang mit dem Diskurs über Männlichkeit: sie verwies auf

---

233 Frauen im Aufbruch, S. 93 (kursiv im Original).
234 Vgl. die Beiträge in François (Hg.), Sociabilité.

ein Ideal und einen Anspruch, denen der Alltag nicht gerecht wurde. Bildungsbürger als trockene Bohnenhülsen – das bestätigte die Angstvision von Vätern und Ratgebern über die fatalen Auswirkungen von Ehrgeiz und Beruf. Und Droste-Hülshoff traf um so mehr, als sie nicht über Devianz redete, sondern über die ganz normalen Folgen der polaren Geschlechterordnung.

Ein ähnlich negatives Urteil fällte auch Ida Hahn-Hahn (1805-1880), zwischen 1839 und 1851 eine der meistgelesenen Schriftstellerinnen Deutschlands und mit über 40 Publikationen die größte Konkurrentin von Fanny Lewald. Hahn-Hahn setzte sich in ihrem Leben und in ihren Romanen kritisch mit dem Weiblichkeitsideal der Zeit auseinander.[235] Sie wandte sich 1848 zwar gegen jede »Gleichheitsmonomanie«,[236] in ihrem Roman *Faustine* von 1840 nahm sie jedoch die männliche Schulbildung und deren Auswirkung auf die Persönlichkeit aufs Korn. Die Heldin des Romans weigerte sich, ihren kleinen Sohn in Deutschland aufwachsen zu lassen, weil sie ihn nicht zu einem typisch deutschen Mann werden lassen wolle: pedantisch, langweilig, unbeholfen, dürr an Leib und Seele, unerquicklich wie die personifizierte Vernünftigkeit, aber höchst eitel auf seine negative Entwicklung.[237]

Entscheidend war auch hier, daß Hahn-Hahn ihre Kritik ausdrücklich auf dem herrschenden komplementären Geschlechtermodell aufbaute und dieses zur Kritik nutzte. Wenn die Frau als solche begeisterungsfähig sei, aber nicht konsequent handeln könne, dann hätten umgekehrt gerade gebildete Männer nur noch »Gemeinplätze, Hypothesen, vage Theorien, Sophismen: die ganze Bagage des exerzierenden Soldaten – Verstand« im Kopf, aber keinen Funken Begeisterung oder Begeisterungsfähigkeit.[238] Ergo würden die Imperative des männlichen Geschlechtscharakters die persönliche Ausstrahlung ruinieren und zu pedantischer Langweiligkeit führen. Auch sie meinte ausdrücklich den Bildungsbürger, der den höchsten sozialen Status reklamierte, ein halbes Jahrhundert vor der Kritik an den Intellektuellen im Kaiserreich, die sorgfältig zwischen Gebildeten und Intellektuellen zu unterscheiden suchte.[239] Der Vorwurf, ein auf die Karriere konzentrierter Bildungsbürger lasse lebenskünstlerische Qualitäten vermissen, berührte einen Nerv und machte die Versuche

---

235 Nach ihrer Scheidung 1829 lebte sie unverheiratet mit Adolf Freiherr von Beystram zusammen und reiste viel, vgl. Brinker-Gabler, Lexikon, S. 117; Weiland, Geschichte, S. 123f.
236 Weiland, Geschichte, S. 124.
237 Hahn-Hahn, Gräfin Faustine, S. 232. Auch im späten 18. Jahrhundert kritisierten schreibende Frauen die Männer, die weder eine gelungene bürgerliche Existenz aufbauten noch der Hoffnung ihrer Frauen auf Empfindsamkeit entsprachen, vgl. Epple, Empfindsame Geschichtsschreibung, MS S. 199f.
238 Zur wachsenden Tabuisierung des Gefühlsausdrucks bei Männern Schütze, Mutterliebe – Vaterliebe; Vincent-Buffault, Constitution des rôles.
239 Dazu die Beiträge in Hübinger, Mommsen (Hg.), Intellektuelle.

von Männern einsichtiger, sich als Lebenskünstler zu präsentieren und von anderen Männern positiv abzusetzen.[240] Kritisierten Schriftstellerinnen wie Droste oder Hahn-Hahn mangelnde Gefühlsfähigkeit, so unterstellten andere im Kontext der gängigen Vormärzkritik am Elfenbeinturmbewohner einen Mangel an Leidenschaftlichkeit, der das politische Handeln beeinträchtige. Emma Siegmund, die Verlobte des jungdeutschen Revolutionsdichters Georg Herwegh, karikierte wie Johannes Scherr die von ihr wahrgenommene politische Rückgratlosigkeit der gesellschaftlichen Elite, wobei weibliche Kritik für männliches Selbstverständnis problematischer gewesen sein mochte. Sie lobte im November 1842 nicht nur die politische Vision ihres Freundes, sondern vor allem sein ungebärdiges Temperament, im Gegensatz zum Mäßigkeitsideal der »preußischen Beamtenseelen«, denn »nur wo Bewegung ist Fortschritt, nur im fortwährenden Kämpfen Glück«:

> Solchen Mann habe ich mir gewünscht, nur solchen konnte ich lieben. ... Könnte ich es Dir doch recht aussprechen, was Du mir bist, und ich durch Dich. Lieber ein kurzes Leben, als ein langes behagliches. ... Alles muß abgewartet werden – die Freiheit auch. Wenn sie über Büchern sitzen, denken sie, daß ihnen dereinst als Belohnung für eifriges Studieren die Freiheit als Prämie gereicht wird. Wir wollen es anders machen, lieber Georg, die große und die kleine Republik werden ihre Zeit treiben helfen, statt sich treiben zu lassen. Jeder Mensch sollte ein Flügel seiner Zeit werden, aber die meisten sind Blei.[241]

Bewegung, Fortschritt, ein »Flügel der Zeit« sein, diese kulturellen Ideale nahmen bürgerliche Männer für sich in Anspruch, so daß Siegmund sie hier nicht nur als politisch, sondern auch kulturell unzulänglich kritisierte. Auch den Studenten ihrer Zeit warf sie vor, Taten durch Wissenschaft und große Leidenschaft durch Bierseligkeit zu ersetzen: »Dieses so ganz Durchglühtsein von einer großen Idee, und Gut und Blut dafür opfern, wie selten! Alles treiben sie wissenschaftlich.«[242] Gerade weil das deutsche Bürgertum seine Identität nicht über politische Institutionen oder ein revolutionäres Ende des Ancien Regime,

---

240 Delbrück erwähnte, daß er die Romane von Hahn-Hahn nicht mochte, aber sie war berühmt, über sie wurde geredet und er mußte sie kennen, um zu zeigen, daß er sich in zeitgenössischer Kunst auskenne. Auch er setzte sich deutlich von anderen Männern ab. Der Fleiß und die Gründlichkeit seines Onkels, des Professors für Römisches Zivilrecht Johann Friedrich Ludwig Goeschen, habe dessen geistiger »Frische« und der Qualität seiner Unterhaltung geschadet, vgl. Delbrück, Lebenserinnerungen, Bd. 1, S. 191f., 60. Als die Vereine des frühen 19. Jahrhunderts von der gemischten Salongeselligkeit abrückten, schotteten sich die männlichen Mitglieder auch gegen Kritik ab, Frevert, Frauen-Geschichte, S. 41.
241 Briefe berühmter Frauen, S. 36f.
242 Ebd., S. 238.

sondern über Kultur und Lebensführung definierte und männliche Identität zunehmend auf Zukunft bezogen wurde, traf diese Kritik, zumal Siegmund die überzeugten Konservativen den schwankenden Liberalen vorzog: »Ein starrer Aristokrat ist mir, wenn ich wählen muß, zehntausendmal lieber, als diese fahle Brut.« Die meisten Frauen ihrer Zeit kamen nicht besser weg; Siegmund warf auch ihnen vor, »wie Blei an den Flügeln ihrer Männer« zu sein.[243]

Auf unterschiedlichen Ebenen verknüpften Frauen im Vormärz furchtsames und zögerliches Verhalten und Langeweile als Gegenbegriffe zu politischer und militärischer Tatkraft. Ein anonymer Text im *Neuen Tagblatt für Stuttgart und Umgebung* schilderte im August 1846 ein fiktives Gespräch zwischen Dienstmädchen, die sich darüber unterhielten, wieviel Geld sie jeweils am Wochenende »ihrem« Soldaten gäben. Die Unzuverlässigkeit von Dienstboten war ein beliebtes Diskussionsthema unter Bürgerlichen, und auch dieser Text drehte sich um den Vorwurf, Dienstmädchen verwendeten das Einkaufsgeld für ihr Vergnügen. Aber er machte auch Vorstellungen soldatischer Männlichkeit sichtbar. Prahlte eine Frau damit, ihrem Soldaten »sechs Baze« zu geben, mußte sie sich belehren lassen:

> O du dumm's Mensch, Du wit so g'scheid sey, und verstehschst doch net; wer wird denn eme Infanteriste sechs Baze gebe, um des Geld kann mer en Gardiste han, und mit so oim ka me doch me Staat mache, als some langweilige Infanteriste, die derherlaufet, als thätet se se fürchte. Wo e Gardiste hintritt, da hört mers au ...[244]

Kathinka Zitz-Halein, die sich in Mainz während der Revolution als Journalistin und Schriftstellerin engagierte, problematisierte den Anspruch von Männern auf politische Macht, als sie schrieb, daß die Mainzer Männer sich nur dann als Männer erwiesen, wenn sie hinter ihrem Weinglas säßen oder den Karneval organisierten. Für politische Ziele dagegen, in diesem Fall das Verhältnis von Kirche und Staat und die Rolle des Staates in Familienangelegenheiten, Heirats-, Scheidungs- und Vormundschaftsgesetzen, seien sie unfähig, sich aus einem »Morast der Verweiblichung« herauszuziehen. Mit einer Feminisierung, die sich ansonsten eher gegen jüdische Männer richtete,[245] rief Zitz-Halein ihre Mainzer Mitbürger auf, sich an ihre »mannhafte Pflicht« zu erinnern, und nahm auch in ihren Memoiren für sich in Anspruch, die Mainzer aufgerufen zu haben, sich »als Männer« zu erweisen.[246] Die religiösen Konflikte in Baden im Vormärz involvierten ebenfalls Vorstellungen von Männlichkeit, in vorgeblich so privaten Themen wie Sexualität und Liebe. Zum einen be-

243 Ebd., S. 238.
244 Zit. nach Stephan, Die unbotmäßige Dienstbotin, S. 57.
245 Braun, »Le juif« et »la femme«.
246 Zucker, Female Political Opposition, S. 145f.

stätigten protestantische und katholische Abweichler durch ihren Angriff auf das Zölibat auch ihre eigene Männlichkeit. Zum anderen porträtierten Linksliberale in den späten vierziger Jahren Männlichkeit immer energischer als die entschiedene Bereitschaft, Ideen in Aktion zu verwandeln. Einer der radikalsten Dissenter in Mannheim, Carl Scholl, begründete dies ausdrücklich mit dem Gegensatz zwischen einer weiblichen Bereitschaft, alles zu geben, und der Zögerlichkeit der Männer, die nicht zu seinem religiösen Kreis gehörten und die tausend Kleinigkeiten vorschieben würden, um sich nicht engagieren zu müssen.[247] Einige der bekanntesten Zeitgenossinnen warfen so den männlichen Gebildeten vor, die Fähigkeit zum Entwerfen einer anderen politischen oder sozialen Realität in der staubigen Schwerkraft ihrer Bücher verloren zu haben. Diese Kritiker und Kritikerinnen stellten die Geschlechterdifferenz nicht in Frage, sondern sie forderten den ganzen Mann, wirklich selbständig und bereit zum Handeln. Evoziert man allerdings den ganzen Bedeutungszusammenhang der Geschlechteridentitäten, in dem die Fähigkeit zum Handeln und zur Ganzheit die dominante Stellung von Männlichkeit begründete, dann verloren diese Männer mit der Mobilität ihres *imaginaire social* auch das von ihnen reklamierte Recht zur Kontrolle.

Nach der Jahrhundertmitte, als die Fixierung auf Arbeit zunahm, warnten Mütter ihre Söhne an entscheidenden *rites de passage* davor, als reine Berufsmenschen Langweiler zu werden. Der 1852 geborene Hermann Wildermuth[248] quälte sich in den sechziger Jahren durch das theologische Seminar in Urach, um dann doch Arzt zu werden. Als er seiner Mutter 1868 erzählte, daß sie im Seminar auch schöne Literatur diskutierten, schrieb sie dem 14jährigen lapidar:

Freut mich, daß meine Besorgnis, daß ihr Langweiler seid, irrig war. Darfst ja nicht glauben, daß ich die gering schätze, denen ihre Berufsarbeit die Hauptsache ist. Eine ästhetische Richtung kann sogar sehr gefährlich werden, wenn sie den Sinn für ernste Arbeit lähmt, nur hätte mir's leid getan, wenn so viel junge Leute im schönsten Alter nicht verstanden hätten, ein eingeschränktes Zusammenleben mit ein bißchen Humor und Poesie zu würzen.[249]

Wildermuth wollte ebenfalls nicht die Verknüpfung von Männlichkeit, Beruf und Erfolg aufheben. Im Gegenteil: ihr Mann hatte sich seinen beachtlichen sozialen Aufstieg hart erarbeitet, und die Briefe an den Sohn sind voll mit entsprechenden Ermahnungen. Gerade deshalb ist aufschlußreich, daß sie, die Arbeit hoch schätzte, davor warnte, die Persönlichkeit verkümmern zu lassen.

---

247 Herzog, Intimacy and Exclusion, hier S. 108.
248 Zu Ottilie Wildermuth Hausen, »... eine Ulme«, S. 85-87.
249 Wildermuth, Ach die Poesie, S. 127.

Sie beschrieb auch erwachsene Männer ironisch, vor allem deren Unfähigkeit, ihre schlechte Laune an der Türschwelle zu lassen.[250] Hermann Wildermuth war nicht der einzige Sohn, dessen Mutter ihm einen dürren Alltag voraussagte. Auch Heinrich Hertz (1857-1894), der eine rasante Karriere machte, verwahrte sich 1877 als Zwanzigjähriger gegen die Unterstellung seiner Mutter, er sei zum ungeselligen »Bücherwurm« mutiert, weil er Weihnachten an seinem Studienort München verbrachte und so einen deutlichen Schritt aus der Familie heraus machte. Hertz, gerade auf die naturwissenschaftliche Forscherlaufbahn umgeschwenkt, führte prompt die bürgerlichen Tugenden Fleiß und Zeitökonomie gegen seine Mutter ins Feld, als er ihr erklärte, jetzt sei ihm jeder Nachmittag wichtig.[251]

Auch Carl Linde, der spätere Erfinder der Gefriertechnik, verteidigte entschieden den Habitus des Berufsmenschen gegen seine Mutter, die befürchtete, daß ihr Sohn im »dürren« Berufsalltag den Sinn für das wie immer undefinierte Ideale verlieren würde. Linde fand es gerade »poetisch«, wenn ein junger Mann in einem »unpoetischen« Zeitalter alle Hindernisse auf seinem Lebensweg beseitige und zu einem erfolgreichen Leben gelange. Ihr Briefgespräch, von dem nur seine Seite publiziert ist, zeigte, wie ihre Welten sich trennten und der mütterliche Einfluß abnahm:

> Meine frohe Laune, mit der ich von dem Herrlichen spreche, das mir entgegentritt u. vor mir liegt, läßt Dich, liebe Mama, an eine dürre, dem Gewinne zugewendete Zukunft denken. Mir liegt das anders im Sinn. »Der Mensch muß ein Handwerk haben« u. muß es nicht nur als materielle sondern auch als moralische Nothwendigkeit ansehen, daß er mittelst seiner Kräfte u. Kenntnisse auf einem Gebiete sein Brod sich verdiene. Wie eine solche Beschäftigung einen frischen, durchgebildeten, für wahrhaftes Edles offenen u. empfänglichen Geist dürr zu machen im Stande ist, kann ich mir nicht denken. Vielmehr hoffe ich nicht nur, daß etwas vom Idealen u. Schönen an mir hängen bleibt, sondern hoffe ich vielmehr selbst daran hängen zu bleiben ...[252]

Gegenüber ihrer Klage über ein ruhigeres Leben tauchte ihr selbstbewußter Sohn entschieden in die Vergemeinschaftung durch eine männliche Welt ein:

> Daß Dein Leben sich jetzt etwas einförmig gestaltet, kann ich mir recht gut denken. Die beßte Unterhaltung ist, denke ich mir eben doch, besonders für denjenigen, der nicht von einem großen gesellschaftlichen Kreise umgeben ist, der Verkehr mit der geistigen Welt, u. dieser vermittelt sich, wenn es

---

250 Hudson, »Sieh so schrieb ich Bücher«, S. 59.
251 Hertz, Erinnerungen, S. 57-59.
252 Linde, Aus meinem Leben. Der Briefteil im Anhang hat keine Seitenzahlen.

mündlich nicht möglich ist, durch Lectüre guter neuer Bücher u. tüchtiger Blätter, die ein richtiges Bild des Zustandes u. der Bewegungen auf den verschiedenen geistigen u. künstlerischen Gebieten geben. Das macht mir das Zusammensein mit Lübke's besonders anziehend, daß er fortwährend eine Übersicht über all diese Dinge hat und uns davon mittheilt. Denn Interessanteres kann es doch nicht geben hauptsächlich für uns Männer, als das, was die ganze gebildete Welt augenblicklich beschäftigt u. man müßte einen Geist ohne Leben haben, wenn einem das gleichgültig wäre.[253]

Überraschend ist weniger das Selbstbewußtsein, mit dem diese Söhne ihren Lebenszuschnitt ihren Müttern gegenüber verteidigten. Interessanter ist, daß sie es überhaupt tun mußten, weil ihre Mütter die männliche Welt genau in dem Moment problematisierten, in dem ihre Söhne sich ihrem Einfluß entzogen. Beide Seiten griffen einzelne Aspekte der oft so lähmend und monoton wirkenden Tugend- und Geschlechterdiskurse auf. Mütter nutzten das polare Männlichkeitsbild, um Berufsmänner als Langweiler oder die Berufswelt als öde darzustellen, während die Söhne Zeitökonomie und Pflichtethos ins Feld führten. Gegenüber dem mütterlichen Versuch, den Einfluß der Familie und damit ihre eigene Position aufzuwerten, betonten sie neben ihrem Beruf ihr Interesse an öffentlichen Angelegenheiten, das sie lebendig halten würde.

Schließlich sprachen Publizistinnen und Schriftstellerinnen im Kaiserreich auch das Tabuthema männliche Sexualität an. Die österreichische Schriftstellerin Else Jerusalem prangerte in ihrem Roman *Venus am Kreuz* von 1899 den Mangel an sexueller Wahlfreiheit für Frauen an. Sie unterstellte nicht nur bissig, daß es vergeblich sei, auf männliche Sensibilität zu warten, sondern ironisierte auch die alltägliche Form von Manneskraft, mit der Frauen möglicherweise konfrontiert würden, wenn sie nur in einer Ehe ihre emotionalen und sinnlichen Bedürfnisse erfüllen könnten. Um weibliche Emotionen einzufordern, hatte Goltz gewarnt, daß Männer müde und langweilig werden könnten durch ihre Arbeit, und Jerusalem bestätigte genau das Bild:»Mein Gott! wie sieht die Herrlichkeit aus! – Müde, gelangweilt, bequem, kränkelnd, voll Sorgen, voll Erfahrung, – ein wenig hübsch, ein wenig gut, ein wenig klug und ein wenig – Mann.«[254] Durchschnitt in jeder Hinsicht zu sein, war problematischer, als in großem Stil die Balance zu verlieren.

Ein mit Jenny Hartmann gezeichneter Text »Nervös« in der *Gesellschaft* von 1898 erklärte weibliche Langeweile ebenfalls nicht nur durch erzwungene Immobilität, sondern mit enttäuschender sexueller Erfahrung. Eine junge Ehefrau

---

253 Ebd., Anhang Briefteil, nicht datiert, ohne Seitenzahl. Bei Max Weber und Stefan George wird, auf unterschiedliche Weise, der Intellektuelle zum Helden, vgl. Groppe, Macht der Bildung, S. 210, was man als Antwort auf die in Kap. IV thematisierte entsprechende Kritik an Intellektuellen deuten könnte.
254 Kotányi (-Jerusalem), Venus am Kreuz, S. 48, zit. nach Anderson, Vision und Leidenschaft, S. 321.

brach nach einer Fehlgeburt zusammen, da ihr Mann sie auch dann noch nicht als erwachsen und selbständig akzeptierte und sie nicht nur endlose und öde Tage vor sich sah, sondern auch in den Nächten nichts entdeckte außer seinen »dicken Händen«. Außerdem fürchtete sie – genau wie Eleanor Marx –, den Ärzten und Experten übergeben zu werden, die dann erwartungsgemäß Hysterie diagnostizierten. Der gängigen Verknüpfung von Hysterie mit weiblicher Frigidität stellte Hartmann jedoch ihre eigene Interpretation entgegen: »gähnend blickt ihr aus dem Bett die Langeweile entgegen!«[255] Spöttisch kehrte sie außerdem die Idee der Ehe als Einlösung aller weiblichen Träume um, als sie ihre Heldin die unverheiratete Tante beneiden ließ, die sie bisher immer bedauert hatte, und sie sehnsüchtig zurückblicken ließ auf die Zeit vor der Ehe, in eine ehemals offene Vergangenheit: »Wenn ich noch nicht verheiratet wäre, wenn ich noch auf etwas zu hoffen, zu warten hätte!«[256]

Selbst wenn, wie bei Helene Böhlau und Fedor von Zobeltitz, wieder stärker und mitunter stereotyp die Opferrolle von Frauen herausgestrichen wurde, ging es auch um Gefühlsdefizite anderer bzw. darum, wie Frauen Gefühlskontrolle und Gleichgültigkeit als Selbstschutz einsetzten. In ihren Romanen erwuchs die schweigende Indifferenz von Frauen aus Hoffnungslosigkeit, signalisierte aber auch Widerstand und Protest. Daß Gefühlsbeherrschung in komplexer Weise schützen und zugleich dazu dienen konnte, Macht auszuüben, sprachen Männer und Frauen vor allem im späten 19. Jahrhundert öfter an. Rudolf Delbrück begriff bereits als Jugendlicher die Macht, die in der Kontrolle der eigenen Gefühle lag.[257] Victor Klemperer beschrieb, wie sein Freund Hans Meyerhof durch sein gleichgültiges Gesicht für Vorgesetzte unangreifbar wurde.[258] Theodor Fontane verstand, daß hinter der demonstrativen Langeweile und äußeren Resignation seiner Frau Emilie andere Gefühle steckten. Nicht von ungefähr forderten Verhaltenslehrer, den »gefährlichen stummen Schmerz« sofort in anhaltende Tätigkeit zu verwandeln.[259] Denn dieser Widerstand war um so schwerer zu brechen, als er sich der Insistenz der herrschenden Kultur auf Sprache entzog und so eine Macht erhielt, die das Reden über das Schweigen erst recht hervorhob.

Helene Böhlau schilderte in ihrem Roman *Halbtier* am Beispiel zweier Schwestern den schwer überwindbaren *double bind*, dem sich Frauen bei der Suche nach ihrer eigenen Sexualität gegenübersahen: entweder ganz auf sinnliche Erfahrungen zu verzichten oder aber Gefahr zu laufen, nach der Hingabe

255 Hartmann, Nervös, S. 558.
256 Ebd., S. 557.
257 Delbrück, Lebenserinnerungen, Bd. 1, S. 73.
258 Klemperer, Curriculum vitae, S. 153.
259 Milde, Deutsche Jungfrau, S. 68. Frauen verwandelten die ihnen von der Medizin des 19. Jahrhunderts zugeschriebene Leidenschaftslosigkeit in Macht über den eigenen Körper, vgl. Cott, Passionlessness; Jeffreys, The Spinster and Her Enemies; s. a. Heintz, Honegger, Zum Strukturwandel; zu Fontane vgl. Kessel, Balance der Gefühle, S. 254.

auf Sexualität reduziert zu werden. Böhlau zeichnete die Mutter dieser beiden jungen Frauen als Ehefrau eines jähzornigen Trinkers, die alle nur denkbaren Probleme durchlebte, finanzielle Nöte bei gleichzeitigem Repräsentationsdruck, Arbeitsüberlastung, zu viele Geburten bei gleichzeitiger Kindersterblichkeit, Ehebruch des Mannes. Als das eigentlich Erniedrigende empfand sie den völligen Mangel an Anerkennung, bis ihr nach Jahren der Sehnsucht auch das gleichgültig geworden war.[260] Diesen Panzer der Gleichgültigkeit allerdings konnte ihr Mann weder brechen noch ignorieren oder vergessen. Er erniedrigte und verletzte sie in der Nacht genauso wie tagsüber. Ihre eisige Indifferenz entlarvte jedoch seine Macht als schiere Gewalt, und zwar auch in seinen Augen:

> Von zwei bis vier Uhr nachts aber war sie undurchdringlich, unbezwinglich, unverletzbar, zu seinem allergrößten Ärger. Er wußte sich nichts Schlimmeres, denn in dieser Stunde war sie ihm über. Was hatte er ihr in den letzten Jahren in diesen späten Stunden nicht alles angethan! – nicht alles gesagt – und hatte doch die Fessel nicht abschütteln können. Wie eine Zwangsjacke empfand er sie, eine elende verächtliche Jacke – aber er konnte sich doch nicht bewegen, wie er wollte. Sie hatte sich selbst so ganz verloren, daß sie an sich nichts mehr zu schützen und zu wahren fand. Es war da nichts Heiliges mehr. Und darin lag ihre Kraft und ihre Macht.[261]

Fedor von Zobeltitz implizierte noch deutlicher, daß die Ablehnung eine Entscheidung sein konnte. Seine weibliche Figur lehnte sich gegen unvernünftige und aggressive Männer auf, wobei bezeichnenderweise, in der typischen Verortung starker Leidenschaften bei anderen sozialen Gruppen als den Oberschichten, nicht eine Adlige oder Bürgerliche, sondern eine Bauersfrau die stärksten Emotionen zeigte. Die Überzeichnung der kräftigen, blühenden Bäuerin Anna, die durch die Brutalität ihres Mannes in chronische Melancholie verfiel, minderte nicht den Aussagewert, da Zobeltitz die Grundstruktur anderer Texte reproduzierte. Annas (bürgerlicher) Mann verbot dieser nach der Heirat die Mitarbeit im Betrieb, da sie sich nicht schnell genug in sein wissenschaftliches [sic] Wirtschaftssystem fügen könne. Er setzte das bürgerliche Modell durch, während im ländlichen Bereich die Mitarbeit von Frauen im Betrieb immer noch unerläßlich war. »Ihre thatkräftige Natur sträubte sich gegen die Langeweile ihres Daseins; sie wollte das Weib ihres Mannes sein, sie verlangte mitzuarbeiten und mitzuschaffen.« Diesen Anspruch wehrte er mit Gewalt ab. Sie erlitt daraufhin eine Fehlgeburt, die alles Leben in ihr tötete: »Alles, was Kraft, Leben, Sehnen und Hoffen in Anna gewesen, war dahin. Eine völlig Andere als die, die sich auf das Krankenlager gelegt, stand wieder auf: ein gebrochenes Weib, das mit dem Dasein abgeschlossen hatte.«[262]

---

260 Böhlau, Halbtier, S. 196f.
261 Ebd., S. 48f.
262 Zobeltitz, Die Pflicht gegen sich selbst, S. 257f.

Auch wenn Zobeltitz wieder die klassische Zuschreibung von weiblicher Sehnsucht auf Fortpflanzung untermauerte, so markierte er doch den Unterschied zwischen legitimer Macht und bloßer Gewalt, zwischen äußerer Unterwerfung und innerer Verweigerung. Anna erkannte die gesetzliche Entscheidungsgewalt ihres Mannes an, sie leistete alle Arbeiten – bis auf die »ehelichen Pflichten«. »Mechanisch, wie eine Maschine« und ohne sichtbaren Zorn gehorchte sie allen Wünschen ihres Mannes bis auf die sexuellen. Näherte er sich ihr trotzdem, schlug ihre Apathie in eine unkontrollierbare Wut um, vor der er zurückzuckte.[263] Damit verriet sie gerade nicht, daß sie unfähig zur Selbstkontrolle sei, sondern kontrollierte entweder ihre starken Gefühle mit dem klassischen Muster der Askese oder ließ ihre Enttäuschung in Aggressivität umschlagen, was Männern vorbehalten sein sollte. Ihre Indifferenz stand für zerstörte Träume und nicht für Frigidität oder eine psychische Erkrankung.

Die Diskussionen um Zeit, Kunst und Sexualität zeigten, wie beweglich die Codierung von Identität war. Frauen nutzten nicht nur den Diskurs über Weiblichkeit, um ihre Handlungsräume zu erweitern, sondern gaben den einzelnen Facetten der Männlichkeitskonstruktion eine geschlechterübergreifende Bedeutung. Außerdem rekurrierten sie auf den Diskurs über Männlichkeit, um zu zeigen, daß männliches Alltagsverhalten vom Anspruch der Ganzheit oft weit entfernt war und den Machtanspruch nicht deckte, während eine polar definierte Männlichkeit von Weiblichkeit abhängig war. Die Kritik berührte sensible Punkte in Politik, Gesellschaft und privaten Beziehungen. Zielten die Kommentare in der Fundamentalpolitisierung der vierziger Jahre auf den fehlenden Antrieb zu politisch-sozialem Handeln, so strichen Frauen seit der Jahrhundertmitte mit dem Vorwurf des Langweiligseins die negativen Folgen der Dichotomisierung der Welten heraus, zum einen im Berufsleben, zum anderen im Bereich der Sexualität, in dem die Geschlechter fundamental – und beidseitig – aufeinander angewiesen blieben. Diese Kritik zeigte wohl, wie schwierig das Ganzheitsideal einzulösen war, das Tatkraft und Sensibilität zugleich erforderte. Aber solange die Achse von sexueller Potenz, Abstraktionsvermögen und politischem Herrschaftsanspruch in der Konstruktion von Männlichkeit als ungebrochen und als Basis der Machtstellung angenommen wurde (und diese Voraussetzung wurde im 19. Jahrhundert von den hier untersuchten Eliten nicht in Frage gestellt), erschienen die Männer, die als schwächlich-hypochondrisch oder als unsensibel und gewalttätig gezeichnet wurden, als unfähig zu der Tatkraft und Selbstkontrolle, die zur Kontrolle anderer berechtigen sollte. Auch die Kritik mangelnder Gesellschaftsfähigkeit oder vorgeblich ›privater‹ Sexualität traf das gesamte Konstrukt von Männlichkeit. In diesen Beschreibungen entstand Langeweile nicht aus dem unzulässigen Überschreiten und Verschieben von Grenzen, sondern aus zu rigiden Zuschreibungen und der mangelnden Einlösung des ganzheitlichen Männlichkeitsideals.

263 Ebd., S. 258f.

4. Identitätsvorstellungen

Vier Beispiele sollen abschließend noch einmal zeigen, welche konträren Persönlichkeitsmodelle und Deutungen sozialer Beziehungen[264] sich um 1900 mit dem Langeweiletopos verbanden, in philosophisch-literarischen Entwürfen ebenso wie in sozialkritischen Analysen. Die Wiener Malerin und Schriftstellerin Rosa Mayreder spitzte in einer sonst seltenen, hochreflexiven Form die These zu, daß die komplexe Struktur der modernen Gesellschaft eine rigide Normierung von Männlichkeit und Weiblichkeit prinzipiell ad absurdum führe, während Friedrich Nietzsche sein aristokratisches Herrschaftsmodell gerade auf die herkömmlichen Geschlechterdefinitionen stützte. Heinrich Mann ironisierte die Sehnsucht nach den größeren Gefühlen einer angeblich leidenschaftlicheren Vergangenheit als Zeichen eines mediokren, nicht-balancierten Menschen, während der Expressionist Kurt Hiller die Topoi der Langeweiledebatte aufgriff, um dem militarisierten Zeitgeist ein männlich-aristokratisches, aber pazifistisches Künstlerideal entgegenzustellen, in dem die Balance von literarischer Leidenschaft, Wissenschaft und Zukunftsorientierung zu einem in sich selbst begründeten, nichtkriegerischen Handeln führte.

a. Pluralismus statt Dichotomie: Rosa Mayreder

Rosa Mayreder (1858-1938) machte einen entscheidenden Schritt über die Aneignung einer als unabhängig gekennzeichneten Subjektivität durch Frauen hinaus. Sie griff weniger den Begriff als die Themen der Langeweiledebatte auf und forderte, die festgefügten Geschlechternormen als Kategorie von Vergesellschaftung ganz aufzugeben. Mayreder gehörte zum radikalen Flügel der österreichischen Frauenbewegung und gründete mit anderen den *Allgemeinen Österreichischen Frauenverein*.[265] Sie beschrieb die Moderne als eine immer komplexer werdende Welt, die fragmentierte Persönlichkeiten produziere und dementsprechend auch zulassen müsse, statt sie in das Prokrustesbett einer vorgezeichneten Geschlechterdifferenz zu pressen.

Mayreders Grundkonzept war, daß die unendlichen Möglichkeiten individueller Differenzierung fast ganz unabhängig von der geschlechtlichen Differenzierung seien.[266] Vor allem aber führte sie vor, zu welch paradoxem Ergebnis die polar gefaßte Geschlechterdifferenz führe, als sie beschrieb, daß Frauen, nicht Männer, ohne Persönlichkeitsverlust über ihre sexualisierte Natur hinausgelangen könnten. Gegen die Unterstellung, daß Bildung die Weiblichkeit

---

264 Zum Zusammenhang der Krisenrhetorik um 1900 mit einer wahrgenommenen Krise der Männlichkeit vgl. LeRider, Das Ende der Illusion; Toews, Refashioning the Masculine Subject.
265 Weiland, Geschichte, S. 171f.; Anderson, Vision, S. 335ff.
266 Z. B. Mayreder, Macht der Natur – Natur der Macht, S. 131f.

von Frauen verkümmern lasse, führte sie den hegemonialen Diskurs ins Feld, der Frauen als die harmonischeren und emotionalen Menschen beschrieb. Waren Frauen tatsächlich qua Definition emotional, so erklärte Mayreder in der Zeitschrift *Frauen-Zukunft*,[267] dann könne ihnen auch die Intellektualisierung im Gegensatz zum Mann nichts anhaben.[268] Ein Mann dagegen, der sich nur in Beruf und Öffentlichkeit bewege, entwickele lediglich seine bereits eingebrachten Anlagen; ohne Emotionen aber bleibe seine Persönlichkeit unharmonisch. Mayreder forderte, nicht nur die (angeblichen) Nachteile des modernen Lebens auf das Konzept von Weiblichkeit zu diskutieren, sondern die noch viel fataleren Auswirkungen auf Männlichkeit und die Folgen für die von männlicher Sexualität abhängigen Frauen.

In einer Abhandlung von 1905 über Weiblichkeits- und Männlichkeitskonzeptionen diskutierte Mayreder den Zusammenhang oder besser die Diskrepanz zwischen den Strukturen der modernen Gesellschaft und dem Entwurf von Männlichkeit. Sie diskutierte die relationalen Geschlechteridentitäten im Kontext einer zivilisationstheoretischen Perspektive und wies die geschlechterspezifische Aufspaltung des Zivilisationsprozesses zurück.[269] Das Männlichkeitsverständnis primitiver Gesellschaften sei kriegerisch und zugleich ungebrochen auf die Befriedigung sexueller Bedürfnisse ausgerichtet und insofern »teleologisch« gewesen. Der seitdem eingetretene Zivilisationsverlauf trenne jedoch in jedem Menschen zunehmend zwischen Gattungsaufgaben, d. h. dem puren Trieleben, und Persönlichkeitsaufgaben, d. h. der Ausprägung der Persönlichkeit jenseits biologisch-triebhafter Bedingtheit. Die moderne Zivilisation glich Mayreder zufolge Männer und Frauen insofern einander immer mehr an, als die immanenten Differenzierungsprozesse alle Individuen unterschiedslos beträfen. Dennoch, so führte sie aus, werde Männlichkeit nach wie vor mit Freisein identifiziert, während das Kriegerische ebenfalls noch höchstes Prestige genösse in einer Gesellschaft, in der der Durchschnittsmann aber ebenso abhängig von Arbeitsstrukturen und sozialen Normen und Werten sei wie eine Frau und die Vertreter der akademischen und freien Berufe alles andere als kriegerisch. Sie betonte allerdings auch, welch unterschiedliche Typen von Männern nebeneinander existierten; der nach wie vor vorhandene primitive physische Typ stehe neben dem in sich gespaltenen, zivilisierten modernen Mann, der in erster Linie seine intellektuellen Fähigkeiten entwickele.

Mayreder warf der männlichen Elite vor, ihren Begriff von Männlichkeit nicht zu hinterfragen,[270] obwohl sie die moderne Zivilisation geschaffen habe, innerhalb derer sie sich definieren müsse. Die Lebensstrukturen in der modernen Zivilisation, die großen Fortschritte in der technischen wie ästhetischen

---

267 Zu den zahlreichen Zeitschriften, die im späten 19. Jahrhundert die Zukunft im Titel führten, vgl. Hölscher, Weltgericht, S. 441ff.
268 Mayreder, Zur Kultur der Geschlechter, bes. S. 82.
269 Mayreder, Von der Männlichkeit, S. 102; vgl. Dijkstra, Idols of Perversity, S. 188, 215.
270 Mayreder, Zur Kritik, S. 106; s. a. Sengoopta, The Unknown Weininger, S. 465.

Kultur würden die primitive und kriegerische Männlichkeit zerstören. Vor allem bei Großstadtbewohnern in ihrer ausschließlichen Konzentration auf Beruf und Erfolg, bei Lehrern, Ärzten, Bürokraten oder Juristen fand Mayreder schwer zu sehen, was so ausgesprochen männlich sein sollte in ihren Arbeitsbedingungen, die sie genauso abhängig machen und zu derselben Kontrolle zwingen würden wie eine Frau: »Das Bureau, das Kontor, die Kanzlei, das Atelier – lauter Särge der Männlichkeit!«[271] Der Staat habe auch den Mann von der Geburt bis zum Tod im Griff, und in einer konstitutionellen Monarchie oder in einem politischen System der gegenseitigen Verantwortlichkeit höre jede (primitiv-radikal verstandene) Selbständigkeit auf. Die dennoch vorherrschende Insistenz auf der klassischen Geschlechterdifferenz ordnete sie in genau diesen Kontext ein. Gerade um an einem traditionellen Männlichkeitsbild festhalten zu können, beharrten Männer ihr zufolge auf einem prinzipiell als abhängig definierten weiblichen Vergleichstypus.[272]

Es ging Mayreder ausdrücklich nicht darum, das kriegerische Element wieder aufzuwerten. Sie war der Meinung, der Intellektuelle, der Anwalt oder der Geschäftsmann hätten den Krieger als Rollenmodell ersetzt. Außerdem lehnte sie die Ideologie der natürlichen Schwesternschaft von Frauen ab und wollte sich ausdrücklich auch nicht als Männerfeindin verstanden wissen. Männer fand sie zur sexuellen Doppelmoral quasi gezwungen, solange diese erst in der Ehe offiziell sexuell aktiv werden dürften. Sie sah den intellektuellen Mann allerdings nur dann zu einem neuen »Phönix« werden, wenn sein Intellekt durch eine verfeinerte Sexualität ergänzt würde[273] und die moderne Geschlechterhierarchie nicht weiterhin nur auf dem bloß physischen Boden körperlich-sexueller Merkmale und physischer Gewalt beruhe. Damit allerdings plädierte sie für genau das Zivilisationsmodell, gegen das sich die in Deutschland so laute und einem Nullsummendenken verhaftete Zivilisationskritik wandte, die einen Zusammenhang zwischen dem Feminismus und dem Untergang der Kultur beschwor, weil sie (wie Ehrhard Eberhard nach dem Krieg formulierte) hinter der Forderung gleicher Rechte und Bildung den Wunsch nach der »Ausübung von Macht und Herrschaft« sah.[274] Mayreders Hypothese, daß eine traditionelle Form von Selbständigkeit mit den von ihr genannten modernen Politikformen schwer vereinbar war, konnte diese Zivilisationskritik nur noch verstärken.

Unter dem Titel »Tyrannei der Norm« griff Mayreder schließlich nicht nur die Themen, sondern auch die Termini der Langeweiledebatte auf. Sie erklärte, daß die Geschlechternormen Durchschnittstypen repräsentierten und zum

---

271 Mayreder, Zur Kritik, S. 128f., Zitat S. 118; vgl. Le Rider, Das Ende der Illusion, S. 218.
272 Dazu diente ihr zufolge auch die Verteidigung der Berufssphäre, Mayreder, Zur Kritik, bes. S. 126-129.
273 Ebd., S. 138.
274 Eberhard, Feminismus und Kulturuntergang, S. VII.

Verlust der Imaginationskraft führten. Wer immer diese Normen hochhalte, entlarve sich als Philister, denn allgemeine Normen für einen auch psychischen Geschlechterunterschied aufstellen zu wollen, verurteilte Mayreder als ein aus der Sicht freier Geister philiströses Kleben der Mehrheit am Herkömmlichen.[275] Sie forderte entsprechend nicht einfach nur dieselbe Individualität für Frauen wie für Männer, sondern das Recht auf freie Entwicklung für beide.[276] Gleichzeitig warnte sie davor, blind das herrschende Fortschrittsdenken zu übernehmen und Sinnpotentiale nur aus einem nichthinterfragten Entwicklungsbegriff schöpfen zu wollen. Wolle man eine Kulturentwicklung, die wirklich individuelle Entfaltung für Männer wie Frauen erlaube, dann dürfe man gerade nicht, wie viele ihrer Zeitgenossen, abergläubisch auf ewiges Werden ohne erfülltes Sein schauen, auf eine Zukunft, die sich beständig in eine nichtige Gegenwart wandele und daher das menschliche Bedürfnis nach Sinn und Zweck nicht befriedige.[277] Mayreders Argumentation könnte dahingehend erweitert werden, daß ohne die starren Geschlechterkategorien soziale Ordnung überhaupt in anderen Kategorien hätte repräsentiert werden können als in den unverrückbar scheinenden Prinzipien des kalten, feindlichen Marktes und der warmen Familie. Eine Pluralisierung im Entwerfen von Identität hätte auch die Dichotomisierung von langweilig-demokratischer Zivilisation und organischer Kultur erschwert.

b. Langweilige Geschlechterdemokratie: Friedrich Nietzsche

Im siebten Hauptstück von *Jenseits von Gut und Böse* von 1885 (seinem *Vorspiel zu einer Philosophie der Zukunft*)[278] hatte Friedrich Nietzsche dagegen unter dem Stichwort Langeweile eloquent gegen eine solche Pluralisierung polemisiert.[279] Wenn Frauen Selbständigkeit beanspruchten, dann nahmen sie ihm zufolge der Welt ihr letztes Rätsel. Das Weib »entarte«, wenn es »Herr« werden

---

275 Mayreder, Zur Kritik, S. 86ff.
276 Sie betonte ausdrücklich, daß die Frauenbewegung nicht für eine neue Weiblichkeitsnorm von unabhängigen, selbständigen, willensstarken und energischen Frauen plädiere, sondern jede der Diskussion entzogene Norm als starre Richtschnur für Individualität ablehne, ebd., S. 100.
277 Konkret dürfe von Frauen nicht verlangt werden, ganz in der Erziehung ihrer Kinder aufzugehen. Denn diese Forderung bedeute, ihr Sein dem Werden (anderer) zu opfern, und damit, so zitierte sie Malwida von Meysenbug, »das Opfer seiner selbst [zu bringen, MK], das heißt das, welches man nicht bringen darf«, ebd., S. 84. Das Zölibat für Beamtinnen wies sie ebenso zurück wie den Vorwurf der »Entartung« der Frauenbewegung, ebd. S. 70.
278 Nietzsche, Unsere Tugenden, bes. S. 176ff.
279 Zu seinem Haß auf die Massen und auf Frauen vgl. Huyssen, The Great Divide, S. 49; s. a. Blättler, Der Pöbel, S. 191ff. Zur gespaltenen Rezeption Nietzsches in der Frauenbewegung Aschheim, The Nietzsche Legacy, S. 85ff. Eagleton zufolge blickten Schopenhauer und Nietzsche beide auf den Körper, und sie lieferten gerade deshalb

wolle und »Fortschritt« auf seine Fahnen schreibe, denn Fortschritt für Frauen meine dessen glatte Umkehrung: »das Weib geht zurück«.[280] Nietzsche zählte den Wunsch nach weiblicher Selbständigkeit zu den schlimmsten Facetten der allgemeinen »Verhässlichung« Europas[281] und beendete das Hauptstück mit der für ihn rhetorischen Frage, ob mit der »Entzauberung des Weibes« die »Verlangweiligung des Weibes« heraufkomme.[282]

Der Philosoph essentialisierte die Geschlechterdifferenz, indem er einen natürlichen, unaufhebbaren und dem öden Alltag Spannung verleihenden Unterschied zwischen den Geschlechtern idealisierte. Es fehlte weder das Bild einer ewig unveränderlichen weiblichen Natur noch die Verknüpfung zwischen Weiblichkeit und traditioneller Religion.[283] Genauso stereotyp war die Interpretation von Weiblichkeit als einem tierischen Rätsel, dem er alle Eigenschaften der Natur zuschrieb, Egoismus, Naivität, Macht im Verborgenen, Unerziehbarkeit und innere Wildheit; die »Katze« Frau bedürfe des Mitleidens, da sie »zur Enttäuschung verurtheilter« erscheine als jedes andere Tier.[284] Den herkömmlichen Geschlechterentwurf deutete der Philosoph als Schutz für Frauen, um zu verbergen, daß das Wesen Frau per se langweilig sei, sobald es sich den Pflichten des »Spielens, Sorgen-Wegscheuchens, Erleichterns und Leicht-Nehmens« entziehe. Entsprechend wütend war er darüber, daß einige Frauen »mit tugendhafter Dreistigkeit« dem Glauben des Mannes an ein »im Weibe verhülltes grundverschiedenes Ideal, an irgendein Ewig- und Notwendig-Weibliches« entgegenarbeiteten.[285] Verliere die Frau die Furcht vor dem Manne, und das demonstrierte sie ihm zufolge, wenn sie in die Öffentlichkeit trat, dann zeige sich all das »Ewig-Langweilige« an ihr, das die Furcht zurückgehalten habe: ihre Pedanterie, Oberflächlichkeit und Schulmeisterei, das Kleinlich-Anmaßende, Kleinlich-Zügellose und -Unbescheidene: »Wehe, wenn erst das »Ewig-Langweilige am Weibe« – es ist reich daran! – sich hervorwagen darf!«[286] Solchen Frauen hielt er die im Langeweilediskurs typische Warnung entgegen, daß sich kein Mann mehr für sie interessieren würde.

Besonders gefährlich waren daher die Männer, die sich für Geschlechterdemokratie einsetzten und somit einer männlichen Solidarität auf seiner Basis entzogen:

> die am tiefsten von Frauenverachtung geprägten philosophischen Aussagen im 19. Jahrhundert, um nicht aufgrund der Identifizierung von Frau und Körper Frauen aufwerten zu müssen, Eagleton, Ästhetik. S. 243ff., 268f.

280 Nietzsche, Unsere Tugenden, S. 182.
281 Ebd., S. 176 (Zitat im Original gesperrt gedruckt).
282 Ebd., S. 184.
283 Ebd., S. 183.
284 Ebd., S. 184.
285 Ebd., S. 183.
286 Ebd., S. 177.
287 Ebd., S. 181.

Sich im Grundproblem »Mann und Weib« zu vergreifen, hier den abgründlichsten Antagonismus und die Nothwendigkeit einer ewig-feindseligen Spannung zu leugnen, hier vielleicht von gleichen Rechten, gleicher Erziehung, gleichen Ansprüchen und Verpflichtungen zu träumen: das ist ein typisches Zeichen von Flachköpfigkeit, und ein Denker, der an dieser gefährlichen Stelle sich als flach erwiesen hat – flach im Instinkte! –, darf überhaupt als verdächtig, mehr noch, als verrathen, als aufgedeckt gelten: wahrscheinlich wird er für alle Grundfragen des Lebens, auch des zukünftigen Lebens, zu ›kurz‹ sein und in keine Tiefe hinunter können.[287]

Im Sinne von Sklaverei als Merkmal jeder höheren Kultur dachte er sich einen wirklich »tiefen« Mann wie einen Kolonialherren, da dieser über Frauen nur »orientalisch« denken könne, nur in der »Instinkt-Überlegenheit« Asiens »als Besitz, als verschliessbares Eigentum, als etwas zur Dienstbarkeit Vorbestimmtes und in ihr sich Vollendendes«.[288] Scharf kritisierte er daher die »blödsinnigen Frauen-Freunde« und »Weibs-Verderber« unter den »gelehrten Eseln männlichen Geschlechtes«, die Frauen von ihrem angestammten Podest auf die Ebene der Normal-Kultur, nämlich der allgemeinen Bildung, »herabbringen« wollten und ihnen damit rieten, sich »zu entweiblichen« und alle die Dummheiten nachzumachen, an denen die europäische »Mannhaftigkeit« bereits kranke.[289] Er wünschte weiterhin »unter sich« zu bleiben, da Aufklärung auch bisher Männer-Sache gewesen sei.[290]

Der Zukunftsentwurf des praktischen Arztes Norbert Grabowsky, der etliche Schriften zu Homosexualität veröffentlichte, sprach dagegen direkt an, daß er das sexuelle Aufeinanderverwiesensein der Geschlechter als eine problematische Form männlicher Abhängigkeit begriff. In seiner 1897 erschienenen Schrift *Die Zukunftsreligion und Zukunftswissenschaft auf der Basis der Emanzipation des Mannes von der Frau* erklärte er, daß ihn die Ansprüche von Frauen auf berufliche Bildung nicht störten. Männliche Ärzte könnten durch weibliche Kollegen entlastet werden und sich »ehrenvolleren« Aufgaben zuwenden, als Frauen zu behandeln.[291] Er sorgte sich vielmehr um die grundsätzliche Gegenseitigkeit der sexuellen Beziehungen und plädierte dafür, männliche Sexualität dadurch unabhängig werden zu lassen, daß man ihrer Abhängigkeit einen festen Zeitraum zuwies. Grabowsky forderte spezifische Phasen der Fortpflanzung und ansonsten männliche Askese. Suchte der gewaltförmige Haß Nietzsches durch die absolute Abhängigkeit von Frauen jede Relationalität

---

288 Ebd., S. 181.
289 Ebd., S. 183.
290 Ebd., S. 177.
291 Grabowsky, Die Zukunftsreligion, S. 61, 72. Diese Aussage zeigt auch, daß der Status einer Arbeit nicht nur mit der spezifischen Tätigkeit, sondern auch mit dem Geschlecht der Ausübenden zusammenhing.
292 Ebd., u. a. S. 23ff. Zur in der Sexualitätsdebatte mitschwingenden Angst, die über-

jenseits einer Beziehung von Besitz und Besitzer auszublenden, so sah Grabowskys Steuerungsvision in einer sonst von Frauen praktizierten Form der Autonomie durch Abstinenz die einzige Chance, die letzte Abhängigkeit des Mannes vom Weibe zu beseitigen, die zwar wirklich die letzte sei, ihn aber in seinem Innersten treffe.[292]

c. Plädoyer gegen Gewalt: Heinrich Mann

Thomas Mann nahm in seinen Anmerkungen eines »unpolitischen Deutschen« die Tradition der undemokratischen Langeweile-Bedeutung auf. Sein Bruder Heinrich Mann vertrat ursprünglich eine ähnlich ästhetizistische Haltung, wurde dann jedoch zu einem der wichtigsten Kritiker der wilhelminischen Gesellschaft.[293] In seiner 1904 veröffentlichten Novelle *Pippo Spano*, in der er seine eigenen ästhetizistischen Neigungen aufarbeitete,[294] thematisierte er den Zusammenhang zwischen Langeweile und Gewalt im Kontext der Geschlechterideologie.

Als einer der empfindlichsten Seismographen für die gestörten Sensibilitäten des Kaiserreichs nahm Mann die Widersprüche der wilhelminischen Gefühlskultur bissig aufs Korn, in der eine rigide Sozialdisziplinierung selten hinterfragt wurde, den Konventionen jedoch gefühlslähmende Wirkungen vorgeworfen wurden. In *Pippo Spano* ließ Mann den (italienischen) Schriftsteller Mario Malvolto halbherzig revoltieren, den sein ständiger Erfolg in der feinen Gesellschaft zu langweilen begann. Malvolto, der sich ununterbrochen selbst beobachtete und kommentierte, wanderte zwischen Langeweile, Selbstzweifeln, Selbstüberschätzung und Neurasthenie hin und her. Nicht ohne sich in Intellektuellenmanier stets ironisch zu hinterfragen, sehnte er sich im Stil des Fin de Siècle nach den großen, echten Gefühlen des Renaissancehelden Pippo Spano, dessen angeblich absolutes Lebensgefühl er in den erstarrten Konventionen seiner Zeit vermißte:

legene Position in sexuellen Beziehungen zu verlieren, die durch das Geschlechterverhältnis symbolisiert und verfestigt wurde, vgl. Fout, Sexual Politics, bes. S. 284ff. Vor der Folie dieser Kontroversen kann die Konjunktur von Männerbünden in Kaiserreich und Weimarer Republik betrachtet werden, die sich von Frauen und der Gefahr der ›Feminisierung‹ absetzten, vgl. z. B. Hoffmann, Politik der Geselligkeit, S. 258-269. Hans Blüher betonte in seinem Männerbundkonzept zum einen die geistig-kulturelle Überlegenheit des Mannes, zum anderen die in diesem Rahmen mögliche Leidenschaftlichkeit, vgl. Blazek, Männerbünde, S. 19-26. Genau diese Kombination machte den Männerbund von Weiblichkeit unabhängig.
293 Jelavich, Literature and the Arts, S. 391f.; zu Heinrich Mann vgl. Gross, The Writer and Society. *Der Untertan* Diederich Heßling wurde zum Symbol des autoritären Charakters und zum Prototyp der deutschen Mentalität, vgl. Alter, Heinrich Manns *Untertan*, S. 370-389.
294 Gross, The Writer and Society, S. 85.
295 Mann, Pippo Spano, S. 62f.; vgl. Wertheimer, Ästhetik der Gewalt, S. 294ff.

Du sollst mir Überdruß machen an der mäßigen Lust und dem haushälterischen Leiden, womit wir unzulänglichen Spätgeborenen uns bescheiden. Unsere Kunst vertritt den seelischen Mittelstand. Belanglose Neurasthenikerschicksale dehnen sich aus über ein bürgerliches Dasein von siebzig Jahren, während dessen man täglich für einige Kupfermünzen Leid verzehrt und für einen Nickel Behagen.[295]

Die Figur des Malvolto trug Züge des damals bekannten Schriftstellers und späteren Wegbereiters des Faschismus, Gabriele d'Annunzio. Mann prognostizierte sarkastisch die brutalen Folgen, vor allem aber die kleinliche Realität und Angst des bei Nietzsche wie bei den Futuristen überhöhten Übermenschdenkens im Alltag. Die verlorene Authentizität und Spannung im täglichen Leben erhielt Malvolto durch die 17jährige Gemma, eine Frau aus guter Familie, die ihren Ruf aufs Spiel setzte in einer Liebe, die er zunächst gar nicht annehmen wollte und die er zwischendurch immer wieder anzweifelte, weil »Frauen und das Buch« (Nietzsche zufolge) Feinde seien und er ihr unterstellte, ihn ganz kontrollieren zu wollen und deshalb seine Arbeit zu zerstören.[296]

Im tragischen Ende stützte ein verächtliches Verständnis von Weiblichkeit die männliche Identität im Moment des Zweifels. Als Gemmas und Marios Affäre entdeckt wurde – die neue Technik der Photographie bannte den Augenblick leidenschaftlicher Nacktheit auf Zelluloid –, drängte sie ihn, der vorher gesagt hatte, aus der absoluten Liebe gebe es nur den Weg in den Tod, zum gemeinsamen Suizid. Er half ihr, sich das Messer in die Brust zu stoßen, erkannte aber im Moment ihres Todes, wie sehr er doch eigentlich am Leben hing, und beschloß, weiterzuleben, vor allem, weil er sich eine größere Produktionsfähigkeit zubilligte. Sie begriff im selben Moment seinen Verrat, während er seine Tat für sich selber mit der abfälligen Bemerkung begründete, daß sie schließlich nur eine Frau sei, ein einziges Leben, eigentlich noch ein Kind, das nie gezweifelt und keine Enttäuschungen erfahren habe. Ihr Leben habe nur durch ihn und seine Leidenschaft Sinn erhalten. Er dagegen, der Künstler, fühlte sich durch ihren Tod erst recht produktiv, und das Sterben der »nackte[n] kleine[n] Muse« erhalte dann Sinn, wenn er etwas daraus mache, der sich jetzt »voll von neuen Seltenheiten« fühlte.[297] Mann überschrieb dieses Kapitel mit »Tat«, und in der Sekunde, in der Malvolto ihre Zukunft auslöschte, blitzten ihm die unendlichen Möglichkeiten seines Lebens auf, das er für schal

---

296 Auch Blüher argumentierte in seinem Männerbundkonzept, daß die Frau ein Prinzip vertrete, das den Mann total für sich beanspruche, so daß er sich der nur ihm zukommenden Kulturproduktion nicht mehr widmen könne, vgl. Blazek, Männerbünde, S. 24f.
297 Mann, Pippo Spano, S. 57; zum Zusammenhang Tod-Weiblichkeit Bronfen, Nur über ihre Leiche.
298 Zit. nach Riedel, Anmerkungen zu den Novellen, S. 412.

und ausgeschöpft gehalten hatte. Die Zerstörung des Anderen erneuerte sein Bewußtsein der eigenen, zukunftsvollen Identität.

Mann nannte Malvolto einen Intellektuellen, der »gern ein Condottiere und von purem Stahl wäre; was in Ermangelung anderer Taten den – weltanschaulich aufgeblähten – Mord seiner Geliebten nach sich zieht.« Sich selber verschone der »jäh Abgeschwollene« jedoch.[298] Auch eine mit Zweifeln vermischte Reue tangierte nicht Malvoltos Überzeugung, mehr wert zu sein als die Frau. In unaufrichtiger Verzweiflung setzte er sich den Dolch erst auf die Brust, als sie bereits tot war, und klagte sie an, in dem Moment zu gehen, in dem er bereit sei, sich ihr zu opfern, aber »nicht ein einzelnes Leben wie du mir, sondern die hundert unerschaffenen, die in mir sind«,[299] eine männliche Produktionsfähigkeit, die noch seinen Tod im Gegensatz zu ihrem aufgewertet hätte. Diese Vorstellung hatte Mann bereits vorher durch den leichten Erfolg Malvoltos karikiert, da er implizierte, Malvolto rede dem Publikumsgeschmack das Wort. Am Ende klagte der »steckengebliebene Komödiant«, wie Mann ihn nannte, den »großen Mann« Pippo Spano an, ihn verführt zu haben, so daß er dort auch die Schuldgefühle verorten konnte. Die distanzlose Faszination durch eine als Ausnahmepersönlichkeit geltende Figur erlaubte ebenso wie eine die eigene Verantwortung ausklammernde Kritik, die Verantwortung zu verlagern.

Mann schrieb nach dem Zweiten Weltkrieg, daß es das Schicksal der Novelle wurde, ein Erkennungszeichen für beide Seiten zu sein, für Kritiker des Faschismus wie für Faschisten selbst, wobei letzteren nicht aufgefallen sei, daß der »Möchtegern-Pippo« zusammenbrach,[300] oder sich auch nicht fragten, wie ein Rezensent 1904 schrieb, wie d'Annunzio bestehen würde, wenn seine heroischen Phrasen des Daseinsästhetizismus ihn zwängen, ernst zu machen.[301] Mann schilderte und kritisierte hier eine dritte Antwort auf die Krise des männlichen Selbstgefühls, neben der mit Macht aufrechterhaltenen Abhängigkeit der Anderen und der Sicherung der Unabhängigkeit durch eine räumlich-zeitliche Steuerung der Abhängigkeit. Er präsentierte Überlegenheit durch gewaltsame Tatkraft und eine für den Bruchteil einer Sekunde empfundene Unabhängigkeit durch Tod.

d. Der Lebenskünstler als pazifistischer Krieger: Kurt Hiller

Der Expressionist Kurt Hiller (1885-1972) setzte nicht am Geschlechterverhältnis, sondern am Kultur- bzw. Zivilisationsbegriff an. Mit der 1913 veröffentlichten, zweibändigen *Weisheit der Langeweile* legte er den einzigen großen

---

299 Mann, Pippo Spano, S. 58.
300 Riedel, Anmerkungen zu den Novellen, S. 412.
301 Ebd., S. 414.
302 Hiller, Die Weisheit der Langeweile; s. a. Sokel, Der literarische Expressionismus,

monographischen Text über Langeweile in Deutschland seit den dreißiger Jahren des 19. Jahrhunderts vor. Das Werk erinnerte an das 18. Jahrhundert, weil er mit seinen Philosophenkönigen ein Idealbild männlicher Persönlichkeit zeichnete. Der 28jährige Schriftsteller kritisierte die Polarisierung zwischen neurasthenischer Bürgerlichkeit und kaltem Daseinsästhetizismus und plädierte für ein alternatives Persönlichkeitsmodell, das Geist und Moral vereine und dadurch eine pazifistische Gesellschaft schaffen könne.[302]

Die Kritik am Materialismus des Kaiserreichs markierte nicht nur eine bestimmte politische Richtung; rechte wie linke Kritiker nutzten Langeweile als Kampfbegriff. Nicht nur der konservativ oder völkisch gesonnene Kulturpessimismus distanzierte sich von der durch die rasche Industrialisierung geschaffenen großstädtischen Massengesellschaft, sondern diese Skepsis prägte auch Teile der linksgerichteten literarischen Szene.[303] Hiller, 1885 in einer bürgerlich-jüdischen Familie mit hoher Wertschätzung der deutschen Kultur geboren und 1907 als Jurist promoviert, war ein Wortführer der Mentalität des Aufbruchs und des gesellschaftskritisch-literarischen Aktivismus. Parteipolitisch nicht festgelegt, sammelte er die expressionistische Avantgarde in Zeitschriften und Debattierclubs um sich, die die Institutionen der Gesellschaft vielfach frontal angriffen. Hiller redete jedoch weder einem blanken Dezisionismus noch einem bloß expressiven Gefühlsausdruck das Wort, sondern plädierte für eine durch moralische Sensibilität geläuterte Literatur als Stachel für gesellschaftliche und politische Reformen.[304] Seine »Logokratie oder Herrschaft der Geistigen« sollte eine neue Menschheitsära und die Integration einer weltanschaulich segmentierten Gesellschaft herbeiführen. Statt einer hohlen, vielwissenden, bourgeoisen Bildung, die sich als Kultur mißverstehe, oder einem Intellektualismus, der sich in »Privatdozentoïdem« erschöpfe, forderte er, an Nietzsche angelehnt, eine schneidende Analyse der degenerierten Kultur seiner Zeit, wollte aber keinen Rückzug in ästhetische Weltverneinung, sondern die moralische Verpflichtung zu ihrer Verbesserung.

Auch Hiller wollte die weit verbreitete *mental map* der Langeweile neu verzeichnen, indem er die vorherrschenden Differenzmuster auflöste. Er wollte fort von dem Kontrast zwischen gesinnungstüchtigen Bürgern, die sich nach angeblich authentischen Gefühlen sehnten, und kalten Ästheten, die intellek-

---

S. 210ff. Heinrich Mann, dessen *Pippo Spano* Hiller als »unsagbar herrlich« bezeichnete, war sein Vorbild, vgl. Riedel, Anmerkungen zu den Novellen, S. 413.
303 Wurgaft, The Activists; s. a. Müller, Kurt Hiller; Habereder, Kurt Hiller und der literarische Aktivismus, S. 49-55, wirft Hiller seine elitäre Einstellung vor sowie eine Werthaftigkeit ohne sozial-ethische Bewährung.
304 Wurgaft, Activists, S. 17. Hiller war Pazifist, wurde 1933 von den Nationalsozialisten verhaftet, floh 1934 nach Prag, 1938 nach London und lebte seit 1955 in Hamburg, wo er 1972 starb. Er trat für die Abschaffung der Todesstrafe und der Paragraphen 218 und 175 ein.
305 Hiller, Weisheit, Bd. 1, S. 35.

tuelle wie moralische Anstrengung verachteten und ausgrenzten. Auch er nannte die »entsetzliche Langeweile« das Kennzeichen der fortgeschrittenen Zivilisation,[305] aber (ähnlich wie Mayreder) deshalb, weil das Nachdenken über Gesellschaft wie Individualität in festgeschriebenen Kategorien gefangen sei. Hiller diagnostizierte wie viele andere die Zerklüftung der Zeit, den absoluten Zweifel, den Zerfall von Wissenssystemen und Glaubenssätzen. Er sprach die Wurzel des pessimistischen Relativismus an, daß eine »erweisbar richtige, nicht mehr zu problematisierende Norm menschlichen Verhaltens« auch durch intensivstes Nachdenken nicht mehr zu finden sei, wollte aber seine Leser von der Sehnsucht nach dem einen gültigen Maßstab heilen. Mit der menschlichen Denkfähigkeit und dem Feinheitsgrad des intellektuellen Gewissens sah Hiller nicht nur die Erkenntnis, sondern auch die Ratlosigkeit wachsen, und spöttisch beschrieb er mögliche Reaktionen:

> Für den vollkommenen Geist ... ergeben sich drei Rettungswege: Der Weg ins Irrenhaus; der Weg ins »Jenseits«; und der Weg in den Klerikalismus, ... unter welchen Begriff ich jede Schule rechne, deren Schüler an Punkten von entscheidender Fragwürdigkeit mit dem Denken stoppen muß, – um zu gehorchen; einem Befehl sich zu beugen. Nicht erforderlich, daß eines Fremden Befehl es ist; zum Papst taugt auch .... der eigne Wille. Solange der Kraft hat, läßt sich die irrsinnige Fadheit dieser ethosleeren Existenz, die bis zum Selbstmord ennuyante Zwecklosigkeit einer unaufhörlichen, manchmal vergnügten, manchmal verstimmten, immerzu viehisch nach Teilzielchen hastenden Planetenkrabbelei, zur Not noch ertragen. Wille! lautet die Weisheit der Langeweile.[306]

Hiller kritisierte, daß ein Zuviel an kritisch-sezierender Vernunft in Relativismus und Skeptizismus ende und so die Lebendigkeit zerstöre. Er forderte dagegen eine Poesie und Literatur, die im Bewußtsein des Nichtvorhandenseins unumstößlicher Wahrheiten für eine moralische Absicht und ein rationales Ziel eintrete:[307]

> Désennuyez-vous! Einbezieht die Neins eures Denkmüssens in das heldische Ja eures Blühenwollens; jedes eurer Gebilde, es sei ungewiß, es sei schwank und krank, giftig, gefährlich, opalen; es irisiere in doppelten, in siebenfachen Möglichkeiten; aber – es irisiere. ... So singt die Weisheit der Langeweile, flößt der bewußtesten Ohnmacht Mut zur Macht ein und erzeugt, hoffe ich, Krieger.[308]

---

306 Ebd., S. 18f.
307 Wurgaft, Activists, S. 18.
308 Hiller, Weisheit, Bd. 1, S. 20.
309 Schumacher, Kurt Hiller und Friedrich Nietzsche, S. 72.

Hiller wollte die Tat und den Krieger, aber keine obskurantistische Flucht in weltanschauliche Heilsversprechungen aufgrund einer unproduktiven Kritik der industriellen Welt als langweilig. Er postulierte den Vorrang der »Willenschaft« vor der Wissenschaft, ohne aber auf die Wissenschaft zu verzichten, und setzte dem Ruf nach Weltanschauung die »Welt-Wollung« entgegen.[309] Moralisch informierte Tat war wichtiger als alle Systeme: »Wichtiger als das Leben zu analysieren, ist: es zu leben.«[310] Auch mit seinem Buch wollte er »ins Fleisch der Zeit, daß die Fetzen fliegen«, kein Buch für die Ewigkeit, sondern eins, das ansprach, was die Zeitgenossen bewege,[311] und damit nicht einfach ein weiteres Symbol der »tödlichen Langeweile« der Zeit. Pazifistische Krieger für eine bessere Gesellschaft sollten es sein, die »vom Zweifeln zum Wollen« gelangten, weder Gesinnungstüchtige, deren »Idealismus« ihre Genußfähigkeit beschränke, noch Ästheten, die alle Aufregungen, auch die intellektuellen, verachteten.[312]

Er lehnte sich kritisch an Simmels Analyse des Großstadtlebens und dessen *Philosophie des Geldes* an. Neben der Monetarisierung aller sozialen Beziehungen konstatierte Simmel eine Trennung zwischen »objektiver« und »subjektiver« Kultur im Prozeß fortschreitender Arbeitsteilung. Die moderne Kultur charakterisierte er durch ein Übergewicht der »objektiven« Seite; der individuelle Geist folge den Fortschritten im Recht, in der Produktionstechnik, der Kunst, Wissenschaft oder den Ausstattungen des häuslichen Lebens nur unvollständig und in immer weiterem Abstand, da die durch die Arbeitsteilung erzwungene Einseitigkeit die Persönlichkeit als Ganzes verkümmern lasse.[313] Hiller popularisierte Simmels Soziologie,[314] definierte Kultur jedoch nicht nur als die individuelle Absorption aller zivilisatorischen Fortschritte, sondern als Verfeinerung des individuellen Fühlens und Handelns insgesamt, als eine »adlige Lebensführung«, einen Umgang mit anderen, der von Takt und geistiger Anmut geprägt sei.[315] Er spottete einerseits über rechenhafte Asketen, andererseits über die »Borniertsen«, die unter Intellekt nur »seelenloses, berechnendes Verstandesklappern« faßten und dagegen das »wahre Leben« ausspielten – »auf dieser Antithese für kleine Leute reiten die Harmoniker blondgelockt herum«.[316] Den von Simmel geschilderten Abgrund zu überwinden, gelinge weder

---

310 Hiller, Weisheit, Bd. 1, S. 11, 14f.
311 Ebd., S. 16.
312 Ebd., S. 20, 26.
313 Simmel, Die Großstädte und das Geistesleben, S. 202f. In diesem Zusammenhang analysierte er auch die Großstädter-»Blasiertheit«, ebd., S. 196.
314 Er warf ihm allerdings seine nur beobachtende, analysierende Position vor, die auf ein »ethosdurchlohtes System sozialer Umgestaltungsideen« verzichte, Hiller, Weisheit, Bd. 1, S. 52.
315 Ebd., S. 55.
316 Ebd., S. 114, 182f., 193f.
317 Ebd., S. 62, 71, 92, zum elitären Konzept ebd. S. 212f.

dem »Gebildeten noch dem Begriffsschmied noch dem geistfeindlichen Ästheten«, sondern nur einem wirklich kultivierten Menschen als einem Wesen synthetischer Verfeinerung. Damit verband sich allerdings ein elitäres Konzept vom Künstler.[317] Verfeinerung hieß ausdrücklich nicht ästhetisierender, hochmütiger Rückzug aus den Niederungen kulturpolitischer Parteienbildung, sondern Engagement, das Hiller nicht als kindisch kritisiert sehen wollte, sondern im Gegenteil als vornehm wertete. Er definierte den Kulturbegriff nicht im Sinne einer prästabilisierten, harmonischen Gemeinschaft. In seiner nicht leicht zu systematisierenden, expressionistischen Prosa wies er darauf hin, daß eine größere materielle Sicherheit und die Ausbreitung von Freiheit wohl öde Langeweile verbreiten könnten, da sie bar jeder Mystik seien. Aber äußere Übelstände zu ignorieren, um das innere Paradies zu besingen, verurteilte er als noch öder und trostloser und als eine Scheinklarheit. Er kritisierte auch, was Norbert Elias als zentrales Problem der deutschen Geistes- und Mentalitätsgeschichte der Moderne bezeichnet hat, die völlige »Alltagslosigkeit« der großen idealistischen Maximen oder des Kantschen Kategorischen Imperativs.[318] Deshalb mahnte Hiller, linke wie rechte Propheten zu hinterfragen. Echte Rationalisten wüßten, daß der Atheismus »Quatsch« sei, aber auch, daß man nicht einfach wieder anfangen könne zu beten. Ebenso wies er die Religion des Antisemitismus zurück. Sich den linken Pfaffen vom Leibe zu halten, bedeute nicht, daß rechte Pfaffen keinen Schindluder mit den Menschen trieben.[319] Für seinen künstlerischen Persönlichkeitsentwurf beschwor auch der Expressionist ein Ethos der Zukunft, ohne das jede Dichtung fade bleibe, das das Erleben der Gegenwart aber gerade nicht verdrängen dürfe. Es sollte Handeln initiieren, ohne noch eschatologischer Sicherheit gewiß zu sein.[320] Neben dem dichterischen Impuls wünschte er sich dazu fröhliche Wissenschaft als echte Heiterkeit, die die Ordnung sprengte, Pathos nicht als »gemessenen Gebärdengang leidender Prophetensöhne, sondern als universale Heiterkeit, als panisches Lachen.«[321]

318 Elias, Studien über die Deutschen, bes. S. 422-425; Hiller, Weisheit, Bd. 2, S. 97f., 125.
319 Hiller, Weisheit, Bd. 2, S. 8.
320 Ebd., Bd. 1, S. 203, 206.
321 Ebd., S. 238.

ZUSAMMENFASSUNG

»Man wird stumpf, sobald man aufhört, leidenschaftlich zu sein,« schrieb Helvétius 1758. Denn den Leidenschaften seien alle großen Taten geschuldet.[1] Dieses Buch versuchte zu zeigen, daß er damit ein Problem benannte, das für das Nachdenken über Identität in Deutschland im späten 18. und 19. Jahrhundert von zentraler Bedeutung war. Wer über Identität sprach, redete nicht unbedingt über Langeweile. Aber wer Langeweile diskutierte, meinte auch den so schwer zu steuernden Zusammenhang zwischen individuellen Wünschen, dem Leitwert Selbstkontrolle und der Gefahr, die Leidenschaften so sehr zu kontrollieren, daß das Handeln erlahmte.

Die Arbeit setzte auf verschiedenen Ebenen an. Analysiert man das Reden über und somit die Furcht vor der inneren Leere, so gerät zunächst die normative Konstruktion von Männlichkeit und Weiblichkeit in den Blick. Fragt man, wann Männer und Frauen der Oberschicht das Leiden an Langeweile ansprachen oder wie sie über ihre Ursachen und Auswirkungen stritten, so wird außerdem sichtbar, wie sie die kollektiv entworfenen Geschlechteridentitäten reproduzierten oder veränderten. Schließlich drehte sich der Streit um die Deutung von Langeweile immer auch um das Verhältnis von Individuum und Gesellschaft und um die Frage, wie verhandelbar oder veränderbar Vorstellungen von Identität und sozialer Ordnung waren. Langeweile konnte dabei eine Erfahrung, eine Zuschreibung oder eine Praktik sein. In jeder Form war sie gefährlich und nützlich zugleich, weil sie von verschiedenen Seiten mit Bedeutung versehen werden konnte.

Die Langeweileexperten des 18. Jahrhunderts, die zur neuen Elite der gebildeten Stände gehörten, repräsentierten das Denken der Spätaufklärung, daß nur die harmonische Verbindung von Kopf, Herz und Körper einen wirklich aufgeklärten Mann auszeichne. Sie betonten die Bedeutung der Leidenschaften, um handeln zu können, und übten gleichzeitig die Selbstkontrolle ein, die als Leitwert alle anderen Tugenden wie Arbeitsethos, Zukunftsorientierung und einen kontrollierten Umgang mit Sexualität prägen sollte. Diese gebildete Elite konstruierte im Langeweilediskurs somit auch eine ideale männliche Persönlichkeit, die Leidenschaft und Vernunft, Vergangenheit, Gegenwart und Zukunft selbstkontrolliert verband. Sie sollte zum Handeln gelangen, indem sie sich neben dem Beruf für anderes wie z. B. Kunst interessierte oder indem sie die sich ausdifferenzierenden Lebenswelten künstlerisch miteinander verband.

[1] Helvétius, Vom Geist, u. a. S. 294-298, Zitat S. 294.

Diese Debatte war allerdings mehrfach ambivalent. Zum einen warnten die Diätetiklehrer, daß Selbstkontrolle die individuelle Entwicklung nicht nur positiv beeinflussen, sondern auch bedrohen könne. Denn, so hieß es, wer das Arbeitsethos, die Zeitökonomie oder die Disziplinierung der Sexualität auf eine zu rigide Weise internalisiere, der drohe sich mit der Unterdrückung der Leidenschaften selbst zu verlieren. Zum anderen reflektierte die Langeweiledebatte den die Sattelzeit prägenden Umschwung von Erfahrungen zu Erwartungen als lebensstrukturierender Kategorie, indem sie forderte, daß negative Erfahrungen der Gegenwart (und damit auch eine mögliche Lähmung von Leidenschaften und Interessen) durch eine ständig erneuerte Zukunftshoffnung überwunden werden sollten. Individuelle Interessen sollten nach Möglichkeit mit den tatsächlichen Aufgaben harmonieren. Die eigenen Zukunftshoffnungen müßten einlösbar sein, um das Gefühl der inneren Leere, der Interesselosigkeit und der Kluft zwischen Welt und Ich zu vermeiden. An diesem Punkt artikulierten die Pädagogen, Ärzte und Popularphilosophen ihre Sorge, wie mit den Erwartungen derer umzugehen sei, die sie nicht zur neuen Elite zählten. Sie formulierten die Hoffnung, daß die männlichen Gebildeten in einer über Leistung strukturierten Gesellschaft den menschlichen Hang zur Trägheit durch Ehrgeiz und Sehnsucht nach zukünftigem Ruhm überwinden würden. Ehrgeiz bei Männern aus anderen sozialen Gruppen galt dagegen als deviant, wenn er über die bestehende Situation hinausführe. Die Konstruktion von Weiblichkeit nahmen sie aus der temporalisierten Deutung von Geschichte und individueller Biographie ganz heraus. Sozial und geschlechterspezifisch gebrochene, subjektive Wahrnehmungen von Personalität, Zeit und Gefühlen wurden als konstitutive Kategorien und nicht nur als akzidentielle Ergebnisse der modernen Gesellschaft gedacht.

Das aufklärerische Nachdenken über Männlichkeit zeigt, daß Geschlechterkategorien seit dem 18. Jahrhundert nicht nur als ein rein polares Modell gefaßt werden sollten, sondern daß die Doppelgesichtigkeit auch von Männlichkeit zu betonen ist. Denn in einer paradoxen Konstruktion konnte zum einen mit dem Oberschichtideal des Lebenskünstlers die Moderne als rein männlicher Raum gedacht werden, in dem Männer zweckrational, emotional und handlungsfähig seien und die sich ausdifferenzierenden Lebensbereiche über die dergestalt gedachte Einheit des Subjekts integrieren könnten. Das polare Männlichkeitskonstrukt hingegen, das primär die Zweckrationalität betonte, diente durch seine Polarität dazu, Weiblichkeit in der komplementären Definition von emotionaler Passivität festzuschreiben. Gleichzeitig jedoch war diese Form von Männlichkeit trotz ihres Anspruchs auf Unabhängigkeit auf weibliche Emotionen angewiesen, um zur Ganzheit zu gelangen. Das Modell des in sich harmonischen Lebenskünstlers verlor seine Wirksamkeit auch dann nicht, als sich im 19. Jahrhundert das polare Konstrukt des ›Arbeitssoldaten‹ auf der normativen Ebene neben das der ganzheitlichen männlichen Persönlichkeit schob bzw. es in Texten, die an Frauen gerichtet waren, verdrängte.

Diese Verschiebung war u. a. der konservativen Wende nach 1850 geschuldet, in der einige Langeweilekommentatoren die Energien von politischen Leidenschaften fort- und auf Arbeit und Beruf hinlenkten. Popularphilosophen und Pädagogen lehnten die Interpretation von Langeweile als Zeichen unterdrückter politischer Interessen ab, wie sie vor und nach 1848 von Intellektuellen eingesetzt wurde, und interpretierten die innere Leere statt dessen als ein Indiz nur für mangelnde Arbeitsbereitschaft. In polemischer Abgrenzung zu sozialkritischen Intellektuellen wie Heinrich Heine erschien ein ganzer Mann in dieser Deutung nicht mehr als Mann, der seine sozialkritische Kunst in Politik verwandelte und so Leidenschaft, Rationalität und Handeln verband. Ein ganzer Mann war nun ein arbeitsorientiertes Individuum, das sich der Gemeinschaft unterordnete, ohne sich für partikulare Interessen zu engagieren, die einen Mann angeblich »fraktionierten«. Politisches Engagement war aus dieser Perspektive höchstens legitim in Form von nationaler Begeisterung. Damit ging eine erneute Aufwertung der Zukunftsorientierung einher, in ähnlicher Weise, wie Adam Weishaupt bereits nach dem Zusammenbruch des Alten Reiches die Deutschen beschworen hatte, in der Zukunft die Rettung aus einer trostlosen Gegenwart zu erhoffen.

Die temporale Konstruktion von Weiblichkeit dagegen blendete die historische Zukunft als Denkhorizont und Handlungsraum für Frauen aus und definierte sie einerseits über Gegenwart, andererseits über ein nichthistorisches, statisches Jenseits. Das Weiblichkeitskonstrukt war genauso paradox wie sein Gegenstück, wobei der Zusammenhang zwischen Leidenschaften, Selbstkontrolle und Handlungsfähigkeit umgedeutet wurde. Im Massediskurs wurden Leidenschaften feminisiert und Frauen als gefährlich-leidenschaftlich und als unfähig, sich selbst zu kontrollieren, dargestellt, um sie aus politischen Räumen fernzuhalten. Im relationalen Geschlechterverhältnis dagegen wurden hocheffiziente Selbstkontrolle und komplementäre Emotionsarbeit von Frauen erwartet. Außerdem ist nicht nur wichtig, daß die soziale Konstruktion von Weiblichkeit tatsächlich Langeweile in weiblichen Lebensläufen hervorrief, da Frauen einen Konflikt zwischen individueller Neigung und sozialer Verortung idealerweise mit Resignation beantworten sollten. Entscheidend ist vielmehr auch, daß ihnen seit dem späten 18. Jahrhundert der »Tod im Leben« prophezeit wurde, sofern sie nicht bereitwillig die gespaltenen Identitätsdefinitionen akzeptierten. Die Lähmung, die Langeweile auslösen konnte, war bekannt. Viele Ratgeber wiesen Frauen ausdrücklich auf ihre nicht-offene Zukunft hin. So wie die Verhäuslichung die Solidarisierung von Frauen erschweren mochte, so konnte dieses Reden, das wie ein Diskurs der Unausweichlichkeit wirkte, Lähmung und Passivität produzieren und dergestalt aktiven Protest unwahrscheinlicher machen.

Obwohl Langeweileautoren im gesamten Untersuchungszeitraum unterstellten, daß die Bedürfnisse von Frauen mit den sozialen Anforderungen übereinstimmten und Langeweile deshalb nicht auftauchen dürfe, verrieten sie doch, wie brüchig diese Annahme war, indem sie Langeweile in weiblichen

Lebensläufen antizipierten. Vorwegnehmend verurteilten sie daher die innere Leere – die von Frauen selbst ausdrücklich auf mangelnde Anregung und das Verbot, sich ihr Glück selber zu suchen, zurückgeführt wurde –, als Zeichen von Schuldgefühlen und schlechtem Gewissen. Diese negative Wertung verschärfte sich in dem Zeitraum, in dem das polare Männlichkeitskonstrukt stärker in den Vordergrund rückte. Der einseitig gezeichnete ›Arbeitsoldat‹ war abhängig von weiblichen Emotionen, um zur Ganzheit zu gelangen. Diese Abhängigkeit vergrößerte sich genau dann, als die bürgerliche Frauenbewegung im späten 19. Jahrhundert die Vergeudung weiblicher Lebenskraft durch eine sozial konstruierte Langeweile öffentlichkeitswirksam kritisierte und sich für Bildungs- und Berufschancen von Frauen engagierte. Während Frauen so konkret über einen rein komplementären Weiblichkeitsentwurf hinausgingen, straften normative Texte über Weiblichkeit die Sehnsucht nach einem selbstbestimmten Leben immer nachdrücklicher als sozialen Verstoß und individuelles Versagen und forderten die komplementäre Emotionsarbeit.

In ihren Selbstzeugnissen dethematisierten Männer der Oberschicht im späten 19. und frühen 20. Jahrhundert die relationale Dimension der Geschlechteridentitäten oder präsentierten sie in einer formalisierten Weise, die Frauen entindividualisierte, indem sie nicht mehr mit ihrem Namen, sondern nur noch in ihrer Familienfunktion genannt wurden. Die als öffentlich konnotierte und durch Beziehungen zwischen Männern geprägte Geselligkeit blieb dagegen deutlich präsent. So konnten die Autoren in ihrer Selbstdarstellung die Abhängigkeit von Weiblichkeit, die die Texte über Weiblichkeit ausdrücklich beschworen, ausblenden und die moderne Gesellschaft weiterhin als rein männlichen Raum beschreiben, in dem Männer ihre Emotionen erstens in ihrem leidenschaftlichen Ehrgeiz, zweitens in einer männlich geprägten Geselligkeit und drittens in einem immer als kontrolliert dargestellten Zorn über einengende soziale Umstände dokumentierten.

Im Umgang miteinander vermittelten sich Männer gegenseitig die Bedeutung von Beruf und Karriere, aber Väter brachten ihren Söhnen auch das Ideal des harmonischen Mannes nahe. Selbstzeugnisse zeigen, daß Männer sich im Laufe des 19. Jahrhunderts immer entschiedener über die Erfüllung von Ehrgeiz definierten und sich leer und leidenschaftslos fühlten, wenn sie hier keine Zukunft mehr sahen. Doch das Ganzheitsideal blieb gleichzeitig präsent. Seine Reproduktion oder Präsentation fand auf vielfältige Weise statt, gegenüber Frauen und anderen Männern. Vor allem die französischen, aber auch die deutschen Langeweileautoren des 18. Jahrhunderts hatten den trockenen, einseitigen Verstandesmenschen von einem wirklich aufgeklärten Mann unterschieden, der die Bedeutung der Leidenschaften kenne und Interesse und Tugend elegant balancieren könne. Diese Kritik blieb trotz des hohen sozialen Status' des Bildungsbürgers explizit oder unterschwellig immer erhalten. Wenn Männer ihre Vielseitigkeit, vor allem ihr Interesse für und ihr Verständnis von Kunst bekundeten, setzten sie sich gegenüber anderen Männern positiv ab, wobei der entsprechende Langeweilevorwurf vor allem gegenüber Männern der eigenen sozialen Gruppe der gebildeten Elite funktionierte. Nachdem in der zweiten Jahrhunderthälfte Männer jeglicher sozialer Herkunft immer ausdrücklicher über Arbeit definiert wurden, inszenierten Bürgerliche und Adlige außerdem ihre Fähigkeit, sich dennoch nicht von Arbeit dominieren zu lassen, sondern Zeit und Raum selber zu bestimmen, indem sie das Büro verließen und sich in öffentlichen Räumen aufhielten, auf der Straße, im Museum oder im Park. So unterschieden sie sich von den reinen Arbeitssoldaten ihrer eigenen sozialen Gruppe, aber auch von Männern der Unterschicht. Daß sie ausführlich über Langeweile in der eigenen Arbeit klagten, reflektierte zum einen tatsächliche Arbeitszwänge, erlaubte aber auch, die eigene Persönlichkeit positiv von den Umständen abzusetzen und den Entfremdungsbegriff zu umgehen, der sie in eine ungewollte Allianz aller als produktiv definierten Männer gebracht hätte.

Von Frauen forderten Oberschichtmänner emotionale Entlastung, indem sie sich über langweilige oder anstrengende Arbeit beschwerten. Sie definierten sich gleichzeitig aber entschieden über genau diese Arbeit sowie über die damit verknüpfte, vorwärtsgerichtete Zukunftsmentalität und die Trennlinie privatöffentlich. Sie konnten daher vor allem dann in eine individuelle Krise geraten, wenn sich die geschlechterspezifische Zuschreibung von Zeitverständnis und Räumen aufzulösen drohte. Die Zeit geriet ihnen dann aus den Fugen, wenn Frauen die Temporalität und Gefühlsmuster der Geschlechteridentitäten in Frage stellten.

Während Männer Langeweile vorwiegend dann thematisierten, wenn sie in einer wenig prestigeträchtigen Position hängenzubleiben drohten oder sich zu wenig anerkannt fühlten, war es für Frauen aufgrund des dezidierteren normativen Urteils über Langeweile schwieriger, die innere Leere anzusprechen. In Briefen und Tagebüchern versuchten sie häufig, zwischen Langeweile und dem Gefühl der Lähmung zu unterscheiden, um den Vorwurf des Müßiggangs oder des schlechten Gewissens zu erschweren. Die innere Leere führten sie auf mangelnde Anregung oder explizit auf geschlechtsspezifisch unterschiedliche Möglichkeiten zurück, ihren Alltag und ihre Biographie zu gestalten: die Handarbeit, die die Ungleichheit bereits vor dem Schulanfang einübte, das Warten auf einen Ehemann, aber auch das zukunftsverhindernde Verbot, sich weiterzubilden oder einen Beruf zu erlernen. Langeweile konnte auftauchen, wenn es in Familie, Haushalt oder Erwerbsarbeit keine Anerkennung für Routineanstrengungen gab und Frauen dennoch gefühlvoll und ermutigend für andere dasein sollten. Auch wenn Frauen die sogenannte Bestimmung der Geschlechter nicht in Frage stellten, protestierten sie gegen einzelne Zuschreibungen und forderten, Raum und Zeit, Gefühle und Zukunftshoffnungen beweglicher gestalten und die Anomie im Alltag anders kompensieren zu dürfen, als die bürgerliche Gesellschaft ihnen zugestand. Manche implizierten, daß Männer für ihre Gefühle ebenfalls verantwortlich waren, und erinnerten sie so auch an das Ideal des ganzen Mannes. Auch wenn Frauen nicht auf gleiche Rechte abhoben, verwiesen sie darauf, daß Langeweile kein geschlechtsspezifisches

Phänomen war, sondern gesellschaftliche und psychisch-mentale Grenzziehungen mit ungleich verteilten Klagerechten und Trosterwartungen verriet. Im späten 19. Jahrhundert allerdings griffen prominente Mitglieder der bürgerlichen Frauenbewegung sowie andere Publizistinnen die Langeweilethematik offensiv auf. Sie beschrieben zunächst, wie sehr sie die Deutung von Langeweile als Zeichen von Selbstsucht verinnerlicht hatten. Aber der Code eines Diskurses bestimmt nicht seine Wirkung (Clifford Geertz). Denn indem sie auf die dann folgende Überwindung der Lähmung hinwiesen und sich für frauenpolitische oder andere gesellschaftliche Fragen engagierten, präsentierten diese Frauen ihr Leben nicht nur im männlich konnotierten Erzählmuster des Bildungsromans, sondern dokumentierten Energie und Handlungsfähigkeit.

Die Identitätsdebatte im Kaiserreich wurde von vielen Frauen und Männern aber nicht nur deshalb als Entregelung empfunden, weil Frauen an verschiedenen Funktionsbereichen der Moderne partizipieren wollten. Vielmehr eigneten sich Publizistinnen einerseits die einzelnen Komponenten der ganzheitlichen Definition von Männlichkeit an. Sie beanspruchten nicht nur, ihre Intellektualität zu entwickeln, sondern lieferten auch eine eigene Definition von Kunst und der damit implizierten Schöpfungskraft sowie von Zeit und Zukunft. Andererseits nutzten sie das paradoxe Reden über Männlichkeit, um eine bloß polare Männlichkeit als defizitär gegenüber einem nichteingelösten Ganzheitsideal herauszustreichen, obwohl es ihnen normativ ausdrücklich verboten war, Männer als langweilig zu bezeichnen. Kritisierten sie vor 1848 einen Mangel an gesellschaftlicher oder politischer Kompetenz, so kommentierten sie in der zweiten Jahrhunderthälfte die berufliche Orientierung sowie das Tabuthema männliche Sexualität. Politisch oder sozial aktive Frauen bemängelten, daß Männer die Regeln der Geselligkeit nicht beherrschten, daß sie die großen Leidenschaften, die Voraussetzung für große Politik, vermissen ließen, oder daß sie sexuell etwas schwächlich, unsensibel oder gewalttätig seien. Im 19. Jahrhundert wurde zu keinem Zeitpunkt die feste Achse zwischen der sexuellen, beruflichen und sozio-politischen Identität bzw. ›Produktivität‹ von Männern aufgegeben. Eine Kritik an einem einzigen dieser Aspekte konnte somit den ganzen Entwurf treffen. Zumindest ließ die Unterstellung, das Ideal des ganzen Mannes werde nicht eingelöst, den Dominanzanspruch, der damit untermauert wurde, weniger überzeugend aussehen. Frauen wurde seit dem 18. Jahrhundert vorgeworfen, uninteressant, also langweilig, zu sein, wenn sie der idealen Weiblichkeit nicht entsprachen. Aber weil das Ideal des ganzen Mannes relevant blieb und Männer sich untereinander genauso kritisierten, erhielt auch die umgekehrte Langeweilezuschreibung ein kontinuierlich polemisches Potential. Sie trug dazu bei, daß gerade Akademiker und Künstler beim Ausbruch des Ersten Weltkriegs ihre kriegerische Handlungsbereitschaft beweisen wollten.

Die Umdeutung des politischen Potentials des Langeweilebegriffs hatte durch die Betonung des ›Arbeitssoldaten‹ auch das komplementäre Geschlechterverhältnis aufgewertet. Diese Verschiebung erneuert nicht einfach nur das klassische Bild des unpolitischen Deutschen, auch wenn diese spezifische Diskurslinie auf Entpolitisierung nach der Revolution zielte. Vielmehr sind zwei Aspekte wichtig. Zum einen bildete diese Langeweiledeutung eine der Strategien, mit denen ein langwieriges Aushandeln konflikthafter Positionen und damit auch politischer Streit als Mittel der Konsensfindung delegitimiert wurde. Sie diffamierte nicht nur das Engagement für spezifische politische Interessen, sondern auch die Menschen als langweilig und nicht-harmonisch, die sich dergestalt engagierten. Wichtig ist zum anderen, daß der Wertkomplex Arbeit in dieser Beschreibung eine antidemokratische Färbung erhielt. Denn konservative Autoren betonten nach 1850 nicht nur ausdrücklich die individuelle Schuld, wenn sich jemand über Langeweile in Deutschland beklagte. Indem sie Arbeit und Langeweile kontrastierten, verorteten sie Arbeit gleichzeitig als Gegenbegriff zu einem im weitesten Sinne auf Parlamentarisierung oder Pluralisierung zielenden politischen Engagement. Während der Revolution von 1848 wurde ein »politischer Flaneur« als »Bummler« diskreditiert, und ein Parlamentarier wie Robert Blum mußte sich gegen den Vorwurf der Faulheit wehren. In der Folge parallelisierten Publizisten »weibliches Geschwätz« und Parlamentsdebatten, analog zur Bezeichnung der westlichen Zivilisation und Demokratie als langweilig. Sie feminisierten diese Politikform gleichsam und diffamierten sie wie Langeweile als Zeitverschwendung und als Nicht-Arbeit. Der Arbeitsbegriff beleuchtet somit zutiefst ambivalente Zusammenhänge. Er trug dazu bei, Identitätsvorstellungen der Diskussion zu entziehen. Er ließ sowohl Männer am Ehrgeiz leiden, die ehrgeizig sein sollten, als auch Frauen, deren Ehrgeiz als Devianz galt. Er fokussierte die Zukunftsorientierung und erlaubte es, die bestehenden Geschlechtergrenzen immer wieder neu festzuschreiben. Schließlich traf der Vorwurf der Nicht-Arbeit politische oder gesellschaftliche Opponenten, während beruflich erfolgreiche Männer Nicht-Arbeit inszenieren konnten, um sich von anderen abzusetzen und dem Vorwurf des einseitigen Berufsmannes zu entgehen.

Der Langeweilebegriff war zudem seit dem 18. Jahrhundert ein Topos der Kulturkritik, der auf gefährlich entgrenzte Bedürfnisse oder ständig wachsende Erwartungen verwies. In der zweiten Jahrhunderthälfte beleuchtete er nicht nur das fortgesetzte Bemühen, zwischen der Langeweile der Oberschichten und der der Unterschichten eine bildungselitäre Grenze zu ziehen. Er verriet auch die Angst, angesichts globalisierter Kommunikationsstrukturen die nationale Vormachtstellung einzubüßen. Eine Welt, in der sich alle sofort das Wissen aneignen könnten, das Deutschland seine Führungsposition in Wissenschaft und Wirtschaft eingebracht hatte, wurde als monoton dargestellt. Auch diese Langeweileklage meinte nicht so sehr eine generelle Ablehnung der modernen Welt als die Angst, durch die Partizipations- und Kommunikationsausweitung an Macht zu verlieren.

Besonders in diesem Punkt verriet die Langeweilediskussion ein Nullsummendenken, das als Mentalitätsmuster in die Mikrophysik sozialer Beziehungen ebenso eingelagert war wie in die Makrobeschreibungen des politischen Körpers. Im psychophysiologischen Blick auf den einzelnen Körper drohte ein

Zuwachs oder das Überhandnehmen einer Identitätskomponente die Balance sofort aus dem Gleichgewicht zu bringen. In Bezug auf soziale Ordnung erschien den Vertretern einer hierarchischen Gesellschaft eine Veränderung zumal in der Position von Frauen als automatische Bedrohung nicht nur der eigenen (Macht-)Position, sondern auch der eigenen Identität. So interpretierten die Opponenten von Gleichberechtigung einen Zuwachs an Bildung von Frauen nicht als Chance für die Gesellschaft insgesamt, sondern als einen Verlust für ihr Verständnis von Männlichkeit, das sie nicht einfach nur über Bildung, sondern über das Monopol darauf definierten.

Letztlich blieb der Begriff die ganze Zeit umkämpft, trotz hegemonialer Deutungsansprüche. Dazu gehörte im späten 19. Jahrhundert die wirkungsmächtige Einstellung, Gesellschaft und Politik dann als langweilig zu bezeichnen, wenn man sie als zu pluralistisch empfand. Während im späten 18. und frühen 19. Jahrhundert die Langeweilediskurse auf die ›richtige‹ Persönlichkeitsformierung abzielten, setzten ein Jahrhundert später die meisten Texte an der bestehenden Gesellschaft an, deren lähmende soziale Konventionen sie kritisierten, ohne ihre Entstehung zu problematisieren. So übten Pädagogen und Publizisten einerseits ein starres Pflichtethos ein, während sie sich andererseits nach einer hinter der eingeübten Selbstkontrolle verlorengegangenen Authentizität sehnten und die sogenannten großen Emotionen durch aufwühlende Politik wieder freigesetzt wissen wollten. Unausgesprochen blieb in diesem Zusammenhang, daß das Festhalten an rigiden Erziehungsnormen genau das Problem produzierte. Friedrich Nietzsche kritisierte zwar die bürgerliche Moderne, entwarf seinen Kult des Irrationalen jedoch besonders polemisch als männlich-herrschaftlichen Gegenentwurf zu einer Demokratisierung, die er essentialisierend als langweilige Gleichmacherei verwarf. Es waren eher vereinzelte Stimmen, die – wie der umgekehrte Geschlechterdiskurs – Langeweile mit zu strikten Normen verbanden und auf die Pluralisierbarkeit von sozialer Ordnung und Individualität hinwiesen. Rosa Mayreder hielt dem prästabilisierten Ideal einer harmonischen Gemeinschaft mit sich unterordnenden Individuen entgegen, daß Geschlechteridentitäten, die als nichtverhandelbar gedacht würden, der komplexen modernen Gesellschaft grundsätzlich zuwiderliefen. Heinrich Mann ironisierte die Sehnsucht nach großen Gefühlen als Zeichen einer nicht-balancierten Persönlichkeit, und Kurt Hiller entwarf das Bild eines Künstlers, der leidenschaftlich, wissenschaftlich und zukunftsorientiert war, aber im Gegensatz zum militarisierten Zeitgeist als Handlungsoption eine pazifistische Gesellschaftsreform anstrebte.

Eine Bedeutungsgeschichte der Langeweile zeigt, wie sich die aufklärerischen Vorstellungen von Zeitwahrnehmung, Arbeitsethos und Geschlechteridentität in Mentalität verwandelten. Heute wird Langeweile primär als Problem einer Konsum- und Freizeitgesellschaft oder als Problem bei Arbeitslosigkeit und Jugendkriminalität diskutiert, mit Verweis auf die damit verknüpfte Zukunftslosigkeit. Auch wenn sich viele der hier analysierten Bedeutungen aufgelöst haben mögen, sagen Klagen über Langeweile nach wie vor etwas aus über Grundkategorien dieser Gesellschaft, sei es eine nichthinterfragte Wachstumsmentalität oder die Bestimmung von Identität über Arbeit und temporale Muster. Zumindest regen sie dazu an, nicht nur die Konzeptionen von Arbeit und Familie, sondern auch von Zukunft und Gegenwart zu historisieren, auf ihre Ambivalenzen abzufragen und Geschichte generell auch über die Geschichte des ›imaginierten Individuums‹ aufzuschlüsseln.

Quellenverzeichnis

Zeitschriften

Das Buch für alle: Illustrierte Blätter zur Unterhaltung und Belehrung für die Familie und Jedermann, Stuttgart, Berlin 1866ff.
Daheim: ein deutsches Familienblatt mit Illustrationen, Leipzig 1865ff.
Frauen-Zukunft. Eine Monatsschrift, München, 1910-1911.
Die Gartenlaube. Illustriertes Familienblatt, Berlin 1853ff.
Die Gesellschaft: Münchener Halbmonatsschrift für Kunst und Kultur, Dresden, Leipzig 1885-1902.
Die Gesellschaft. Realistische Wochenschrift für Litteratur, Kunst und öffentliches Leben, hg. v. M. G. Conrad, Berlin 1885ff.
Jahrbuch für die geistige Bewegung, Berlin 1910-1912.
Neue Revue. Wochenschrift für das öffentliche Leben, Berlin 1907/08-1908/09; aufgegangen in : Morgen. Wochenschrift für deutsche Kultur, Berlin 1907ff.
Nord und Süd. Eine deutsche Monatsschrift für Internationale Zusammenarbeit, Berlin 1877ff.
Die Tat. Wege zum freien Menschtum. Monatsschrift für die Zukunft der deutschen Kultur, Jena 1909/10ff.

Wörterbücher und Nachschlagewerke

Adelung, Johann Christoph, Grammatisch-kritisches Wörterbuch der Hochdeutschen Mundart mit beständiger Vergleichung der übrigen Mundarten, besonders aber der oberdeutschen, 4 Bde., Leipzig 1793-1801, ND Hildesheim, New York 1970.
Allgemeines deutsches Conversations-Lexikon für die Gebildeten eines jeden Standes, hg. v. einem Verein Gelehrter, Leizig 1839-1844.
Brockhaus, Allgemeine deutsche Realencyclopädie für die gebildeten Stände. Conversations-Lexikon. 5. Original-Ausgabe, 10 Bde., Leipzig 1819-1826; 9. Original-Ausgabe, 15 Bde., Leipzig 1843-1848; Leipzig [14]1894; Leipzig [15]1932.
Campe, Joachim Heinrich, Wörterbuch der deutschen Sprache, Braunschweig 1809.
Campe, Joachim Heinrich, Wörterbuch zur Erklärung und Verdeutschung der unserer Sprache aufgedrungenen fremden Ausdrücke, Braunschweig 1801.
Campe, Joachim Heinrich, Wörterbuch zur Erklärung und Verdeutschung der unserer Sprache aufgedrungenen fremden Ausdrücke. Ein Ergänzungsband zu Adelung's und Campe's Wörterbüchern, Braunschweig 1813.
Conversations-Lexikon der neuesten Zeit und Literatur, 4 Bde., Leipzig 1832-1834.
Conversations-Lexikon für das katholische Deutschland, Regensburg 1846-1850.
Conversations-Lexikon für die Gegenwart, Leipzig 1838-1841.
Conversationslexikon für Geist, Witz und Humor, hg. v. Moritz Gottlieb Saphir, 2 Bde., Dresden 1852.
Conversations-Lexikon oder encyclopädisches Handwörterbuch für die gebildeten Stände, 10 Bde., Leipzig, Altenberg 1814-1817.

Das große Conversations-Lexikon für die gebildeten Stände. In Verbindung mit Staatsmännern, Gelehrten, Künstlern und Technikern hg. v. J. Meyer, 19. Bd., Hildburghausen, Amsterdam, Paris u. Philadelphia 1851.
Eisler, Rudolf, Wörterbuch der philosophischen Begriffe, Berlin ²1904.
Etymologisches Wörterbuch des Deutschen, Berlin 1889.
Eucken, Rudolf, Die Grundbegriffe der Gegenwart. Historisch und kritisch entwickelt, Leipzig ²1893.
Grimm, Jacob und Wilhelm, Deutsches Wörterbuch, 16 Bde., Leipzig 1954-1960 (1885).
Heinsius, Theodor, Volksthümliches Wörterbuch der Deutschen Sprache mit Bezeichnung der Aussprache und Betonung für die Geschäfts- und Lesewelt, Hannover 1820.
Illustriertes Deutsches Conversations-Lexikon für alle Stände, hg. v. A. Mecklenburg, 2 Bde., Berlin 1864-1866.
Illustriertes Conversations-Lexikon der Frau, 2 Bde., Berlin 1900.
Krug, Wilhelm Traugott, Allgemeines Handwörterbuch der philosophischen Wissenschaften nebst ihrer Literatur und Geschichte. Faksimile-Neudruck der 2., verbesserten und vermehrten Auflage von 1832-1838, Stuttgart 1969.
Ladendorff, Otto, Historisches Schlagwörterbuch. Ein Versuch, Straßburg, Berlin 1906.
Mauthner, Fritz, Beiträge zu einer Kritik der Sprache, Bd. 3: Zur Grammatik und Logik, Leipzig ³1901-02.
Meyer. Das Grosse Konversations-Lexicon für die gebildeten Stände, Hildburghausen 1840-1852.
Meyer's Grosses Konversations-Lexikon, 20 Bde., Leipzig, Wien ⁶1903-1912.
Meyer, Richard Moritz, 400 Schlagworte, Leipzig 1900.
Pierers Konversations-Lexikon, hg. v. Joseph Kürschner. Mit Universal-Sprachen-Lexikon nach Prof. Joseph Kürschners System, 12. Bde., Stuttgart ⁷1888-1893.
Reichensperger, August, Phrasen und Schlagwörter. Ein Noth- und Hilfsbüchlein für Zeitungleser, Paderborn ³1872.
Rein, W. (Hg.), Encyclopädisches Handbuch der Pädagogik, Bd. IV, Langensalza 1897 (²1906).
Sanders, Daniel, Handwörterbuch der deutschen Sprache, 2 Bde., Leipzig 1860-1865, ND Hildesheim 1969.
Wagener, Hermann, Staats- und Gesellschafts-Lexikon, 12. Bd., Berlin 1863.
Weigand, Fr. L.K., Deutsches Wörterbuch, Gießen ⁵1910.
Das Deutsche Wort. Rechtschreibung und Erklärung des deutschen Wortschatzes sowie der Fremdwörter, nach den amtlichen Regeln bearb. v. Richard Pekrun, Leipzig 1933.
Zedler, Johann Heinrich, Grosses Vollständiges Universal-Lexikon Aller Wissenschaften und Künste (…), 64 Bde., Halle, Leipzig 1732-1754.

Sonstige gedruckte Quellen

Abeken, Heinrich, Ein schlichtes Leben in bewegter Zeit. Aus Briefen zusammengestellt v. Hedwig Abeken, 3., verm. Aufl., Berlin 1904.
Adelfels, Kurt [d. i. Jacob Stern], Das Lexikon der feinen Sitte. Praktisches Hand- und Nachschlagebuch für alle Fälle des gesellschaftlichen Verkehrs, Stuttgart 1888.
Adelmann, Helene, Aus meiner Kinderzeit, Berlin 1892.
Ärzte-Briefe aus vier Jahrhunderten, hg. v. Erich Ebstein, Berlin 1920.

Alberti, Conrad, Die Bourgeoisie und die Kunst, in: Die Gesellschaft 2 (1888), S. 822-841.
Alberti, J. J., Neuestes Complimentirbuch oder Anweisung, in Gesellschaften und in allen Verhältnissen des Lebens höflich und angemessen zu reden und sich anständig zu betragen; enthaltend Glückwünsche und Anreden zum Neujahr, an Geburtstagen und Namensfesten, bei Geburten, Kindtaufen und Gevatterschaften, Anstellungen, Beförderungen, Verlobungen, Heiraten; Heirathsanträge, Einladungen aller Art; Anreden in Gesellschaften, beim Tanze, auf Reisen, in Geschäftsverhältnissen und bei Glücksfällen; Beileidsbezeigungen etc. und viele andere Complimente, mit den darauf passenden Antworten. Nebst einem Anhange, welcher die Regeln des Anstandes und der feinen Lebensart, in Miene, Sprache, Stellung, Bewegung, Kleidung, Wohnung, Verbeugung, Höflichkeitsbezeigungen, bei Besuchen, in Gesellschaften, bei religiösen Handlungen, im Umgang mit Personen höheren Standes, im Umgange mit dem schönen Geschlecht, auf Bällen, in Concerten, bei der Tafel etc. enthält. Ein nützliches Hand- und Hülfsbuch für junge und ältere Personen beiderlei Geschlechts, Quedlinburg, Leipzig ⁴1828.
Amyntor, Gerhard von [d. i. Gerhardt, Dagobert von], Für und über die deutschen Frauen. Neue hypochondrische Plaudereien, Hamburg ²1889.
Andreae, Fr. W., Anstands- und Lebensregeln für Jünglinge jedes Standes, Langensalza 1858.
Andreae, Karl, Über die Faulheit. Ein psychologischer Versuch, Langensalza ²1904.
Angenehmer und lehrreicher Zeitvertreib; in verschiedenen Sprachen, prosaisch und poetisch, St. 1-52, Hamburg 1773.
Anon., Die Dame langweilt sich, in: Andrea van Dülmen (Hg.), Frauen: ein historisches Lesebuch, München 1989, S. 118-120.
Anon., Die politische Langeweile oder die deutsche Politik im Jahre 1876. Von einem Preußen, Berlin 1876.
Anon., Ueber Beschäftigung und Langeweile, in: Hannoverisches Magazin 1783, 21. Jg., Sp. 1649-1658.
Anon., Ueber Langeweile und Zeitvertreib, in: Deutsches Magazin 18 (1799), S. 501-523. (Bereits abgedruckt in: Hannoverisches Magazin, 1780, 18. Jg., Sp. 1-22.)
Anon., Über den Kuß und die Langeweile, Sorau 1777.
Anon., Von der Nothwendigkeit, sich zu beschäftigen und dem Vergnügen, das die Bewegung der Leidenschaften gewährt, in: Hannoverisches Magazin, 1765, 4. Jg., Sp. 1345-1360.
Anon., Was ist die Langeweile?, in: Die Gartenlaube, 1854, S. 295.
Arnim, Bettine von, Werke und Briefe in 3 Bänden, hg. v. Walter Schmitz u. Sibylle von Steinsdorff, Frankfurt a. M. 1986.
Arnold, Friedrich, Aus den Erinnerungen eines Juristen, in: Daheim 14 (1878), S. 602-604.
Anstandsbüchlein für erwachsene Mädchen vom Lande, Regensburg 1893.
Aus der »deutschen Cultur- und Sittengeschichte« von Johannes Scherr, in: Die Gegenwart 4 (1873), S. 279f.
Baader, Franz, Seele und Welt. Franz Baader's Jugendtagebücher 1786-1792, Berlin 1928.
Bahnsen, Julius, Beiträge zur Charakterologie, mit besonderer Berücksichtigung pädagogischer Fragen, Leipzig 1864.
Bail, Johann Samuel, Über Zufriedenheit und Lebens-Glück, Berlin 1820.
Balzac, Honoré de, Lettres à Madame Hanska, hg. v. Roger Pierrot, 2 Bde., Paris 1968.
Barlach, Ernst, Die Briefe I, 1888-1824, München 1968.

Basedow, Johann Bernhard, Practische Philosophie für alle Stände, Th. 1 u. 2, Copenhagen, Leipzig 1758.
Basedow, Johann Bernhard, Einübung in die Abhängigkeit (1770), abgedr. in: Andrea van Dülmen (Hg.), Frauenleben im 18. Jahrhundert, München 1989, S. 130f.
Baum, Marie, Rückblick auf mein Leben, Heidelberg 1950.
Bendavid, Lazarus, Versuch über das Vergnügen, 2. Theil, Wien 1794.
Benzmann, Hans, Die deutsche Frauenlyrik in der Gegenwart, in: Die Gegenwart Bd. 60 (1901), S. 1221-25.
Bernhardi, Elisabeth Eleonore, Ein Wort zu seiner Zeit. Für verständige Mütter und erwachsene Töchter; in Briefen einer Mutter, hg. v. Karl Gottlob Sonntag, Freyberg, Graz 1798.
Bernhardi, Friedrich von, Denkwürdigkeiten aus meinem Leben, nach gleichzeitigen Aufzeichnungen und im Lichte der Erinnerung, Berlin 1927.
Bernstorff, Graf Johann Heinrich, Erinnerungen und Briefe, Zürich 1936.
Bethge, Hans, Lyrische Frauen, in: Die Gegenwart Bd. 69 (1906), S. 329-331.
Biedermann, Karl, Frauen-Brevier. Kulturgeschichtliche Vorlesungen für Frauen, Leipzig 1856.
Biedermann, Karl, Frauenbestimmung, III, in: Gartenlaube 55 (1855), S. 222f., 488ff., 666ff.
Biedermann, Karl, Über Wesen, Werth und Mittel wahrer Frauenbildung, in: Günter Häntzschel (Hg.), Bildung und Kultur bürgerlicher Frauen 1850-1918. Eine Quellendokumentation aus Anstandsbüchern und Lebenshilfen für Mädchen und Frauen als Beitrag zur weiblichen literarischen Sozialisation, Tübingen 1986, S. 95.
Billroth, Theodor, Briefe, Hannover, Leipzig 1910.
Binding, Rudolf von, Aus dem Kriege, Potsdam 1937.
Bismarck, Otto von, Briefe, hg. v. Wolfgang Windelband u. Werner Frauendienst, Bd. 1, Berlin 1933 (= Ges. Werke, Bd. 14,1).
Bliß, Paul, Auch eine! Humoristische Skizze von Paul Bliß, in: Die Gegenwart Bd. 36 (1889), S. 155-157.
Blum, Robert, Briefe und Dokumente, Leipzig 1981.
Böhlau, Helene, Der Rangierbahnhof (= Gesammelte Werke, Bd. 3), Berlin, Wien 1915.
Böhlau, Helene, Halbtier! Berlin ²1899.
Bölte, Amely, Die Erzieherin, abgedr. in: Günter Häntzschel (Hg.), Bildung und Kultur bürgerlicher Frauen 1850-1918. Eine Quellendokumentation aus Anstandsbüchern und Lebenshilfen für Mädchen und Frauen als Beitrag zur weiblichen literarischen Sozialisation, Tübingen 1986, S. 288.
Bölte, Amely, Die Gefährtin des Mannes (1876), in: ebd., S. 226-228.
Bölte, Amely, Die Lehrerin, in: ebd., S. 294.
Bölte, Amely, Frauen-Brevier, Wien ⁴1866.
Bölte, Amely, Neues Frauen-Brevier, Leipzig ²1877.
Börne, Ludwig, Briefe aus Paris, 1820-21, Frankfurt a. M. 1986.
Boismont, A. Brierre de, De l'ennui, Paris 1850.
Bonaventura, Klingemann, August, Nachtwachen von Bonaventura, hg. u. mit einem Nachwort versehen von Jost Schillemeit, Frankfurt a. M. 1974.
Boureau-Deslandes, André-François, Über die Kunst, keine Langeweile zu haben, Leipzig 1772 (L'art de ne point s'ennuyer, Amsterdam 1715).
Borst, Eugen, Glänzendes Elend und kein Ende, in: Zeitschrift für Deutsche Wortforschung 11 (1909), S. 291-293.

Brandes, Ernst, Betrachtungen über den Zeitgeist in Deutschland in den letzten Dezennien des vorigen Jahrhunderts, Hannover 1808.
Brauer, Arthur von, Im Dienste Bismarcks. Persönliche Erinnerungen, Berlin 1936.
Braun, Lily, Memoiren einer Sozialistin: Lehrjahre (= Gesammelte Werke, Bd. 2), Berlin 1922.
Breysig, Kurt, Aus meinen Tagen und Träumen. Memoiren, Aufzeichnungen, Briefe, Gespräche, aus dem Nachlaß hg. v. Gertrud Breysig u. Michael Landmann, Berlin 1962.
Briefe berühmter Frauen. Von Liselotte von der Pfalz bis Rosa Luxemburg, hg. v. Claudia Schmölders, Frankfurt a. M. 1993.
Briefe eines Vaters an seinen Sohn nach dessen Abgang auf die Universität, Breslau 1895.
Briefe von Liselotte von der Pfalz bis Rosa Luxemburg, hg. v. Claudia Schmölders, Frankfurt a. M. 1987.
Briefe von und an Michael Bernays, Berlin 1907.
Der Briefwechsel zwischen Jakob Henle und Karl Pfeufer 1843-1869, hg. u. bearb. v. Hermann Hoepke (= Sudhoffs Archiv. Zeitschrift für Wissenschaftsgeschichte, Beih. 11), Wiesbaden 1970.
Bruck-Auffenberg, Natalie, Die Frau comme il faut, 5. Taus., Berlin 1896.
Büchner, Georg, Werke und Briefe, München [4]1969.
Bülow, Gabriele von, Ein Lebensbild. Aus den Familienpapieren Wilhelm von Humboldts und seiner Kinder, 1791-1887, hg. v. Anna v. Sydow, Berlin 1893.
Bülow, Paula von, Aus verklungenen Zeiten. Lebenserinnerungen 1833-1920, hg. v. Johannes Werner, Leipzig 1924.
Buffon, Charles de, Oeuvres philosophiques, Paris 1954.
Bunsen, Marie von, Die Welt, in der ich lebte. Erinnerungen an glückliche Jahre 1860-1912, Leipzig [2]1929.
Burow, Julie, Über die Erziehung des weiblichen Geschlechts, Bromberg [3]1863.
Burow, Julie, Das Glück des Weibes. Ein Buch für Frauen und Jungfrauen, Bromberg 1860.
Burow, Julie, Herzensworte. Eine Mitgabe auf den Lebensweg. Deutschlands Töchtern gewidmet, Geschenkausgabe Leipzig 1899 (Bremerhaven [25]1895).
Busch, Felix. Aus dem Leben eines königlich-preußischen Landrats, hg. v. Julius Schoeps, Berlin 1991.
Büttner, Heinrich, Die Frau nach dem Herzen Gottes, Berlin 1863.
Campe, Joachim Heinrich, Theophron: Oder: Der erfahrne Ratgeber für die unerfahrene Jugend, Braunschweig [3]1790.
Campe, Joachim Heinrich, Väterlicher Rath für meine Tochter. Ein Gegenstück zum Theophron. Der erwachsenen weiblichen Jugend gewidmet, Braunschweig 1789.
Carlyle, Thomas, Arbeiten und nicht verzweifeln. Auszüge aus seinen Werken, Düsseldorf, Leipzig o. J.
Cauer, Minna, Leben und Werk. Dargestellt an Hand ihrer Tagebücher und nachgelassenen Schriften v. Else Lüders, Gotha, Stuttgart 1925.
Chambaud, Auguste von, Maris Stella. Ein Leitfaden zur Erkenntnis der Wahrheit und des weiblichen Berufes im Lichte des Glaubens, Freiburg [2]1900.
Conrad, Michael Georg, Im Stechschritt der Zeit, in: Die Gesellschaft 9 (1893), S. 137-142.
Conz, Karl Philipp, Ueber Zufriedenheit und Unzufriedenheit und ihre Quellen, Stuttgart 1790.

Christ, Sophie, Taschenbüchlein des guten Tons. Praktische Anleitung über die Formen des Anstands für die weibliche Jugend, Mainz 1888.

Claudius, Georg Karl, Kurze Anweisung zur wahren feinen Lebensart nebst den nöthigsten Regeln der Etikette und des Wohlverhaltens in Gesellschaften für Jünglinge, die mit Glück in die Welt treten wollen, Leipzig 1800.

Daniel, Arnold, Über die Langeweile, in: Ostfriesisches Schulblatt, 27. Jg., Emden 1887, S. 97-104, 121-129, 145-151.

Das Angenehme mit dem Nützlichen, eine Moralische Wochenschrift, 3 Bde., Zürich 1755-1756.

Davidis, Henriette, Der Beruf der Jungfrau. Eine Mitgabe für Töchter bei ihrem Eintritt in's Leben, Leipzig ^{8}1880 (^{17}1907).

Davidis, Henriette, Die Hausfrau. Praktische Anleitung zur selbständigen und sparsamen Führung des Haushalts. Eine Mitgabe für angehende Hausfrauen, 19., vollst. durchgearb. Ausg. v. Elisabeth Schmonzconitz, Regensburg 1911 (Leipzig ^{1}1861).

De Gerando, Joseph Marie, Über die sittliche Vervollkommnung oder Über die Selbsterziehung. Nach der zweiten verbesserten und vermehrten Auflage von 1826 übersetzt von Eugen Schelle, Halle 1829, 2 Bde.

Deimling, Berthold von, Aus der alten in die neue Zeit. Lebenserinnerungen, Berlin 1930.

Delbrück, Rudolph, Lebenserinnerungen, 1817-1867, 1. u. 2. Bd., Leipzig ^{2}1905.

Der historische Zeitvertreiber, mit moralischen Anmerkungen begleitet, St. 1-3, Erfurt 1761.

Der Müßiggänger, eine Sittenschrift, der Vernunft und Tugend gewidmet. Aus dem Englischen übersetzt (Samuel Johnson, The Idler), T. 1 u. 2, Zittau, Leipzig 1764.

Der Neue Sammler zum Vergnügen und Nutzen der Teutschen, Slg. 1-12, Erlangen 1766-1768.

Descartes, René, Die Leidenschaften der Seele [1649], hg. u. übers. von Klaus Hammacher, Hamburg 1984.

Deutelmoser-Molnar, Emilie (1876-1974), Wenn ich nicht strickte, bekam ich Prügel, in: Andrea Schnöller, Hannes Stekl (Hg.), »Es war eine Welt der Geborgenheit ...«. Bürgerliche Kindheit in Monarchie und Republik, Wien, Köln 1987, S. 51-57.

(Devrient), Briefwechsel zwischen Eduard und Therese Devrient, hg. v. Hans Devrient, Stuttgart 1909.

Devrient, Eduard, Aus seinen Tagebüchern. Berlin-Dresden 1836-1852, hg. v. Rolf Kabel, Weimar 1964.

Devrient, Therese, Jugenderinnerungen, Stuttgart 1905.

Dinter, Gustav Friedrich, Leben von ihm selbst beschrieben. Ein Lesebuch für Aeltern und Erzieher, für Pfarrer, Schul-Inspektoren und Schullehrer, Neustadt 1829.

Dissertation sur l'ennui, presentée à l'Académie Royale des Sciences et Belles-Lettres à Berlin, Berlin 1768.

Dohm, Hedwig, Der Jesuitismus im Hausstande. Ein Beitrag zur Frauenfrage, Berlin 1873, abgedr. in: Margrit Twellmann, Die Deutsche Frauenbewegung. Ihre Anfänge und erste Entwicklung. Quellen 1843-1889, 2 Bde., Meisenheim a.G. 1972, S. 208.

Dohm, Hedwig, Was die Pastoren von den Frauen denken, Zürich ^{2}1986 (^{1}1872).

Droste-Hülshoff, Annette von, Historisch-kritische Ausgabe, Bd. 2,1: Gedichte aus dem Nachlaß. Text, bearb. von Bernd Kortländer, Tübingen 1994.

Dubos, Jean Baptiste, Kritische Betrachtungen über die Poesie und die Mahlerey, Kopenhagen 1760-1761.

Dubos, Jean Baptiste, Abhandlung von der Notwendigkeit, beschäftigt zu sein, wenn man der verdrüßlichen langen Weile ausweichen will, und von dem Anzüglichen, welches die Erregung der Leidenschaften für den Menschen hat, in: Dubos, Kritische Betrachtungen, S. 5-12.

Dubos, Jean Baptiste, Abhandlung von der Nothwendigkeit, beschäftigt zu sein, wenn man der verdrüßlichen langen Weile ausweichen will, und von dem Anzüglichen, welches die Erregung der Leidenschaften für den Menschen hat. Aus dem Französischen des Herrn Abt Du Bos: Der zweyte [richtiger: erste] Abschnitt aus seinen Reflexions sur la Poesie et sur la peinture, in: Neue Beyträge zum Vergnügen des Verstandes und des Witzes, Bd. II, Bremen, Leipzig 1745, S. 14-21.

Dumont, Leon, Vergnügen und Schmerz. Zur Lehre von den Gefühlen, Leipzig 1876.

Eberhard, August, Ueber den Umgang mit dem weiblichen Geschlecht. Ein Rathgeber für junge Männer und für Alle, die sich die Neigung des weiblichen Geschlechts erwerben und erhalten wollen. Nebst Mustern ächter Männlichkeit, Entschlossenheit und männlicher Thätigkeit. Aus den Papieren eines Welterfahrenen, Quedlinburg, Leipzig ^{5}1861.

Eberhard, Ehrhard F.W., Feminismus und Kulturuntergang. Die erotischen Grundlagen der Frauenemanzipation, Wien, Leipzig ^{2}1927.

Eberty, Felix, Jugenderinnerungen eines alten Berliners, Berlin 1925.

Ebhardt, Franz, Der gute Ton in allen Lebenslagen. Ein Handbuch für den Verkehr in der Familie, in der Gesellschaft und im öffentlichen Leben, Berlin ^{3}1878.

Ebner-Eschenbach, Marie, Meine Kinderjahre. Aus meinen Kinder- und Lehrjahren. Bei meinen Landsleuten, Weimar 1967.

Ebner-Eschenbach, Marie, Erzählungen, Bd. 5 (=Gesammelte Schriften, Bd. 9), Berlin 1905.

Eckardstein, Hermann Freiherr von, Lebenserinnerungen und politische Denkwürdigkeiten, Bd. 1, Leipzig 1919.

Ehrmann, Marianne, Philosophie eines Weibes, o.O. [Kempten] 1784.

Eine Wochenschrift. Etwas vor [für, ab dem 3. St.] die Langeweile, 12 Stücke, Wroclaw 1781.

Eisler, Rudolf, Kant-Lexikon. Nachschlagewerk zu Kants sämtlichen Schriften, Briefen und handschriftlichem Nachlaß, ND Hildesheim ^{4}1964 (1930).

Elberskirchen, Johanna, Die Stellung der Frau zur Kunst und zum – Mann, in: Die Gesellschaft 4 (1888), S. 403-407.

Ennui, in: Larousse, Pierre, Grand Dictionnaire Universel du XIXè siècle, Paris 1870.

Erdmann, Johann Eduard, Psychologische Briefe, Leipzig ^{7}1896 (1851).

Erdmann, Johann Eduard, Ueber die Langeweile. Vortrag gehalten im wissenschaftlichen Verein Berlin, Berlin 1852.

Erdmann, Johann Eduard, Ueber Schwärmerei und Begeisterung. Vortrag gehalten im wissenschaftlichen Verein Berlin, Berlin 1863.

Erinnerungen deutsch-jüdischer Frauen 1900-1990, hg. v. Andreas Lixl-Purcell, Leipzig 1993.

Erinnerungsblätter aus dem Leben Luise Mühlbachs [d.i. Clara Mundt], hg. v. Thea Ebersberger, Leipzig 1902.

Ernsthausen, Ernst von, Erinnerungen eines preußischen Beamten, Bielefeld, Leipzig 1894.

Etwas zur Beherzigung meiner Mitbrüder, von Dallera, Berlin 1788.

Fontane, Mete, Briefe an die Eltern. 1880-1882, hg.v. Edgar E. Rosen, Berlin [o. J.].

Feder, Johann Georg Heinrich, Untersuchungen über den menschlichen Willen, dessen Naturtriebe, Verschiedenheiten, Verhältniß zur Tugend und Glückseligkeit und die Grundregeln, die menschlichen Gemüther zu erkennen und zu regieren, 4 Bde., Göttingen, Lemgo 1785.

Feuchtersleben, Ernst Frhr. v., Zur Diätetik der Seele und andere Schriften, hg. v. Renate Riemeck, Wien ²⁴1883 (1838).

Fichte, Johann Gottlieb, Die Grundzüge des gegenwärtigen Zeitalters, Hamburg 1956 (1800).

Fichte, Johann Gottlieb, Reden an die deutsche Nation, in: Sämmtliche Werke, 7. Bd., hg. v. I.H. Fichte, Berlin 1846.

Fichte, Johann Gottlieb, Vorlesungen über Platners Aphorismen, in: Gesamtausgabe, IV, 1, hg. v. R. Lauth, H. Gliwitzky, Nachlaß, Bd. 4, Stuttgart, Bad Cannstadt 1976.

Filek, Egid von, Der moderne Student, in: Die Gegenwart 70 (1906), S. 293-295.

Fontane, Theodor, Briefe, 4 Bde., hg. v. Kurt Schreinert, zu Ende geführt v. Charlotte Jolles, Berlin 1968-1971. Bd. 1: Briefe an den Vater, die Mutter und die Frau, 1968; Bd. 2: Briefe an die Tochter und an die Schwester, 1969; Bd. 3: Briefe an Mathilde von Rohr, 1971; Bd. 4: Briefe an Karl und Emilie Zöllner und andere Freunde, 1971.

Fourier, Charles, Theorie der vier Bewegungen und der allgemeinen Bestimmungen, hg. v. Theodor Adorno, Frankfurt a. M. 1966.

Frauen im Aufbruch. Frauenbriefe aus dem Vormärz und der Revolution von 1848, hg. v. Fritz Böttger, Berlin (O) 1977.

Frauenbriefe aus drei Jahrhunderten. Liebe Mutter, liebe Tochter. hg. v. Jutta Radel, Frankfurt a. M., Berlin ²1982.

Frauenbriefe der Romantik, hg. v. Katja Behrens, Frankfurt a. M. 1981.

Frohschammer, Jakob, Illusion und Ideal, in: Die Gegenwart 26 (1884), S. 133-137.

Garve, Christian, Über die Geduld, in: Gesammelte Werke, hg. v. Kurt Wölfel, 1. Abtlg., Die Aufsatzsammlungen, Bd. 1: Versuche über verschiedene Gegenstände aus der Moral, der Literatur und dem gesellschaftlichen Leben, Teil 1, Hildesheim usw. 1985.

Gayette-Georgens, Jeanne Marie von, Geist des Schönen in Kunst und Leben. Praktische Aesthetik für die gebildete Frauenwelt, Berlin ³1876.

Der Gehorsam in der Schulerziehung, in: Ostfriesisches Schulblatt, 26. Jg., 1886, S. 57-67.

Geißmar, Clara, Erinnerungen (1811-1858), Erster Abschnitt, Privatdruck 1913, abgedr. in: Margarethe Freudenthal, Gestaltwandel der städtischen, bürgerlichen und proletarischen Hauswirtschaft zwischen 1760 und 1910, hg. v. Katharina Rutschky, Frankfurt a. M., Berlin 1986, S. 187-188.

Gelderblom, H., Die Begeisterung, ihr Wesen und ihre Epochen, Leipzig 1894.

Gerhard, Karl, Die Langeweile. Eine psychologische Betrachtung, in: Vom Fels zum Meer 18 (1898/99), S. 100-103.

Gerlach, Hellmut von, Meine Erlebnisse in der preussischen Verwaltung, Berlin 1919.

Gerling, Reinhold, Die Gymnastik des Willens. Praktische Anleitung zur Erhöhung der Energie und Selbstbeherrschung. Kräftigung von Gedächtnis und Arbeitslust durch Stärkung der Willenskraft ohne fremde Hilfe, Oranienburg ²1905.

Gerok, Karl, Illusionen und Ideale, Stuttgart ³1886.

Gervinus, Georg Gottfried, Leben. Von ihm selbst, Leipzig 1893.

Glatz, Jakob, Rosaliens Vermächtniß an ihre Tochter Amanda; oder: Worte einer guten Mutter an den Geist und das Herz ihrer Tochter. Ein Bildungsbuch für Deutschlands Töchter, Leipzig ²1817.

Glehn, Nicolai von, Die Oeconomie der Empfindungen, ²Reval 1889.
Glümer, Claire von, Fata Morgana. Ein Roman aus dem Jahre 1848, Leipzig 1851.
Die Göchhausen. Briefe einer Hofdame aus dem klassischen Weimar, hg. v. Werner Deetjen, Berlin 1923.
Göhre, Paul, Drei Monate Fabrikarbeiter und Handwerksbursche. Eine praktische Studie, Leipzig 1891.
Goethe, Johann Wolfgang von, Werke. Hamburger Ausgabe, Bd. 6, Romane und Novellen, München ¹⁰1982 (neu bearb.).
Goldmann, Nachum, Der Geist des Militarismus, in: Ernst Jäckh (Hg.), Der Deutsche Krieg. Politische Flugschriften, H. 52, Berlin, Stuttgart 1915, S. 7-42.
Goltz, Bogumil, Zur Charakteristik und Naturgeschichte der Frauen, Berlin ²1863.
Gontard, O. von, Wie soll ein weibliches Wesen sich benehmen, um einen Mann zu bezaubern. Praktische Ratschläge eines scharfen Beobachters, München 1904.
Gontscharow, Iwan, Oblomow, Frankfurt a. M. 1981 (1859).
Gorki, Maxim. Das Königreich der Langenweile, in: Gesammelte Werke, Bd. 5: Satiren, Berlin, Weimar 1968, S. 134-151.
Gottschall, Rudolf von, Aus meiner Jugend. Erinnerungen, Berlin 1898.
Grabowski, Norbert, Die Zukunftsreligion und Zukunftswissenschaft auf Grundlage der Emanzipation des Mannes vom Weibe. Zugleich ein unentbehrliches Handbuch für alle jene, die sich mit den Fragen der Emanzipation des Weibes vom Manne beschäftigen, Leipzig 1897.
Grosser-Rilke, Anna, Nie verwehte Klänge. Lebenserinnerungen aus 8 Jahrzehnten, Leipzig, Berlin 1937.
Grüzmüller, Friederike, Lehrerin in Westpreußen, in: Die Lehrerin in Schule und Haus, Bd. 4 (1887/88), S. 492-494.
Hahn-Hahn, Ida, Gräfin Faustine, Bonn 1986 (1840).
Handbuch der Frauenbewegung, hg. v. Helene Lange und Gertrud Bäumer, Bd. 3: Der Stand der Frauenbildung in den Kulturländern, Berlin 1902.
Hardenberg, Friedrich von [Novalis], Das Werk, im Verein hg. v. Paul Kluckhohn, Bd. 3 (Fragmente und Studien), Leipzig o. J. [1928].
Hartmann, Eduard von, Zur Geschichte und Begründung des Pessimismus, ND d. Ausg. Leipzig 1880, Eschborn 1992.
Hartmann, Jenny, Nervös, in: Die Gesellschaft 14 (1898), S. 556-559.
Hartmann, Philipp Karl, Die Kunst, des Lebens froh zu werden und dabei Gesundheit, Schönheit, Körper- und Geistesstärke zu erhalten und zu vervollkommnen. Eine Glückseligkeitslehre für das physische Leben des Menschen, Berlin 1872.
Hartsen, Frederic A. von, Grundzüge der Wissenschaft des Glücks, Halle 1869.
Hatzfeldt, Paul Graf von, Nachgelassene Papiere 1838-1901, 1. Teil, hg. v. Gerhard Ebel, Boppard a. Rh. 1976 (= Deutsche Geschichtsquellen des 19. u. 20. Jahrhunderts, Bd. 51/I).
Hebbel, Friedrich, Sämtliche Werke, hg. v. Richard Maria Werner (Säkularausgabe), 9 Bde., Abtlg. 2: Tagebücher, Berlin 1901ff.
Heimann, Moritz, »Die Weisheit der Langenweile«, von Kurt Hiller, in: Neue Rundschau 25 (1914), S. 1036-1038.
Heimpel, Hermann, Die halbe Violine. Eine Jugend in der Haupt- und Residenzstadt München, Frankfurt a. M. 1985.
Heine, Heinrich, Deutschland. Ein Wintermärchen, nach dem Erstdruck hg. v. Werner Bellmann, Stuttgart 1979.

Hellpach, Willy, Wirken in Wirren. Lebenserinnerungen. Eine Rechenschaft über Wert und Glück, Schuld und Sturz meiner Generation, 1. Bd., 1877-1914, Hamburg 1948.

Helvétius, Claude Adrien, Vom Geist, Berlin 1973 (1758).

Helvétius, Claude Adrien, De l'homme, 2 Bde., Paris 1968 (posthum 1773).

Henning, Hans (Hg.), Blätter der Erinnerung. Aus Stammbüchern von Frauen des 18. und 19. Jahrhunderts, Leipzig 1988.

Henriette, Mein Herz verlangt nach einer vollständigen Öffnung. Briefwechsel einer Unbekannten mit Rousseau, hg. v. Henning Ritter, München 1978.

Hensel, Paul, Sein Leben in seinen Briefen, Wolfenbüttel, Hannover 1947.

Hensel, Sebastian, Ein Lebensbild aus Deutschlands Lehrjahren, Berlin ²1904.

Hertz, Heinrich, Erinnerungen. Briefe. Tagebücher, zusammengestellt v. Johanna Hertz, Leipzig o. J.

Henriette Herz. Ihr Leben und ihre Erinnerungen, hg. v. Julius Fürst, ND d. Originalausgabe von 1850, Leipzig 1977.

Hesse, Marie, Ein Lebensbild in Briefen und Tagebüchern, hg. v. Adele Gundert, Stuttgart 1934.

Heuss-Knapp, Elly, Ausblick vom Münsterturm. Erlebtes aus dem Elsaß und dem Reich, Berlin [o. J.].

Heuss-Knapp, Elly, Bürgerin zweier Welten. Ein Leben in Briefen und Aufzeichnungen, hg. v. Margarethe Vater, Tübingen 1961.

Georg Heym Lesebuch. Gedichte, Prosa, Träume, Tagebücher, hg. v. Heinz Röllecke, München 1984.

Hiller, Kurt, Die Weisheit der Langenweile. Eine Zeit- und Streitschrift, 2 Bde., Berlin 1913.

Hillert, Adolf, Die Reise in die Residenz (1837), in: Novellen für die reifere weibliche Jugend, Berlin 1838.

Hilty, Carl, Das Glück, 3 Bde., Leipzig 1895.

Hilty, Carl, Über die Langeweile, in: Politisches Jahrbuch der Schweizerischen Eidgenossenschaft 22 (1908), S. 239-254.

Hobbes, Thomas, Vom Menschen. Vom Bürger [1658/1642], Hamburg 1954.

Hoffmann, Emma, Wie erhalten wir uns die Berufsfreudigkeit? in: Die Lehrerin in Haus und Schule 4 (1887/1888), S. 1-10.

Hoffmann, E.T.A., »Das Sanctus« und »Die Brautwahl«, ND Berlin 1910.

Hofmannsthal, Hugo von, Gesammelte Werke. Erzählungen, Erfundene Gespräche, und Briefe, Frankfurt a. M. 1979.

Hofmannsthal, Christiane von, Tagebücher 1918-1923 und Briefe des Vaters an die Tochter 1903-1929, hg. v. Maya Rauch, Gerhard Schuster, Frankfurt a. M. 1991.

Hofmannsthal, Hugo von, Edgar Karg von Bebenburg, Briefwechsel, Frankfurt a. M. 1966.

Hohenhausen, Elise von [d. i. Hohenhausen, Elisabeth Philippine Amalie Freifrau von], Die Jungfrau und ihre Zukunft in unserer Zeit, oder mütterlicher Rath einer Pensionsvorsteherin an ihre scheidenden Zöglinge über ihren Eintritt in die Welt. Zeitanwendung, Tageseintheilung, Lebensklugheit, Anstand und würdige Haltung, Ruf und Mädchenehre, Brautstand und richtiges Verhalten bei verschiedenen Gelegenheiten. Nebst einer hierauf bezüglichen Beispielsammlung, enthalten: Mädchenschicksale, nach dem Leben gezeichnet, Weimar 1854.

Hohenlohe, Alexander von, Aus meinem Leben, Frankfurt a. M. 1925.

Hohenwart, A. [d. i. Gaus-Bachmann, Adele], Form und Takt. Ein Anstandsbuch für junge Mädchen, Regensburg 1910.
Homberg, Tinette, Gedanken über das wahre Glück, Berlin 1869.
Homberg, Tinette, Gedanken über Erziehung und Unterricht mit besonderer Berücksichtigung der Preußischen Schul-Regulative, Berlin ²1861.
Hopf, Angela u. Andreas (Hg.), Geliebtes Kind! Elternbriefe aus zwölf Jahrhunderten, Frankfurt a. M., Berlin 1992.
Huber, Johannes, Der Pessimismus, München 1876.
Hufeland, Christoph Wilhelm, Hufeland's Makrobiotik oder die Kunst, das menschliche Leben zu verlängern (1796). Auf's Neue durchgesehen und mit Anmerkungen versehen von Dr. Steinthal, Königl. Preuß. Sanitätsrath, Berlin 1871. (Wenn nicht anders angegeben, wurde diese Ausgabe zitiert, ansonsten in der Neuausgabe von Carl Haeberlin, Recklinghausen 1932. Letzte Ausgabe: Frankfurt a. M., Leipzig 1995.)
Wilhelm und Caroline von Humboldt in ihren Briefen, 7 Bde., Berlin 1906-1916 (Bd. 3, Berlin 1909, Bd. 4, Berlin 1910, Bd. 6, Berlin 1913), hg. v. Anna von Sydow, ND Osnabrück 1986.
Illge, W., Zur Psychologie der Langeweile, in: Die neue deutsche Schule 3 (1929), S. 981-988.
Rudolf v. Ihering in Briefen an seine Freunde, Leipzig 1913.
Jacobs, Christian Friedrich Wilhelm, Rosaliens Nachlaß nebst einem Anhange, 2 Teile, Leipzig ³1820 (ebd. ¹1812, ⁵1858).
M. le Chevalier De Jaucourt, Ennui, in: Encyclopédie, ou Dictionnaire Raisonné des sciences, des arts et des métiers, par une société de gens de lettres, Paris 1751-65, vol. 5, S. 693-695.
Kaden, Julie, Jugend in Dresden (1900-1914), aus: Der erste Akt meines Lebens. MS Cambridge, England, 1940, abgedr. in: Erinnerungen deutsch-jüdischer Frauen 1900-1990, hg. v. Andreas Lixl-Purcell, Leipzig 1993, S. 71-73.
Kaiser, Eduard, Aus alten Tagen. Lebenserinnerungen eines Markgräflers 1815-1875, ND d. Ausg. v. 1910, Weil a.Rh. 1981.
Kant, Immanuel, Anthropologie in pragmatischer Hinsicht, in: Werke, Bd. 7, Berlin 1917, S. 117-334.
Keil, Wilhelm, Erlebnisse eines Sozialdemokraten, 1. Bd., Stuttgart 1947.
Keyserling, Eduard von, Abendliche Häuser, Berlin 1916 (abgedr. in: Neue Rundschau 25 (1914)).
Keyserling, Eduard von, Beate und Mareile. Eine Schloßgeschichte, Frankfurt a. M. 1983.
Keyserling, Eduard von, Fürstinnen, Berlin 1989.
Keyserling, Eduard von, Harmonie, Berlin 1914.
Keyserling, Eduard von, Schwüle Tage. Novellen, Berlin 1908.
Kierkegaard, Sören, Die Wechselwirtschaft. Versuch einer sozialen Klugheitslehre, in: Entweder-Oder, 1. Teil (= Werke, Bd. 1), Düsseldorf 1964 (1843), S. 301-321.
Kirchhoff, Arthur (Hg.), Die akademische Frau. Gutachten hervorragender Universitätsprofessoren, Frauenlehrer und Schriftsteller über die Befähigung der Frau zum wissenschaftlichen Studium und Berufe, Leipzig 1897.
Kirchner, Friedrich, Diätetik des Geistes. Eine Anleitung zur Selbsterziehung, Berlin, Leipzig 1884.
Kisch, E. Heinrich, Hypochondrie, in: Gartenlaube 87 (1887), S. 889.
Klatt, Fritz, Rationelle Freizeitgestaltung, eine Lebensnotwendigkeit der berufsgebundenen Jugend, in: Das Junge Deutschland, 23. Jg. (1929), H. 4, S. 139-149.

Klemperer, Victor, Curriculum vitae. Jugend um 1900, Berlin 1989.
Klencke, Hermann, Die Mutter als Erzieherin ihrer Töchter und Söhne. Zur physischen und sittlichen Gesundheit vom ersten Kindesalter bis zur Reife. Ein praktisches Buch für deutsche Frauen, Leipzig [10]1895.
Klencke, Hermann, Das Weib als Jungfrau. Eine Körper- und Seelendiätetik zur Selbsterziehung und Seelenpflege im jungfräulichen Leben nach Grundsätzen der Natur, guten Sitte und Gesellschaft für Beruf, Lebensglück, Familien- und Volkswohl, Leipzig [5]1897.
Klencke, Hermann, Die menschlichen Leidenschaften, Leipzig 1862.
Klencke, Hermann, Hauslexikon der Gesundheitslehre für Leib und Seele. Ein Familienbuch, Leipzig [7]1880.
Klencke, Hermann, Das Weib als Gattin. Lehrbuch über die physischen, seelischen und sittlichen Pflichten, Rechte und Gesundsheitsregeln der deutschen Frau im Eheleben zur Begründung der leiblichen und sittlichen Wohlfahrt ihrer selbst und ihrer Familie. Eine Körper- und Seelendiätetik des Weibes in der Liebe und Ehe, Leipzig [3]1879 ([17]1910).
Theodor Körners Briefwechsel mit den Seinen, hg. v. Augusta Wedler-Steinberg, Leipzig 1910.
Konrad, Ernst, Geschichten aus der Beamtenwelt, Leipzig 1858.
Kotanyi (-Jerusalem), Else, Venus am Kreuz, Leizpig 1899.
Kronthal, Anna, Posner Mürbekuchen. Jugend-Erinnerungen einer Posnerin, München 1932.
Krafft, R., Glänzendes Elend. Eine offene Kritik der Verhältnisse in unserem Offizierskorps, Stuttgart 1885.
Krieg dem Philisterthume. Flüchtige Bemerkungen über einen Stand in allen Ständen, von Warnofrid, Eisleben, Leipzig 1832.
Kübler, Marie Susanne, Das Hauswesen nach seinem ganzen Umfange dargestellt in Briefen an eine Freundin. Nebst einem Anhang über deutsche Literatur und Lektüre für Frauen und Jungfrauen von Th. Oeser [d.i, Schöer, Therese], Stuttgart [4]1862.
Kügelgen, Marie Helene von, geb. Zöge von Manteuffel, Ein Lebensbild in Briefen, hg. v. A. u. E.v. Kügelgen, Stuttgart [4]1904.
Kügelgen, Sally von, Stilles Tagebuch eines baltischen Fräuleins, Berlin 1936.
Kügelgen, Wilhelm von, Wilhelm an Adelheid, Hamburg 1957.
Kügelgen, Wilhelm von, Erinnerungen aus dem Leben eines Alten Mannes. Tagebücher und Reiseberichte, hg. v. Hans Schöner, Anton Knittel, München, Berlin 1994.
Kügelgen, Wilhelm von, Bürgerleben. Die Briefe an den Bruder Gerhard, 1840-1868, München 1990.
Kühlmann, Richard von, Erinnerungen, Heidelberg 1948.
Kurs, Alice, Schuldbewußt, in: Daheim 10 (1874), S. 721-727.
Langbehn, Julius, Rembrandt als Erzieher. Von einem Deutschen, Leipzig [33]1891.
Lange, Helene, Lebenserinnerungen, Berlin 1921.
Lange, Helene, Die »gelbe Broschüre«. Die höhere Mädchenschule und ihre Bestimmung. Begleitschrift zu einer Petition an das preußische Unterrichtsministerium und das preußische Abgeordnetenhaus, in: Dies., Kampfzeiten. Aufsätze und Reden aus vier Jahrzehnten, Bd. 1, Berlin 1928, S. 1-58.
Langewiesche, Wilhelm, Frauentrost. Gedanken für Männer, Mädchen und Frauen, München 1902 ([7]1914).
Lazarus, Moritz, Zeit und Weile, in: Ideale Fragen in Reden und Vorträgen, Berlin [3]1885 ([1]1878), S. 161-232.

Lensing, Elise, Briefe an Friedrich und Christine Hebbel, hg. v. Rudolf Kardel, Berlin, Leipzig 1928.
Lewald, Fanny, Gefühltes und Gedachtes (1838-1888), hg. v. Ludwig Geiger, Dresden, Leipzig 1900.
Lewald, Fanny, Meine Lebensgeschichte, Bd. 2: Leidensjahre, Bd.3: Befreiung und Wanderleben, hg. v. Ulrike Helmer, Frankfurt a. M. 1989.
Leopardi, Giacomo, Theorie des schönen Wahns und der modernen Zeit, München 1949.
Levenstein, Adolf, Die Arbeiterfrage mit besonderer Berücksichtigung der sozialpsychologischen Seite des modernen Großstadtbetriebes und der psycho-physischen Einwirkungen auf Arbeiter, München 1912.
Leyden, Ernst von, Lebenserinnerungen, hg. v. Clarissa Lohde-Boetticher, Stuttgart, Leipzig 1910.
Liman, Paul, Das Recht der Begeisterung, in: Die Gegenwart 76 (1909), S. 645-646.
Lindau, Paul, Vater und Sohn, in: Die Gegenwart 19 (1881), S. 168-171.
Linde, Carl, Aus meinem Leben und von meiner Arbeit, Düsseldorf 1984.
Lischnewska, Maria, Die verheiratete Lehrerin. Vortrag gehalten auf der ersten Internationalen Lehrerinnen-Versammlung in Berlin 1904, Berlin 1905.
Lottmann, Fritz, Als Professor Susemihl lebensmüde war, in: Die Gegenwart 70 (1906), S. 107f.
Prinz Louis Ferdinand von Preußen, Ein Bild seines Lebens in Tagebuchblättern und zeitgenössischen Zeugnissen, hg. v. Hans Wahl, Weimar 1917.
Ludwig, Paula, Buch des Lebens, Leipzig 1936.
Lütt, Isa von der, Die elegante Hausfrau. Mitteilungen für junge Hauswesen. Mit besonderen Winken für Offiziersfrauen, Stuttgart usw. 1892.
Maaß, Johann Georg Ehrenreich, Versuch über die Leidenschaften. Theoretisch und praktisch, 2. o. besond. Theil, Halle, Leipzig 1807.
Madjera, Wolfgang, Revolution und Resignation als Kunst-Prinzipien, in: Die Gesellschaft 16 (1900), S. 329-333.
Mann, Heinrich, Pippo Spano (1905), in: Gesammelte Romane und Novellen, Bd. 9 (= Novellen, Bd. 1), Leipzig o. J., S. 47-111.
Mann, Thomas, Betrachtungen eines Unpolitischen, Frankfurt a. M. 1956.
Marcus, Hugo, Die Weisheit der Langenweile, in: Die Gegenwart 85 (1914), S. 4-7.
Marwitz, Georg von der, Weltkriegsbriefe, hg. v. Erich von Tschischwitz, Berlin 1940.
Die Töchter von Karl Marx. Unveröffentlichte Briefe, hg. v. Olga Meier, Frankfurt a. M. 1983.
Mayreder, Rosa, Macht der Natur – Natur der Macht, in: Hanna Bubenicek (Hg.), Rosa Mayreder oder Wider die Tyrannei der Norm, Wien 1986, S. 129-132.
Mayreder, Rosa, Von der Männlichkeit, in: Mayreder, Zur Kritik der Weiblichkeit, S. 102-138.
Mayreder, Rosa, Zur Kritik der Weiblichkeit. Essays, Jena, Leipzig ²1907.
Mayreder, Rosa, Zur Kultur der Geschlechter, in: Frauen-Zukunft 1 (1910), S. 77-83.
Fanny Mendelssohn. Ein Portrait in Briefen, hg. v. Eva Weissweiler, Frankfurt a. M. u. a. 1985.
Melancholie an Germania. Poetische Klänge aus dem Exil, Paderborn 1849.
Meyer, Dr. Emmanuele, Vom Mädchen zur Frau. Ein zeitgemäßes Erziehungs- und Ehebuch. Allen reifenden Töchtern, Gattinnen, Müttern und Volkserziehern gewidmet, Stuttgart 1912.

Meyer, Richard M., Die beiden Frauenideale der Germanen, in: Westermann's Illustrierte Deutsche Monatshefte für das gesamte geistige Leben der Gegenwart, Jg. 42 (1898), Bd. 84, S. 591-596.
Meyer, M. Wilhelm, Die Weltzeit, in: Die Gegenwart 26 (1884), S. 131-133.
Meyr, Melchior, Vier Deutsche. Politischer Roman aus den letzten Jahrzehnten, 3 Bde., Stuttgart ²1863.
Meysenbug, Malwida von, Briefe an Johanna und Gottfried Kinkel 1849-1885, hg. v. Stefana Rossi, unter Mitarb. v. Yoko Kikuchi, Bonn 1982.
Meysenbug, Malwida von, Briefe von und an Malwida von Meysenbug, hg. v. Berta Schleicher, Berlin 1920.
Meysenbug, Malwida von, Memoiren einer Idealistin und ihr Nachtrag, der Lebensabend einer Idealistin, Bd. 1 (= Gesammelte Werke, hg. v. Berta Schleicher, Bd. 1 u. 2), Berlin 1917.
Milde, Caroline S. J. [d. i. Gerhard, Similde], Der deutschen Jungfrau Wesen und Wirken. Winke für das geistige und praktische Leben, Leipzig ⁶1882 (¹⁴1910).
Mittel gegen die Langeweile, in: Das Buch für alle 26 (1891), S. 279.
Mommsen, Adelheid, Theodor Mommsen im Kreise der Seinen. Erinnerungen seiner Tochter, Berlin ²1937.
Moll, Albert, Nervöse Frauen und Frauenfrage, in: Morgen 1 (1907), S. 140-143.
Montesquieu, Charles de, Oeuvres complètes, Bd. 1: Journaux de Voyages, Paris 1949.
Moritz, Karl Philipp (Hg.), Beiträge zur Philosophie des Lebens, Berlin ²1781.
Moritz, Karl Philipp, Anton Reiser. Ein psychologischer Roman (1785-1790), München 1991.
Moritz, Karl Philipp, Gnothi sauton. Oder: Magazin für Erfahrungsseelenkunde. Als ein Lesebuch für Gelehrte und Ungelehrte. Mit Unterstützung mehrerer Wahrheitsfreunde hg. v. K. Ph. Moritz, Berlin 1783ff.
Muehlon, Wilhelm, Fremder im eigenen Land. Erinnerungen und Tagebuchaufzeichnungen eines Krupp-Direktors 1908-1914, hg. v. Wolfgang Benz, Bremen 1989.
Münch, Wilhelm, Über die Langeweile, in: Westermann's Illustrierte Deutsche Monatshefte. Ein Familienbuch für das gesamte geistige Leben der Gegenwart, 43. Jg. (= Bd. 85) (1898 /1899), S. 188-199.
Münch, Wilhelm, Unterricht und Interesse, in: Ders., Zum deutschen Kultur- und Bildungsleben. Fünfte Sammlung vermischter Aufsätze, Berlin 1912, S. 116-130.
De Musset, Alfred, Bekenntnisse eines Kindes seiner Zeit, übers. v. Mario Spiro, in: Sämtliche Romane und Erzählungen, München 1980.
Myers, Ulrich, Der Kampf gegen den Fortschritt, in: Das Buch für alle 31 (1896), S. 52-55.
Naumann, Friedrich, Das Blaue Buch von Vaterland und Freiheit. Auszüge aus seinen Werken, Königstein/Ts. 1913.
Niemeyer, August Hermann, Grundsätze der Erziehung und des Unterrichtes für Eltern, Hauslehrer und Schulmänner, Halle ⁷1818-19.
Niemeyer, Georg Friedrich, Vermächtnis an Helene von ihrem Vater. Von dem Verfasser des Greises an den Jüngling, Frankfurt a. M. ⁵1818.
Niese, Charlotte, Von Gestern und Vorgestern. Lebenserinnerungen, Leipzig 1924.
Nietzsche, Friedrich, Die Fröhliche Wissenschaft (vollst. Ausgabe nach dem Text der Ausgabe Leipzig 1887), München ⁴1987.
Nietzsche, Friedrich, Unsere Tugenden, in: Jenseits von Gut und Böse. Vorspiel einer Philosophie der Zukunft, in: Friedrich Nietzsche, Sämtliche Werke. Kritische Ge-

samtausgabe (Studienausgabe), hg. v. Giorgio Colli u. Mazzino Montinari, Berlin 1968, 6. Abtlg., 2. Bd., S. 157-184.

Nietzsche, Friedrich, Die Geburt der Tragödie. Unzeitgemäße Betrachtungen I-III (1872-1874), Berlin, New York 1972.

Nützliche Anwendung der Zeit, 1768, Catharina Helene D***, in: Andrea van Dülmen (Hg.), Frauenleben im 18. Jahrhundert, München 1992, S. 130.

Oetke, F., Über die Aufmerksamkeit, in: Ostfriesisches Schulblatt, 25. Jg., Nr. 3, 1885, S. 183-185.

Oeynhausen, Wilhelmine Gräfin von, Worte mütterlicher Liebe an meine Tochter. Eine Gabe für christliche Jungfrauen, Frankfurt a. M. 1835.

Oldenburg-Januschau, Elard von, Erinnerungen, Leipzig 1936.

Oeser, Ch., Weihgeschenk für deutsche Jungfrauen. In Briefen an Selma über höhere Bildung, Leipzig ²⁴1883 (ebd. ¹1838).

Otto, Louise (Pseud. Otto Kern), Drei verhängnisvolle Jahre. Zeit-Roman, Altona 1867.

Pahlen, Kurt (Hg.), Mein Engel, mein Alles, mein Ich. Liebesbriefe berühmter Musiker, hg. u. komm. v. Kurt Pahlen, Zürich 1987.

Pailleron, Edouard, Le Monde où l'on s'ennuie. Comédie en trois actes, Paris 1893 (Die Welt, in der man sich langweilt, Leipzig o. J. [Halle 1913]).

Pascal, Blaise, Gedanken (frz. posthum 1669). Nach der endgültigen Ausgabe (von Fortunat Strowski) übertragen von Wolfgang Rüttenauer, Wiesbaden 1947. [Blaise Pascal, Pensées. Nouvelle Edition établie pour la première fois d'après la copie de référence de Gilberte Pascal par Philippe Selliert, St.-Amand 1976, Nr. 515 (»Ennui«).]

Paul, Jean, (Neues) Kampaner Thal, 1816/23, in: Sämtliche Werke, hg. v. Eduard Berend, Weimar 1927ff., 2. Abtlg., 4. Bd.

Pauloff, Andrea (d.i. Elisabeth Dauthendey), Die Geschlechter, in: Die Gesellschaft 10 (1894), S. 1362-1364.

Piper, Kurt, Die weibliche Kunstseele, in: Die Gesellschaft 18 (1902), S. 297-300.

Pistorius, Theodor, Die letzten Tage des Königreiches Württemberg. Mit Lebenserinnerungen und Lebensbekenntnissen von seinem letzten Finanzminister, Stuttgart 1935.

Pockels, Carl Friedrich, Der Mann. Ein anthropologisches Charaktergemälde seines Geschlechts. Ein Gegenstück der Charakteristik des weiblichen Geschlechts, Hannover 1805.

Pockels, Carl Friedrich, Fragmente zur Kenntniß und Belehrung des menschlichen Herzens, 1. Slg., Hannover 1788, 3. Slg., Hannover 1794.

Pohl, Hugo von, Aus Aufzeichnungen und Briefen während der Kriegszeit, Berlin 1920.

Polko, Elise, In's deutsche Heim. Grüße aus der neuen Heimat, Wiesbaden 1890.

Polko, Elise, Unsere Pilgerfahrt von der Kinderstube bis zum eignen Herd. Lose Blätter, Leipzig ⁸1886.

Popp, Adelheid, Erinnerungen. Aus meinen Kindheits- und Mädchenjahren. Aus der Agitation und anderes, Stuttgart 1915.

(Pringsheim-Dohm, Hedwig) Thomas Manns Schwiegermutter erzählt oder Lebendige Briefe aus großbürgerlichem Hause. Hedwig Pringsheim-Dohm an Dagny Langen-Sautreau, hg. v. Hans-Rudolf Wiedemann, Lübeck 1985.

Putlitz, Gustav zu, Ein Lebensbild. Aus Briefen zusammengestellt und ergänzt v. Elisabeth zu Putlitz, 2 Bde., Berlin 1894.

Putlitz, Lita zu, Aus dem Bildersaal meines Lebens 1862-1931, Leipzig 1931.

Raschdau, Ludwig, Wie ich Diplomat wurde. Aus dem Leben erzählt, Berlin 1938.

Reich, Eduard, Die Geschichte der Seele, die Hygiene des Geisteslebens und die Civilisation, Minden 1884.
Reich, Eduard, Arbeit und Lebensnoth, aus dem Gesichtspunkte der Gesundheitspflege und des Humanismus betrachtet, Berlin 1881.
Reil, Johann Christian, Diätetischer Hausarzt für meine Landsleute, 2 Bde., Aurich 1785 u. 1787.
Reil, Johann Christian, Rhapsodien über die Anwendung der psychischen Curmethode auf Geisteszerrüttungen, Halle 1803.
Reil, Johann Christian, Ueber die Erkenntnis und die Cur der Fieber, Bd. 4: Nervenkrankheiten, ND d. Ausg. Halle 1803, Amsterdam 1968.
Renner, Karl Ludwig, Wie soll sich eine Jungfrau würdig bilden? Nürnberg [2]1824.
Reuß, Zöe von, Die Frau der Gegenwart in Umgang und Verkehr (Weiblicher »Knigge«), Berlin 1900.
Reuter, Gabriele, Aus guter Familie. Leidensgeschichte eines Mädchens, Berlin [6]1897.
Reuter, Gabriele, Mein liebes Ich. Skizze von G.R., in: Die Gesellschaft 10 (1894), S. 283ff.
Reuter, Gabriele, Vom Kinde zum Menschen. Die Geschichte meiner Jugend, Berlin 1921.
Rittelmeyer, Friedrich, Aphorismen zur Selbsterziehung. Aus Friedrich Rittelmeyers Tagebuchnotizen von 1903, in: Erwin Schühle, Entscheidung für das Christentum der Zukunft – Friedrich Rittelmeyer. Leben und Werk, Stuttgart 1969, S. 162-182.
Rötter, Henriette, Bildung und Anstand für Schule, Haus und Leben, der weiblichen Jugend gewidmet, Nürnberg [2]1899.
Rosenheim, Jacob, Erinnerungen 1870-1920, hg. v. Heinrich Eisenmann u. Herbert N. Kruskal, Frankfurt a. M. 1970.
Rosenkranz, Karl, Der Fortschritt in der Einförmigkeit unsrer Civilisation, in: Die Gegenwart 2 (1872), S. 180-182.
Rousseau, Jean-Jacques, Emile oder Über die Erziehung. In neuer dt. Fassung besorgt von Ludwig Schmidts. Vollständige Ausgabe, Paderborn usw. [10]1991.
Rumohr, Carl Friedrich von, Schule der Höflichkeit. Für alt und jung, Stuttgart, Tübingen 1834.
Salomon, Alice, Was wir uns und anderen schuldig sind. Ansprachen und Aufsätze für junge Mädchen, Leipzig, Berlin 1912.
Savoureux, Henri, L'ennui normale et l'ennui morbide, in: Journal de psychologie normale et pathologique 11 (1914), S. 131-148.
Scherr, Johannes, Poeten der Jetztzeit in Briefen an eine Frau, Stuttgart 1844.
Schlegel, Johann Elias, Die Langeweile, ein Vorspiel bey Eröffnung des dänischen Theaters, in: Werke, Bd. II, Kopenhagen, Leipzig 1762, S. 526-544.
Schlözer, Kurd von, Jugendbriefe 1841-1856, hg. v. Leopold v. Schlözer, Stuttgart, Berlin 1922.
Schlözer, Leopold von, Vorwärts! Leben! Aus meiner Bonner Husarenzeit, Dresden 1938.
Schneider, Georg Heinrich, Freud und Leid des Menschengeschlechts. Eine socialpsychologische Untersuchung der ethischen Grundprobleme, Stuttgart 1883.
Schönburg-Waldenburg, Heinrich Prinz von, Erinnerungen aus kaiserlicher Zeit, Leipzig 1929.
Schopenhauer, Adele, Tagebuch einer Einsamen, hg. v. H.H. Houben, München 1985.
Schopenhauer, Arthur, Werke in 5 Bänden. Nach den Ausgaben letzter Hand hg. v. Ludger Lütkehaus, Zürich 1988, Bd. 1 u. 2: Die Welt als Wille und Vorstellung I u. II; Bd. 3: Kleinere Schriften; Bd. 4 u. 5: Parerga und Paralipomena I u. II.

Schopenhauer, Johanna, Im Wechsel der Zeiten, im Gedränge der Welt. Jugenderinnerungen, Tagebücher, Briefe, München 1986.
Schreiben einer Dame an ihren Kapellan über den Gebrauch ihrer Zeit, in: Justus Möser, Anwalt des Vaterlandes. Wochenschriften, Patriotische Phantasien, Aufsätze, Fragmente, Leipzig, Wien 1978, S. 137-140.
Schulenburg, Gräfin C. von der, Malwina oder die drei Schwestern. Gemälde aus dem Familienleben zur Bildung des weiblichen Herzens. Für Töchter beim Eintritt in die Welt, Leipzig 1852.
S[chuste]r, J[ohann] T[raugott], Galanthomme oder der Gesellschafter, wie er sein soll. Eine Anweisung sich in Gesellschaften beliebt zu machen und die Gunst des schönen Geschlechts zu erwerben. Enthalten: Regeln für Anstand und Feinsitte; Liebesbriefe und Gedichte; Anreden; Liebeserklärungen; Heirathsanträge; Blumen-, Zeichen- und Farbensprache; Geburtstagsgedichte; Neujahrs- und andere Wünsche; declamatorische Stücke; Gesellschaftslieder; belustigende Kunststücke; Gesellschaftsspiele; Pfänderauslösungen; scherzhafte Anekdoten; Akrosticha; Denksprüche für Stammbücher und Trinksprüche. Ein Handbuch für Herren jeden Standes, Quedlinburg, Leipzig ²1838.
Schwabe, J., Nervöse Leiden, in: Gartenlaube 76 (1876), S. 422-424.
Schwabe, J., Eingebildete Kranke, in: Gartenlaube 55 (1855), S. 136f.; ebd. 57 (1857), S. 266, 302; ebd. 58 (1858), S. 177ff.
Schwarzkopf, Gustav, Der Roman, bei dem man sich langweilt, in: Gegen den Strom. Flugschriften einer literarisch-künstlerischen Gesellschaft, 1. Bd., Wien 1884/86, S. 5-34 (dazu die Rezension von [F—nn], Der Roman, bei dem man sich langweilt, in: Die Gegenwart 29 (1886), S. 46f.)
Sénancour, Etienne Pivert de, Rêveries sur la nature primitive de l'homme, Paris ³1833.
Seyffardt, Ludwig Friedrich, Erinnerungen, Leipzig 1900.
Sieger, Adele (Hg.), Aus der Frauenwelt. Eine Auswahl von Beiträgen der Kölnischen Volkszeitung, Köln 1904.
Siemens, Werner von, Lebenserinnerungen, Berlin 1892.
Simmel, Georg, Das Individuum und die Freiheit. Essais, Berlin 1984.
Simmel, Georg, Die Großstädte und das Geistesleben, in: ebd., S. 192-204.
Simmel, Georg, Soziologie: Untersuchungen über die Formen der Vergesellschaftung (= Gesamtausgabe, hg. v. Otthein Rammstedt, Bd. 11), Frankfurt a. M. 1992. S. 476-483.
Snell, Friedrich Wilhelm Daniel, Über die Gleichmüthigkeit, in: Philosophisches Journal für Moralität, Religion und Menschenwohl, hg. v. Carl Christian Erhard Schmid u. F.W.D. Snell, 1. Bd., 2. H., Gießen 1793, S. 159-204.
Spieker, Christian Wilhelm, Emiliens Stunden der Andacht und des Nachdenkens. Für die erwachsenen Töchter der gebildeten Stände, Leipzig ⁷1856.
Spielberg, Hanns v. [d.i. Hanns von Zobeltitz], Gräfin Langeweile, Berlin 1889.
Spier, J., Das heilige Schauern!, in: Die Gegenwart 81 (1912), S. 152-154.
Das Tagebuch der Baronin Spitzemberg, geb. Freiin v. Varnbühler. Aufzeichnungen aus der Hofgesellschaft des Hohenzollernreiches, hg. v. Rudolf Vierhaus, Göttingen 1960.
Sprung, Herta, Langeweile gab es für uns Kinder nicht, in: Andrea Schnöller, Hannes Stekl (Hg.), »Es war eine Welt der Geborgenheit ...« Bürgerliche Kindheit in Monarchie und Republik, Wien, Köln 1987, S. 241-253.
Stadler, Ernst, Deutsche Literatur: Kurt Hiller, Die Weisheit der Langenweile, in: Cahiers Alsaciennes 3 (1914), S. 51-55.

de Staël, Madame, Kein Herz, das mehr geliebt hat. Eine Biographie in Briefen, hg. v. Georges Solovieff, Frankfurt a. M. 1971.

Steinau, Malwine von [Ps.], Leitfaden für Mädchen beim Eintritt in die Welt, Wien usw. ²1895.

Stoetzel, Emil, Das Original, in: Daheim 4 (1868), S. 262-264.

Stugan, Karl, Abgerissene Gedanken über Langeweile und die Mittel, sie zu verscheuchen, in: Über Land und Meer. Allgemeine Illustrierte Zeitung 40 (1878), S. 579-580, 591ff.

Sulzer, Johann Georg, Untersuchung über den Ursprung der angenehmen und unangenehmen Empfindungen, in: Vermischte Schriften, Leipzig 1781-82, S. 21f.

Sydow, Friedrich von, Der Juengling und der Mann in Beziehung zu sich selbst, wie auch zu Welt und Menschen. Auch mit besonderer Berücksichtigung der Anforderungen, welche der gebildete und bessere Theil des weiblichen Geschlechtes an das männliche macht. (Ein Seitenstück zu dem in demselben Verlag erschienenen Werk: Die Jungfrau, Gattin, Mutter und Hausfrau), Leipzig 1839.

Tardieu, Emile, L'ennui. Etude psychologique, Paris 1903.

Teschner, Auguste, Grundsätze der Mädchenerziehung für Mütter und Erzieherinnen, Breslau 1829.

Trapp, Ernst Christian Trapp, Versuch einer Pädagogik, unveränd. ND d. 1. Ausg. Berlin 1780, Paderborn 1977.

Trimborn, Karl, Nach seinen Briefen und Tagebüchern, v. Hermann Cardauns, Mönchen-Gladbach 1922.

Trusler, John, Anfangsgründe der feinen Lebensart und Weltkenntniß, zum Unterricht für die Jugend beiderlei Geschlechts, auch zur Beherzigung für Erwachsene. Aus dem Englischen übersetzt von Karl Philipp Moritz, 2. Aufl., umgearbeitet, auch mit Zusätzen und einer Nachlese aus Chesterfield und anderen, imgleichen hin und wieder mit einigen Abänderungen versehen von August Rode, Berlin 1799 (¹1784).

Tschechow, Anton, Der Rosastrumpf (1886), in: Gerd Stein (Hg.), Femme fatale – Vamp – Blaustrumpf. Sexualität und Herrschaft, Frankfurt a. M. 1985 S. 205-209.

Über die Geziemlichkeiten, und nöthigen Tugenden des weiblichen Geschlechts. Ein Brief zum Diktiren, für die Töchterschule zu Zürich, aufgesezt von Herrn Ratsherr Keller, weil. Vorsteher dieser Schule, in: Die Einsiedlerin in den Alpen, 2. Jg. (1794), Bd. 2, H.4, S. 42-59.

Über die Langeweile. Von V.R.E.M.O.N.U.R.V.L. Germanien [d.i. Bremen] 1798.

Über die Weiber, [Ernst Brandes], Leipzig 1787.

Unruh, Fritz von, Offiziere (1911), in: Sämtliche Werke, Bd. 2 (= Dramen, Bd. 1), Berlin 1987, S. 431-635.

Unterricht und Zeitvertreib für das schöne Geschlecht, in gesammelten Briefen und Erzählungen aus verschiedenen Sprachen. Aus dem Französischen und Englischen, T. 1-30, Leipzig 1765-1776.

Varnhagen, Rahel, Briefwechsel mit Alexander von der Marwitz, Karl von Finckenstein, Wilhelm Bokelmann, Raphael D'Urquijo, hg. v. Friedhelm Kemp, München 1966.

Velsen, Dorothee von, Im Alter die Fülle. Erinnerungen, Tübingen 1956.

Vergnügen müßiger Stunden oder allerhand nützliche zur heutigen galanten Gelehrsamkeit dienende Anmerkungen, hg. v. Theodor Crusius, 19 Bde., Leipzig 1713-1732.

Die Tagebücher des Oberpräsidenten Ludwig Freiherrn Vincke 1813-1818, bearb. v. Ludger Graf v. Westphalen, Münster 1980.

Vischer, Friedrich Theodor, Über den Zustand der jetzigen Malerei (1842), in: Ders., Kritische Gänge, Bd. 5, hg. v. R. Vischer, 2., verm. Aufl. München 1922.

Vom Ärger. Ein Büchlein für Jedermann, mit einer Vorrede von Dr. J.C.A. Heinroth, Leipzig 1838.

Von der Langenweile, in: Hannoverisches Magazin, Bd. II, 1764, 72. St., Sp. 1135-1146.

Voigt-Diedrichs, Helene, Auf Marienhoff. Das Leben einer deutschen Mutter, Jena ²1933 (1925), abgedr. in: Martina Kessel (Hg.), Zwischen Abwasch und Verlangen. Zeiterfahrungen von Frauen im 19. und 20. Jahrhundert, München 1995, S. 37-40.

Wachenheim, Hedwig, Vom Großbürgertum zur Arbeiterschaft. Memoiren einer Reformistin, Berlin 1973.

Wasianski, Ehregott Andreas Christoph, Immanuel Kant in seinen letzten Lebensjahren. Ein Beytrag zur Kenntniß seines Charakters und häuslichen Lebens aus dem täglichen Umgange mit ihm, Königsberg 1804.

Weber, H.B. v., Das Cultur-Leben, insbesondere das unseres gegenwärtigen Zeitalters, betrachtet als ein vorzügliches Erregungs- und Beförderungsmittel der Langeweile, in: Der Neue Teutsche Merkur, Weimar 1808, Bd. 2, 8. St., S. 300-323.

Weber, H.B. v., Ueber und gegen die Langeweile. Zur Kunst und Kenntniß des Lebens, Tübingen 1826.

Weber, Marianne, Lebenserinnerungen, Bremen 1948.

Weber, Marianne, Max Weber. Ein Lebensbild, Tübingen 1984.

Weber, Max, Jugendbriefe, Tübingen 1935.

Weber, Therese (Hg.), Häuslerkindheit. Autobiographische Erzählungen, Wien 1984.

Wecker-Westner, Johanna Friederike, [ohne Titel], in: Die Gesellschaft 8 (1892), S. 9-12.

Wedekind, Frank, Ich langweile mich, in: Feuerwerk; Erzählungen; Gesammelte Werke, Bd. 1, München 1920, S. 297-307.

Wegener, Karl Friedrich, Ein Blatt wider die Langeweile; nebst einer wöchentlichen Anzeige der merkwürdigsten Berlinischen Neuigkeiten, Berlin 1785.

Weikard, Melchior Adam, Der philosophische Arzt, Frankfurt 1782.

Weishaupt, Adam, Über die Selbsterkenntnis, ihre Hindernisse und Vortheile, Regensburg 1794.

Weishaupt, Adam, Die Leuchte des Diogenes. Oder Prüfung unserer heutigen Moralität und Aufklärung, Regensburg 1804.

Wermuth, Adolf, Ein Beamtenleben. Erinnerungen, Berlin 1922.

Wildermuth, Rosamarie (Hg.), Ach, die Poesie im Leben … Ottilie Wildermuths Briefwechsel mit ihrem Sohn Hermann 1865-1877, Pfullingen 1979.

Winterfeldt-Menkin, Joachim von, Jahreszeiten des Lebens. Das Buch meiner Erinnerungen, Berlin 1942.

Wobeser, Wilhelmine Caroline von, Elisa oder das Weib, wie es sey sollte. Allen deutschen Mädchen und Weibern gewidmet, Leipzig 1795.

Wolff, Charlotte, Augenblicke verändern uns mehr als die Zeit. Eine Autobiographie, Frankfurt a. M. 1986.

Wolff, Marianne. Leben und Briefe, hg. v. Felix Wolff, Hamburg 1925.

Wollenberg, Robert, Erinnerungen eines alten Psychiaters, Tübingen 1931.

Woltmann, Caroline von, Ueber Natur, Bestimmung, Tugend und Bildung der Frauen, Wien 1826.

Woltmann, Caroline von, Spiegel der großen Welt und ihrer Forderungen, allen die in jene treten und diesen entsprechen wollen, insbesondere jungen Frauenzimmern gewidmet, Pest u. a. 1824.

Wrangell, Margarete von. Das Leben einer Frau (1876-1932). Aus Tagebüchern, Briefen und Erinnerungen, dargestellt von Wladimir Andronikow, München 1936.

Würtzer, Heinrich, Beherzigung verschiedener wichtiger Gegenstände oder Etwas gegen die Langeweile an Feiertagen, Berlin 1789.
Zobeltitz, Fedor von (Hg.), Briefe deutscher Frauen, Berlin, Wien 1910.
Zobeltitz, Fedor von, Ich hab so gern gelebt. Die Lebenserinnerungen, Berlin 1934.
Zobeltitz, Fedor von, Die Pflicht gegen sich selbst, Berlin o. J.
Zolling, Theodor, »Die Welt, in der man sich langweilt«, in: Die Gegenwart Bd. 22 (1882), S. 190-191.
Zolling, Theodor, Ein komischer Roman, von Felix Dahm, in: Die Gegenwart Bd. 29 (1886), S. 117-119.

LITERATURVERZEICHNIS

Adams, Michael C., The Great Adventure. Male Desire and the Coming of the First World War, Bloomington 1990.
Adorno, Theodor, Max Horkheimer, Dialektik der Aufklärung, Frankfurt a. M. 1971.
Adorno, Theodor, Freizeit, in: Ders., Stichworte. Kritische Modelle 2, Frankfurt a. M. 1969, S.57-67.
Albisetti, James, Schooling German Girls and Women. Secondary and Higher Education in the Nineteenth Century, Princeton 1988.
Allen, Ann Taylor, Feminism and Motherhood in Germany, 1800-1914, New Brunswick 1991.
Allen, Judith, Evidence and Silence: Feminism and the Limits of History, in: Carole Pateman, Elizabeth Gross (Hg.), Feminist Challenges. Social and Political Theory, Sydney u. a. 1986, S. 173-189.
Alltagskultur, Subjektivität und Geschichte: zur Theorie und Praxis von Alltagsgeschichte, hg. v. Berliner Geschichtswerkstatt, Münster 1994.
Alt, Peter-André, Aufklärung, Stuttgart, Weimar 1996.
Alter, Reinhard, Heinrich Manns *Untertan* – Prüfstein für die Kaiserreich-Debatte?, in: Geschichte und Gesellschaft 17 (1991), S. 370-389.
Altschule, Mark D., Acedia: Its Evolution from Deadly Sin to Psychiatric Syndrome, in: British Journal of Psychiatry 3 (1965), S. 117-119.
Amendt, Anne, Zwischen »Implosion« und »Explosion« – zur Dynamik der Melancholie im Werk der Germaine de Staël, Trier 1991.
Anderson, Harriet, Vision und Leidenschaft. Die Frauenbewegung im Fin de Siècle Wiens, Wien 1994.
Anz, Thomas, Jochen Vogl (Hg.), Die Dichter und der Krieg. Deutsche Lyrik 1914-1918, München, Wien 1982.
Arendt, Hannah, Macht und Gewalt, München ²1971.
Arendt, Hannah, Rahel Varnhagen. Lebensgeschichte einer deutschen Jüdin aus der Romantik, München 1959.
Arendt, Hannah, Vita activa oder Vom tätigen Leben, München, Zürich ⁶1989.
Ariès, Philippe, André Béjin (Hg.), Die Masken des Begehrens und die Metamorphosen der Sinnlichkeit. Zur Geschichte der Sexualität im Abendland, Frankfurt a. M. 1984.
Aschheim, Steven E., The Nietzsche Legacy in Germany, 1890-1990, Berkeley u. a. 1992.
Asholt, Wolfgang, Walter Fähnders (Hg.), Arbeit und Müßiggang 1789-1914. Dokumente und Analysen, Frankfurt a. M. 1991.
Assmann, Aleida, Arbeit am nationalen Gedächtnis. Kurze Geschichte des deutschen Bildungsideals, Frankfurt a. M. 1993.
Auer, Frank von, Karlheinz Geißler, Helmut Schauer (Hg.), Auf der Suche nach der verlorenen Zeit. Beiträge für eine neue gesellschaftliche Zeitgestaltung, Mössingen-Talheim 1990.
Augustine, Dolores L., Patricians & Parvenus. Wealth and High Society in Wilhelmine Germany, Oxford, Providence 1994.
Bahnke, Siegfried, Das Familienleben des Freiherr Ludwig und der Freifrau Eleonore

Vincke, in: Mentalitäten und Lebensverhältnisse. Beispiele aus der Sozialgeschichte der Neuzeit, Festschrift Rudolf Vierhaus, Göttingen 1982, S. 205-224.

Bahnke, Siegfried, Ludwig und Eleonore Vincke – einige Ergänzungen, in: Hans-Joachim Behr, Jürgen Kloosterhuis (Hg.), Ludwig Freiherr Vincke. Ein westfälisches Profil zwischen Reform und Restauration in Preußen, Münster 1994, S. 519-536.

Barker-Benfield, Ben, The Culture of Sensibility: Sex and Society in Eighteenth-Century Britain, Chicago, London 1992.

Barrett, William, Leibnitz's Garden: Some Philosophical Observations on Boredom, in: Social Research 42 (1975), S. 551-555.

Barrows, Susanna, Distorting Mirrors. Visions of the Crowd in Late Nineteenth-Century France, New Haven, London 1981.

B.A.T. Freizeit-Forschungsinstitut Hamburg, Repräsentativumfrage »Langeweile«, Hamburg 1981 (Manuskript).

Baudelaire, Charles, Die Blumen des Bösen. Vollständige zweisprachige Ausgabe, Deutsch von Friedhelm Kemp, München 1986.

Bauman, Zygmunt, Intimations of Postmodernity, London, New York 1992.

Bauman, Zygmunt, Modernity and Ambivalence, Oxford 1991.

Bausinger, Hermann, Bürgerlichkeit und Kultur, in: Jürgen Kocka (Hg.), Bürger und Bürgerlichkeit im 19. Jahrhundert, Göttingen 1987, S. 121-142.

Bausinger, Hermann, Verbürgerlichung – Folgen eines Interpretamentes, in: Günter Wiegelmann (Hg.), Kultureller Wandel im 19. Jahrhundert, Göttingen 1973, S. 24-42.

Becher, Ursula J. A., Jörn Rüsen (Hg.), Weiblichkeit in geschichtlicher Perspektive. Fallstudien und Reflexionen zu Grundproblemen der historischen Frauenforschung, Frankfurt a. M. 1988.

Becher, Ursula J. A., Weibliches Selbstverständnis in Selbstzeugnissen des 18. Jahrhunderts, in: Ebd., S. 217-233.

Beck, Ulrich, Risikogesellschaft. Auf dem Weg in eine andere Moderne, Frankfurt a. M. 1987.

Beckelman, Laurie, Boredom, Crestwood House, New Jersey 1995.

Becker, Ernst Wolfgang, Zeit der Revolution! – Revolution der Zeit? Zeiterfahrungen in Deutschland in der Ära der Revolution 1789-1848/49, Göttingen 1999.

Bederman, Gail, Manliness and Civilization. A Cultural History of Gender and Race in the United States, 1880-1917, Chicago 1995.

Begemann, Christian, Furcht und Angst im Prozeß der Aufklärung. Zu Literatur und Bewußtseinsgeschichte im 18. Jahrhundert, Frankfurt a. M. 1987.

Behrens, Hans, Die Langeweile als »Antrieb der Kultur«, in: Die Literatur. Monatsschrift für Literaturfreunde 38 (1936), S. 465-469.

Bellebaum, Alfred, Langeweile, Überdruß und Lebenssinn. Eine geistesgeschichtliche und kultursoziologische Untersuchung, Opladen 1990.

Benjamin, Jessica, Fesseln der Liebe. Psychoanalyse, Feminismus und das Problem der Macht, Basel, Frankfurt a. M. 1990.

Benjamin, Walter, Das Passagen-Werk, 2 Bde., hg. v. Rolf Tiedemann, Frankfurt a. M. 1982.

Benthien, Claudia, Anne Fleig, Ingrid Kasten (Hg.), Emotionalität. Zur Geschichte der Gefühle, Köln 2000.

Bergler, Edmund, On the disease-entity boredom and its psychopathology, in: The Psychiatric Quarterly 19 (1945), S. 38-51.

Bergmann, Werner, Das Problem der Zeit in der Soziologie. Ein Literaturüberblick zum Stand der »zeitsoziologischen« Theorie und Forschung, in: Kölner Zeitschrift für Soziologie und Sozialpsychologie 35 (1983), S. 462-504.

Bering, Dietz, Der Name als Stigma. Antisemitismus im deutschen Alltag 1812-1933, Stuttgart 1987.

Bernstein, Haskell, Boredom and the ready-made life, in: Social Research 42 (1975), S. 512-537.

Beste, Gisela, Bedrohliche Zeiten. Literarische Gestaltung von Zeitwahrnehmung und Zeiterfahrung zwischen 1810 und 1830 in Eichendorffs *Ahnung und Gegenwart* und Mörikes *Maler Nolten*, Würzburg 1993.

Bildungsbürgertum im 19. Jahrhundert. Bd. 1: Bildungssystem und Professionalisierung in internationalen Vergleichen (= Industrielle Welt, Bd. 38), hg. v. Werner Conze, Jürgen Kocka, Stuttgart 1985; Bd. 2: Bildungsgüter und Bildungswissen, hg. v. Reinhart Koselleck, Stuttgart 1990; Bd. 3: Lebensführung und ständische Vergesellschaftung, hg. v. M. Rainer Lepsius, Stuttgart 1992; Bd. 4: Politischer Einfluß und gesellschaftliche Formation, hg. v. Jürgen Kocka, Stuttgart 1989.

Bilz, Rudolf, Langeweile. Versuch einer systematischen Darstellung, in: Ders., Paläoanthropologie. Der neue Mensch in der Sicht der Verhaltensforschung, Frankfurt a. M. 1971, S. 241-276.

Birken, Lawrence, Consuming Desire: Sexual Science and the Emergence of a Culture of Abundance, 1871-1914, Ithaca, London 1989.

Blackbourn, David, The German Bourgeoisie: An Introduction, in: Ders., Richard J. Evans (Hg.), The German Bourgeoisie. Essays on the social history of the German middle class from the late eighteenth to the early twentieth century, New York 1991, S. 1-45.

Blackbourn, David, Marpingen. Apparitions of the Virgin Mary in Bismarckian Germany, Oxford 1993.

Blackbourn, David, Politics as Theatre: Metaphors of the Stage in German History, 1848-1933, in: Ders., Populists and Patricians. Essays in Modern German History, London 1987, S. 246-264.

Blackbourn, David, Richard J. Evans (Hg.), The German Bourgeoisie. Essays on the social history of the German middle class from the late eighteenth to the early twentieth century, New York 1991.

Blättler, Sidonia, Der Pöbel, die Frauen etc. Die Massen in der politischen Philosophie des 19. Jahrhunderts, Berlin 1995.

Blaicher, Günther, Freie Zeit, Langeweile, Literatur: Studien zur therapeutischen Funktion der englischen Prosaliteratur im 18. Jahrhundert, Berlin, New York 1977.

Blazek, Helmut, Männerbünde. Eine Geschichte von Faszination und Macht, Berlin 1999.

Bleistein, Roman, Therapie der Langeweile, Freiburg i. Br. 1973.

Blosser, Ursi, Franziska Gerster, Töchter der guten Gesellschaft. Frauenrolle und Mädchenerziehung im schweizerischen Großbürgertum um 1900, Zürich 1985.

Boch, Rudolf, Grenzenloses Wachstum. Das rheinische Wirtschaftsbürgertum und seine Industrialisierungsdebatte 1814-1857, Göttingen 1991.

Bock, Gisela, Challenging Dichotomies: Perspectives on Women's History, in: Writing Women's History. International Perspectives, hg. v. Karen Offen, Ruth Roach Pierson, Jane Rendall, Bloomington, Indianapolis 1991, S. 1-24.

Bock, Gisela, Geschichte, Frauengeschichte, Geschlechtergeschichte, in: Geschichte und Gesellschaft 14 (1988), S. 364-391.

Bock, Gisela, Barbara Duden, Arbeit aus Liebe – Liebe als Arbeit. Zur Entstehung der Hausarbeit aus dem Geist des Kapitalismus, in: Frauen und Wissenschaft, Berlin ²1977, S. 118-199.

Bock, Helmut, Renate Plöse (Hg.), Aufbruch in die Bürgerwelt. Lebensbilder aus Vormärz und Biedermeier, Münster 1994.

Bodamer, Joachim, Leere und Langeweile, in: Die politische Meinung 6 (1961), S. 48-55.

Bödeker, Hans Erich, Ulrich Herrmann (Hg.), Aufklärung als Politisierung – Politisierung der Aufklärung, Hamburg 1987.

Bödeker, Hans Erich, Die Religion der Gebildeten, in: Karlfried Gründer, Karl Heinrich Rengstorf (Hg.), Religionskritik und Religiosität in der deutschen Aufklärung, Heidelberg 1989, S. 145-196.

Böhme, Gernot, Anthropologie in pragmatischer Hinsicht, Frankfurt a. M. 1985.

Böhme, Hartmut, Albrecht Dürer. Melencolia I. Im Labyrinth der Deutung, Frankfurt a. M. 1989.

Böhmer, Günter, Die Welt des Biedermeier, München 1977.

Bösinger, Rudolf, Das Ende der Langeweile: Römer 12, Lahr 1973.

Boetcher Joeres, Ruth-Ellen, Mary Jo Maynes (Hg.), German Women in the Eighteenth and Nineteenth Centuries. A Social and Literary History, Bloomington 1986.

Boetcher Joeres, Ruth-Ellen, 1848 From A Distance: German Women Writers on the Revolution, in: Modern Language Notes 97 (1982), S. 590-614.

Boetcher Joeres, Ruth-Ellen, Marianne Burkhard (Hg.), Out of Line/Ausgefallen: The Paradox of Marginality in the Writings of Nineteenth-Century German Women (= Amsterdamer Beiträge zur Neueren Germanistik, Bd. 28), Amsterdam 1989.

Boetcher Joeres, Ruth-Ellen, Self-Conscious Histories, in: Fout (Hg.), German Women, S. 172-196.

Bohrer, Karl Heinz, Plötzlichkeit. Zum Augenblick des ästhetischen Scheins, Frankfurt a. M. 1981.

Bollenbeck, Georg, Bildung und Kultur. Glanz und Elend eines deutschen Deutungsmusters, Frankfurt a. M., Leipzig ²1994.

Bollnow, Otto, Das Wesen der Stimmungen, Frankfurt a. M. ²1943.

Bordo, Susan, Anorexia Nervosa & the Crystallization of Culture, in: Irene Diamond, Lee Quinby (Hg.), Feminism & Foucault. Reflections on Resistance, Boston 1988, S. 87-117.

Bouchez, Madeleine, L'ennui de Sénèque à Moravia, Paris 1973.

Bovenschen, Silvia, Die imaginierte Weiblichkeit. Exemplarische Untersuchungen zu kulturgeschichtlichen und literarischen Präsentationsformen des Weiblichen, Frankfurt a. M. 1979.

Brandstätter, Jochen, Dirk Wentura, Veränderungen der Zeit- und Zukunftsperspektive im Übergang zum höheren Erwachsenenalter: entwicklungspsychologische und differentielle Aspekte, in: Zeitschrift für Entwicklungspsychologie und Pädagogische Psychologie 26 (1994), II.1, S. 2-21.

Braun, Christina von, »Le juif« et »la femme«: deux stéréotypes de »l'autre« dans l'antisémitisme allemand du XIXè siècle, in: Revue Germanique Internationale 6 (1996), S. 123-139.

Braun, Christina von, Männliche Hysterie – weibliche Askese. Zum Paradigmenwechsel in den Geschlechterrollen, in: Bei Lichte betrachtet wird es finster, Frankfurt a. M. 1987, S. 41-80.

Braunbeck, Helga G., Das weibliche Schreibmuster der Doppelbiographie, in: Helga

Grubitzsch, Maria Kublitz, Dorothea Mey, Ingeborg Singendonk-Heublein (Hg.), Frauen – Literatur – Revolution, Pfaffenweiler 1992, S. 231-244.
Brednow, Walter, Goethe und die Langeweile, in: Neue Sammlung. Göttinger Blätter für Kultur und Erziehung, 4 (1964), S. 1-9.
Brenner, Peter J., Gefühl und Sachlichkeit. Humboldts Reisewerk zwischen Naturwissenschaft und Naturphilosophie, in: Archiv für Kulturgeschichte 73 (1991), S. 135-168.
Breuer, Stefan, Die Gesellschaft des Verschwindens. Von der Selbstzerstörung der technischen Zivilisation, Hamburg 1992.
Bridenthal, Renate, Claudia Koonz, Susan Stuard (Hg.), Becoming Visible. Women in European History, Boston ²1987.
Brinker-Gabler, Gisela, Karola Ludwig, Angela Wöffen, Lexikon deutschsprachiger Schriftstellerinnen 1800-1945, München 1986.
Brissett, Dennis, Robert P. Snow, Boredom: Where the Future Isn't, in: Symbolic Interaction 16 (1993), H. 3, S. 237-256.
Brocke, Bernhard vom, Wissenschaft und Militarismus. Der Aufruf der 93 »An die Kulturwelt« und der Zusammenbruch der internationalen Gelehrtenpolitik im Ersten Weltkrieg, in: William L. Calder III (Hg.), Wilamowitz nach 50 Jahren, Darmstadt 1985, S. 649-719.
Bronfen, Elisabeth, Nur über ihre Leiche. Tod, Weiblichkeit und Ästhetik, Darmstadt 1994.
Brown, Peter, The Body and Society: Men, Women and Sexual Renunciation in Early Christianity, New York 1988.
Brumberg, Joan Jacobs, Fasting Girls. The Emergence of Anorexia Nervosa as a Modern Disease, Cambridge/M. 1988.
Bubenicek, Hanna (Hg.), Rosa Mayreder oder Wider die Tyrannei der Norm, Wien 1986.
Budde, Gunilla, Auf dem Weg ins Bürgerleben. Kindheit und Erziehung in deutschen und englischen Bürgerfamilien 1840-1914, Göttingen 1994.
Buck-Morss, Susan, The Dialectics of Seeing: Walter Benjamin and the Arcades Project, Cambridge 1989.
Bürger, Christa, Leben Schreiben. Die Klassik, die Romantik und der Ort der Frauen, Stuttgart 1990.
Bürger, Peter, Das Verschwinden des Subjekts. Eine Geschichte der Subjektivität von Montaigne bis Barthes, Frankfurt a. M. 1998.
Burchardt, Anja, Blaustrumpf – Modestudentin – Anarchistin? Deutsche und russische Medizinstudentinnen in Berlin 1896-1918, Stuttgart 1997.
Burton, Robert, Anatomie der Melancholie. Über die Allgegenwart der Schwermut, ihre Ursachen und Symptome und die Kunst, es mit ihr auszuhalten, München 1991 (1621).
Busch, Werner, Die fehlende Gegenwart, in: Bildungsbürgertum im 19. Jahrhundert, Bd. 2, Stuttgart 1990, S. 286-316.
Butler, Judith, Bodies That Matter. On the Discursive Limits of »Sex«, New York, London 1993.
Butler, Judith, Excitable Speech. A Politics of the Performative, New York 1997.
Butler, Judith, The Psychic Life of Power. Theories in Subjection, Stanford 1997.
Caillois, René, Les démons du midi, in: Revue de l'histoire des religions, CXV (1937), S. 142-173.

Campbell, Joan, Joy of Work, German Work. The National Debate, 1800-1945, Princeton 1989.

Campbell, Joan, The German Werkbund. The Politics of Reform in the Applied Arts, Princeton 1978.

Caplan, Pat (Hg.), The Cultural Construction of Sexuality, London, New York 1987.

Castle, Terry, The Female Thermometer: Eighteenth-Century Culture and the Invention of the Uncanny, New York 1995.

Chartier, Roger, Kulturgeschichte zwischen Repräsentationen und Praktiken, in: Ders., Die unvollendete Vergangenheit. Geschichte und die Macht der Weltauslegung, Berlin 1989, S. 7-19.

Chartier, Roger, Die Welt als Repräsentation, in: Matthias Middell, Steffen Sammler (Hg.), Alles Gewordene hat Geschichte. Die Schule der Annales in ihren Texten 1929-1992, Leipzig 1994, S. 320-347.

De Chenne, Timothy K., Boredom as a clinical issue, in: Psychotherapy 25 (1988), S. 71-81.

Chickering, Roger (Hg.), Imperial Germany: A Historiographical Companion, Westport 1996, S. 377-408.

Chickering, Roger, We Men Who Feel Most German. A Cultural Study of the Pan-German League 1886-1914, London 1984.

Clive, Geoffrey, A Phenomenology of Boredom, in: Journal of Existentialism 5 (1965), S. 359-370.

Cockburn, Cynthia, The Gendering of Jobs: Workplace Relations and the Reproduction of Sex Segregation, in: Sylvia Walby (Hg.), Gender Segregation at Work, Milton Keynes 1988.

Cocks, Geoffrey, Konrad H. Jarausch (Hg.), German Professions, 1800-1950, New York, Oxford 1990.

Cohen, David W., The Combing of History, Chicago 1994.

Colpitt, Frances, The Issue of Boredom: Is It Interesting?, in: The Journal of Aesthetics and Art Criticism 44 (1985) S. 359-365.

Connell, Robert W., Gender and Power. Society, the Person, and Sexual Politics, Oxford 1987.

Conrad, Christoph, Vom Greis zum Rentner. Der Strukturwandel des Alters in Deutschland zwischen 1830 und 1930, Göttingen 1994.

Conrad, Christoph, Die Entstehung des modernen Ruhestandes. Deutschland im internationalen Vergleich, in: Geschichte und Gesellschaft 14 (1988), S. 417-447.

Conrad, Christoph, Martina Kessel, Geschichte ohne Zentrum, in: Dies. (Hg.), Geschichte schreiben in der Postmoderne. Beiträge zur aktuellen Diskussion, Stuttgart 1994, S. 9-36.

Conrad, Christoph, Martina Kessel, Blickwechsel: Moderne, Kultur, Geschichte, in: Dies. (Hg.), Kultur & Geschichte. Neue Einblicke in eine alte Beziehung, Stuttgart 1998, S. 9-40.

Conze, Werner, Art. Arbeit, in: Geschichtliche Grundbegriffe, Bd. 1, Stuttgart 1971, S. 154-215.

Conze, Werner, Jürgen Kocka, Einleitung, in: Bildungsbürgertum im 19. Jahrhundert, Bd. 1, Stuttgart 1985, S. 9-26.

Corbin, Alain, L'Avènement des Loisirs 1850-1960, Paris, Rom 1995.

Corbin, Alain, Ein »Geschlecht in Trauer« und die Geschichte der Frauen, in: Ders., Wunde Sinne. Über die Begierde, den Schrecken und die Ordnung der Zeit im 19. Jahrhundert, Stuttgart 1993, S. 83-96.

Corbin, Alain, Die kleine Bibel der Jungvermählten, in: Ebd., S. 151-161.
Corbin, Alain, Die Zeit und ihre Berechnung im 19. Jahrhundert, in: Ebd., S. 9-21.
Corbin, Alain, Zur Geschichte und Anthropologie der Sinneswahrnehmung, in: Ebd., S. 197-211.
Corbin, Alain, Kulissen, in: Geschichte des privaten Lebens, hg. v. Philippe Ariès, Bd. 4: Von der Revolution zum Großen Krieg, hg. v. Michelle Perrot, Frankfurt a. M. 1992, S. 419-629.
Corbin, Alain, Meereslust. Das Abendland und die Entdeckung der Küste, Berlin 1990.
Cott, Nancy F., Passionlessness: An Interpretation of Victorian Sexual Ideology, 1790-1850, in: Signs 4 (1978), H. 2, S. 219-236.
Csikszentmihalyi, Mihaly, Das flow-Erlebnis. Jenseits von Angst und Langeweile: Im Tun aufgehen, Stuttgart 1985.
Daniel, Ute, Die Liebe, das Klima und der Kosmos. Das revolutionäre Potential des Privatlebens in der Utopie des Frühsozialisten Charles Fourier, in: Hausen, Wunder (Hg.), Frauengeschichte, S. 89-98.
Daniel, Ute, Hoftheater. Zur Geschichte des Theaters und der Höfe im 18. und 19. Jahrhundert, Göttingen 1995.
Dann, Otto (Hg.), Lesegesellschaften und bürgerliche Emanzipation. Ein europäischer Vergleich, München 1981.
Davidoff, Leonore, Adam Spoke First and Named the Order of the World: Masculine and Feminine Domains in History and Sociology, in: Helen Corr, Lynne Jamieson (Hg.), The Politics of Everyday Life: Continuity and Change in Work, Labour and the Family, London 1990, S. 229-255.
Davidoff, Leonore, Catherine Hall, Family Fortunes: Men and Women of the English Middle Class, 1780-1850, London 1987.
Dawson, Ruth P., »And this Shield is called – Self-reliance«. Emerging Feminist Consciousness in the late Eighteenth Century, in: Boetcher Joeres, Maynes (Hg.), German Women, S. 157-174.
Deleuze, Gilles, Difference and Repetition, New York 1994.
Delon, Michel, L'idée d'énergie au tournant des lumières (1770-1820), Paris 1988.
Demandt, Alexander, Metaphern für Geschichte. Sprachbilder und Gleichnisse im historisch-politischen Denken, München 1978.
Despoix, Philippe, Ethiques du Désenchantement. Essais sur la modernité allemande au début du siècle, Paris 1995.
Dietze, Gabriele (Hg.), Die Überwindung der Sprachlosigkeit. Texte aus der neuen Frauenbewegung, Darmstadt 1979.
Dietzsch, Steffen, Karl Rosenkranz, in: Dietrich Rauschningg, Donata v. Nerée (Hg.), Die Albertus-Universität zu Königsberg und ihre Professoren, Berlin 1995, S. 153-161.
Dijkstra, Bram, Idols of Perversity. Fantasies of Feminine Evil in Fin de Siècle Culture, New York, Oxford 1987.
Dirks, Walter, Traurigkeit und Trägheit, in: Ders., Literarische Fastenpredigten über die Laster in unserer Zeit, hg. v. Rudolf Walter, Freiburg, Heidelberg 1981, S. 104-118.
Dischner, Gisela, Friedrich Schlegels Lucinde und Materialien zu einer Theorie des Müßiggangs, Hildesheim 1980.
Döcker, Ulrike, Die Ordnung der bürgerlichen Welt. Verhaltensideale und soziale Praktiken im 19. Jahrhundert, Frankfurt a. M. 1994.

Döcker, Ulrike, »Bürgerliche Dressur«. Die Ambiguität bürgerlicher Idyllik in den Anstandsbüchern des 19. Jahrhunderts, in: Beiträge zur historischen Sozialkunde 18 (1988), S. 96-102.

Döcker, Ulrike, Das gelebte Pathos. Bürgerliche Männlichkeitsideale und Männerpraktiken in der (Berufs-)Welt von Advokaten, in: Margret Friedrich, Peter Urbanitsch (Hg.), Von Bürgern und ihren Frauen, Wien 1996, S. 95-121.

Doehlemann, Martin, Langeweile? Deutung eines verbreiteten Phänomens, Frankfurt a. M. 1991.

Doerry, Martin, Übergangsmenschen. Die Mentalität der Wilhelminer und die Krise des Kaiserreichs, Weinheim, München 1986.

Dorschs Psychologisches Wörterbuch, Bonn u. a. 1987.

Douglas, Ann, The Feminization of American Culture, New York 1977.

Dreßen, Wolfgang, Mobilisierung der Seele. Jugend in Deutschland: 1880-1930, in: Gert Jüttemann u. a. (Hg.), Die Seele im Abendland, Weinheim 1991, S. 424-447.

Dowe, Dieter, Dieter Langewiesche (Hg.), Europa 1848. Revolution und Reform, Bonn 1998.

Drews, Axel, Ute Gerhard, Der Boden, der nicht zu bewegen war. Ein zentrales Kollektivsymbol der bürgerlichen Revolution in Deutschland, in: Link, Wülfing (Hg.), Bewegung und Stillstand, S. 142-148.

Duden, Barbara, Das schöne Eigentum. Zur Herausbildung des bürgerlichen Frauenbildes an der Wende vom 18. zum 19. Jahrhundert, in: Kursbuch 48 (1977), S. 125-140.

Duby, Georges, Michelle Perrot, Geschichte der Frauen, Bd. 4: 19. Jahrhundert, hg. v. Geneviève Fraisse u. Michelle Perrot, Frankfurt a. M. 1994.

Dülffer, Jost (Hg.), Kriegsbereitschaft und Friedensordnung in Deutschland 1800-1814, Münster, Hamburg 1995.

Van Dülmen, Andrea (Hg.), Frauenleben im 18. Jahrhundert, München 1992.

Van Dülmen, Richard, Die Gesellschaft der Aufklärer. Zur bürgerlichen Emanzipation und aufklärerischen Kultur in Deutschland, Frankfurt a. M. 1986.

Van Dülmen, Richard, Der Geheimbund der Illuminaten. Darstellung, Analyse, Dokumentation, Stuttgart ²1977.

Eagleton, Terry, Ästhetik. Die Geschichte ihrer Ideologie, Stuttgart, Weimar 1994.

Edlund, Matthew, Psychological Time and Mental Illness, New York, London 1987.

Edschmid, Ulrike, Diesseits des Schreibtischs. Lebensgeschichten von Frauen schreibender Männer, Frankfurt a. M. 1990.

Eifert, Christiane, Die kleinen Könige. Zu Selbstverständnis und Herrschaftspraxis brandenburgischer Landräte im 19. Jahrhundert, in: Historische Anthropologie 7 (1999), S. 381-403.

Eisler, Rudolf, Kant-Lexikon. Nachschlagewerk zu Kants sämtlichen Schriften/Briefen und Handschriftlichem Nachlaß, Hildesheim 1964.

Eksteins, Modris, Tanz über Gräben. Die Geburt der Moderne und der Erste Weltkrieg, Reinbek 1990.

Eley, Geoff (Hg.), Society, Culture, and the State in Germany, 1870-1930, Ann Arbor 1996.

Eley, Geoff, Introduction 1: Is there a History of the *Kaiserreich?*, in: Ebd., S. 1-42.

Eley, Geoff, Wie denken wir über Politik? Alltagsgeschichte und die Kategorie des Politischen, in: Alltagskultur, S. 17-36.

Elias, Norbert, Die höfische Gesellschaft, Frankfurt a.M. ⁴1989.

Elias, Norbert, Studien über die Deutschen. Machtkämpfe und Habitusentwicklung im 19. und 20. Jahrhundert, Frankfurt a. M. ²1989.

Elias, Norbert, Über den Prozeß der Zivilisation. Soziogenetische und psychogenetische Untersuchungen, 2 Bde., Frankfurt a. M. ¹⁴1989.

Elias, Norbert, Über die Zeit, Frankfurt a. M. ²1989.

Eley, Geoff, Die deutsche Geschichte und die Widersprüche der Moderne. Das Beispiel des Kaiserreichs, in: Frank Bajohr, Werner Lohalm (Hg.), Zivilisation und Barbarei. Die widersprüchlichen Potentiale der Moderne, Hamburg 1991, S. 17-65.

Emmerich, Wolfgang (Hg.), Proletarische Lebensläufe, Reinbek 1974.

Ende, Michael, Momo oder Die seltsame Geschichte von den Zeit-Dieben und von dem Kind, das den Menschen die gestohlene Zeit zurückbrachte. Ein Märchen-Roman, Stuttgart, Wien 1973.

Endres, Josef, Angst und Langeweile: Hilfen und Hindernisse im sittlich-religiösen Leben, Frankfurt a. M. 1983.

Engelhardt, Ulrich, Bildungsbürgertum. Begriffs- und Dogmengeschichte eines Etiketts, Stuttgart 1986.

Engelhardt, Ulrich,» … geistig in Fesseln«? Zur normativen Plazierung der Frau als »Kulturträgerin« in der bürgerlichen Gesellschaft während der Frühzeit der deutschen Frauenbewegung, in: Bildungsbürgertum im 19. Jahrhundert, Bd. 3, S. 113-174.

Engell, Lorenz, Vom Widerspruch zur Langeweile. Logische und temporale Begründung des Fernsehens, Frankfurt a. M. u. a.1989.

Engelsing, Rolf, Arbeit, Zeit und Werk im literarischen Beruf, Stuttgart 1976.

Engelsing, Rolf, Arbeit und Freizeit von Schülern, in: Huck (Hg.), Sozialgeschichte der Freizeit, S. 51-76.

Engelsing, Rolf, Der Bürger als Leser. Lesergeschichte in Deutschland 1500-1800, Stuttgart 1974.

Engelsing, Rolf, Analphabetentum und Lektüre. Zur Sozialgeschichte des Lesens in Deutschland zwischen feudaler und industrieller Gesellschaft, Stuttgart 1973.

Enninger, Heinz J.W., Bedeutungsgeschichte von licere – leisir/loisir – leisure, Phil. Diss. Bonn 1968.

Epple, Angelika, Empfindsame Geschichtsschreibung. Eine geschlechtergeschichtliche Studie zur Deutung der Zeit zwischen 1770 und 1815, Diss. Universität Bielefeld 2001.

Ermath, Elizabeth Deeds, Sequel to History: Postmodernism and the Crisis of Representational Time, Princeton 1991.

Ermath, Elizabeth Deeds, The Solitude of Women and Social Time, in: Frieda Johles Forman, Caoran Sowton (Hg.), Taking our Time. Feminist Perspectives on Temporality, Oxford 1989, S. 37-46.

Ernst, Heiko, Der Langeweile entkommen, in: Psychologie heute 17 (1990), S 27-29.

Esman, Aaron H., Some reflections on boredom, in: Journal of the American Psychoanalytic Association 27 (1979), S. 423-439.

Evans, Richard, The Feminist Movement in Germany, 1894-1933, London 1976.

Fehrenbach, Elisabeth (Hg.), Adel und Bürgertum in Deutschland 1780-1848, München 1994.

Felski, Rita, The Gender of Modernity, Cambridge/Mass., London 1995.

Fenichel, Otto, Zur Psychologie der Langeweile, in: Imago 20 (1934), S. 270-281.

Ferry, Luc, Der Mensch als Ästhet. Die Erfindung des Geschmacks im Zeitalter der Demokratie, Stuttgart, Weimar 1992.

Fieseler, Beate, Birgit Schulze (Hg.), Frauengeschichte gesucht – gefunden? Auskünfte zum Stand der Historischen Frauenforschung, Köln u. a. 1991.
Fine, Agnès, Die Aussteuer – Teil einer weiblichen Kultur? in: Perrot (Hg.), Geschlecht und Geschichte, S. 161-198.
Fink-Eitel, Hinrich, Georg Lohmann (Hg.), Zur Philosophie der Gefühle, Frankfurt a. M. 1993.
Finney, Gail, Women in Modern Drama. Freud, Feminism, and European Theatre at the Turn of the Century, Ithaca, London 1989.
Fischer, Markus, Augenblicke um 1900. Literatur, Philosophie, Psychoanalyse und Lebenswelt zur Zeit der Jahrhundertwende, Frankfurt a. M. u. a. 1986.
Fischer-Homberger, Esther, Hypochondrie. Melancholie bis Neurose, Krankheiten und Zustandsbilder, Bern u. a.1970.
Fischer-Homberger, Esther, Krankheit Frau. Zur Geschichte der Einbildungen, Darmstadt ²1988.
Fischer-Lichte, Erika, Jörg Schönert (Hg.), Theater im Kulturwandel des 18. Jahrhunderts. Inszenierung und Wahrnehmung von Körper – Musik – Sprache, Göttingen 1999.
Fisher, Cynthia D., Boredom at Work: A Neglected Concept, in: Human Relations 46 (1993), S. 395-417.
Forte, Luigi, Lob der Faulheit. Muße und Müßiggang im 19. Jahrhundert, in: Martin Huber, Gerhard Lauer (Hg.), Bildung und Konfession. Politik, Religion und literarische Identitätsbildung 1850-1918, Tübingen 1996, S. 79-93.
Foucault, Michel, Der Wille zum Wissen. Sexualität und Wahrheit 1, Frankfurt a. M. ³1989; Der Gebrauch der Lüste. Sexualität und Wahrheit 2; Die Sorge um sich. Sexualität und Wahrheit 3, beide Bde. Frankfurt a. M. 1989.
Foucault, Michel, Wahnsinn und Gesellschaft. Eine Geschichte des Wahns im Zeitalter der Vernunft, Frankfurt a. M. ⁸1989.
Foucault, Michel, Nietzsche, die Genealogie, die Historie, in: Alfredo Guzzoni (Hg.), 90 Jahre Nietzsche-Rezeption, Hain 1979, S. 108-125.
Fout, John C. (Hg.), Forbidden History. The State, Society and the Regulation of Sexuality in Modern Europe, Chicago 1992.
Fout, John C., Sexual Politics in Wilhelmine Germany: The Male Gender Crisis, Moral Purity, and Homophobia, in: Ebd., S. 259-292.
Fout, John C. (Hg.), German Women in the Nineteenth Century. A Social History, New York, London 1984.
Fraisse, Geneviève, Michelle Perrot, Ordnungen und Freiheiten, in: Geschichte der Frauen, Bd.4: 19. Jahrhundert, Frankfurt a. M. 1994, S. 11-17.
François, Etienne, Hannes Siegrist, Jakob Vogel (Hg.), Nation und Emotion. Deutschland und Frankreich im Vergleich 19. und 20. Jahrhundert, Göttingen 1995.
François, Etienne (Hg.), Sociabilité et société bourgeoise in France, en Allemagne et en Suisse, 1750-1850, Paris 1986.
Frauenemanzipation im Vormärz. Texte und Dokumente, hg. v. Renate Möhrmann, Stuttgart 1989.
Freud, Sigmund, Über das Unbehagen in der Kultur, in: Gesammelte Werke aus den Jahren 1925-31, Bd. 14, Frankfurt a. M. 1948, S. 421-506.
Freudenthal, Margarete, Gestaltwandel der städtischen, bürgerlichen und proletarischen Hauswirtschaft zwischen 1760 und 1910, hg. u. mit einem Vorwort von Katharina Rutschky, Frankfurt a. M., Berlin 1986 (1933).

Frevert, Ute, Bürgerliche Meisterdenker und das Geschlechterverhältnis. Konzepte, Erfahrungen, Visionen an der Wende vom 18. zum 19. Jahrhundert, in: Dies., Bürgerinnen, S. 17-48.
Frevert, Ute, Frauen-Geschichte. Zwischen Bürgerlicher Verbesserung und Neuer Weiblichkeit, Frankfurt a. M. 1986.
Frevert, Ute, »Mann und Weib, und Weib und Mann«: Geschlechter-Differenzen in der Moderne, München 1995.
Frevert, Ute, Ehrenmänner. Das Duell in der bürgerlichen Gesellschaft, München 1991.
Frevert, Ute (Hg.), Bürgerinnen und Bürger. Geschlechterverhältnisse im 19. Jahrhundert, Göttingen 1988.
Frevert, Ute, Männergeschichte oder Die Suche nach dem ›ersten‹ Geschlecht, in: Manfred Hettling, Claudia Huerkamp u. a. (Hg.), Was ist Gesellschaftsgeschichte? Positionen, Themen, Analysen, München 1991, S. 31-43.
Friedrich, Volker, Melancholie als Haltung, Berlin 1991.
Fromm, Erich, Langeweile und chronische Depression, in: Ders., Anatomie der menschlichen Destruktivität, Stuttgart 1974, S. 219-227.
Fügen, Norbert, Max Weber, Reinbek 1985.
Fugier, Anne-Martin, La bourgeoise, Paris 1983.
Fugier, Anne-Martin, Riten der Bürgerlichkeit, in: Michelle Perrot (Hg.), Geschichte des privaten Lebens, Bd. 4, Frankfurt a. M. 1992, S. 201-265.
Gall, Lothar, Bürgertum in Deutschland, Berlin 1989.
Garber, Jörn (Hg.), Kritik der Revolution. Theorien des deutschen Frühkonservatismus. 1790-1810, Bd. 1: Dokumentation, Kronberg 1976.
Gay, Peter, Die zarte Leidenschaft. Sexualität im bürgerlichen Zeitalter, München 1986.
Gay, Peter, Liebe im bürgerlichen Zeitalter, München 1988.
Gay, Peter, The Cultivation of Hatred, New York, London 1993.
Gay, Peter, The Naked Heart, New York, London 1995.
Gebhard, Walter, »Der Zusammenhang der Dinge«. Weltgleichnis und Naturverklärung im Totalitätsbewußtsein des 19. Jahrhunderts, Tübingen 1984.
Gebsattel, Victor Emil Frhr. von, Prolegomena einer medizinischen Anthropologie. Ausgewählte Aufsätze, Berlin u. a. 1954.
Geertz, Clifford, Dichte Beschreibung. Beiträge zum Verstehen kultureller Systeme, Frankfurt a. M. 1987.
Geertz, Clifford, Dichte Beschreibung. Bemerkungen zu einer deutenden Theorie von Kultur, in: Ebd., S. 7-43.
Geertz, Clifford, Person, Zeit und Umgangsformen auf Bali, in: Ebd., S. 133-201.
Geiwitz, P. James, Structures of Boredom, in: Journal of Personality and Social Psychology 3 (1966), S. 592-600.
Gellner, Ernest, Reason and Culture. The Historic Role of Rationality and Rationalism, Oxford 1992.
Gerhard, Ute, Andere Ergebnisse, in: Frevert (Hg.), Bürgerinnen, S. 210-214.
Gerhard, Ute, Verhältnisse und Verhinderungen. Frauenarbeit, Familie und Rechte der Frauen im 19. Jahrhundert. Mit Dokumenten, Frankfurt a. M. 1978.
Gerhard, Ute, Jürgen Link, Zum Anteil der Kollektivsymbolik an den Nationalstereotypen, in: Link, Wülfing (Hg.), Nationale Mythen, S. 16-52.
Gerteis, Klaus (Hg.), Alltag in der Zeit der Aufklärung, Hamburg 1991.
Geschichte der Frauen, hg. v. Georges Duby, Michelle Perrot, Bd. 4: 19. Jahrhundert, hg. v. Geneviève Fraisse, Michelle Perrot, Frankfurt a. M. 1994.

Geschichte des privaten Lebens, hg. v. Philippe Ariès, Bd. 4: Von der Revolution zum Großen Krieg, hg. v. Michelle Perrot, Frankfurt a. M. 1992.

Giesen, Bernhard, Die Intellektuellen und die Nation. Eine deutsche Achsenzeit, Frankfurt a. M. 1993.

Gilbert, Sandra M., Susan Gubar, Tradition and the Female Talent, in: Nancy Miller (Hg.), The Poetics of Gender, New York 1986, S. 183-207.

Gilbert, Sandra M., Susan Gubar, The Madwoman in the Attic: The Woman Writer and the Nineteenth-Century Literary Imagination, New Haven 1979.

Gilman, Sander, Freud, Identität und Geschlecht, Frankfurt a. M. 1994.

Gilman, Sander, The Jew's Body, New York 1991.

Glantschnig, Helga, Liebe als Dressur. Kindererziehung in der Aufklärung, Frankfurt a. M. 1987.

Glaser, Edith, Hindernisse, Umwege, Sackgassen: die Anfänge des Frauenstudiums in Tübingen, 1904-1934, Weinheim 1992.

Glatzel, Johann, Melancholie und Wahnsinn. Beiträge zur Psychopathologie und ihren Grenzgebieten, Darmstadt 1990.

Göbel, Walter, Men of Feeling and Women of Sense: Negotiations of Gender in the Eighteenth Century, in: Schlaeger, Stedman (Hg.), Representations of Emotions, S. 99-112.

Goetzl, Franz R. (Hg.), Boredom: Root of Discontent and Aggression, Berkeley 1975.

Goldman, Harvey, Politics, Death, and the Devil. Self and Power in Max Weber and Thomas Mann, Berkeley 1992.

Goldman, Harvey, Max Weber and Thomas Mann: Calling and the Shaping of the Self, Berkeley 1988.

Goldstein, Jan (Hg.), Foucault and the Writing of History, Oxford, Cambridge, Mass. 1995.

Goodman, Katherine, Dis/Closures. Women's Autobiography in Germany Between 1790 and 1914, New York u. a. 1986.

Goodstein, Elizabeth S., Experience without Qualities: Boredom and the Democratization of Skepticism in Modernity, Stanford (erscheint demnächst).

Graczyk, Annette, »Das Volk«: Abbild, Konstruktion, Phantasma, Berlin 1996.

Graczyk, Annette, Die Masse als elementare Naturgewalt. Literarische Texte 1830-1920, in: Ebd., S. 19-30.

Graf, Friedrich Wilhelm, Gangolf Hübinger (Hg.), Kultur und Kulturwissenschaften um 1900. Krise der Moderne und Glaube an die Wissenschaft, Stuttgart 1989.

Graf, Friedrich Wilhelm, Rettung der Persönlichkeit. Protestantische Theologie als Kulturwissenschaft des Christentums, in: Ebd., S. 103-131.

De Grazia, Sebastian, Of Time, Work, and Leisure, New York 1994 (1962).

De Grazia, Victoria, Ellen Furlough (Hg.), The Sex of Things. Gender and Consumption in Historical Perspective, Berkeley, Los Angeles 1996.

Greenson, Ralph R., On Boredom, in: Journal of the American Psychoanalytic Association 1 (1953), S. 7-21.

Gregor-Dellin, Martin, Richard Wagner. Sein Leben, sein Werk, sein Jahrhundert, München, Zürich 1980.

Grenz, Dagmar, Mädchenliteratur. Von den moralisch-belehrenden Schriften im 18. Jahrhundert bis zur Herausbildung der Backfischliteratur im 19. Jahrhundert, Stuttgart 1981.

Grimm, Reinhold, Jost Hermand (Hg.), Arbeit als Thema in der deutschen Literatur vom Mittelalter bis zur Gegenwart, Königstein 1979.

Gronemeyer, Marianne, Das Leben als letzte Gelegenheit. Sicherheitsbedürfnisse und Zeitknappheit, Darmstadt 1993.
Groppe, Carola, Die Macht der Bildung. Das deutsche Bürgertum und der George-Kreis 1890-1933, Köln 1997.
Gross, David, The Writer and Society: Heinrich Mann and Literary Politics in Germany, 1890-1940, Atlantic Highlands 1980.
Grubitzsch, Helga, Hannelore Cyris, Elke Haarbusch (Hg.), Grenzgängerinnen. Revolutionäre Frauen im 18. und 19. Jahrhundert. Weibliche Wirklichkeit und männliche Phantasien, Düsseldorf 1985.
Günther, Horst, Zeit der Geschichte. Welterfahrung und Zeitkategorien in der Geschichtsphilosophie, Frankfurt a. M. 1993.
Haarbusch, Elke, Der Zauberstab der Macht: »Frau bleiben«. Strategien zur Verschleierung von Männerherrschaft und Geschlechterkampf im 19. Jahrhundert, in: Grubitzsch u. a. (Hg.), Grenzgängerinnen, S. 219-255.
Habereder, Juliane, Kurt Hiller und der literarische Aktivismus. Zur Geistesgeschichte des politischen Dichters im frühen 20. Jahrhunderts, Frankfurt a. M. u. a. 1981.
Habermas, Rebekka, Frauen und Männer des Bürgertums. Eine Familiengeschichte (1750-1850), Göttingen 1999.
Hachtmann, Rüdiger, »...nicht die Volksherrschaft auch noch durch Weiberherrschaft trüben« - der männliche Blick auf die Frauen in der Berliner Revolution von 1848, in: WerkstattGeschichte 7 (1998), H. 21, S. 5-30.
Häntzschel, Günter (Hg.), Bildung und Kultur bürgerlicher Frauen 1850-1918. Eine Quellendokumentation aus Anstandsbüchern und Lebenshilfen für Mädchen und Frauen als Beitrag zur weiblichen literarischen Sozialisation, Tübingen 1986.
Häntzschel, Hiltrud, Bußmann, Hadumod (Hg.), Bedrohlich gescheit. Ein Jahrhundert Frauen und Wissenschaft in Bayern, München 1997.
Hagemann, Karen, Nation, Krieg und Geschlechterordnung. Zum kulturellen und politischen Diskurs in der Zeit der antinapoleonischen Erhebung Preußens 1806-1815, in: Geschichte und Gesellschaft 22 (1996), S. 562-591.
Hahn, Barbara, »Antworten Sie mir!« Rahel Levin Varnhagens Briefwechsel, Basel, Frankfurt a. M. 1990.
Hahn, Barbara (Hg.), Frauen in den Kulturwissenschaften, München 1914.
Hall, Catherine, White, Male, and Middle-Class, Cambridge 1992.
Hall, Catherine, Competing Masculinities: Thomas Carlyle, John Stuart Mill and the Case of Governor Eyre, in: Ebd., S. 255-295.
Hall, Lesley A., ›Somehow very distasteful‹: Doctors, Men, and Sexual Problems between the Wars, in: Journal of Social History 20 (1985), S. 553-574.
Halperin, Nathalie, Die deutschen Schriftstellerinnen in der zweiten Hälfte des 18. Jahrhunderts. Versuch einer soziologischen Analyse, Phil. Diss. Quakenbrück 1935.
Hammerton, James A., Cruelty and Companionship. Conflict in Nineteenth-Century Married Life, London, New York 1992.
Handler, Richard, Is »Identity« a Useful Cross-Cultural Concept? in: John R. Gillis (Hg.), Commemorations. The Politics of National Identity, Princeton 1994, S. 27-40.
Hanke, Edith, Das »spezifisch intellektuelle Erlösungsbedürfnis«. Oder: Warum Intellektuelle Tolstoi lasen, in: Hübinger (Hg.), Intellektuelle, S. 158-171.
Hardach-Pinke, Irene, Kinder-Alltag: Aspekte von Kontinuität und Wandel der Kindheit in autobiographischen Zeugnissen 1700-1900, Frankfurt a. M., New York 1981.

Hardach-Pinke, Irene, Die Gouvernante. Geschichte eines Frauenberufs, Frankfurt a. M. 1993.
Hardach-Pinke, Irene, Weibliche Bildung und weiblicher Beruf. Gouvernanten im 18. und frühen 19. Jahrhundert, in: Geschichte und Gesellschaft 18 (1992), S. 507-525.
Hardt, Michael, Gilles Deleuze. An Apprenticeship in Philosophy, Minneapolis, London 1993.
Hardtwig, Wolfgang, Auf dem Weg zum Bildungsbürgertum: Die Lebensführungsart der jugendlichen Bildungsschicht 1750-1819, in: Bildungsbürgertum im 19. Jahrhundert, Bd. 3, Stuttgart 1992, S. 19-41.
Hardtwig, Wolfgang, Geschichtsreligion – Arbeit als Wissenschaft – Objektivität. Der Historismus in neuer Sicht, in: Historische Zeitschrift 252 (1991), S. 1-32.
Hardtwig, Wolfgang, Politisierung der Aufklärung, in: Archiv für Sozialgeschichte 29 (1989), S. 412-431.
Hartocollis, Peter, Time and affect in psychopathology, in: Journal of the American Pschoanalytic Association 23 (1975), S. 383-395.
Haskell, Bernstein, Boredom and the ready-made life, in: Social Research 42 (1975), S. 512-537.
Hauch, Gabriella, Frauen-Räume in der Männerrevolution 1848, in: Dowe, Langewiesche (Hg.), Europa, S. 841-900.
Hauch, Gabriella, Madame Biedermeier auf den Barrikaden. Frauenleben in der Wiener Revolution von 1848, Wien 1990.
Haupt, Heinz-Gerhard, Männliche und weibliche Berufskarrieren im deutschen Bürgertum in der zweiten Hälfte des 19. Jahrhunderts: Zum Verhältnis von Klasse und Geschlecht, in: Geschichte und Gesellschaft 18 (1992), S. 143-160.
Haupt, Heinz-Gerhard, Charlotte Tacke, Die Kultur des Nationalen. Sozial- und kulturgeschichtliche Ansätze bei der Erforschung des europäischen Nationalismus im 19. und 20. Jahrhundert, in: Wehler, Hardtwig (Hg.), Kulturgeschichte Heute, S. 255-283.
Hausen, Karin, Die Polarisierung der »Geschlechtscharaktere« – Eine Spiegelung der Dissoziation von Erwerbs- und Familienleben, in: Werner Conze (Hg.), Sozialgeschichte der Familie in der Neuzeit Europas, Stuttgart 1976, S. 363-393.
Hausen, Karin, »... eine Ulme für das schwankende Efeu.« Ehepaare im Bildungsbürgertum. Ideale und Wirklichkeiten im späten 18. und 19. Jahrhundert, in: Frevert, Bürgerinnen, S. 85-117.
Hausen, Karin, Heide Wunder (Hg.), Frauengeschichte – Geschlechtergeschichte, Frankfurt a. M. 1992.
Hausen, Karin, Frauenräume, in: Ebd., S. 21-24.
Hausen, Karin (Hg.), Geschlechterhierarchie und Arbeitsteilung. Zur Geschichte ungleicher Erwerbschancen von Männern und Frauen, Göttingen 1993.
Healy, Sean, Boredom, Self and Culture, Rutherford u. a. 1984.
Heidbrink, Ludger, Melancholie und Moderne. Zur Kritik der historischen Verzweiflung, München 1994.
Heilsbecher, Walter, Versuch über Oblomow, in: Merkur 20 (1966), S. 841f.
Hein, Dieter, Andreas Schulz (Hg.), Bürgerkultur im 19. Jahrhundert. Bildung, Kunst und Lebenswelt, München 1996.
Heinen, Wilhelm, Das Problem der Langeweile im Dorf, in: Das Dorf. Zwei-Monatsschrift zur christlichen Erneuerung des Landlebens, Jg. 1950, H. 9/10, S. 179-183.
Heinsohn, Kirsten, Politik und Geschlecht: Zur politischen Kultur bürgerlicher Frauenvereine in Hamburg, Hamburg 1997.

Heintz, Bettina, Claudia Honegger (Hg.), Listen der Ohnmacht. Zur Sozialgeschichte weiblicher Widerstandsformen, Frankfurt a. M. 1984.

Heintz, Bettina, Claudia Honegger, Zum Strukturwandel weiblicher Widerstandsformen im 19. Jahrhundert, in: Ebd., S. 7-68.

Heller, Andreas, Therese Weber, Oliva Wiebel-Fanderl (Hg.), Religion und Alltag. Interdisziplinäre Beiträge zu einer Sozialgeschichte des Katholizismus in lebensgeschichtlichen Aufzeichnungen, Wien, Köln 1990.

Henning, Hans-Joachim, Die deutsche Beamtenschaft im 19. Jahrhundert. Zwischen Stand und Beruf, Stuttgart 1984.

Hennis, Wilhelm, Max Webers Wissenschaft vom Menschen. Neue Studien zur Biographie des Werkes, Tübingen 1996.

Hennis, Wilhelm, Der Geist des Rationalismus und die moderne Politik, in: Ders., Hermann Lübbe, Rationalismus und Erfahrungsverlust in der Arbeitswelt, Köln 1981.

Hermand, Jost (Hg.), Das junge Deutschland. Texte und Dokumente, Stuttgart 1976.

Herminghouse, Patricia, Women and the Literary Enterprise in Nineteenth-Century Germany, in: Boetcher Joeres, Maynes (Hg.), German Women, S. 78-93.

Heron, Woodburn, The Pathology of Boredom, in: Scientific American 196 (1957), S. 52-56.

Herrmann, Ulrich, »Die Bildung des Bürgers«. Die Formierung der bürgerlichen Gesellschaft und die Gebildeten im 18. Jahrhundert, Weinheim, Basel 1982.

Herrmann, Ulrich, »Bildung« im Gymnasium des Kaiserreiches, in: Bildungsbürgertum im 19. Jahrhundert, Bd. 2, S. 346-368.

Hertz, Neil, Medusa's Head: Male Hysteria under Political Pressure, in: Representations 4 (1983), S. 27- 54.

Herzog, Dagmar, Intimacy and Exclusion. Religious Politics in Pre-revolutionary Baden, Princeton 1996.

Hess, Nina, Der Schwan. Das Leben der Pauline Wiesel, Berlin 1994.

Hettling, Manfred, Stefan-Ludwig Hoffmann, Der bürgerliche Wertehimmel, in: Geschichte und Gesellschaft 23 (1997), S. 333-359.

Hettling, Manfred, Paul Nolte (Hg.), Bürgerliche Feste. Symbolische Formen politischen Handelns im 19. Jahrhundert, Göttingen 1993.

Heuser, Magdalene (Hg.), Autobiographien von Frauen. Beiträge zu ihrer Geschichte, Tübingen 1996.

Higonnet, Margaret R. u. a. (Hg.), Behind the Lines. Gender and the Two World Wars, New Haven, London 1987.

Higonnet, Margaret R. u. a., Introduction, in: Ebd, S. 1-17.

Hill, A.B., Rachel E. Perkins, Towards a modell of boredom, in: British Journal of Psychology 76 (1985), S. 235-240.

Hill, Andreas, ›May the Doctor advise Extramarital Intercourse?‹ Medical Debates on Sexual Abstinence in Germany, c. 1900, in: Roy Porter, Mikulás Teich (Hg.), Sexual Knowledge, Sexual Science. The History of Attitudes to Sexuality, Cambridge 1994, S. 284-302.

Hiller, Kurt, Erinnerungen und Materialien, hg. v. Rolf v. Bockel, Hamburg 1992.

Hinrichs, Peter, Um die Seele des Arbeiters. Arbeitspsychologie in Deutschland 1871-1945, Köln 1981.

Hinske, Norbert, Kants »höchstes moralisch-physisches Gut«. Essen und allgemeine Menschenvernunft, in: Klaus Gerteis (Hg.), Alltag in der Zeit der Aufklärung, Hamburg 1991.

Hirschman, Albert, Leidenschaften und Interessen. Politische Begründungen des Kapitalismus vor seinem Sieg, Frankfurt a. M. 1987.
Hirschman, Albert, Shifting Involvements. Private Interests and Public Action, Princeton 1982.
Hobsbawm, Eric, Terence Ranger (Hg.), The Invention of Tradition, London u. a. 1984.
Hobsbawm, Eric, Introduction: Inventing Traditions, in: Ebd., S. 1-14.
Hoche, Alfred Erich, Langeweile, in: Ders., Aus der Werkstatt, München 1938, S. 38-56.
Hölscher, Lucian, Weltgericht oder Revolution. Protestantische und sozialistische Zukunftsvorstellungen im deutschen Kaiserreich, Stuttgart 1989.
Hölscher, Lucian, Bürgerliche Religiosität im protestantischen Deutschland im 19. Jahrhundert, in: Schieder (Hg.), Religion, S. 191-215.
Hoffmann, Stefan-Ludwig, Die Politik der Geselligkeit. Freimaurerlogen in der deutschen Bürgergesellschaft, 1840-1914, Göttingen 2000.
Hofstaetter, Ursula, Langeweile bei Heinrich Heine, Heidelberg 1991.
Honegger, Claudia, Die Ordnung der Geschlechter. Die Wissenschaften vom Menschen und das Weib, 1750-1850, Frankfurt a. M. 1991.
Hoock-Demarle, Marie-Claire, Die Frauen der Goethezeit, München 1991.
Hornung, Ela, Sie sind das Glück, sie sind die Göttin. Glück und Arbeit in bürgerlichen Hauswirtschaftsratgebern, in: Monika Bernold u. a. (Hg.), Familie: Arbeitsplatz oder Ort des Glücks? Historische Schnitte ins Private, Wien 1990, S. 105-133.
Houghton, Walter E., The Victorian Frame of Mind 1830-1870, New Haven, London 1968.
Huck, Gerhard (Hg.), Sozialgeschichte der Freizeit. Untersuchungen zum Wandel der Alltagskultur in Deutschland, Wuppertal 1980.
Hudson, Janette, »Sieh so schrieb ich Bücher«: Ottilie Wildermuth (1817-1877), in: Boetcher-Joeres, Burkhard (Hg.), Out of Line/Ausgefallen, S. 41-76.
Hübinger, Gangolf (Hg.), Intellektuelle im Deutschen Kaiserreich, Frankfurt a. M. 1993.
Hübinger, Gangolf, Georg Gottfried Gervinus: historisches Urteil und politische Kritik, Göttingen 1984.
Hübner, Benno, Der de-projizierte Mensch: Meta-physik der Langeweile, Wien 1991.
Huerkamp, Claudia, Bildungsbürgerinnen. Frauen im Studium und in akademischen Berufen 1900-1945, Göttingen 1996.
Huguet, Michèle, L'ennui et ses discours, Paris 1984.
Huguet, Michèle, L'ennui et la douleur du temps, Paris 1987.
Hull, Isabel V., Sexuality, State and Civil Society in Germany, 1700-1815, Ithaca, London 1996.
Hunt, Lynn, Symbole der Macht, Macht der Symbole. Die Französische Revolution und der Entwurf einer politischen Kultur, Frankfurt a. M. 1989.
Huyssen, Andreas, After the Great Divide: Modernism, MassCulture, Postmodernism, ND Houndsmills u. a.1993.
Huyssen, Andreas, Mass Culture als Woman: Modernism's Other, in: Ebd., S. 44-62.
Illge, W., Zur Psychologie der Langeweile, in: Die neue deutsche Schule 3 (1929), S. 981-988.
Im Hof, Ulrich, Das gesellige Jahrhundert. Gesellschaft und Gesellschaften im Jahrhundert der Aufklärung, München 1982.
Index deutschsprachiger Zeitschriften, hg. v. Klaus Schmidt, Hildesheim 1990.
Irigaray, Luce, Speculum of the Other Woman, Ithaca 1985.

Iso-Ahola, Seppo E., Ellen Weininger, Boredom and leisure, in: Journal of social and clinical psychology 5 (1987), S. 356-364.
Jackson, David (Hg.), Taboos in German Literature, Providence, Oxford 1996.
Jackson, Stanley W., Melancholia and Depression. From Hippocratic Times to Modern Times, New Haven 1986.
Jackstel, Karl-Heinz, Ferien ohne Langeweile. Probleme der kulturellen und naturwissenschaftlich-technischen Betätigung in den Ferien, hg. v. Ministerium für Volksbildung (Sektor Außerunterrichtliche Tätigkeit, Feriengestaltung und Jugendherbergswesen), o. O., o. J. [Berlin 1962].
Jakob-Kleffner, Elisabeth, Über pathologische Neugier und Mangel an Langeweile bei encephalitis epidemica, in: Archiv für Psychiatrie 101 (1934), S. 657-665.
Jacobi, Gerhard, Langeweile, Muße und Humor und ihre pastoral-theologische Bedeutung, Berlin 1952.
Jacobi-Dittrich, Juliane, Growing up Female in the Nineteenth Century, in: Fout (Hg.), German Women, S. 197-217.
James, Harold, Deutsche Identität 1770-1970, Frankfurt a. M. 1991.
Jankelevitch, Wladimir, L'aventure, l'ennui, le sérieux, Paris 1963.
Janzarik, Werner, Psychologie und Psychopathologie der Zukunftsbezogenheit, in: Archiv für die gesamte Psychologie 117 (1965), S. 33-53.
Jeffreys, Sheila, The Spinster and Her Enemies. Feminism and Sexuality 1880-1930, London 1985.
Jehl, Rainer, Melancholie und Acedia. Ein Beitrag zu Anthropologie und Ethik Bonaventuras, Paderborn u. a. 1984.
Jeismann, Michael, Das Vaterland der Feinde. Studien zum nationalen Feindbegriff und Selbstverständnis in Deutschland und Frankreich, 1792-1918, Stuttgart 1992.
Jelavich, Peter, Literature and the Arts, in: Chickering (Hg.), Imperial Germany, S. 377-408.
Jelavich, Peter, Poststrukturalismus und Sozialgeschichte – Aus amerikanischer Perspektive, in: Geschichte und Gesellschaft 21 (1995), S. 259-289.
Jenkins, Jennifer, The kitsch collection and *The Spirit in the Furniture*: cultural reform and national culture in Germany, in: Social History 21 (1996), S. 124-141.
Joest, Mechthild, Martina Nieswandt, Das Lehrerinnen-Zölibat im Deutschen Kaiserreich. Die rechtliche Situation der unverheirateten Lehrerinnen in Preußen und die Stellungnahmen der Frauenbewegung zur Zölibatsklausel, in: Die ungeschriebene Geschichte. Historische Frauenforschung, Dokumentation des 5. Historikerinnentreffens 1984, Wiener Frauenverlag, o. J., S. 251-258.
John, Michael, Politics and the Law in Late Nineteenth-Century Germany. The Origins of the Civil Code, Oxford 1989.
Johnson, James H., Listening in Paris: A Cultural History, Berkeley 1995.
Joyce, Patrick (Hg.), The Historical Meaning of Work, Cambridge u. a. 1987.
Jüttemann, Gert (Hg.), Die Geschichtlichkeit des Seelischen. Der historische Zugang zum Gegenstand der Psychologie, Weinheim 1986.
Jung, Werner, Schöner Schein der Häßlichkeit oder Häßlichkeit des schönen Scheins: Ästhetik und Geschichtsphilosophie im 19. Jahrhundert, Frankfurt a. M. 1987.
Kaplan, Marion, Freizeit – Arbeit. Geschlechterräume im deutsch-jüdischen Bürgertum 1870-1914, in: Frevert (Hg.), Bürgerinnen, S. 157-174.
Kaplan, Marion, The Making of the Jewish Middle Class. Women, Family and Identity in Imperial Germany, New York 1991.

Kaschuba, Wolfgang, Deutsche Bürgerlichkeit nach 1800. Kultur als symbolische Praxis, in: Kocka (Hg.), Bürgertum im 19. Jahrhundert, Bd. 3, S. 9-44.

Kaschuba, Wolfgang, Carola Lipp, Zur Organisation des bürgerlichen Optimismus – Regionale Formierungsprozesse des Bürgertums im Vormärz und in der Revolution 1848, in: SOWI 8 (1979), S. 74-82.

Kasson, John F., Rudeness and Civility. Manners in Nineteenth-Century Urban America, New York, Toronto 1990.

Kassouf, Susan, The Sickly Male Body of Scholarship. Intellectuals and Manliness in the late Eighteenth Century, Vortrag beim Annual Meeting der American Historical Association, New York, Manuskript, Januar 1997.

Katz, Jacob, Jewish Emancipation and Self-Emancipation, Philadelphia u. a. 1986.

Kaufmann, Doris, Aufklärung, bürgerliche Selbsterfahrung und und die »Erfindung« der Psychiatrie in Deutschland, 1770-1850, Göttingen 1995.

Kaulbauch, Hans-Martin, Männliche Ideale von Krieg und Frieden in der Kunst der napoleonischen Ära, in: Dülffer (Hg.), Kriegsbereitschaft und Friedensordnung, S. 127-154.

Keen, Sam, Langeweile, in: Psychologie heute 10 (1977), S. 64-69.

Keen, Sam, Sich Zeit nehmen für die Langeweile, in: Psychologie heute 13 (1980), S. 20-27.

Kerber, Linda K., Women and Men: Boredom, Violence and Political Power, in: Linda K. Kerber, Toward an Intellectual History of Women. Essays, Chapel Hill, London 1997, S. 303-318.

Kern, Stephen, The Culture of Time and Space 1880-1914, Cambrige, Mass. 1983.

Kern, Stephen, The Culture of Love. Victorians to Moderns, Cambridge/M. 1992.

Kessel, Martina, Balance der Gefühle. Langeweile im 19. Jahrhundert, in: Historische Anthropologie 4 (1996), S. 234-255.

Kessel, Martina, »Der Ehrgeiz setzte mir wieder zu …«. Geduld und Ungeduld im 19. Jahrhundert, in: Manfred Hettling, Stefan Hofffmann (Hg.), Der bürgerliche Wertehimmel, Göttingen 2000, S. 129-148.

Kessel, Martina, »Jeder Augenblick hat seine Sichel«. Langeweile und der Verlust der Zeit, in: Michael Jeismann (Hg.), Obsessionen. Beherrschende Gedanken im wissenschaftlichen Zeitalter, Frankfurt a. M. 1995, S. 257-271.

Kessel, Martina, Sterben/Tod – Neuzeit, in: Peter Dinzelbacher (Hg.), Europäische Mentalitätsgeschichte, Stuttgart 1993, S. 260-274.

Kessel, Martina, Das Trauma der Affektkontrolle. Zur Sehnsucht nach Gefühlen im 19. Jahrhundert, in: Benthien u. a. (Hg.), Emotionalität, S. 156-177.

Kessel, Martina, Unter Utopieverdacht? Zum Nachdenken über Glück im späten 18. und frühen 19. Jahrhundert, in: L'Homme 10 (1999), H. 2, S. 257-276.

Kessel, Martina, Verfügte Zeit, gelebte Zeit. Frauen zwischen Arbeit und freier Zeit im 19. und 20. Jahrhundert, in: Kessel (Hg.), Zwischen Abwasch, S. 9-30.

Kessel, Martina, Zwischen Abwasch und Verlangen. Zeiterfahrungen von Frauen im 19. und 20. Jahrhundert, München 1995.

Kettmann, Gerhard, Die Existenzformen der deutschen Sprache im 19. Jahrhundert – ihre Entwicklung und ihr Verhältnis zueinander unter den Bedingungen der industriellen Revolution, in: Joachim Schildt u. a. (Autorenkollektiv), Die Auswirkungen der industriellen Revolution auf die deutsche Sprachentwicklung im 19. Jahrhundert, Berlin 1981, S. 35-97.

Kielmannsegg, Peter Graf, Deutschland und die Erste Weltkrieg, Frankfurt a. M. 1968.

Kienitz, Sabine, Frauen, in: Christof Dipper, Ulrich Speck (Hg.), 1848. Revolution in Deutschland, Frankfurt a. M. 1998, S. 272-285.

Kiesel, Helmuth, Paul Münch (Hg.), Gesellschaft und Literatur im 18. Jahrhundert, München 1977.

Killy, Walther, Von Berlin bis Wandsbeck. Zwölf Kapitel deutscher Bürgerkultur um 1800, München 1996.

Kim-Wawrzinek, Utta, Bedürfnis, in: Geschichtliche Grundbegriffe, Bd. 1, Stuttgart 1971, S. 440-466.

Kimmel, Michael, Manhood in America: A Cultural History, New York 1995.

Kirchner, Joachim, Die Grundlagen des deutschen Zeitschriftenwesens mit einer Gesamtbibliographie der deutschen Zeitschriften bis zum Jahre 1790. T. II: Die Bibliographie der deutschen Zeitschriften bis zur Französischen Revolution. Statistische Ergebnisse, Leipzig 1931.

Kittsteiner, Heinz D., Die Entstehung des modernen Gewissens, Frankfurt a. M., Leipzig 1991.

Kittsteiner, Heinz D., Die geschichtsphilosophische Allegorie des 19. Jahrhunderts, in: Willem van Reijen (Hg.), Allegorie und Melancholie, Frankfurt/M. 1992, S. 147-171.

Klapp, Orrin E., Overload and Boredom. Essays on the Quality of Life in the Information Society, New York, Westport, London 1986.

Klausmann, Christina, Politik und Kultur der Frauenbewegung im Kaiserreich: das Beispiel Frankfurt am Main, Frankfurt a. M. 1997.

Klein, Fritz, Karl Otmar v. Aretin (Hg.), Europa um 1900, Berlin 1989.

Klein, Wolf Peter, »Am Anfang war das Wort.« Theorie- und wissenschaftsgeschichtliche Elemente frühneuzeitlichen Sprachbewußtseins, Berlin 1992.

Kleinau, Elke, Claudia Opitz (Hg.), Geschichte der Mädchen- und Frauenbildung. Bd. 2: Vom Vormärz bis zur Gegenwart, Frankfurt a. M. 1996.

Klerks, Wilhelm, Madame du Deffand. Essay sur l'ennui, Assen 1961.

Klewitz, Marion, Gleichheit als Hierarchie. Lehrerinnen in Preußen 1900-1933, in: Juliane Jacobi (Hg.), Frauen zwischen Familie und Schule. Professionalisierungsstrategien bürgerlicher Frauen im Vergleich, Köln 1994, S. 79-107.

Klibansky, Raymond, Erwin Panofsky, Fritz Saxl, Saturn und Melancholie. Studien zur Geschichte der Naturphilosophie und Medizin, der Religion und der Kunst, Frankfurt a. M. 1992 (1964).

Klinger, Cornelia, Frau – Landschaft – Kunstwerk. Gegenwelten oder Reservoir des Patriarchats?, in: Helga Nagl-Docekal (Hg.), Feministische Philosophie, Wien, München 1990, S. 63-94.

Klinger, Cornelia, Flucht Trost Revolte. Die Moderne und ihre ästhetischen Gegenwelten, München, Wien 1995.

Klinkmann, Norbert, Gewalt und Langeweile, in: Kriminologisches Journal 4 (1982), S. 254-276.

Kluss, Heinz, Überforderung durch Unterforderung oder das Problem des Gammelns in der Bundeswehr, in: Wehrkunde. Zeitschrift für alle Wehrfragen 15 (1966), S. 349-356.

Kocka, Jürgen (Hg.), Bürgertum im 19. Jahrhundert. Deutschland im europäischen Vergleich, 3 Bde., München 1988.

Kocka, Jürgen, Bürgertum und bürgerliche Gesellschaft im 19. Jahrhundert. Europäische Entwicklungen und deutsche Eigenarten, in: Ebd., Bd. 1, S. 11-76.

Kocka, Jürgen (Hg.), Bürger und Bürgerlichkeit im 19. Jahrhundert, Göttingen 1987.
Kocka, Jürgen, Bürgertum und Bürgerlichkeit als Probleme der deutschen Geschichte vom späten 18. bis zum frühen 20. Jahrhundert, in: Ebd., S. 21-63.
Kocka, Jürgen, Einige Ergebnisse, in: Frevert, Bürgerinnen, S. 206-209.
Kocka, Jürgen, Familie, Unternehmer und Kapitalismus. An Beispielen aus der frühen deutschen Industrialisierung, in: Heinz Reif (Hg.), Die Familie in der Geschichte, Göttingen 1982, S. 163-186.
Köhn, Eckhardt, Straßenrausch. Flanerie und kleine Form. Versuch zur Literaturgeschichte des Flaneurs bis 1933, Berlin 1989.
König, Gudrun M., Eine Kulturgeschichte des Spaziergangs. Spuren einer bürgerlichen Praktik 1780-1850, Wien u. a. 1996.
König, Helmut, Zivilisation und Leidenschaften. Die Masse im bürgerlichen Zeitalter, Reinbek 1992.
Kohli, Martin, Die Institutionalisierung des Lebenslaufes. Historische Befunde und theoretische Argumenten, in: Kölner Zeitschrift für Soziologie und Sozialpsychologie 37 (1985), S. 1-29.
Kolkenbrock-Netz, Jutta, Fabrikation – Experiment – Schöpfung. Strategien ästhetischer Legitimation im Naturalismus, Heidelberg 1981.
Kondylis, Panajotis, Die Aufklärung im Rahmen des neuzeitlichen Rationalismus, München 1986.
Kopitzsch, Franklin (Hg.), Aufklärung, Absolutismus und Bürgertum in Deutschland, München 1976.
Korn, Karl Heinz, Vermittler der Musen. Russische Literatur in Deutschland, in: West-östliche Spiegelungen. Unter der Leitung von Lew Kopelew, Bd. 3: Mechthild Keller (Hg.), Russen und Rußland aus deutscher Sicht, München 1991, S. 247-286.
Koselleck, Reinhart, Einleitung – Zur anthropologischen und semantischen Struktur der Bildung, in: Bildungsbürgertum im 19. Jahrhundert, Bd. 2, S. 11-46.
Koselleck, Reinhart, Begriffsgeschichte und Sozialgeschichte, in: Ders. (Hg.), Historische Semantik und Begriffsgeschichte, Stuttgart 1979, S. 19-36.
Koselleck, Reinhart, Vergangene Zukunft. Zur Semantik geschichtlicher Zeiten, Frankfurt a. M. 1989.
Koselleck, Reinhart, ›Erfahrungsraum‹ und ›Erwartungshorizont‹ – zwei historische Kategorien, in: Ebd., S. 349-375.
Koselleck, Reinhart, Christian Meier, Fortschritt, in: Geschichtliche Grundbegriffe. Historisches Lexikon zur politisch-sozialen Sprache in Deutschland, hg. v. Otto Brunner, Werner Conze, Reinhart Koselleck, Bd. 2, Stuttgart 1972, S. 351-423.
Kracauer, Siegfried, Jacques Offenbach und das Paris seiner Zeit (= Schriften, Bd. 8), Frankfurt a. M. 1976 (1937).
Kracauer, Siegfried, Langeweile, in: Ders., Das Ornament der Masse. Essays, Frankfurt a. M. 1986 (1928).
Kraul, Margret, Das deutsche Gymnasium 1780-1980, Frankfurt a. M. 1984.
Kraul, Margaret, Bildung und Bürgerlichkeit, in: Kocka (Hg.), Bürgertum im 19. Jahrhundert, Bd. 3, S. 45-73.
Kraus, Hans-Christoph, Bürgerlicher Aufstieg und adliger Konservatismus. Zur Sozial- und Mentalitätsgeschichte einer preußischen Familie im 19. Jahrhundert, in: Archiv für Kulturgeschichte 74 (1992), H.1, S. 191-225.
Kreh, Rotraud, Langeweile und Traum. Zum Frühwerk von Peter Altenberg, Magisterarbeit Germanistik, FU Berlin 1988.

Krieken, Robert van, Violence, self-discipline and modernity: beyond the ›civilizing process‹, in: Sociological Review 37 (1989), S. 193-218.
Krumrey, Horst-Volker, Entwicklungsstrukturen von Verhaltensstandarden. Eine soziologische Prozeßanalyse auf der Grundlage deutscher Anstands- und Manierenbücher von 1870 bis 1970, Frankfurt a. M. 1984.
Kühme, Dorothea, Bürger und Spiel. Gesellschaftsspiele im deutschen Bürgertum zwischen 1750 und 1850, Frankfurt a. M. 1997.
Kühne, Thomas (Hg.), Männergeschichte, Geschlechtergeschichte. Männlichkeit im Wandel der Moderne, Frankfurt a. M. 1996.
Küpper, Peter, Literatur und Langeweile. Zur Lektüre Stifters, in: Adalbert Stifter. Studien und Interpretationen. Gedenkschrift zum 100. Todestag, hg. v. Lothar Stiehm, Heidelberg 1968, S. 170-188.
Kuhn, Reinhard, The Demon of Noontide. Ennui in European Literature, Princeton 1976.
Kuhn, Bärbel, Familienstand ledig. Ehelose Frauen und Männer im Bürgertum (1850-1914), Köln 2000.
Kuhn, Bärbel, Das Unterste zuoberst gekehrt. Beiträge zur Theorie und Praxis von Hausarbeit im 19. und 20. Jahrhundert, in: Fieseler, Schulze (Hg.), Frauengeschichte gesucht, S. 22-46.
Kuppler, Elisabeth, Weiblichkeitsmythen zwischen *gender, race* und *class*. True Womanhood im Spiegel der Geschichtsschreibung, in: Hadumod Bußmann, Renate Hof (Hg.), Genus – Zur Geschlechterdifferenz in den Kulturwissenschaften, Stuttgart 1995, S. 262-291.
Labisch, Alfons, Hygiene ist Moral – Moral ist Hygiene, in: Christoph Sachße, Florian Tennstedt (Hg.), Soziale Sicherheit und soziale Disziplinierung, Frankfurt a. M. 1986, S. 265-285.
Ladendorf, Otto, Moderne Schlagworte, in: Zeitschrift für die deutsche Wortforschung 5 (1905), S. 105-126.
Ladj-Teichmann, Erziehung zur Weiblichkeit durch Textilarbeiten. Ein Beitrag zur Sozialgeschichte der Frauenarbeit im 19. Jahrhundert, Weinheim, Basel 1983.
Laermann, Klaus, Alltags-Zeit. Bemerkungen über die unauffälligste Form sozialen Zwangs, in: Kursbuch 41 (1975), S. 87-105.
Lamm, Helmut, Rolf W. Schmidt, Gisela Trommsdorff, Sex and Social Class as Determinants of Future Orientation (Time Perspective) in Adolescents, in: Journal of Personality and Social Psychology 34 (1976), S. 317-326.
Landes, Joan, Women and the Public Sphere in the Age of the French Revolution, Ithaca 1988.
Lang, Bernhard, Colleen McDannell, Der Himmel. Eine Kulturgeschichte des ewigen Lebens, Frankfurt a. M. 1990.
Lange, Victor, Das klassische Zeitalter der deutschen Literatur, 1740-1815, München 1983.
Laqueur, Thomas, Auf den Leib geschrieben. Die Inszenierung der Geschlechter von der Antike bis Freud, Frankfurt a. M. 1992.
Lauretis, Teresa de, Technologies of Gender. Essays on Theory, Film, and Fiction, Bloomington, Indianapolis 1987.
LaVopa, Anthony J., Grace, Talent, and Merit: Poor Students, Clerical Careers and Professional Ideology in Eighteenth-Century Germany, Cambridge 1988.
Leary, Mark R. u. a., Boredom in Interpersonal Encounters, in: Journal of Personality and Social Psychology 51 (1986), S. 968-975.

Lenger, Friedrich, Die Abkehr der Gebildeten von der Politik, in: Hübinger (Hg.), Intellektuelle, S. 62-77.

Lenzen, Dieter (Hg.), Verbotene Wünsche. Kulturelle Muster der Erhaltung von Lebensbereitschaft, Berlin 1991.

Lepenies, Wolf, Melancholie und Gesellschaft, Frankfurt a. M. 1969.

Lepsius, Rainer M., Das Bildungsbürgertum als ständische Vergesellschaftung, in: Bildungsbürgertum im 19. Jahrhundert, Bd.3, S. 8-18.

LeRider, Jacques. Das Ende der Illusion. Zur Kritik der Moderne. Die Wiener Moderne und die Krise der Identität, Wien 1990.

Lessin, Hans-Ulrich, Langeweile, in: Joachim Ritter (Hg.), Historisches Wörterbuch der Philosophie, Bd. 5, Basel, Stuttgart 1980, Sp. 28-32.

Lethen, Helmut, Der Radar-Typ, in: Grazcyk (Hg.), »Das Volk«, S. 225-236.

Lethen, Helmut, Unheimliche Nachbarschaften. Neues vom neusachlichen Jahrzehnt, in: Jahrbuch zur Literatur der Weimarer Republik 1 (1995), S. 76-92.

Lethen, Helmut, Verhaltenslehren der Kälte. Lebensversuche zwischen den Kriegen, Frankfurt a. M. 1994.

Levinger, E., Von der menschlichen Langeweile. Psychologisch-biologische Betrachtungen, in: Schweizerische Medizinische Wochenschrift 81 (1951), S. 113-115.

Lieven, Dominic, Abschied von Macht und Würden. Der europäische Adel 1815-1914, Frankfurt a. M. 1995.

Lindenberger, Thomas, Straßenpolitik. Zur Sozialgeschichte der öffentlichen Ordnung in Berlin 1900 bis 1914, Bonn 1995.

Link, Jürgen, »Einfluß des Fliegens! – Auf den Stil selbst!« Diskursanalyse des Ballonsymbols, in: Link, Wülfing (Hg.), Bewegung und Stillstand, S. 149-163.

Link, Jürgen, Wulf Wülfing (Hg.), Bewegung und Stillstand in Metaphern und Mythen. Fallstudien zum Verhältnis von elementarem Wissen und Literatur im 19. Jahrhundert, Stuttgart 1984.

Link, Jürgen, Wulf Wülfing (Hg.), Nationale Mythen und Symbole in der zweiten Hälfte des 19. Jahrhunderts. Strukturen und Funktionen von Konzepten nationaler Identität, Stuttgart 1991.

Linke, Angelika, Sprachkultur und Bürgertum. Zur Mentalitätsgeschichte des 19. Jahrhunderts, Stuttgart 1996.

Lipp, Carola, Bräute, Mütter, Gefährtinnen. Frauen und politische Öffentlichkeit in der Revolution 1848, in: Grubitzsch u. a. (Hg.), Grenzgängerinnen, S. 71-92.

Lipp, Carola (Hg.), Schimpfende Weiber und patriotische Jungfrauen. Frauen im Vormärz und in der Revolution 1848/49, Moos, Baden-Baden 1986.

Lipp, Carola, Frauen und Öffentlichkeit. Möglichkeiten und Grenzen politischer Partizipation im Vormärz und in der Revolution von 1848, in: Ebd., S. 270-307.

Lipp, Carola, Überlegungen zur Methodendiskussion. Kulturanthropologische, sozialwissenschaftliche und historische Ansätze zur Erforschung der Geschlechterbeziehungen, in: Frauenalltag – Frauenforschung, Frankfurt a. M u. a. 1988, S. 29-46.

Löwy, Michael, Redemption and Utopia. Jewish Libertarian Thought in Central Europe. A Study in Elective Affinity, London 1992.

Loquai, Franz, Künstler und Melancholie in der Romantik, Frankfurt a. M. 1984.

Lorenz, Willy, Zwischen Angst und Langeweile, in: Erdkreis. Eine katholische Monatsschrift 9 (1959), S. 461-465.

Loth, Wilfried, Geschichte Frankreichs im 20. Jahrhundert, Stuttgart u. a. 1987.

Lüdtke, Alf, The Appeal of Exterminating ›Others‹: German Workers and the Limits of

Resistance, in: Journal of Modern History 64 (1992), Supplement: Resistance against the Third Reich, S. 46-67.
Lüdtkehaus, Ludger (Hg.), »Dieses wahre innere Afrika«. Texte zur Entdeckung des Unbewußten vor Freud, Frankfurt a. M. 1989.
Lukács, Georg, Die Zerstörung der Vernunft. Der Weg des Irrationalismus von Schelling zu Hitler, Berlin 1955.
Lunbeck, Elizabeth, The Psychiatric Persuasion. Knowledge, Gender, and Power in Modern America, Princeton 1994.
Luyendijk-Elshout, Antonie, Of Masks and Mills: The Enlightenment Doctor and His Frightened Patient, in: Rousseau (Hg.), Languages, S. 186-230.
Lyman, Stanford M., The seven deadly sins: Society and evil, New York 1978.
Lyotard, Jean-François, Beantwortung der Frage: was ist postmodern? in: Peter Engelmann (Hg.), Postmoderne und Dekonstruktion. Texte französischer Philosophen der Gegenwart, Stuttgart 1990.
Lyschinska, Mary J., Henriette Schrader-Breymann. Ihr Leben in Briefen und Tagebüchern, 2 Bde., Berlin, Leipzig 1922.
Mangan, James A., James Walvin (Hg.), Manliness and Morality. Middle-Class Masculinity in Britain and America, 1800-1940, Manchester 1987.
Mann, Thomas, Betrachtungen eines Unpolitischen, Frankfurt a. M. 1956.
Marchand, Suzanne L., Down from Olympus. Archeology and Philhellenism in Germany, 1750-1970, Princeton 1996.
Martens, Wolfgang, Die Botschaft der Tugend. Die Aufklärung im Spiegel der Moralischen Wochenschriften, Stuttgart 1968.
Martin, N., Muße, in: Joachim Ritter (Hg.), Historisches Wörterbuch der Philosophie, Bd. 6, Darmstadt 1984, Sp. 257-260.
Mattenklott, Gert, Tödliche Langeweile, in: Merkur. Zeitschrift für europäisches Denken 41 (1987), H. 2, S. 91-103.
Mattenklott, Gert, Melancholie in der Dramatik des Sturm und Drang, Königstein/ Ts. 1985.
Maugue, Annelise, L'identité masculine en crise au tournant du siècle, 1871-1914, Paris 1987.
Maurer, Michael, Die Biographie des Bürgers. Lebensformen und Denkweisen in der formativen Phase des deutschen Bürgertums (1680-1815), Göttingen 1996.
Maurina, Zenta, Die Langeweile und der gehetzte Mensch, Memmingen 1962.
Mauthner, Fritz, Beiträge zu einer Kritik der Sprache. Bd. 3: Zur Grammatik und Logik, Leipzig ³1923.
Mauzi, Robert, L'idée du bonheur dans la littérature et la pensée française au XVIIIè siècle, Repr. Paris 1979.
Maynes, Mary Jo, Taking the Hard Road. Life Course in French and German Workers' Autobiographies in the Era of Industrialization, Chapel Hill, London 1995.
Maynes, Mary Jo., Gender and Narrative Form in French and German Working-Class Autobiographies, in: Personal Narratives Group (Hg.), Interpreting Women's Lives. Feminist Theory and Personal Narratives, Bloomington 1989, S. 103-117.
Melges, Frederick T., Time and the inner future: a temporal approach to psychiatric disorders, New York 1982.
Melman, Billie, Gender, History and Memory: The Invention of Women's Past in the Nineteenth and Early Twentieth Centuries, in: History & Memory 5 (1993), S. 5-41.

Menninghaus, Winfried, Ekel. Theorie und Geschichte einer starken Empfindung, Frankfurt a. M. 1999.

Menzer, Paul (Hg.), Eine Vorlesung Kants über Ethik, Berlin 1924.

Mettele, Gisela, Bürgertum in Köln 1775-1870. Gemeinsinn und freie Assoziation, München 1998.

Meyer, Alfred G., The Radicalization of Lily Braun, in: Fout (Hg.), German Women, S. 218-233.

Meyer, Sibylle, Das Theater mit der Hausarbeit. Bürgerliche Repräsentation in der Familie der wilhelminischen Zeit, Frankfurt a. M. 1982.

Michelsen, Peter, Friedrich Hebbels Tagebücher. Eine Analyse, Göttingen 1966.

Miller, Arthur, The Bored and the Violent, in: Harper's Magazine 225 (1962), S. 50-56.

Miller, William Ian, The Anatomy of Disgust, Cambridge, Mass., London 1997.

Minkowski, Eugène, Die gelebte Zeit, Bd. 1: Über den zeitlichen Aspekt des Lebens, Salzburg 1970 (frz. Erstausgabe Paris 1930).

Moeckl, Gottfried, Treffpunkt Clique. Jugend zwischen Langeweile und Gewalt, Fellbach 1992.

Möckl, Karl (Hg.), Hof und Hofgesellschaft in den deutschen Staaten im 19. und beginnenden 20. Jahrhundert, Boppardt 1990.

Möhrmann, Renate (Hg.), Frauenemanzipation im deutschen Vormärz. Texte und Dokumente, Stuttgart 1980.

Mölk, Ulrich (Hg.), Europäische Jahrhundertwende. Wissenschaften, Literatur und Kunst um 1900, Göttingen 1999.

Möller, Horst, Vernunft und Kritik. Deutsche Aufklärung im 17. und 18. Jahrhundert, Frankfurt a. M. 1986.

Mönks, Franz J., Zeitperspektive als psychologische Variable, in: Archiv für die gesamte Psychologie 119 (1967), S. 131-161.

Mommsen, Wolfgang J., Bürgerliche Kultur und künstlerische Avantgarde. Kultur und Politik im deutschen Kaiserreich 1870 bis 1918, Frankfurt a. M. 1994.

Mommsen, Wolfgang J., Elisabeth Müller-Luckner (Hg.), Kultur und Krieg. Die Rolle der Intellektuellen, Künstler und Schriftsteller im Ersten Weltkrieg, München 1996.

Moore, Barrington, Ungerechtigkeit. Die sozialen Ursachen von Unterordnung und Widerstand, Frankfurt a. M. 1987.

Mooser, Josef, Katholische Volksreligion, Klerus und Bürgertum in der 2. Hälfte des 19. Jahrhunderts. Thesen, in: Schieder (Hg.), Religion, S. 144-156.

Moser, Ulrich, Psychologie der Arbeitsstörungen, Bern, Stuttgart 1953.

Mosler, Peter, Georg Büchners »Leonce und Lena«. Langeweile als gesellschaftliche Bewußtseinsform, Bonn 1974.

Mosse, George L., Nationalism and Sexuality. Middle-Class Morality and Sexual Norms in Modern Europe, New York 1985.

Mosse, George L., Das Bild des Mannes. Zur Konstruktion der modernen Männlichkeit, Frankfurt a. M. 1997.

Müller, Erich Hugo, Erfüllte Gegenwart und Langeweile. Zeitgebundenheit und Zeitfreiheit im Leben des Kindes, Heidelberg 1969.

Müller, Heidy Margrit, Mütter und Töchter in deutschsprachiger Erzählprosa von 1885-1935, München 1991.

Müller, H.H.W., Kurt Hiller, Hamburg 1969.

Müller, Johann Baptist, Bedürfnisse, in: Geschichtliche Grundbegriffe, Bd. 1, Stuttgart 1971, 467-489.

Nahoum-Grappe, Véronique, L'Ennui Ordinaire, essai de phénoménologie sociale, Paris 1995.
Nahrstedt, Wolfgang, Die Entdeckung der Muße. Freizeit und Bildung in der 35-Stunden-Gesellschaft, Baltmannsweiler 1989.
Nahrstedt, Wolfgang, Die Entstehung der Freizeit. Dargestellt am Beispiel Hamburgs. Ein Beitrag zur Strukturgeschichte und zur strukturgeschichtlichen Grundlegung der Freizeitpädagogik, Göttingen 1972.
Nahrstedt, Wolfgang, Freizeit und Familie – zur pädagogischen Phänomenologie der Langeweile, in: Recht der Jugend und des Bildungswesens 22 (1974), S. 167-172.
Nahrstedt, Wolfgang, Leben in freier Zeit. Grundlagen und Aufgaben der Freizeitpädagogik, Darmstadt 1990.
Nassen, Ulrich, Trübsinn und Indigestion. Zum medizinischen und literarischen Diskurs über Hypochondrie im 18. Jahrhundert, in: Fugen. Deutsch-französisches Jahrbuch für Text-Analytik, Olten, Freiburg i.B. 1980, S. 171-186.
Neckel, Sighard, Status und Scham. Zur symbolischen Reproduktion sozialer Ungleichheit, Frankfurt a. M. 1991.
Nibbrig, Christiaan L. Hart, Rhetorik des Schweigens. Versuch über den Schatten literarischer Rede, Frankfurt a. M. 1981.
Nicholson, Linda (Hg.), Feminism/Postmodernism, New York, London 1990.
Nieraad, Jürgen, Die Spur der Gewalt. Zur Geschichte des Schrecklichen in der Literatur und ihrer Theorie, Lüneburg 1994.
Niethammer, Lutz, Bürgerliche Gesellschaft als Projekt, in: Ders. (Hg.), Bürgerliche Gesellschaft in Deutschland, Frankfurt a. M. 1990, S. 17-38.
Niethammer, Ortrun, »Wir sind von der Natur und durch die bürgerliche Gesellschaft bestimmt, uns mit dem Kleinlichen zu beschäftigen …« Formen und Inhalte von Autobiographien bürgerlicher Frauen in der Mitte des 19. Jahrhunderts, in: Heuser (Hg.), Autobiographien, S. 265-284.
Nikolaus, Thorsten, Älter werden. Die neue Herausforderung, Berlin 1993.
Nipperdey, Thomas, Deutsche Geschichte 1800-1866. Bürgerwelt und starker Staat, München 1983.
Nipperdey, Thomas, Deutsche Geschichte 1866-1918. Bd. 1: Arbeitswelt und Bürgergeist, München 1990; Bd. 2: Machtstaat vor der Demokratie, München 1992.
Nipperdey, Thomas, Die anthropologische Dimension der Geschichtswissenschaft, in: Ders., Gesellschaft, Kultur, Theorie, Göttingen 1976, S. 33-58.
Nipperdey, Thomas, Kommentar: »Bürgerlich« als Kultur, in: Kocka (Hg.), Bürger und Bürgerlichkeit, S. 143-148.
Nipperdey, Thomas, Verein als soziale Struktur in Deutschland im späten 18. und frühen 19. Jahrhundert. Eine Fallstudie zur Modernisierung I, in: Ders., Gesellschaft, Kultur, Theorie, Göttingen 1976, S. 174-205.
Nipperdey, Thomas, Wie das Bürgertum die Moderne fand, Berlin 1988.
Nisbet, Robert, Reflections on Boredom, in: Dialogue 62 (1983), S. 36-38.
Nowotny, Helga, Eigenzeit. Entstehung und Strukturierung eines Zeitgefühls, Frankfurt a. M. 1989.
Obermeit, Werner, »Das unsichtbare Ding, das Seele heißt.« Die Entdeckung der Psyche im bürgerlichen Zeitalter, Frankfurt a. M. 1980.
Offen, Karen, Liberty, Equality, and Justice for Women: The Theory and Practice of Feminism in Nineteenth-Century Europe, in: Bridenthal u. a. (Hg.), Becoming Visible, S. 335-373.

Onfray, Michel, Philosophie der Ekstase, Frankfurt a.M. u.a. 1993.
Opaschowski, Horst, Langeweile, zur Freizeit verurteilt? in: Animation 4 (1983), S. 2-8.
Ornament und Askese im Zeitgeist des Wien der Jahrhundertwende, hg. v. Alfred Pfabigan, Wien 1985.
Orru, Marco, Anomie: History and Meanings, London 1987.
Ortner, Sherry B., Harriet Whitehead (Hg.), Sexual Meanings. The Cultural Construction of Gender and Sexuality, Cambridge u. a.1981.
Osborne, Peter, The Politics of Time. Modernity and the Avant-Garde, London, New York 1995.
Paletschek, Sylvia, Adlige und bürgerliche Frauen (1780-1870), in: Fehrenbach (Hg.), Adel und Bürgertum, S. 159-185.
Paletschek, Sylvia, Frauen und Dissens. Frauen im Deutschkatholizismus und in den freien Gemeinden 1842-1851, Göttingen 1990.
Palmowski, Jan, The Politics of the ›Unpolitical German‹. Liberalism in German Local Government 1860-1880, in: The Historical Journal 42,3 (1999), S. 675-704.
Pankoke, Eckart, Die Arbeitsfrage. Arbeitsmoral, Beschäftigungskrisen und Wohlfahrtspolitik im Industriezeitalter, Frankfurt a. M. 1990.
Paris, Rainer, Die Politik des Lobes, in: Birgitta Nedelmann (Hg.), Politische Institutionen im Wandel (= Sonderheft Kölner Zeitschrift für Soziologie und Sozialpsychologie), Opladen 1995, S. 83-107.
Parkinson, C. Northcote, Asien läuft Europa den Rang ab. Es gibt ein neues »Parkinsonsches Gesetz«: das »Gesetz der Langeweile« – Vorschläge für einen neuen Lebensstil, in: Epoche. Freiheitlich-Konservative Monatsschrift, 11. Jg., Ausgabe 107 (1987), S. 54-58.
Parr, Rolf, »Zwei Seelen wohnen, ach! in meiner Brust!« Strukturen und Funktionen der Mythisierung Bismarcks, München 1992.
Pateman, Carol, The Sexual Contract, Stanford 1988.
Perkins, Rachel E., The nature and origins of boredom, Ph.D. thesis, Univ. of Keele, 1981.
Perkins, Rachel E., Cognitive and affective aspects of boredom, in: British Journal of Psychology 76 (1985), S. 221-234.
Perrot, Michelle u. a. (Hg.), Geschlecht und Geschichte. Ist eine weibliche Geschichtsschreibung möglich? Frankfurt a. M. 1989.
Peters, Edward, Notes toward an archeology of boredom, in: Social Research 42 (1975), S. 493-511.
Peukert, Detlev, Die »letzten Menschen«. Beobachtungen zur Kulturkritik im Geschichtsbild Max Webers, in: Geschichte und Gesellschaft 12 (1986), S. 425-442.
Peukert, Detlev, Max Webers Diagnose der Moderne, Göttingen 1989.
Pfannenschmidt, Christian, Denn sie wissen nicht, was sie tun. Langeweile bestimmt das Leben auf dem Lande, in: Zeit-Magazin Nr. 35, 21.8.1987, S. 8ff.
Philippi, Hans, Der Hof Kaiser Wilhelms II., in: Möckl (Hg.), Hof, S. 361-394.
Phillips, Adam, On Kissing, Tickling, and Being Bored. Psychoanalytic Essays on the Unexamined Life, Cambridge, Mass. 1994.
Piel, Edgar, Langeweile, ein Schicksal? Verbesserung der Lebens- und Arbeitssituation, in: Allensbacher Jahrbuch der Demoskopie 1878-1983, Bd. VIII, hg. v. Elisabeth Noelle-Neumann u. Edgar Piel, München u. a. 1983, S. XXXI-XLVI.
Piel, Edgar, Streß und Langeweile: Die groteske Landschaft der Depressionen, in: Ders., Im Geflecht der kleinen Netze. Vom deutschen Rückzug ins Private, Zürich 1987.
Pieper, Josef, Muße und Kult, München 1949.

Pikulik, Lothar, Langeweile oder die Krankheit zum Kriege, in: Zeitschrift für deutsche Philologie 105 (1986), S. 593-618.

Pikulik, Lothar, Leistungsethik contra Gefühlskult. Über das Verhältnis von Bürgerlichkeit und Empfindsamkeit in Deutschland, Göttingen 1984.

Pikulik, Lothar, Romantik als Ungenügen an der Normalität. Am Beispiel Tiecks, Hoffmanns, Eichendorffs, Frankfurt a. M 1979.

Pikulik, Lothar, Zweierlei Krankheit zum Tode. Über den Unterschied von Melancholie und Langeweile im Lichte der Philosophie Schopenhauers. Mit einer Anwendung auf die Literatur, in: Melancholie in Literatur und Kunst, Hürtgenwalt 1990, S. 183-197.

Planert, Ute, Antifeminismus im Kaiserreich. Diskurs, soziale Formation und politische Mentalität, Göttingen 1998.

Planz, Gabriele, Langeweile. Ein Zeitgefühl in der deutschsprachigen Literatur der Jahrhundertwende, Marburg 1996.

Plessner, Helmuth, Das Problem der Öffentlichkeit und die Idee der Entfremdung, in: Helmuth Plessner, Gesammelte Schriften, Bd. 10: Schriften zur Soziologie und Sozialpsychologie, Frankfurt a. M. 1985, S. 212-226.

Plessner, Helmuth, Die verspätete Nation. Über die politische Verführbarkeit bürgerlichen Geistes, Stuttgart ²1959.

Plessner, Helmuth, Grenzen der Gemeinschaft. Eine Kritik des sozialen Radikalismus, in: Helmuth Plessner, Gesammelte Schriften, Bd. 5, Frankfurt a. M. 1981, S. 7-134.

Plumpe, Gerhard, Ästhetische Kommunikation der Moderne, Bd. 2: Von Nietzsche bis zur Gegenwart, Opladen 1993.

Plumpe, Gerhard, Niels Werber, Literatur ist codierbar. Aspekte einer systemtheoretischen Literaturwissenschaft, in: Siegfried Schmidt (Hg.), Literaturwissenschaft und Systemtheorie. Positionen, Kontroversen, Perspektiven, Opladen 1993, S. 9-43.

Pomata, Gianna, Die Geschichte der Frauen zwischen Anthropologie und Biologie, in: Feministische Studien 2 (1983), S. 113-127.

Porter, Roy, Is Foucault Useful for Understanding Eighteenth and Nineteenth Century Sexuality? in: Contention: Debates in Society, Culture, and Science 1 (1991), H. 1, S. 61-81.

Poster, Mark, Cultural History and Postmodernity. Disciplinary Readings and Challenges, New York 1997.

Postman, Neil, Wir amüsieren uns zu Tode, Frankfurt a. M. 1985.

Prasch, Thomas, Victorian Women and the Gendering of Culture, in: Journal of Women's History 9 (1997), h.1, S. 192-202.

Prelinger, Catherine M., Charity, Challenge, and Change. Religious Dimensions of the Mid-Nineteenth-Century Women's Movement in Germany, New York u. a. 1987.

Prokop, Dieter, Faszination und Langeweile. Die populären Medien, Stuttgart 1979.

Prokop, Ulrike, Die Illusion vom Großen Paar. Bd. 1: Weibliche Lebensentwürfe im deutschen Bildungsbürgertum 1750-1770, Frankfurt a. M. 1991.

Prokop, Ulrike, Die Sehnsucht nach Volkseinheit. Zum Konservatismus der bürgerlichen Frauenbewegung vor 1933, in: Dietze (Hg.), Überwindung der Sprachlosigkeit, S. 176-203.

Quigeur, Claude, Femmes et machines de 1900. Lecture d'une obsession modern style, Paris 1979.

Rabinbach, Anson, The Human Motor. Energy, Fatigue, and the Origins of Modernity, New York ²1992.

Raddatz, Fritz J., Männerängste in der Literatur. Frau oder Kunst, Hamburg 1993.

Radkau, Joachim, Die wilhelminische Ära als nervöses Zeitalter, oder: Die Nerven als Netz zwischen Tempo- und Körpergeschichte, in: Geschichte und Gesellschaft 20 (1994), S. 211-241.

Radkau, Joachim, Die Männer als schwaches Geschlecht. Die wilhelminische Nervosität, die Politisierung der Therapie und der mißglückte Geschlechterrollentausch, in: Thomas Kornbichler, Wolfgang Maaz (Hg.), Variationen der Liebe. Historische Psychologie der Geschlechterbeziehungen, Tübingen 1995, S. 249-293.

Radkau, Joachim, Nationalismus und Nervosität, in: Wehler, Hardtwig (Hg.), Kulturgeschichte Heute, S. 284-315.

Radkau, Joachim, Das Zeitalter der Nervosität. Deutschland zwischen Bismarck und Hitler, München 1998.

Rath, Norbert, Jenseits der ersten Natur. Kulturtheorie nach Nietzsche und Freud, Heidelberg 1994.

Rath, Norbert, »Zweite Natur«, in: Joachim Ritter (Hg.), Historisches Wörterbuch der Philosophie, Bd. 6, Darmstadt 1984, Sp. 489-494.

Raulff, Ulrich, Mentalitäten-Geschichte, in: Ders. (Hg.), Mentalitäten-Geschichte, Berlin 1989, S. 7-17.

Rawls, John, Eine Theorie der Gerechtigkeit, Frankfurt a. M. 1975.

Ray, Joyce M., F. G. Gorling, The Right to be Sick. American Physicians and Nervous Patients, 1885-1890, in: Journal of Social History 20 (1986/87), S. 251-167.

Reden-Dohna, Armgard von, Hermann Melville (Hg.), Der Adel an der Schwelle zum bürgerlichen Zeitalter, 1780-1860, Stuttgart 1988.

Rehm, Walter, Gontscharow und Jacobsen oder Langeweile und Schwermut, Göttingen 1963.

Rehm, Walter, Experimentum medietatis. Eine Studie zur dichterischen Gestaltung des Unglaubens bei Jean Paul und Dostojewski, in: Walter Rehm, Experimentum medietatis. Studien zur Geistes- und Literaturgeschichte des 19. Jahrhunderts, München 1947, S. 7-95.

Reichel, Edward, Der Wandel des Berlinbildes in der französischen Literatur, in: Volker Roloff (Hg.), Tradition und Modernität. Aspekte der Auseinandersetzung zwischen Anciens et Modernes, Essen 1989, S. 165-186.

Reif, Heinz, Westfälischer Adel 1770-1860. Vom Herrschaftsstand zur regionalen Elite, Göttingen 1979.

Reuchlein, Georg, Bürgerliche Gesellschaft, Psychiatrie und Literatur. Zur Entwicklung der Wahnsinnsthematik in der deutschen Literatur des späten 18. und frühen 19. Jahrhunderts, München 1986.

Revers, Wilhelm J., Die Langeweile – Krise und Kriterium des Menschseins, in: Jahrbuch für Psychologie und Psychotherapie 4 (1956), S. 157-162.

Revers, Wilhelm J., Die Langeweile – Symptom emotionaler Verkümmerung, in: Zeitschrift für klinische Psychologie und Psychotherapie 31 (1983), S. 4-13.

Revers, Wilhelm J., Die Psychologie der Langeweile, Meisenheim a.Gl. 1949.

Revers, Wilhelm J., Psyche und Zeit. Das Problem des Zeiterlebens in der Psychologie, Salzburg, München 1985.

Ricke, Gabriele, Die empfindsame Seele mit der Fackel der Vernunft entzünden. Die Kultivierung der Gefühle im 18. Jahrhundert, in: Ästhetik und Kommunikation. Beiträge zur politischen Erziehung 14 (1983), S. 5-20.

Ricoeur, Paul, The Model of The Text: Meaningful Action Considered as a Text, in: Ders., From Text to Action. Essays in Hermeneutics, II, Evanston, Ill. 1991.

Riedel, Volker, Anmerkungen zu den Novellen, in: Heinrich Mann, Gesammelte Werke, Bd. 17 (= Novellen, 2. Band), Berlin, Weimar 1978, S. 408-465.

Riley, Denise, »Am I That Name?« Feminism and the Category of ›Women‹ in History, Minneapolis 1988.

Rinderspacher, Jürgen P., Über die Wurzeln der Woche, in: Frank von Auer, Karlheinz Geißler, Helmut Schauer (Hg.), Auf der Suche nach der verlorenen Zeit. Beiträge für eine neue gesellschaftliche Zeitgestaltung, Mössingen-Talheim 1990.

De la Rochefoucauld, Edmée, De l'ennui, Paris 1976.

Rohkrämer, Thomas, Der Militarismus der »kleinen Leute«. Die Kriegervereine im Deutschen Kaiserreich 1871-1914, München 1990.

Roper, Michael, John Tosh (Hg.), Manful Assertions: Masculinities in Britain since 1800, London, New York 1991.

Roper, Michael, John Tosh, Introduction: Historians and the Politics of Masculinity, in: Ebd., S. 1-24.

Rosaldo, Michelle Z., The Use and Abuse of Anthropology: Reflections on Feminism and Cross-Cultural Unterstanding, in: Signs 5 (1980), S. 389-417.

Rose, Sonya O., Introduction to Dialogue. Gender History/ Women's History. Is Feminist Scholarship losing Its Critical Edge? in: Journal of Women's History 5 (1993), S. 89-101.

Rose, Sonya, Limited Livelyhoods. Gender and Class in Nineteenth-Century England, Berkeley, Los Angeles 1992.

Rosenbaum, Heidi, Formen der Familie. Untersuchungen zum Zusammenhang von Familienverhältnissen, Sozialstruktur und sozialem Wandel in der deutschen Gesellschaft des 19. Jahrhunderts, Frankfurt a. M. 1982.

Rosenberg, Hans, Gervinus und die deutsche Republik. Ein Beitrag zur Geistesgeschichte der deutschen Demokratie, in: Ders., Politische Denkströmungen im Vormärz, Göttingen 1972, S. 115-127.

Rosenhaft, Eve, Women, Gender, and the Limits of Political History in the Age of »Mass« Politics, in: Larry Eugene Jones, James Retallack (Hg.), Elections, Mass Politics, and Social Change in Modern Germany, Cambridge, New York 1992, S. 149-173.

Rossignon-Hodzode, Anne-Marie, Untersuchungen zum psychosozialen Status von älteren Menschen – über die Aspekte von Zufriedenheit und Langeweile im Heim, Diss. Heidelberg 1980.

Roudinesco, Elisabeth, Théroigne de Méricourt. Une femme mélancolique sous la Révolution, Paris 1989.

Rousseau, George S. (Hg.), The Languages of Psyche. Mind and Body in Enlightenment Thought, Berkeley 1990.

Rousseau, George S., Roy Porter, Introduction: Toward a Natural History of Mind and Body, in: Ebd., S. 3-44.

Ruppert, Wolfgang, Bürgertum im 18. Jahrhundert, in: Herrmann (Hg.), »Bildung des Bürgers«, S. 59-80.

Ruppert, Wolfgang, Volksaufklärung im späten 18. Jahrhundert, in: Rolf Grimminger (Hg.), Hausers Sozialgeschichte der deutschen Literatur, Bd. 3: Deutsche Aufklärung bis zur Französischen Revolution 1680-1789, München, Wien 1980, S. 341-361.

Ruppert, Wolfgang, Bürgerlicher Wandel. Die Geburt der modernen deutschen Gesellschaft im 18. Jahrhundert, Frankfurt a. M. 1984.

Russell, Bernhard, Langeweile und Anregung, in: Ders., Eroberung des Glücks. Neue Wege zu einer besseren Lebensgestaltung, Frankfurt a. M. 1977, S. 41-48.

Sachße, Christoph, Mütterlichkeit als Beruf, Frankfurt a. M. 1986.
Sagnes, Guy, L'ennui dans la littérature française de Flaubert à Laforgne (1848-1884), Paris 1969.
Said, Peter, Zum Thema der Langeweile bei Eça de Queirós, Zürich 1978.
Salm, Peter, Pinpoint of Eternity: European Literature in Search of the All-encompassing Moment, Lanham u. a. 1986.
Sanchez, Magdalena S., Melancholy and Illness: Habsburg Women and Politics at the Court of Philipp II., in: Journal of Women's History 8 (1996), H. 2, S. 81-102.
Sandkühler, Thomas, Hans-Günther Schmidt, »Geistige Mütterlichkeit« als nationaler Mythos im Deutschen Kaiserreich, in: Link, Wülfing (Hg.), Nationale Mythen, S. 237-255.
Sass, Hans-Martin, Daseinsbedeutende Funktionen von Wissen und Glauben im Jahrzehnt 1860-1870, in: Zeitschrift für Religions- und Geistesgeschichte 20 (1968), S. 113-138.
Sauder, Gerhard (Hg.), Empfindsamkeit. Theoretische und kritische Texte, Stuttgart 1981.
Sauder, Gerhard, Empfindsamkeit. Voraussetzungen und Elemente, Stuttgart 1974.
Sauer, Paul, Der württembergische Hof in der ersten Hälfte des 19. Jahrhunderts, in: Möckl (Hg.), Hof, S. 93-127.
Saurer, Edith, Religiöse Praxis und Sinnesverwirrung. Kommentare zur religiösen Melancholiediskussion, in: Richard van Dülmen (Hg.), Dynamik der Tradition, Frankfurt a. M. 1992, S. 213-239.
Schaser, Angelika, Helene Lange und Gertrud Bäumer. Eine politische Lebensgemeinschaft, Köln 2000.
Schaser, Angelika, Bürgerliche Frauen auf dem Weg in die linksliberalen Parteien (1908-1933), in: Historische Zeitschrift 263 (1996), S. 641-680.
Schiebinger, Londa, The Mind Has No Sex? Women in the Origins of Modern Science, Cambridge/M., London 1989.
Schieder, Wolfgang (Hg.), Religion und Gesellschaft im 19. Jahrhundert, Stuttgart 1993.
Schiesari, Juliana, The Gendering of Melancholia: Feminism, Psychoanalysis, and the Symbolics of Loss in Renaissance Literature, Ithaca 1992.
Schilling, René, Die soziale Konstruktion heroischer Männlichkeit im 19. Jahrhundert. Das Beispiel Theodor Körner, in: Karen Hagemann, Ralf Pröve (Hg.), Landsknechte, Soldatenfrauen und Nationalkrieger. Militär, Krieg und Geschlechterordnung im historischen Wandel, Frankfurt a.M. 1998, S. 121-144.
Schindler, Norbert, Freimaurerkultur im 18. Jahrhundert. Zur sozialen Funktion des Geheimnisses in in der entstehenden bürgerlichen Gesellschaft, in: Robert Berdahl (Hg.), Klassen und Kultur, Frankfurt a. M. 1982, S. 205-262.
Schings, Hans-Jürgen, Melancholie und Aufklärung. Melancholiker und ihre Kritiker in Erfahrungsseelenkunde und Literatur des 18. Jahrhunderts, Stuttgart 1977.
Schings, Hans-Jürgen (Hg.), Der ganze Mensch. Anthropologie und Literatur im 18. Jahrhundert, Stuttgart u. a.1994.
Schissler, Hanna (Hg.), Geschlechterverhältnisse im historischen Wandel, Frankfurt, New York 1992.
Schissler, Hanna, Männerstudien in den USA, in: Geschichte und Gesellschaft 18 (1992), S. 204-220.
Schivelbusch, Wolfgang, Geschichte der Eisenbahnreise. Zur Industrialisierung von Raum und Zeit im 19. Jahrhundert, Frankfurt a. M. 1989 (1977).

Schivelbusch, Wolfgang, Das Paradies, der Geschmack und die Vernunft. Eine Geschichte der Genußmittel, Frankfurt a. M. 1990 (1980).

Schlaeger, Jürgen, Gesa Stedman (Hg.), Representations of Emotions, Tübingen 1999.

Schlegel, Katharina, Zum Quellenwert der Autobiographie: Adlige Selbstzeugnisse um die Wende vom 19. zum 20. Jahrhundert, in: Geschichte in Wissenschaft und Unterricht 37 (1986), S. 222-233.

Schlink, Wilhelm, »Kunst ist dazu da, um geselligen Kreisen das gähnende Ungeheuer, die Zeit, zu töten.« Bildende Kunst im Lebenshaushalt der Gründerzeit, in: Bildungsbürgertum im 19. Jahrhundert, Bd. 3, S. 65-81.

Schlüter, Anne (Hg.), Pionierinnen, Karrierefrauen, Feministinnen? Zur Geschichte des Frauenstudiums in Deutschland, Pfaffenweiler 1992.

Schmid, Pia, Zeit des Lesens – Zeit des Fühlens. Anfänge des deutschen Bildungsbürgertums, Berlin 1985.

Schmidbauer, Wolfgang, Weniger ist manchmal mehr. Zur Psychologie des Konsumsverzichts, Reinbek 1984.

Schmidt-Degenhard, Michael, Melancholie und Depression. Zur Problemgeschichte der depressiven Erkrankungen seit Beginn des 19. Jahrhunderts, Stuttgart u. a.1983.

Schnabel, Franz, Deutsche Geschichte des 19. Jahrhunderts, Bd. 1: Die Grundlagen, Freiburg i.Br. ²1937.

Schneersohn, Fischel, Einsamkeit und Langeweile als psychopathische Faktoren, in: Zeitschrift für Kinderpsychiatrie 5 (1939), S. 136-142, 173-178.

Schneider, Wolf, Frust und Langeweile. Eine Not, eine Mode und ihr Zusammenhang mit dem Krieg, in: Ders., Glück – was ist das? Versuch, etwas zu beschreiben, was jeder haben will, Reinbek 1978, S. 152-158.

Schneiders, Werner, Hoffnung auf Vernunft. Aufklärungsphilosophie in Deutschland, Hamburg 1990.

Schnöller, Andrea, Hannes Stekl (Hg.), »Es war eine Welt der Geborgenheit ...« Bürgerliche Kindheit in Monarchie und Republik, Wien, Köln 1987.

Scholder, Klaus, Grundzüge der theologischen Aufklärung in Deutschland, in: Kopitzsch (Hg.), Aufklärung, S. 294-318.

Schomerus, Hans, Über die Langeweile. Eine Krankenvisite, in: Jahrbuch der christlichen Rundfunkarbeit 3 (1959), S. 98-102.

Schuberth, Rolf H., Die Ambivalenz der Langeweile, in: Wolfgang Schirmacher (Hg.), Zeit der Ernte. FS f. A. Hübscher, Stuttgart 1982, S. 344-354.

Schütze, Yvonne, Die »gute Mutter«. Zur Geschichte des normativen Mutterbildes, Bielefeld 1986.

Schütze, Yvonne, Mutterliebe – Vaterliebe. Elternrollen in der bürgerlichen Gesellschaft des 19. Jahrhunderts, in: Frevert, Bürgerinnen, S. 118-133.

Schulte, Walter, Nichttraurigsein können im Kern melancholischen Erlebens, in: Der Nervenarzt 32 (1961), S. 314-320.

Schulze, Gerhard, Die Erlebnisgesellschaft: Kultursoziologie der Gegenwart, Frankfurt 1992.

Schultz, Hans-Jürgen (Hg.), Frauen. Porträts aus zwei Jahrhunderten, Stuttgart 1990.

Schultz, Werner, Das Problem der historischen Zeit bei Wilhelm von Humboldt, in: Deutsche Vierteljahresschrift für Literaturwissenschaft und Geistesgeschichte 6 (1928), S. 293-316.

Schumacher, Dieter, Kurt Hiller und Friedrich Nietzsche, in: Hiller. Erinnerungen, S. 65-85.

Schwarz, Christopher, Langeweile und Identität. Zur Entstehung und Krise des romantischen Selbstgefühls, Heidelberg 1993.
Schwarzmaier, Hansmartin, Hof und Hofgesellschaft Badens in der ersten Hälfte des 19. Jahrhunderts, in: Möckl (Hg.), Hof, S. 129-156.
Schwarzschild, Leopold, Heroismus aus Langeweile, in: Ders., Die letzten Jahre vor Hitler, hg. v. Valine Schwarzschild, Hamburg 1966, S. 31-39.
Scott, Joan W., Experience, in: Judith Butler, Joan W. Scott (Hg.), Feminists Theorize the Political, New York, London 1992, S. 22-40.
Scott, Joan W., Gender and the Politics of History, New York 1988.
Scott, Joan W., Gender: A Useful Category of Historical Analysis, in: American Historical Review 91 (1986), S. 1053-1075.
Scott, Joan W., Only Paradoxes to Offer. French Feminists and the Rights of Man, Cambridge, Mass., London 1996.
Scott, Joan W., The Problem of Invisibility, in: S. Jay Kleinberg (Hg.), Retrieving Women's History. Changing Perceptions of the Role of Women in Politics and Society, Unesco 1988, S. 5-29.
Scott, Joan W., Rewriting History, in: Higonnet (Hg.), Behind the Lines, S. 21-30.
Secci, Lia, German Women Writers and the Revolution of 1848, in: Fout (Hg.), German Women, S. 151-171.
Seidman, Steven, The Power of Desire and the Danger of Pleasure: Victorian Sexuality Reconsidered, in: Journal of Social History 24 (1990/91), S. 47-67.
Sengoopta, Chandak, The Unknown Weininger. Science, Philosophy, and Cultural Politics in Fin de Siècle Vienna, in: Central European History 29 (1996), H.4, S. 453-493.
Seyfarth, Constans, Protestantismus und gesellschaftliche Entwicklung: Zur Reformulierung eines Problems, in: Ders., Walter M. Sprondel (Hg.), Seminar: Religion und gesellschaftliche Entwicklung, Frankfurt a. M. 1973, S. 338-366.
Sheehan, James, German History 1770-1866, New York 1989.
Shorter, Edward, From Paralysis to Fatigue. A History of Psychosomatic Illness in the Modern Era, New York 1991.
Sie saßen und tranken am Teetisch. Anfänge und Blütezeit der Berliner Salons 1789-1871, hg. v. Rolf Strube, München, Zürich 1991.
Siegrist, Hannes (Hg.), Bürgerliche Berufe. Zur Sozialgeschichte der freien und akademischen Berufe im internationalen Vergleich, Göttingen 1988.
Siemann, Wolfram, Gesellschaft im Aufbruch. Deutschland 1849-1871, Frankfurt a. M. 1990.
Simmel, Monika, Erziehung zum Weibe. Mädchenbildung im 19. Jahrhundert, Frankfurt a. M. 1980.
Smith, Bonnie, Ladies of the Leisure Class. The Bourgeoises of Northern France in the Nineteenth Century, Princeton 1981.
Smith, René, Wiederholung, Rhythmus, Langeweile, in: Imago. Zeitschrift für die Anwendung der Psychoanalyse auf die Geisteswissenschaften 23 (1937), S. 171-196.
Smith, Richard, Boredom: A Review, in: Human Factors 33 (1981), S. 329-340.
Smith-Rosenberg, Carroll, Disorderly Conduct. Visions of Gender in Victorian America, New York, Oxford 1985.
Smith-Rosenberg, Carroll, The New Woman as Androgyne: Social Disorder and Gender Crisis, 1870-1936, in: Ebd., S. 245-296.
Sokel, Walter H., Der literarische Expressionismus. Der Expressionismus in der deutschen Literatur des 20. Jahrhunderts, München 1970.

Spacks, Patricia Meyer, Boredom. The Literary History of a State of Mind, Chicago, London 1995.
Sperber, Jonathan, Bürger, Bürgertum, Bürgerlichkeit, Bürgerliche Gesellschaft: Studies of the German (Upper) Middle Class and the Sociocultural World, in: Journal of Modern History 69 (1997), S. 271-297.
Sparn, Walter, Vernünftiges Christentum. Über die geschichtliche Aufgabe der theologischen Aufklärung im 18. Jahrhundert in Deutschland, in: Rudolf Vierhaus, Wissenschaften im Zeitalter der Aufklärung, Göttingen 1985, S. 18-57.
Stamm-Kuhlmann, Thomas, König in Preußens großer Zeit. Friedrich Wilhelm III., der Melancholiker auf dem Thron, Berlin 1992.
Stamm-Kuhlmann, Thomas, Der Hof Friedrich Wilhelms III. von Preußen 1797 bis 1840, in: Möckl (Hg.), Hof, S. 275-319.
Stanitzek, Georg, Blödigkeit. Beschreibungen des Individuums im 18. Jahrhundert, Tübingen 1989.
Stanitzek, Georg, Genie: Karriere/Lebenslauf. Zur Zeitsemantik des 18. Jahrhunderts und zu J.M.R. Lenz, in: Jürgen Fohrmann (Hg.), Lebensläufe um 1800, Tübingen 1998, S. 241-255.
Stanton, Donna C., The Aristocrat as Art. A Study of the Honnête Homme and the Dandy in Seventeenth- and Nineteenth-Century French Literature, New York 1980.
Starobinski, Jean, Geschichte der Melancholie-Behandlung seit ihren Anfängen bis 1900, Basel 1960.
Stearns, Peter N., American Cool. Constructing a Twentieth-Century Emotional Style, New York 1994.
Stearns, Carol Z., Peter N. Stearns, Anger. The Struggle for Emotional Control in America's History, Chicago 1986.
Stearns, Carol Z., Peter N. Stearns, Emotionology: Clarifying the History of Emotions and Emotional Standards, in: American Historical Review 90 (1985), S. 813-836.
Stearns, Carol Z., Peter N. Stearns (eds.), Emotions and social change. Toward a new psychohistory, New York 1988.
Stein, Gerd (Hg.), Bohemien – Tramp – Sponti. Bohème und Alternativkultur, Frankfurt a. M. 1982; Dandy – Snob – Flaneur. Dekadenz und Exzentrik; Femme fatale – Vamp – Blaustrumpf. Sexualität und Herrschaft; Philister – Kleinbürger – Spießer. Verrat und Solidarität; Lumpenproletarier – Bonze – Held der Arbeit. Normalität und Selbstbehauptung, alle Frankfurt a. M. 1985 (Kulturfiguren und Sozialcharaktere des 19. und 20. Jahrhunderts, Bd. 1-5).
Steinaecker, G. Frhr. v., Kampf der Gammelei, in: Informationen für die Truppe 4 (1983), S. 4-15.
Steinbrügge, Liselotte, Das moralische Geschlecht. Theorien und literarische Entwürfe über die Natur der Frau in der französischen Aufklärung, Weinheim, Basel 1987.
Steiner, Andreas, »Das nervöse Zeitalter«. Der Begriff der Nervosität bei Laien und Ärzten in Deutschland und Österreich um 1900, Diss. Zürich 1964.
Steiner, George, In Bluebeard's Castle. Some Notes toward the Redefinition of Culture, London 1971.
Steiner, George, The Great Ennui, in: Ebd., S. 13-27.
Steinmetz, Willibald, Das Sagbare und das Machbare. Zum Wandel politischer Handlungsspielräume; England 1780-1867, Stuttgart 1993.
Steinmetz, Willibald, »Sprechen ist eine Tat bei euch.« Die Wörter und das Handeln in der Revolution von 1848, in: Dowe, Langewiesche (Hg.), Europa, S. 1089-1138.

Stephan, Margit, Die unbotmäßige Dienstbotin, in: Lipp (Hg.), Schimpfende Weiber, S. 56-75.

Stern, Fritz, Kulturpessimismus als politische Gefahr. Eine Analyse nationaler Ideologie in Deutschland, Bern u. a. 1963.

Stierle, Karl-Heinz, Historische Semantik und die Geschichtlichkeit der Bedeutungen, in: Koselleck (Hg.), Historische Semantik, S. 154-189.

Stoehr, Irene, Alice Salomon, in: Henrike Hülsbergen (Hg.), Stadtbild und Frauenleben. Berlin im Spiegel von 16 Frauenporträts, Berlin 1997, S. 75-104.

Stolten, Inge, Lily Braun, in: Schultz (Hg.), Frauen, S. 212-224.

Straus, Erwin, Das Zeiterlebnis in der endogenen Depression und der psychopathischen Verstimmung, in: Ders., Psychologie in der menschlichen Welt. Gesammelte Schriften, Berlin u. a.1960, S. 126-140 (1928).

Stürmer, Michael, Die Reichsgründung. Deutscher Nationalstaat und europäisches Gleichgewicht im Zeitalter Bismarcks, München ³1990.

Sydow, Eckart von, Die Kultur der Dekadenz, Dresden ²1922.

Tacke, Charlotte, Denkmal im sozialen Raum. Eine vergleichende Regionalstudie nationaler Denkmalsbewegungen in Deutschland und Frankreich im 19. Jahrhundert, Göttingen 1995.

Tanner, Albert, Arbeitsame Patrioten und Wohlanständige Damen: Bürgertum und Bürgerlichkeit in der Schweiz, 1830-1914, Zürich 1995.

Tanzer, Gerhard, Spectacle müssen seyn. Die Freizeit der Wiener im 18. Jahrhundert, Wien u. a. 1992.

Tatar, Maria, Lustmord. Sexual Murder in Weimar Germany, Princeton 1995.

Taylor, Charles, Sources of the Self. The Making of the Modern Identity, Cambridge, Mass. 1989.

Taylor, Tom, The Transition to Adulthood in Comparative Perspective: Professional Males in Germany and the United States at the Turn of the Century, in: Journal of Social History 21 (1987/88), S. 635-658.

Tebben, Karin, Literarische Intimität. Subjektkonstitution und Erzählstruktur in autobiographischen Texten von Frauen, Tübingen, Basel 1997.

Tenbruck, Friedrich H., Freundschaft: Ein Beitrag zur Soziologie der persönlichen Beziehungen, in: Kölner Zeitschrift für Soziologie und Sozialpsychologie 16 (1964), S. 431-456.

Teves, W., Überwindung (Therapie) der Langeweile. Materialheft für den lebenskundlichen Unterricht, hg. v. Katholischen Militärbischofsamt, Bonn 1975.

Thane, Pat, Late Victorian Women, in: Terry M. Gourvish, Alan O'Day (Hg.), Later Victorian Britain 1657-1900, London 1988, S. 175-208.

Theunissen, Michael, Negative Theologie der Zeit, Frankfurt a. M. ²1992.

Theunissen, Michael, Vorentwürfe der Moderne. Antike Melancholie und die Acedia des Mittelalters, Berlin 1996.

Theweleit, Klaus, Männerphantasien. Bd.1: Frauen, Fluten, Körper, Geschichte; Bd. 2: Männerkörper – Zur Psychoanalyse des weißen Terrors, Reinbek 1980.

Thiele, Wolfgang, Die Langeweile, das Nichts und die Neurose, in: Materia Medica Nordmark 18 (1966), S. 17-24.

Thompson, Edward P., Time, Work-Discipline, and Industrial Capitalism, in: Past and Present 38 (1967), S. 56-97.

Timm, Albrecht, Verlust der Muße. Zur Geschichte der Freizeitgesellschaft, Buchholz, Hamburg o. J. [1968].

Toews, John E., Refashioning the Masculine Subject in Early Modernism: Narratives of Self-Dissolution and Self-Construction in Psychoanalysis and Literature, 1900-1914, in: Modernism/Modernity 4 (1997), S. 31-67.

Tosh, John, What Should Historians do with Masculinity? Reflections on Nineteenth-century Britain, in: History Workshop Journal 38 (1994), S. 179-202.

Trefzer, Rudolf, Die Konstruktion des bürgerlichen Menschen. Aufklärungspädagogik und Erziehung im ausgehenden 18. Jahrhundert am Beispiel der Stadt Basel, Zürich 1989.

Trepp, Ann-Charlott, Sanfte Männlichkeit, selbständige Weiblichkeit. Frauen und Männer im Hamburger Bürgertum zwischen 1770 und 1840, Göttingen 1996.

Trepp, Ann-Charlott, Anders als sein »Geschlechtscharakter«. Der bürgerliche Mann um 1800. Ferdinand Beneke (1774-1848), in: Historische Anthropologie 4 (1996), S. 57-77.

Troeltsch, Ernst, Aufklärung, in: Kopitzsch (Hg.), Aufklärung, S. 245-274.

Trommler, Frank, Die Nationalisierung der Arbeit, in: Grimm, Hermand (Hg.), Arbeit als Thema, S. 102-125.

Twellmann, Margrit, Die Deutsche Frauenbewegung. Ihre Anfänge und erste Entwicklung. Quellen 1843-1889, 2 Bde., Meisenheim a.G. 1972.

Überweg, Friedrich, Grundriss der Geschichte der Philosophie, Bd. IV: Die deutsche Philosophie des 19. Jahrhunderts und der Gegenwart, völlig neu bearb. v. Traugott Konstantin Österreich, Berlin 1923.

Ungern-Sternberg, Jürgen u. Wolfgang von, Der Aufruf ›An die Kulturwelt!‹ Das Manifest der 93 und die Anfänge der Kriegspropaganda im Ersten Weltkrieg, Stuttgart 1996.

Verhey, Jeffrey, Der Mythos des »Geistes von 1914« in der Weimarer Republik, in: Bialas, Wolfgang, Burkhard Stenzel (Hg.), Die Weimarer Republik zwischen Metropole und Provinz, Köln 1996, S. 85-96.

Vincent-Buffault, Anne, Constitution des rôles masculines et féminins au XIXè siècle: la voie des larmes, in: Annales E.S.C. 42 (1987), S. 925-954.

Völker, Ludwig, Langeweile. Untersuchungen zur Vorgeschichte eines literarischen Motivs, München 1975.

Voigt, Elsbeth, Keine Zeit für Langeweile. Von der Lust, Hausfrau zu sein, Berlin 1989.

Volkov, Shulamit, Soziale Ursachen des Erfolgs in der Wissenschaft. Juden im Kaiserreich, in: Historische Zeitschrift 245 (1987), S. 315-342.

Vondung, Klaus, Die Apokalypse in Deutschland, München 1988.

Vowinkel, Gerhard, Von politischen Köpfen und schönen Seelen, München 1983.

Waggerl, Karl Heinrich, Die Kunst des Müßiggangs, in: Sämtliche Werke, Salzburg ²1972, S. 556-575.

Waldhubel, Thomas, Automationskrank durch Langeweile und Knöpfchendrücken? Kritik der Vigilanzforschung, in: Kritische Psychologie II, Berlin, Karlsruhe 1977, S. 83-104.

Walther, Lutz, Untersuchungen zur existentiellen Langeweile in sieben ausgewählten Romanen der amerikanischen Literatur, Frankfurt a.M 1995.

Walzer, Michael, Spheres of Justice. A Defense of Pluralism and Equality, New York 1983.

Wangh, Martin, Boredom in psychoanalytic perspective, in: Social Research 42 (1975), S. 538-550.

Warneken, Bernd J., Bürgerliche Emanzipation und aufrechter Gang, in: Das Argument 32 (1990), S. 39-52.

Weber, Max, Gesammelte Aufsätze zur Religionssoziologie, Bd. 1, Stuttgart 1972.
Weber, Ulrich, Ennui. Die Bedeutung des Wortes in der französischen Romantik, Diss. phil. Freiburg 1949.
Weber, Wolfgang, Im Kampf mit Saturn. Zur Bedeutung der Melancholie im anthropologischen Modernisierungsprozeß des 16. und 17. Jahrhunderts, in: Zeitschrift für Historische Forschung 17 (1990), S. 155-192.
Weber-Kellermann, Ingeborg, Vom Handwerkersohn zum Millionär. Eine Berliner Karriere des 19. Jahrhunderts, München 1990.
Weber-Möckl, Annette, Langeweile als Adelsprivileg – Melancholie in der höfischen Gesellschaft, in: Journal Geschichte 1 (1987), S. 31-38.
Weckel, Ulrike, Zwischen Häuslichkeit und Öffentlichkeit. Die ersten deutschen Frauenzeitschriften im späten 18. Jahrhundert und ihr Publikum, Tübingen 1998.
Weckel, Ulrike u. a. (Hg.), Ordnung, Politik und Geselligkeit der Geschlechter im 18. Jahrhundert, Göttingen 1998.
Weedon, Chris, Of Madness and Masochism: Sexuality in Women's Writings at the Turn of the Century, in: Jackson (Hg.), Taboos in German Literature, S. 79-95.
Wehler, Hans-Ulrich, Deutsche Gesellschaftsgeschichte, Bd. 1: 1700-1815, Bd. 2: 1815-1845/49, München 1987; Bd.3: 1850-1914, München 1995.
Wehler, Hans-Ulrich, Deutsches Bildungsbürgertum in vergleichender Perspektive – Elemente eines »Sonderwegs«? in: Bildungsbürgertum im 19. Jahrhundert, Bd. 4, S. 215-237.
Wehler, Hans-Ulrich (Hg.), Europäischer Adel 1750-1950 (= Geschichte und Gesellschaft, Sonderheft 13), Göttingen 1990.
Wehler, Hans-Ulrich, Wolfgang Hardtwig (Hg.), Kulturgeschichte Heute (= Geschichte und Gesellschaft, Sonderband 16), Göttingen 1996.
Weiland, Daniela, Geschichte der Frauenemanzipation in Deutschland und Österreich. Biographien, Programme, Organisationen, Düsseldorf 1983.
Weis, Eberhard, Hof und Hofgesellschaft in Bayern unter König Max I., in: Möckl (Hg.), Hof, S. 79-92.
Weismann, Amanda, Froh erfülle Deine Pflicht. Die Entwicklung des Hausfrauenleitbildes im Spiegel trivialer Massenmedien in der Zeit zwischen Reichsgründung und Weltwirtschaftskrise, Berlin 1989.
Wellershof, Dieter, Langeweile oder unbestimmtes Warten, in: Literarische Utopie-Entwürfe, hg. v. Hiltrud Gnüg, Frankfurt a. M. 1982, S. 15-21.
Wendorff, Rudolf, Zeit und Kultur. Geschichte des Zeitbewußtseins in Europa, Opladen ³1985.
Werner, Karl Ferdinand (Hg.), Hof, Kultur und Politik im 19. Jahrhundert, Bonn 1985.
Wertheimer, Jürgen, Ästhetik der Gewalt. Ihre Darstellung in Literatur und Kunst, Frankfurt a. M. 1986.
Whyte, Lancelot, The Unconscious before Freud, New York 1962.
Wickert, Christl, Helene Stöcker: 1869-1943. Frauenrechtlerin, Sexualreformerin und Pazifistin: eine Biographie, Bonn 1991.
Wiedemann, Konrad, Arbeit und Bürgertum: die Entwicklung des Arbeitsbegriffs in der Literatur Deutschlands an der Wende zur Neuzeit, Heidelberg 1979.
Wiegmann, Hermann (Hg.), Die ästhetische Leidenschaft. Texte zur Affektlehre im 17. und 18. Jahrhundert, Hildesheim 1987.
Wierling, Dorothee, Mädchen für alles. Arbeitsalltag und Lebensgeschichte städtischer Dienstmädchen um die Jahrhundertwende, Berlin 1987.

Wiezorek, Hans J., Freizeit – Langeweile und Streß oder Muße und Möglichkeit, Stuttgart 1884.
Wild, Rainer, Die Vernunft der Väter: zur Psychographie von Bürgerlichkeit und Aufklärung in Deutschland am Beispiel ihrer Literatur für Kinder, Stuttgart 1987.
Wilhelmy, Petra, Der Berliner Salon im 19. Jahrhundert (1780-1914), Berlin, New York 1989.
Wilson, Glenn Daniel, Langeweile, in: Lexikon der Psychologie, hg. v. Wilhelm Arnold u. a., Freiburg u. a. 1980, Bd. 2, S. 1204-1205.
Wimmer, Thomas, Ästhetik der Langeweile – ein kunsttheoretischer Versuch, in: Widerspruch. Münchner Zeitschrift für Philosophie 12 (1992), S. 47-57.
Winter, Michael, Lebensläufe aus der Retorte. Glück und Utopie, in: Zeitschrift für Literaturwissenschaft und Linguistik 50 (1983), S. 48-69.
Winterstein, Alfred, Angst vor dem Neuen, Neugier und Langeweile, in: Die psychoanalytische Bewegung 2 (1930), S. 540-554.
Wischermann, Ulla, »Das Himmelskind, die Freiheit, wir ziehen sie groß zu Haus.« Frauenpublizistik im Vormärz und in der Revolution von 1848, in: Kleinau, Opitz (Hg.), Geschichte, S. 35-50.
Wouters, Cas, Etiquette Books and Emotion Management in the Twentieth Century: Part One – The Integration of Social Classes, in: Journal of Social History 29 (1995), S. 107-124.
Wülfing, Wulf, On Travel Literature by Women in the Nineteenth Century: Malwida von Meysenbug, in: Fout (Hg.), German Women, S. 289-304.
Wunder, Bernd, Geschichte der Bürokratie in Deutschland, Frankfurt a. M. 1986.
Wurgaft, Lewis D., The Activists. Kurt Hiller and the Politics of Action on the German Left 1914-1933, Philadelphia 1977.
Wyatt, S., Das Problem der Monotonie und Langeweile in der Industriearbeit, in: Industrielle Psychotechnik 7 (1930), S. 114-123.
Zeier, Hans, Arbeit, Glück und Langeweile. Psychologie im Alltag, Bern 1992.
Zeiterfahrung und Personalität. Hg. v. Forum für Philosophie Bad Homburg, Frankfurt a. M. 1992.
Zeldin, Theodore, France 1848-1945. Bd. 3: Anxiety and Hysteria, Oxford u. a. 1977.
Zelle, Carsten, »Angenehmes Grauen«. Literaturhistorische Beiträge zur Ästhetik des Schrecklichen im 18. Jahrhundert, Hamburg 1987.
Zentner, Marcel, Die Flucht ins Vergessen. Die Ursprünge der Psychoanalyse Freuds bei Schopenhauer, Darmstadt 1995.
Ziemann, Benjamin, Front und Heimat. Ländliche Kriegserfahrungen im südlichen Bayern 1914-1923, Essen 1997.
Zijderveld, Anton C., Die abstrakte Gesellschaft. Zur Soziologie von Anpassung und Protest, Frankfurt a. M. 1972.
Zijderveld, Anton C., Modernität und Langeweile, in: Oskar Schatz (Hg.), Was wird aus dem Menschen? Analysen und Warnungen prominenter Denker, Graz u. a.1974, S. 321-337.
Zijderveld, Anton C., Cliché and Boredom. The Supersedure of Meaning by Function in the Experience of Time, in: Ders., On Clichés. The Supersedure of Meaning by Function in Modernity, London 1979, S. 75-87.
Zimmerli, Walther Ch., Mike Sandbothe (Hg.), Klassiker der modernen Zeitphilosophie, Darmstadt 1993.
Ziolkowski, Theodore, Das Amt des Poeten. Die deutsche Romantik und ihre Institutionen, Stuttgart 1990.

Zoll, Rainer (Hg.), Zerstörung und Wiederaneignung von Zeit, Frankfurt a. M. 1988.
Zucker, Stanley, Female Political Opposition in Pre-1848 Germany, in: Fout (Hg.), German Women, S. 133-150.

Danksagung

Dieses Buch ist die gekürzte Fassung meiner im Wintersemester 1997/1998 am Fachbereich Geschichtswissenschaften der FU Berlin eingereichten Habilitationsschrift. Stellvertretend für viele, die mir geholfen habe, möchte ich Hartmut Kaelble nennen, der mich durch seine stete Gesprächsbereitschaft ermutigte und, ebenso wie Jürgen Kocka, jederzeit bereit war, mich institutionell zu unterstützen. Gisela Bock danke ich herzlich für ihre Bereitschaft, das Habilitationsverfahren zu leiten, Claudia Ulbrich und Dieter Langewiesche für ihre Mitarbeit. Da keiner der Genannten mit der Habilitation im klassischen Sinne etwas zu tun hatte, war ihre Hilfe um so wichtiger.

Den Mitarbeitern und Mitarbeiterinnen der Staatsbibliotheken in München und Berlin, der Universitätsbibliothek Berlin sowie der Germanistikbibliothek der FU Berlin bin ich ebenso zu Dank verpflichtet wie den Museen, die den Abdruck der Bilder gestatteten. Von der Deutschen Forschungsgemeinschaft erhielt ich finanzielle Unterstützung, von der Firma Boehringer einen Druckkostenzuschuß.

Der Aufenthalt als Fellow am Institute for Advanced Study in Princeton 1996/97 beschleunigte den Abschluß des Manuskriptes, aber es war weit über den Rahmen dieser Arbeit hinaus beflügelnd, unter den exzellenten Arbeitsbedingungen und in der anregenden Atmosphäre der School of Social Science zu arbeiten. Dafür sei den Fakultätsmitgliedern, vor allem Michael Walzer, und meinen Co-Fellows herzlich gedankt.

Der größte Dank geht an die Freunde, die meine Leidenschaft für diese Arbeit mit Interesse und Humor begleiteten, vor allem Angelika Schaser, die unzählige Textseiten las, Christoph Conrad, der als Rahmen für intensive Diskussionen die besten Berliner Lokale aufspürte, und Ruth Federspiel, die auf vielen Spaziergängen geduldig zuhörte. Ralph Jessen, Armin Triebel, Martin Schulze Wessel, Ines Stahlmann und Ulrike Weckel munterten mich im Alltag des Schreibens durch ihre Anregungen ebenso auf wie Gunilla Budde, Dieter Gosewinkel, Jörg Requate und Wilfried Rudolff. Martin Baumeister, Andreas Daum und Aloys Winterling schließlich danke ich ebenso herzlich für ihre sorgfältigen Kommentare zu Teilen des Manuskriptes wie für ihre fachliche und persönliche Unterstützung.

Bielefeld, im Juni 2001 *Martina Kessel*

Personenregister

Adelmann, Helene 117, 138
Adelung, Johann Christoph 28
Adorno, Theodor 248
Alexander III. 231
Altenberg, Peter 288
Andreae, Carl 289
Andreas-Salomé, Lou 303
Andronikow, Wladimir 16
Anna Amalia von Sachsen-Weimar 241
d'Annunzio, Gabriele 325f.
Arnim, Achim von 127-129
Arnim, Bettine von (s.a. Bettine Brentano) 133f.
Arnold, Friedrich 195
Aston, Louise 137
Auburtin, Victor 213
Auerbach, Berthold 112
Augspurg, Anita 155
Augustine, Dolores 196f.
Augustinus 74

Bäumer, Gertrud 117
Bahnsen, Julius Friedrich 224, 282
Bail, Johann Samuel 62
Barlach, Ernst 251
Basedow, Johann Bernhard 30, 47, 56, 61, 64, 95
Baudelaire, Charles 87
Baum, Marie 151,155
Baumgarten, Fritz 166
Benjamin, Walter 49
Bernhardi, Elisabeth 148
Bernhardi, Friedrich von 218, 250, 269
Bernstorff, Johann-Heinrich von 202, 211f.
Bethmann Hollweg, Theobald von 237
Biedermann, Karl 150
Billroth, Theodor 139, 181f., 186-191, 210, 214, 232
Binding, Rudolf 253f.
Biran, Maine de 51
Bismarck, Herbert von 211, 230, 287
Bismarck, Otto von 122, 177, 182, 186, 207-211, 229f., 266-268, 287, 301
Bleibtreu, Paul 214
Bleichröder, Gerson von 215

Bliß, Paul 152
Blum, Robert 147, 213, 270, 337
Böhlau, Helene 304f., 315f.
Böhmer, Günter 236
Bölte, Amely 103, 110, 112, 153
Bohrer, Karl-Heinz 81
Bonaventura 223, 225
Bosch, Robert 237
Bourdieu, Pierre 290
Boureau-Deslandes, André-François 38f., 41, 43-47, 50, 65, 68, 83
Brahms, Johannes 188
Brauer, Arthur von 214, 229-231, 287
Braun, Lily 102, 116, 134, 143f., 217, 249
Braun, Rudolf 195
Brentano, Bettine (s.a. Bettine von Arnim) 127f., 145
Brentano, Clemens 170
Breysig, Kurt 195, 205f., 268
Brugsch-Pasche, Heinrich 184
Büchner, Georg 86f., 239
Bülow, Gabriele von 123f.
Bülow, Heinrich von 123
Bülow, Paula von 116
Büttner, Heinrich 114, 164
Buffon, Charles de 44
Bunsen, Marie von 242
Burow, Julie 103-105, 164
Burton, Robert 24, 26
Butler, Judith 298
Busch, Felix 118, 194, 200f., 211f., 216, 250

Caldéron, Pedro C. de la Barca 300
Campe, Joachim Heinrich 28, 30f., 37, 61, 76, 95f., 100, 103f., 106, 108f., 168
Camphausen, Otto von 268
Cardaums, Hermann 207, 215
Carlyle, Thomas 183, 225, 307
Caro, Jacob 299, 301
Cassian 20
Cauer, Minna 139, 151
Chamisso, Adelbert von 172
Conrad, Michael Georg 306
Constant, Benjamin 51
Conz, Carl Philipp 60f., 64, 66, 68, 78, 84

401

Conze, Werner 27
Corbin, Alain 290
Cotta, Johann Friedrich 112
Curie, Marie 156

Dacheröden, Caroline von 123
Dallera 67
Daniel, Arnold 269f.
Dauthendey, Elisabeth 149
Davidis, Henriette 164
Deffand, Madame du 82
De Gerando, Joseph Marie 51-53, 98
Deimling, Berthold von 229, 237, 249
Delbrück, Rudolf von 177-182, 185, 214, 315
Descartes, René 41, 82
Deutelmoser, Emilie 116
Devrient, Eduard 129f., 133, 181-186, 189, 204, 230, 257
Devrient, Lenore 184
Devrient, Marie 184
Devrient, Therese 129f., 184f.
Diderot, Denis 24
Dinter, Gustav Friedrich 71
Dirichlet-Mendelssohn, Rebecka 146
Dittmar, Louise 258
Dittrich-Jacobi, Juliane 120, 137
Dohm, Hedwig 117, 132, 149, 153
Dostojewski, Feodor Michailowitsch 285
Droste-Hülshoff, Annette 133, 308-310
Dürer, Albrecht 22
Dubos, Jean-Baptiste 40f., 43f., 47, 59, 62, 224
Dumont, Léon 229

Eberhard, Ehrhard 320
Eberty, Felix 172
Ebner-Eschenbach, Marie von 116, 138
Ehrmann, Marianne 93
Eksteins, Modris 241
Elberskirchen, Johanna 303, 305-307
Elias, Norbert 69, 277, 289, 330
Elisabeth von Sachsen-Weimar 246
Erdmann, Johann Eduard 260-265, 269f., 274, 282
Ernsthausen, Ernst von 214, 216, 233, 235, 246, 248
Eulenburg, Friedrich zu 235

Feder, Johann Georg Heinrich 55, 58, 67
Felski, Rita 301
Feuerbach, Henriette 132, 138
Feuerbach, Johann Anselm 168
Feuerbach, Paul Johann Anselm von 167f.
Feuchtersleben, Ernst von 51, 53, 68, 78, 83, 109, 162, 231
Fichte, Johann Gottlieb 47, 85, 169, 224
Ficino, Marsilio 24
Flaubert, Gustave 180
Fontane, Emilie 204, 315
Fontane, Mete (Martha) 135, 227, 250f.
Fontane, Theodor 135, 204f., 227, 315
Fourier, Charles 87f.
Freud, Sigmund 78, 106f., 141, 278
Friedrich II. 248
Friedrich V. 47
Friedrich Wilhelm III. 241, 248
Fürstenberg, Hans 196

Gautier, Judith 224
Gay, Peter 301
Garve, Christian 49
Geertz, Clifford 336
Geißmar, Clara 113
Gellert, Christian Fürchtegott 31
Gerber, K.F. von 176
Gerhard, Karl 273f.
Gerhardt, Dagobert von 111, 299
Gerlach, Hellmuth von 203
Gerling, Reinhold 282
Gervinus, Georg Gottfried 170f., 194
Gierke, Otto 299f.
Glatz, Jakob 96
Glehn, Nicolai von 282
Glümer, Claire von 146, 148
Göchhausen, Luise von 241
Goethe, Johann Wolfgang von 31, 60, 266
Goldmann, Nachum 266
Goltz, Bogumil 164, 268, 314
Gontscharow, Iwan 283f.
Goodman, Katherine 137
Gottschall, Rudolf 198, 209
Grabowsky, Norbert 323f.
Grillparzer, Franz 300
Grosser, Julius 165
Grüzmüller, Friederike 154
Gutzkow, Karl 86f., 112

Haessel, Hermann 141
Hahn-Hahn, Ida Gräfin von 309f.
Hartmann, Eduard von 224, 227, 279, 281
Hartmann, Jenny 314f.
Hartsen, Frederik A. von 289
Hatzfeldt, Paul von 122, 207-211, 229, 235, 250

Hatzfeldt, Sophie von 209
Hebbel, Christine 138
Hebbel, Friedrich 138, 223
Hecker, Friedrich 146
Hegel, Georg Wilhelm Friedrich 27, 275, 280, 286
Heimpel, Hermann 134
Heine, Heinrich 13, 86f., 257, 261f., 265, 333
Hellpach, Willy 186, 206, 250
Helmholtz, Hermann von 206
Helvétius, Claude Adrien 7, 9, 23, 46, 49, 331
Henle, Jakob 232
Henriette 93, 99, 100, 113, 118
Hensel, Paul 286f.
Hensel, Sebastian 213
Hensel, Wilhelm 213, 286
Herder, Johann Gottfried 31
Herminghouse, Patricia 301
Herwegh, Emma (s.a. Emma Siegmund) 132, 146
Herwegh, Georg 87, 133, 310
Hertz, Heinrich 197, 206f., 249, 313
Herz, Henriette 170
Hesse, Hermann 133
Hesse, Johannes 133
Hesse, Marie 133
Heuss, Theodor 134
Heuss-Knapp, Elly 121, 134
Heym, Georg 296
Hiller, Kurt 318, 326-330, 338
Hillert, Adolf 109
Hilty, Carl 273, 293f.
Hindenburg, Paul von 252
Hirschman, Albert 42
Hobbes, Thomas 41
Hölscher, Lucian 222
Hoffmann, E.T.A. 84, 288
Hoffmann, Emma 153f.
Hofstaetter, Ursula 86
Hohenhausen, Elise von 114
Hohenlohe, Alexander von 242
Holstein, Friedrich von 210
Homberg, Tinette 149
Huber, Johannes 225, 274, 283
Huch, Ricarda 151
Huerkamp, Claudia 155
Hufeland, Christoph Wilhelm 50f., 53, 77, 98, 109
Huguet, Michèle 8, 287
Hull, Isabel 50, 70
Humboldt, Alexander von 165, 168
Humboldt, Wilhelm von 54, 74, 77, 123, 168
Hume, David 82
Huyssen, Andreas 301

Ibsen, Henrik 285
Ihering, Hermann 175
Ihering, Rudolf von 173-177, 180f., 182, 185, 191, 210, 219, 231, 296
Immermann, Karl 120
Immermann, Karoline 120
Immermann, Marianne (s.a. Marianne Wolff) 108, 120

Jacobs, E. 181
Jacobs, Christian Friedrich Wilhelm 96
Jagow, Traugott von 214
Jean Paul 171, 222f.
Jerusalem, Else 314
Johnson, Samuel 55

Kaden, Julie 99
Kaiser, Eduard 146, 213
Kant, Immanuel 25, 47f., 52, 67-69, 75, 84, 224, 275, 299
Keyserling, Eduard von 239, 242, 285
Kielmannsegg, Peter von 253
Kierkegaard, Sören 88
Killy, Walter 168
Kinkel, Johanna 146
Kirchner, Friedrich 282f.
Kisch, Heinrich 107
Klemperer, Eva 204
Klemperer, Victor 203f., 251, 315
Klencke, Hermann 104, 108-110, 270, 282
Klopstock, Friedrich Gottlob 70
Knigge, Adolf von 108
Köhler, Elise 101
König, Helmut 62
Körner, Gottfried 168f.
Körner, Minna 123
Körner, Theodor 123, 168f.
Kotze, Stefan von 299
Kraus, Karl 288
Kretschmann, Hans von 217, 249
Kronthal, Anna 121
Koselleck, Reinhart 15
Kügelgen, Gerhard von 86, 122
Kügelgen, Gerhard 249
Kügelgen, Marie Helene von 122f.
Kügelgen, Karl von 115
Kügelgen, Sally von 115, 118

403

Kügelgen, Wilhelm von 115, 123, 172, 214, 242-244, 249, 269
Kußmaul, Adolf 184

Lafargue, Laura 131
Lamprecht, Karl 205
Lang, Bernard 225
Langbehn, Julius 262, 301
Lange, Helene 117, 121, 150, 152
Langewiesche, Wilhelm 307
La Rochefoucauld, François Duc de 82
Lazarus, Moritz 279, 292
Lenau, Nikolaus 300
Lensing, Elise 138
Lermontow, Michail Jurjewitsch 284f.
Lesser-Knapp, Marianne 135
Lessing, Gotthold Ephraim 82
Lewald, Fanny 118f., 132, 138, 214, 233, 287f., 309
Leyden, Ernst von 221, 231
Lieven, Dominic 208, 240
Liliencron, Detlev von 301
Liman, Paul 294f.
Lindau, Paul 287
Linde, Carl 194, 313
Lischnewska, Maria 153
Lomberg, August 33
Louis Ferdinand 71f., 84, 248
Ludwig, Paula 116
Lübke, Wilhelm 187
Luise, Großherzogin von Baden 241
Luise, Königin von Preußen 241
Lyon, Otto 266

Maaß, Johann Gebhardt Ehrenreich 48, 68, 79
Mac-Mahon, Marie Edme 267
Mann, Heinrich 318, 324-326, 338
Mann, Thomas 132, 265f., 296, 324
Marwitz, Alexander von der 248
Marwitz, Georg von 252f.
Marx, Eleanor 141f., 315
Marx, Heinrich 165
Marx, Jenny (verh. Longuet) 131
Marx, Karl 27, 131, 141f., 165
Mauthner, Fritz 33
Max I., König von Bayern 239
Mayreder, Rosa 102, 318-321, 328, 338
Maynes, Mary Jo 137
McDannell, Colleen 225
Mecklenburg, Johann Albrecht Herzog von 246

Mendelssohn, Fanny 132, 213, 286
Mendelssohn, Felix 82, 132
Meyer, Anna 215
Meyer, Betsy 140f.
Meyer, Conrad Ferdinand 140f.
Meyer, Elisabeth 140
Meyer, M. Wilhelm 276
Meyerhof, Hans 315
Meyr, Melchior 148
Meysenbug, Malwida von 146, 148, 258, 260f., 263f.
Mickwitz, August 156
Milde, Caroline 107
Mill, John Stuart 71, 289, 300
Miquel, Johannes von 233f.
Moller, Meta 70
Mommsen, Adelheid 117, 121
Mommsen, Theodor 117
Montaigne, Michel de 49
Montesquieu, Charles de 37
Morgenstern, Lina 306
Moritz, Karl Philipp 60, 69, 76, 79f., 161
Mozart, Wolfgang Amadeus 70
Mozart, Konstanze 70
Muehlon, Wilhelm 201, 215
Müller, Johannes 174
Münch, Wilhelm 229, 273, 290-292, 294, 299
Mundt, Klara 111
Mundt, Theodor 86
Musset, Alfred de 261f.

Napoleon 51, 85
Naumann, Friedrich 132, 203
Nicolai, Friedrich 82
Niemeyer, Georg Friedrich 96, 98, 100f., 106
Niese, Charlotte 116
Nietzsche, Friedrich 26, 43, 164, 226, 270, 281, 318, 321-323, 325, 327, 338
Novalis (Friedrich von Hardenberg) 222

Otto, Louise 137, 148

Pailleron, Edouard 285f.
Pascal, Blaise 22
Pateman, Carol 159
Perrot, Michelle 145, 250
Perthes, Christoph Friedrich 172
Pikulik, Lothar 86
Plessner, Helmut 278
Pohl, Hugo von 252f.

Poruks, Janis 225
Pringsheim, Alfred 132
Pringsheim-Dohm, Hedwig 132
Pockels, Carl Friedrich 46, 71, 93, 105, 138
Polko, Elise 103, 106, 114
Pommer Esche, Elise von 179
Posadowsky, Arthur Graf von 247
Putlitz, Gustav zu 120, 133, 198f., 233
Putlitz, Lita zu 133

Radkau, Joachim 141
Radolin, Hugo von 235
Ramsay, William 156
Raschdau, Ludwig 194, 199, 201
Rathsamhausen, Marie-Anne de 51
Reif, Heinz 239f.
Reil, Johann Christian 26, 43, 46
Rembrandt 300
Renner, Karl Ludwig 96, 108
Reuss, Heinrich von 209
Reuss, Zoë von 114
Reuter, Gabriele 102, 118, 142-144, 165, 232, 302-304
Ricoeur, Paul 118
Riehl, Wilhelm Heinrich 184
Rilke, Anna 165, 173
Rilke, Rainer Maria 301
Rindfleisch, Eduard von 188
Rittelmeyer, Friedrich 293
Rosenheim, Jacob 219
Rosenkranz, Karl 275, 292
Rousseau, Jean Jacques 31, 52, 63, 93, 95, 121, 125, 185
Ruperti, Justus 181
Ruskin, John 71

Salomon, Alice 121
Saphir, Moritz 32
Savigny, Karl von 145
Sayn-Wittgenstein, Wilhelm zu 240
Schelver, Victorie 171
Scherr, Johannes 86, 261f., 296, 310
Schlegel, August Wilhelm 47
Schlegel, Friedrich 47, 88
Schlegel, Johann Elias 47, 48
Schleiermacher, Friedrich Daniel Ernst 170
Schleifer, Christl 139
Schlözer, Kurd von 180, 197
Schlözer, Leopold von 195f., 198, 249, 251
Schlözer, Nestor von 197
Schlüter, Christoph Bernhard 308
Schnaase, Lotte 115

Schneider, Georg Heinrich 274
Schön, Theodor von 33
Schönburg-Waldenburg, Heinrich Prinz von 195, 217f., 241, 245f., 251
Scholl, Carl 312
Schopenhauer, Arthur 72, 78, 166, 224, 279-282, 286, 289
Schopenhauer, Adele 100, 119, 132
Schopenhauer, Johanna 114, 119, 138, 145
Schueler, Gustav 120
Schuster, Johann Traugott 161
Schwarzmaier, Hansmartin 240
Schweninger, Ernst 186
Sell, Wilhelm 171
Sénancour, Etienne Pivert de 7
Seyffardt, Ludwig Friedrich 218, 250f.
Shakespeare, William 84
Siegmund, Emma 87, 133, 310f.
Siemens, Antonie 220
Siemens, Werner 181f., 191, 197, 220, 230
Simmel, Georg 262, 292, 329
Spacks, Patricia Meyer 14f., 270, 278, 304
Spielberg, Hanns von 109
Spier, J. 295
Spitzemberg, Hildegard von 244
Spitzemberg, Carl von 244
Springer, Anton 184
Staël, Germaine de 51
Stamm-Kuhlmann, Thomas 248
Stein, Karl Reichsfreiherr vom und zum 71
Steiner, George 85
Steiner, Rudolf 293
Stern, Fritz 300
Stoetzel, Emil 271f.
Struve, Amalie von 146f.
Struve, Gustav von 146f.
Stugan, Karl 273f.
Sulzer, Johann Georg 19, 21, 30, 42, 47, 49
Swedenborg, Emmanuel 226
Sybel, Amalie von 120
Sydow, Friedrich von 162

Teschner, Auguste 113, 118
Tieck, Ludwig 84, 112, 170, 182
Tocqueville, Alexis 271, 286
Tönnies, Ferdinand 275
Toller, Ernst 296
Tolstoi, Leo 285
Tosh, John 183
Trapp, Ernst Christian 33, 47
Treitschke, Eduard Heinrich 166
Treitschke, Heinrich 166

Trimborn, Karl 207, 215, 237
Trommler, Frank 212
Trusler, John 161
Tschechow, Anton 285
Turgenjew, Iwan Sergejewitsch 284f.

Unruh, Fritz von 248

Varnhagen, Rahel 124
Varnhagen van Ense, Karl August 172
Veblen, Thorstein 99
Vincke, Eleonore von 124, 126f.
Vincke, Ludwig von 124-127, 133, 202, 214, 240
Vischer, Friedrich Theodor 163
Völker, Ludwig 56
Volkmann, Richard 188
Voltaire 27

Wagner, Richard 224
Waldersee, Alfred Graf von 249
Wallberg, Emil 110
Wallich, Paul 196
Wartenburg, Johann David Ludwig von 169, 248
Wartenburg, Heinrich von 169
Watts, Isaac 225
Weber, H. B. von 48, 52f., 55, 57, 63, 67, 69, 85
Weber, Helene 134
Weber, Marianne 121, 132, 134, 139
Weber, Max 132f., 134, 166, 203, 286, 289
Weber, Wilhelm 215
Wecker-Westner, Johanna Friederike 306
Wedekind, Frank 301
Wegener, Karl Friedrich 48, 56, 63, 73

Weikard, Adam Melchior 31, 49, 55
Weininger, Otto 141
Weis, Eberhard 239
Weishaupt, Adam 63-65, 67f., 79, 85, 333
Welcker, Carl Theodor 89
Wermuth, Adolf 197, 202, 218f., 233f., 247
Wieland, Christoph Martin 48, 82
Wiesel, Pauline 72, 84
Wiesel, Wilhelm Christian 84
Wildermuth, Hermann 166, 186, 312f.
Wildermuth, Ottilie 132, 166, 186, 234, 312
Wildermuth, Johann David 166, 234
Wilhelm II. 195, 217, 245-247
Wilhelm II., König von Württemberg 241
Willich, Ehrenfried von 170
Windscheid, Bernhard 174f.
Windscheid, Lotte 174
Winterfeld, Friederike von 203
Winterfeldt-Menkin, Joachim von 202, 215, 236, 269
Wolf, Friedrich August 165
Wolff, Charlotte 237, 292
Wolff, Marianne (s.a. Marianne Immermann) 115
Wolff, Julius 108
Wollenberg, Robert 218, 236
Woltmann, Karoline von 101
Wolzogen, Ludwig Freiherr von 241
Wrangell, Margarete von 139f., 151, 156
Würtzer, Heinrich 57, 67

Zijderveld, Anton 219
Zitz-Halein, Kathinka 311
Zobeltitz, Fedor von 315-317
Zolling, Theodor 286, 301

Sachregister

Abhängigkeit (s.a. Männlichkeit, Weiblichkeit) 216, 280, 290, 323, 326
Ärger 72, 125, 136, 219f., 242
Ästhetik 40, 43, 159, 303
Affektkontrolle (s.a. Selbstkontrolle) 9f., 37, 72, 108f., 279, 315
Aggressivität 219f., 254, 316f.
Anerkennung (s.a. Weiblichkeit, Männlichkeit) 68, 83, 111, 182, 185f., 227
Antifeminismus 140, 149, 265
Antisemitismus 261f., 265, 330
Arbeit 9, 13, 50, 59-62, 97, 104, 111, 173, 225, 260, 312, 333, 335, 337
-Begriffsgeschichte 26-29
-als Identitätsmaßstab 97, 339
-Arbeitsethos (s.a. Fleiß) 71, 104, 106, 239
-Arbeitsfreude 272
-Arbeitsunfähigkeit 203
-Arbeitsteilung 87f., 329
-Arbeitszeiten 66, 214-216
Arbeiter 15, 106, 107, 137, 196, 198, 260, 272-274
-Arbeiterbewegung 139
›Arbeitssoldat‹ 193, 332, 336
Augenblick 70, 73f., 100, 107, 156f., 173, 179, 236, 285
Authentizität 279, 288, 325, 327

Bedürfnisse (s.a. Männlichkeit, Weiblichkeit) 43f., 60, 62f., 95-97, 100, 280
-Blockade der 22, 38
-entgrenzte 89, 337
-sexuelle 73, 130, 153, 314, 319
Begehren (s.a. Leidenschaften) 59, 70f., 100, 112, 130, 280
Beschleunigung 57, 292
Bestimmung 63-65, 129
Bildung 27, 37, 46, 84, 155, 195, 263, 271, 295
-bildungselitär 32, 260, 274, 282
-Gebildete 33, 106, 155, 260, 273, 312, 332
-Frauenbildung 120, 150, 298, 323, 334
-Statusfunktion von 161
-Bildungsideal 170, 185, 239

Bürokratie 97, 208, 212, 218, 239, 247
-Bürokratisierungsprozesse 216, 219, 221, 269, 271, 307
Bummler 212-214, 221, 250, 337

Diätetik 24, 47, 50f., 282
-Diätetiklehrer 60, 74f., 89, 97, 279
Disziplinierung 26, 28, 53, 113
-Disziplinierungsanspruch 73
-Disziplinierungsprozesse (s.a. Zivilisationsprozeß) 23, 52, 113

Ehe 88, 314f.
Ehrgeiz 46, 61, 64f., 69, 89, 109, 193, 218, 251, 332
-und Frauen 139f., 304f., 337
-und Männer 167f., 170f., 176-178, 189, 203-208, 234-236, 337
Einförmigkeit 7, 57, 96, 116, 174, 180, 275f., 313
Einseitigkeit 52, 165, 167, 337
Ennui 21f., 32, 49, 59, 242
Entfremdung 87f., 284
-Entfremdungsbegriff 221, 335
-Entfremdungserfahrung 34, 88, 272
-Entfremdungskritik 274
Entwicklung 65, 78, 91, 181, 192, 227, 321
Entzauberung 13, 302, 322
Erfolg (s.a. Ehrgeiz) 54, 61, 67f., 181, 183, 186, 192, 227, 231, 249, 252f., 297, 320
Erinnerung 75, 78, 101
Erlösung 68, 100
Erwartungen 7, 60, 77-79, 107, 281f., 292, 332
-Dynamisierung von 220, 222, 236
Ewigkeit 56, 221-223, 226

Faulheit 209, 212f., 269, 337
Fleiß 9, 12, 61f., 91, 98, 100, 102, 273, 313
Fortschritt 89, 127, 224, 226, 271, 290, 305-307, 310, 321
-Fortschrittsbegriff 85f., 222f., 303
-Fortschrittsglaube 81, 85, 275, 303
-Fortschrittsoptimismus 77f., 306
Frauenbewegung, bürgerliche, 111, 149f., 303
Fremdzwang 69

407

Geduld 49, 114, 183
Gefühle 37, 39-41, 51, 59, 61, 74, 136,175f., 208, 260, 296f., 338
-Gefühlskultur 288, 324
-Ökonomie der Gefühle 163, 282
-unterdrückte Gefühle 119, 209, 259, 277
Gegenwart 74-77, 89, 91, 100, 110, 155, 163, 182, 285, 307, 333
Geschlechteridentität 220, 257, 319, 331, 338
-Geschlechterdifferenz 10, 65, 182, 312, 322
-Dynamik der Geschlechterverhältnisse 136, 260f.
Geselligkeit 46, 82, 84, 109, 143, 190f., 207, 216, 218, 231, 234, 258f., 307, 334, 336
-Verknüpfung mit Politik 146
-Gesellschaftsfähigkeit 243, 308
Gesellschaft, bürgerliche 89, 92f., 159, 291, 335
Gewalt 12, 251, 301, 306, 316f., 320, 324
-gewalttätig 111
Gewissen 69, 79, 103, 110, 270, 334f.
Gewohnheit 67, 190
Glaube (s.a. Ewigkeit, Religion) 34, 273
-Glaubensverlust 102, 222, 293
Gleichgültigkeit 11, 51, 83f., 107, 119, 292, 315-317
Gleichberechtigung 226, 299
Gleichmut 83, 107
Glück 55, 64, 119, 141, 282, 307

Handeln 9, 40f., 45, 54, 77, 91, 111f., 127, 142, 168, 268, 304, 310, 312
-Handlungshemmung 12, 23, 89
-Handlungsohnmacht 85
Hoffnung (s.a. Erwartungen, Zukunftsorientierung) 66f., 75, 78f., 112, 137, 332
-unerfüllte 103, 143
-politische 85, 148, 260
-Hoffnungslosigkeit 120, 229, 274, 285, 291, 315
Hypochondrie 23, 25, 29, 46, 107
Hysterie 141, 307, 315

Ideal 79, 85, 101, 226, 302, 313
Identität 10, 37, 79, 103, 119, 307, 321, 333, 338
-temporale Konstruktion von 80, 161, 335
Individuum 29, 89, 279, 339
-und Gesellschaft 56, 86, 89, 331
Interesse 9, 19, 29, 42, 51, 101, 113, 122, 155, 170, 172, 209, 284, 332f.

Jenseits 78, 100, 221f., 226, 333
-Jenseitsvorstellungen 225

Kälte 46, 262
Körper 26, 33, 38, 40, 47, 114, 204, 210
Konvention 279, 285f., 288, 290f., 338
Krankheit (s.a. Hysterie, Neurasthenie) 23, 25, 38, 60, 107, 141, 175, 210f., 285, 305
Kulturkritik 62f., 271, 337
Kunst 40, 43, 82, 124, 173f., 180, 212, 217, 298, 300-303, 317, 334, 336
-Kunstreligion 123
Kurzweil 19, 30, 33

Lähmung 54, 121, 149, 333
Lebensführung 7, 11, 29, 38, 47
Lebenskunst 43f., 60, 161, 172, 180, 304
-Lebenskünstler (s.a. Männlichkeit) 54, 91, 109, 160, 178, 193, 332
-Lebenskünstlerin 155
Lebenslust 179, 185
Lebenswelten, Trennung der 162
Leere 8, 12, 33, 38, 54, 79, 92f., 96, 121, 168, 192, 198, 208, 248, 293, 331, 335
Leidenschaften 7, 9f., 22f., 37, 40-47, 51, 54, 64, 67f., 72f., 83f., 92, 103-105, 111, 265, 288, 298, 310, 331, 333, 336
Leistung 67f., 99, 136, 155, 182, 196
-Leistungsideal 167, 239
-gespaltene Leistungsnormen 143
-Leistungszwang 210

Männlichkeit (s.a. Geschlechteridentität)
-temporale Konstruktion von 80, 98, 160, 162, 173, 184, 221, 281
-und Zukunft 162, 176, 178, 180, 192, 197, 199f., 205, 221, 311, 313
-und Gegenwart 162, 171, 173, 176-178, 180, 200
-und Vergangenheit 171, 200
-Ganzheitsvision (s.a. Lebenskünstler) 127, 159, 298, 317, 334f.
-und Abhängigkeit 67, 218, 324, 326, 334
-und Unabhängigkeit 160, 326, 332
-und Anerkennung 204f., 227, 231
-und Bedürfnisse 100
-Vorwurf der Selbstsucht 305f.
-versus Intellektualität 196
- Sexualität (s.a. Sexualität) 70, 130, 204, 299, 314, 320, 323
-Verlust an 299
Manöver 242, 250f.

Masse 106, 257, 264f., 276, 280f.
-Massenkultur 13
-Massediskurs 259f., 263, 333
-Massengesellschaft 269, 271f., 280, 327
Melancholie 19, 29, 38, 44, 46, 95, 231, 290
-Begriffsgeschichte 23-26
Mißerfolg 193, 203f., 220
Mißvergnügen 43
Monotonie 135, 271f., 274
Muße 13, 178, 183, 209, 212, 214, 224, 232, 237, 281
-Begriffsgeschichte 26-29
Müßiggang 30, 93, 98f., 105, 110, 122, 162, 209, 213, 240, 269, 335
-Begriffsgeschichte 26-29

Nation 77, 85, 169, 268
-nationales Mythensystem 266
-Nationalcharaktere 265
-nationale Krise 299
Neid 109
Neigung 167, 290
Nervosität 119, 207, 215
Neurasthenie 107, 131, 141, 154, 325
Normalität 10, 24
Nullsummendenken 26, 111, 261, 299, 320, 337

Ordnung 7, 46f., 51f., 69, 87, 98, 108, 162, 284, 330
-soziale 8, 10, 89, 140, 321, 331, 338
-Geschlechterordnung 10, 159, 298, 309
-Unterordnung 95, 208, 248
-Ordnungsliebe 50
-Ordnungsmensch 201
-Unordnung 41, 107

Pedanterie 162
Pensionierung 228, 291
-Pensionsangst 221, 227-238
Pessimismus 224, 279, 282
Pflicht 64, 97, 167, 172, 260, 265, 311
-Pflichtgewissen 61, 66f., 69, 103f., 113
-Pflichterfüllung 225, 284
Phantasie 99, 106, 116, 138, 144, 199, 270
Philistervorwurf 174, 186f., 264
Professionalisierungsprozesse 193, 198, 271

Rastlosigkeit 22, 31
Rationalität 25, 307
Rationalismus 41, 91, 295

Raum, Räume 127, 155, 176, 212, 214, 221, 292, 308, 335
Religion (s.a. Glaube, Jenseits, Weiblichkeit) 31, 55f., 73, 100-102, 226, 307, 322
Resignation 58, 78, 122, 285, 315, 333

Scham 111
Schmerz 48, 50, 130, 176, 207, 260, 315
-Weltschmerz 22, 24, 236
Schuld 69, 164
-Schuldgefühl 118f., 121, 334
Schweigen 11, 298, 315
Seele 9, 19, 21f., 26, 38, 40f., 43f., 54, 78, 84, 130, 183
Sehnsucht 12, 55, 67, 143, 230, 285, 301, 334
-unbestimmte 58, 61, 104
-nach einem anderen Leben 114, 121, 128, 142, 196
-nach Erfolg 204f., 227
-nach Gefühlen 292, 294
-Kriegssehnsucht 296
Selbständigkeit 66, 200, 228, 230, 232, 235, 237, 320-322
Selbstbestrafung 69
Selbstkontrolle 7, 9f., 47, 52, 67, 72, 89, 175, 220, 279f., 282, 296, 317, 331-333, 338
-Selbstzwang 45f., 55, 69, 76, 289f.
Selbstreflexion 7, 37, 46f., 54
-Selbsterkenntnis 64, 225
Selbstverantwortung 67
Selbstverleugnung 115
Selbstverlust 50f., 89, 109f.
Sensibilität 89, 112, 164, 314, 317, 327
Sexualität (s.a. Bedürfnisse, Männlichkeit, Weiblichkeit) 38, 43, 50, 70-73, 114, 159, 162, 219, 228, 304f., 314f., 317, 320, 323, 331f., 336
-Metaphorik der 105
-Entsexualisierung 219f.
Sinnproblem 12
-Sinnlosigkeit 7, 12, 21, 76, 118, 253
-Sinnverlust 222
-Sinngebung 10, 13, 61, 221
Spott 138f., 141, 144, 149, 155, 157, 239, 262, 298
Sprachmächtigkeit 72, 138, 264, 299
Stillstand 27, 79, 81, 163, 181, 212, 218, 221-223, 231, 274, 306
Subjektivität 54, 67, 96, 207f., 264, 298, 300
Suizid 48, 285

409

Temporalisierung 20, 73, 193, 281
Trägheit 9, 45f., 262, 332
Trauer 10, 19, 22-24, 41, 48, 59f., 82, 100, 110, 231, 273
-Traurigkeit 43, 46
Traum, Träume 78f., 104, 110, 116, 119, 137, 315, 317
Trockenheit 32, 46, 66, 94, 105, 108, 124, 149, 164, 198, 222, 230, 287
Tugend 52, 59, 72f., 79, 82, 224, 269

Überdruß 131, 187, 208, 228, 273, 325
Überforderung 30, 44, 57, 270
Unabhängigkeit 95, 142
Unbehagen 9, 10, 20, 56, 67, 130, 241, 278
Unbeherrschtheit 24, 175
Ungeduld 128, 154, 241, 258, 290
Unruhe 22, 50, 72, 103, 119, 238, 241, 305
Unterforderung 30, 44, 57, 270

Verdruß 19, 21f., 30, 79, 148
Vergangenheit 67, 74f., 100, 110, 163, 171, 200, 285, 294, 315, 318
Vergnügen 42, 48, 101
Vernunft 29, 37, 40f., 45, 49, 56, 68, 328, 331
Vervollkommnung 73, 222
Verzweiflung 19, 22, 54-56, 119, 223
Vielseitigkeit, Verlust der 164

Wachstumsmentalität 163, 339
Wahnsinn 25, 38, 95
Warten 117f., 120f., 148, 198, 206, 248, 252f., 335
Wassermetaphorik 105-107
Weiblichkeit (s.a. Bestimmung, Geschlechteridentität)
-temporale Konstruktion von 65, 80, 92, 98, 184, 281, 304-306, 333
-und Zukunft 100, 102, 115, 137,155, 157
-und Gegenwart 98, 100f., 155, 307
-und Vergangenheit 100, 102
-Ganzheitsvision 298
-und Abhängigkeit 95, 96, 115
-und Selbständigkeit 131, 142, 144, 321f.
-und Anerkennung 93, 97f., 130, 140, 154f., 302, 305, 316
-und Bedürfnisse 95-97
-und Intellektualität 105
-und Religion 100-102, 226, 307, 322

-Selbstsucht, Vorwurf der 103, 109, 111, 121, 130, 138, 141f., 144, 149, 336
-Sexualität 105, 153, 157, 314-317
Wissenschaft 26, 40, 43, 45, 47, 161, 167f., 177, 187, 308, 310, 318, 329f.
-Spezialisierung der 186, 196, 198
Witz 48
Wollust 28, 55, 70, 72f.
Wut 43, 119

Zeit 43, 50, 60, 87, 98, 111, 243, 298, 335, 336
-überschüssige 8,13
-leere 23, 93, 262
-lang werdende 8f., 19, 30, 49
-unwiederbringliche 20, 116
-und Gefühle 68, 74, 100, 110, 147, 243, 282
-Verfügung über 67, 116, 212, 221, 240f., 245
-Zeitgewissen 10, 69, 72f., 76
-Zeitökonomie 12, 37, 60f., 76, 98, 162, 166, 313, 332
-Zeitverschwendung 118, 120, 178, 208, 210, 269, 273, 337
-Zeitvertreib 47, 70, 240, 241, 273, 281
-Zeitzwang 184, 187, 206
-Vereinheitlichung der Zeitstandards 276
Zerrissenheit
-des Alltags 128, 131f., 250
-der Zeit 113, 189, 306
-der Persönlichkeit 167, 193, 262f.
Zivilisation 269, 278, 321, 328, 337
-Zivilisationsbegriff 62, 326
-Zivilisationsdiskurs 219
-Zivilisationsprozeß 10, 53, 55, 95, 319
-Zivilisationskritik 320
Zorn 120, 128, 197, 196, 210, 217, 219f., 288, 317, 334
Zufriedenheit 27, 58, 61, 67, 124, 162, 168, 193, 204, 207
Zukunft 74f., 77-80, 85, 99, 102, 111, 162f., 321, 325, 339
-Zukunftsorientierung 7, 9, 12, 73, 80, 107, 163, 173, 182, 197, 298, 318, 331, 333, 337
-Zukunftsvorstellungen 163, 222
-Zukunftsmentalität 335
-Ethos der 330

Bildnachweise

S. 18: Alberto Giacometti, Figures sur une place, 1947. Sammlung Mrs. John Levy.
— Photo: Greenberg Gallery, St. Louis. © VG Bild-Kunst, Bonn 1999.

S. 36: Alberto Giacometti, L'homme qui chavire, 1950. © VG Bild-Kunst, Bonn 1999.
— Photo: Kunsthaus Zürich, Vereinigung Zürcher Kunstfreude.

S. 90: Postkarte, Joker Edition, Serie »Tedesco«, © Dieter Becher. (Der Rechtsinhaber konnte nicht ermittelt werden, der Verlag bittet, sich bei berechtigtem Anspruch an ihn zu wenden).

S. 158: René Magritte, Le jockey perdu, 1926. Privatsammlung.
— Photo: Lauros-Giraudon. © VG Bild-Kunst, Bonn 1999.

S. 256: René Magritte, Golconde. The Menil Collection, Houston. © VG Bild-Kunst, Bonn 1999.

Die Deutsche Bibliothek – CIP-Einheitsaufnahme
Ein Titeldatensatz für diese Publikation ist bei Der Deutschen Bibliothek erhältlich

© Wallstein Verlag, Göttingen 2001
www.wallstein-verlag.de
Vom Verlag gesetzt aus der Adobe Garamond
Umschlaggestaltung: Basta Werbeagentur, Tuna Çiner
unter Verwendung von Alberto Giacometti:
Figures sur une place (1947), © VG Bild-Kunst, Bonn 1999.
Druck: Hubert & Co, Göttingen
ISBN 3-89244-382-3

Irmela Marei Krüger-Fürhoff
Der versehrte Körper
Revisionen des klassizistischen
Schönheitsideals
240 S., 11 Abb., brosch.,
ISBN 3-89244-487-0

Wer den Klassizismus vor allem mit Schlagworten wie ›Harmonie‹ und ›schöne Ganzheit‹ verbindet, der übersieht, daß das Schönheitsideal dieser Epoche vom Phantasma der Verletzung durchdrungen ist. Irmela Marei Krüger-Fürhoff revidiert in ihrer Studie das klassizistische Schönheitsideal, indem sie nachweist, daß der versehrte Körper zugleich als ausgeschlossenes und konstitutives Moment von Literatur und Ästhetik um 1800 verstanden werden muß. Mit dem Begriff der Versehrung greift sie auf ein historisches Wortfeld zurück, das im späten 18. Jahrhundert das Spektrum von der leichten Hautritzung bis zur tödlichen Verwundung umfaßt, aber auch die Zerstörung sexueller Integrität bezeichnet.

Im Mittelpunkt der Studie steht die Relektüre kanonisierter Texte, in denen versehrte Körper zur Sprache kommen – von Winckelmann, Lessing, Herder und Goethe bis zu Moritz, Kleist, Günderrode und Arnim. Um die Verbindung zwischen einer Poetik der Verwundung und einer Geschichte gewaltsam geöffneter Körper zu zeigen, werden Literatur und Kunsttheorie mit anderen Diskursen des späten 18. und frühen 19. Jahrhunderts konfrontiert: mit Schlachtberichten der Befreiungskriege, gerichtsmedizinischen Untersuchungen und populären Reiseführern sowie mit antiken Skulpturen, zeitgenössischen Radierungen, Wachstableaus und anatomischen Modellen. Auf diese Weise werden literaturwissenschaftliche und kulturwissenschaftliche Perspektiven verknüpft zu einem luziden Beitrag zu aktuellen Debatten in Germanistik, Ästhetiktheorie, Körpergeschichte und Gender Studies. Es zeigt sich, daß der ausgegrenzte versehrte Körper zur zentralen Herausforderung, ja zum übersehenen oder verdrängten Ursprung der klassizistischen Ganzheitsästhetik wird.

WALLSTEIN

Ecce Cortex
Beiträge zur Geschichte
des modernen Gehirns
Hrsg. von Michael Hagner
352 S., 16 Abb., brosch.
ISBN 3-89244-360-2

Das Gehirn ist einer der faszinierendsten Gegenstände der Naturwissenschaften. Gleichzeitig ist es auch von gesellschaftspolitischer Relevanz: Man denke an die emotionale Diskussion um den Hirntod, an die virtuellen Bilddarstellungen geistiger Prozesse oder an erste Überlegungen, neuronalen Computern, die die Funktion einer Turing-Maschine erfüllen, bestimmte Rechte zuzugestehen. Inwiefern ist es angesichts solcher Tendenzen überhaupt sinnvoll, streng zwischen naturwissenschaftlicher Entzauberung und kultureller Überfrachtung zu unterscheiden? In dem vorliegenden Buch wird aus historischer Perspektive argumentiert, daß das Gehirn in unterschiedlichen Wissensräumen der Anatomie und Psychiatrie, der Anthropologie und Kognitionswissenschaft, der Philosophie und Kunst mit Bedeutung aufgeladen, metaphorisiert oder als Chiffre für bestimmte Leitvorstellungen bzw. Programme instrumentalisiert wurde. Das geschah zumeist in engem Zusammenhang mit schwierigen Problemen oder Innovationen bzw. Entdeckungen in der Gehirn- und Bewußtseinsforschung.

Der Sammelband (...) gibt dem Organ die kulturellen Kontexte seiner Erforschung und Darstellung zurück, welche die Naturwissenschaften gern übergehen. So warnt dieses Buch vor der Festlegung des Gehirns auf ein determiniertes Modell. Und macht jenen grauen Klumpen als Schauplatz der Moderne erkennbar.
                                           Elisabeth v. Thadden, Die ZEIT

Für jeden Anthropologen, der über die Wechselwirkungen zwischen Natur und Kultur forscht, wird das Lesen dieses Buches ein Gewinn sein.
                                           K. W. Alt, Homo

WALLSTEIN

Europäische Jahrhundertwende
Wissenschaften, Literatur
und Kunst um 1900
Hrsg. von Ulrich Mölk
328 S., brosch.; 51, z.T. farb. Abb.
ISBN 3-89244-371-8

Aus dem Inhalt:

Walter Müller Seidel: Zeitbewußtsein um 1900. Literarische Moderne im wissenschaftsgeschichtlichen Kontext
Norbert Elsner: Natur und Geist – spricht man so zu Christen? Ernst Haeckel oder die theologische Versuchung eines Naturforschers
Fritz Paul: Die Symbiose von Literaur und Kunst der Jahrhundertwende. August Strindberg und Edvard Munch
Carsten-Peter Warncke: Revolution und Tradition – Picassos »Les Demoiselles d'Avignon«
Ulrich Mölk: Die Verabschiedung des bürgerlichen Jahrhunderts. André Gides *L'Immoraliste*
Horst Kern: Gesellschaft als zweite Natur? Zwei soziologische Standpunkte
Uwe Diederichsen: 1. Januar 1900 – der Tag, an dem der deutsche Bürger sein Recht bekam
Gerd Lüer: Geburt eines neuen Mentalismus. Psychologische Erforschung des menschlichen Denkens
Theodor Wolpers: Der Kult des Augenblicks. Ein Kunstprinzip bei Wilde, Conrad und Joyce
Siegmar Döpp: Spätrömische Literatur als Paradigma der »Dekadenz«. Zu Joris-Karl Huysmans, Walter Pater, Stefan George
Konrad Cramer: Europäische Philosophie des Fin de Siècle

WALLSTEIN